La liberté d'expression publicitaire

Réflexions critiques

Logiques Juridiques

Fondée par Gérard Marcou

Dirigée par Jean-Claude Némery et Thomas Perroud

Le droit n'est pas seulement un savoir, il est d'abord un ensemble de rapports et pratiques que l'on rencontre dans presque toutes les formes de sociétés. C'est pourquoi il a toujours donné lieu à la fois à une littérature de juristes professionnels, produisant le savoir juridique, et à une littérature sur le droit, produite par des philosophes, des sociologues ou des économistes notamment.

Parce que le domaine du droit s'étend sans cesse et rend de plus en plus souvent nécessaire le recours au savoir juridique spécialisé, même dans des matières où il n'avait jadis qu'une importance secondaire, les ouvrages juridiques à caractère professionnel ou pédagogique dominent l'édition, et ils tendent à réduire la recherche en droit à sa seule dimension positive. À l'inverse de cette tendance, la collection « Logiques juridiques » des éditions L'Harmattan est ouverte à toutes les approches du droit. Tout en publiant aussi des ouvrages à vocation professionnelle ou pédagogique, elle se fixe avant tout pour but de contribuer à la publication et à la diffusion des recherches en droit, ainsi qu'au dialogue scientifique sur le droit. Comme son nom l'indique, elle se veut plurielle.

DERNIERES PARUTIONS

Jacques DELGA, *L'association syndicale libre (ASL). Un mode de gestion alternative de la copropriété,* 2022.

Mon-espoir MFINI, *Droit des affaires : instruments de crédit et de paiement,* 2022.

Abdelmohsen SHEHA, *La régulation du secteur des communications électroniques. Étude comparée des droits français et égyptien. Tome II – L'encadrement*, 2022.

Abdelmohsen SHEHA, *La régulation du secteur des communications électroniques. Étude comparée des droits français et égyptien. Tome I – L'institutionnalisation*, 2022.

Zohra MCHIRGUI, *L'accord exclusif d'élection de for à travers la convention de La Haye de 2005*, 2022.

Romain FEYDEL, *La société en commandite spéciale. Essai en droit luxembourgeois,* 2022.

Cristina Elena POPA TACHE, *Vers un droit de l'âme et des bioénergies du vivant*, 2022.

Nabil MOUNIR

La liberté d'expression publicitaire

Réflexions critiques

Préface de Fabien Marchadier
Avant-propos de Romain Dumas

L'Harmattan

5-7, rue de l'École-Polytechnique – 75005 Paris
www.editions-harmattan.fr
ISBN : 978-2-343-24640-6
EAN : 9782343246406

AVANT-PROPOS

Le 16 décembre 2020, Nabil MOUNIR a soutenu, à l'Université de Limoges, sa thèse de doctorat en droit privé, intitulée « la liberté d'expression publicitaire : réflexions critiques ». Rédigée dans le cadre du CREOP (Centre de Recherches sur l'Entreprise, les Organisations et le Patrimoine) sous la co-direction de Fabien Marchadier (Professeur à l'Université de Poitiers) et Romain Dumas (Maître de conférences-HDR à l'Université de Limoges), cette thèse, résultat de six années de travail acharné de l'auteur, fait désormais l'objet de cet ouvrage.

A l'heure où la liberté d'expression, dans des domaines aussi cruciaux que le militantisme associatif, politique et syndical ou encore le journalisme et l'art, est entravée sur le territoire d'Etats dont la promotion des valeurs démocratiques et la défense du pluralisme ne constituent manifestement pas des priorités, l'idée d'étudier la liberté d'expression publicitaire peut, de prime abord, s'avérer surprenante.

Au vrai, elle ne l'est pas tant qu'il n'y paraît et ce, pour une série d'au moins trois raisons. En premier lieu, la jurisprudence de la Cour européenne des droits de l'Homme a bel et bien indiqué, depuis plus d'une trentaine d'années, que le discours publicitaire faisait partie intégrante de la liberté d'expression (arrêts *Market Intern Verlag* ou *Casado Coca* par exemple). En second lieu, la publicité commerciale, finançant la quasi-totalité des médias malgré quelques rares contre-modèles (Le Canard enchaîné, Charlie Hebdo, Médiapart, Siné Mensuel), a trouvé dans la révolution numérique et technologique, un terrain d'épanouissement particulièrement fertile (citons pêle-mêle, la croissance exponentielle des espaces publicitaires disponibles en ligne, la publicité native, la publicité sensorielle, les articles lus sur des sites internet ou les vidéos regardées sur des plateformes de streaming entrecoupés de spots publicitaires). En troisième et dernier lieu, ces nouveaux modes de diffusion publicitaire reposent en grande partie sur la collecte des données personnelles des individus, en application du fameux théorème, calibré tel un slogan publicitaire : « si c'est gratuit, c'est vous le produit ! ».

Face à ces constats, Nabil MOUNIR a donc été bien inspiré de s'atteler avec courage, détermination et un zeste de témérité à l'analyse de la liberté d'expression publicitaire. La tâche ne semblait guère aisée car la transversalité du sujet a conduit l'auteur à explorer le droit de l'Union européenne, le droit européen des droits de l'Homme, le droit comparé, notamment à travers l'analyse de la jurisprudence américaine en la matière, le droit des données personnelles, le droit de l'environnement (les pollutions sonores et visuelles) ou encore le droit des pratiques commerciales déloyales. En outre, fidèle à la bi-disciplinarité entre droit et gestion, constituant l'ADN du CREOP, Nabil MOUNIR n'a pas hésité à nourrir ses réflexions d'incursions dans les domaines du marketing digital ou de la communication commerciale.

Dépassant ces obstacles, Nabil MOUNIR a ainsi ordonné avec méthode ses diverses pistes de réflexion, autour de deux grands piliers.

D'une part, il s'est attelé, dans une première partie, à étudier la liberté d'expression des émetteurs de la publicité. Ce terme générique englobe les annonceurs ainsi que l'ensemble de la chaîne formée par les professionnels concourant à la diffusion de l'information publicitaire. Dans cette partie, Nabil MOUNIR a d'abord discuté l'utilité de la protection du discours publicitaire par la liberté d'expression, alors que celui-ci était déjà bien garanti par un ensemble de libertés économiques. Que faut-il donc penser de l'ajout de ce fondement supplémentaire ? selon l'auteur, la Cour de Strasbourg souligne que la contribution du discours publicitaire à la promotion et à la défense des valeurs démocratiques s'avère bien plus modeste que les formes d'expression journalistique, militante ou artistique. C'est sans conteste la raison pour laquelle les juges strasbourgeois apprécient avec une grande souplesse les limitations que les Etats parties à l'instrument conventionnel imposent à cette forme d'expression. Or, en dépit de cette grande tolérance envers les ingérences étatiques dans le discours commercial, la consécration de la liberté d'expression publicitaire démontre que celle-ci n'est pas vide de tout caractère informatif, voire qu'elle peut participer au débat sur des questions d'intérêt général (ex. la préservation de la santé).

D'autre part, renversant la perspective, Nabil MOUNIR a consacré la deuxième partie de sa thèse à l'analyse de la liberté d'expression des récepteurs, autrement dit des consommateurs. En premier lieu, l'auteur leur reconnaît la possibilité de se protéger du discours publicitaire, au moyen de leur liberté négative de réception (droit de ne pas recevoir d'informations publicitaires), mise en œuvre tant par le biais de nouvelles technologies (ex. adblockers) que par des techniques d'essence juridique telles que, par exemple, le droit d'opposition à la réception. En second lieu, l'auteur consacre des développements innovants, originaux et *in fine* convaincants, quant au droit des consommateurs à recevoir une information publicitaire de qualité, porteuse d'un discours de vérité. A cette fin, il appelle de ses vœux l'émergence d'un discours publicitaire conforme à certaines caractéristiques telles que sa concordance avec l'obligation générale d'information, mise à la charge des professionnels, ou encore son caractère éco-responsable.

En définitive, Nabil MOUNIR offre aux lecteurs une authentique réflexion personnelle sur le thème de la fondamentalisation de l'expression publicitaire.

Romain Dumas
Maître de conférences-HDR à l'Université de Limoge
Directeur adjoint du CREOP

PRÉFACE

Les réflexions critiques sur la liberté d'expression publicitaire présentées dans cet ouvrage sont le fruit d'une thèse de doctorat dont il a été souligné, au cours de la soutenance, qu'elle constituait une véritable réflexion personnelle défendant, de manière convaincante, des idées d'une grande originalité. Elles sont aussi et surtout l'aboutissement d'un parcours entamé en 2013 au sein de l'Université française. Nabil Mounir arrivait tout juste du Maroc. Il intégrait alors le master de droit privé général et européen de l'Université de Limoges. Son premier travail de recherche portait sur les effets internationaux des jugements relatifs aux sentences arbitrales. Son courage et sa détermination (deux qualités dont il ne s'est jamais departi, malgré les obstacles et les difficultés, et qui le caractérisent encore aujourd'hui) lui ont permis de se familiariser très rapidement avec le droit de l'Union européenne et le droit européen des droits de l'homme qui constituaient alors des objets d'étude entièrement nouveaux. C'est ainsi qu'à l'issue de son master il a pu entreprendre un travail de recherche en droits européens (Union européenne et CEDH).

L'objet même de l'ouvrage intrigue. Quel peut-être le lien entre la liberté d'expression et la publicité commerciale ? Ne faudrait-il pas considérer que la publicité commerciale ne relève pas du domaine de la liberté d'expression protégée, notamment, par l'article 10 de la Convention européenne des droits de l'homme ? La liberté d'expression n'a pas été pensée dans une perspective marketing. Elle est l'un des fondements essentiels de la société démocratique, l'une des conditions essentielles de son progrès et de l'épanouissement de chacun répète inlassablement la Cour européenne des droits de l'homme. Elle est particulièrement précieuse pour les journalistes, les hommes politiques, les lanceurs d'alerte et les militants dénonçant les atteintes à l'environnement, les violations massives des droits humains, le cynisme des multinationales ou encore la maltraitance animale. La publicité relève d'autres préoccupations. Elle est un objet de culture populaire (ceux qui ont connu les premières heures de M6 se souviennent de Culture Pub et de son générique) ou un instrument de provocation (les campagnes Benetton orchestrées par Oliviero Toscani : la double page de sexes d'homme et de femme dans Libération, les affiches HIV positive, la photo de David Kirby ou encore l'exposition des portraits de condamnés à mort aux États-Unis). Elle est au cœur de l'économie des médias. Les revenus qu'elle procure permettent de maintenir des prix relativement modestes (rares sont ceux qui se dispensent des recettes publicitaires – Charlie Hebdo et Le Canard enchaîné) et entretiennent parfois l'illusion de la gratuité des services (c'est la publicité qui finance l'accès à la radio, à la télévision, à Google search ou à Youtube qui en retour offrent aux annonceurs du temps de cerveau disponible). Elle est encore et trop souvent une source de nuisance sonore et visuelle.

Pourtant, la Cour de Strasbourg n'a guère hésité à rattacher les discours commerciaux à la liberté d'expression, comme l'illustrent ses arrêts Barthold, Markt Intern Verlag ou encore Casado Coca. De la sorte, elle s'épargne la tâche délicate de distinguer, parmi les publicités, celles qui ont un objet purement commercial et celles qui, un peu ou beaucoup, contribuent à un débat d'intérêt général ou poursuivent une finalité d'intérêt général. Une publicité encourageant l'usage des préservatifs et les rapports sexuels protégés n'a pas seulement une visée commerciale. Elle participe à l'éducation sexuelle et s'inscrit dans une perspective de santé publique. L'interdiction dont elle ferait l'objet au nom de la morale pourrait en conséquence être sérieusement discutée sur le fondement de la liberté d'expression (voir, en ce sens, l'affaire Gachechiladze c/ Géorgie). En outre, en élargissant ou peut-être en reculant les marges de la liberté d'expression, la Cour européenne des droits de l'homme conforte la force et la stabilité de son centre. Si le discours commercial est protégé, même faiblement en raison de la grande latitude concédée aux États dans le domaine économique et social (les interdits affectant certains produits – alcool, tabac, médicaments – et certaines professions – notamment les professions libérales – de même que les contraintes – sanction des pratiques trompeuses ou déloyales – résistent plutôt bien ; les constats de violation de la liberté d'expression sont plutôt rares), le discours politique ou de nature politique le sera d'autant plus et d'autant mieux. La Cour suprême des États-Unis a adopté la même solution par son célèbre arrêt Virginia Board en insistant sur la fonction informative de la publicité et son importance dans une économie capitaliste (elle est censée stimuler la concurrence et distinguer les meilleurs produits). Car, au-delà des émetteurs (les annonceurs), elle intéresse également les récepteurs (les consommateurs).

C'est notamment de leur point de vue (la liberté d'expression étant non seulement le droit de communiquer des informations, mais encore le droit pour le public d'en recevoir) et de leur protection (en tenant compte de l'influence des nouvelles technologies – adblockers, publicité native, les commentaires en ligne des consommateurs) que se place l'auteur dans la seconde partie de son étude. Il envisage bien évidemment cette protection sous un angle négatif, le droit de ne pas recevoir des messages publicitaires. Il la considère encore dans son aspect positif. Au terme de développements innovants et argumentés, Nabil Mounir construit un droit de recevoir une expression publicitaire présentant certaines caractéristiques, ce qui ouvre la voie à une relecture des obligations d'information dont bénéficient les consommateurs. Jusqu'à quel point la fonction informative de la publicité doit-elle être développée ? Dans quelle mesure les professionnels doivent-ils attirer l'attention des consommateurs sur la nocivité du produit ou du service qu'ils leur proposent ? Il ne s'agirait pas simplement d'interdire la présentation de certains produits de façon positive ou agréable (tels que le tabac ou l'alcool dont les effets délétères sur la santé sont désormais incontestables). La publicité ne devrait rien masquer, même si certains éléments paraissent défavorables (« éviter de manger trop gras, trop sucré, trop salé »). En d'autres termes, jusqu'à quel point les intérêts commerciaux des annonceurs peuvent-ils être restreints ? Se poser cette question serait l'une des conséquences, contre-intuitive et paradoxale, du rapprochement de la liberté d'expression et de la publicité.

C'est à l'ensemble de ces interrogations qu'invite Nabil Mounir en livrant aux lecteurs les outils d'analyse et les clés de compréhension d'un phénomène singulier, tant dans sa naissance que dans ses effets.

Fabien Marchadier
Professeur à la Faculté de droit et des sciences sociales de Poitiers

REMERCIEMENTS

Je tiens à exprimer mes sincères remerciements à Monsieur Fabien Marchadier et à Monsieur Romain Dumas pour leur accompagnement et leur confiance.

J'ai eu la chance de pouvoir bénéficier de leurs deux expertises complémentaires et de leurs conseils toujours avisés et précieux chacun à leur façon, mais toujours dans la même direction, vers le haut.

Je remercie également ma famille Briviste et mes amis et collègues Limougeauds, pour leur encouragement et leur soutien tout au long de ces années de doctorat.

Je ne peux pas oublier de remercier mes oncles Abdelkader Mounir et Rachid Sedik pour leur soutien infaillible.

Enfin, mes remerciements vont à mes très chers parents, Fatima et Ben Nasser ; à mes sœurs Asmae et Kaoutar ; à mon frère Khalid. Merci de tout cœur pour leur patience, compréhension et encouragement.

À ma mère

PRINCIPALES ABREVIATIONS

A

AAI	Autorité administrative indépendante
A	Agence conseil en communication
AD	Advertising
AJDA	Revue Actualité juridique de droit administratif
AJ	Pénal Revue Actualité juridique de droit pénal
ARPP	Autorité de régulation professionnelle de la publicité
Art.	Article

B

Bibl.	Bibliothèque
BICC	Bulletin d'information de la Cour de cassation
Bull.	Bulletin des arrêts de la Cour de cassation

C

CA	Cour d'appel
CAA	Cour administrative d'appel
Cass.	Arrêt de la Cour de cassation
CCC	Contrat-concurrence-consommation
CEDH	Convention de sauvegarde des droits de l'Homme et des libertés fondamentales
CEP	Conseil de l'Éthique publicitaire
Ch.	Chambre
Chron.	Chronique
CIJ	Cour internationale de justice
Civ.	Chambre civile de la Cour de cassation
CJUE	Cour de justice de l'Union européenne
CNCDH	Commission nationale consultative des droits de l'Homme
CNIL	Commission nationale de l'informatique et des libertés
CNRS	Centre national de la recherche scientifique
CNRTL	Centre national de ressources textuelles et lexicales
Coll.	Collection

Comm. EDH	Commission européenne des droits de l'Homme
Concl.	Conclusions
Consd.	Considérant
Convention EDH	Convention de sauvegarde des droits de l'Homme et des libertés fondamentales
Cour EDH	Cour européenne des droits de l'Homme
CPP	Conseil paritaire de la publicité
C. Pén.	Code pénal
CRDF	Cahiers de la recherche sur les droits fondamentaux
CREDOF	Centre de recherches et d'études sur les droits fondamentaux
Crim.	Chambre criminelle de la Cour de cassation
CSA	Conseil supérieur de l'audiovisuel
D	
D.	Revue Recueil Dalloz
(dir.)	Sous la direction de
DGCCRF	Direction générale de la concurrence, de la consommation et de la répression des fraudes
Doc. Fr.	La Documentation Française
Dr. Pén.	Revue Droit pénal
E	
éd.	Edition
F	
Fasc.	Fascicule
G	
Gaz. Pal.	Revue La Gazette du Palais
GC	Grande chambre
I	
IA	Intelligence artificielle
IAB	Interactive advertising bureau
Ibid	Ibidem
ICC	International chamber of commerce
in	Dans
infra	ci-dessous
IR.	Information rapide
IREP	Institut de recherche et d'études publicitaires

J	
Jcl.	Encyclopédie Jurisclasseur
JCP	Revue La Semaine Juridique
JCPE	Revue La Semaine Juridique, édition Entreprise
JDP	Jury de déontologie publicitaire
J.O.	Journal Officiel
J.O.A.N.	Journal Officiel de l'Assemblée nationale
Juris.	Jurisprudence
L	
L.	Loi
LGDJ	Edition Librairie général de droit et de jurisprudence
LPA	Revue Les petites affiches
N	
not.	Notamment
O	
OCDE	L'Organisation de coopération et de développement économique
obs.	Observations
op. cit.	Opere citato /Œuvre citée
P	
p	page
PME	Petites et moyennes entreprises
pp	pages
PPO	principe de pays d'origine
Préc.	Précité
PUAM	Presses universitaires d'Aix-Marseille
PUF	Presses universitaires de France
PUR	Presses universitaires de Rennes
R	
rapp.	Rapport
Rec.	Recueil Dalloz
REF	Revue d'économie financière
REMN	Revue européenne des médias
RevDH	Revue des droits de l'homme (en ligne)
RDLF	Revue des droits et libertés fondamentaux

RDP	Revue de droit public et de sciences politiques
Rép. Dr. Int.	Répertoire de droit international Dalloz
Rép. Civ.	Dalloz Répertoire de droit civil Dalloz
Rép. Dr. E.	Dalloz Répertoire droit européen
Rép. Pén.	Dalloz Répertoire de droit pénal
Req.	Requête
RFDA	Revue française de droit administratif
RFTJ	Revue française de théorie juridique
RGPD	Règlement général sur la protection des données
RJE	Revue juridique de l'environnement
RLDA	Revue Lamy droit des affaires
RLDC	Revue Lamy de la concurrence
RLDI	Revue Lamy droit de l'immatériel
RLP	Règlement local de publicité
RRJ	Revue de la recherche juridique
RSC	Revue de science criminelle et de droit pénal comparé
RTD Civ.	Revue trimestrielle de droit civil
RTD Com	Revue trimestrielle de droit commercial
RTDE	Revue trimestrielle de droit européen
RTDH	Revue trimestrielle des droits de l'Homme

S

S.	Revue Recueil Sirey
s.	et suivants
SMA	services médias audiovisuels
Somm.	Sommaire
SNCF	Société nationale des chemins de fer français
Spéc.	spécialement
Supra	ci-dessus

T

t.	tome

TA	Tribunal administratif
TFUE	Traité sur le fonctionnement de l'union européenne
TGI	Tribunal de grande instance
TI	Tribunal d'instance
TPE	Très petites entreprises
U	
UE	Union européenne
USSC	Cour suprême des États-Unis (United States Supreme Court)
V	
V.	Voir

SOMMAIRE

INTRODUCTION

« Il est évident qu'une trop grande généralisation des droits fondamentaux présente certains dangers, liés à un risque de banalisation (...). Il faut savoir raison garder car, dans le domaine juridique comme ailleurs, le mieux peut être l'ennemi du bien »[1].

1. Il n'est plus permis de contester l'influence de la Convention de sauvegarde des droits de l'Homme et des libertés fondamentales (CEDH) sur l'ensemble des branches du droit privé[2]. Le moment est venu d'affirmer que les interrogations concernant la vocation des droits fondamentaux à régir ce champ du droit ont dépassé la première étape évoquée par A. Schopenhauer qui affirme, au sujet de toute éventuelle nouvelle révolution, que « *toute vérité franchit trois étapes. D'abord elle est ridiculisée. Ensuite, elle subit une forte opposition. Puis, elle est considérée comme ayant toujours été une évidence* ». De la sorte, si la pénétration des droits de l'Homme dans le droit privé en général n'est plus vraiment perçue comme une idée « saugrenue »[3] ou ridicule, le caractère inquiétant de certains liens n'est pas pour autant totalement

---

[1] J-F. RENUCCI : « Le droit des affaires, domaine nouveau du droit européen des droits de l'homme », *Droit et patrimoine*, n°74, éd. LamyLine, 1er sept. 1999.

[2] Tout a commencé avec le fameux arrêt Marckx c. Belgique (Cour EDH : 13 juin 1979, req. n°6833/74, § 58) inaugurant le droit privé en traitant des questions relatives à l'établissement de la filiation. Depuis, la Cour EDH intervient dans le domaine du droit privé pour traiter de diverses questions relatives à l'autorité parentale (Cour EDH : 22 juin 1989, n° 11373/85, Eriksson c. Suède ; Cour EDH : 26 février 2002, Kutzner c. Allemagne, n° 45644/99) et l'état civil (Cour EDH : 25 mars 1992, B. c. France, req.n° 13343/87). Le droit des obligations n'a pas non plus été épargné. En guise d'illustration, la Cour de cassation a été conduite à exercer son contrôle sur le contenu d'un contrat en s'appuyant sur la Convention (C. JAMIN : « Un droit européen des contrats », *in* P. de Vareilles-Sommières, *Le droit privé européen*, éd. Economica, 1999, p. 40 et s., spéc. p. 57) . Le droit social, s'est quant à lui invité dans le champ de la Convention par le biais de l'article premier du protocole n°1 combiné à l'article 14 de la CEDH à l'occasion de l'affaire Gaygusuz c. Autriche (Cour EDH : 16 sept. 1996, req. n° 17371/90). P. LEMMENS : « Les effets de la CEDH dans certains domaines du droit civil », *RUDH* 1992 p. 447 et s. ; P. SARGOS : « Les principaux domaines d'application de la Convention en droit pénal et en droit civil », in *Convention européenne des droits de l'homme et droit communautaire*, Actes du colloque du 18 juin 1987, La Documentation française, 1988, p. 31 ; Pour le droit de la concurrence voir L. VOGEL : « Droits de l'homme et droit de la concurrence » *in* Mélanges Y. SERRA, *Dalloz*, 2006 ; J-P. MARGUÉNAUD : *CEDH et droit privé, L'influence de la jurisprudence de la Cour européenne des droits de l'homme sur le droit privé français*, Paris, La Documentation française, 2001.

[3] R. DUMAS : *Essai sur la fondamentalisation du droit des affaires*, thèse à l'Université de Limoges, préf. E. GARAUD, éd. L'Harmattan, 2008, p. 1, §1.

dépassé. En outre, l'emprise, bien que réelle, de la CEDH sur certaines branches du droit privé, ne relève pas non plus de l'évidence[4].

2. Le droit des affaires, domaine qui nous intéresse, est en osmose avec les droits de l'Homme, influence réciproque qui constituait le lien le plus surprenant, et qui demeure le plus exposé aux critiques[5]. Les prémices d'un tel rapport entre les droits de la CEDH et le domaine économique sont apparues très tôt, dans l'arrêt *Airey* de 1979[6]. Depuis cette année-là et au prix d'une jurisprudence audacieuse, l'affaire *Sténuit c. France*, rendue par la feue Commission européenne des droits de l'Homme (Commission EDH), a marqué l'avènement de la rencontre contestée entre ces deux *corpus* de droits[7].

---

[4] P. DE FONTBRESSIN : *L'entreprise et la Convention européenne des droits de l'Homme*, préf. M. Franck, Bruylant, 2008 ; L. BOY, J.B. RACINE et F. SIIRIAINEN (coord ;) : *Droit économique et droits de l'Homme*, préf. J.F. RENUCCI, éd. L.G.D.J. 2009 ; « L'utilisation de la CEDH dans la pratique des affaires », colloque Pau, 20 novembre 2009, *Dr. et Patr.* 2010, n° 194, p. 51 et s. ; Conférences sur « l'entreprise et les droits fondamentaux », par D. DE BÉCHILLON, Ch. JAMIN et J.P. MARGUÉNAUD, *Nouveaux cah. Cons. Const* ;, 2010, n° 29, p. 205 et s. ; D. SCHMIDT (dir.) : « Loyauté et impartialité en droit des affaires », actes du 37ème colloque de Deauville, 31 mars et 1er avril 2012, *Gaz. Pal.*, du 24 mai 2012, p. 6 et s. ; « l'entreprise et les droits fondamentaux : le procès équitable », Cons. Const. 5 avril 2012, par D. DE BÉCHILLON, J. FOUREL et M. GUOYMAR, *Nouveaux cah. Cons. Const.* 2012, n° 37, p. 157 ; « La justice économique en Europe », colloque du 15 novembre 2013, organisé par l'Association Toulouse cité européenne du droit au TGI de Toulouse le 15 novembre 2013, L. IDOT, *RLDA* 2015/104, mai 2015, n°5595, p. 27 ; « Convention européenne des droits de l'homme et droit de l'entreprise », colloque des 15 et 16 octobre 2015, Montpellier, *coll. Droit et Justice*, L. MILANO (dir.), éd. Anthémis, 2016.

[5] B. EDELMAN : « La Cour européenne des droits de l'homme et l'homme du marché », Rec. D., 2011, p. 897 ; E. DREYER : « La fonction des droits fondamentaux dans l'ordre juridique », Rec. D. 2006, p. 748.

[6] Cour EDH : 9 oct. 1979, Airey c. Irlande, n°6289/73 : Selon le juge européen : « *La Convention doit se lire à la lumière des conditions de vie d'aujourd'hui, et à l'intérieur de son champ d'application elle tend à une protection réelle et concrète de l'individu ; or, si elle énonce pour l'essentiel des droits civils et politiques, nombre d'entre eux ont des prolongements d'ordre économique ou social. Avec la Commission, la Cour n'estime donc pas devoir écarter telle ou telle interprétation pour le simple motif qu'en l'adoptant on risquerait d'empiéter sur la sphère des droits économiques ou sociaux* » §26.

[7] Cour EDH : 27 février 1992, Stenuit c. France, aff. 67/1991/319/391 série A, n° 232-A. Dans cette affaire, que la Cour n'a pas eu l'occasion de traiter sur le fond en raison du désistement de la requérante (société commerciale), la Commission EDH a retenu que les sanctions pécuniaires infligées pour pratiques anticoncurrentielles relevaient de la matière pénale. Ainsi, l'article 6§1 de la Convention EDH a fait office de passerelle pour la rencontre entre le droit des affaires et les droits de l'Homme. V. sur ce point : L. ARCELIN : « L'alliance raisonnable entre droit de la concurrence et CEDH », *Revue Lamy de la Concurrence*, n° 11, 1er avril 2007. p. 2. F. SUDRE qualifia ce document d'« article « *« attrape-tout » qui a permis aux organes de contrôle de faire tomber sous le coup de la Convention des pans entiers du droit interne qui semblaient a priori hors la Convention* » (F. SUDRE : « L'arrêt CEDH 27 février 1992, Société

Afin de synthétiser la pénétration de la CEDH dans le domaine marchand, B. Edelman évoqua deux processus : « *d'une part, la CEDH a traité les entreprises comme des hommes, en leur reconnaissant certains droits fondamentaux - et on passait, brutalement, dans une autre « réalité » juridique où la distinction personne physique-personne morale était abolie -, d'autre part, en retour, elle construisait un nouvel individualisme, respectueux des lois du marché, jouant le jeu d'une concurrence libre, où tout ce qui était considéré comme « inviolable et sacré » - la liberté, le « moi », le corps... - prenait la forme de la valeur* »[8].

3. Il faut bien reconnaître que le caractère étrange du lien existant entre les droits de l'Homme et le droit des affaires, bien que relativement désuet[9], est

---

Stenuit c. France : à propos des droits de l'entreprise », *la Semaine juridique, Cahier de droit de l'entreprise* n°28 du 9 juillet 1992. p. 28.). Toutefois, il est loin d'être le seul à adopter cette position, car *« l'article 25 de la Convention reconnaît le droit de recours individuel devant la commission à toute personne physique, tout groupe de particulier mais aussi « toute organisation non gouvernementale »* » (F. SUDRE préc., p. 27). C'est ainsi que les opérateurs économiques ont commencé à revendiquer certains droits et libertés de la Convention tels que le droit de propriété (Cour EDH : 9 févr. 1993, Pine Valley Developpement Ltd c. Irlande, n° 12742/87).

Il est évident que certains droits de la Convention sont, par nature, réservés aux personnes physiques comme ceux qui protègent l'intégrité physique ou morale de la personne ; il s'agit, entre autres, du droit à la vie (art. 2), du droit à ne pas être torturé (art. 3), du droit à ne pas être réduit en esclavage (art. 4), du droit au mariage (art.12), celui de ne pas être expulsé du territoire de l'état national (art. 2 protocole n°4), etc.

Néanmoins, le juge européen a accordé le bénéfice de certains droits aux personnes morales : Dans un arrêt illustratif de l'un des développements jurisprudentiels novateurs, la Cour EDH a estimé que le droit au respect de la vie privée, du domicile et de la correspondance, protégés par l'article 8§1 de la CEDH, couvrait aussi les locaux professionnels et commerciaux. V. Cour EDH : 30 mars 1989, Chappelle c. Royaume Uni, req., n° 10461/83. Plus explicitement, la Commission EDH a reconnu que le siège d'une société commerciale visé par des visites était assimilable à un « domicile » au sens de l'article 8§1, V. Comm. EDH : 12 octobre 1991, Noviflora Sweeden Aktienbolag c. Suède, req., n° 14369 /88. En ce qui concerne les garanties processuelles accordées par la Convention, la revendication du respect d'un délai raisonnable et du droit à un procès équitable est largement exigée par les entreprises commerciales : Concernant l'exigence d'un délai raisonnable, voir Cour EDH : 7 juillet 1989, Union Alimentaria Sanders c. Espagne, req., n°11681/85, série A, n°157. Pour ce qui est du droit à un procès équitable en matière civile : Cour EDH : 27 octobre 1993, Bombo Beheer c. Pays-Bas, req., n°14448/88, série A n° 274 ; Cour EDH : 6 avril 2000, Comingersoll SA c. Portugal, n°35382/97.

[8] B. EDELMAN : « La Cour européenne des droits de l'homme et l'homme du marché », *préc.*

[9] Nous signifions que la rencontre entre le droit des affaires et les droits de l'Homme n'est plus surprenante.

assez compréhensible. Le droit des affaires[10] est pétri d'utilitarisme[11]. Il est, en effet, un droit concret orienté vers la satisfaction des besoins matériels[12] et assimilé à un droit de l'activité économique[13]. Il s'agit du droit des activités « *de nature marchande, indépendantes de la qualité des opérateurs et constituant à la fois des techniques juridiques et de gestion* »[14]. Les sujets concernés par le droit des affaires sont souvent des entités animées par le souci de réaliser des profits. En revanche, les droits de l'Homme ont pour leur part des finalités plus nobles, à savoir d'assurer la liberté et la dignité de l'être humain. Cela dit, notons tout de même que ces finalités si éloignées les unes des autres ne sont pas forcément incompatibles[15].

4. Par ailleurs, le contexte de l'adoption de la Convention européenne ne laisse guère présager une application des droits fondamentaux dans le domaine du marché. N'oublions pas qu'en effet, l'époque de la rédaction de la CEDH était particulière, car pleine d'espoir, d'émotions et témoignait de la volonté commune des États européens d'instaurer un système de protection des droits de l'Homme et des libertés fondamentales ainsi que de parvenir à une union politique afin de tourner la page de l'horreur et des atrocités de la Seconde Guerre mondiale. La personne humaine, victime du désastre de la guerre, constituait alors, aux yeux du mouvement européen, auteur du premier projet de la Convention de sauvegarde des droits de l'Homme et des libertés fondamentales, une priorité absolue. C'est en ce sens qu'en évoquant la Convention, le grand Européen, Robert Schuman, a affirmé qu'elle « *constitue les fondations sur lesquelles nous voulons asseoir la défense de la personne humaine contre toutes les tyrannies et contre tous les totalitarismes* » [16] . Dans

---

[10] L'expression « droit des affaires » est apparue au milieu du 20ème siècle. Ce droit recouvre une matière qui est traditionnellement enseignée sous le nom de droit commercial. Du fait qu'il est constitué d'un ensemble de règles de droit applicables aux entreprises en général, le droit commercial est défini comme « l 'ensemble des règles de droit applicables aux commerçants dans l'exercice de leur activité professionnelle », V. J-B. BLAISE et R. DESGORCES : *Droit des affaires, commerçants, concurrence, distribution*, LGDJ, 9ème éd. 2017, p.21.

[11] F. MARCHADIER : « La moralisation de la vie des affaires et la convention européenne des droits de l'homme », *in Moins de droit dans l'activité économique : mythe ou réalité ?* Colloque organisé par La Chaire de procédure pénale internationale de la Faculté de Droit et d'Administration de l'Université de Varsovie et Le collège de droit français à Varsovie de la Faculté de droit et des sciences sociales de l'Université de Poitiers. Varsovie, les 28 et 29 octobre 2011.

[12] Y. GUYON : *Droit des affaires*, T1, Droit commercial général et sociétés, 10ème éd. Economica, 1998, p.2.

[13] G. FARJAT : « La notion de droit économique », Archives de philosophie du droit, t.37, p.19

[14] C. CHAMPAUD : *Le droit des affaires*, éd. PUF, Que sais-je ? 1991, p.22.

[15] M-S. MOHAMED MAHMOUD : « L'Économie de marché et les droits de l'homme », *RIDE*, 1996, n°2, pp. 159 et s.

[16] L. BENVENUTI : *La conscience de l'Europe : 50 ans de la Cour européenne des droits de l'homme*, éd. Conseil de l'Europe, 1èrepublication octobre 2010., p. 22.

la même veine, le Professeur Jean-François Flauss souligne que « *l'intention affichée des rédacteurs de la Convention de sauvegarde des droits de l'homme et des libertés fondamentales était, au lendemain de la seconde guerre mondiale, d'assurer la protection de la personne humaine et non d'offrir des garanties internationales aux sociétés commerciales* » [17].

5. Les droits garantis par cette œuvre européenne constituent également et logiquement un élément qui cristallise la stupéfaction engendrée par l'application de la Convention au domaine des affaires, alors que ces droits ne devraient profiter, en principe, qu'à la personne humaine. À cet égard, J. Rivero a insisté sur l'idée qu'« *au cœur du concept de droits de l'homme, il y a l'intuition de l'irréductibilité de l'être humain à tout son environnement social* »[18]. Dans la mesure où ils sont fondés sur la dignité humaine, les droits fondamentaux tentent de préserver ce qui est essentiel chez l'homme. En effet, « *il y a des droits dont le caractère identitaire est d'être humain parce que leur conception les destine à la personne dans la conscience de sa dignité* »[19]. La dénomination même de la Convention renvoie à l'idée que la protection des droits ne concerne que l'« Homme ». La définition donnée par René Cassin de la notion de « droits de l'Homme » est d'ailleurs des plus illustratives du domaine de cette science. Selon lui, « *la science des droits de l'homme est une branche particulière des sciences humaines dont l'objet est d'étudier les rapports entre les hommes en fonction de la dignité humaine, en déterminant les droits et les facultés dont l'ensemble est nécessaire à l'épanouissement de la personnalité de chaque être humain* »[20]. Toutefois, concernant ce dernier point, le caractère étrange de la rencontre entre ces deux types de droits est moins flagrant lorsque l'on substitue la notion de « droits fondamentaux » [21] à celle de « droits de l'Homme » [22]. Ainsi, l'extension audacieuse des droits et libertés de la Convention par la Cour fut dans une certaine mesure soutenue par ce glissement terminologique[23]. Évoquer

---

[17] J-F. FLAUSS : « La convention européenne des droits de l'homme : une nouvelle interlocutrice pour le juriste d'affaires », *RJDA*, n°6, éd., Francis Lefebvre 1995, p.533.

[18] J. RIVERO : Rapport général, in *les droits de l'homme, droits collectifs ou droits individuels ?* LGDJ, 1980, p. 23.

[19] G. LOISEAU : « Des droits humains pour des personnes non humaines », D. 2011, p. 2558.

[20] R. CASSIN : « Science des droits de l'homme : méthodologie et enseignement », Colloque de Nice 1971, *RDH* 1972, vol.V.

[21] P. WACHSMANN : « L'importation en France de la notion de droits fondamentaux », *RUDH* 2004, p. 40.

[22] Les notions de droits de l'Homme et de libertés publiques semblent dépassées, les droits fondamentaux auraient vocation à se substituer à ces deux notions. Sur ce point, voir X. DUPRÉ DE BOULOIS : « Les notions de liberté et de droit fondamentaux en droit privé », JCP. G .2007. I. 211, p. 11 ; E. BALLOT : *Les insuffisances de la notion de droits fondamentaux*, éd. Mare et Martin, Bibliothèque des thèses, 2014., p. 32.

[23] V. CHAMPEIL-DESPLATES : « Des « libertés publiques » aux « droits fondamentaux » : effets et enjeux d'un changement de dénomination », *Jus Politicum*, revue de droit politique,

les droits de « l'Homme » suppose, en effet, que seule la personne humaine est en mesure de s'en prévaloir, ce qui peut être attesté par l'absence de la mention « personne morale » dans le corps de la Convention EDH et sa seule apparition dans le protocole n°1 en lien avec le droit de propriété. En revanche, la notion de « droits et libertés fondamentaux » ne renvoie pas, quant à elle, immédiatement à l'homme, ce qui lui permet d'englober deux sujets de droit, à savoir les personnes physiques et celles morales. À la différence de la logique des droits de l'Homme, celle des droits fondamentaux n'est, en effet, pas purement anthropomorphique[24]. Signalons, à titre d'illustration, que l'Union européenne, incarnation de l'Europe économique, avait besoin de rendre plus visible sa facette *pro homine* en adoptant une charte qu'elle a préféré nommer « Charte des droits fondamentaux de l'Union européenne » [25], alors que le Conseil de Cologne[26] aurait pu la qualifier de « Charte des droits de l'homme de l'UE », étant donné que la majorité des droits qu'elle garantit figurent déjà dans la Convention EDH. Loin d'épuiser ce sujet, un tel exemple tend simplement à prouver que cette dynamique terminologique joue un rôle, ne serait-ce que secondaire, dans le phénomène de la fondamentalisation du droit des affaires[27]. Notons à cet égard que, pour la présente étude, c'est une notion stricte de l'expression « droits fondamentaux » qui sera retenue[28].

---

n°5, accessible et téléchargeable à l'adresse suivante : http://juspoliticum.com/article/Des-libertes-publiques-aux-droits-fondamentaux-effets-et-enjeux-d-un-changement-de-denomination-290.html

[24] E. DECAUX : « L'applicabilité des normes relatives aux droits de l'homme aux personnes morales de droit privé », *RID comp.* 2002. 549 s., spéc. p. 578.

[25] Conseil européen de Cologne, conclusions de la présidence, 3 et 4 juin 1999, pt. 44.

[26] Le Professeur CHAMPEIL-DESPLAT considère que les droits de l'Homme représentent des principes philosophiques qui sont incapables d'assurer l'effectivité des droits et libertés, ce qui veut dire à notre sens que la notion de droit fondamental le permet. Voir son article « *L'effectivité des droits de l'homme : perspectives théoriques », in À la recherche de l'effectivité des droits de l'homme*, Presse universitaire de Paris, 2008, p. 11 et s.

[27] Sur ce point voir, R. DUMAS : *Essai sur la fondamentalisation du droit des affaires*, préc. ; J.P. MARGUÉNAUD : « La fondamentalisation du droit privé », avant-propos à un dossier sur ce thème, *in RDA,* oct. 2015, p. 33 et s.

[28] Au sens strict, un droit fondamental désigne un ensemble de prérogatives d'une particulière importance et jouissant d'une valeur supra-légale. Rappelons dans ce sens les deux approches des droits et libertés fondamentaux.

L'approche formelle qui appréhende les droits fondamentaux comme un ensemble de prérogatives consacrées et protégées par des normes supérieures, nationales et supranationales (L. FAVOREU : « la notion de liberté fondamentale devant le juge administratif des référés », *Rec. D.* 2001, n°22, pp.1739-1744) et l'approche substantielle qui les définit comme l'expression de valeurs inhérentes à l'Humanité et à l'État de droit (E. PICARD : « Droits fondamentaux », *in Dictionnaire de la culture juridique*, *PUF*, 2003, pp. 544-549). La conception large, qui pourrait inclure dans cette notion les principes, notions, concepts ou

6. Dès lors, il semblerait qu'il y a contraste et point de compatibilité entre ces deux *leges speciales* : l'une est en effet rattachée à l'homme et défend une approche qu'il faut bel et bien qualifier de morale, l'autre organise quant à elle les rapports entre acteurs privés et s'intéresse au marché dans le dessein de crée de richesses et d'assurer leur circulation. C'est la raison pour laquelle, de prime abord, il pourrait paraître raisonnable de soutenir l'opinion préconisant que chacun de ces *corpus* de droit demeure distant l'un de l'autre. Cependant, le juge européen des droits de l'Homme ne s'est pas montré sensible à de telles disparités et n'hésite point à renforcer le lien existant entre ces deux disciplines. La Cour EDH a, en effet, instauré une véritable alliance avec le marché en intégrant le discours publicitaire dans le champ de protection de l'article 10§1, donnant ainsi naissance à la liberté d'expression publicitaire. Au début, la Cour strasbourgeoise considérait que « *ni le statut juridique de société anonyme, ni le caractère commercial de ses activités, ni la nature même de la liberté d'expression ne sauraient (la) priver du bénéfice de l'article 10* », ce qui vaut pour « *toute personne physique et morale* »[29]. Puis, la Cour a opéré une extension expresse, mais pas totalement dépourvue d'ambiguïté[30], de la liberté d'expression au message publicitaire en affirmant, dans l'arrêt *Casado Coca c. Espagne*[31], que « *l'article 10§1 englobe aussi (...) des messages publicitaires diffusés par câble* »[32] .

7. Il convient d'admettre que l'étendue de l'article 10§1 ne se limite pas seulement à l'expression publicitaire *stricto sensu*, mais renvoie également à l'ensemble de la communication de l'entreprise. Abstraction faite de la communication interne des entreprises, ce sont surtout les communications externe et extérieure[33] de celles-ci qui seront concernées par notre étude. Il s'agira toutefois de distinguer le discours publicitaire de cet ensemble.

Les communications externe et extérieure de l'entreprise ne sont pas uniquement commerciales ou, *a fortiori*, seulement publicitaires, bien que la plupart de leurs actions œuvrent dans ce sens. Il y a ce que les spécialistes du marketing appellent la communication institutionnelle ou *corporate*[34], par le biais de laquelle l'entreprise communique pour faire parler d'elle en tant

---

mécanismes qui constituent les fondements théoriques d'une matière, est exclue car non seulement ces derniers ne s'intègrent pas à un rang élevé dans la hiérarchie normative mais, de plus, ils ne sont pas susceptibles d'être qualifiés de droits.

[29] Cour EDH : 22 mai 1990, Autronic AGC c. Suisse, n° 12726/87, série A, n° 178, §47.

[30] Cf. *infra* n°265 et s.

[31] Cour EDH : 24 février 1994, Casado Coca c. Espagne, n° 15450/89.

[32] *Ibid*, §35.

[33] La communication extérieure est une expression généralement utilisée pour désigner l'affichage publicitaire extérieur et regroupe donc essentiellement : le mobilier urbain (abribus, colonne Morris, sucettes, etc.). Définition-marketing.com.

[34] É. GIUILY : *La communication institutionnelle. Privé/public : le manuel des stratégies*, Presses Universitaires de France, 2013.

qu'institution auprès d'un public qui n'est pas forcément composé de consommateurs, mais surtout de journalistes et des pouvoirs publics. Ainsi, ce n'est pas la promotion d'une offre de produits ou de services qui est mise en avant, mais uniquement l'image de l'entreprise. L'objectif étant de développer ou de renforcer cette image, ou simplement de faire connaître son organisation et ses valeurs. Cette forme de communication intègre aussi la communication financière, qui vise pour sa part à promouvoir l'image de l'entreprise auprès de ses actionnaires et collaborateurs ainsi que d'éventuels investisseurs. Elle s'appuie sur la publicité financière, la publication des rapports annuels et les communiqués de presse[35]. Dans un contexte de crise touchant l'entreprise elle-même ou son environnement, une autre forme de communication est mise en œuvre, il s'agit de la communication de crise[36].

Au demeurant, la forme de communication la plus répandue est la communication commerciale. Elle s'avère, en principe, liée à l'objectif social de l'entité émettrice du message, et est de ce fait orientée et adaptée aux économies de marché et à une stratégie de maximisation du profit favorisant la commercialisation d'un produit ou d'un service et renforçant la notoriété de la marque.

8. Souvent utilisées de manière interchangeable, la publicité et la communication commerciale constituent toutefois deux notions bien distinctes. La forme attractive et le contenu incitatif du message publicitaire sont les deux principaux critères qui permettent de le distinguer du discours commercial, qui endosse quant à lui une fonction purement informative. Une telle distinction est mise en avant dans les textes[37]. Ainsi, la directive de 2005 portant sur les pratiques commerciales[38] distingue, dans son article 2. d), la publicité de la communication commerciale lorsque cette dernière énumère en ces termes un certain nombre de pratiques susceptibles d'être trompeuses : « *toute action, omission, conduite, démarche ou communication commerciale, y compris la publicité et le marketing...* ». L'expression « y compris » montre que la publicité ne constitue qu'une partie de ce champ plus vaste qu'est la communication commerciale. Cette dernière est généralement divisée, d'une

---

[35] P. L. DUBOIS, A. JOLIBERT, M.L. GAVARD-PERRET et C. FOURNIER : *Le Marketing, fondements et pratique*, éd., Economica n° 5, 2013., p. 364.

[36] B. BATHELOT définit cette communication comme une « *communication constituée de l'ensemble des dispositifs, techniques et actions de communication entreprises pour lutter contre les effets d'un événement (accident, pollution, licenciement, rappel produit...) pouvant avoir des effets négatifs sur l'image de l'organisation concernée ou de ses produits* ». V. *definition-marketing.com.*

[37] L. ARCELIN : « Campagne de Leclerc pour la distribution des médicaments non remboursés : ceci n'est pas une publicité », note sous CA Colmar, 7 mai 2008 : JCP E 2008, 2499., p. 5.

[38] Directive 2005/29/CE du Parlement européen et du Conseil du 11 mai 2005 relative aux pratiques commerciales déloyales des entreprises vis-à-vis des consommateurs dans le marché intérieur.

part, en communication médias, qui englobe la télévision, la radio, la presse, l'affichage, internet et le cinéma, et de l'autre, en communication hors médias, composée du parrainage[39], du mécénat[40], des annuaires, des salons et foires, du marketing direct, etc. La publicité est, en effet, un type de communication qui passe par les grands médias de masse [41], mais qui peut toutefois revêtir d'autres formes dans la communication hors médias, ce qui est le cas, par exemple, de la publicité directe (publipostage, imprimés sans adresse, prospectus, catalogues, courriels), de la publicité sur le lieu de vente, de la publicité par événement (parrainage, mécénat, manifestations diverses) et du placement de produits[42]. Le développement de la communication numérique, alimentée par les données à caractère personnel, a généré une course à la personnalisation du message publicitaire. Ainsi, en plus d'une publicité de masse moins maîtrisée, la publicité numérique est, en raison de son efficacité, devenue une forme incontournable.

9. La présente recherche se propose d'interroger tant la publicité commerciale numérique que traditionnelle. Le choix de la première se justifie par les nouvelles interrogations qu'elle suscite sur le plan de la vie privée. La seconde, quant à elle, mérite un nouvel éclairage quant à la protection fondamentale de l'article 10§1 de la CEDH. Bien qu'elle se focalisera sur la publicité commerciale, considérée comme la forme d'expression la plus visible de la communication des entreprises, l'étude ne négligera pas les interactions évidentes de la publicité avec le discours commercial au sens large et les autres formes de communication (institutionnelle ou politique). Il faut de ce fait noter ici qu'il convient de distinguer ce travail de la thèse de

---

[39] Défini comme un *« soutien apporté à une manifestation, à une personne, à un produit ou à une organisation en vue d'en retirer un bénéfice direct »* M.H. WESTPHALEN et T. LIBAERT : *La communication externe de l'entreprise,* éd. DUNOD, 2008, n°2., p. 73. Voir également la 4ème édition du même ouvrage, 2014.

[40] M.H. WESTPHALEN et T. LIBAERT le définissent comme étant « *un soutien financier ou matériel apporté sans contrepartie directe de la part du bénéficiaire, à une œuvre ou à une personne pour l'exercice d'activités présentant un caractère d'intérêt général* ». *op. cit.*, p.73.

[41] J. LENDREVIE, A. BAYNAST et C. EMPRIN : *Le Publicitor*, éd. DUNOD, n°7, 2008., p. 98.

[42] Le CSA le définit comme étant « *toute forme de communication commerciale audiovisuelle consistant à inclure un produit, un service ou une marque ou à y faire référence, en l'insérant dans un programme, moyennant paiement ou autre contrepartie* », V. https://www.csa.fr/Proteger/Publicite-et-communications-commerciales/Le-placement-de-produit . La directive 2010/13/UE du Parlement européen et du Conseil du 10 mars 2010 a posé en principe la prohibition du placement de produits sur l'ensemble des médias audiovisuels. Elle a cependant laissé aux États membres la possibilité de l'admettre de manière encadrée.

Mme E. Borner-Kaydel, qui était consacrée au discours commercial en général[43].

10. L'omniprésence de la publicité, sa subjectivité, son importance financière pour les médias et la presse, ainsi que son coût pour les annonceurs sont, en effet, autant d'éléments qui justifient ce choix et qui en font une matière intéressante à traiter, indépendamment des autres formes de communications commerciales, en relation avec la liberté fondamentale d'expression. De surcroît, l'applicabilité de cette liberté à une forme d'expression dont la raison d'être est d'inciter à la consommation, offre un sujet d'analyse riche de questionnements et qui, sans être forcément original, n'a fait l'objet que de rares études[44]. Loin d'être dénué d'intérêt, l'élargissement du champ de cette étude au discours commercial dans son acception large a été écarté en raison de son incapacité à révéler des problématiques liées à la protection accordée par l'article 10§1 de la CEDH. Ainsi, en dehors du souci de délimiter les contours du sujet, la légitimité et la justification de la protection de ce discours par la liberté d'expression ne sont en principe pas contestables. Il convient d'observer que la presse spécialisée dans le domaine commercial peut embrasser les intérêts d'un groupe d'entreprises commerciales et défendre, par conséquent, leurs intérêts économiques. Ses publications peuvent revêtir une forme commerciale et ne doivent pas pour cette unique raison échapper au contrôle européen des restrictions au regard du paragraphe 2 de l'article 10. Leur diffusion relève donc naturellement de la liberté d'expression. De plus, les rapports d'activités publiés par les sociétés commerciales ou les conférences de presse qu'elles organisent, renferment tous des informations commerciales et font donc partie de sa communication. Dans ce contexte, le Professeur F. Marchadier soulignait que « *tout ce qui concourt à la moralisation des affaires et des transactions commerciales participe à la protection de l'intérêt général* »[45]. La liberté d'expression, appliquée au discours commercial, semble œuvrer en ce sens. En effet, « *En permettant de communiquer des informations les plus diverses et en protégeant, corrélativement, le droit pour le public de les recevoir, elle {le droit à la liberté d'expression} accompagne et affermit les*

---

[43] E. BORNER-KAYDEL : *La liberté d'expression commerciale, étude comparée sur l'émergence d'une nouvelle liberté fondamentale*, thèse de doctorat, Université d'Aix-Marseille, Aix-en-Provence, 6 février 2014, p. 41, §57.

[44] G. COHEN-JONATHAN : « Liberté d'expression et publicité - L'article 10 de la Convention européenne des droits de l'homme », *RD aff. int.* 1986, n° spécial, *La publicité et l'Europe*, p. 9 ; M. BOUTET : « La liberté d'expression publicitaire selon l'interprétation de la convention européenne des droits de l'homme », *D.* 26. 13 janvier 2000 ; A. SCHAUS : « Le droit à la liberté d'expression en matière commerciale », *Rev. trim. dr. h.* 1995, p. 647 ; E. BAKER : « The first Amendement and commercial speech », *Idiana law journal.* 2009, vol. 84.

[45] F. MARCHADIER : « La moralisation de la vie des affaires et la convention européenne des droits de l'homme », préc.

entreprises œuvrant à la transparence de la vie des affaires. Les pratiques commerciales peuvent être analysées, les contradictions internes du monde des affaires et ses excès sont susceptibles d'être révélés et soumis au jugement des salariés-consommateurs-petits actionnaires-citoyens. La liberté d'expression et la transparence qu'elle induit favorisent, sans les assurer cependant, des conduites morales, éthiques et loyales »[46]. Il semble donc légitime, et ce même pour des besoins de transparence facultative[47], que l'article 10§1 couvre la communication commerciale.

11. Par ailleurs, se limiter à l'étude de la publicité commerciale s'explique encore par l'impressionnante armature juridique[48] consacrée à cette forme d'expression : cet arsenal juridique réglementant et interdisant l'expression publicitaire est-il compatible avec les exigences du contrôle européen ? Aussi, la forte présence de la publicité, souvent imposée, dans la vie des individus et sa confrontation à leurs intérêts et à ceux des annonceurs pourraient engendrer des questions inédites concernant la liberté de réception, ce qui rendra le terrain d'analyse plus fertile.

12. Dans nos développements ultérieurs, nous nous mettrons en quête d'une définition plus aboutie de ce qu'est la publicité commerciale. Pour

---

[46] *Ibid.*

[47] À l'opposé de la transparence exigée par le législateur, l'article 10§1 permet à l'entreprise de communiquer, sans qu'elle y soit tenue, des informations relatives à son activité et à ses actions dans le domaine social et économique. Il est important de noter que nous partons de l'hypothèse que l'extension de l'article 10 au discours commercial et publicitaire est favorable à la société commerciale. Or, évoquer la transparence renvoie généralement à une obligation qui s'impose à celle-ci. C'est la raison pour laquelle nous avons préféré préciser le caractère volontaire (absence d'obligation) de la communication d'informations commerciales.

[48] Par exemple, au niveau européen : la directive (UE) 2018/1808 du Parlement européen et du Conseil du 14 novembre 2018 modifiant la directive 2010/13/UE visant à la coordination de certaines dispositions législatives, réglementaires et administratives des États membres relatives à la fourniture de services de médias audiovisuels, compte tenu de l'évolution des réalités du marché ; la directive 2005/29/CE du Parlement européen et du Conseil du 11 mai 2005 relative aux pratiques commerciales déloyales des entreprises vis-à-vis des consommateurs dans le marché intérieur ; la directive 2006/114/CE du Parlement européen et du Conseil du 12 décembre 2006 en matière de publicité trompeuse et de publicité comparative. Concernant la publicité en ligne, voir : Règlement (UE) 2016/679 du Parlement européen et du Conseil du 27 avril 2016, relatif à la protection des personnes physiques à l'égard du traitement des données à caractère personnel et à la libre circulation de ces données et abrogeant la directive 95/46/CE (règlement général sur la protection des données) ; Proposition de règlement du Parlement européen et du Conseil concernant le respect de la vie privée et la protection des données à caractère personnel dans les communications électroniques et abrogeant la directive 2002/58/CE (règlement « vie privée et communications électroniques ») COM/2017/010 final - 2017/03 (COD). Au niveau interne : voir plus particulièrement le titre 2 du livre premier du Code de la consommation ; voir également le chapitre 2 intitulé « Publicité » /titre 2/livre premier/partie 5 du Code de la santé publique.

l'instant, il suffit ici de rappeler que la publicité est non seulement une communication de masse, mais aussi une communication personnalisée, et surtout partisane qui se fixe pour finalité la maximisation de la vente de biens ou de la souscription de services nécessaires à la réalisation de profits. Comprise ainsi, elle ne peut être confondue avec l'information au sens strict[49]. En outre, bien que la publicité commerciale permette d'optimiser la vente des biens et des services et apparaisse comme un moyen incontournable pour bâtir la notoriété de l'annonceur, il n'en demeure pas moins qu'elle ne constitue qu'une minime partie d'un grand ensemble. Contrairement à ce que son omniprésence pourrait laisser penser, la publicité n'est en effet qu'une activité qui relève de la *fonction marketing*[50], qui repose, quant à elle, sur trois politiques fondamentales, à savoir : une politique d'offre qui définit les termes de l'échange dans la relation commerciale avec le client, une politique de mise sur le marché basée sur la force de vente et le réseau de distribution et enfin, une politique de communication commerciale dont fait partie la publicité.

13. Ceci dit, il est évident que cette opération extensive de l'article 10§1 de la CEDH ne fait qu'accentuer l'étonnement sur le lien entretenu entre les droits de l'Homme, en l'occurrence la liberté d'expression, et le marché. Cependant, encore faut-il rappeler que cet étonnement n'aurait pas été légitime si la bourgeoisie avait conservé le sens étymologique et premier de « rendre public » qu'elle avait octroyé à la publicité. Afin d'ériger la société contre l'État, la bourgeoisie avait, en effet, au XVIIe siècle, fait de la publicité des débats et des raisonnements un principe lié à l'avènement de la démocratie et à la constitution d'un nouveau vecteur sociopolitique, c'est-à-dire l'opinion publique[51].

C'est d'ailleurs en ce sens que la science juridique a appréhendé la publicité. Dans la langue juridique, le mot « publicité » a longtemps été réservé à un certain nombre de procédés (affichage, annonces dans les journaux spécialisées, insertions dans des registres) destinés à porter à la connaissance des tiers certains actes juridiques. C'est dans ce sens de « rendre public » que la loi a invoqué la publicité des actes d'état civil, la publicité au registre du commerce, etc. Le défaut de publicité est sanctionné soit par la

---

[49] J. LENDREVIE, A. BAYNAST et C. EMPRIN : *Le Publicitor*, *op.cit.* p. 4 ; B. LIARD : « la frontière entre information et publicité », *in Information et produits de santé, quelles perspectives ?* éd. PUF, 2006, pp. 49-63.

[50]Livre vert de la Commission européenne : « les communications commerciales dans le marché intérieur », 8 mai 1996, p.8.

[51] J. HABERMAS : *L'espace public. Archéologie de la publicité comme dimension constitutive de la société bourgeoise*, Paris, Payot, 1978.

nullité soit par l'inopposabilité aux tiers des actes non publiés. Tel est en droit le sens premier du mot « publicité »[52] .

Seulement, avec sa logique du capitalisme (ses lois du marché, sa quête de profit, son intrusion dans l'espace de la production culturelle), l'espace public bourgeois devait mettre fin au principe de la publicité des débats en transformant la fonction critique de celle-ci en une fonction d'intégration par la publicité commerciale[53]. Selon J. Habermas, confinée à l'espace des produits, « *la publicité commerciale a contaminé la sphère publique, la faisant passer du raisonnement critique et du monde des idées à celui des affects et à des adhésions irrationnelles. Ainsi, l'espace public né contre le pouvoir politique, pour le juger et le contrôler serait devenu, un espace de séduction publicitaire* »[54]. Le droit a suivi cette transformation et ne manqua pas d'appréhender la publicité dans le sens commun de « publicité commerciale ». Ce sens plus contemporain n'exclut pas l'appréhension classique de la publicité (publicité légale), mais les deux s'efforçant de cohabiter ensemble.

Nombreuses sont les dispositions, souvent de nature pénale, qui vont apparaître afin d'empêcher des abus commis par les entreprises dans la conquête du marché. La publicité, entendue dans son nouveau sens (commercial), a en effet été intégrée au droit positif par la loi du 2 juillet 1963 relative à la publicité mensongère, remaniée ensuite par la loi Royer du 27 décembre 1973[55].

14. Ainsi, l'étonnement suscité par la protection du discours publicitaire par l'article 10 de la CEDH est compréhensible et perdure, qui plus est si l'on envisage la publicité en tant que « *fille de la société capitaliste et qu'elle est moins un discours informatif qu'un discours idéologique, agent du contrôle social qui contribue à acculturer les masses en homogénéisant les comportements* »[56].

L'expression publicitaire est en effet un stimulateur de la concurrence, un facteur d'accélération des échanges commerciaux et constitue un moyen redoutable d'encourager la consommation, tandis que la liberté d'expression

---

[52] G. CAS : « Définition juridique de la publicité », *in L'avenir de la publicité et le droit*, Montpellier 1976, éd. Libraires Techniques 1976, p. 27 ; Voir en ce sens : *La publicité commerciale au point de vue juridique*, Paris Presses Universitaires de France, 1928.

[53] V. SACRISTE : « Sociologie de la communication publicitaire », Presses universitaires de France, 2001/2, vol.51, p. 490.

[54] J. HABERMAS : « L'espace public. Archéologie de la publicité comme dimension constitutive de la société bourgeoise », préc.

[55] Loi n° 73-1193 du 27 décembre 1973 d'orientation du commerce et de l'artisanat.

[56] V. SACRISTE : « Sociologie de la communication publicitaire », préc., citant l'école de sociologique critique de Francfort, p. 489.

est quant à elle un « droit de l'Homme »[57]. Cette liberté a depuis toujours été rattachée à l'homme. Alors que dans son rapport avec l'individu, la liberté d'expression garantit son épanouissement[58], dans sa relation avec la collectivité, elle est considérée comme l'un des piliers de la « société démocratique »[59]. En garantissant la clarté du débat démocratique, « *la liberté d'expression sous toutes ses formes contribue au respect du principe de prééminence du droit* »[60]. Sa protection est certes conditionnelle[61], cependant, les dérogations dont elle est susceptible de faire l'objet sont soumises à des normes d'examen des plus strictes[62]. Le rattachement de la liberté d'expression à l'homme ne devrait pas signifier qu'elle ne doit pas s'appliquer aux personnes morales telles que les associations ou les partis politiques qui tiennent un discours non commercial mais d'autre nature (ex. défense des droits de l'Homme, des animaux, de l'environnement, lutte contre toutes les formes de discriminations, promotions d'idées politiques…). Permettre à ces entités de s'exprimer sur des sujets qui intéressent la collectivité est fondamental dans une société démocratique. De ce fait, cette application n'est pas contestable.

15. Soulignons d'emblée qu'à l'origine, avant cette opération extensive du champ de l'article 10§1 de la CEDH, les rares rapports qu'entretenait la liberté d'expression avec le domaine marchand étaient marqués par une certaine timidité et une dose d'hostilité. La première impression s'illustre par la contribution, pas toujours assumée ou tout du moins apparente, de la liberté d'expression au progrès économique des entreprises de presse et de

---

[57] H. OBERDORFF : *Droits de l'homme et libertés fondamentales*, 6ème éd., LGDJ, 2017, sp. p. 22, n° 2 ; J. MORANGE : *La liberté d'expression*, Bruxelles, Bruylant, 2009, Vol 1 ; *Manuel des droits de l'homme et libertés publiques*, Paris, PUF, juin 2007.

[58] Cour EDH : 7 décembre 1976, Handyside c. Royaume-Uni, n° 5493/72, § 49.

[59] *Ibid.*

[60] M.VERPEAUX : « La liberté d'expression dans les jurisprudences constitutionnelles », nouveaux cahiers du Conseil Constitutionnel, n° 36, dossier : La liberté d'expression et de communication, juin 2012.

[61] Voir le paragraphe 2 de l'article 10 de la CEDH. V ; aussi M. VERPEAUX, préc.

[62] Dans son arrêt, Verein Gegen Tierfabriken c. Suisse du 30 juin 2009 (req., n°32772/02), la Cour affirmait que « *l'article 10§2 de la Convention ne laisse guère de place pour des restrictions à la liberté d'expression dans le domaine du discours politique ou comme ici, des questions d'intérêt général* » §92 ; Cour EDH : 26 avr. 1979, sunday times c. Royaume-Uni, req., n°6538/74 ; Cour EDH : 26 nov. 1991, Observer et Guardian c. Royaume-Uni, req., n°13585/88 ; Selon P. WACHSMANN « *la Cour insiste avec force sur le rôle que joue la presse à cet égard [libre discussion dans l'espace public], au point que les condamnations ou injonctions qui la visent apparaissent a priori suspectes et doivent reposer sur des motifs particulièrement impérieux pour que l'État échappe à un constat de violation de l'article 10* », voir : « Une certaine marge d'appréciation, considérations sur les variations du contrôle européen en matière de liberté d'expression », *in* Mélanges en honneur à Pierre LAMBERT, éd. Bruylant, 2000.

radiodiffusion. La diffusion de l'information apparaît en effet comme le carburant de ces entités. Or, de toute évidence cela ne peut être possible, qu'à condition qu'elles garantissent la liberté de communication et de réception qui en constitue le véhicule. De ce fait, c'est l'information véhiculée par ces entreprises qui est mise en avant. Les bénéfices qui découlent de sa diffusion ne sont, quant à eux, qu'en arrière-plan. Le sentiment d'hostilité émane quant à lui, en particulier, des entreprises commerciales. Tel est le cas, par exemple, lorsque l'article 10 est invoqué par les journalistes ou les lanceurs d'alerte afin de lever le voile sur certains savoir-faire et informations considérés par les acteurs économiques les détenant, comme porteuse d'une valeur commerciale à protéger. La liberté de diffusion est ainsi proclamée, au nom de l'intérêt général, de la liberté d'information et de la transparence de la vie des affaires, à l'encontre des entreprises commerciales et non en leur faveur. Dans ce cadre, il importe de souligner que la loi du 30 juillet 2018 relative à la protection du secret des affaires[63], qui a transposé en droit français la directive n° 2016/943/UE du 8 juin 2016 sur la protection des savoir-faire et des informations commerciales non divulguées (secret d'affaires) contre l'obtention, l'utilisation et la divulgation illicite, livre une définition de ce qu'est le « secret d'affaires » qui, bien que trop peu précise[64], semble pourtant satisfaire plus ou moins les entreprises commerciales[65]. La Commission nationale consultative des droits de l'Homme (CNCDH) devrait l'être aussi, car après qu'elle a eu exprimé son inquiétude [66] à propos du type d'informations couvertes par le secret d'affaires, le législateur s'est limité à celles ayant une valeur commerciale sans élargir le champ de la protection – ce qui aurait par ce biais rétréci celui de la liberté d'expression - en visant les « informations économiques » au sens large.

16. L'on peut toutefois observer que l'extension de l'article 10§1 au discours publicitaire s'avère favorable aux opérateurs économiques, de la sorte, cela fait émerger plus particulièrement l'aspect économique de la liberté d'expression[67]. C'est ainsi, d'ailleurs, que l'extension de l'article 10 au discours publicitaire est contestée dans son principe.

---

[63] La loi n° 2018-670, JORF n°0174 du 31 juillet 2018.

[64] H. DE ROUX et A. ZILBERMAN : « La loi sur le secret des affaires : un premier élan vers la protection des données sensibles des entreprises françaises ? », *Rev. Lamy droit des affaires*, n°141, 1er octobre 2018.

[65] E. DAOUD, E. MERCINIER et J. NEIMAN : « Loi du 30 juillet 2018 relative à la protection du secret des affaires : un apport utile mais insuffisant », *Rev., Lamy droit des affaires*, 147, 1er octobre 2019.

[66] La CNCDH : « Secret des affaires : La liberté d'expression et d'information doit rester le principe », Communiqué de presse, 9 mai 2018.

[67] Soulignons à cet égard que la Cour a déjà indiquée qu'une valorisation de la liberté d'expression est intimement liée au système libéral : Cour EDH : 20 novembre 1989, Markt Intern Verlag GMBH et Kaus Beermann c. Allemagne, n°10572/83, §35.

17. La liberté d'expression publicitaire, ramification de la liberté d'expression, ne peut en effet être purement et simplement qualifiée de « droit de l'Homme ». Au-delà du fait que ce sont les personnes morales qui peuvent souvent la revendiquer[68], son objectif est purement commercial. Il s'agit en effet d'une forme d'expression qui a été f*ondamentalisée*. Par cette action de fondamentalisation, une protection supra-légale lui a été octroyée. Ainsi, nous pourrions en quelque sorte parler d'une liberté fondamentale d'expression publicitaire. Or, cette dénomination elle-même n'est pas à l'abri des critiques. En réalité, les notions de « droits de l'Homme » et de « droit fondamental » se rejoignent quant à leur objet qui est la dignité de l'homme[69]. En effet, « *c'est parce que cette valeur « fonde » l'ensemble de notre système juridique que les droits, qui la protègent, méritent une telle qualification* »[70]. Peut-on affirmer alors, sans verser dans l'excès, que l'objet de l'expression publicitaire se rattache à la dignité humaine ? Certes, la notion de dignité humaine s'avère suspecte[71]. Néanmoins, si nous l'envisageons comme « *le respect qu'une personne peut exiger des autres en sa qualité d'être humain* »[72], la question conserve tout son intérêt qui consiste à s'interroger sur l'action extensive de l'article 10§1 aux messages publicitaires. Il s'avère ainsi que l'extension est en elle-même contingente, contestable. C'est ce qui explique d'ailleurs qu'une partie de la doctrine se montre hostile à l'intégration du discours publicitaire dans le champ de la protection conventionnelle. Le Professeur Jean Morange remet en cause le fondement même de la protection en considérant que la publicité ne peut avoir pour fondement la liberté d'expression, car elle relève plutôt de la liberté d'entreprendre ou de celle de commerce et d'industrie[73]. S'inscrivant dans ce sillage, M. Marcel Moritz, écrivait, en évoquant l'article 11 de la Déclaration des droits de l'Homme et du citoyen, qu'« (...) *En effet, le constituant ne visait clairement que la libre communication des « pensées et des opinions ». Il est donc parfaitement concevable d'opérer une distinction entre les différents modes d'expression en excluant les messages publicitaires du champ d'application de cet article (...)* »[74]. Outre atlantique, nous

---

[68] Notons que nous n'excluons pas le fait que les commerçants et les entrepreneurs individuels, personnes physiques, peuvent également revendiquer la liberté d'expression publicitaire.

[69] E. DREYER : « La fonction des droits fondamentaux dans l'ordre juridique », *préc.*, p.748.

[70] *Ibid.*, §8.

[71] Coll. sous la dir. de C. GIRARD et S. HENNETTE-VAUCHEZ : *La dignité de la personne humaine, recherche sur un processus de juridicisation*, éd. PUF, Droit et justice, 2005, p.318.

[72] E. DREYER : *Les mutations du concept juridique de dignité*, *RRJ-Droit prospectif*, *PUAM*, 2005-1, p. 19-44.

[73] J. MORANGE : « Affichage publicitaire et liberté d'expression, éléments de réflexions », *in déboulonneurs.org*, 17 avril 2007.

[74] M. MORITZ : *Les communes et la publicité commerciale extérieure, pour une valorisation environnementale et économique de l'espace public*, Clermont-Ferrand, Fondation Varenne, Collection des thèses, diffusion LGDJ, 2009, p.200, §343.

pourrions repérer une position similaire au sein de la Cour suprême américaine - antérieure à son changement de position - et dans la doctrine. La Cour suprême américaine considérait que l'expression publicitaire n'est pas digne d'une protection fondamentale parce qu'elle n'est pas adaptée à la raison d'être de la liberté d'expression[75]. Cette raison d'être repose sur trois fondements : la démocratie, la vérité et l'autonomie de la personne. Or, la publicité ne participe pas à la démocratie, mais se situe sur un autre plan que l'idéal du gouvernement du peuple par le peuple. Elle n'est pas, comme la presse, le « chien de garde » de la démocratie[76]. En outre, « *la publicité n'est pas davantage un chemin vers la vérité, car la promotion des produits et services est une technique de commercialisation qui enjolive nécessairement les choses [...], la publicité ne favorise pas non plus l'autonomie des personnes, et in fine la jouissance de toutes les autres libertés* »[77]. Dans la même veine, Cass Sustein perçoit la publicité comme une expression triviale, dénuée de la noblesse du discours politique[78]. De surcroît, cet auteur considère que la publicité commerciale est moins menacée par l'État. Elle a donc moins besoin d'être protégée[79]. Enfin, après un revirement de jurisprudence de la Cour suprême américaine, laquelle admet la protection du discours publicitaire par le premier amendement, Edwin Baker, a mis en garde contre cette nouvelle position en signalant que *« le monde ferait bien de ne pas suivre l'exemple des États-Unis, qui considèrent que le discours commercial est un aspect de la liberté d'expression »*[80].

18. Ces opinions sont révélatrices de la division instaurée entre les droits primordiaux par les deux pactes internationaux du 16 décembre 1966[81]. De la sorte, si le fondement de sa protection l'intègre dans la catégorie des droits civils et politiques, la finalité de la liberté d'expression publicitaire la range

---

75 Cour suprême des États-Unis : 13 avr. 1942, Valentine v. Chrestensen 316 US 52. Décision disponible à l'adresse http://supreme.justia.com/us/316/52/case.html. L. Marino parlait du critère *rationae materiae* : « Plaidoyer pour la liberté d'expression, droit fondamental de l'entreprise », *RTD com* 2011, p.2.

76 S'agissant de la presse : Cour EDH : 26 nov. 1991, *Observer et Guardian c. Royaume-Uni*, § 59 ; concernant une association de défense de l'environnement : Cour EDH : 27 mai 2004, *Vides Aizsardzibas Klubs c. Lettonie*, req., n° 57829/00, § 42.

77 L. MARINO, préc ; E BAKER : « Le Premier Amendement et la publicité commerciale », *in La liberté d'expression aux États-Unis et en Europe*, dir. E. ZOLLER, Dalloz, 2008, p. 9 s., spéc. p. 15.

78 C. SUSTEIN (Professeur de droit à l'Université de Harvard): « Democracy and the problem of free speech », *The Free Press*, New York, 1995, p. 134.

79 *Ibid.*

80 E. BAKER: « The first Amendement and commercial speech », *préc.*, p. 981.

81 Le Pacte relatif aux droits civils et politiques (PIDCP) et le Pacte international sur les droits économiques, sociaux et culturels (PIDESC) adoptés et ouverts à la signature, à la ratification et à l'adhésion par l'Assemblée générale des Nations-Unies dans sa résolution 2200 A (XXI) du 16 décembre 1966.

quant à elle aux côtés des droits économiques. Or, ces droits économiques sont-ils liés à la dignité humaine ? Tel peut être le cas, notamment lorsque l'indivisibilité des droits de l'Homme attestée par la Déclaration universelle de ces droits et réaffirmée par la Charte des droits fondamentaux, confirme que « *l'homme doit être protégé aussi bien dans sa liberté et son intégrité corporelle qu'à l'encontre de l'ignorance et de la misère* »[82].

19. Par ailleurs, étant donné que c'est l'être humain qui se trouve au cœur de la protection conférée par les droits fondamentaux, il serait contradictoire de ne pas œuvrer en faveur de leur application au domaine marchand. Ce dernier forme un domaine important de l'activité humaine[83]. A ce propos, R. Dumas soulignait qu'« *il paraît difficile d'envisager l'homme et ses droits primordiaux comme de pures abstractions, c'est-à-dire indépendamment de l'environnement dans lequel ils évoluent* »[84].

En outre, l'idée même de la prééminence du droit exige que le juge européen fasse rayonner les droits fondamentaux dans tous les domaines[85]. De la sorte, en plus de la question même de l'applicabilité des droits fondamentaux au domaine des affaires, l'on soutient qu'ils doivent être intégrés aux normes jurisprudentielles et législatives qui composent le droit des affaires dans l'objectif d'assurer leur effectivité[86].

20. Néanmoins, si l'on admet l'idée de la rencontre des droits primordiaux avec le droit des affaires, il faut pourtant savoir raison garder. L'évolution sur le long terme de cette relation pourrait en effet aboutir à une sorte de moralisation de la vie des affaires. Tel serait le cas si les droits fondamentaux avaient pris le dessus sur les diktats[87] du marché. Dans le cas contraire, le risque serait d'aboutir à une marchandisation des droits de l'Homme, voire à une marchandisation « de la nature humaine »[88]. Or, malheureusement, cette dernière hypothèse s'avère fort probable. Tel pourrait être le cas, par exemple,

---

[82] E. DREYER : « La fonction des droits fondamentaux dans l'ordre juridique », préc. §10.

[83] J-F. RENUCCI : *Droit européen des droits de l'homme*, 3ème éd., LGDJ, 2002, n°293 ; *Droit européen des droits de l'homme, droits et libertés fondamentaux garantis par la CEDH*, LGDJ., 8ème édition, 2019.

[84] R. DUMAS : *Essai sur la fondamentalisation du droit des affaires*, *op.cit*., p. 22.

[85] Conseil de l'Europe : « Rapport sur la prééminence du Droit » ; Commission européenne pour la démocratie par le Droit (Commission de Venise), 86ème session plénière, 25/26 mars 2011, CDL-AD AD (2011) 003 rev, consultable et téléchargeable à l'adresse suivante :http://www.venice.coe.int/webforms/documents/?pdf=CDL-AD(2011)003rev-f .

[86] R. DUMAS, *op. cit*., p. 20. L'idée est que des législations encadrant certains pans du droit des affaires ou des décisions de justice rendues en la matière, ne sauraient s'affranchir, sous couvert de la technicité des domaines concernés, du respect de garanties processuelles fondamentales ou de droits substantiels dont les acteurs de la vie des affaires, personnes morales et personnes physiques ont été reconnus titulaires.

[87] Lois ou logiques du marché, lesquelles militent toutes pour la création de richesses et la maximisation des profits.

[88] B. EDELMAN : « La Cour européenne des droits de l'homme et l'homme du marché », préc.

lorsque, après l'extension des dispositions conventionnelles à des domaines exclus de la sphère d'influence à laquelle on pouvait raisonnablement les cantonner, le retentissement salutaire des droits de la Convention ne se concrétise pas ou s'affaiblit. Cette crainte grandit davantage, et devient donc plus légitime, lorsque l'extension opérée n'est guidée que par l'obsession d'élargir le champ de la Convention et, par là-même, le contrôle de la Cour EDH[89]. Il est peut-être vrai que « *l'applicabilité potentiellement infinie de la Convention est concrètement inoffensive* »[90]. Néanmoins, l'effet d'un déploiement et d'une conquête non mesurés de nouveaux terrains d'application de la Convention pourrait se retourner contre l'instrument conventionnel. Dans ce cadre, la fondamentalisation du discours publicitaire par le biais de son intégration dans le domaine de l'article 10§1 constitue une illustration parfaite du risque d'émiettement et de banalisation des droits de la Convention, constitués ici, notamment, par l'expression publicitaire et la liberté qui la cantonne.

21. La présente étude s'inscrit en effet dans un cadre qui ne se limite pas au cloisonnement à l'apparence étrange et contestable de l'alliance entre l'article 10 et le discours publicitaire. Elle n'aspire point non plus à déterminer si la liberté d'expression publicitaire est une liberté fondamentale. Cet aspect du sujet, plutôt relatif à la définition de la liberté d'expression commerciale vue comme une liberté en construction a déjà fait l'objet d'une étude qui, bien qu'étant focalisée sur le discours commercial d'une manière générale, a abouti au constat du caractère fondamental de cette expression[91]. Notre recherche se propose de ne pas se borner à ces étapes mais de les dépasser en observant les effets de l'alliance entre l'article 10 et le discours publicitaire. Il s'agit de mettre en lumière l'influence que pourrait avoir la liberté d'expression dans un domaine aussi complexe que celui de la publicité, de savoir comment elle se déploie et se concrétise. Certaines questions peuvent ainsi surgir, à savoir : la liberté d'expression publicitaire renforce-t-elle la liberté d'expression publicitaire des annonceurs ? S'intéresse-t-elle aux destinataires et récepteurs du message publicitaire ? La question que notre étude aspire à traiter est d'apprécier si l'extension de l'article 10 au discours publicitaire s'avère judicieuse. Nous considérons que l'observation et l'étude des aboutissements de l'alliance entre l'article 10 et le discours publicitaire permettent de juger le principe même de leur rencontre. Faut-il préciser d'emblée que, contrairement à ce que la question de la recherche laisse supposer, la présente étude n'a pas pour ambition première d'enrichir la doctrine hostile à la rencontre entre les droits protégés par la CEDH et le droit des affaires. Nous admettons qu'une telle rencontre peut s'avérer fructueuse et que le domaine marchand, qui a besoin d'une dose de moralisation, peut être positivement influencé par les

[89] G. PUPPINCK : *Les droits de l'homme dénaturé,* Paris, édition du CERF, 2018, pp 251 et s.

[90] F. MARCHADIER, préc.

[91] E. BORNER-KAYDEL, préc. p. 426 §874.

droits fondamentaux[92]. Néanmoins, l'établissement de connexions avec ce domaine ne peut s'effectuer au prix d'une banalisation des droits de la Convention. Ceci risque d'engendrer leur marchandisation s'ils ne sont pas suivis, après avoir été intégrés au domaine marchand, d'un contrôle européen renforcé et d'une interprétation, peu importe qu'elle soit évolutive ou constructive, qui doit nécessairement être en perpétuelle évolution. Dès lors que de tels risques sont plausibles, une réserve pourrait être formulée à l'égard de tel ou tel lien avec le marché. De la sorte, notre recherche emprunte une approche globalement favorable à l'extension de l'article 10 au discours publicitaire, mais assortie de certaines réserves. Il s'agit principalement de l'effectivité des droits qui sont issus de cette extension.

22. L'enjeu est en effet d'attirer l'attention sur les éventuelles dérives du mécanisme *expansionniste* de la Convention. C'est ce mouvement que la présente étude cherche à éclairer. Il s'avère parfois préférable d'opérer le choix de ne pas étendre le pouvoir de la Convention, de ne pas la laisser sortir de son lit ![93] Il s'agit des hypothèses où l'extension d'un droit ne fait qu'enrichir une catégorie de droits que ne nous manquerons pas de qualifier de « semi-fondamentaux ». La doctrine ne manque pas non plus d'invention en les qualifiant de *jus secondarium*[94], de sous droit fondamental ou d'avorton[95] ! A-t-on réellement besoin d'insister sur le phénomène de classification des droits fondamentaux en orchestrant, parfois inutilement, l'extension des droits de la CEDH ? Quel est l'intérêt de ce mouvement qui tend à fondamentaliser l'ensemble des branches du droit ? À vrai dire, après la fondamentalisation du discours publicitaire, on ne peut douter que d'autres conquêtes inattendues puissent avoir lieu. N'est-il pas légitime de considérer que trop de « fondamentalisation »[96] pourrait menacer la majesté de l'instrument international ? Il y a ici lieu de revenir sur la notion même de « droit fondamental ». Comme nous l'avons déjà évoqué précédemment, un droit est fondamental en raison de son sujet, qui est l'homme. Il est ainsi « *attaché à l'individu qui fonde le primat ontologique de l'être humain sur la*

---

92 R. DUMAS : *Essai sur la fondamentalisation du droit des affaires*, préc., n° 125 et s. et n° 214 et s.

93 J. CARBONNIER : *Droit et passion du droit sous la Ve République*, éd. Flammarion,2008, p. 47.

94 G. COHEN-JONATHAN : « Liberté d'expression et message publicitaire », *RTDH* 1993. 69 s., spéc. p. 93.

95 L. MARINO : « Plaidoyer pour la liberté d'expression, droit fondamental de l'entreprise », préc. p. 5.

96 Sur cette notion, voir L. BÉNEZECH : *La diffusion des droits fondamentaux dans l'ordre juridique interne sous l'influence de la Convention européenne des droits de l'Homme. Contribution à l'étude de la fondamentalisation des droits*, thèse en droit privé, Université Clermont Auvergne, 17 septembre 2019.

société et sur le groupe »[97]. Néanmoins, la *fondamentalité* du droit trouve également sa source dans la position qu'occupe le droit dans la hiérarchie des normes[98] lui permettant de jouir de garanties juridictionnelles effectives en vue de protéger les prérogatives[99] élémentaires de la personne humaine[100]. Ainsi, il convient de souligner qu'un droit fondamental requiert une densité de protection nécessaire à son effectivité ainsi qu'une finalité qui consisterait en la garantie des intérêts élémentaires de l'individu. Cela dit, à partir du moment où un droit fondamental ou la fondamentalisation d'une liberté ne reçoit pas l'intégralité des prérogatives que lui confère cette qualification (de « droit fondamental »), rien ne le contraint à opérer cette action. Or, il apparaît dans la jurisprudence relative à la liberté d'expression publicitaire, qu'en procédant à l'extension des droits de la CEDH, le juge européen des droits de l'Homme se contente en réalité de n'étendre qu'un seul élément de l'édifice du « droit fondamental », à savoir sa supériorité dans la hiérarchie des normes. Nous nous retrouvons en fin de compte face à une multitude de droits paralysés et qui n'ont de fondamentaux que leur déclaration prétorienne, sorte de passeport attestant de leur intégration dans le champ de protection d'un droit conventionnel. Il est évident que par le biais de l'action de fondamentalisation, la Cour strasbourgeoise vise l'effectivité des droits. Elle ne se lasse pas de rappeler que la Convention ne protège pas des droits théoriques et illusoires. Toutefois, à quel point est-il acceptable de viser l'effectivité d'un droit conventionnel en créant de nouveaux droits de seconde zone, qui eux-mêmes pourraient s'avérer illusoires à défaut d'une densité de protection ? Bref, sans être opposé à une interprétation évolutive et constructive des droits de la Convention, nous plaidons en faveur d'une rationalisation de la politique expansionniste de la Convention.

23. Inéluctablement, l'extension de l'article 10 au discours publicitaire est animée par le souci de développer et de faire vivre le droit à la liberté d'expression. Cela pourrait sembler, *a priori,* réussi du point de vue du champ d'application, étant donné que cette liberté fondamentale s'applique au discours publicitaire et commercial. A *fortiori*, nous devrions en effet

---

[97] J. RIDEAU, H. GAUDIN, J.P. MARGUÉNAUD, S. RIALS, F. SUDRE (dir.), *Dictionnaire des Droits de l'Homme*, 1ère éd., PUF 2008.

[98] V. CHAMPEIL-DESPLATS : « La notion de droit « fondamental » et le droit constitutionnel français », *D.* 1995, p.323.

[99] M. BRANDAC précise que les droits fondamentaux sont des « prérogatives sur lesquelles la loi elle-même ne dispose pas souverainement », « L'action en justice, droit fondamental », *in Nouveaux juges, nouveaux pouvoirs ?* Mélanges en l'honneur de Roger Perrot, *Dalloz*, 1996, p. 3.

[100] F. BRENET : « *La notion de liberté fondamentale au sens de l'article L. 521-2 du CJA* », *RDP, 2003, p. 1535 : l'auteur fait remarquer que « si la fondamentalité d'un droit repose sur sa valeur juridique, constitutionnelle notamment, elle tient également à son degré « d'essentialité » »*.

considérer que toute forme de discours relève du champ de l'article 10, à l'exception du discours de haine et discriminatoire et hormis déclaration expresse contraire. Néanmoins, n'apprécier que l'élargissement du champ du droit et s'en féliciter pourrait sembler naïf. N'est-il pas plus judicieux de tenir plutôt compte de l'intérêt et de l'effet d'un tel élargissement ? En réalité, un réel développement du droit de la Convention n'est réussi que si le nouveau droit, en l'occurrence la liberté d'expression publicitaire, produit des effets, notamment, vis-à-vis des personnes auxquelles il est censé profiter. À défaut, l'article 10§1 aurait un effet illusoire du fait de la mise en œuvre infructueuse de la liberté d'expression publicitaire. Dans un tel scénario, les conséquences seraient doubles. D'un côté, l'ineffectivité de la liberté d'expression publicitaire démontrerait que sa naissance n'a pas un réel intérêt et témoignerait d'une irrationalité de l'élargissement des droits de la Convention EDH. De l'autre côté, c'est la liberté mère, la liberté d'expression en l'occurrence, que le juge européen a souhaité valoriser, qui risquerait ainsi de se retrouver banalisée car, en effet, l'influence qu'elle a dans ses domaines de prédilection (médiatique, politique, artistique) faiblit et se réduit dans un domaine aussi complexe que celui du marché[101]. Notre étude constitue à cet égard l'occasion de s'interroger sur les motifs de cette protection réduite accordée à l'expression publicitaire.

24. Cela dit, l'appréciation critique de la pertinence de l'extension de l'article 10 au discours publicitaire requiert une démonstration de l'ineffectivité de la liberté d'expression publicitaire. À cette fin, il est nécessaire d'observer ce qu'elle apporte à la liberté d'expression publicitaire de l'annonceur. Étant donné que la chaîne d'élaboration du message publicitaire comprend plusieurs intervenants, il semblerait que la notion d'annonceur ne puisse couvrir tous les acteurs de la publicité commerciale. Cette notion renvoie en effet au commanditaire de la publicité, c'est-à-dire à l'organisation ou l'entreprise commerciale ou industrielle. C'est la raison pour laquelle nous optons pour la notion d'« émetteur », terme générique de nature à désigner l'ensemble des professionnels concernés par la fondamentalisation du discours publicitaire. Désignant « *une personne qui émet un message* »[102] ou « *produit un message selon les règles d'un code spécifique* »[103], la notion d'émetteur accueillerait dans son champ : l'annonceur en tant qu'initiateur du projet de message publicitaire ; les agences de publicité, comme concepteurs de ce message ; les plateformes de vente des espaces en ligne et les régies, de par leurs rôles d'intermédiaires ; et enfin, les supports, en leur qualité de diffuseurs du message publicitaire. Chacun de ces acteurs se voit confronté, à son niveau, à de multiples restrictions de nature légale et réglementaire. Il convient donc d'évaluer

---

[101] Cour EDH : 11 décembre 2003, Krone Verlag GmbH (N° 3) c. Autriche, n°39069/97, §30.
[102] Centre national de ressources textuelles et lexicales : www.cnrtl.fr
[103] *Ibid.*

l'apport de la liberté d'expression à la liberté d'expression publicitaire de l'ensemble de ces acteurs.

Étant donné que les droits fondamentaux ne s'inscrivent pas dans une perspective de restriction mais apportent plutôt une nouvelle dimension aux autres droits, nous pourrions légitimement soutenir que l'article 10 de la CEDH renforcerait la liberté d'expression publicitaire de l'émetteur. Cependant, plusieurs facteurs convergent vers l'hypothèse contraire, à savoir que la liberté d'expression publicitaire de l'émetteur ne peut se renforcer du fait de l'extension de l'article 10. Confrontés à la logique du marché et soumis à ses diktats, la liberté d'expression et son garant (le juge interne et le juge européen des droits de l'Homme) se retrouvent désarmés. À titre d'illustration, dans un contexte de crise, économico-sanitaire par exemple[104], les annonceurs refusent de communiquer par le moyen de la publicité car le retour sur investissement est faible par rapport au coût de la communication[105]. De surcroît, les disparités de capacités financières des acteurs économiques permettent aux plus puissants financièrement de monopoliser cette expression sur les médias les plus influents (la télévision par exemple). Ces derniers, sont rarement accessibles pour les petites et moyennes entreprises. Ainsi, le paramètre qui détermine l'étendue de la liberté d'expression publicitaire peut être d'ordre financier et ne point être en lien avec le niveau de protection de cette dernière. En outre, des ententes anticoncurrentielles peuvent naître dans le secteur publicitaire. Les accords tarifaires entre acteurs, les clauses d'exclusivité sont autant de barrières à l'entrée sur ce marché. Toutes ces contraintes liées au marché rendent assez complexe l'exercice habituel de la liberté d'expression dans son rapport avec la publicité. La liberté d'expression devrait octroyer au discours publicitaire davantage de liberté. Or la complexité du marché pourrait exclure la liberté[106]. Il apparaît ainsi que la réalisation[107] de ce que l'on peut appeler le pluralisme publicitaire s'avère d'ores et déjà délicate[108].

[104] Nous faisons ici référence à la crise sanitaire causée par la Covid-19 et aux répercussions qu'elle a eues sur les économies nationale et mondiale.

[105] Voir une comparaison des chiffres du marché de la publicité pour le premier semestre 2020 par rapport à celui du premier semestre 2019 : https://www.irep.asso.fr/telecharger/OWltSWsrZndVZGZXVFZ1Qi9na1J0bGxNVHJwOWVnOWM0N1FtVDJsKzNNRFVCQWtkMGNCbE5TdlJtZ0t6bzhJc0pSaGZESmplaDNDR2tuRVN1SnhBRGtRNCszZnNzdjhrL1dhM1ZwMVFLWitxUk5SR3ZrdE9Hbk92NERwR0lhODQ=/

[106] E. BAKER, préc. p. 981.

[107] La réalisation du pluralisme publicitaire est l'un des objectifs que nous avons « naïvement » attribués à la liberté d'expression publicitaire. Il se pourrait que le juge européen des droits de l'Homme n'ait point envisagé une telle finalité.

[108] On pourrait légitimement s'attendre à ce que la liberté d'expression appliquée à la publicité commerciale entraîne une forme de démocratisation de l'expression, c'est-à-dire, qu'elle

Par conséquent, l'extension de l'article 10 au discours publicitaire est discutable à deux niveaux. D'une part, il faudrait observer qu'au regard de la nature et de la finalité de la publicité commerciale, l'extension réalisée s'avère difficile à justifier, voire à légitimer (problème classique de la rencontre entre les droits de l'Homme et le droit des affaires). D'autre part, les effets juridiques de ce qui est devenue une norme supra-légale, ne paraissent pas au rendez-vous en raison du domaine (le marché) dans lequel opère la publicité commerciale ; ce qui n'est pas sans conséquence sur la protection que lui réserve la Cour strasbourgeoise. Dans un tel contexte, il semble que la question du caractère peu judicieux d'une telle extension de l'article 10§1 à la publicité commerciale s'impose de plus en plus.

25. Cependant, affirmer que la question de l'extension de l'article 10 est discutable au regard de son apport vis-à-vis de la liberté d'expression de l'émetteur ne signifie point pour autant que celle relative au caractère judicieux de l'action de fondamentalisation soit tranchée. Il n'est ni intellectuellement raisonnable ni juridiquement pertinent d'apprécier le caractère judicieux de l'extension de l'article 10§1 à la publicité commerciale en se contentant de procéder à une analyse centrée sur un seul aspect de la liberté d'expression, à savoir sur la liberté de communication. La liberté d'expression est en effet un « droit cérébral »[109] qui comprend, selon l'article 10 de la Convention européenne des droits de l'Homme, « *la liberté d'opinion et la liberté de recevoir ou de communiquer des informations ou des idées (...)* ». La liberté de réception y figure en effet comme un aspect distinct de la liberté de communiquer. Il s'avère donc nécessaire d'introduire cette liberté, aussi qualifiée de liberté d'information, dans notre champ d'analyse. Par conséquent, il est indispensable d'observer l'apport de la liberté d'expression publicitaire vis-à-vis du récepteur du message publicitaire. La notion de « récepteur » désignera le consommateur et l'utilisateur des services de communication électroniques en ligne.

---

permette à tous les acteurs de la publicité - TPE-PM ou grandes entreprises - de s'exprimer publicitairement. Il s'agit, en tout cas, de l'un des objectifs de la liberté d'expression dans les domaines traditionnels, comme la presse, par exemple. Dans ce domaine, le respect de la liberté d'expression exige que les groupes minoritaires et les différents courants de pensée puissent s'exprimer. Cependant, cela semble assez difficile lorsqu'il s'agit de l'expression publicitaire. Seuls les émetteurs dotés d'un pouvoir économique et financier peuvent en effet s'exprimer, voire de manière efficace (avoir le monopole du prime time par exemple) sur des médias influents et dont les espaces publicitaires sont très coûteux. De ce fait, une sorte de monopolisation de l'expression publicitaire entre les mains des groupes puissants se concrétise. Dès lors, l'extension de l'article 10 au discours commercial génère ainsi un effet inverse. C'est-à-dire qu'au lieu de garantir l'expression pour tous, seule une partie des acteurs économiques et commerciaux peut bénéficier de la liberté d'expression.

[109] Pour paraphraser L. MARINO : « Plaidoyer pour la liberté d'expression, droit fondamental de l'entreprise », préc. *RTD com* 2011, p. 1.

26. Évoquer la liberté de réception en matière de publicité commerciale pourrait paraître plus étonnant que ne l'est la liberté de communiquer le message publicitaire : comment faut-il envisager la liberté de réception dans ce domaine ? Faut-il considérer que les destinataires et les récepteurs jouissent d'une forme de liberté publicitaire qui, selon une logique naturelle, devrait fonder un droit à la réception du message publicitaire ? Or, étant donné que l'expression publicitaire est omniprésente, l'existence d'un tel droit a-t-elle réellement une utilité ? Au-delà, comment peut-on envisager une liberté de réception de l'expression publicitaire alors que les pratiques publicitaires sont considérées comme des « *instruments capables de manipuler les foules : « par la répétition incessante et massive des slogans », leurs « sonorités rythmées obsédantes », « elles créent un état de fatigue mental, qui est propice à l'assujettissement à la volonté de celui qui exerce cette publicité tapageuse* » »[110]. Pensée sous cet angle, la liberté publicitaire du récepteur serait peut-être vouée à générer une appréhension négative ; autrement dit, constituerait de la sorte une liberté de réception négative permettant aux citoyens-consommateurs de refuser tout contact non souhaité ou préjudiciable avec le discours de l'émetteur. Cela ferait de la liberté d'expression publicitaire aussi bien un faux allié de l'émetteur qu'un partisan soupçonné, car il s'agirait d'une source de limitation de son discours. Dans un tel scénario, l'émetteur du message publicitaire devrait faire face non plus seulement aux restrictions propres à sa liberté de communication, mais également faire en sorte que son discours soit acceptable pour son récepteur.

Cependant, quelle qu'en soit la facette de la liberté de réception, positive (droit à la réception du message publicitaire) ou négative (droit de ne pas recevoir le message publicitaire), elle sera nécessairement révélatrice de l'avènement d'une liberté de réception publicitaire. Une étude prospective dans ce sens pourrait redonner à l'extension de l'article 10§1 au discours publicitaire un effet concret. L'intérêt et l'utilité d'une expression publicitaire *fondamentalisée* pourraient-ils se manifester là où on ne les imaginait pas ?

27. En définitive, mesurer l'effet de la fondamentalisation de la liberté d'expression publicitaire et par conséquent, la pertinence de l'extension de l'article 10§1, nous conduit à démontrer l'ineffectivité de la liberté d'expression publicitaire de l'émetteur **(Partie 1)** et l'aptitude de l'avènement de la liberté publicitaire du récepteur à redonner du sens à cette extension **(Partie 2)**.

---

[110] S. TCHAKHOTINE : *Le viol des foules*, éd. Gallimard, Paris, 1952, p. 131.

PREMIERE PARTIE

L'INEFFECTIVITE DE LA LIBERTÉ D'EXPRESSION PUBLICITAIRE DE L'ÉMETTEUR

28. Soulignons d'emblée que plusieurs acteurs appartenant au domaine de la publicité commerciale, que nous désignons sous le terme générique d'émetteurs, devraient pouvoir tirer profit de la liberté d'expression. Ces acteurs à l'origine de l'expression publicitaire[111] peuvent être regroupés en trois catégories. La première comprend les concepteurs et producteurs du message publicitaire. La deuxième, se compose quant à elle des entreprises chargées de la diffusion de ce dernier. Ces deux catégories d'acteurs agissent dans l'intérêt des annonceurs, qui forment pour leur part la troisième catégorie. Il en résulte qu'une partie se charge de la création et l'autre de la diffusion du message publicitaire, ce généralement pour le compte de la troisième. Ainsi, la liberté d'expression en matière publicitaire devra être garantie à tous ces acteurs, au niveau de chacun d'eux. Au regard de la jurisprudence européenne, une telle garantie devrait concerner naturellement le message publicitaire, mais également ses modes de diffusion et ses moyens de production[112]. La liberté d'expression publicitaire de l'émetteur doit en effet assurer une protection globale de la chaîne du message publicitaire en incluant dans son champ d'application l'activité et l'expression publicitaires.

29. La liberté d'expression publicitaire issue de l'extension de l'article 10 au discours publicitaire marque l'avènement du renouvellement du fondement de l'expression publicitaire de l'émetteur. Étant donné que la liberté d'expression comprend « *(...) la liberté d'opinion et la liberté de recevoir ou de communiquer des informations ou des idées (...)* »[113], elle pourra être invoquée par les émetteurs afin qu'ils puissent exercer leur droit à communiquer des messages publicitaires.

Notons que les méthodes interprétatives extensives des droits, appliquées en l'occurrence à l'article 10§1, participent aux objectifs de développement et de sauvegarde des droits de la Convention. Au fond, c'est l'effectivité des droits conventionnels qui est recherchée[114]. En ce sens, la Cour EDH affirme qu'« *il est d'une importance cruciale que la Convention soit interprétée et appliquée d'une manière qui en rende les droits pratiques et effectifs, et non*

[111] Il convient de souligner que les expressions « message publicitaire », « expression publicitaire », et « publicité commerciale » seront employées en tant que synonymes.

[112] Cour EDH : 29 mars 2001, Thoma c. Luxembourg, n° 38432/97, § 45 ; Cour EDH : 3 septembre 2009, Women on waves et autres c. Portugal, n°31276/05, §30.

[113] Article 10§1 de la CEDH.

[114] Cour EDH : 9 octobre 1979, Airey c. Royaume-Uni § 24.

théoriques et illusoires »[115]. La fondamentalisation du discours publicitaire vise ainsi cet objectif d'effectivité. La notion d'effectivité du droit, que nous allons substituer par la notion de valorisation[116], ne bénéficie pas d'une définition claire et arrêtée. Néanmoins, quelle que soit la définition précise que l'on adopte de cette notion, on peut conventionnellement s'accorder sur le fait que l'effectivité renvoie « à la question générale du passage du devoir être à l'être ou, en d'autres termes, de l'énoncé de la norme juridique à sa concrétisation ou à sa mise en œuvre dans le monde »[117]. Ainsi, *a contrario*, évoquer l'ineffectivité de la liberté d'expression publicitaire de l'émetteur, c'est considérer que l'énoncé de cette nouvelle liberté fondamentale ne s'est pas accompagné de sa concrétisation dans les ordres juridiques internes. Ceci s'explique par le fait que l'énoncé même de cette norme supra-légale n'est pas assez justifié.

30. Cela dit, se lancer dans une démarche de désapprobation de l'opération extensive de l'article 10§1 et de ce fait, du champ de contrôle de la Convention, constitue un enjeu incertain et un pari risqué. En plus d'un raisonnement cohérent, des arguments solides s'avèreraient par ailleurs nécessaires afin de s'en convaincre. Certains pourraient en effet nous objecter que la protection fondamentale du discours publicitaire démontre qu'à quelques exceptions près, toutes les autres formes d'expression sont protégées par l'article 10§1. De surcroît, c'est pour le moins rassurant, car si une forme d'expression visant des objectifs mercantiles telle que la publicité commerciale trouve place sous la couverture de l'instrument conventionnel, cela constituera un bouclier pour les autres formes d'expression plus nobles (politiques, artistiques…) qui, *a fortiori*, seront fortement protégées. En outre, cette protection fondamentale permet au juge européen d'exercer un contrôle sur les restrictions injustifiées susceptibles de frapper le discours publicitaire. Cependant, afin de répondre à cette objection, il faudrait rappeler que l'ambition de cette étude, comme nous l'avons déjà souligné ci-dessus[118], n'est pas de se focaliser sur la critique du mécanisme d'extension des droits de la Convention et de ses motivations. Elle vise plutôt à démontrer que, dans le cas spécifique de la fondamentalisation du discours publicitaire, l'extension n'a pas, vis-à-vis de la liberté de l'émetteur au regard de la position actuelle de la jurisprudence européenne, de réel intérêt. Il nous appartient donc de démontrer que la liberté d'expression publicitaire n'aurait pas lieu d'être, ce pour trois raisons.

31. La première raison tient au fait que le discours publicitaire est déjà protégé par des libertés économiques qui lui sont adaptées au regard des

---

[115] Cour EDH : 28 mai 2002, Stafford c. Royaume-Uni, requête n° 46295/99, §68.

[116] Sur cette notion Cf. *infra* n°299 et 304. La valorisation de la liberté d'expression publicitaire de l'émetteur ou son effectivité doivent être considérées comme des synonymes.

[117] J. PORTA, La réalisation du droit communautaire, Thèse Paris X, 2006.

[118] Cf. *supra* n° 21.

objectifs de chacun (les libertés économiques et le discours publicitaire) et du domaine dans lequel ils opèrent (le marché). Ainsi, l'avènement d'un fondement original tel que la liberté d'expression, dont le noyau dur de la protection n'inclut pas *a priori* la publicité commerciale, nécessitera forcément une justification de l'extension. Or, celle-ci semble faire défaut, ce qui est des plus inquiétants.

32. Par ailleurs, la liberté d'expression et les libertés économiques forment désormais le fondement dual de la liberté d'expression publicitaire, ce qui pourrait raisonnablement nous conduire à présupposer une protection suffisante du discours de l'émetteur contre les restrictions injustifiées. Toutefois, l'extension de l'article 10§1 ne se présente pas, et c'est ici notre seconde raison, comme on aurait pu l'imaginer, c'est-à-dire qu'elle ne renforce pas les libertés économiques dans la lutte contre la censure de l'expression publicitaire de l'émetteur.

33. Ces deux raisons peuvent être étayées par une troisième et dernière, qui trouve sa source dans un autre contexte : celui de la recherche des voies de valorisation de la liberté d'expression publicitaire de l'émetteur. Envisagée avec le concours de la liberté d'expression, la valorisation serait, en effet, difficile mais aussi conditionnée au choix du contenu du message et du mode de diffusion par l'émetteur. De surcroît, la libération de l'expression publicitaire pourrait étonnamment se réaliser en l'absence de ce faible degré de protection qu'accorde actuellement l'article 10§1 de la CEDH.

34. En définitive, conduire la démonstration du caractère non judicieux de l'extension de l'article 10§1 au discours publicitaire suppose de s'intéresser aux déficiences liées à la dualité du fondement de la liberté d'expression publicitaire de l'émetteur (**Titre 1**) et de mettre en lumière l'incertitude de l'éventuelle valorisation de cette liberté sous l'égide de la protection de l'article 10§1 (**Titre 2**).

TITRE PREMIER

DUALITÉ DU FONDEMENT DÉFICIENTE DE LA LIBERTÉ D'EXPRESSION PUBLICITAIRE

35. Les libertés économiques peuvent être considérées comme la source classique de l'expression publicitaire, car celle-ci résulte de l'exercice d'une activité commerciale. Or, toute activité commerçante revêt la forme d'une mise en œuvre de la liberté du commerce et de l'industrie, ou plus généralement, de la liberté d'entreprendre. L'établissement d'une entreprise et l'exercice de son activité marchande reposent sur la promotion de ses biens et services ou de sa marque. Par conséquent, la publicité commerciale est inhérente à l'exercice effectif d'une activité commerciale ou industrielle. De plus, étant donné que c'est la liberté d'entreprendre qui fonde l'existence d'une entreprise, il est tout à fait légitime et naturel qu'elle s'étende à son discours.

36. Par ailleurs, en tant qu'expression, la publicité commerciale, a reçu une nouvelle protection d'un genre assez particulier. N'ayant en effet pas été prévue initialement par les rédacteurs de la CEDH, la liberté d'expression, garantie par l'article 10§1, a vu son empire s'élargir par son extension au discours publicitaire. Il n'est pas vain de préciser qu'il ne faut pas cantonner cette nouvelle protection au message en faisant abstraction de son mode de diffusion. La jurisprudence européenne se montre rétive à toute tentative de distinction en ce sens[119]. Ainsi, les supports, les entreprises de médias et la presse, sont concernés par ce nouveau fondement.

37. Par conséquent, même si les libertés économiques pouvaient sembler enclines à protéger davantage l'activité publicitaire et la liberté d'expression pouvait paraître davantage vouée à protéger le message publicitaire, particularités qui les rendraient complémentaires et permettraient un formidable mariage entre ces deux fondements, il ne faudrait pas pour autant faire abstraction de l'unité d'objet de ces derniers. L'un et l'autre sont en effet susceptibles d'être invoqués ou tout du moins devraient pouvoir l'être par tout acteur participant à la chaîne de création du message publicitaire : qu'il s'agisse de l'annonceur commanditaire de la campagne publicitaire, de l'agence médias en charge de la création artistique souvent liée au message publicitaire, de la régie ou, de manière générale, des intermédiaires entre cette même agence ou directement entre l'annonceur et le support ou enfin du support qui réalise la tâche finale de diffusion.

---

[119] Cour EDH : Thoma c. Luxembourg, préc, § 45 ; Cour EDH : Women on waves et autres c. Portugal, préc, §30.

38. Cela dit, rappeler le fondement classique de la liberté d'expression publicitaire de l'émetteur et évoquer un nouveau fondement de celle-ci nous conduit naturellement à nous interroger sur l'efficacité du premier et la justification de l'avènement du second. Évidemment, les limites du fondement classique constituerait, en quelque sorte, la justification naturelle de la liberté d'expression comme un « fondement renfort ». Toutefois, l'extension de l'article 10§1 au discours publicitaire n'a pas été envisagée ou motivée par l'insuffisance de protection des libertés économiques. Ce sont les affaires portées devant le juge européen qui ont fait naître la question de l'applicabilité de la liberté d'expression au discours publicitaire. Il a fallu que la Cour strasbourgeoise se positionne sur cette question, à laquelle elle a préféré donner une réponse positive incluant l'expression publicitaire dans la catégorie des expressions bénéficiant d'une protection fondamentale. Ainsi, il ne faudrait pas voir dans l'imperfection de la protection des libertés économiques une justification de l'extension de l'article 10§1.

39. Le reproche que l'on peut formuler ici est que la Cour européenne n'a pas mené de raisonnement établissant les fondements d'une expression publicitaire fondamentalisée laquelle demeure à ce jour stérile sur le plan de la justification juridique. Faut-il rappeler que le principe même de l'extension de l'article 10§1 au discours publicitaire est contesté et encore davantage en l'absence d'arguments en faveur de celle-ci. Le silence du juge européen face à cet élargissement du champ du droit à la liberté d'expression révèle qu'il s'agit pour le moins d'une action non assumée. Un tel constat nous conduit à considérer que, malgré la justification que cet élargissement peut se voir imputer en raison de l'insuffisance de la protection assurée par les libertés économiques, le nouveau fondement demeure injustifié car il n'est pas pleinement reconnu.

40. Partant, nous admettons que la déficience c'est-à-dire l'insuffisance et les lacunes[120] de la dualité du fondement de la liberté d'expression publicitaire a pour cause l'insuffisante protection des libertés économiques, qui devra quant à elle être démontrée (**Chapitre 1**) et le manque de justification de la liberté d'expression comme fondement renouvelé de la liberté d'expression publicitaire, qui doit pour sa part être précisée (**Chapitre 2**).

[120] Selon la définition donnée à ce terme par le Centre national de ressources textuelles et lexicales.

Chapitre 1 - Les libertés économiques, un fondement classique insuffisant

41. La déficience de la dualité du fondement de la liberté d'expression publicitaire de l'émetteur trouve son origine[121] dans l'insuffisance de protection que confère les libertés économiques au discours publicitaire.

Traditionnellement, la publicité commerciale, c'est-à-dire celle ayant pour but de promouvoir les biens, ou services proposés par une entreprise ainsi que son image ou sa marque, trouve son fondement juridique dans les libertés économiques. Que ce soit sous sa forme la plus répandue, à savoir de message publicitaire, ou bien sous celle d'activité commerciale, donc en tant que production de ce message, la publicité commerciale doit être diffusée au grand public (communication de masse) ou à une cible déterminée (communication personnalisée) afin d'atteindre les objectifs qui lui sont assignés. La liberté d'entreprendre peut-être envisagée comme la liberté-cadre et les autres libertés qui la composent sont adaptées de manière à intervenir depuis le début du processus d'élaboration du message publicitaire jusqu'à sa diffusion. De plus, ces libertés offrent à l'entrepreneur publicitaire[122] le droit d'entreprendre l'activité publicitaire choisie (la liberté d'accès), et l'accompagnent dans son exercice, à savoir la conception du message et sa diffusion (liberté d'exercice). De surcroît, afin de permettre à toutes les entreprises (annonceurs et professionnels de la publicité) de s'exprimer par le moyen de la publicité, la liberté de concurrence joue un rôle important dans la régulation du marché publicitaire et fait barrage à toute pratique susceptible de monopoliser cette forme d'expression.

42. En raison de son importance fondamentale dans la réalisation du marché intérieur, l'expression publicitaire requiert une protection de la part du législateur européen ainsi que de la Cour de justice de l'UE. Ainsi, à ces libertés classiques fondant la publicité commerciale, s'ajoutent celles en lien avec le marché unique. Ces libertés, qualifiées de libertés de circulation, jouent à leur tour un rôle important dans l'épanouissement de la liberté d'expression publicitaire.

43. Ce chapitre se compose en deux temps. Dans un premier temps sera précisée la manière dont la liberté d'entreprendre assure la protection de la

---

[121] La seconde cause de cette déficience de la dualité du fondement sera traitée dans le cadre du chapitre suivant. Il s'agit du manque de justification de l'extension de l'article 10§1 de la CEDH au discours publicitaire. Car, en effet, c'est ce manque de justification qui explique la protection faible que reçoit ce discours.

[122] A titre d'illustration, une entreprise qui souhaite pénétrer le marché des communications commerciales ou une Agence de conseil en communication.

liberté d'expression publicitaire, sans pour autant que soit négligée l'évaluation en amont du niveau de cette protection (**section 1**). Dans un second temps, nous nous attacherons à traiter le lien entretenu entre les libertés européennes de circulation et la publicité commerciale et à analyser l'étendue de sa participation au rayonnement de cette dernière (**section 2**).

Section 1 - La liberté d'entreprendre, garante de l'accès à l'activité publicitaire

44. Avant d'être une expression, la publicité commerciale est tout d'abord une activité commerciale dont les acteurs sont nombreux : entreprises commerciales, agences de conseil en communication, régies publicitaires, etc. Historiquement, les droits et libertés de ces derniers étaient protégés par des libertés économiques ; à savoir le droit de propriété, la liberté du commerce et de l'industrie, la liberté de concurrence et la liberté contractuelle, ensemble qui constitue les fondements du libéralisme économique. La liberté du commerce et de l'industrie, ainsi que le droit de la propriété, forment, depuis le décret d'Allarde de 1791, la pierre angulaire de cet ordre de coopération humaine. Ils permettaient à toute personne de « *faire tel ou tel négoce ou d'exercer telle profession, art ou métier qu'elle trouvera bon...* »[123]. Considérée comme la seule liberté économique efficiente dans le domaine économique[124], la liberté du commerce a été érigée en principe général du droit par le Conseil d'État[125]. En 1982, en combinant les articles 4 et 7 de la Déclaration Universelle des Droits de l'Homme et du Citoyen[126], le Conseil constitutionnel a élaboré la liberté d'entreprendre, nouvelle liberté économique à valeur constitutionnelle[127]. Cette consécration n'a fait que dévoiler la volonté des auteurs de la Déclaration de 1789 de bâtir une société politique reposant sur la base de la liberté avec toutes les répercussions que cela peut avoir sur l'activité économique[128]. Depuis, la distinction entre la

---

[123] Article 7 de la loi des 2-17 mars 1791, appelée Décret d'Allarde.

[124] S. BRACONNIER : *Droit public de l'économie*, coll., Thémis. 2015, 1er édition 2015, juin., préc.,p. 16.

[125] CE, Ass., 22 juin 1951, Daudignac, n°00590 Rec. CE., p 362 ; *D* 1951, p 589. CE 29 sept. 2003, Fédération nationale des géomètres-experts, n° 221283, *AJDA* 2004. 166.

[126] G. DRAGO et M. LOMBARD : *Les libertés économiques*, Éditions Panthéon-Assas 2003, p. 30.

[127] Déc. n° 81- 132- DC : Rec. CC, p. 18 ; GDCC, n°31 : « *la liberté qui, aux termes de l'article 4 de la Déclaration, consiste à pouvoir faire tout ce qui ne nuit pas à autrui, ne saurait elle-même être préservée si des restrictions arbitraires ou abusives étaient apportées à la liberté d'entreprendre* ».

[128] Sur ce point, voir, J.-L. MESTRE. *D,* 1984 n° 2.

liberté du commerce et de l'industrie et la liberté d'entreprendre a fait couler beaucoup d'encre. Pendant longtemps, la doctrine considérait que la première englobait la seconde[129]. Néanmoins, depuis la décision de 1982, qui a constitutionnalisé cette liberté ainsi que d'autres décisions postérieures[130], la position doctrinale a évolué. Aujourd'hui, il est généralement admis que la liberté d'entreprendre est une liberté fondamentale dont le caractère spécifique la distingue de la liberté du commerce. Ainsi, certains auteurs considèrent que la liberté du commerce garantit le droit d'exercer une activité professionnelle, commerciale ou industrielle, tandis que la liberté d'entreprendre assure pour sa part le droit d'accès aux activités professionnelles qui ne peuvent être classées dans le domaine du commercial[131].

45. Cependant, le Conseil d'État[132] et le Conseil Constitutionnel dans une décision portant sur une question prioritaire de constitutionnalité (QPC) du 30 novembre 2012[133], se sont prononcés à l'encontre de cette distinction pour affirmer que la liberté d'entreprendre comporte non seulement la liberté d'accéder à une profession, mais aussi celle d'exercer cette profession ou activité. Il en résulte que ces deux libertés ont un objet similaire, elles sont en effet susceptibles d'être invoquées pour garantir les mêmes droits ; droit d'établissement et liberté d'exercer et d'exploiter des activités commerciales, libérales et professionnelles. Cependant, la liberté d'entreprendre a vocation à être générale et à être dotée d'une valeur fondamentale. C'est ce que le Conseil d'État a confirmé dans sa décision *Commune de Montreuil-Bellay* en considérant que la liberté du commerce et de l'industrie est une composante de la liberté d'entreprendre[134]. Cela ne signifie pas pour autant que la liberté du commerce acquiert de ce fait la qualité de liberté fondamentale, car elle est

---

[129] G. DRAGO et M. LOMBARD, *op. cit.*, p. 27 et 28. V., également, M. LOMBARD : « Actualité du droit de la concurrence et de la régulation », *AJDA* 2013, p. 2531.

[130] CE, 10 juin 2009, Société l'Oasis du désert, n° requête n°318066, Rec, p. 610, *AJDA* 2009, p. 1511.

[131] D. FERRIER « La liberté du commerce et de l'industrie », in *Liberté et droits fondamentaux*, 22ème éd, 2016., p. 872. Voir aussi S. NICINSKI : *Droit public des affaires*, 4ème éd. 2014, p. 45 : cet auteur considère que *« l'analyse sémantique des termes (liberté d'entreprendre et liberté du commerce et de l'industrie) conduit à conclure que la liberté d'entreprendre se limite à la liberté d'accès aux professions et à la liberté d'établissement* » quant à la liberté du commerce « *elle a un champs très large et incluait tous les stades de l'activité économique, allant de l'établissement à la direction ou la gestion des entreprises* ». V. également sa version de 2019, 7ème édition. En ce sens, V. J-Ph. COLSON et P. IDOUX : *Droit public économique*, LGDJ, 9ème éd., 2018, n°71 et s.

[132] CE, 10 janvier 1964, Lebon 20 ; CE, 12 novembre 2001.

[133] Décision n° 2012-285 QPC du 30 novembre 2012, §7. Plus récemment, v., Conseil d'État, 8èmes et 3èmes sous-sections réunies, 22 mai 2013, 366750, §3.

[134] CE, ordonnance du juge des référés (M. GENEVOIS), du 12 novembre 2001, 239840, publiée dans le recueil Lebon. CE, 6 octobre 2010, RJEP 2011, n°683, comm. 10. B. DELAUNAY.

expressément qualifiée par le Conseil d'État de principe général de droit[135]. Partant, la liberté d'entreprendre est un étalon de contrôle des excès de la législation économique[136]. Autrement dit, il s'agit d'une liberté économique générale qui englobe non seulement la liberté du commerce et de l'industrie[137], mais également, dans une certaine mesure, la liberté de la concurrence[138] et la liberté contractuelle[139], pour faire face à toute législation susceptible de restreindre la liberté d'expression publicitaire de l'émetteur.

46. Ces éclaircissements s'avèrent importants dans la mesure où ils nous permettront de déterminer la liberté économique de référence en relation avec l'activité publicitaire. Les développements précédents nous permettent de considérer la liberté d'entreprendre comme une liberté économique générale englobant d'autres formes de libertés économiques spécifiques. De ce fait, l'ensemble constitue le fondement classique de la liberté d'expression publicitaire.

47. Toutefois, il nous reste à observer comment se concrétise la protection qu'offrent ces libertés économiques à la liberté d'expression publicitaire de l'émetteur. Pour cela, il sera question, dans un premier temps, d'examiner la contribution de la liberté du commerce et de l'industrie à la protection de l'expression publicitaire (**paragraphe 1**) avant de nous atteler, dans un second temps, à déterminer quelles sont les différentes connexions existantes entre la

---

[135] CE, 29 septembre 2003, Fédération nationale des géomètres experts, n°221283 : « *qu'enfin, en ce qui concerne les prestations assurées au profit des particuliers et des personnes morales de droit privé, le décret attaqué n'a pas pour objet et ne saurait avoir légalement pour effet d'autoriser l'État à les assurer dans des cas et des conditions contraires aux principes généraux du droit, au nombre desquels figure la liberté du commerce et de l'industrie, ou aux règles de la concurrence* ».

[136] L. D'AVOUT : « La liberté d'entreprendre au bûcher » *Rec. D.* 2014., p 1287.

[137] B. FAURE : « Remarques sur les mutations du principe de la liberté du commerce et de l'industrie », *RFDA*. 2004., p. 299.

[138] P. DELVOLVÉ : *Droit public de l'économie*, Dalloz, 1998, pp. 108-109, voir la version récente : 2ème édition janvier 2021.Voir également, G. DRAGO et M LOMBARD : *Les libertés économiques*, *op. cit.*, p. 30.

[139] La liberté d'entreprendre et la liberté contractuelle ont pour point commun d'être toutes deux rattachées au principe de liberté qui découle de l'article 4 de la Déclaration Universelle des Droits de l'Homme de 1789. Le Conseil constitutionnel, dans sa décision n° 98-401 DC, 10 juin 1998, Loi d'orientation et d'incitation relative à la réduction du temps de travail, rattache la liberté contractuelle à l'article 4 de la Déclaration de 1789. Encore plus clairement, dans sa décision n° 2000-436 DC, 7 décembre 2000, voir la loi relative à la solidarité et au renouvellement urbain, Rec. 176. Concernant le rattachement de la liberté d'entreprendre à l'article 4 de la DDH, V., Déc. n° 81- 132., op.cit., et Cons. const. 10 juin 1998, n° 98-401 DC, consid. 3 ; *AJDA* 1998. 495, note J-E. SCHOETTL ; *D.* 2000. 60, obs. L. FAVOREU ; *RTD civ.* 1998. 796, obs. N. MOLFESSIS, et 1999. 78, obs. J. MESTRE ou Cons., const. 12 janv. 2002, n° 2001-455 DC, consid. 45 ; AJDA 2002. 1163, étude F. RENEAUD ; *D.* 2003. 1129, et les obs. L. GAY.

publicité et la liberté de la concurrence (**paragraphe 2**) qui pourraient servir d'appui pour l'émetteur dans sa revendication de la liberté d'expression publicitaire.

Paragraphe 1 - La faible contribution de la liberté du commerce et de l'industrie

48. La liberté du commerce et de l'industrie constitue « *le fondement des activités commerciales et artisanales* »[140] qui doivent s'exercer dans le cadre d'une concurrence loyale. En tant que principe général du droit, la liberté du commerce et de l'industrie constitue l'un des moyens de défense les plus utilisés par les parties devant les juges afin de justifier leur droit de faire la publicité. Le Conseil d'État[141], ainsi que le Conseil Constitutionnel[142], confèrent à cette liberté et à la liberté d'entreprendre le même contenu ; à savoir l'accès aux activités économiques, l'établissement des opérateurs et la liberté d'exercice de ces activités. Dès lors, il est possible d'invoquer la liberté du commerce et de l'industrie non seulement quand il s'agit d'établir et d'exercer une activité commerciale ou industrielle, mais également tout type d'activités, y compris de nature libérale. Il en résulte que les futurs émetteurs du message publicitaire, de même que ceux déjà en exercice, pourraient revendiquer leur droit d'entreprendre l'activité publicitaire génératrice de l'expression publicitaire (**A**) et la liberté d'exercice de cette activité (**B**) sur le fondement de la liberté du commerce et de l'industrie.

A - Entreprendre l'activité publicitaire génératrice de l'expression publicitaire

49. La liberté d'établissement ou d'entreprendre signifie que la personne concernée (physique ou morale) doit pouvoir fonder l'entreprise de son choix et avoir accès à l'activité professionnelle qu'elle souhaite. L'accès à la profession ou à une activité économique constitue l'aspect le plus connu de la liberté d'entreprendre et de celle du commerce et de l'industrie[143]. Par rapport à notre champ d'étude, le futur entrepreneur qui pourrait bénéficier de la liberté d'accès aux activités commerciales est celui qui a pour projet la création d'une personne morale dont l'objet social est l'exercice d'une activité

---

[140] Loi n° 73-1193 du 27 décembre 1973 d'orientation du commerce et de l'artisanat, dite loi Royer, art. 1er.

[141] G. DRAGO et M. LOMBARD : *Les libertés économiques*, préc., not., chapitre 1.

[142] C. cons., 30 novembre 2012, n° 2012-285 QPC.

[143] L. FAVOREU et L. PHILIP : *Les Grandes décisions du Conseil Constitutionnel*, 18 éd. Dalloz. 2016., p. 584, §10.

publicitaire ; l'achat et la revente des espaces publicitaires, la conception de campagnes de publicité et leur diffusion. Tel est le cas de ce que l'on peut appeler l'entrepreneur publicitaire, qui peut être une agence de publicité, une agence de conseil en communication, une régie publicitaire ou une plateforme automatisée de vente et d'achat d'espaces publicitaires (ex : les Ad Exchanges), ou un support média, pour ne citer que ces exemples.

50. En raison de ces activités liées aux marchés publicitaires[144] (de conception et de diffusion du message publicitaire), l'entrepreneur visé ici se retrouve en effet directement concerné par la liberté d'entreprendre l'activité de communication publicitaire. Les différentes activités réalisées par ce dernier sont destinées à des annonceurs qui peuvent être des entreprises commerciales, des associations ayant ou non un but lucratif, ou encore des professions libérales telles que les cabinets d'avocats dont la liberté d'établissement est indirectement affirmée par l'article 7 de la loi du 31 décembre 1990 et postérieurement précisée par le décret du 27 novembre 1991. Dès lors, l'entrepreneur publicitaire et les annonceurs précités constituent les émetteurs du message publicitaire qui prennent appui sur la liberté d'entreprendre dans la mesure où elle établit le principe d'accès à l'activité publicitaire génératrice de l'expression publicitaire (**1**). Toutefois, il s'avère que ce principe est dénué d'un réel effet et ne participe que rarement à la censure des textes restrictifs de l'accès à ce secteur d'activités (**2**).

1 - L'accès à l'activité publicitaire, un principe affirmé

51. L'objectif de la liberté du commerce est de garantir à ses acteurs le libre accès à l'activité publicitaire, droit d'accès qui est rendu possible en raison de la capacité de cette liberté à faire barrage à certaines normes soumettant l'exercice et l'établissement d'une activité professionnelle selon diverses conditions juridiques et matérielles. Les exemples sont nombreux en ce sens : respect des conditions de capacité professionnelle, obtention d'un diplôme[145] ou d'une qualification[146] professionnelle, voire d'une autorisation afin d'entamer l'activité.

---

[144] Plusieurs marchés peuvent être identifiés dans le domaine de la publicité commerciale, parmi lesquels nous pouvons citer, sans nous montrer exhaustif : le marché de la vente des espaces publicitaires, celui de la revente de ces mêmes espaces (œuvre des intermédiaires) ou le marché relatif à la conception et l'élaboration des campagnes publicitaires.

[145] CE, 6èmes et 1ères sous-sections réunies, du 8 juillet 2005, n° 262182.

[146] L'exigence d'une qualification pour les ventes volontaires de meubles aux enchères publiques (C. com., art. L.320-2., C.E 17 avril 2015, req., n°373589 ; rapp. CE 30 décembre 2011, Assoc. Pour le droit à l'initiative économique, RLC 2012, n°2046, obs. G. CLAMOUR. V. aussi la L. n° 96-603, 5 juill. 1996, art. 16 et s., JO 6 juill., modifié par L. n° 2005-882, 2 août 2005, art. 17 et 38, JO 3 août.

52. En principe, des compétences particulières dans le domaine de la communication commerciale s'avèrent essentielles avant de s'aventurer dans un tel secteur. En revanche, en dehors des diplômes et qualifications, certaines entreprises de communication se voient parfois contraintes de solliciter l'autorisation des pouvoirs publics avant d'entreprendre leurs activités et, dans certains cas, de déclarer ces dernières pour montrer leur intention d'agir[147]. Tel est le cas de l'interdiction légale adressée, dans certains cas, aux supports de la publicité commerciale afin d'obtenir des autorisations relatives à des services de télévision ou de radiodiffusion[148] ; ou encore, de l'obligation qui incombe aux services de communication électronique de déclarer à l'Autorité de régulation des communications électroniques et des postes (ARCEP) leur intention d'exploiter un réseau ouvert au public[149]. Néanmoins, ces régimes d'autorisation préalable, d'enregistrement et de déclaration préalable n'ont pas une portée générale. Ils ne s'imposent que pour certaines activités qualifiées de dangereuses ou susceptibles de porter atteinte à l'ordre public. En effet, à titre d'exemple, selon l'article 511-1 du code de l'environnement, des « *installations qui peuvent présenter des dangers ou des inconvénients soit pour la commodité du voisinage, soit pour la santé, la sécurité, la salubrité publiques, soit pour l'agriculture, soit pour la protection de la nature, de l'environnement et des paysages, soit pour l'utilisation rationnelle de l'énergie, soit pour la conservation des sites et des monuments ainsi que des éléments du patrimoine archéologique* » sont soumises au régime d'autorisation préalable, à celui d'enregistrement ou au régime de déclaration en fonction de la gravité des dangers ou des inconvénients que peut représenter leur exploitation[150].

53. Au niveau européen, le principe d'accès à l'activité génératrice de l'expression publicitaire résultant de la liberté du commerce et de l'industrie est illustré à travers la liberté d'établissement consacrée par l'article 49 (ex-

[147] T. M'SAÏDIÉ : « La déclaration administrative préalable à l'exercice d'une activité », *AJDA* 2013. 514.

[148] Les entreprises médias de télévision et de radiodiffusion réglementées par la L. n° 86-1067, 30 sept. 1986, modifiée par la loi L. n° 2004-669, 9 juill. 2004, se voient interdire, dans certaines conditions, par les articles 41-1 et 41-2 de cette loi, d'obtenir des autorisations relatives à des services ou à l'exploitation de réseaux câblés de radio ou de télévision. Cette interdiction s'applique lorsqu'elles bénéficient déjà de certaines autorisations relatives à ces services, ou quand elles éditent ou contrôlent des quotidiens d'information politique et générale représentant plus de 20 % de la diffusion totale sur le territoire national, ou un ou plusieurs quotidien(s) de cette nature dans une zone déterminée, l'objectif étant de préserver le pluralisme et de limiter les concentrations médias.

[149] Article L. 33-1 du Code des postes et des communications électroniques, modifié par l'article 5, II de la loi n° 2004-669 du 9 juillet 2004 relative aux communications électroniques et aux services de communication audiovisuelle.

[150] Article 511-2 du Code de l'environnement.

article 43 du TCE) du traité sur le fonctionnement de l'Union européenne, qui dispose, dans son premier paragraphe, que « *(...) Les restrictions à la liberté d'établissement des ressortissants d'un État membre dans le territoire d'un autre État membre sont interdites. Cette interdiction s'étend également aux restrictions à la création d'agences, de succursales ou de filiales, par les ressortissants d'un État membre établi sur le territoire d'un État membre* ». Il convient de souligner d'emblée que les dispositions relatives à cette liberté ont un effet immédiat[151]. La Cour de justice de l'Union européenne[152] a déclaré incompatibles avec cet article les exigences rendant obligatoire, pour l'inscription au barreau des avocats, la nationalité d'un État particulier[153], ou encore celle de la nationalité, pour obtenir l'autorisation d'exercer en Espagne ou en Italie des activités de sécurité privée[154].

Toujours sur le terrain du droit de l'UE, et concernant l'accès aux professions de communications commerciales, ce sont surtout les supports médias audiovisuels de la publicité qui sont le plus souvent concernés. En ce sens, la directive Services de médias audiovisuels du 10 mars 2010 rappelle, dans son considérant 49, que « *les articles 43 à 48 du Traité établissent le droit fondamental à la liberté d'établissement. En conséquence, les fournisseurs de services de médias devraient généralement pouvoir choisir librement les États membres dans lesquels ils s'établissent* ». Ce droit d'établissement ne bénéficie plus seulement aux entreprises de médias, mais également à tous les émetteurs de la publicité commerciale.

2 - L'accès à l'activité publicitaire, un principe limité

54. Ce principe est posé au niveau national de même qu'à celui européen, il n'en demeure pas moins qu'il se heurte à des limites. S'agissant de la liberté d'établissement, expression européenne du principe d'accès à l'activité publicitaire, un État membre conserve toujours le droit de prendre des mesures à l'encontre d'un organisme de radiodiffusion télévisuelle ou d'une agence de publicité établie dans un autre État membre[155]. La relativité de cette liberté

---

[151] CJCE : 21 juin 1974, Reyners, aff. C-2/74.

[152] La Cour de justice sera citée dans le corps du texte par sa dénomination actuelle. Toutefois, dans les références aux arrêts de cette juridiction en notes de bas de pages nous allons prendre en considération l'ancienne appellation selon la date de l'arrêt.

[153] CJCE : Reyners, aff. C-2/74 préc., Rec. 631 ; CJCE : 14 juill. 1988, Commission c. Grèce, aff. 38/87, Rec. 4415. ; CJCE : 7 mars 2002, Commission c. Italie, aff. C-145/99, Rec. I. 2235.

[154] CJCE : 29 oct. 1998, Commission c. Espagne, aff. C-114/97, Rec. I. 6717 ; CJCE : 31 mai 2001, Commission c. Italie, aff. C-283/99, Rec. I. 4363.

[155] Tel est le cas quand un organisme est établi au sein d'un État membre en dehors de son État d'origine et dont l'activité et la diffusion sont totalement ou principalement tournées vers le premier État membre, lorsque cet établissement a pour objectif de se soustraire aux règles de l'État d'origine.

touche également la liberté du commerce. Ainsi, en permettant à toute personne de revendiquer et d'exercer les droits qui découlent de la liberté du commerce et de l'industrie, le décret d'Allarde affirme aussitôt « *qu'elle sera tenue de (...) se conformer aux règlements de police qui pourront être faits*[156] ». Dès lors, l'autorité publique peut, dans certains cas, être amenée à limiter la liberté d'établissement des entrepreneurs, qui, par leurs projets commerciaux, peuvent porter atteinte à l'ordre public, à l'intérêt du consommateur, à l'environnement ou à la santé publique. Partant, toute interdiction ou restriction d'exercer une profession ou une activité économique n'est pas une violation de la liberté d'entreprendre. Le Conseil constitutionnel ne sanctionne, en effet, ces atteintes que dans le cas où elles présentent un caractère excessif. Or, généralement, la gravité de l'atteinte est reconnue lorsque la limitation de la liberté du commerce est combinée à l'atteinte à un autre droit ou à une autre liberté (droit de propriété, liberté d'expression...)[157]. Ainsi, bien que la liberté du commerce et de l'industrie soit la liberté économique à laquelle ont le plus souvent recours les auteurs des saisines constitutionnelles afin de défendre leur liberté d'accès aux activités commerciales et professionnelles, la contribution qu'elle apporte à la liberté d'expression publicitaire demeure restreinte. De plus, il faudrait admettre qu'il n'existe aucun cas, ou que rares sont les cas, dans lesquels la liberté du commerce instaurée s'est heurtée à des mesures restrictives de la publicité commerciale[158].

55. En définitive, ce premier volet de la liberté du commerce et de l'industrie ne s'est pas retrouvé confronté à des restrictions particulières qui auraient permis d'évaluer son degré d'intérêt et d'efficacité dans son rapport avec la liberté de l'émetteur. Ainsi, il semble que la liberté d'établissement ne peut être considérée comme une liberté économique primordiale permettant d'assurer la liberté de l'émetteur. Elle s'avère, certes, essentielle, mais ce n'est pas sur le terrain *d'accès* à l'activité à l'origine de l'expression publicitaire que les restrictions à la liberté d'expression publicitaire de l'émetteur sont nombreuses, ce qui explique la pauvreté de la jurisprudence en la matière. C'est donc lors de l'exercice de cette activité que pourraient apparaître l'apport et l'intérêt croissant de la liberté du commerce pour l'émetteur.

---

[156] Article 7.

[157] A. CATHERINE, A. DAVID, Y. PAQUIER, D. POINSIGNON et D. VICOMTE, Chronique de jurisprudence constitutionnelle française 2015, *Cahiers de la recherche sur les droits fondamentaux*, 14. 2016, 113-136.

[158] Depuis la décision du Con. Const., du 16 janvier 2001, n° 2000-439, la liberté d'entreprendre a engendré 16 censures en tout (tous domaines confondus, y compris la publicité commerciale) : soit pour une atteinte à la liberté d'entreprendre soit pour la violation d'autres libertés combinées à celle-ci. Voir L. FAVOREU et L. PHILIP, préc., p 592.

B - Exercer l'activité publicitaire génératrice de l'expression publicitaire

56. Une fois l'entreprise fondée et l'accès à l'activité garanti, la personne juridique doit pouvoir exercer librement son activité. La liberté d'exercice complète celle d'établissement en permettant à tout entrepreneur de gérer son entreprise à sa guise[159]. Elle lui garantit le droit de choisir ses partenaires, clients ou fournisseurs[160], ainsi que sa stratégie commerciale, de s'endetter[161] ou de s'autofinancer, de choisir ses salariés[162] à condition qu'un tel choix ne revête pas un caractère discriminatoire[163].

57. C'est ainsi que la liberté de faire ou de ne pas faire de la publicité relève de ce second aspect de la liberté du commerce et de l'industrie, de sorte qu'elle interdit le fait de « gêner » par une réglementation l'exercice et l'exploitation d'une activité publicitaire. En raison de leur caractère économique, la liberté d'exercice ou d'exploiter et le droit de propriété furent les premiers à avoir été mobilisés par les défenseurs de la liberté de l'émetteur du message publicitaire afin de faire barrage aux législations et réglementations qui limitent sa liberté de s'exprimer publicitairement.

58. Étant donné que les juges constitutionnel et administratif se sont prononcés sur la liberté d'exercice, l'analyse de leur jurisprudence en la matière nous a paru importante, car elle permet de mesurer l'apport de cette liberté à la publicité commerciale.

La revendication par les parties, lors d'un contentieux publicitaire, de la liberté d'exercer librement l'activité à l'origine du message publicitaire sur le fondement de la liberté d'entreprendre, ne présente, en effet, aucun intérêt si les juges (administratif ou constitutionnel) ne donnent pas une suite favorable à leur demande. Or, après avoir étudié la jurisprudence du Conseil constitutionnel ainsi que la jurisprudence administrative, il conviendrait de reconnaître que dans les contentieux publicitaires où l'invocation de la liberté du commerce et de l'industrie est constante, la majorité des décisions rendues conclut à la non-violation de cette liberté. Dès lors, si cette liberté est certes la

---

[159] Le Conseil constitutionnel souligne que la responsabilité du chef d'entreprise dans les choix de gestion de celle-ci est un corollaire de la liberté d'entreprendre, cf. obs. L. GAY, sous Cons. Const. 2 janvier 2002. *D.* 2003. 1129.

[160] D. MAINGUY : « La liberté d'entreprendre face à ses partenaires », *in Entreprise et liberté*, éd. D. 2007., p. 21.

[161] P. PÉTEL : « La liberté d'entreprendre face à ses créanciers » », *in Entreprise et liberté*, préc., p.83 ; C. GALOKHO : « Les atteintes à la liberté du commerce et de l'industrie résultant de la prévention et du traitement des difficultés des entreprises », *RTD com.* 2014. 489.

[162] Cons. Const. 20 juillet 1988, n° 1988- 244 DC, *Dr, soc.* 1988. 762, note X. PRÉTOT.

[163] La liberté de faire de la publicité : TGI Paris 8 janvier 2008 et Paris 13 février 2008, CCC 2008. Étude 6 ; J.- M. BRUGIÉRE et P. DERPEZ : « La publicité des alcools sur internet », spéc., n°8.

liberté classique dans ce genre de contentieux elle a, à notre avis, toutefois montré ses limites dans le contentieux publicitaire[164].

59. Ainsi, il est permis de constater que le contrôle constitutionnel des mesures restrictives de la liberté d'exercer l'activité publicitaire se caractérise par une certaine tolérance (**1**) et que le contrôle administratif, est, pour sa part, limité aux restrictions imposant une interdiction générale de l'activité publicitaire (**2**).

1 - La tolérance du contrôle constitutionnel des restrictions de l'exercice de l'activité publicitaire

60. Le juge constitutionnel ne saisit l'expression publicitaire que sous l'angle des libertés économiques, état de fait qui est dû à un recours minoritaire à la liberté d'expression pour fonder les saisines liées à l'exercice de l'activité publicitaire, voire au constat que le Conseil constitutionnel préfère fonder ses décisions en la matière sur la liberté d'entreprendre. De plus, le juge constitutionnel a opté pour une vision essentiellement économique du discours commercial[165] .

61. La plupart des affaires traitant du contentieux publicitaire devant le Conseil constitutionnel se sont fondées sur la liberté d'entreprendre. En 1982, il a été saisi par des députés et des sénateurs pour contester les dispositions de la loi du 29 juillet 1982 concernant la communication audiovisuelle. L'article 81 de cette loi, interdisait aux associations qui avaient été autorisées à assurer un service local de radiodiffusion sonore à modulation de fréquence, de collecter les ressources provenant de la publicité. Du point de vue des auteurs de la saisine, ces dispositions apparaissaient comme contraires à la liberté d'entreprendre de ces associations, dans la mesure où elles portaient atteinte à leur liberté d'exploiter et d'exercer librement leurs activités. Il pourrait sembler de prime abord que cette affaire est étrangère à la liberté d'expression publicitaire de l'émetteur, car la publicité commerciale n'est pas concernée en tant que telle. Toutefois, dans sa décision le Conseil constitutionnel a conclu que les interdictions dont étaient frappées ces associations, à savoir la limitation de la collecte des ressources publicitaires (à hauteur de 80%) et celle relative à la fixation d'un plafond de financement émanant de la publicité,

---

[164] Par contentieux publicitaire, nous nous référons à toutes les démarches et actions intentées par les professionnels de la publicité contre les mesures restrictives de leurs messages publicitaires. Il conviendrait d'y ajouter le procès qui peut être enclenché par les associations de protection des consommateurs ou par de simples particuliers contre les émetteurs de la publicité commerciale.

[165] E. B. KAYDEL : *La liberté d'expression commerciale, étude comparée sur l'émergence d'une nouvelle liberté fondamentale*, préc., p. 119 et 120.

limitaient leur liberté de diffuser librement des messages publicitaires[166]. Les associations en question ont donc été considérées comme des supports du message publicitaire et par conséquent des émetteurs dont la liberté de diffusion a été, dans ce cas d'espèce, garantie par la liberté d'exercice.

62. Dans une autre affaire, le recours à la liberté d'exercice afin de contester les législations perçues comme interventionnistes dans l'exercice libre de l'activité publicitaire est réaffirmé. Cette affaire illustre également l'absence d'une quelconque influence sur les législations en cause. Ainsi, une requête envoyée le 21 décembre 1992 contestait la conformité de la loi Sapin 1 de 1993[167] à la Constitution et surtout à la liberté d'entreprendre. L'article 20 de cette même loi dicte la ligne que les professionnels de la publicité doivent suivre lors de l'exercice de leurs activités commerciales. Le premier alinéa de ce texte dispose, en effet, que « *Tout achat d'espace publicitaire, sur quelque support que ce soit, ou de prestation ayant pour objet l'édition ou la distribution d'imprimés publicitaires ne peut être réalisé par un intermédiaire que pour le compte d'un annonceur et dans le cadre d'un contrat écrit de mandat* ». De surcroît, il précise quelles sont les mentions que ce contrat de mandat doit comporter sous peine de sanction[168]. De l'avis des auteurs de la saisine, ces dispositions interventionnistes portent atteinte à la liberté d'exercice des professionnels visés et les privent de la liberté de gérer leurs relations commerciales comme ils l'entendent. Or, pour le Conseil constitutionnel, « *la liberté d'entreprendre à valeur constitutionnelle n'est toutefois ni générale ni absolue*[169] ». Ainsi, il en déduit que les dispositions critiquées en l'espèce « *sont prises par le législateur en vue d'atteindre l'objectif général de transparence économique ; qu'en dépit des contraintes qu'elles comportent, elles ne restreignent pas la liberté d'entreprendre* » [170].

Les dispositions de cette loi (Sapin 1) ne limitaient en effet qu'indirectement l'expression publicitaire, car c'est plutôt la méthode adoptée par les professionnels de la publicité (l'annonceur, l'agence de publicité, la régie publicitaire et le support) pour gérer leurs relations contractuelles qui a été visée. De plus, il serait maladroit de considérer cette intervention législative comme restrictive, car l'opacité qui régnait dans les rapports entre les supports, les régies et les centrales de revente d'espaces publicitaires avait principalement pour conséquence de faire augmenter les prix de ces derniers,

---

[166] Cons. Const., n° 82-141 DC du 27 juillet 1982, loi sur la communication audiovisuelle de 1982. Cette loi a été modifiée par la loi n°84-742 du 1er août 1984 et abrogée par la loi n°86-1067 du 1er octobre 1986.

[167] Loi n° 93-122 du 23 janvier 1993 relative à la prévention de la corruption et à la transparence de la vie économique et des procédures publiques.

[168] L'article 25 de la même loi dans sa version récente après sa modification par la loi n°2011-525 du 17 mai 2011.

[169] Cons. Const., DC., n°92-316 du 20 janvier 1993, §29.

[170] Cons. Const., *op. cit.* §30.

ce qui conduisait ainsi à limiter dans une certaine mesure la liberté d'expression publicitaire. L'intervention du législateur était donc préférable. Il convient de souligner qu'au moment où la liberté d'exercice a pu être mobilisée en tant que fondement juridique de l'activité génératrice du message publicitaire, la liberté d'expression n'aurait pas joué ce rôle à moins que le juge européen des droits de l'Homme se soit montré très libéral.

63. Dans un autre cas d'espèce[171], la liberté d'entreprendre a vainement été invoquée afin de contester l'interdiction édictée par la loi relative à la lutte contre le tabagisme et l'alcoolisme du 10 janvier 1991 (dite loi Evin) de mener toute propagande ou de diffuser toute publicité directe ou indirecte en faveur du tabac ou des produits de tabac. L'article 2 de la loi du 9 juillet 1976 interdisait d'ores et déjà la publicité en faveur du tabac, mais seules la propagande ou la publicité directe étaient alors concernées. Or, l'article 3 de la loi Evin avait quant à lui étendu cette interdiction à la publicité indirecte en faveur du tabac ou de ses dérivés. Ainsi, la liberté d'expression publicitaire des industriels du tabac a été fortement limitée, pour ne pas dire interdite, alors que cette loi ne s'applique pas aux enseignes de débits de tabac et autorise des affichettes à l'intérieur de ces derniers à condition que celles-ci ne soient pas visibles depuis l'extérieur. Cette disposition (article 3) a été déclarée conforme à la Constitution parce qu'elle répond à un objectif d'intérêt général, à savoir à celui de protéger la santé publique[172].

64. L'objectif de protection de la santé publique a constitué la source d'inspiration d'une loi du 26 janvier 2016 portant sur la modernisation du système de santé qui a, cette fois, expressément étendu l'interdiction de la diffusion de publicité directe ou indirecte en faveur du tabac aux affichettes disposées à l'intérieur des débits de tabac, non visibles de l'extérieur[173]. Dès lors, abstraction faite des enseignes règlementées par arrêté interministériel, la liberté d'expression publicitaire des producteurs de tabac en vient à être totalement limitée[174]. Contestées sur le fondement de la liberté d'entreprendre, les restrictions de l'expression publicitaire ont été tout de même jugées constitutionnelles[175]. Il ressort de la décision du Conseil constitutionnel en la matière que sa conception de la liberté d'entreprendre est principalement liée aux activités de production, de distribution et de vente[176]. L'aspect communicationnel associé à toute activité professionnelle semble exclu de

---

[171] Cons. Const., n°90- 283 du 8 janvier 1993, la loi relative à la lutte contre le tabagisme et l'alcoolisme du 10 janvier 1991.

[172] *Ibid.*, § 29.

[173] Loi n°2016-41 du 26 janvier 2016 de modernisation de notre système de santé, article 23, paragraphe 1, 2°.

[174] Article 3512-4 du code de la santé publique.

[175] Cons. Const., décision n° 2015-727 DC du 21 janvier 2016.

[176] *Ibid.*, § 11.

cette conception, et intéresse moins le juge constitutionnel, qui a ainsi conclu à la proportionnalité de l'interdiction totale de la publicité.

65. Par ailleurs, l'émergence de la question prioritaire de la constitutionnalité (QPC)[177] avec la réforme constitutionnelle de 2008 a permis à toute personne partie à un procès ou une instance civile, de contester une loi déjà entrée en vigueur. La majorité des QPC ayant recours à la liberté d'entreprendre l'appréhende à travers son volet relatif à la liberté d'exercice[178]. Le Conseil constitutionnel a, en effet, été saisi d'une question prioritaire de constitutionnalité relative à la conformité des dispositions du deuxième et du troisième alinéa de l'article 581-9 du Code de l'environnement, qui soumettent l'installation des dispositifs de publicité lumineuse à une autorisation préalable. Le Conseil constitutionnel a jugé ces dispositions compatibles avec la liberté d'exercice. En les adoptant, poursuit le Conseil constitutionnel, le législateur a voulu assurer la protection du cadre de vie des citoyens contre les atteintes susceptibles de résulter de dispositifs de publicité extérieure. De ce fait « *le législateur n'a pas porté au principe de la liberté d'entreprendre une atteinte qui ne serait pas justifiée par les objectifs qu'il s'est assignés et proportionnés à cette fin* »[179].

Concernant toujours la même QPC, les auteurs de la saisine ont invoqué la liberté d'expression protégée par l'article 11 de la Déclaration Universelle des Droits de l'Homme et du Citoyen (DUDHC) de 1789 afin de contester que l'installation de certains dispositifs de publicité extérieure soit soumise à une autorisation préalable. En réponse à ce grief découlant de la violation de la liberté d'expression et sans reprendre sa formule classique relative à la liberté d'expression, le Conseil constitutionnel a affirmé que les alinéas deux et trois de l'article 581-9 du Code de l'environnement, qui instituent le régime d'autorisation administrative préalable, « *n'ont pas pour objet et ne sauraient avoir pour effet de conférer à l'autorité administrative saisie d'une demande sur leur fondement le pouvoir d'exercer un contrôle préalable sur le contenu des messages publicitaires qu'il est envisagé d'afficher ; que, sous cette réserve, ces dispositions ne portent aucune atteinte à la liberté d'expression* »[180] . Il en ressort que si le Conseil constitutionnel n'exclut pas la publicité commerciale de la protection de l'article 11 de la DUDHC, il limite néanmoins son champ au contenu du message, et ce au mépris de son support, ce qui s'avère contraire à la position de la Cour européenne qui étend, pour sa part, la protection de l'article 10§1 aux modes de diffusion du message.

66. L'invocation de la liberté d'expression en matière de publicité commerciale devant le Conseil constitutionnel peut passer inaperçue. Il est

---

[177] Prévue par l'article 61-1 de la constitution du 4 octobre 1958.

[178] R. FRAISSE, *op. cit.*, p. 5. §17.

[179] Cons. Const., décision n° 2012-282 QPC du 23 novembre 2012. § 27.

[180] Cons. Const., QPC 23 novembre 2012. *op. cit.*, §31.

possible de constater que le Conseil élude le débat sur le terrain de la liberté d'expression en optant pour celui de la liberté d'entreprendre. La saisine du Conseil constitutionnel, par la Cour de cassation[181], d'une question prioritaire de constitutionnalité soulevée par la Coopérative G-SOGIPHAR et le Mouvement national des pharmaciens GIPHAR, est illustrative de cette approche. Cette QPC soulevait la question de la conformité à la Constitution des articles L. 5125-31 et L. 5125-32 du Code de la santé publique, qui renvoient au pouvoir réglementaire le soin de fixer les conditions dans lesquelles la publicité en faveur des officines de pharmacie peut être réalisée. Les parties considèrent que ces dispositions portent atteinte à plusieurs droits et libertés protégés par la Constitution (ex : la liberté d'entreprendre, celle de communication et le principe d'égalité). Le Conseil Constitutionnel s'est contenté de répondre seulement au grief découlant de la violation de la liberté d'entreprendre, pour affirmer que « *les dispositions contestées renvoient à un décret le soin de fixer les conditions dans lesquelles la publicité en faveur des officines de pharmacie peut être faite, afin de permettre l'application de ces règles ; qu'elles ne privent pas de garanties légales les exigences qui résultent de la liberté d'entreprendre* »[182]. Du point de vue du Conseil, le but de protéger la santé publique, qui constitue un objectif d'intérêt général, rend nécessaire une réglementation stricte de la publicité des pharmaciens[183].

67. En définitive, il semble que non seulement le fondement de la liberté d'entreprendre soit souvent invoqué pour se prévaloir de la liberté d'exercice de l'activité publicitaire, mais qu'il est facilement dépassé par des objectifs d'intérêt général, qui s'avèrent parfois d'une telle sévérité, qu'un contrôle plus poussé aurait entraîné la censure de certains textes. L'exemple le plus probant de ce cas de figure est celui de l'interdiction totale de la publicité directe et indirecte en faveur du tabac.

2 - Le manque d'audace dans le contrôle administratif des restrictions de l'exercice de l'activité publicitaire

68. Le manque d'audace qui caractérise le contrôle administratif des restrictions frappant la liberté d'exercice de l'activité publicitaire se manifeste dans la concentration de la censure sur les dispositions qui fixent un principe général d'interdiction du recours à la publicité commerciale. Les restrictions partielles semblent, quant à elles, échapper au contrôle du juge administratif qui conclut assez souvent à leur proportionnalité par rapport à l'objectif qu'elles visent.

69. Ce constat a, en effet, pu être émis sur la base de l'étude de la jurisprudence administrative dans sa relation avec l'activité publicitaire qui

[181] Cour de Cass., première chambre civile, n° 1430 du 14 novembre 2013.

[182] Cons. Const. Décision n° 2013-364 QPC du 31 janvier 2014, § 8.

[183] *Ibid.*

révèle que le contentieux en la matière est concentré sur l'affichage publicitaire (**a**), exception faite de quelques décisions relatives à la liberté d'exercice des professions libérales (**b**).

a - En matière d'affichage publicitaire

70. Les entreprises d'affichage publicitaire se retrouvent confrontées à un arsenal de règles juridiques encadrant leur activité (droit d'affichage, droit de l'environnement et de l'urbanisme) qui détermine les conditions d'implantation des dispositifs publicitaires. Le respect de ces dernières est assuré par les titulaires des pouvoirs de police administrative, à savoir par le maire et le préfet, ce sous le contrôle du juge administratif et, dans certains cas, de l'Autorité de la concurrence.

71. En matière de police de la publicité, l'article 581-14-2 du Code de l'environnement, modifié par la loi du 12 juillet 2010, répartit les compétences entre les deux titulaires des pouvoirs de police. Cet article prévoit ainsi que « *les compétences en matière de police de la publicité sont exercées par le préfet. Toutefois, s'il existe un règlement local de publicité, ces compétences sont exercées par le maire au nom de la commune* ». Il en résulte qu'en principe, en l'absence d'un règlement local de publicité (RLP), seul le préfet s'avère compétent. En revanche, si un règlement local de publicité est institué, ces compétences sont, cette fois, exercées par le maire, qui agit au nom de la commune et non de l'État[184].

72. Jadis, le principe de la liberté d'affichage, tel que consacré par la loi du 29 juillet 1881, interdisait toute mesure de police prise à l'encontre d'un dispositif publicitaire[185]. Aujourd'hui, il est largement admis qu'en cas de trouble à l'ordre public, l'autorité de police peut réglementer l'affichage au titre de son pouvoir de police générale et éventuellement de celui de police spéciale[186]. Ainsi, certains arrêtés ont été jugés légaux, comme ceux interdisant des panneaux publicitaires au motif qu'ils pouvaient tomber[187], qu'ils remettaient en cause la sécurité de la circulation[188], voire qu'ils constituaient, en raison de leur contenu, un trouble à la moralité publique[189].

---

[184] Avant la réforme de 12 juillet 2010, le Conseil d'État considérait que le Préfet et le Maire agissent au nom de l'État : CE, 15 juin 1987, Ministre de l'urbanisme c. Sté Affichage Giraudy, rep., n° 71-936, Lebon T. 578.

[185] Cour de cass., ch. crim. 10 janvier 1885, *D.* 1885.I. 384. CE. 2 avril 1886, FONTENAUD, *D.* 1886. III. 84.

[186] P. ZAVOLI : « La police de l'affichage », *Encyclopédie des collectivités locales, D.* juin 2013. § 37.

[187] Cass., ch. crim. 4 mai 1923, GP 1923. II. 625 ; CE. 27 mars 1925, SA Boreau, DH. 1925. 352.

[188] TA. Chalons-sur- Marne, 23 juin 1960, Sté Affichage Giraudy, *Lebon* 797.

[189] CE. 11 mai 1977, Ville de Lyon, *Lebon* 211.

Le juge administratif cautionne ces évolutions restrictives de la liberté d'affichage, car selon lui, le maire dispose d'un large pouvoir de réglementation en vue de protéger le cadre de vie des citoyens. Par le biais d'un règlement local de publicité, le maire peut, en effet, limiter, par exemple, la taille des dispositifs publicitaires[190] par rapport à celle fixée par le régime général[191], ou fixer une densité maximale en limitant le nombre de dispositifs par unité foncière[192], ou encore établir des règles d'inter-distance ainsi que des zones où la publicité est interdite[193].

73. Cependant, ces différentes réglementations doivent prendre en compte la liberté du commerce dans son aspect lié à la liberté d'exercice. C'est ce que le Conseil d'État a rappelé dans un avis en affirmant que, « *dès lors que l'exercice des pouvoirs de police administrative est susceptible d'affecter des activités de production, de distribution ou de services (...), la sauvegarde des intérêts spécifiques que l'administration a pour mission de protéger ou de garantir n'exonère pas l'autorité investie de ces pouvoirs de police de l'obligation de prendre en compte également la liberté du commerce et de l'industrie* »[194]. Par conséquent, les pouvoirs de police du maire ne lui permettent pas d'édicter d'interdiction « *aussi générale et absolue* »[195]. C'est ainsi que la Cour administrative d'appel de Bordeaux a censuré un arrêté municipal interdisant l'affichage publicitaire dans une zone particulière de la ville, car elle a estimé que cette réglementation portait une atteinte excessive à la liberté du commerce et de l'industrie[196]. Il en fut de même dans une autre affaire dans laquelle une décision du préfet qui avait refusé d'autoriser une entreprise, à lancer sa campagne de publicité relative aux taxis, a été censurée[197].

74. Le juge administratif se montre ainsi intolérant vis-à-vis des mesures restrictives libellées en des termes généraux et absolus. En d'autres termes, aux yeux de l'organe administratif, toute interdiction générale est en principe disproportionnée à l'objectif qu'elle se fixe. Il s'agit là d'un constat favorable à la liberté d'expression publicitaire de l'émetteur pour lequel un minimum de liberté semble assuré. Cependant, la position du juge administratif se

---

[190] TA. Amiens 25 janvier 2007, UPE, req., n° 0500304, TA Montpellier 12 mai 2005, Sté Giraudy et Syndicat national de la publicité extérieure.

[191] Décret 2012-118 du 31 janvier 2012 et article L. 581-9 du Code de l'environnement qui fixe le cadre dans lequel intervient le pouvoir réglementaire.

[192] CAA, Douai 26 octobre 2000, SA Panopub, req., n° 98 DA 12809, RJE, 3/ 2001. 485, obs. Ph. ZAVOLI.

[193] CAA, Lyon 28 novembre 2000, Sté Giraudy, req., n° 97LY01360.

[194] CE, avis, sect., 22 nov. 2000, n° 223645, Sté L & P Publicité, *Rec. CE* 2000, p. 525.

[195] CE, 5 avril 1991, M. Auclair, requête n°84395,

[196] CAA Bordeaux, 2 février 2003, n° 0BX02625. Commune de Bayonne.

[197] CE, 14 mars 2001, Sté Rouge Petrus Le Media Taxi, req. n° 196199. V. Ph. ZAVOLI : « Affichage publicitaire », *Revue Juridique de l'Environnement*, n°3, 2001. p. 477.

métamorphose lorsque les mesures restrictives sont partielles. Dans une affaire devant le Conseil d'État, portant cette fois sur le règlement national de la publicité, était en cause une décision par laquelle le premier ministre a rejeté le recours de la Société PLM Affichage. Cette dernière a demandé l'abrogation de l'alinéa 2 de l'article 9 du décret n° 80-923 du 21 novembre 1980 portant règlement national de la publicité en agglomération[198], au motif qu'il méconnaîtrait la liberté du commerce et de l'industrie en interdisant les dispositifs publicitaires non lumineux scellés au sol ou installés sur le sol[199]. Le Conseil d'État ne s'est pas montré exigeant lorsqu'il a estimé que ces dispositions ne portaient pas une atteinte disproportionnée à la liberté du commerce et de l'industrie parce qu'elles n'étaient ni générales ni absolues et avaient été prises dans l'objectif de protéger le cadre de vie de la population. Bien que visant l'intérêt général, cet objectif aurait dû être contrebalancé avec la liberté du commerce, principe général de droit. Or, tel n'a pas été le cas. Le juge administratif avait accueilli l'objectif de protéger le cadre de vie sans avoir réellement examiné quels étaient les intérêts en concurrence (l'intérêt économique de l'émetteur du message publicitaire et celui environnemental).

75. Partant, le contrôle administratif porte particulièrement sur l'étendue des restrictions. Sans se montrer plus ferme envers les atteintes à la liberté d'exercice de l'activité publicitaire, le juge administratif se positionne en tant que contrôleur de l'abus. Bien que n'étant pas favorable à une garantie renforcée de l'activité entrepreneuriale de l'émetteur du message publicitaire, la position du juge administratif demeure cependant moins tolérante que celle observée chez son homologue constitutionnel.

b - En matière de professions réglementées

76. Les restrictions à la liberté d'exercice touchent également, comme souligné ci-dessus, les professions règlementées. Dans une affaire inédite, le Conseil d'État a, en effet, évoqué expressément la préservation de la liberté d'exercice de l'avocat, pour s'opposer à sa demande d'annulation d'une décision du Conseil national des barreaux. Au mépris de cette dernière, le Conseil a rejeté la demande d'abrogation des alinéas 2 et 3 de l'article 10-6 du règlement intérieur national de la profession d'avocat. Ces dispositions limitaient la liberté de l'avocat d'utiliser un nom de domaine générique pour son site internet. Le Conseil d'État a estimé qu'il n'y avait pas d'atteinte à la liberté d'exercice de ce dernier aux motifs que l'intérêt général de la profession, le respect des principes de sa déontologie ainsi que celui des règles

---

[198] Abrogé par le décret n° 2007-1467 du 12 octobre 2007 relatif au livre V de la partie réglementaire du code de l'environnement et modifiant certaines autres dispositions de ce code. Les dispositions réglementaires du code de l'environnement font l'objet d'une publication spéciale annexée au Journal officiel.

[199] CE, 2ème et 7ème sous-sections réunies, n° 261949, 27 juillet 2007, § 5. *Rec. Lebon*, 2005.

relatives à la publicité permettent au Conseil national des barreaux de déterminer les conditions dans lesquelles un avocat peut choisir un nom de domaine[200].

77. La position du Conseil d'État semble prendre un chemin favorable à la liberté d'exercice de l'activité publicitaire. Dans une autre affaire, un avocat s'est fondé sur la liberté d'entreprendre afin de contester la constitutionnalité du décret du 12 juillet 2005[201], qui renvoie au décret du 25 août 1972[202], lequel pose une interdiction quasi-absolue de toute publicité dans son article 2. Le Conseil d'État a fait droit à la demande de l'avocat en jugeant que « *le deuxième alinéa de l'article 15 du décret du 12 juillet 2005 est annulé en tant qu'il n'exclut pas du renvoi qu'il fait au décret du 25 août 1972 l'article 2 de ce décret* ». Toutefois, concernant les autres moyens avancés par le requérant, il a été jugé que l'encadrement par le pouvoir réglementaire des conditions dans lesquelles les avocats peuvent recourir à la publicité et à la sollicitation personnalisée ne constitue pas en lui-même une atteinte à la liberté d'entreprendre[203]. Une telle position devrait probablement changer à l'avenir étant donné que le Conseil d'État semble être sensible à la jurisprudence de la Cour de justice en la matière. Dans un arrêt récent[204] et au prix d'un revirement de jurisprudence, le Conseil d'État a, en effet, considéré que « *s'il incombe au pouvoir réglementaire de définir les conditions d'une utilisation, par les médecins, de procédés de publicité compatible avec les exigences de protection de la santé publique, de dignité de la profession médicale, de confraternité entre praticiens et de confiance des malades envers les médecins, il résulte des stipulations de l'article 56 du traité sur le fonctionnement de l'Union européenne (TFUE), telles qu'interprétées par la Cour de justice de l'Union européenne, notamment dans son arrêt rendu le 4 mai 2017 dans l'affaire C-339/15, qu'elles s'opposent à des dispositions réglementaires qui interdisent de manière générale et absolue toute publicité, telles que celles qui figurent au second alinéa de l'article R. 4127-19 du code de la santé publique* »[205].

78. Encore récemment, le Conseil d'État estimait que l'interdiction prévue par le second alinéa de l'article R. 4127-19 du Code de la santé publique poursuivait un objectif d'intérêt général de bonne information des patients et de protection de la santé publique[206]. Néanmoins, cette position rigide était

---

[200] CE, 9 novembre 2015, n° 384728, consid. 4., inédit au Recueil Lebon.

[201] Décret n°2005-790 du 12 juillet 2005 relatif aux règles de déontologie de la profession d'avocat.

[202] Décret n°72-785 du 25 août 1972 relatif au démarchage et à la publicité en matière de consultation et de rédaction d'actes juridiques.

[203] CE, 9 novembre 2015, n° 386296.

[204] CE, 4ème - 1ère chambres réunies, 06/11/2019, 420225, Inédit au recueil Lebon.

[205] *Ibid.*, §7.

[206] CE, 4 mai 2016, n° 383548, Lebon ; *AJDA* 2016. 1616.

antérieure à un arrêt dans lequel la Cour de justice de l'Union européenne a considéré qu'une interdiction générale et absolue de toute publicité pour des soins buccaux et dentaires serait contraire à la libre prestation de services[207].

79. Bien que cette évolution importante et positive soit l'apanage d'une influence européenne, ce qui laisse apparaître le manque d'audace du juge administratif concrétisé par sa bienveillance envers les décisions administratives et différents textes restreignant partiellement la liberté d'expression publicitaire, il faudrait toutefois reconnaître qu'il s'est montré ferme à l'égard des mesures d'interdiction générale de l'activité publicitaire, sans quoi cette dernière serait totalement méconnue.

Paragraphe 2 - L'importance de la contribution du principe de libre concurrence

80. L'affirmation selon laquelle la liberté du commerce et de l'industrie découle de la liberté d'entreprendre ou en constitue une composante[208], permet d'appliquer un raisonnement analogue à celui de la liberté de la concurrence en raison de sa complémentarité[209] avec cette dernière[210]. Nous ne saurions, en effet, imaginer l'existence d'une réelle liberté de la concurrence si la liberté du commerce et de l'industrie était limitée. Le Conseil d'État est allé dans ce sens, quand il a jugé qu'une loi conforme à la liberté d'entreprendre n'avait pas pour objet « *en tout état de cause de porter atteinte à la libre concurrence* »[211]. Le Conseil constitutionnel, quant à lui, n'hésite pas à considérer qu'un monopole institué par la loi limite la liberté d'entreprendre[212]. Il en résulte que celle-ci dépasse la seule liberté du chef d'entreprise et vise le libre fonctionnement du marché dans son ensemble[213]. Partant, nous pourrions aligner notre opinion sur celle de certains auteurs qui considèrent la liberté de la concurrence comme un principe composant la liberté d'entreprendre[214],

---

207 CJUE: 4 mai 2017, aff. C-339/15, *AJDA* 2017. 1709, chron. P. BONNEVILLE, E. BROUSSY, H. CASSAGNABÈRE et C. GÄNSER.

208 P. DELVOLVÉ, *op. cit.*, pp. 108-109

209 Voir, S. NICINSKI. *op. cit.*p.66, et M. KAMAL : « La liberté d'entreprendre à la lumière de la question prioritaire de la constitutionnalité », *Lamy droit de la concurrence*, 1er avril 2012, n°31.

210 D. FERRIER, *op. cit.*, p. 878.

211 CE, 13 mars 2013, req., n°338645.

212 Cons. const. 18 oct. 2010, n° 2010-55 QPC, M. Rachid M. et autres. Cons. const. 3 déc. 2010, n° 2010-73 QPC, Société Zeturf limited.

213 M. LOMBARD : « Libertés économiques », *in* « Actualité du droit de la concurrence et de la régulation », *AJDA* 2011, p. 649.

214 M. GUIBAL : « Commerce et industrie », *D.* février 2003. § 62. Pour plus de développement sur ce point, V. G. ECKERT : « Quelle place pour la libre concurrence », *Revue juridique de*

bien que les liens entre ces deux libertés demeurent faibles et la question de la constitutionnalité de la liberté de la concurrence d'actualité[215].

81. Cela dit, les liens de la liberté de la concurrence avec la publicité trouvent leurs origines dans sa relation avec la liberté d'entreprendre qui en constitue la base constitutionnelle[216], néanmoins, il est important de les éclairer davantage.

Pour ce faire, en tant que fondement de la liberté d'expression publicitaire, l'application du principe de libre concurrence sera examinée par rapport au droit des pratiques anticoncurrentielles qui traite, surtout, des conditions d'accès à l'activité publicitaire et aux différentes formes de communication commerciale (affichage, télévision, radio, Internet)[217].

82. A travers nos propos, nous souhaitons mettre en lumière l'éventuelle valeur ajoutée que serait susceptible d'apporter le principe de la libre concurrence à la publicité en termes de liberté. Cette valeur pourra être déterminée en fonction du degré d'opposabilité de ce principe, notamment, aux décisions restrictives prises par les personnes publiques (administrations et opérateurs économiques) (**A**), et en fonction de son rôle dans l'instauration de l'équilibre dans le marché publicitaire[218] face aux pratiques mises en œuvre par les acteurs privés (**B**).

A - Un principe opposable aux décisions des personnes publiques

83. L'opposabilité du principe de libre concurrence aux actes administratifs et au pouvoir de police[219] s'est développée à la suite de l'entrée du droit de la concurrence dans le bloc de la légalité administrative[220]. Soulignons d'emblée que cette opposabilité engendrée par le principe de la

---

l'économie publique, n° 718, Avril 2014, comm. 18. Pour une approche différente, voir S. NICINSKI : *Droit public des affaires*, *op. cit.*, p. 66.

[215] S. BRACONNIER : « Droit public de l'économie », préc., p. 36. Pour une décision du Conseil d'État sur ce point, voir : CE, 2 mars 2011, n° 345288, Société d'exploitation Manyris.

[216] G. ECKERT, *op. cit.*, comm. 18.

[217] La concurrence déloyale, qui appréhende, notamment, le contenu du message publicitaire (dénigrement, actes parasitaires, etc.) ne sera pas traitée dans ce paragraphe. Nous aurons l'occasion de l'aborder dans un autre contexte, lors de nos développements ultérieurs.

[218] Rappelons qu'il n'existe pas qu'un seul marché publicitaire, mais que plusieurs autres peuvent être identifiés dans le domaine de la publicité commerciale.

[219] Voir sur ce point, N. ALBERT : « Police administrative et droit de la concurrence : les liaisons dangereuses », *Rec. D.* 2001., p. 2110.

[220] CE. Section, n°1699073, 3 novembre 1997. Selon S. NICINSKI, Cette décision marque le point de départ de l'opposabilité du droit de la concurrence aux décisions administratives. V. son ouvrage : *Droit public de la concurrence*, éd. L.G.D.J, 2005, p.26 ; V. aussi la décision du Conseil d'État, Section, du 26 mars 1999, n°202260, Société EDA, ainsi que le rapport public du Conseil d'État, les collectivités publiques et concurrence, 2002, p. 333 et 334.

liberté de concurrence favorise la liberté d'expression publicitaire des PME-TPE.

84. Le droit de la concurrence est, en effet, tout à la fois applicable aux opérateurs économiques relevant de la sphère publique[221] et opposable aux décisions de l'autorité publique[222]. Les établissements publics à caractère industriel et commercial, par exemple, doivent, dans le cadre de leurs activités, veiller à ne pas enfreindre les règles de la libre concurrence, soit en abusant de leur position dominante sur un marché sur lequel ils détiennent un droit exclusif à caractère légal, soit en mettant en place des ententes anticoncurrentielles ou toute action de nature à perturber le libre jeu de la concurrence. Les ententes anticoncurrentielles pourraient également trouver leur origine dans des actes administratifs ou dans des décisions de police. Par conséquent, l'accès de nouveaux opérateurs au marché concerné sera complexe, voire impossible. C'est la raison pour laquelle le juge administratif a été invité à faire évoluer sa jurisprudence en faisant passer sous le contrôle du droit de la concurrence l'activité normative des autorités administratives[223].

85. Le marché de la communication publicitaire est affecté par ce genre d'intervention de la personne publique, soit en sa qualité d'opérateur économique ou en celle de puissance publique. Le respect du principe de libre concurrence impose à l'organe de contrôle compétent (au juge administratif ou à l'autorité de la concurrence) de sanctionner les mesures perturbatrices de l'équilibre des relations entre les acteurs du marché des communications publicitaires, et de veiller, notamment, à ce que ces acteurs (agence de publicité, régie de publicité, annonceur, supports) soient libres d'entrer et de sortir de ce dernier.

86. Pour donner un exemple de décisions de police ayant un effet sur le libre jeu de la concurrence au sein du marché publicitaire, nous nous pencherons sur deux arrêtés pris le 24 juillet 1986 et le 31 mars 1987 par le maire de la commune de Bayonne, par le biais desquels il avait institué une zone de publicité restreinte dans laquelle n'étaient autorisés que le mobilier urbain publicitaire et les panneaux qui existaient déjà à la date de l'arrêté. Le 7 décembre 1998, la société L & P Publicité a ainsi été mise en demeure, par le maire de Bayonne, de retirer deux panneaux publicitaires qu'elle avait installés dans cette zone. Or, elle a contesté la légalité de ces décisions devant le Tribunal administratif de Pau en invoquant l'ordonnance du 1er décembre 1986, qui encadrait le droit interne de la concurrence, à l'époque des faits. Considérant que cette affaire posait une nouvelle question de droit, car le moyen tiré de la violation des règles de la concurrence était inédit dans ce

221 Article L 410-1 du Code du commerce. Pour ne traiter, dans un premier temps, que les personnes de droit public.

222 S. NICINSKI, *op. cit.*, p 27.

223 J.H. STAHL : « L'application par le juge administratif de l'ordonnance du 1er décembre 1986 relative à la liberté des prix et de la concurrence », *RFDA*, 1997, p. 1228.

genre de contentieux, le Tribunal administratif de Pau a sursis à statuer sur les demandes de la Société L&P. Il a posé trois questions au Conseil d'État pour avis, qui visaient à savoir si la réglementation de l'affichage en zone de publicité restreinte ainsi que les décisions de police prises dans ce cadre devaient prendre en considération les règles de la concurrence. Dans un avis du 22 novembre 2000[224], le Conseil d'État a répondu sans ambiguïté que dès lors que l'exercice de pouvoirs de police administratif était susceptible d'affecter des activités de production, de distribution ou de services, l'autorité de police avait l'obligation de prendre en considération les règles de la concurrence.

87. En ce qui concerne la réglementation des zones de publicité restreinte, le Conseil affirme que celle-ci peut avoir des effets sur l'activité économique de l'affichage publicitaire et se trouve donc assujettie au respect des règles de la concurrence. Les arrêtés pris par le maire de Bayonne avaient en effet contribué aussi bien à la création qu'au renforcement de la position dominante des entreprises d'affichage publicitaire qui existaient avant lesdits arrêtés. Dès lors, ils pourraient avoir pour effet de rendre l'accès à ce marché difficile pour les autres entreprises.

Par conséquent, l'impact négatif sur l'activité publicitaire s'avère incontestable, d'où l'intérêt grandissant de prendre en compte et de préserver la liberté de la concurrence dans les contentieux administratifs. Après l'avis du Conseil d'État, le Tribunal administratif de Pau a, en effet, fait droit à la demande de la société L & P publicité en prononçant l'annulation du refus d'abrogation de l'arrêté municipal par un jugement du 16 octobre 2001, décision qui a par la suite été confirmée par la Cour administrative d'appel de Bordeaux[225]. Les PME-TPE publicitaires disposent désormais d'un moyen favorable à leur liberté publicitaire face à des arrêtés municipaux générateurs de pratiques anticoncurrentielles.

88. Dans un autre cas d'espèce, c'est une personne publique, en sa qualité d'établissement public à caractère industriel et commercial (EPIC), qui a été en cause. En profitant d'un droit exclusif qu'elle avait sur le marché, la SNCF a adopté des stratégies publicitaires qui, dans certaines conditions, pourraient évincer ses concurrents. Le Conseil de la concurrence (devenu Autorité de la concurrence depuis le 13 janvier 2009) s'est saisi, en effet, d'office[226] pour examiner des pratiques mises en œuvre par l'entreprise publique. Dans cette affaire, il a été reproché à la SNCF de subventionner sa filiale France Rail Publicité afin de lui permettre de présenter des offres non rentables, sur lesquelles la concurrence ne pouvait pas s'aligner et qui étaient donc éloignées de toute réalité économique sur le marché national de la demande de régie

---

[224] CE, avis section, 22 novembre 2000, n°223645.

[225] CAA Bordeaux, 2 février 2003, *op. cit.*

[226] Décision n° 05-D-53 du 6 octobre 2005 relative à la situation de la concurrence dans le secteur des espaces publicitaires du réseau des transports en commun urbains.

d'emplacements publicitaires dans les transports en commun. Cette pratique a fini par perturber durablement ce marché, d'où l'application de l'article L 420-2 du Code du commerce.

Afin de remporter les offres, l'entreprise France Rail Publicité proposait en effet des taux de redevance (60% du chiffre d'affaires) ainsi qu'un minimum de bénéfice garanti (30 millions d'euros) supérieur à ceux proposés par ses concurrents, alors que des enquêtes réalisées montraient que le rendement de ses prédécesseurs sur le même marché n'avait jamais atteint l'objectif que la filiale France Rail Publicité prétendait pouvoir réaliser (soit 50 millions d'euros du chiffre d'affaires). Il a, en effet, été contesté, le fait que pour compenser ses pertes, France Rail Publicité recevait des subventions de la part de la SNCF, qui cherchait par ce biais à développer sa nouvelle activité. Le Conseil de la concurrence avait estimé que « *la mise à disposition de moyens tirés d'une activité réalisée dans le cadre d'un monopole légal pour le développement d'activités relevant du champ concurrentiel est susceptible d'être qualifiée au regard des règles de concurrence* », mais ce seulement si les moyens mis à disposition de la filiale de la SNCF sont qualifiés de subventions et si les prix pratiqués entraînent une perturbation durable sur le marché. Tel n'a pas été le cas pour la qualification de « subvention », et à défaut, de position dominante de France Rail Publicité sur le marché d'attribution de régies d'emplacements publicitaires dans les réseaux de transport, le Conseil de la concurrence a conclu à l'absence d'abus.

Ce cas d'espèce concernant la SNCF et sa filiale n'est pas isolé, elle est, en effet, régulièrement soupçonnée d'adopter ce genre de pratiques. Dans une affaire qui l'opposait à la société British Airways[227], l'entreprise France Rail Publicité refusait d'afficher les campagnes de publicité de cette dernière dans une gare. La British Airways avançait qu'il s'agissait là d'un abus de la position dominante sur le marché de la fourniture de l'affichage publicitaire sur le domaine public ferroviaire et affirmait qu'il existait une entente anticoncurrentielle entre France Rail Publicité et la SNCF. Cependant, à défaut d'éléments suffisamment probants[228], le Conseil de la concurrence a rejeté la requête. Bien que l'Autorité de la concurrence (ex-Conseil de la concurrence) n'ait pas conduit à la qualification des pratiques menées par la SNCF et donc à sa condamnation, il est toutefois à noter que le principe de libre concurrence est de plus en plus souvent invoqué devant le juge administratif, ainsi que l'Autorité de la concurrence afin de revendiquer la liberté d'expression publicitaire. Cela permet de le considérer comme un atout pour les PME publicitaires, qu'il s'agisse de régies publicitaires qui achètent des espaces publicitaires auprès des médias afin de les revendre ou d'agences

---

[227] Décision du Conseil de la concurrence (à son époque), n° 05-D-11 du 16 mars 2005 relative à des pratiques mises en œuvre dans le secteur de l'affichage publicitaire au sein du réseau ferroviaire et dans celui du transport de personnes sur la route Paris-Londres.

[228] Article 462- 8 alinéa 2 du Code de commerce.

publicitaires. La libre concurrence garantit, en effet, aux premières une place sur le marché publicitaire en sanctionnant toutes les pratiques anticoncurrentielles qui les visent, y compris indirectement, et permet aux secondes de bénéficier d'une multitude d'offres à des prix compétitifs. De surcroît, les acteurs vulnérables de la publicité sur le marché bénéficient de la double protection de l'Autorité de la concurrence - qui agit sous le contrôle de la Cour d'appel de Paris - et de celle du juge administratif. Ces derniers exerceront, sans doute, un contrôle renforcé en cas d'atteinte à la liberté de concurrence, ce non seulement parce que le secteur de la publicité sera affecté par cette atteinte, mais également du fait que l'équilibre de l'ensemble du secteur l'exige. C'est à ce niveau que se manifeste la valeur ajoutée de ce principe appliqué à la publicité commerciale. Observons maintenant sa capacité à assurer un équilibre sur le marché publicitaire.

B - Un principe vecteur de l'équilibre sur le marché publicitaire

89. Les dispositions interdisant les pratiques anticoncurrentielles et instaurant un contrôle des concentrations économiques, adoptées par le législateur interne et par son homologue européen, telles que celles du Code de commerce[229] ainsi que celles du Traité sur le fonctionnement de l'Union européenne (articles 101 et 102), forment un arsenal juridique de nature à assurer une libre et égale concurrence sur le marché de la publicité. Certes, le principe de libre concurrence protège avant tout le marché dans sa conception la plus large, c'est ce qui fait d'ailleurs sa force, mais cette protection implique nécessairement de garantir un accès équitable de tous les opérateurs à ce dernier. Si l'on considère la liberté de la concurrence comme l'un des fondements de la liberté d'expression publicitaire, c'est parce qu'elle constitue une liberté économique qui fait barrage aux tentatives de domination abusives du marché publicitaire, assure l'égalité entre les professionnels de la publicité et accorde une chance aux nouveaux arrivants sur ce marché[230]. Cette liberté permet d'assurer l'accès à l'activité publicitaire (le marché) et par conséquent de libérer l'expression publicitaire.

90. La question de l'applicabilité du droit de la concurrence aux acteurs privés de la publicité - contrairement à celle concernant les personnes publiques -, a été tranchée avant même l'ordonnance de 1986, à l'occasion des poursuites qui ont été engagées à l'encontre des pratiques anticoncurrentielles

[229] Les articles L 420-1 jusqu'à l'article 420-7 sur les pratiques anticoncurrentielles et les articles L 430-1 à l'article 430-10 sur les concentrations économiques.

[230] Notons que le domaine de la publicité constitue, au sens du droit de la concurrence, un marché de référence ou peut se décliner en plusieurs marchés de référence dotés d'une dimension matérielle (services identiques et interchangeables) et d'une dimension géographique (ex. l'Europe, la France).

constatées dans les divers secteurs du marché publicitaire[231]. Les différents marchés de la publicité ont ainsi fait l'objet d'un examen de la part des autorités de régulation de la concurrence. Ainsi, dès les années 60, à l'époque de la Commission des ententes et des positions dominantes, plusieurs pratiques qui limitaient la concurrence entre les intermédiaires de la publicité ont été sanctionnées. Les « *indemnités de dépossession* » constituent un exemple de ces pratiques qui n'existent plus de nos jours. Plus concrètement, lorsqu'une agence de publicité perdait un client au profit d'un confrère, elle s'adressait à ce dernier pour lui réclamer une réparation pécuniaire[232]. Les autres pratiques, telles que les ententes et les contrats sur le long terme, qui n'autorisaient, pour leur part, qu'à quelques entreprises, l'accès aux marchés des régies publicitaires spécialisées dans la vente des emplacements publicitaires dans les salles de cinéma, ont subi le même sort[233]. Les exemples concernant les pratiques des régies publicitaires ne manquent pas[234]. Les restrictions d'origine contractuelle ne sont plus autorisées en raison de leurs effets limitatifs en termes de concurrence sur le marché publicitaire. Tel était le cas de la clause d'indemnité de la clientèle (indemnité de dépossession) dans la mesure où elle constituait une restriction de la liberté de la concurrence au détriment des professionnels nouvellement installés[235]. C'est également vrai pour les clauses de préférence, surtout pour celles en fin de bail des emplacements publicitaires, du fait qu'elles limitaient la fluidité de l'offre d'emplacements publicitaires[236], et enfin, tel est aussi le cas des contrats

---

[231] J. BIOLAY : « Aspects de droit de la concurrence appliqués à la publicité », *JC,* 26 septembre 2011.

[232] E. A. DE CASANOVA : « L'indemnité de « dépossession » dans les rapports entre intermédiaires de publicité, études de droit commercial » *in Dix ans de conférences d'agrégation, D.* 1961, p. 459.

[233] Commission technique des ententes, avis sur les ententes professionnelles dans le domaine de la publicité : JO doc. adm. 4 juin 1960, n° 11, p. 220.

[234] Pour les supports tels que les annuaires téléphoniques, V. Cons. conc., déc. n° 90-D-31, 18 sept. 1990, relatif au marché de la publicité dans les pages jaunes des annuaires officiels des abonnés au téléphone : BOCC 11 oct. 1990 ; JCP E 1990, I, n° 20432. Cons. conc., déc. n° 94-D-21, 22 mars 1994, ODA : BOCC 7 juin 1994. Cons. conc., déc. n° 96-D-10,20 févr. 1996, ODA : BOCC 24 avr. 1996. Pour les Radios et les Télévisions, V. CA Paris, 18 sept. 2001 : Sud Bretagne Diffusion c. Vortex : JurisData n° 2001-184726. Cons. conc., déc. n° 98-MC-05, 12 mai 1998, relative à une demande de mesures conservatoires présentée par la société Europe Régies SA : BOCC1998, p. 370 ; *Gaz. Pal.* 1999, 1, jurispr. 268 ; Pour l'affichage, V. Cons. conc., déc. n° 98-MC-15, 18 déc. 1998, relative à une saisine et à une demande de mesures conservatoires présentée par la société France bus publicité : BOCC n° 4, 26 févr. 1999.

[235] V. avis de la Commission des ententes du 4 janvier 1958, *op.cit.*

[236] Cons. conc., 30 mai 1995, secteur de la location d'emplacements publicitaires destinés à l'affichage de grand format : BOCC, 25 août 1995, p. 343. V. également, Cons. conc., déc. n°

d'exclusivité sur le long terme, passés entre un professionnel de la publicité et un support[237].

91. Par ailleurs, l'équilibre du marché publicitaire en vient également à être menacé par les opérations de concentration ayant pour effet de partager le marché (mondial et national) de la publicité entre une poignée de multinationales. À l'échelle mondiale, le nombre des acteurs de la publicité est très limité. Entre 2012 et 2016, Google et Facebook ont enregistré à eux seuls près de 64% de la croissance observée dans les dépenses publicitaires et ont engagé 20 % des capitaux investis en publicité, tous médias confondus, au niveau mondial[238]. Ces chiffres, en hausse pour l'année 2019[239], montrent qu'il existe un partage inégal du marché publicitaire et qu'il est concentré entre les mains de quelques très grands groupes. Ainsi, afin de garantir l'équilibre et la libre concurrence sur ce marché, plusieurs opérations de concentration sont tombées sous le coup de l'article 430-1 du Code de commerce et du règlement (CE) n° 139/2004 du Conseil du 20 janvier 2004 relatif au contrôle des concentrations entre entreprises sur le marché européen. C'est ainsi que la Commission européenne s'est opposée au projet d'association entre RTL4, Veronica et un important producteur audiovisuel néerlandais en raison de la part trop importante résultant de cet accord au profit de cette dernière entreprise sur le marché publicitaire[240]. Dans la même veine, la création d'un groupe de presse, représentant 50% du marché de la vente d'espaces publicitaires dans les magazines économiques et financiers, a été subordonnée à la cession de l'un de ces magazines par le groupe concerné[241].

92. Parallèlement, sur le marché publicitaire français, en application des dispositions de l'article 430-1 du Code du commerce, le Ministre de l'économie a saisi l'Autorité de la concurrence (AC) pour enjoindre deux entreprises, spécialisées dans l'achat d'espaces publicitaires, à ne pas

---

02-D-33, 10 juin 2002, Traitement des coupons de réduction publicitaires : BOCC n° 14, 30 sept. 2002. CA Paris, 4 févr. 2003 : BOCC 2003, 31 mars 2003, n° 4.

[237] Comm. conc., avis 27 sept. 1984 : BOCC 19 avr. 1985, p. 122. Cons. conc., déc. n° 02-D-03, 19 janv. 2002, relative à une saisine et à une demande de mesures conservatoires présentées par la SARL Technic Publicité : BOCC n° 6, 29 mars 2002.

[238] Zenith Media Group, Top Thirty Global Media Owners, rapport consultable en ligne, édition 2017.

[239] Voir le lien suivant : https://www.bestdoc.fr/bump-2019/le-marche-de-la-publicite-et-de-la-communication-en-2019.html

[240] Comm. CE, déc. 20 septembre 1995, RTL Veronica Endemol. *Angle Droit*, n°4064, p. 11. Accessible et téléchargeable à l'adresse suivante :
https://ec.europa.eu/competition/mergers/cases/decisions/m553_en.pdf

[241] Comm. CE, déc. 30 avril 2004, approuvant sous condition le rachat de la Socpresse par le Groupe Industriel Marcel Dassault-Havas, Bruxelles, le 16-VI-2004, SG-Greffe (2004) D/202379. Accessible et téléchargeable à l'adresse suivante : https://ec.europa.eu/competition/mergers/cases/decisions/m3420_fr.pdf

regrouper leurs activités en France[242]. Quand une opération de concentration est l'œuvre des professionnels de la publicité et implique un distributeur de services de radio et de télévision, l'Autorité de la concurrence doit recueillir l'avis du Conseil supérieur de l'audiovisuel (CSA) avant de juger l'affaire. Il en est de même pour ce dernier, qui doit saisir l'Autorité de la concurrence en cas de pratiques entravant le libre exercice de la concurrence[243]. En revanche, pour les opérations concernant seulement les professionnels de la publicité, le CSA ne s'avère pas compétent, il a d'ailleurs lui-même exclu sa propre compétence dès lors qu'il s'agissait d'une opération de concentration concernant les régies publicitaires[244].

Pour ce qui est de l'abus de position dominante, afin de déterminer les différents marchés de publicité pertinents et de déterminer quelle sont les entreprises en position dominante sur l'un ou plusieurs d'entre eux, les autorités de la concurrence prennent en considération les différents modes de commercialisation et techniques de diffusion utilisés par les supports (télévision, radio, internet, affichage, presse). L'Autorité de la concurrence considère que le marché de référence sur lequel s'apprécie la position d'une entreprise déterminée correspond au lieu de rencontre de produits ou services substituables entre eux mais non substituables par d'autres produits ou services[245]. Les supports tels que la télévision[246], les régies publicitaires de cinéma[247], le marché publicitaire radiophonique[248], ont, en effet, été considérés comme des marchés distincts les uns des autres, sur lesquels des entreprises sont susceptibles d'avoir une position dominante.

93. Quant au vaste marché de la publicité en ligne, il se subdivise en plusieurs marchés de niches, tels que celui de la publicité liée aux moteurs de recherche ou de la publicité display. Ainsi, par exemple, le groupe Google se trouve en position dominante sur ce marché de la publicité liée aux moteurs de recherche[249]. Une telle position lui confère le pouvoir de mener à bien des

---

242 Avis conforme du Conseil de la concurrence n° 90-A-10, 10 juill. 1990 : Rapp.1990, n° 80, p. 80.

243 Article 41-4 de la loi dite Léotard n°86-1067 du 30 septembre 1986 relative à la liberté de communication, modifiée par la loi n° 89-25 du 17 janvier 1989.

244 Avis du CSA au Con. conc., à propos de la prise de contrôle par la CLT de Fun Radio et de M40, 15 sept. 1994 : Rapport d'activités 1994, p. 427.

245 Cons. conc., 30 mai 1995, Secteur de la location d'emplacements publicitaires destinés à l'affichage de grand format : BOCC 25 août 1995, p. 343.

246 Comm. CE, déc. n° IV/M.553, 20 sept. 1995, RTL/Veronica/Endemol. Cass. com., 26 nov. 2003: *JurisData* n° 2003-021075; Bull. civ. 2003, IV, n° 178, p. 195.

247 Comm. conc., 27 sept. 1984 : BOCC 19 avr. 1985, p. 123.

248 Avis du Conseil de la concurrence du 15 novembre 1995. *Rapp.*1994, p. 707.

249 L'avis de l'Autorité de la concurrence n° 10-A-29 du 14 décembre 2010 sur la publicité en ligne a confirmé l'existence d'un marché spécifique de la publicité liée aux moteurs de recherche, distinct des autres modalités de la publicité en ligne.

politiques de fermeture de ce marché pour ses concurrents, comme lorsqu'il a fermé les comptes Google *Adwords* et Google *AdSense* de la société E-Kanopi, sous prétexte que cette dernière utilisait ses services afin de promouvoir un moteur de recherche concurrent[250].

94. Par ailleurs, les annonceurs et éditeurs de sites Internet, membres du réseau de syndication publicitaire de Google qui, compte tenu de leur faible pouvoir de négociation, dénonceraient des agissements arbitraires et opaques de ce dernier, pourraient par exemple en venir à devoir rompre brutalement leurs relations contractuelles[251] ou se voir opposer le refus d'un minimum de transparence dans ces dernières[252].

L'importance du principe de libre concurrence s'avère indéniable. Sans celui-ci, l'exercice de l'activité publicitaire serait, comme nous venons de le souligner, réservé aux opérateurs économiques les plus puissants, ce qui n'est pas sans conséquence sur la liberté d'expression publicitaire. Toutefois, dans une situation de libre concurrence où l'offre excèderait la demande, les prix des emplacements publicitaires baisseraient, ce qui permettrait ainsi aux PME-TPE d'accéder à des médias qui demeureraient pour elles inaccessibles dans un contexte de concurrence inégale.

Section 2 - Les libertés de circulation, garantes de la libre diffusion du message publicitaire

95. Contrairement à la liberté d'entreprendre, les libertés de circulation ne sont pas des fondements « classiques » de la liberté d'expression publicitaire. L'existence de quatre libertés de circulation, à savoir des marchandises, des personnes, des services et des capitaux, est liée à un objectif essentiel précisé par les traités de Rome[253], à savoir à la création d'un espace économique européen unique. Autrement dit, ces libertés n'auraient pas pu avoir d'existence propre sans l'Union européenne (UE). Elles constituent des principes fondamentaux destinés à renforcer la construction du marché unique. Cependant, ces deux types de libertés (que sont les libertés

---

[250] Autorité de la concurrence, décision n° 13-D-07 du 28 février 2013 relative à une saisine de la société E-kanopi.

[251] Autorité de la concurrence, décision n° 16-D-25 du 23 novembre 2016 relative à des pratiques mises en œuvre dans le secteur de la publicité en ligne.

[252] Autorité de la concurrence, décision n°10-MC-01 du 30 juin 2010 relative à la demande de mesures conservatoires présentée par la société Navx.

[253] Article 2 du traité de 1957.

économiques et celles de circulation)[254] poursuivent les mêmes objectifs de libéralisation de l'économie, de l'industrie ainsi que d'accroissement des échanges commerciaux.

96. La publicité commerciale se trouve au cœur de ce mouvement, car elle constitue un moyen essentiel pour le développement des échanges commerciaux entre les États membres de l'Union européenne. Son rôle d'information du consommateur sur les différents produits et services existant sur ce grand marché unique permet d'accélérer les échanges. Consciente du rôle spécifique des communications commerciales[255] dans le développement d'un espace européen dépourvu de frontières intérieures, la Commission européenne a, depuis 1992, soumis sa politique en la matière à un examen dont les résultats ont été publiés dans son livre vert de 1998[256]. Le principal obstacle auquel la politique de la Commission s'est retrouvée confrontée, consiste en la divergence entre les réglementations nationales en matière de publicité commerciale.

97. Afin d'y remédier, nonobstant les actions entreprises avec les institutions législatives européennes par le biais du droit dérivé en vue d'assurer l'harmonisation des législations des États membres, la Commission européenne a maintes fois rappelé à ces derniers le devoir de se conformer aux principes du marché unique lors de l'adoption des législations en matière de communication commerciale. Ces principes visent notamment la libre circulation des productions et des moyens de production. Ainsi, le respect des libertés de circulation, aura pour conséquence l'harmonisation des règles applicables à la publicité commerciale, ce qui permettrait, par conséquent, d'assurer une certaine facilité de circulation du message publicitaire qui contribuerait ainsi à garantir la liberté d'expression publicitaire de l'émetteur.

98. Dans la mesure où elle contribue de manière considérable à la construction du marché unique, la libre circulation de la publicité commerciale bénéficie d'une protection particulière et variable, qui se décline à travers la libre circulation des marchandises (**paragraphe 1**) et des services (**paragraphe2**).

---

[254] Les libertés de circulation peuvent être considérées comme des libertés économiques au sens où elles ont pour objectif de libéraliser les échanges entre les États membres de l'UE.

[255] La Commission européenne estime que les communications commerciales sont « *toutes les formes de communication destinées à promouvoir les produits, les services ou l'image d'une entreprise ou d'une organisation auprès des consommateurs finals ou des distributeurs* ». Cette définition inclut toutes les formes de publicité : de parrainage, de marketing direct, de promotion des ventes et de relations publiques, ainsi que l'utilisation qui est faite de ces outils de communication par tous les secteurs de biens et de services, les organismes publics et semi-publics, ainsi que les organisations caritatives et politiques.

[256] Commission européenne, livre vert : « Les communications commerciales dans le marché intérieur », du 8 mai 1996.

Paragraphe 1 - La fluctuation du niveau de protection de la publicité commerciale par la libre circulation des marchandises

99. Les dispositions de l'article 30 du Traité sur le fonctionnement de l'Union européenne (TFUE), et notamment les articles 34 et 35 de ce même traité[257], posent le principe de la libre circulation des marchandises au niveau européen. Elles interdisent aux États membres d'instaurer des barrières à l'importation et à l'exportation, ainsi que toutes les mesures ayant un effet équivalent. La publicité commerciale a bénéficié de la protection instaurée par ces textes depuis que la Cour de justice de l'Union européenne (CJUE) a reconnu l'existence d'un lien entre la libre circulation des marchandises et la publicité commerciale ainsi que toutes les autres formes de communication commerciale[258]. La seconde (la publicité) contribue à l'effectivité de la première (la liberté de circulation des marchandises).

100. Subséquemment, la CJUE a continué à accorder une protection à la publicité commerciale sur le fondement des dispositions du TFUE relatives à la libre circulation des marchandises, néanmoins celle-ci s'est amenuisée. Dans un premier moment, la Cour a considéré que les restrictions injustifiées de la publicité commerciale constituaient une mesure ayant un effet équivalent à celui engendré par une restriction quantitative (MEE) (**A**). Or, dans un second temps, elle lui a conféré une moindre protection tout en la qualifiant de modalité de vente (**B**).

A - La relativité de l'appréhension des restrictions de la publicité commerciale comme mesure d'effet équivalent

101. Il est inéluctable que le fait de qualifier des mesures restrictives de la publicité commerciale de mesures d'effet équivalent permettrait à l'émetteur de bénéficier d'une certaine liberté d'expression publicitaire (**1**). Toutefois, il est à souligner que cette protection demeure relative, en particulier parce qu'elle est conditionnée par la contribution de la publicité commerciale à la libre circulation des marchandises (**2**).

1 - Une protection affirmée de la liberté d'expression publicitaire

102. Afin d'affirmer l'importance de la publicité et de reconnaître son rôle grandissant dans l'accélération des échanges entre les États membres, la CJUE a considéré que certaines restrictions du discours publicitaire peuvent être qualifiées de mesures d'effet équivalent à une restriction quantitative. Lier le sort de la libre circulation des marchandises à celui de la libre circulation du

---

[257] Anciens articles 28 et 29 du Traité de la Communauté économique européenne.

[258] CJCE: 15 décembre 1982, Oosthoek' s Uitgeversmaatschappij. Aff. 286/81, Rec. p. 4575.

message publicitaire est alors bénéfique pour la liberté d'expression publicitaire de l'émetteur.

103. Pour permettre aux biens de circuler librement entre les États de l'Union européenne, les articles 34 et 35 du TFUE interdisent, en effet, toutes les restrictions quantitatives de l'importation et de l'exportation, ainsi que toute mesure d'effet équivalent, tandis que l'article 36 énumère, pour sa part, les cas où ces restrictions peuvent cependant être admises. Dans le silence du traité, la notion de « *mesure d'effet équivalent* » a été précisée par la directive 70/50/CEE du 29 décembre 1969 portant suppression des mesures d'effet équivalent à des restrictions quantitatives à l'importation. Cette directive a énuméré un ensemble de comportements pouvant être considérés comme des « mesures » ayant un effet équivalent à des restrictions quantitatives. Ces mesures peuvent être de nature différente, il peut en effet s'agir soit de « *dispositions réglementaires, législatives et administratives* », soit d'un « *comportement émanant de l'autorité publique uniforme et régulièrement suivi* », voire d'une simple « *incitation* ». Dans son article 2-3, la directive établit ensuite une liste des actes susceptibles d'être qualifiés de mesures d'effet équivalent prohibées par les articles 34 et 35 du TFUE. Parmi ces actes, figure la publicité commerciale, ce qui implique que l'interdiction de la publicité constitue une entrave à la libre circulation des marchandises.

104. Aux éclaircissements apportés par la directive, s'ajoutent les définitions données par la jurisprudence de l'ancienne CJCE. Ainsi, après avoir déterminé que les mesures d'effet équivalent englobaient « *toute entrave ayant le même effet qu'une prohibition totale d'importation, d'exportation ou de transit* »[259], la Cour a adopté une définition extensive de cette notion. Ainsi, afin de juger contraire au traité une disposition réglementaire qui rendait impossibles les importations de produits en Belgique, à partir d'un autre pays que celui dont ils émanaient, la Cour a considéré, dans son arrêt *Dassonville* du 11 juillet 1974, que toute « *réglementation commerciale des États membres susceptible d'entraver directement ou indirectement, actuellement ou potentiellement, le commerce intracommunautaire est considérée comme une mesure d'effet équivalent à des restrictions quantitatives* »[260].

105. Cette définition a permis à la Cour d'intégrer l'interdiction de la publicité commerciale dans le champ des mesures considérées comme ayant un effet équivalent aux restrictions quantitatives. Depuis, la CJUE a censuré plusieurs législations nationales interdisant la publicité commerciale en faveur des produits importés des autres États membres. De surcroît, l'interdiction est étendue aux réglementations limitatives de la publicité, ce même si elles s'appliquent indistinctement aux produits nationaux et étrangers. Dans l'arrêt *Oosthoek's* portant sur une mesure restrictive prise à l'encontre d'une campagne de promotion des ventes lancée par une entreprise belge sur le

---

[259] CJCE: 12 juill. 1973, Geddo c. Ento nazionale Risi, aff. 2/73, Rec. 865, spéc. 879.

[260] *Ibid*, §5.

marché néerlandais, la CJUE a considéré « *qu'une législation qui limite ou interdit certaines formes de publicité et certains moyens de promotion des ventes, bien qu'elle ne conditionne pas directement les importations, peut être de nature à restreindre le volume de celles-ci, par le fait qu'elle affecte les possibilités de commercialisation pour les produits importés* »[261].

106. Par ailleurs, la Cour a estimé que le fait qu'un opérateur économique se voie contraint de se conformer et de s'adapter aux différentes législations des EM ou d'abandonner un système qui lui est familier quand il souhaite promouvoir ses produits, constitue un obstacle aux importations contraire aux dispositions de l'article 34 du TFUE (ancien article 28 du TCE). Cette affaire s'avère pertinente pour deux raisons. D'une part, la CJUE a déclaré d'une manière non équivoque l'existence d'un lien entre l'interdiction de l'expression publicitaire et la libre circulation des marchandises. D'autre part, par cet arrêt, la CJUE a mis en lumière la principale source des restrictions en matière de communication commerciale au niveau européen, à savoir la disparité des législations d'un État membre à l'autre. Or, cet état de fait permet à la Cour d'appliquer les dispositions du TFUE pour protéger l'expression publicitaire, qui constitue, quant à elle, un moyen important d'assurer la libre circulation des marchandises entre les pays de l'UE, tout en contribuant efficacement aux efforts du Parlement européen, du Conseil et de la Commission européenne dans leur politique visant l'harmonisation des réglementations des États membres en la matière.

107. Depuis l'affirmation du lien entre publicité et libre circulation, dans son application des articles 30, 34 et 35 du TFUE, la Cour n'a, en effet, pas hésité, dans une série d'arrêts, à affirmer que ces dispositions s'opposent à toute interdiction de publicité commerciale non justifiée par l'article 36 du TFUE. Dans les contentieux de publicité sur les prix, la Cour s'est opposée, sur le fondement de l'article 30, à l'application d'une disposition de la législation d'un État membre qui interdisait à une entreprise, dont le siège se trouvait dans ce dernier et qui vendait par correspondance (sur catalogue ou prospectus) des marchandises importées d'un autre État membre, de pratiquer une publicité portant sur des prix revus à la baisse[262]. Dans le domaine alimentaire, la Cour a fustigé à plusieurs reprises des dispositions autorisant la publicité pour les produits nationaux et la prohibant lorsqu'il s'agissait de produits ayant des caractéristiques comparables, mais émanant d'autres États membres. Tel a été le cas dans l'affaire *Waterkeyn*[263], où la France a été condamnée en raison de sa législation réglementant d'une façon discriminatoire la publicité en faveur des boissons alcooliques au détriment de produits émanant d'autres États membres. Après avoir déclaré ces dispositions

---

[261] CJCE: 15 décembre 1982, Procédure pénale contre Oosthoek's Uitgeversmaatschappij, préc.

[262] CJCE : 18 mai 1993, Yves Rocher, aff. C-126/91, *Rec.* I. 2361.

[263] CJCE : 14 déc. 1982, Procureur de la République c. Waterkeyn, aff. Jointes 314 à 316/81 et 83/82, *Rec.* 4337.

contraires à l'ancien article 30 du Traité instituant la communauté économique européenne (TCEE), la Cour a appelé la République française à adapter sa législation en la matière afin de traiter sur un pied d'égalité les produits nationaux et ceux étrangers[264]. Il en est allé de même pour une réglementation d'une communauté autonome d'un État membre, qui interdisait la publicité en faveur des boissons ayant une teneur en alcool supérieure à 23 degrés[265]. Cette interdiction n'a pas échappé à la qualification de mesure d'effet équivalent au sens de l'article 30 du TCEE (aujourd'hui article 34 du TFUE) et ce, même si elle affectait aussi bien l'écoulement des produits provenant des autres zones du territoire national que celui des produits importés des autres États membres.

108. L'application des dispositions du traité relatives à la libre circulation des marchandises, afin de s'opposer à l'interdiction et à la limitation de la publicité commerciale sous toutes ses formes, a également été expressément rappelée par la CJUE dans l'affaire *GB-Inno-BM*[266]. En l'espèce, la société GB-Inno-BM de droit belge, exploitant plusieurs supermarchés sur le territoire belge, dont l'un à Arlon situé près de la frontière belgo-luxembourgeoise, s'est vue interdire le droit de publier des dépliants publicitaires sur le territoire luxembourgeois. La réglementation luxembourgeoise sur les communications commerciales interdisait en effet la publicité des offres de vente et des ventes en détails qui indiquaient le prix et la référence à l'ancien prix, en particulier quand elle était pratiquée en dehors des ventes spéciales. Afin de soutenir cette réglementation restrictive, les gouvernements allemand et luxembourgeois ont avancé l'argument selon lequel « *les dispositions des articles 30, 31 et 36 du traité sont étrangères à l'objet du litige au principal, qui ne concernerait que la publicité commerciale sans mettre en cause la circulation de marchandises entre États membres* »[267]. Or, après avoir rappelé le lien existant entre publicité et libre circulation des marchandises, la CJUE a affirmé que le domaine de la libre circulation des marchandises ne concernait pas seulement les professionnels du commerce mais également les particuliers. Ainsi, selon la CJUE, les particuliers ont la liberté d'aller s'approvisionner sur le territoire des autres États membres, la garantie de cette liberté de circulation des consommateurs étant étroitement liée à la protection de la publicité. Par conséquent, quand l'interdiction de l'accès à la publicité disponible dans le pays d'achat est imposée aux particuliers, leur liberté de circulation sera alors compromise[268].

---

[264] V. considérant 12.

[265] CJCE : 25 juill. 1991, Aragonesa de Publicidad Exterior et Publivia, aff., jointes C-1/90 et C- 176/90, *Rec.* I. 4151.

[266] CJCE : (sixième chambre) 7 mars 1990, GB-INNO-BM c. Confédération du commerce luxembourgeois. n° C-362/88.

[267] *Ibid.*, §6.

[268] *Ibid.*, §8.

109. En définitive, il ne fait aucun doute que la publicité commerciale est protégée au titre des dispositions garantissant la libre circulation des marchandises. Néanmoins, cette protection doit contribuer à la construction du marché unique.

2 - Une protection conditionnée par la contribution à la construction du marché unique

110. Bien que la Cour de justice de l'Union européenne accorde à la publicité commerciale une protection par le biais des articles 30, 34 et 35 du TFUE, il est important de souligner que celle-ci est conditionnée par sa contribution à la libre circulation des marchandises. Ainsi, une telle protection d'opportunité conférée par la liberté de circulation des marchandises à la publicité commerciale engendre l'affaiblissement de celle-ci lorsque le discours publicitaire ne contribue que plus ou moins à l'objectif de la circulation des marchandises.

111. Abstraction faite d'une législation nationale discriminatoire, il est, en effet, évident qu'une publicité qui se contente de favoriser seulement les produits nationaux sera interdite en application de la même base légale. A titre d'exemple, dans l'arrêt *Commission c. Irlande*[269], la Cour de justice a réprimé une publicité revêtant la forme d'un avis en faveur de l'achat de produits nationaux, qui recommande l'acquisition de ces produits uniquement en raison de leur origine nationale. Dans un autre arrêt, *Apple and Pear Development Council c. Lewis*[270], la CJUE a interdit la publicité qui vise à déconseiller l'achat des produits émanant des autres États membres. Dès lors, il apparaît que dans sa relation avec la libre circulation des marchandises, l'expression publicitaire protégée est celle qui favorise les échanges de biens entre les pays de l'Union européenne. En tant que message et expression commerciale, tant qu'elle n'assure pas ce rôle dans la construction du marché intérieur, la publicité n'aura pas forcément la garantie escomptée par les dispositions du TFUE. Cela s'explique par le fait que l'existence même de cette libre circulation des marchandises est liée à la construction et l'établissement d'un marché unique. Ce qui est protégé est, en effet, l'objectif que la publicité est censée assurer et non l'expression commerciale en tant que telle.

112. Par ailleurs, considérer l'interdiction de la publicité comme une mesure d'effet équivalent à une restriction quantitative ne confère pas pour autant à l'expression publicitaire une protection absolue. Afin que les dispositions des articles 34 et 35 du TFUE soient applicables, l'interdiction de la publicité ne doit pas être justifiée au regard de l'article 36 du traité, qui mentionne en guise de justifications possibles des « *raisons de moralité*

---

[269] CJCE: 24 nov. 1982, Commission c. Irlande, aff. 249/81, Rec. 4005.

[270] CJCE: 13 déc. 1983, Apple and Pear Development Council c. Lew is, aff. 222/82, Rec. 4083.

publique, d'ordre public, de sécurité publique, de protection de la santé et de la vie des personnes et des animaux ou de préservation des végétaux, de protection des trésors nationaux ayant une valeur artistique, historique ou archéologique ou de protection de la propriété industrielle et commerciale ». Cet article constitue, en effet, une dérogation à une règle fondamentale de l'élimination de tous les obstacles à la libre circulation des marchandises, et est d'interprétation stricte[271]. Il ne peut ainsi être étendu à d'autres cas que ceux énumérés. Cependant, dans un arrêt *Rewe contre Bundesmonopolverwaltung* du 20 février 1979, appelé *Cassis de Dijon*[272], la Cour a admis la possibilité d'accepter d'autres obstacles à la circulation d'un produit lorsque ceux-ci sont motivés par « *des exigences impératives tenant, notamment, à l'efficacité des contrôles fiscaux, à la protection de la santé publique, à la loyauté des transactions commerciales et à la défense des consommateurs* ». Depuis l'arrêt *Cassis de Dijon*, la CJUE a ajouté de nouvelles raisons d'intérêt général, parmi lesquelles figurent : la protection de l'environnement[273], le maintien du pluralisme de la presse[274], la protection de la sécurité routière[275]. La santé publique fait également partie de ces raisons d'intérêt général. Il a ainsi été jugé que les législations nationales comme celles qui interdisent la publicité pour des médicaments non agréés sur le territoire national[276] et celles qui réglementent strictement la publicité pour les boissons alcooliques[277], répondaient à des préoccupations de santé publique[278].

113. *In fine*, abstraction faite des exceptions émanant du traité (article 36) et de la jurisprudence, le fait que les réglementations nationales restrictives de la publicité soient considérées comme des mesures d'effet équivalent aux autres restrictions quantitatives a permis à l'expression publicitaire et à ses

---

[271] CJCE : 25 jan. 1977, Bauhuis c. État néerlandais, aff. 46/76, somm. Consi.2. CJCE, 10 janv. 1985, Association des Centres distributeurs Édouard Leclerc et autres c. SARL « Au blé vert » et autres, aff. 229/83, somm. Consi.4.

[272] CJCE : 20 févr. 1979, Rewe c. Bundesmonopolverw altung für Branntw ein (Cassis de Dijon), aff. 120/78, Rec. 649.

[273] CJCE : 7 février 1985, Procureur de la république c. Assoc. Défense des brûleurs d'huile usagée, 240/83 ; 20 septembre 1988 Commission c. Danemark, 302/86, p. 4607, concl. G. SLYNN.

[274] CJCE: 26 juin 1997, Familiapress c. Heinrich Bauer Verlag, aff. C-368/95.

[275] CJCE : 12 octobre 2000, Snellers Auto's BV, aff. 314/98, Rec. I, 8633.

[276] CJCE: 10 novembre 1994, Lucien Ortscheit GmbH c. Eurim-Pharm Arzneimittel GmbH, aff. C-320/93.

[277] CJCE : 10 juill. 1980, Commission c. France, op. cit.

[278] En matière de communications commerciales, l'ancienne loi française n° 71/556 (relative à la création et au fonctionnement des organismes privés dispensant un enseignement à distance, interdisant le démarchage à domicile pour la vente de matériel pédagogique) a pu profiter de l'article 36 (ex 30) et de la jurisprudence Cassis de Dijon parce qu'elle a été jugée nécessaire à la protection des consommateurs en état de faiblesse.

émetteurs d'avoir un fondement légal (TFUE) s'ajoutant aux autres libertés économiques et permettant de bénéficier d'une certaine liberté d'expression commerciale.

B - L'insuffisance du contrôle des restrictions de la publicité au regard du critère d'accès au marché

114. Le niveau élevé de protection de la liberté d'expression publicitaire assuré par les articles 34 et 35 TFUE, et surtout par l'importante jurisprudence Dassonville qui a étendu le champ d'application de l'article 34 du TFUE à la publicité, n'a pas été assuré plus d'une vingtaine d'années. Un spectaculaire revirement de la jurisprudence a, en effet, requalifié les interdictions qu'avait subies la publicité commerciale. La Cour de justice a intégré les législations relatives à la publicité commerciale dans la catégorie rattachée aux modalités de ventes, ce qui a considérablement affaibli la protection accordée à la liberté d'expression publicitaire, car elle instaure une présomption de conformité des mesures restrictives de la publicité à l'article 34 du TFUE (**1**).

115. Cependant, les critiques formulées à l'encontre de ce changement opéré par la jurisprudence de la Cour ont conduit cette dernière à développer un contrôle des restrictions de la libre circulation des marchandises ayant pour unité de mesure le critère d'accès au marché. Ce dernier a, en effet, permis à la publicité commerciale de continuer à recevoir la protection du traité mais ce tout en demeurant lacunaire (**2**).

1 - La présomption de conformité des mesures restrictives de la publicité à l'article 34 du TFUE

116. Le célèbre arrêt *Keck et Mithouard*[279] a marqué un tournant majeur dans la jurisprudence de la CJCE relative à la libre circulation des marchandises. Son importance mérite d'en rappeler les tenants. En l'espèce, messieurs Keck et Mithouard étaient poursuivis en France pour avoir violé l'article 1er de la loi interdisant la revente à perte. Pour leur défense, ils ont soutenu que cette loi était incompatible avec les dispositions de l'article 30 du traité (aujourd'hui article 34 du TFUE). En réponse à la question préjudicielle posée par le TGI de Strasbourg, la Cour de justice a déclaré que même si elle ne régit pas les échanges de marchandises entre les États membres, la législation en cause, qui interdit de façon générale la revente à perte, est susceptible de restreindre le volume de vente. Il s'agissait là d'un signal fort, en particulier pour les opérateurs économiques, qui depuis la jurisprudence Dassonville ne cessaient pas d'invoquer l'article 30 pour contester tout genre de réglementation. Or, depuis l'arrêt *Keck et Mithouard*, les acteurs

[279] CJCE : 24 nov. 1993, Keck et Mithouard, aff., jointes C-267/91 et C-268/91, *Rec*. I. 6097.

commerciaux sont tenus, avant de contester toute réglementation sur la base de l'article 34 du TFUE, de vérifier si ce texte leur est applicable.

117. La Cour de justice a, en effet, établi une *Summa divisio* pour distinguer entre les législations qui visent les conditions auxquelles doivent répondre les marchandises et les mesures interdisant certaines modalités de vente. Pour la première catégorie, la jurisprudence Dassonville et Cassis de Dijon demeurent applicables, y compris pour les réglementations non discriminatoires[280]. Quant à la seconde catégorie, la Cour considère que les législations qui en font en principe partie (catégorie des modalités de vente) sont considérées comme conformes à l'article 34 du TFUE. En ces termes : « *n'est pas apte à entraver directement ou indirectement, actuellement ou potentiellement le commerce entre les États membres, au sens de la jurisprudence Dassonville l'application à des produits en provenance d'autres États membres de dispositions nationales qui limitent ou interdisent certaines modalités de vente* »[281].

118. Si la Cour a pris soin, dans l'arrêt *Keck et Mithouard*, de donner quelques exemples concernant les mesures portant sur les caractéristiques des marchandises (dénomination, forme, dimensions, poids, composition, présentation, étiquetage, conditionnement, etc.)[282], elle n'en a pas fait de même pour les mesures concernant les modalités de vente. C'est donc la jurisprudence postérieure à cet arrêt qui a précisé les contours de cette notion. Ainsi, ont été considérées comme modalités de vente toute mesure relative aux heures et dates de vente[283], l'interdiction de vente de certaines marchandises[284], le contrôle des prix[285] et également les restrictions relatives à la publicité commerciale[286].

119. La CJUE a clairement affirmé, dans l'affaire *Keck et Mithouard*[287], la présomption de conformité des mesures restrictives de la publicité aux dispositions du TFUE relatives à la libre circulation des marchandises. Cette

---

[280] Arrêt Keck et Mithouard, considérant 15.

[281] Considérant 16. *op. cit.*

[282] Considérant 15 de l'arrêt Keck et Mithouard.

[283] CJCE: 2 juin 1994, Punto Casa Spa, Aff. Jointes C- 69/93 et C-258/93.

[284] CJUE: 2 décembre 2010, Ker-Optika bt c. ÁNTSZ Dél-dunántúli Regionális Intézete, Aff. C-108/09, (interdiction de vendre les lentilles de contact en dehors des magasins spécialisés), CJCE, 29 juin 1995, commission européenne c. la république Hellénique, aff. C- 391/ 92. (Portant sur l'interdiction de vente de laits transformés pour nourrissons en dehors des pharmacies).

[285] CJCE: 30 avril 2009, FBM c. Libero, Aff. C- 531/07, (interdiction aux importateurs de livres en langue allemande de fixer un prix inférieur au prix de vente au public dans l'Etat membre d'édition).

[286] CJCE : 15 décembre 1993, Ruth Hünermund et autres contre Landesapothekerkammer Baden, Aff. C-292- 92.

[287] Considérant 16 de cet arrêt.

affirmation attribue aux réglementations relatives à la publicité une certaine immunité européenne contre tout contrôle, à partir du moment où elles ne sont pas discriminatoires. Ainsi, nous admettons d'emblée qu'en l'enfermant dans la catégorie des modalités de vente, la CJUE n'a pas su exploiter ni tirer profit du potentiel que peut générer la publicité.

120. De l'étude de la jurisprudence postérieure à l'arrêt *Keck et Mithouard*, surgit le constat d'une application mécanique des enseignements de cet arrêt. Or, ceci est nettement défavorable à la liberté d'expression publicitaire. Un mois après sa décision *Mithouard*, la CJUE a en effet rendu l'arrêt *Hünermund*, le 15 décembre 1993, dans lequel elle a été invitée à statuer sur la conformité d'une règle déontologique à la libre circulation des marchandises émanant d'une chambre professionnelle des pharmaciens, qui interdisait à ces derniers de faire de la publicité dans les cinémas, à la radio et à la télévision. Le but de ces règles était d'empêcher une concurrence excessive entre les pharmaciens. Après avoir rappelé sa jurisprudence en la matière, la CJCE a tranché dans le sens du rattachement de la publicité aux modalités de vente et écarté la qualification de mesure d'effet équivalent pour la règle déontologique en cause, alors qu'avant la jurisprudence *Mithouard*, une telle interdiction de la publicité recevait la qualification de mesure d'effet équivalent [288]. Il apparaît ainsi que le juge européen se montre moins exigeant quant à l'existence d'entraves à la libre circulation des marchandises que de telles législations pourraient générer envers tout produit, et devient intransigeant quand ces mesures visent essentiellement les produits importés et n'affectent pas de la même manière les produits nationaux, ce qui génère ainsi une discrimination quant à l'origine des produits. C'est ce qui ressort de cet arrêt, car la Cour est consciente de l'impact de ces législations sur le volume des ventes et des échanges intra-européens, mais elle ne les censure pas et demeure fidèle à sa jurisprudence qui écarte l'application de l'article 34 aux modalités de vente.

121. De prime abord, cela paraît surprenant, parce que l'article 34 du TFUE interdit toute mesure qui pourrait avoir pour effet « *d'entraver, directement* » et, selon la CJUE, même « *indirectement, actuellement ou potentiellement, le commerce intracommunautaire* » [289]. Cependant, la position de la Cour peut être considérée comme cohérente avec l'arrêt *Keck* si l'on se réfère à l'interprétation qui lui a été donnée par l'avocat général Jacobs, selon laquelle « *la meilleure interprétation est peut-être qu'il exclut du champ d'application de l'article 30 uniquement les mesures de nature tout à fait générale qui n'empêchent pas les importations, agissent au point de vente et n'ont pas d'autre effet sur le commerce que de réduire la quantité totale de marchandises vendues, en affectant dans cette mesure les importations et les*

---

[288] CJCE : 18 mai 1989, le Queen c. Royal Pharmaceutical Society of Great Britain et autres, Aff. jointes 266 et 267/87.

[289] Voir point 5 de l'arrêt Dassonville, préc.

produits nationaux de la même manière »[290]. Selon cette conception, que la mesure en cause limite le volume des importations n'est pas un élément d'opposition à l'article 34 du TFUE tant qu'elle affecte de la même manière tous les produits qu'ils soient nationaux ou importés et dès lors qu'elle ne se rapporte pas au produit lui-même.

122. Par conséquent, c'est le critère de discrimination lié à l'origine des produits qui est pris en compte par la Cour car l'application de ce critère à la publicité commerciale signifie que les législations nationales non discriminatoires qui l'interdisent n'influencent pas pour autant le commerce intra-européen. Or, ces analyses n'aboutissent pas à une voie favorable à la liberté d'expression publicitaire et rentrent même en contradiction avec l'esprit du traité qui se fixe pour principal objectif d'assurer la libre circulation des marchandises et d'éliminer tous les obstacles injustifiés ou non légitimes dans le commerce entre États membres.

123. Le même constat est soulevé dans l'affaire *Leclerc-Siplec* du 9 février 1995. En l'espèce, les chaînes de télévision TF1 et M6 ont refusé de diffuser un message publicitaire sur la distribution de carburant dans les supermarchés Leclerc, car elles considéraient que ce secteur était exclu de la publicité télévisée au vu de l'article 8 du décret n° 92-280 du 27 mars 1992. Si, au niveau national, cette mesure avait pour but d'orienter la publicité du secteur de la distribution vers la presse régionale et locale afin de lui permettre de disposer d'une source de financement importante, au niveau européen, une telle mesure est considérée comme étant un obstacle qui influe directement sur le volume des importations et indirectement sur le commerce entre les pays de l'UE. Ainsi, le fait de priver une entreprise établie dans un autre État membre d'un moyen de communication important tel que la télévision risque d'avoir un impact sérieux sur le flux des produits émanant de cet État. De même que dans l'arrêt Hünermund, la Cour n'y voit, en effet, pas un obstacle du moment que la mesure en cause est applicable sans distinction entre les produits nationaux et ceux importés.

124. Considérant la publicité comme une modalité de vente similaire à celles existantes, la CJUE a fait un pas en arrière dans sa protection de la liberté d'expression publicitaire car la mesure qui l'interdit aurait un impact négatif plus important que s'il s'agissait d'une autre modalité de vente. La publicité commerciale, comme l'avocat général Jacobs ne cesse d'ailleurs pas de le rappeler, a « *un rôle fondamental dans une économie de marché développée fondée sur la libre concurrence* »[291]. Cette dernière influe sur les comportements des consommateurs. Les marques des biens produits en France ne sont, en effet, par exemple, pas forcément connues par le consommateur suédois, qui est en revanche familier des marques nationales

---

[290] Conclusions de l'avocat général M.F.G. JACOBS présentées le 24 novembre 1994 à propos de l'affaire Leclerc-Siplec, 9 février 1995.

[291] Conclusions de l'avocat général M. JACOBS. *Op.cit.*

ou émanant d'un pays voisin (rapprochement géographique). La publicité, moyen important d'information est donc capable de persuader le consommateur suédois d'abandonner sa marque habituelle en lui offrant le choix entre plusieurs marques concurrentes. Ainsi, l'enfermement de la publicité commerciale dans la catégorie des modalités de vente a non seulement limité son intérêt pour la libre circulation des marchandises mais également restreint sa capacité en tant que moyen incontournable de construction d'un marché unique. De surcroît, cette *Summa divisio* qui classe les réglementations des États membres en fonction de la nature des produits ou de leurs modalités de vente, a montré ses limites en raison de l'existence de réglementations qui n'ont pu être classées dans aucune de ces deux catégories. Nombreuses sont les affaires dans lesquelles la CJUE a statué sans faire référence aux catégories visées dans l'arrêt *Keck et Mithouard*[292]. Plusieurs autres affaires semblables[293] ont ravivé les critiques[294] autour de la classification des législations et des réglementations restrictives de la libre circulation des marchandises. En plus des cas où un classement des réglementations nationales fait défaut, l'une des faiblesses de la jurisprudence Keck est aussi notable pour ce qui est des mesures dont le classement est fondé sur des appréciations ambiguës. Le même constat peut également être établi dans le cas de la publicité[295]. Dans l'arrêt *Familiapress,* par exemple, la publicité commerciale était en effet intégrée au produit lui-même (jeu promotionnel intégré à un journal), ce qui fait que la Cour refusa de la considérer comme une modalité de vente. Face à une telle situation dans laquelle la forme de la publicité était intrinsèque au produit, le juge de l'UE a conclu que la législation restrictive la ciblant était une mesure d'effet équivalent[296].

125. En réponse à ces critiques, il était temps que la CJUE revoie sa position à propos de la publicité commerciale pour sortir sa jurisprudence de la contradiction qu'elle avait engendrée en respectant l'esprit du traité. Un

---

[292] CJCE : 28 avril 1998, Decker, aff. C-120/95, Rec., p. I-1831, point 36 ; CJUE : 13 mars 2001, aff. C- 379/98, Rec., p. I-2099, point 70.

[293] V. F. PICOD : « La jurisprudence Keck et Mithouard a-t-elle un avenir ? », *in L'entrave dans le droit du marché intérieur*, éd. Bruylant 2011. p. 57.

[294] Voir notamment L. GORMLEY : « Reasoning Renounced ? The Remarquable Judgment in Keck and Mithouard », *Eur.Business Law Review* 1994. pp.63 et s ; A. MATTERA, « De l'arrêt Dassonville à l'arrêt Keck : l'obscure clarté d'une jurisprudence riche en principes novateurs et en contradictions », *Rev. Marché unique Européen* 1/1994, pp. 117 et s ; M. POIRES MADURO : « Keck : The end ? The beginning of the end? Or just the end of the beginning? », *Irish Journal of European Law* 1994 n°1, pp. 31 et s. pour un point de vue différent, voir: P. OLIVIER: « Dossier Keck - Forces et faiblesses de l'arrêt Keck », *RTD Eur*. 2014 p.870-21.

[295] CJCE: (cinquième chambre) 6 juillet 1995, Verein gegen Unwesen in Handel und Gewerbe Köln e.V. c. Mars GmbH. Affaire C-470/93.

[296] Arrêt Familiapress, préc., §12.

premier pas a été franchi avec l'arrêt *De Agostini,* dans lequel la Cour était invitée à répondre à trois demandes introduites par le Konsumentombudsman (ombudsman des consommateurs). Par ses demandes, l'ombudsman des consommateurs voulait interdire aux sociétés de droit suédois De Agostini et TV-Shop, le recours à certaines pratiques de commercialisation dans les messages publicitaires télévisés (TV3 et TV4) concernant respectivement un journal pour enfants[297], des produits de soins de la peau[298] et un détergent[299]. Dans la première affaire relative au journal pour enfants, l'ombudsman fondait sa demande sur la loi relative à la radiodiffusion qui protège les enfants de l'attraction publicitaire et, dans les deux autres, sur celles relatives aux pratiques commerciales. Après un rappel de la jurisprudence antérieure, notamment des points 15 et 16 de l'arrêt *Keck et Mithouard*, la CJUE s'est prononcée sur ce qu'elle appelait « la neutralité en fait » en tant que condition nécessaire pour que les mesures restreignant certaines modalités de vente ne tombent pas sous le coup de l'article 34 du TFUE.

126. Selon la CJUE, si la « neutralité en droit » est, en effet, réalisée dans la mesure où l'interdiction en cause est indistinctement applicable à tous les produits, il n'empêche qu'une interdiction totale d'une forme de promotion d'un produit aura un impact plus important sur les produits en provenance d'autres États membres, auquel cas la « neutralité en fait » n'est pas respectée.

127. Partant, même si la Cour n'a pas souhaité que soit appliqué un contrôle approfondi et a laissé l'appréciation de l'efficacité des différents modes de promotions (question de fait) au juge national, on ne peut nier cependant l'importance de l'arrêt *De Agostini*, car il constitue l'indice d'un éventuel revirement jurisprudentiel, tout du moins en ce qui concerne la publicité commerciale. Cette idée est en partie confirmée par le célèbre arrêt *Gourmet international*[300] dans lequel la Cour a plus ou moins réactivé l'application de l'article 34 du TFUE en faveur de la publicité commerciale.

2 - La réanimation lacunaire de la protection de la publicité commerciale par le critère d'accès au marché

128. Madame le Professeur Aude Bouveresse a souligné l'importance du critère « d'accès au marché » en raison de *« sa pertinence, sa maniabilité et la cohérence qu'il induit dans le champ matériel de l'Union »*[301]. En ce qui

[297] Aff. C-34/95, §14.

[298] Aff. C-35/95, §17.

[299] Aff. C-36/95, § 21.

[300] CJCE : 8 mars 2001, Konsumentombudsmannen (KO) c. Gourmet International Products, Aff, C-405/98, Rec. juris. 2001, p. I-01795.

[301] A. BOUVERESSE : « Dossier Keck - L'arrêt Keck et la jurisprudence postérieure du point de vue de la Cour ou comment le juge de l'Union a travaillé son revirement », *RTD eur*. 2014. 870-1.

nous concerne, la prise en compte de ce critère par la CJUE, dans son appréciation des discriminations émanant des législations nationales à l'égard des produits émanant des autres États membres, nous donne de l'espoir quant au futur sort du niveau de protection de l'expression publicitaire au niveau de l'UE.

129. Il conviendrait de souligner d'emblée que la Cour s'est appuyée sur le critère de la discrimination de la mesure en cause pour vérifier s'il était nécessaire de lui appliquer l'article 34 du TFUE. Ainsi, le juge de l'UE ne cesse de rappeler que les mesures qui restreignent une modalité de vente sont conformes à l'actuel article 34 du traité « *pourvu qu'elles s'appliquent à tous les opérateurs concernés exerçant leur activité sur le territoire national, et pourvu qu'elles affectent de la même manière, en droit comme en fait, la commercialisation des produits nationaux et de ceux en provenance d'autres États membres* »[302]. Ainsi, la discrimination que la Cour contrôlait était *de jure*. L'évolution de sa jurisprudence a montré que, malgré un traitement égalitaire entre les produits nationaux et ceux importés, une discrimination *de fait* subsistait. C'est la raison pour laquelle elle a renforcé son examen par le contrôle de « l'affectation en fait ». L'appréciation de cette « affectation en fait » se fonde sur l'impact de la mesure en cause sur l'accès au marché du produit concerné.

130. Ce nouveau contrôle (**a**), qui s'ajoute au contrôle de discrimination *de jure*, nous paraît, en effet, favorable à la liberté d'expression publicitaire, car certaines mesures nationales restrictives de la publicité seraient de nouveau contrôlées sur la base des dispositions du traité relatives à la libre circulation des marchandises. Toutefois, il le serait davantage s'il parvenait à censurer non seulement les interdictions totales de publicité, mais également celles la restreignant partiellement (**b**).

a - L'appréciation de la discrimination de fait

131. L'appréciation de la discrimination de fait était certes déjà évoquée dans l'arrêt *Keck et Mithouard*[303] quand la Cour a utilisé la notion « d'accès au marché »[304]. Mais, c'est surtout avec les affaires *Mars*[305] et *Familiapresse*[306] que le changement a été opéré dans son exercice du contrôle des restrictions. Ce dernier a également été relevé d'une manière claire dans l'affaire *De Agostini* (juillet 1997).

---

302 Arrêt GIP, précité, §16.

303 §17.

304 Pour cette notion voir J. SNELL : « The Notion of Market Access : A Concept Or a Slogan ? », *Common Market Law Review* 47 : 437-472, 2010.

305 CJCE, 28 mars 1995, C-470/93.

306 CJCE, 26 juin 1997, affaire C-368/95.

132. Ce tournant dans la jurisprudence européenne est favorable à la liberté d'expression publicitaire dans la mesure où les réglementations nationales relatives à ce moyen de communication commerciale doivent non seulement être indistinctement applicables, mais il ne faut pas non plus qu'elles affectent les produits d'exportation, en provenance des autres États membres, pas plus qu'elles que les produits nationaux, au point de limiter leur accès au marché. Il est, en effet, courant de considérer que la publicité est l'un des facteurs indispensables à une meilleure intégration des marchés. Or, en l'état actuel de la jurisprudence, les réglementations qui lui sont hostiles tomberont logiquement sous le coup de la qualification de mesure d'effet équivalent à une restriction quantitative. Voilà pourquoi a été opéré un léger retour vers la jurisprudence *Dassonville*, protectrice de la liberté d'expression publicitaire malgré les critiques dont elle a fait l'objet[307].

133. En outre, c'est surtout par l'arrêt *Gourmet international Product* (GIP), rendu le 8 mars 2001[308], que la CJUE a ressuscité la jurisprudence *Dassonville*. L'apport de cet arrêt réside dans la reconnaissance du rôle de la publicité dans l'interpénétration du marché et donc dans la construction du marché unique puisque la CJUE y a affirmé que l'interdiction totale de la publicité compromettait l'accès des produits importés au marché, ce qui constitue une entrave au commerce intracommunautaire[309].

134. Il est important de souligner que dans l'arrêt *GIP*, la CJUE s'est clairement prononcée sur l'appréciation de « l'affectation en fait » des produits importés ainsi que sur la notion d'accès au marché. Concernant la première, elle a en effet rappelé sa jurisprudence *De Agostini*, selon laquelle « *il ne saurait être exclu qu'une interdiction totale, dans un État membre, d'une forme de promotion d'un produit, qui y est licitement vendu, ait un impact plus important sur les produits en provenance d'autres États membres* [310]», puis, elle renvoie au juge national la mission d'apprécier cette affectation en fait. Quant à la notion d'accès au marché, la Cour estime que « *s'agissant des produits, comme les boissons alcooliques, dont la consommation est liée à des pratiques sociales traditionnelles ainsi qu'à des habitudes et des usages locaux, une interdiction de toute publicité à destination des consommateurs (...) est de nature à gêner davantage l'accès au marché des produits originaires d'autres États membres que celui des produits nationaux* » [311]. Ainsi, le juge de l'UE s'est à nouveau aligné sur les

---

[307] D. KEELING: « The Free Mouvement of Goods in EEC law : Basic Principales and Recent Developments in the Case Law of the Court of Justice of the European Communities », *The International Lawyer* 1992 n°2, pp. 467 et s; voir également, J. STEINER: « Drawing the Line : Uses and Abuses of Article 30 EEC », *CML Rev.* 1992, n°4, p. 749 et s. spéc., pp. 757-758.

[308] Gourmet International Products, Aff, C-405/98, préc.

[309] § 25.

[310] Arrêt De Agostini, *op. cit.*, § 42.

[311] Arrêt GIP, *op. cit.*, § 21.

conclusions de l'avocat général Jacobs dans l'affaire *Leclerc-Siplec*, selon lequel « *Sans publicité il serait extrêmement difficile pour un fabricant établi dans un État membre de pénétrer le marché d'un autre État membre où ses produits n'ont pas encore été vendus et ne sont donc pas connus des consommateurs. En conséquence, les mesures qui interdisent ou restreignent sévèrement la publicité tendent inévitablement à protéger les fabricants nationaux et à défavoriser ceux installés dans d'autres États membres* »[312]. Toutefois, il convient de souligner d'emblée que dans l'affaire *Gourmet international* (GIP), la CJUE n'a pas tranché en faveur de la société GIP, parce qu'elle était d'avis qu'une telle entrave était justifiée par la protection de la santé publique. Il s'agit là d'un motif d'intérêt général reconnu par l'article 36 du Traité, à condition que « *la mesure considérée soit proportionnée à l'objectif à atteindre et ne constitue ni un moyen de discrimination arbitraire ni une restriction déguisée dans le commerce entre les États membres* »[313].

135. Dans d'autres arrêts, la CJUE s'est montrée plus audacieuse dans ses affirmations, même si ces dernières sont parfois ambigües et ne permettent pas de déduire une position bien fondée. Ainsi, dans l'arrêt *Commission c. Italie* de 2009, connu sous le nom d'affaire *des « remorques italiennes »*[314], de même que dans l'arrêt *Percy Mickelsson*[315], la Cour a rappelé sa jurisprudence antérieure par rapport aux mesures d'effet équivalent tout en ajoutant une phrase « *sibylline* »[316], selon laquelle « *relève également de la même notion [celle des mesures d'effet équivalent à une restriction quantitative]*[317]*, toute autre mesure qui entrave l'accès au marché d'un État membre des produits originaires d'autres États membres* »[318]. Si cette phrase demeure un mystère[319], on ne peut, en effet, nier sa clarté quant à la consécration du critère de « l'*accès au marché* ». Ce dernier a été qualifié de « critère général suprême » par l'avocat général Stix-Hackl[320] et considéré par un autre[321] comme un critère qui « *encadre tout type d'entrave au marché tant géographique qu'économique* ». De surcroît, cette phrase confirme le constat selon lequel une mesure d'interdiction totale de la publicité doit désormais

---

312 Conclusions de l'avocat général JACOBS, préc., § 21 p. I, 187.

313 §28.

314 CJCE : 10 février 2009, Affaire C-110/05.

315 CJCE : 4 juin 2009, Åklagaren c. Percy Mickelsson, Aff. C-142/05, §24.

316 Pour paraphraser P. OLIVIER, préc.

317 C'est nous qui soulignons.

318 §37.

319 P. OLIVIER, *op. cit.*

320 Concl. av. gén. C. Stix-Hackl, présentées le 11 mars 2003, sous CJCE : 11 déc. 2003, Deutscher
Apothekerverband, C-322/01, préc., §74.

321 A. FROMONT et C. VERDURE : « La consécration du critère de l'« accès au marché » en matière de libre circulation des marchandises : mythe ou réalité ? », *RTD Eur.* 2011 p.717.

être contrôlée sur la base de l'article 34 du TFUE. Cependant, assujettir au contrôle de l'article 34 du TFUE les seules restrictions totales de la publicité commerciale est-il suffisant pour assurer une réelle liberté d'expression publicitaire de l'émetteur ?

b - La nécessaire censure des interdictions partielles de la publicité

136. La jurisprudence actuelle fait un bond remarquable dans la position de la Cour en matière de libre circulation des marchandises dans sa relation avec la publicité commerciale. Néanmoins, réaffirmer l'importance de la publicité dans la construction du marché unique en considérant qu'une interdiction totale de ce discours serait de nature à limiter la libre circulation des marchandises ne favorise pas tellement la liberté d'expression publicitaire. Afin d'assurer un contrôle effectif de l'impact d'une mesure restrictive de la publicité relative à l'accès des produits importés au marché d'un État membre et d'éliminer les obstacles empêchant la liberté du commerce intra-européen, les interdictions partielles de la publicité doivent également être censurées, à moins qu'un intérêt général (article 36 du TFUE) ou une exigence impérative[322] les justifient.

137. Étant donné que la CJUE a déjà estimé qu'une mesure d'interdiction générale de la publicité entraverait l'accès au marché d'un Étant membre des produits émanant d'autres pays de l'UE[323], nous espérons que du fait de cette orientation de la Cour, de plus en plus focalisée sur l'effet de la mesure concernant l'accès du produit au marché plutôt que sur sa caractérisation formelle ou sur son objet[324], l'interdiction, ne serait-ce que partielle, de la publicité commerciale sera reconnue *officiellement* comme étant une mesure susceptible de constituer une entrave au libre accès des produits importés sur le marché.

138. La concrétisation du changement espéré nous semble possible dans la mesure où la CJUE a déjà considéré que l'incidence potentielle d'une mesure nationale sur le comportement de l'acheteur devait être prise en considération lors de son évaluation[325]. Or, comme souligné précédemment[326], de par son double caractère tout à la fois informatif et incitatif, la publicité est en mesure

---

[322] CJCE : 19 juin 2003, Commission c. Italie, C-420/01, Rec. p. I-6445, point 29, et arrêt du 5 février 2004, Commission c. Italie, C-270/02, Rec. p. I-1559, point 21.

[323] Arrêts GIP et De Agostini, préc.

[324] A.L. SIBONY : « Chronique Marché intérieur - Un pas de plus vers un test unique de l'entrave », *RTD Eur.* 2012 p.219. V. pour un autre point de vue, A. BOUVERESSE : « Dossier Keck - L'arrêt Keck et la jurisprudence postérieure du point de vue de la Cour ou comment le juge de l'Union a travaillé son revirement », *préc.* 870-1.

[325] CJUE : 6 octobre 2011, P. Bonnarde c. Agence de service et de paiement, C- 433/10, *D.*2011. p. 2542.

[326] Cf. *supra* n°26.

de changer les habitudes de consommation. Son incidence sur le comportement du consommateur n'est donc pas négligeable.

139. À titre d'illustration, prenons l'exemple d'une publicité portant sur un jouet pour enfants émanant d'un annonceur établi dans l'État membre A. Supposons que l'État membre de réception, B, interdise ce genre de publicité à la télévision et sur internet mais l'autorise sur les autres supports (presse, affichage, radio, etc.), sachant que la mesure d'interdiction est indistinctement applicable et instaure une interdiction partielle. Dans un tel cas de figure, une partie importante de la catégorie des consommateurs concernés par le message publicitaire (les enfants âgés de plus de 12 ans) ne sera pas atteinte par la campagne de l'annonceur, ce pour deux raisons. D'une part, les enfants âgés de plus de 12 ans n'étant pas forcément intéressés par la radio et la presse, il existe peu de chance qu'ils entendent ou voient l'annonce concernant le jouet en question. D'autre part, le fait d'interdire cette publicité sur de tels supports aussi influents que la télévision et internet diminue largement les chances de réception du message par une grande partie de la cible visée. Par conséquent, un état de *discrimination de fait* existerait bel et bien dans un tel cas : les produits nationaux sont plus ou moins connus auprès du public de l'État B, ce qui fait que, même si les produits exportés de l'État A ne sont pas totalement privés de publicité, il apparaît qu'ils éprouvent de sérieuses difficultés pour pénétrer le marché. L'annonceur établi dans l'État A sera ainsi contraint de diffuser sa publicité plusieurs fois sur les supports autorisés dans l'espoir d'atteindre le plus large public visé possible. Or, s'il avait eu la possibilité de communiquer par le biais de la télévision, très influente ou d'internet qui suscite un vif intérêt chez cette catégorie de public, il aurait ainsi pu se montrer plus efficace. Son objectif serait ainsi atteint sans qu'il ait besoin de réaliser des investissements supplémentaires dans des supports moins efficaces.

140. *In fine*, il ressort de toutes ces analyses que la jurisprudence de la CJUE en matière de libre circulation des marchandises constitue une avancée vers la mise en œuvre de la reconnaissance effective de l'intérêt de la publicité commerciale dans l'intégration des marchés des États membres. Or, cette mise en œuvre est réalisable par le contrôle centré sur l'effet de la mesure restrictive de la publicité sur l'accès au marché d'un État membre des produits provenant d'un autre État membre. Cet examen s'avère de plus en plus exigeant[327] et laisse présager une évolution favorable à la liberté d'expression publicitaire de l'émetteur.

141. Étant donné que tout énoncé qui se projette dans l'avenir est entaché d'incertitude, il y a lieu d'affirmer qu'en l'attente d'une protection constante de la publicité commerciale par la liberté de circulation des marchandises, il

---

[327] Pour un exemple d'arrêt dans lequel la CJUE a pris le temps (points 37 à 44) d'examiner l'impact de la législation espagnole sur l'accès au marché de cet État de produits de tabac émanant des autres États membres, voir : CJUE : 26 avr. 2012, ANETT c. Administración del Estado, aff. C-456/10.

convient de rechercher actuellement celle-ci dans la libre circulation des services.

Paragraphe 2 - Vers un marché unique des services publicitaires en faveur de l'expression publicitaire

142. Soulignons d'emblée que l'objet du principe de la libre prestation des services publicitaires est le service qui sera rendu par une personne dont l'activité est la publicité commerciale. Cette personne sera le prestataire d'une autre qui souhaiterait promouvoir son activité ou même son produit. Ainsi, contrairement à la liberté de circulation des marchandises dans le contexte de laquelle ces dernières font l'objet de la publicité commerciale - d'où sa protection au titre de l'article 34 du TFUE -, la liberté de circulation des services fait de la publicité elle-même un service dont la circulation doit être assurée au titre de l'article 56 du TFUE. En outre, précisons que nous partons du postulat selon lequel la concrétisation d'un marché unique des services publicitaires, c'est-à-dire d'un marché où le message publicitaire se diffuse et circule librement sans que se multiplient les contrôles nationaux d'un État membre sur l'autre, renforcerait la liberté d'expression publicitaire de l'émetteur.

143. Dans sa rédaction issue du traité de Lisbonne, le TFUE (Traité sur le fonctionnement de l'Union européenne) pose le principe de la libre prestation de services dans son article 56, en disposant que « *les restrictions à la libre prestation des services à l'intérieur de l'Union sont interdites à l'égard des ressortissants des États membres établis dans un État membre autre que celui du destinataire de la prestation* ». Après une telle affirmation du principe, le traité définit dans une acception large la notion de service en intégrant dans son champ d'application toutes les prestations fournies contre rémunération dans la mesure où elles ne sont pas régies par les dispositions relatives à la libre circulation des marchandises, des capitaux et des personnes[328]. La liberté de prestation des services prévue par le traité constitue une activité indépendante, poursuivant une finalité économique. Elle est temporaire[329] et s'opère dans un contexte d'extranéité[330] . De par ses caractéristiques, la liberté

[328] Article 57 du TFUE.

[329] « *(...) le caractère temporaire de la prestation de services, prévu par l'article 60, troisième alinéa, du traité CE, est à apprécier en fonction de sa durée, de sa fréquence, de sa périodicité et de sa continuité* », Arrêt du 30 nov.1995 - Affaire 55/94, Gebhard, Rec. p. I-4165 n° 39.

[330] La Cour a jugé que l'article 49 CE (ancien) s'applique lorsque le prestataire et le destinataire du service sont établis dans des États membres différents : voir arrêt du 28 octobre 1999, Vestergaard, C-55/98, Rec. p. I-7641, § 19. Les services qu'un prestataire établi dans un État membre fournit, sans se déplacer, à un destinataire établi dans un autre État membre constituent une prestation de services transfrontalière, au sens de l'article 49 CE (ancien) : voir, notamment,

de prestation de service s'oppose totalement à l'accomplissement d'un travail salarié, à une activité désintéressée[331], à l'établissement et à toute activité dont les éléments pertinents se cantonnent à l'intérieur d'un seul État membre[332]. En revanche, la liberté de prestation de service ne s'oppose pas, quant à elle, aux activités de production et de commercialisation dans la mesure où elles ne sont pas directement en lien avec les opérations relatives aux marchandises. Le second alinéa de l'article 57 du TFUE établit, en effet, une liste non exhaustive des activités couvertes par la notion de services, dans laquelle il inclut les activités à caractère industriel, commercial, artisanal ainsi que les professions libérales[333].

144. Depuis que la CJUE a considéré la publicité comme un service[334], les activités publicitaires figurent parmi les activités commerciales énumérées à l'article 57 du TFUE. Ainsi, les dispositions du traité relatives à la libre circulation des services s'appliquent à l'activité publicitaire lorsqu'elle remplit les conditions précitées. L'activité publicitaire renvoie à toutes les interventions nécessaires à la production et à la diffusion du message publicitaire. Elle est par ce biais le moteur de la liberté d'expression publicitaire. Ces interventions sont menées par les professionnels de la publicité qui sont de plus en plus nombreux, chacun jouant un rôle précis dans l'élaboration de l'expression publicitaire. Le Code des usages de la publicité, publié en 1950, énumérait déjà onze catégories de professionnels de la publicité, selon les termes de son article 3 : « *les conseils en publicité, les agents et distributeurs de publicité, les courtiers en publicité, les éditeurs publicitaires, les entrepreneurs de publicité directe, les artistes et maîtres artisans créateurs publicitaires, les entrepreneurs d'affichage, les concessionnaires de publicité de presse, les concessionnaires de publicité radiophonique, les concessionnaires de publicité cinématographique, les concessionnaires de supports divers* ». De plus, le développement contemporain du commerce électronique a fait émerger des acteurs de la prestation de services relative à la publicité en ligne, tels que les prestataires de référencement intermédiaires dans l'achat des espaces publicitaires fournis par les moteurs de recherches, les acteurs spécialisés dans le ciblage, les plateformes numériques, etc.

145. Les services réalisés par ces acteurs peuvent être regroupés en trois catégories. La première est relative à la production du message pour laquelle

---

arrêts du 10 mai 1995, Alpine Investments, C-384/93, Rec. p. I-1141, §21 et 22, ainsi que du 6 novembre 2003, Gambelli e.a., C-243/01, Rec. p. I-13031, §53.

[331] CJCE : 11 février 2000, Christelle Deliège c. Ligue francophone de judo et disciplines associées, C-51/96) et François Pacquée (C-191/97). Point 55.

[332] CJCE : 18 mars 1980, Procureur du Roi c. Marc Debauve et autres, Affaire 52/79, §9.

[333] Pour plus de détails concernant ces différentes activités, voir G. GODIVEAU et S. LECLERC : *Droit du marché intérieur de l'Union européenne*, éd. Lextenso 2016.pp. 110-111.

[334] CJCE : 30 avr. 1974, Sacchi, aff. 155/73, *Rec.* 409.

l'agence conseil en communication apparaît en tant que principal acteur. Après la phase de création du message publicitaire, intervient celle de diffusion assurée par la deuxième catégorie regroupant les supports. Cette catégorie englobe tous les supports médias (presse, télévision, radio, affichage, cinéma et internet) et hors médias (acteurs de la publicité directe, promotion des ventes, mécénat et parrainage), qui commercialisent aux annonceurs leurs espaces publicitaires, directement ou par l'intermédiaire d'un professionnel, d'où la troisième catégorie d'acteurs qualifiés d'intermédiaires.

146. Chaque catégorie d'acteurs de la publicité peut être à l'origine d'une multitude de prestations de services à caractère transfrontalier et contre rémunération. Afin de mettre en place sa campagne de publicité, un producteur français dont les produits sont exportés en Autriche par exemple, pourrait, en effet, recourir aux services d'une agence conseil en communication (ACC) de droit allemand, qui va à son tour commander une œuvre de publicité (image, musique) à un auteur établi en Belgique et négocier des emplacements publicitaires offerts par un journal établi en Autriche pour cibler le public de cet État. Le cas le plus simple de relation entre professionnels intervenant dans le processus de création et de diffusion du message publicitaire est celui où une station de radio française diffuse des messages publicitaires au profit d'un annonceur établi dans un autre État membre. Dans un tel cas où seul le service a franchi les frontières, la CJUE considère qu'il revêt un caractère transfrontalier au sens de l'article 56 du TFUE[335].

147. Consciente du rôle de la publicité commerciale dans l'intégration des marchés des États membres ainsi que dans la construction du marché unique, la Cour de justice de l'Union européenne a, en effet, adopté une politique jurisprudentielle favorable à la libre circulation des services publicitaires (**A**). Cependant, ayant jugé cela insuffisant dans la mesure où le marché unique ne tire pas entièrement profit du potentiel des services de la communication commerciale et afin d'assurer une concurrence des services, la Commission européenne a proposé d'éliminer les obstacles persistants (**B**).

A - Le principe de la libre circulation des services publicitaires

148. Avant d'affirmer le lien existant entre la libre circulation des marchandises et la publicité commerciale, en 1982, la CJUE avait déclaré précédemment que les dispositions du traité relatives à la libre circulation des

---

[335] CJCE : 26 avril 1988, aff. 352/85, Bond van Adverteerders et autres c. État néerlandais. Il s'agissait d'une affaire où des exploitants de réseaux de télévision par câble néerlandais retransmettaient des émissions provenant d'autres États membres, qui comprenaient des messages publicitaires destinés au public néerlandais.

services étaient applicables à la publicité. L'arrêt *Sacchi* du 30 avril 1974[336] a, en effet, constitué une étape importante dans l'évolution des services relatifs aux communications commerciales au sein du marché intérieur. C'est une poursuite pénale à l'encontre de M. Sacchi, qui exploitait une station de télédistribution privée (Tele-Beilla), qui a été à l'origine de cette affaire. Ce dernier a, en effet, été poursuivi parce qu'il avait détenu, dans des locaux ouverts au public, des téléviseurs utilisés pour la réception par câble des émissions qui incluaient des messages publicitaires, ce sans avoir payé la taxe d'abonnement prescrite. La législation italienne instituait en effet un monopole de la télévision et par là-même de la publicité commerciale télévisée. Or, selon M. Sacchi, cette taxe et la législation l'instituant étaient contraires aux dispositions du traité, relatives à la libre circulation des marchandises. Saisi de l'affaire, le tribunal de Beilla (Italie) a sursis à statuer et interrogé la CJCE quant à la compatibilité de la législation en question avec l'article 23 du TCE (actuel article 28 du TFUE).

149. Avant d'aborder la réponse de la CJUE, il est utile de souligner que le juge national et le requérant ont estimé que le message publicitaire pourrait relever du principe de la libre circulation des marchandises. Selon les observations qu'il a présentées à la Cour, M. Sacchi a demandé à cette dernière de considérer le message télévisé comme un bien incorporel ou, à titre subsidiaire, de déclarer qu'il se trouvait dans un lien d'accessoire à principal avec les produits qu'il concernait. Sa base légale était l'arrêt *Costa c. Enel* de 1964 et l'arrêt *Commission c. Italie* de 1968, selon lesquels les biens incorporels, tels que l'électricité et tout produit évaluable en argent, tomberaient sous la qualification des règles applicables aux marchandises. Or, tel n'a pas été l'avis de la CJUE, qui a qualifié le message publicitaire de prestation de service, en arguant que : « *L'émission de messages télévisés, y compris ceux ayant un caractère publicitaire, relève, en tant que telle, des règles du traité relatives aux prestations de services* »[337]. Elle a ainsi expressément écarté l'application des règles relatives à la libre circulation des marchandises aux messages publicitaires en affirmant que « *la publicité commerciale télévisée, en raison de son caractère de prestation de services, échappe à l'application de ces dispositions* » [338]. En revanche, tout matériel pouvant lui servir de support relève pour sa part des dispositions relatives aux marchandises[339].

150. Depuis cette qualification non équivoque, les prestations de services relatives aux communications commerciales ont pu profiter de la protection des articles 56 et suivants du TFUE. La première conséquence d'une telle protection consiste en des obligations positives et négatives qui pèseront

---

336 Affaire 155/73, Rec. 409.

337 CJCE: 30 avr. 1974, Sacchi, aff. 155/73, *Rec.* 409, § 6.

338 Arrêt Sacchi, p. 10.

339 V. §§ 6 et 7 de l'arrêt.

désormais sur les États membres. De manière positive, ils devront, en effet, s'aligner sur la jurisprudence de la CJUE en adoptant des législations plus libérales garantissant une circulation fluide des services fournis par les différents professionnels en communication commerciale. En revanche, de manière négative, ils sont tenus de s'abstenir de porter atteinte aux droits directement attribués à ces derniers par le traité.

151. Par ailleurs, contrairement à l'évolution jurisprudentielle relative à la liberté de circulation des marchandises en matière de publicité commerciale, qui se caractérise par une fluctuation au niveau de la protection accordée à l'expression publicitaire, celle relative à la libre prestation des services publicitaires est demeurée à un niveau favorable à cette expression (**1**). En revanche, de même que toute liberté n'est pas absolue et qu'il est nécessaire de la limiter afin de garantir d'autres intérêts juridiquement protégés, la CJUE a toléré quelques dérogations raisonnables au principe de la libre prestation des services publicitaires (**2**).

1 - L'effet utile de l'article 56 du TFUE

152. En matière de libre circulation des services relatifs à la publicité, l'article 56 du TFUE trouve sa pleine application, contrairement aux articles 28 et suivants (relatifs aux marchandises) du même traité qui ont connu certaines fluctuations et ne s'appliquent donc pas forcément quand il s'agit de législations restreignant les modalités de vente relatives aux produits. Les règles du traité relatives aux services s'opposent, en effet, à toute réglementation nationale restreignant la libre circulation des services publicitaires. Depuis 1974, la jurisprudence de la CJUE en la matière a fait l'objet de certains changements dont le sens est favorable à la liberté d'expression publicitaire. La Cour a progressivement octroyé à l'article 56 un effet utile en matière d'expression publicitaire.

153. Dans l'arrêt *Debauve*[340], rendu trois ans après l'arrêt de principe (Sacchi), l'affaire examinée par la cour portait sur une question semblable à celle posée dans l'arrêt *Sacchi*. Était en cause une législation belge (article 21 de l'arrêté royal du 24 décembre 1966) interdisant aux sociétés de la télédistribution nationale de transmettre des émissions émanant de stations de radiodiffusion établies dans d'autres États membres et revêtant un caractère de publicité commerciale. Cette législation visait à appliquer aux émissions émanant des autres États membres le même régime d'interdiction que celui appliqué au niveau national.

Après de nombreuses plaintes déposées par des associations de protection des consommateurs contre des sociétés de télédistribution (MM. Debauve, Denuit et Lohest, ainsi que Coditei et l'Association liégeoise d'électricité), accusées d'avoir retransmis des émissions sans couper les séquences

[340] CJCE : 18 mars 1980, Procureur du Roi c. Debauve, préc.

publicitaires, le tribunal correctionnel de Liège a sursis à statuer et saisi la Cour par des questions préjudicielles qui visaient à savoir si la législation en cause était contraire ou non aux dispositions du traité relatives aux services (ancien article 59 du TCE). A première vue, l'application de la législation litigieuse comportait, sans nul doute, un effet restrictif sur la liberté protégée par le traité. Dans les observations qu'elle a soumises à la Cour, la Commission européenne a même considéré que les effets de cette législation affectaient les contrats de prestations de services conclus entre des prestataires établis dans d'autres États membres. Ainsi, les annonceurs pouvaient rompre leurs relations commerciales avec les émetteurs si leurs publicités se retrouvaient supprimées lors de la retransmission en Belgique d'émissions où elles auraient normalement dû figurer. Après avoir rappelé que les dispositions de l'ancien article 59 du traité s'appliquaient aux services de la publicité commerciale, la CJUE a, en effet, considéré que « *l'application des législations en cause ne saurait être considérée comme constituant une restriction à la libre prestation de services* ». Trois arguments ont motivé cette prise de position en faveur de la législation litigieuse : tout d'abord, le caractère général de la législation, qui ne distinguait pas les opérateurs selon leur origine ; ensuite, la préservation de l'intérêt général par la législation en cause et enfin, l'absence d'un consensus européen en la matière. Ces arguments ont fait que l'article 59 du traité CE ne pouvait constituer un frein pour toutes les réglementations limitant la libre circulation des services publicitaires.

154. Il est vrai que cette décision ne reflète pas le niveau de protection qualifié de favorable pour l'expression publicitaire. Tolérer l'atteinte portée à la liberté de prestation des services publicitaires en raison de son caractère non-discriminatoire confère aux services publicitaires une garantie fragile, facilement contournable. En outre, on aurait pu penser hâtivement que dans l'examen des restrictions relatives au principe de liberté de prestation des services publicitaires, la Cour fait du contrôle du caractère discriminatoire de ces entraves un critère déterminant pour l'application ou non de l'ancien article 59 du TCE. C'est d'autant plus vrai que dans l'arrêt *Bon Van adverteerders* du 26 avril 1988[341], elle a considéré que la diffusion d'une publicité par une chaîne de télévision établie dans un État membre au profit d'un annonceur établi dans un autre État membre était constitutive d'une prestation de service transfrontalière, son interdiction par une législation discriminatoire privilégiant les entreprises de télédistribution nationales au détriment de celles établies dans d'autres États membres, constitue ainsi une violation des dispositions de l'ancien article 59 du TCE. Il en résulte que si la législation en cause n'était pas discriminatoire, elle aurait pu échapper à la censure.

---

[341] CJCE : 26 avril 1988, Bond van Adverteerders et autres c. État néerlandais, Aff. 352/82.

155. Toutefois, un tournant favorable à l'expression publicitaire a été opéré par la CJUE en février 1991. Trois arrêts[342] rendus durant cette période ont, en effet, constitué les prémices d'une future extension de l'article 59 du TCE aux législations indistinctement applicables. Ainsi, avec l'arrêt *Dennemeyer*, la CJUE a estimé que l'article 59 du TCE « *exige non seulement l'élimination de toute discrimination à l'encontre du prestataire de services en raison de sa nationalité, mais également la suppression de toute restriction, même si elle s'applique indistinctement aux prestataires nationaux et à ceux des autres États membres, lorsqu'elle est de nature à prohiber ou gêner autrement les activités du prestataire établi dans un autre État membre* »[343]. De ce fait, dès qu'une mesure est qualifiée de restrictive, elle subit, en principe, la censure. Dans les affaires portant sur les services publicitaires, l'effet était immédiat. Peu de temps après, la Cour a eu l'occasion d'affirmer sa position dans l'affaire *Schindler* du 24 mars 1994[344]. Après avoir examiné une législation anglaise interdisant à ses habitants, de même qu'aux citoyens de l'UE, d'importer sur son territoire des documents publicitaires et billets de loterie incitant les Anglais à participer à une loterie organisée dans un autre État membre, la Cour l'a censurée en application de l'article 59 du TCE hormis son caractère non-discriminatoire. Il en va de même dans l'affaire *Alpine investments*[345], portant cette fois sur le démarchage téléphonique. La Cour ne s'est pas montrée pusillanime, et a opéré un retour en force en donnant à l'ancien article 59 du TCE tout son effet utile. Dans cette affaire, la décision de la CJUE fut marquante parce qu'elle a, d'une part, soutenu la pratique du démarchage téléphonique en déclarant qu'il s'agissait là d'une « *technique rapide et directe de publicité et de prise de contact avec des clients potentiels se trouvant dans d'autres États membres ». Ainsi, selon la CJUE, priver les entreprises de cette technique « constitue une atteinte aux dispositions du traité relatives aux services ».* D'autre part, la CJUE a mis sur un pied d'égalité les législations discriminatoires et celles non discriminatoires limitatives de la prestation de services publicitaires face aux dispositions de l'ancien article 59 du TCE. Selon elle, « *s'il est vrai qu'une interdiction comme celle de l'espèce au principal a un caractère général et non discriminatoire et qu'elle n'a ni pour objet ni pour effet de procurer un avantage au marché national par rapport aux prestataires de services d'autres États membres (...) elle est susceptible de constituer une restriction à*

---

[342] CJCE : 26 février 1991, Commission c. France, aff. C 154/89. Rec. I, p. 659; Commission c. Italie, aff. C 180/89. Rec. I, p. 691 ; Commission c. Grèce, aff. C 198/89. Rec. I, p. 709.

[343] CJCE: 25 juillet 1991, Manfred Säger c. Dennemeyer & Co. Aff. C-76/90, point 12.

[344] CJCE: 24 mars 1994, Her Majesty's Customs and Excise c. Gerhart Schindler. Aff, C-275/92.

[345] CJCE : 10 mai 1995, Alpine Investments BV c. Minister van Financiën, Aff. C-384/93, Rec. I. 1141.

la libre prestation des services transfrontaliers »[346]. Ce contrôle centré sur l'effet restrictif de l'entrave est devenu habituel dans la jurisprudence de la Cour. On fait le même constat dans sa jurisprudence postérieure, qu'illustre la célèbre affaire *Gourmet International* du 8 mars 2001. Ainsi, dans sa réponse à la question préjudicielle posée par le tribunal suédois visant à savoir si la législation de l'État suédois, qui avait interdit aux entreprises de presse établies dans cet État de mettre à la disposition d'annonceurs potentiels établis dans d'autres États membres des emplacements publicitaires dans leurs publications, était conforme ou non aux dispositions relatives à la liberté de circulation des services, la Cour a jugé qu'« *une mesure telle que l'interdiction de la publicité en cause au principal, même si elle est dépourvue de caractère discriminatoire, affecte l'offre transfrontière d'espaces publicitaires de façon particulière compte tenu du caractère international du marché de la publicité dans la catégorie de produits visée par l'interdiction et constitue, de ce fait, une restriction à la libre prestation des services au sens de l'article 59 du traité* »[347].

156. L'étude des affaires présentées devant la CJUE en matière de liberté de circulation des services publicitaires et ce, qu'il s'agisse des arrêts *Bacardi*[348], *Corporacion Dermoestética*[349], *Hit et Hit Larix* de 2012[350] ou *Sky Italia* rendu le 18 juillet 2013, met en évidence le fait que le niveau de protection accordé par la Cour à la liberté de circulation des services publicitaire est maintenu par le biais de l'article 56 du TFUE. L'arrêt *Luc Vanderborght*[351], rendu le 4 mai 2017, constitue une illustration de l'état actuel de la jurisprudence européenne relative aux services publicitaires. En fait, ayant procédé à des publicités dans le but de promouvoir l'activité de son cabinet, M. Luc Vanderborght, dentiste établi en Belgique, a fait l'objet d'une plainte déposée par une association professionnelle de dentistes. Des poursuites pénales ont, en effet, été engagées contre ce professionnel qui aurait violé la législation belge qui interdit d'une manière absolue toute publicité relative à des prestations de soins buccaux-dentaires. Même si tous les éléments de l'affaire se cantonnent certes au même territoire, étant donné que les destinataires des services fournis par le cabinet sont des citoyens de l'Union, la Cour a toutefois déclenché l'application des libertés de circulation. Dès lors, la CJUE essaie d'étendre le champ de ces libertés, démarche favorable à l'expression publicitaire, dans la mesure où les possibilités

---

[346] §35.

[347] §39.

[348] CJCE : (grande Chambre) 13 juillet 2004, Bacardi France SAS c. Télévision française 1 SA (TF1). Aff. C 429/02.

[349] CJCE: 17 juillet 2008, Corporación Dermoestética SA c. To Me Group Advertising Media. Aff. C-500/06.

[350] CJUE: 12 juillet 2012, Hit et Hit Larix c. Bundesminister für Finanzen. Aff. C-176/11.

[351] CJUE : 4 mai 2017, arrêt Luc Vanderborght, aff. C-339/15.

d'invocation du principe de la liberté de prestation des services publicitaires par les professionnels de la publicité seraient facilement justifiables. Afin d'être protégé par le droit de l'Union européenne, il suffit que le service publicitaire en cause comporte un élément transfrontalier et ce, qu'il s'agisse du service[352], du prestataire de ce service ou de son destinataire. Les dispositions du traité relatives à la liberté de circulation des services sont ainsi applicables lorsque la mesure atteignant la publicité « *interdit, gêne ou rend moins attrayant l'exercice de cette liberté* »[353] .

157. En définitive, il faut souligner qu'en l'état actuel de la jurisprudence de la CJUE relative à la libre circulation des services publicitaires, la protection accordée s'avère certes satisfaisante, mais que comme toute belle chose, elle est imparfaite.

2 - Les limites du principe de libre circulation des services publicitaires

158. La libre circulation des services n'a pas que des mérites, les limites auxquelles elle est susceptible de devoir se plier sont quelquefois légitimes car elles peuvent avoir pour objectif de protéger un droit ou une liberté présentant un même intérêt pour l'Union européenne. Ainsi, bien qu'il constitue un droit fondamental en droit de l'UE, le principe de la libre circulation des services publicitaires, déduit de l'article 56 du TFUE, n'a pas été conçu comme une liberté inconditionnelle et peut subir des dérogations justifiées. L'étude de la jurisprudence de l'UE a, en effet, permis de déceler au sein de celle-ci deux types de mesures restrictives souvent distinguées par la Cour qui, si elles sont justifiées, peuvent déroger à ce principe. Il s'agit des mesures discriminatoires et de celles non-discriminatoires.

159. Les premières ne sont autorisées que si elles satisfont aux dispositions de l'article 52 du TFUE auquel renvoie l'article 62 de ce même traité. Selon ce dernier, un État membre peut appliquer des réglementations spécifiques aux ressortissants des autres États membres si elles sont justifiées par des raisons d'ordre public, de sécurité et de santé publique. Ces réglementations doivent néanmoins être proportionnées à l'objectif poursuivi[354]. Les contentieux en matière de publicité commerciale, fondés sur un motif tiré de l'ordre public, sont en effet rares. De plus, cette notion n'a pas été clairement définie[355].

---

[352] V. arrêt Bond van Adverteerders, préc.

[353] V. point 61 de l'arrêt Luc Vanderborght.

[354] Livre vert de la Commission européenne, préc., p.6.

[355] La directive 2006/123/CE du Parlement Européen et du Conseil, relative aux services sur le marché intérieur du 12 décembre 2006, s'est basée sur les interprétations données à cette notion pour en déduire des éléments qui peuvent être considérés comme relevant de l'ordre public. Dans son considérant numéro 43, elle énonce, en effet, que « *la notion d'« ordre public», telle qu'interprétée par la Cour de justice, recouvre la protection contre une menace réelle et*

Ainsi, à défaut d'un ordre public européen, la Cour de justice laisse aux États membres la liberté de déterminer les exigences de l'ordre public conformément à leurs besoins nationaux, tout en gardant le contrôle des décisions arrêtées par les États sur le fondement de ce moyen[356]. Cependant, il ressort de la jurisprudence de la CJUE que les restrictions à caractère général ou celles fondées sur des motifs d'ordre économique ne peuvent se justifier au nom du maintien de l'ordre public[357].

160. En revanche, le motif tiré de la protection de la santé publique a donné lieu à quelques affaires devant la Cour de justice. L'affaire *Bacardi*[358] constitue un exemple dans lequel une législation française, poursuivant un impératif de santé publique[359], a établi un régime visant à interdire la publicité télévisée indirecte résultant de l'apparition, à l'écran, de panneaux qui sont visibles lors de la retransmission de manifestations sportives binationales ayant lieu sur le territoire d'autres États membres. Ce même régime a été amplement critiqué par la Commission européenne, qui a introduit un recours en manquement contre la France ayant donné lieu à l'arrêt *Commission c. France*[360]. Les arguments émis par la Commission dans cette affaire s'avèrent très importants. Il a en effet été constaté le manque de cohérence de ce régime dans la mesure où les produits du tabac lui échappent alors qu'il est courant que ces produits aient des effets néfastes sur la santé. Elle a, en outre, relevé le caractère disproportionné de ce régime qui ne s'applique pas aux manifestations sportives multinationales dont l'audience française est élevée, mais aux évènements binationaux pour lesquels cette dernière est plus faible. Par ailleurs, pour en revenir à l'affaire *Bacardi*, la société qui porte ce nom a avancé un argument non évoqué dans l'affaire *Commission c. France*, selon lequel le régime français de la publicité télévisée n'interdit pas la publicité pour les boissons alcooliques visibles en arrière-plan dans le décor des films[361]. C'est un argument qui nous semble pertinent dans la mesure où il s'agit là aussi de publicité indirecte portant sur des boissons alcooliques. Or, il échappe tout de même à ce régime d'interdiction. En résumé, face à cet arsenal d'arguments montrant l'absence de cohérence du régime exigé par la

---

suffisamment grave, affectant l'un des intérêts fondamentaux de la société, et peut comprendre, en particulier, les questions touchant à la dignité humaine, à la protection des mineurs et des adultes vulnérables et au bien-être des animaux ».

[356] CJCE : 28 oct. 1975, Rutili c. Ministre de l'intérieur, Aff, 36-75. Points. 26 et 32.

[357] CJCE : 26 févr. 1975, Bonsignore, aff. 67/74. Rec. CJCE, p. 297 ; CJCE : 18 mai 1982, Adoni et Cornouaille, aff. 115/81 et 116/81, Rec. CJCE, p. 1665 ; CJCE : 26 avril 1988, affaire 352/85, Bond van adverteerders, § 34 ; CJCE : 25 juillet 1991, Stichting Collectieve Antennevoorziening Gouda et autres c. Commissariaat voor de Media, affaire 288/89, §11.

[358] CJCE : Bacardi, préc.

[359] V. point 37 de l'arrêt.

[360] CJCE : 13 juillet 2004, aff. C262/02, §§ 33 à 39.

[361] § 40, préc.

Cour[362], la CJUE a laissé une large marge d'appréciation aux États membres alors qu'une réponse claire de sa part aurait été la bienvenue concernant les arguments les plus pertinents[363]. Par conséquent, même si elle a considéré que le régime français restreignait la liberté protégée par l'article 56 du TFUE, la CJUE a tout de même jugé que ce dernier est proportionnel à l'objectif de protection de la santé publique.

161. S'agissant des mesures non-discriminatoires, c'est-à-dire des législations indistinctement applicables, elles se voient appliquer l'article 59 du TFUE[364] si elles sont de nature à interdire ou à gêner les activités du prestataire établi dans un autre État membre. D'après la Commission européenne, de telles mesures peuvent gêner l'activité des prestataires de services quand ils se retrouvent obligés de respecter la législation de l'État où la prestation est fournie en plus de celle de l'État membre où ils sont établis[365]. Toutefois, ces mesures ne peuvent déroger à cet article que si elles *« se justifient par des raisons impérieuses d'intérêt général, qu'elles soient propres à garantir la réalisation de l'objectif qu'elles poursuivent et qu'elles n'aillent pas au-delà de ce qui est nécessaire pour l'atteindre »* [366]. La Cour a pu identifier, au fur et à mesure de sa jurisprudence, des raisons impérieuses d'intérêt général[367], dérogatoires à l'article 56 du TFUE sous réserve du respect de la proportionnalité et de la nécessité[368].

162. Toutefois, il convient de remarquer que le contentieux européen est rare en matière de publicité commerciale portant sur les mesures restrictives de l'article 56 du TFUE. Comparés à la jurisprudence de la Cour relative aux marchandises, les enseignements tirés des affaires en matière de prestation de services s'avèrent encourageants, abstraction faite, bien sûr, du manque d'audace de la CJUE lors de son contrôle de proportionnalité en la matière. Cependant, la CJUE ne peut, à elle seule, assurer le respect des libertés du traité visant la réalisation d'un marché intérieur tel qu'il est défini par l'article 26 du TFUE. Pour accompagner les efforts de la Cour en la matière, le législateur européen, ainsi que la Commission européenne, faisant partie du triangle législatif européen, œuvrent afin d'établir et d'assurer le bon fonctionnement du marché intérieur.

---

[362] § 22 de l'arrêt Hit et Hit larix, préc.

[363] Not. § 40 de l'arrêt Bacardi, préc ; L'arrêt Commission France. p. 33.

[364] L'arrêt Dennemeyer du 25 juillet 1991, préc, § 12.

[365] Livre vert sur les communications commerciales, préc, p. 6.

[366] CJCE : 31 mars 1993, Kraus, préc., §32 ; CJCE, 30 novembre 1995, Gebhard c. Consiglio de ll'Ordine degli Avvocati, Aff, C-55/94, §37.

[367] CJCE : 6 mars 2007, Placanica e.a. – V. § 18.

[368] CJCE : 28 mars 1996, Guiot, aff. C-272/94: Rec. CJCE 1996, I, p. 1905; CJUE: 19 déc. 2012, Commission c. Belgique, aff. C-577/10. CJUE, 18 mai 2017, Lahorgue, aff. C-99/16.

B - Une harmonisation du droit européen des services en faveur de la publicité commerciale

163. Bien que la liberté de circulation des services (art. 56 du TFUE) ait favorisé un certain épanouissement de l'activité publicitaire, en consacrant le principe de la libre prestation des services publicitaires, l'analyse de la jurisprudence de la CJUE révèle cependant les limites de ce principe et des dispositions de ce traité en termes de franchissement des barrières et des obstacles à la publicité commerciale. La Commission européenne a itérativement rappelé que la divergence des réglementations internes des États membres constitue le principal frein au bon fonctionnement du marché intérieur des services et que l'exercice de l'activité publicitaire se trouve parfois confronté à des entraves non justifiées, émanant des législations nationales[369]. Afin de réduire les effets de tels obstacles, une méthode d'harmonisation a été adoptée postérieurement à l'arrêt *Cassis de Dijon*. Il s'agit là d'une nouvelle approche[370], qui se caractérise tout à la fois par l'abandon de la seule vision uniformisatrice et par l'application effective du principe de la reconnaissance mutuelle[371]. Ainsi, la Commission européenne a énoncé une telle stratégie dans son livre blanc du 14 juin 1985[372]. Sur la base des articles 114 et 115 du TFUE, la Commission poursuit son activité d'harmonisation pour faire face aux disparités de certaines législations tout en se focalisant sur la fixation d'exigences essentielles en matière de santé et de sécurité rendues obligatoires pour les États membres[373]. Ainsi, les autres

---

369 Livre vert, COM [96] 192 ; égal. Communication de suivi du Livre vert, COM [98] 121 ; proposition de règlement relatif aux promotions des ventes dans le marché intérieur, COM [2001] 546, 2 oct. 2001.

370 COM (85) 19 final. Approuvée par le Conseil dans sa résolution du 7 mai 1985. JOCE C.136, 4 juin 1985.

371 Il s'agit du principe selon lequel un État membre ne peut pas interdire ou restreindre l'accès à son marché national à un produit légalement mis sur le marché d'un autre État membre au seul motif que ce produit n'est pas entièrement conforme aux règles techniques imposées aux produits fabriqués sur son propre territoire.

372 Dans son livre blanc portant sur l'achèvement du marché intérieur, la Commission européenne a annoncé une nouvelle stratégie qui cherchait à se conformer à la jurisprudence Cassis de Dijon, tout à la fois basée sur les efforts d'harmonisation et le principe de la reconnaissance mutuelle. Selon la Commission, « *Avoir une stratégie basée seulement sur l'harmonisation entraînerait une réglementation excessive, adopter une autre basée uniquement sur le principe de la reconnaissance mutuelle permettrait d'éliminer les entraves aux échanges et établirait un marché commun authentique pour la libre circulation, mais elle pourrait se révéler inappropriée à la création d'un marché en expansion fondé sur la compétitivité que permet d'engendrer un marché uniforme à l'échelle continentale* ». COM (85) 310 final, du 14 juin 1985. P. 17§61.

373 Dans la communication de la Commission sur les suites de l'arrêt rendu par la Cour de justice des Communautés européennes, le 20 février 1979, dans l'affaire 120-78 (Cassis de Dijon), elle

règles et normes feront l'objet du principe de la reconnaissance mutuelle[374], afin d'éviter que la rédaction des directives et règlements repose sur la base de textes détaillés et diversifiés.

164. Quant aux communications commerciales, l'essentiel des plaintes reçues par la Commission européenne a concerné le non-respect, par les États membres, du principe de la reconnaissance mutuelle[375]. Ces difficultés découlent de la disparité des législations nationales, surtout en matière de publicité. C'est toujours en effet par rapport à la sauvegarde des impératifs d'intérêt général (protection de la santé publique, des consommateurs) que les normes d'encadrement de la publicité des États membres divergent. Face à ces préoccupations légitimes, se trouvent aussi les impératifs de liberté liés au marché intérieur.

Afin de concilier les impératifs d'intérêt général et la libre circulation au sein du marché intérieur, la stratégie menée par la Commission européenne vise à rapprocher certaines législations en fixant, par le biais de directives, un cadre général relatif aux services permettant d'assurer des garanties minimales dans certains domaines et une protection maximale dans d'autres (santé publique, protection des consommateurs) que les États membres sont tenus de respecter.

165. Ainsi, seront abordées, dans un premier temps, les directives instaurant un cadre général pour un droit publicitaire européen (**1**) afin de se focaliser, dans un second temps, sur celles relatives à l'harmonisation sectorielle (**2**).

1 - Un cadre général

166. Le cadre général du droit européen de la publicité fut instauré par la fameuse directive relative aux services, dite « directive Bolkestein », du 12 décembre 2006[376], qui adopte une approche globale reposant sur un ensemble

---

s'est fixée pour objectif de « *rechercher l'harmonisation des législations nationales ayant une incidence sur le fonctionnement du marché commun lorsqu'il s'agira d'éliminer les entraves résultant de dispositions nationales admissibles au vu des critères énoncés par la Cour. Elle centrera par ailleurs son activité sur des secteurs prioritaires en fonction de leur intérêt économique pour la réalisation du marché intérieur* ».

[374] Selon le troisième considérant du règlement (CE) n° 764/2008 du Parlement européen et du Conseil « *La reconnaissance mutuelle s'applique aux produits qui ne font pas l'objet de la législation communautaire d'harmonisation* ».

[375] Communication de la Commission européenne au Conseil et au Parlement européen : La reconnaissance mutuelle dans le cadre du suivi du plan d'action pour le marché intérieur. *Bruxelles* le 16 juin 1999. COM (1999) 299 final, p. 4.

[376] Directive 2006/123/CE du Parlement européen et du Conseil relative aux services dans le marché intérieur, *op.cit.*

de dispositions générales[377] applicables à plusieurs domaines de services, dont la publicité commerciale[378]. Les communications commerciales entrant dans son champ d'application sont celles destinées à promouvoir les biens, les services ou l'image d'une entreprise, d'une organisation ou d'une personne exerçant une activité commerciale, industrielle, artisanale ou une profession réglementée, quand ces dernières sont fournies contre rémunération[379]. La particularité de cette directive, à la différence des autres avec lesquelles elle forme le cadre général de la publicité au niveau européen, est qu'elle se focalise surtout, quant à elle, sur les interdictions qui visent la forme de la publicité (article 24). Ainsi, son 100ème considérant prévoit la suppression des interdictions totales de communications commerciales pour les professions règlementées, tout en précisant que les mesures restrictives visées sont celles qui limitent les formes de communications telles que l'interdiction de la publicité sur un média donné[380]. La directive ne fait en effet que consacrer la jurisprudence de la CJUE tout en cherchant à aller plus loin dans la libéralisation des services entrant dans son champ d'application[381].

167. Afin d'atteindre son objectif, la directive adopte une approche dynamique et sélective qui vise à supprimer en priorité les obstacles faciles à déterminer, tout en appliquant aux réglementations spécifiques un processus d'évaluation, de consultation et d'harmonisation qui aboutira à terme à une modernisation des législations tournée vers le rapprochement. En plus de la consécration de la jurisprudence de la CJUE touchant aux justifications admises des restrictions de la liberté de circulation des services (voir considérant 40ème, articles 16 et 17), la directive adopte des règles générales permettant de simplifier certaines procédures administratives sans procéder à leur harmonisation (considérant 42ème). Elle commence ainsi par instaurer des principes comme par exemple la suppression des régimes d'autorisation (article 19- a)), par mettre en place des guichets uniques afin que le prestataire du service ait un interlocuteur unique auprès duquel il peut s'informer et accomplir toutes les formalités et procédures. De surcroît, la directive impose aux États, dans le cadre de la coopération administrative, une obligation

---

377 Voir l'article premier de la directive.

378 V. considérant n°33 de la directive.

379 Article 4 §12 de la directive.

380 Arrêt Sacchi, *op.cit.*

381 Il est important de préciser que la directive Services ne s'applique pas aux services qui n'ont pas fait l'objet d'une libéralisation par les États membres comme les services d'intérêt économique général (considérant 8°). Elle exclut également d'autres catégories de services comme par exemple : les services financiers (cons. 18), les télécommunications (cons.19), les transports (cons.21), les services audiovisuels (cons. 24). Le législateur européen leur a consacré un cadre spécifique en raison des particularités que représente chaque domaine. Indiquons dès à présent que certains de ces services, en lien avec l'activité publicitaire, seront étudiés dans le 2.

d'assistance mutuelle[382] consistant en la création de points de liaison entre les États membres pour faciliter le contrôle des prestataires et de leurs services. La Commission s'est félicitée[383] des progrès réalisés grâce à cette directive dans la mesure où elle a permis de supprimer une centaine d'exigences discriminatoires, injustifiées ou disproportionnées imposées à l'échelle nationale, ainsi que de simplifier certains régimes d'autorisation dans les secteurs de services clés, tels que les échanges commerciaux, les professions règlementées, la construction, le tourisme, etc.

168. Dans sa version initiale, largement critiquée, la directive relative aux services avait consacré le principe du pays d'origine (PPO), selon lequel les prestataires sont uniquement soumis aux dispositions nationales de leur pays d'origine. Les autorités de ce dernier étaient chargées du contrôle du prestataire et des services qu'il proposait, y compris lorsqu'il fournissait ses services dans un autre État membre. Certes, s'il n'avait pas été abandonné, le principe du pays d'origine aurait contribué à une libéralisation sans précédent des services publicitaires. Ainsi, le professionnel de la publicité n'aurait pas eu à se soucier des réglementations des autres États membres si sa publicité apparaissait conforme aux dispositions de son pays d'établissement. Cependant, les bienfaits de ce principe sur le marché intérieur ne sauraient exister sans certaines conséquences, car s'il n'a pas été maintenu dans la version actuelle de la directive, c'est parce qu'il était considéré comme une source d'insécurité juridique (en raison de la présence d'une disparité entre les législations nationales en la matière)[384]. Malgré l'insécurité qu'il inspire, il demeure présent dans d'autres réglementations sectorielles comme dans la directive relative au commerce électronique[385] ou la directive services médias audiovisuels (SMA)[386].

---

[382] Article 28 de la directive.

[383] Annexe à la communication de la Commission au Parlement européen, au Conseil, au Comité économique et social européen et au Comité des régions, *Programme pour une réglementation affûtée et performante (REFIT): résultats et prochaines étapes*, COM/2013/0685 final, du 2 février 2013. Point II.1.

[384] Sur le point touchant à l'insécurité juridique qu'inspirait le principe du pays d'origine voir, R.M. JENNAR : « La proposition de la directive Bolkestein », *Courrier hebdomadaire du CRISP* 2005/25 (n° 1890-1891), p. 5-68. DOI 10.3917/cris.1890.0005. p.38.

[385] La directive 2000/31/CE du Parlement européen et du Conseil du 8 juin 2000 relative à certains aspects juridiques des services de la société de l'information, et notamment du commerce électronique, dans le marché intérieur prévoit, dans son considérant 22°, que « *Le contrôle des services de la société de l'information doit se faire à la source de l'activité pour assurer une protection efficace des objectifs d'intérêt général* ».

[386] Directive 2010/13/UE du Parlement européen et du Conseil du 10 mars 2010 visant à la coordination de certaines dispositions législatives, réglementaires et administratives des États membres relatives à la fourniture de services de médias audiovisuels (directive Services des médias audiovisuels)

169. A cette directive prévoyant des règles générales applicables aux professionnels de la publicité ainsi qu'à leurs destinataires, facilitant la liberté d'exercice de leurs activités, s'ajoutent deux directives complémentaires.

170. La première est la directive n°84/450 relative à la publicité trompeuse du 10 septembre 1984 qui a été de faible ampleur car elle ne visait que la publicité trompeuse[387] et assurait juste une harmonisation minimale. Il a fallu attendre 1997 pour qu'elle soit modifiée par la directive n°97/55 introduisant et harmonisant les conditions de la publicité comparative[388] entre les États membres qui connaissaient des régimes différents[389]. Elle a notamment prévu une harmonisation exhaustive en s'opposant à l'application de dispositions nationales plus strictes en matière de protection en ce qui concerne la forme et le contenu de la comparaison[390]. La directive n°84/450 a fini par être abrogée à la suite des modifications substantielles qu'elle a subies à plusieurs reprises. Sa dernière modification a, en effet, été l'œuvre de la directive du 11 mai 2005 relative aux pratiques commerciales déloyales des entreprises vis-à-vis des consommateurs sur le marché intérieur. Elle a pour objet les pratiques commerciales susceptibles d'altérer le comportement économique des consommateurs, parmi lesquelles figure la publicité trompeuse et agressive. Contrairement aux précédentes directives, elle vise une harmonisation complète. Le terme « uniformiser » y a même été employé, ce qui montre ainsi que l'option préférée pour éliminer les obstacles à la libre circulation transfrontalière des services consiste à adopter une approche visant une harmonisation complète. L'article 4 de cette directive, également dénommée « clause relative au marché intérieur », concrétise l'objectif d'harmonisation complète de la directive et empêche les États membres de déroger à ses dispositions. Dans son rapport[391] concernant l'application de cette directive, la Commission européenne a constaté que cette clause a engendré une simplification radicale des règles relatives à la publicité trompeuse et aux

---

[387] Une publicité trompeuse est une publicité qui, potentiellement ou de fait, induit en erreur ou affecte le jugement du consommateur ou qui, pour ces raisons, porte préjudice à un concurrent.

[388] « *La publicité est comparative lorsqu'elle met en comparaison des biens ou services en identifiant, implicitement ou explicitement, un concurrent ou des biens ou services offerts par un concurrent* » V. publicité comparative, fiche d'orientation, *Dalloz*, juillet 2019.

[389] Au Danemark, en Suède ou au Royaume-Uni, la publicité comparative était assez largement répandue alors qu'en France, en Allemagne et en Italie, elle était explicitement autorisée, bien que de façon restrictive, par la jurisprudence nationale. En outre, elle était considérée au Luxembourg comme un élément de concurrence déloyale et au Portugal, elle était soumise à un système d'autorisation *ad hoc*. V. la communication de la Commission européenne COM/2012/0702 final. Page. 4.

[390] CJCE: 8 avr. 2003, Pippig Angenoptik GmbH, Aff. C-44/01. §56. Rec. CJCE, I, p. 3095.

[391] Voir le rapport du 14 mars 2013 de la Commission au Parlement européen, au Conseil et au Comité économique et social européen, sur l'application de la directive 2005/29/CE PCD. Point. 2.3.

pratiques commerciales déloyales dans les transactions entre entreprises et consommateurs au sein de l'Union. Elle a ainsi remplacé les 28 régimes nationaux par un seul et même corpus de règles tout en maintenant un niveau élevé de protection des consommateurs[392]. Le niveau élevé de convergence fixé par la directive relative à la publicité trompeuse passe par l'établissement d'une interdiction générale unique des pratiques commerciales déloyales qui altèrent le comportement économique des consommateurs. En la matière, cette directive est allée plus loin en ciblant également les restrictions dont l'on peut croire qu'elles sont justifiées en application de la jurisprudence de la CJUE (considérant 5 de la directive).

171. La seconde directive concernée est celle de 2006/114/CE du 12 décembre 2006 applicable en matière de publicité trompeuse et de publicité comparative, codifiant et abrogeant la directive n°84/450. Elle établit des principes généraux uniformes, et laisse aux États le soin de choisir la forme et les moyens appropriés pour atteindre les objectifs fixés en la matière. La directive vise à harmoniser les dispositions régissant la forme et le contenu de la publicité comparative et à fixer les critères minimaux permettant de déterminer le caractère trompeur d'une publicité[393]. Si la directive confie aux États membres la mission de mettre en place des moyens afin de lutter contre la publicité trompeuse et faire respecter les dispositions communes en matière de publicité comparative[394], elle leur laisse toutefois la liberté d'adopter des dispositions assurant, en matière de publicité trompeuse, une protection plus étendue des professionnels et des concurrents. Ainsi, cette directive est loin de constituer un cadre efficace pour la libre circulation des services et des biens, d'autant plus que la liberté de choix laissée aux États membres dans la fixation du niveau de protection n'a fait qu'encourager les disparités entre les législations des États membres[395]. Au moment où certains États ont décidé d'aller au-delà de la norme juridique minimale établie par la directive, d'autres ont, quant à eux, fait le choix d'assurer une protection minimale[396].

---

[392] L'article 1 de la directive 2005/29/CE énonce que « *L'objectif de la présente directive est de contribuer au bon fonctionnement du marché intérieur et d'assurer un niveau élevé de protection des consommateurs en rapprochant les dispositions législatives, réglementaires et administratives des États membres relatives aux pratiques commerciales déloyales qui portent atteinte aux intérêts économiques des consommateurs* ».

[393] Article 3 de la directive du 12 décembre 2006.

[394] Article 5.

[395] Communication de la Commission européenne au Parlement européen, au conseil, au Comité économique et social européen : Protéger les entreprises contre les pratiques commerciales trompeuses et garantir l'application efficace des règles Révision de la directive 2006/114/CE en matière de publicité trompeuse et de publicité comparative, COM/2012/0702 Final.

[396] *Ibid.*

172. Suite à deux résolutions adoptées le 16 décembre 2008 et le 9 juin 2011 par le Parlement européen appelant à une révision de cette directive, la Commission européenne a, en effet, publié une consultation publique, qui s'est déroulée entre le 21 octobre et le 16 décembre 2011, et qui a permis de détecter les limites de la directive 2006/114. Parmi celles-ci, il a été constaté l'absence de mesures de coopération transfrontière (telles que des mesures similaires à l'obligation d'assistance mutuelle) qui auraient été en mesure de mettre fin aux publicités transfrontalières trompeuses. De surcroît, la directive ne contient pas de clauses générales pour évaluer le caractère trompeur d'une communication ni une définition claire de la publicité[397], qui aurait permis de mettre fin aux pratiques commerciales actuelles tout en s'adaptant aux évolutions futures. Nous partageons l'avis de la Commission et des parties participant à la consultation publique lancée par cette dernière quant à la nécessité d'une nouvelle mesure législative afin de combler les lacunes de cette directive en mettant en place des mécanismes facilitant la libre circulation des services en général et des services publicitaires en particulier. Cela semble, en effet, possible si les mesures proposées par la Commission aboutissent. Sur le fond, elle propose l'adoption d'une nouvelle définition des pratiques commerciales trompeuses ainsi que l'introduction d'un niveau de protection supplémentaire par le biais de l'établissement d'une liste noire[398] répertoriant les pratiques commerciales trompeuses qui seront interdites dans tous les États membres pour éviter toute forme de divergence. Parmi les propositions phares, figure également l'introduction de sanctions effectives, proportionnées et dissuasives, applicables aux violations des dispositions nationales adoptées en application de cette directive. Quant aux mesures procédurales, la Commission créera une procédure de coopération en matière d'application des règles, introduira des obligations d'assistance mutuelle entre les États membres et enfin, adoptera

---

[397] Dans son article, la directive 2 définit la publicité en des termes généraux comme toute forme de communication visant à promouvoir des biens ou des services. Cette définition peut s'avérer imprécise au regard des pratiques commerciales revêtant la forme d'une facture, d'une obligation de payer ou rendre difficile la qualification des pratiques trompeuses liées aux annuaires considérés par les entreprises européennes comme les plus problématiques.

[398] Selon la Commission, cette liste prévoira dès son lancement l'interdiction des PCT telles que la dissimulation de l'intention commerciale d'une communication, de l'identité d'un professionnel ou d'informations substantielles sur les conséquences d'une réponse à la communication. De surcroît, maquiller une communication commerciale en facture ou en obligation de payer devrait clairement être interdit. Dans l'annexe I à la DPCD figure déjà une liste de pratiques commerciales réputées déloyales en toutes circonstances qui a unifié les règles les interdisant au niveau européen.

des mesures contraignant les États membres à désigner une autorité chargée de l'application des règles dans le domaine du marketing entre entreprises[399].

173. En somme, les règles générales applicables aux publicitaires et les mesures qui facilitent le contrôle d'application de ces dispositions, forment un socle commun permettant une libre circulation des services publicitaires. Par ailleurs, la jurisprudence de la CJUE joue un rôle important dans l'interprétation des dispositions de ces directives[400], ce qui facilite leur transposition par le biais de d'adoption de régimes juridiques communs

2 - Une harmonisation sectorielle

174. L'objectif poursuivi par les directives sectorielles est d'assurer une harmonisation entre les États membres, qui doit favoriser la libre circulation des services publicitaires. Contrairement aux directives étudiées ci-dessus, celles sectorielles prennent en considération la spécificité de chaque secteur. Il s'agit donc de règles européennes applicables aux services publicitaires dans un secteur déterminé.

Le droit européen distingue au sein de cette réglementation sectorielle entre les types de supports publicitaires et le service et/ou le produit. Toutefois, parmi ces directives, certaines ont consacré une disposition qui constitue la pierre angulaire de la libre circulation des services publicitaires, en l'occurrence le principe du pays d'origine[401]. Nous nous intéresserons particulièrement à cette disposition que nous considérons favorable à la liberté de circulation des services publicitaires.

175. Pour ce faire, nous aborderons tout d'abord les directives relatives aux supports dans la mesure où elles prévoient une clause dite de marché intérieur (c'est-à-dire le principe du pays d'origine) (**a**) avant de nous pencher, ensuite, sur les dispositions sectorielles relatives à la publicité destinée aux consommateurs (**b**).

---

399 Pour plus de détails sur les mesures proposées pour la révision de la directive n° 2006/114, voir page 14 de la communication précitée.

400 Voir le rapport de la Commission au Parlement européen, au Conseil et au Comité économique et social européen, sur l'application de la directive 2005/29/CE PCD modifiant la directive 84/450/CEE du Conseil et les directives 97/7/CE, 98/27/CE et 2002/65/CE du Parlement européen et du Conseil et le règlement (CE) n° 2006/2004 du Parlement européen et du Conseil. Point 3.1.1.

401 « *Selon le principe du pays d'origine, le droit applicable à une prestation de services est celui de l'État membre dans lequel l'entreprise qui fournit la prestation a son siège statutaire, quel que soit l'État dans lequel a lieu l'opération. Ainsi, l'entreprise qui fournit un service dans n'importe quel pays de l'Union n'est soumise qu'au droit de son pays d'origine et n'a pas à se conformer à d'autres législations nationales éventuellement plus contraignantes* », Rapport d'information fait au nom de la délégation pour l'Union européenne (1), sur la proposition de directive relative aux services dans le marché intérieur (E 2520),2004-2005.

a - L'harmonisation européenne partielle en matière des supports publicitaires

176. Parmi les nombreuses catégories de dispositions incorporées dans les directives relatives aux services publicitaires, seules trois font figure de bons élèves. Le principe du pays d'origine occupe le devant de la scène, suivi par les mécanismes de coopération permettant d'assurer le contrôle de l'application correcte des directives en question[402]. Viennent enfin les dispositions de nature exhaustive qui donnent lieu à une harmonisation totale dans le domaine des communications commerciales. Conjointement, ces dispositions concourent réellement à apporter leur contribution en faveur de la liberté de circulation des services publicitaires.

177. Les dispositions du droit de l'UE relatives aux supports publicitaires imposent aux États membres de prendre en considération le contrôle effectué dans le pays d'origine du service afin de ne pas procéder à un autre contrôle dans l'État d'accueil. Les textes incorporant ces dispositions contiennent la clause du marché intérieur, à savoir le principe du pays d'origine.

178. S'agissant de la télévision en tant que support publicitaire, dans son article 2 bis, l'ancienne directive Télévision sans frontière (TSF) prévoyait, en effet, une clause de marché intérieur selon laquelle « *les États membres assurent la liberté de réception et n'entravent pas la retransmission sur leur territoire des services en provenance des autres États membres pour des raisons qui relèvent des domaines coordonnés par la présente directive* ». Les modifications apportées à cette dernière en 1997 par la directive 97/36/CE et en 2007 par la directive 2007/65/CE, ont entériné cette clause. Ainsi, la directive 2007/65/CE a expressément déclaré, dans son considérant 27ème, que le principe du pays d'origine devrait demeurer au cœur de cette directive.

179. La directive TSF et les autres directives modificatrices ont été codifiées et abrogées par la directive 2010/13/UE relative aux Services de médias audiovisuels du 10 mars 2010[403]. Afin de contribuer à l'achèvement du marché intérieur, objectif qui passe nécessairement par la garantie de la liberté de circulation des services, la directive services de médias audiovisuels a, d'une part, consacré à son tour la clause du marché intérieur (article 3 de la directive), c'est-à-dire le principe du pays d'origine. Dès lors qu'il est appliqué aux services publicitaires télévisuels, ce principe permet au

---

402 Ces mécanismes se trouvent renforcés par le Règlement (CE) n° 2006/2004 du Parlement européen et du Conseil du 27 octobre 2004 relatif à la coopération entre les autorités nationales chargées de veiller à l'application de la législation en matière de protection des consommateurs (abrogé par le règlement (UE) 2017/2394 du Parlement européen et du Conseil du 12 décembre 2017 sur la coopération entre les autorités nationales chargées de veiller à l'application de la législation en matière de protection des consommateurs). Il met en place un réseau européen d'autorités compétentes destiné au contrôle de l'application de la législation concernant la protection des consommateurs.

403 Plus en vigueur depuis le 14 novembre 2018.

fournisseur d'un service publicitaire légalement fourni dans l'État membre d'origine de bénéficier d'une libre réception dans l'État membre d'accueil. Afin d'assurer la meilleure mise en œuvre de ce principe, la directive prévoit une disposition imposant à l'État membre d'établissement du fournisseur du service de s'assurer que ce dernier respecte sa législation en la matière (article 2) afin d'éviter qu'un second contrôle s'avère nécessaire pour les États membres de réception. Ce système rend les prestations concernées assez fluides, tout en contribuant à faire baisser leurs coûts.

180. D'autre part, toujours par rapport aux supports audiovisuels, la directive services des médias audiovisuels prévoit des règles minimales coordonnées, règles qui ont été édictées afin d'assurer un cadre commun pour la publicité télévisée. À titre d'exemple, la directive services de médias audiovisuels a posé le principe d'identification de la publicité en le limitant à la publicité télévisée et au téléachat (considérant 81), elle a limité le pourcentage de temps de diffusion de spots de publicité télévisée à 20% par heure d'horloge (article 23), de même qu'elle a interdit la publicité télévisée pour les médicaments faisant l'objet d'une autorisation de mise sur le marché ou soumis à prescription médicale et interdit la publicité pour le tabac ainsi que la publicité clandestine. Ainsi, tous les États membres devraient s'aligner sur ces règles, ce qui rendrait la circulation du service publicitaire plus libre.

La nouvelle version de la directive services de médias audiovisuels datant du 14 novembre 2018[404] n'a pas renoncé à harmoniser les règles applicables aux services publicitaires à l'échelle de l'UE. Elle compte parmi ses innovations l'assouplissement des dispositions relatives à la publicité et au parrainage sur les services. En outre, la directive offre aux organismes de radiodiffusion une certaine souplesse quant à l'heure de diffusion des publicités, la limite générale de 20% par heure a en effet été maintenue entre 7h et 23h. Cependant, au lieu des 12 minutes par heure actuellement prévues, ces organismes pourront choisir plus librement les moments de diffusion des publicités tout au long de la journée[405]. Le champ d'application de la future directive s'est aussi élargi afin de couvrir les plates-formes de partage vidéo (YouTube, Dailymotion) en ce qui concerne la protection des consommateurs et, plus particulièrement, des mineurs.

181. Dans la même veine, et concernant cette fois la publicité en ligne, la directive 200/31/CE du 8 juin 2000 relative au commerce électronique pose des jalons afin de contribuer à une meilleure circulation du service publicitaire

---

[404] Directive (UE) 2018/1808 du Parlement européen et du Conseil du 14 novembre 2018 modifiant la directive 2010/13/UE visant à la coordination de certaines dispositions législatives, réglementaires et administratives des États membres relatives à la fourniture de services de médias audiovisuels (directive « Services de médias audiovisuels »), compte tenu de l'évolution des réalités du marché.

[405] A. LANGE-MÉDART : « Vers une révision a minima de la directive SMA », *Les enjeux de l'information et de la communication*, 2016/2 (n°18), p.91-112.

en ligne. Outre l'incorporation en son sein du principe du pays d'origine[406], permettant au prestataire du service publicitaire de ne subir qu'un seul contrôle, la directive veille en particulier à instaurer une certaine transparence dans l'objectif de renforcer la confiance du consommateur et/ou de l'utilisateur et de garantir la loyauté des pratiques commerciales[407]. La transposition de ces exigences dans les droits nationaux permettrait aux services de la société de l'information incorporant des publicités de diffuser le même message dans tous les États membres, ce sans rectification nécessaire.

182. De surcroît, afin de garantir une libre circulation des services publicitaires en ligne, la directive prévoit le principe de non-autorisation préalable[408] en mettant en place un système de prévention de l'entrave, c'est-à-dire un mécanisme de notification, afin d'informer la Commission européenne de toute réforme législative susceptible d'entraver la libre circulation des services de la société de l'information.

183. À l'ensemble de ces dispositions qui œuvrent à la fluidité de la circulation des services publicitaires en harmonisant le droit européen de la publicité, il faudrait en rajouter d'autres visant le même objectif mais qui procèdent cette fois par secteur.

b - L'harmonisation européenne partielle en matière de la publicité destinée aux consommateurs

184. Contrairement aux directives relatives aux services de la société de l'information et au commerce électronique qui se fixent pour objectif d'assurer la libre circulation des services publicitaires, les directives relatives aux produits et services spécifiques visent quant à elles la sécurité et la santé des consommateurs. L'objectif de la liberté de circulation des services publicitaires serait indirectement réalisé pour les services qui servent de support à des publicités portant sur des produits faisant l'objet de la réglementation européenne.

185. En ce qui concerne les médicaments à usage humain par exemple, la directive n°2001/83[409] a pour finalité la protection de la santé des consommateurs. Afin de réaliser un tel objectif en matière de communications commerciales, nous soulignons la pertinence de deux dispositions obligatoires pour tous les États membres, à savoir l'interdiction de la publicité pour les médicaments disponibles uniquement sur prescription médicale et ceux dépourvus d'une autorisation de mise sur le marché[410]. Cette interdiction

---

[406] Article 3.

[407] Articles 6 et 7.

[408] Article 4 de la directive sur le commerce électronique.

[409] Elle a codifié les directives énumérées dans son premier considérant.

[410] Voir le Titre VIII consacré à la publicité.

devrait ainsi être prévue dans tous les États membres. La disparité entre ces derniers est pour le moins effacée sur ce terrain, ce qui n'est pas forcément le cas pour les boissons alcoolisées, ce qui rend plus difficile la circulation des services publicitaires les concernant.

186. La Commission européenne a, en effet, déclaré le 14 janvier 1988 qu'elle n'entendait pas émettre de proposition visant à interdire la publicité pour ces produits, ou à réglementer l'activité des sponsors des entreprises productrices. Bien qu'il existe des textes européens non-contraignants[411] relatifs aux communications commerciales en matière de boissons alcoolisées, les disparités entre les législations nationales sont nombreuses[412]. Le cadre juridique français[413] en la matière a été jugé par la Commission européenne trop restrictif et de nature « *à restreindre de façon disproportionnée la fourniture de services de vente de médias transfrontières par les organismes de manifestations sportives dans les autres États membres... Et d'empêcher les producteurs de boissons alcoolisées d'acheter des services publicitaires et de parrainage auprès des organisateurs de manifestations sportives dans les autres États membres* » [414]. En revanche, la CJUE avait déclaré en 2004 que la loi n°91-32 du 10 janvier 1991 (dite loi Évin), était conforme aux dispositions du traité, en particulier à l'ancien article 49[415]. En Allemagne, par exemple, la loi n'établit pas de distinction entre les différentes boissons alcoolisées. Tel n'est pas le cas en Espagne, et en France, pays où une distinction est faite selon le degré d'alcool des boissons. Toutefois l'on note une divergence entre les droits de ces deux États, à savoir que dans le domaine de la publicité, le degré d'alcool autorisé pour les boissons en Espagne diffère de celui fixé en droit français. La loi interdit, en effet, en Espagne la publicité pour les boissons contenant plus de 20 degrés d'alcool[416]. Le droit italien interdit, quant à lui, que certaines informations soient fournies dans la publicité relative aux boissons alcoolisées, comme par exemple celles concernant le degré d'alcool élevé de la boisson qui constituerait le thème

---

[411] Ex. la recommandation 2001/458/CE du Conseil, du 5 juin 2001, concernant la consommation d'alcool chez les jeunes, notamment les enfants et les adolescents [Journal officiel L 161 du 16.06.2001], et une Communication de la Commission, du 24 octobre 2006, « Une stratégie de l'Union européenne pour aider les États membres à réduire les dommages liés à l'alcool », COM (2006) 625 final.

[412] Pour une étude comparée des législations des États membres et du Conseil de l'Europe concernant la publicité en faveur des boissons alcoolisées, voir, Assemblée Nationale, « Législation comparée, la publicité pour l'alcool en Europe » de juillet 2004, accessible à l'adresse suivante :
http://www.assembleenationale.fr/europe/comparaisons/alcool.asp

[413] Articles L3323-2 et 3323-4 du code de la santé publique.

[414] Avis motivé, AFP sélections, 9 juillet 1996.

[415] Arrêt de la Cour de justice dans les affaires C-262/02 et C-429/02.op.cit.

[416] F. GREFFE et P. GREFFE : *La publicité et la loi*, 9ème éd. *LexisNexis*, 2000, p.863.

principal d'une annonce. Toutefois ces informations ne sont pas interdites à la télévision ou à la radio. En revanche, l'article 8 du décret ministériel du 9 décembre 1993, n°581 interdit le parrainage des programmes télévisés par des entreprises dont l'activité principale consiste à fabriquer ou à vendre des boissons fortement alcoolisées. En Finlande, la publicité directe et indirecte pour les boissons alcoolisées est interdite, à l'exception des alcools légers comme le vin et la bière pour lesquels elle est autorisée[417]. Au regard de ces exemples, il semble qu'en l'absence d'une action européenne commune, les législations nationales relatives à un secteur particulier demeurent divergentes.

187. Ainsi, apparaît le rôle important de la réglementation européenne relative aux communications commerciales, qui se fixe pour objectif d'assurer une libre circulation des services publicitaires afin d'augmenter les échanges entre les États membres. Pour ce faire, elle établit des règles d'harmonisation minimale et totale selon la sensibilité (produits du tabac, médicaments) et la particularité (télévision, services de la société de l'information) de chaque domaine réglementé dans le but de réduire les coûts pour les professionnels de la publicité et de leur permettre de diffuser le même message au sein de tous les États membres de l'Union. L'intérêt porté à ce genre de communication se justifie, comme précédemment évoqué, par l'importance de ces dernières dans la construction d'un marché unique européen dépourvu de frontières intérieures. Or, si des entraves et des barrières persistent toujours devant l'activité et le message publicitaire, c'est parce que les États ont mis à la charge du droit européen d'autres objectifs dotés d'un degré de légitimité aussi important que la construction d'un marché intérieur, voire supérieur à ce dernier. Le droit européen doit, en effet, garantir la sécurité et la santé des consommateurs. Le premier domaine de compétence de l'Union est la protection et l'amélioration de la santé humaine (article 6 du TFUE). En matière de santé, de sécurité, de protection de l'environnement et de protection des consommateurs, ce traité incite la Commission à fonder ses propositions sur un niveau de protection élevé[418]. La mission difficile attribuée, en premier lieu, à la Commission européenne et au législateur européen, consistant dans l'établissement d'un équilibre entre ces deux impératifs d'intérêt général, justifie la persistance d'obstacles dès lors que l'on cherche à mettre en place un droit européen de la publicité conciliant les intérêts opposés de l'Union européenne. Malgré les avancées enregistrées en la matière, beaucoup d'efforts demeurent encore à faire.

188. Il nous semble suffisant de nous conformer au traité sur le fonctionnement de l'Union européenne qui constitue un point de repère permettant à la Commission européenne de faire des propositions en faveur de la liberté de circulation des services, qui doivent eux-mêmes garantir un

[417] *Ibid.*, p. 853.

[418] Article 114§ 3.

niveau élevé de protection des consommateurs, déterminer un niveau de protection favorable pour la politique sécuritaire, tous domaines confondus, en les adoptant sous la forme d'un règlement qui coïncide avec la législation des États membres.

Conclusion du chapitre 1

189. Il s'avère que la publicité commerciale, vue en tant qu'activité ou en tant qu'expression, à ses promoteurs. Il s'agit, en droit français, de la liberté d'entreprendre englobant la liberté du commerce et de l'industrie avec ses doubles volets que sont la liberté d'accès et celle d'exercice et de la liberté de concurrence. À partir de l'étude de la jurisprudence administrative et de la jurisprudence constitutionnelle, il est possible d'observer une constante, à savoir que les libertés économiques n'offrent pas de protection suffisante à l'activité publicitaire. Bien que le contentieux en la matière prouve que leur invocation est récurrente chez les professionnels de la publicité, les juges qui assurent le contrôle des restrictions qui leur sont infligées se montrent assez tolérants et n'effectuent pas de contrôle effectif. À la lumière de ce constat, il semble que, abstraction faite de l'adaptation des libertés économiques au contentieux relatif à la publicité commerciale parce qu'elles sont destinées à encourager les activités économiques de toute nature, ce fondement devrait encore davantage s'affirmer face aux restrictions frappant la publicité commerciale.

190. Au niveau européen, la reconnaissance jurisprudentielle et légale du rôle de la publicité dans l'instauration du marché intérieur lui a, d'un côté, conféré la protection des dispositions des traités. Étant donné l'état actuel du droit européen relatif au marché intérieur, les réformes récentes et les propositions législatives à venir s'avèrent, en effet, prometteuses quant au sort réservé à la liberté d'expression publicitaire. Or, d'un autre côté, l'étude de la jurisprudence a permis de mettre en lumière des dérèglements au niveau de la protection accordée à la liberté d'expression publicitaire, surtout lorsque d'autres impératifs juridiquement protégés entrent en concurrence avec la libre circulation de la publicité. De ce fait, certaines restrictions se trouvent souvent justifiées, notamment pour des raisons de sécurité publique, de santé publique, de protection des consommateurs et de l'environnement.

191. Ainsi, afin de remédier aux limites de ces libertés économiques, est-il judicieux de se tourner vers la CEDH à travers l'extension de l'article10§1 au discours publicitaire ? Le juge européen des droits de l'Homme a-t-il justifié l'application du droit fondamental à la liberté d'expression à ce discours dont la finalité est de réaliser des profits ? Naturellement, face à une telle extension originale de l'article 10§1, une justification convaincante doit être fournie. Est-ce le cas ?

Chapitre 2 - La liberté d'expression, un fondement renouvelé injustifié

192. La Cour EDH ne cesse de souligner que la Convention lui donne mandat non seulement pour veiller à la « *sauvegarde* » des droits de l'Homme, mais aussi œuvrer à leur « *développement* »[419], par-delà la volonté des États, conformément à l'idéal moral supranational de 1950. Mue par le souci de mener à bien cette mission, la Cour voit dans la Convention non un traité gravé dans le marbre, mais un « *instrument vivant* »[420] au contenu souple et extensible, afin de « *maintenir une approche dynamique et évolutive* »[421] des droits conventionnels en les interprétant à la « *lumière des conditions d'aujourd'hui* »[422].

193. Il en est ainsi du « développement » du droit à l'article 10§1 de la CEDH dont il sera question dans ce chapitre. Cet article a été influencé par une propension jurisprudentielle[423] qui ne tolère point une interprétation étroite de la Convention, d'où l'éclosion de nouveaux droits. Toutefois, une telle tendance ne fait pas l'unanimité. Certains juges déclarent que la Cour ne saurait dégager de la Convention « *au moyen d'une interprétation évolutive, un droit qui n'y a pas été inséré au départ* »[424]. En ce sens, déclarer que c'est

---

419 Préambule de la Convention européenne des droits de l'Homme.

420 Cour EDH : 25 avril 1978, Tyrer c. Royaume-Uni, n°5856/72. Cette notion est empruntée à la Cour suprême des États-Unis : Trop v. Dulles, 356 U.S.86 (1958), 31 mars 1958.

421 Cour EDH : 10 mars 2015, Y.Y. c. Turquie, n° 14793/08, §103.

422 Cour EDH : 9 oct. 1979, Airey c. Irlande, n°6289/73, préc., §26.

423 La Cour consacre la nécessité de « *rechercher quelle est l'interprétation la plus propre à atteindre le but et à réaliser l'objet de ce traité et non celle qui donnerait l'étendue la plus limitée aux engagements des Parties* » : Cour EDH, 27 juin1968, Wemhoff c. Allemagne, requête n°2122/64, §§7 et 8. Ainsi, l'interprétation dynamique de la Convention EDH à « *la lumière des conditions d'aujourd'hui* » (Cour EDH, 9 octobre 1979, Airey c. Irlande, préc.) et l'utilisation des mécanismes méthodologiques spécifiques furent à l'origine de l'élaboration, par exemple, du droit à la vie privée sociale (Cour EDH, 16 décembre 1992, Niemetz c. Allemagne, req., n°13710/88, série A, n°251-B, § 29; *RTDH* 1993, p.470, P. LAMBERT et F. RIGAUX ; J.P. MARGUENAUD : « *Convention EDH, article 8 : vie privée* », *Dalloz*, octobre 2017, §31), elle a surtout inspiré la doctrine, qui est pour sa part convaincue de l'existence d'un droit à la vie privée sociétaire (R. DUMAS : « Droits fondamentaux : source nouvelle de la matière commerciale ». *préc.*, p.11§ 59), d'un droit fondamental de l'auteur (A. ZOLLINGER : *Droits d'auteur et droits de l'Homme*, LGDJ, Coll., de la faculté de droit et des sciences sociales de Poitiers. Pré. M.P. GAUDRAT) ; ou d'une liberté d'expression artistique (B. NICAUD, *La réception du message artistique à la lumière de la CEDH*, Thèse, Limoges, 11 avril 2011).

424 Cour EDH : 18 déc. 1986, Johnston et autres c. Irlande, n°9697/82, §53 ; Cour EDH : 13 déc. 2007, Emonet et autres c. Suisse, 2007, n°39051/03, §66.

la liberté d'expression qui fonde la publicité commerciale ne relève pas de la nature et de la logique des Droits de l'Homme. À aucun moment, les rédacteurs de la Convention n'ont imaginé l'octroi de la protection de la liberté fondamentale d'expression, traditionnellement rattachée à l'être humain, au discours publicitaire émanant d'une entité personnifiée dans l'objectif de réaliser des bénéfices.

194. L'interrogation centrale devant être ici soulevée consiste à savoir si l'extension de l'article 10§1 de la CEDH au discours publicitaire était justifiée sur le plan du principe et également sur celui de la technique interprétative. Autrement dit, il s'agit de déterminer si le juge européen des droits de l'Homme a su motiver la libéralisation de la liberté d'expression en la rattachant au marché.

195. Afin de recevoir la protection fondamentale de l'article 10§1, il a, en effet, fallu qu'en tant qu'expression, la publicité trouve sa place parmi les autres formes de discours historiquement protégés par l'article 10§1. Pour ce faire, le juge européen des droits de l'Homme aurait dû, d'une part, trouver un lien entre la publicité commerciale et l'un des objets de la liberté d'expression (idée, opinion, information). Comment le juge européen a-t-il procédé ? Quelle qualification a-t-il retenu pour la publicité ? Est-ce une information au sens de l'article 10§1 ? D'autre part, comment justifier l'opportunité du rattachement du discours publicitaire à la liberté d'expression ? Il s'agit donc là d'une double justification : d'une justification en rapport avec le lien établi avec le contenu de l'article 10§1 et d'une autre relative aux enjeux de la liaison si contestée par certains États parties[425] et une partie de la doctrine[426]. Concernant la première, bien qu'il semble que les techniques interprétatives et le contenu même de l'article 10§1 aient joué un rôle dans l'établissement du lien entre l'expression publicitaire et les composantes de la liberté d'expression, il n'en demeure pas moins que c'est avec difficulté que le juge européen a approuvé ce lien. S'agissant de la seconde, le juge européen a observé un silence témoignant d'une incertitude quant à la justesse de l'extension. Afin d'éclairer au mieux cette attitude, une étude comparatiste portant sur l'application de la liberté d'expression au discours publicitaire s'avère nécessaire.

196. Par ailleurs, le fait que l'on ne puisse déterminer la manière dont la fondamentalisation de l'expression publicitaire a opéré ni quelles sont les raisons qui l'ont justifiée a une conséquence majeure, à savoir que la liberté d'expression publicitaire est une liberté fondamentale incomplète. Cette conséquence en engendre deux autres : d'un côté, le fondement renouvelé de la liberté de l'émetteur semble paralysé ; et de l'autre, il serait difficile, voire

---

[425] Il s'agit surtout des États parties aux litiges portés devant le prétoire de la Cour sur une question appelant une réponse sur l'applicabilité de l'article 10 au discours publicitaire, ex : l'Allemagne, la Suisse.

[426] Cf. *supra* n°17.

vain, d'espérer qu'il résulte d'une éventuelle complémentarité entre le fondement paralysé et les libertés économiques, une protection effective de la liberté d'expression publicitaire de l'émetteur.

197. Ainsi, le manque de justification du fondement de la liberté d'expression apparaît non seulement dans la fragilité relative à la mise en œuvre de la fondamentalisation de l'expression publicitaire (**section 1**), mais également et surtout, dans l'absence de motifs susceptibles de l'expliquer. Une étude comparatiste apporterait un éclairage important à ce sujet **(section 2)**.

Section 1 - La fondamentalisation artificielle de la publicité commerciale

198. Il convient d'emblée de souligner qu'il existe une différence entre la création d'un nouveau droit fondamental au sens propre du terme, c'est-à-dire un nouveau droit autonome devant figurer dans le corps de la Convention, et l'extension du champ d'application d'un droit fondamental à un domaine qui était, *a priori*, en dehors de sa zone d'applicabilité. Toute création nouvelle se heurterait à la volonté initiale des États membres du Conseil de l'Europe. Lorsque les États ont ratifié la Convention, ils se sont, en effet, engagés à respecter les droits et libertés qui y figuraient. Dès lors, tout droit nouveau ne saurait leur être imposé par la Cour EDH[427]. En revanche, il peut, si besoin, revêtir la forme d'un protocole additionnel qui ne leur sera opposable qu'après ratification[428].

199. L'interprétation dynamique est donc conçue comme une solution pour faire vivre les droits de la Convention, leur donner de nouvelles dimensions sans pour autant procéder à l'ajout de nouveaux droits au sens strict. Cependant, une fois les extensions réalisées, leur objet reçoit la protection fondamentale du traité conventionnel. Les restrictions qui pourraient les concerner devraient ainsi passer le contrôle à triple détente (légalité, légitimité, proportionnalité). De surcroît, l'objet de la fondamentalisation, ayant accédé au titre de droit ou de liberté individuelle, pourrait, à son tour, être susceptible d'extension[429]. Dès lors, on ne saurait enlever à l'objet de la fondamentalisation le titre de droit ou de liberté fondamentale, pour la simple raison qu'elle ne figure pas dans la Convention. Cela risquerait de saper l'œuvre prétorienne de la Cour EDH qui prescrit, mais non sans risque, sa propre conception des droits fondamentaux[430].

200. Cela dit, l'expression publicitaire, faisant l'objet de la fondamentalisation par le biais d'une liberté fondamentale préexistante, est une nouvelle liberté fondamentale prétorienne et non conventionnelle. Au-delà de cette distinction qui vise à approuver le point de vue de M.

---

[427] La Cour est claire sur cette question. Dans son arrêt du 18 déc. 1986, Johnston c. Irlande précité, elle a affirmé qu'elle ne procède pas à la création des droits. La Cour a pu invoquer les limites de l'interprétation évolutive à propos du droit au divorce ; toujours par rapport aux limites de l'interprétation évolutive, voir, J.P. MARGUÉNAUD, « La Cour européenne des droits de l'Homme », *Dalloz*, 7ème édition, 2016. p.63.

[428] Exemple du protocole additionnel n° 12 qui a étendu le droit de l'interdiction de la discrimination accessoire déjà consacré dans l'article 14 de la CEDH, pour consacrer aujourd'hui un droit d'interdiction générale de discrimination.

[429] Ce point sera traité d'une manière plus poussée dans le cadre de la deuxième partie de l'étude, voir Cf. *infra* n°559.

[430] B. MATHIEU : *Le droit contre la démocratie ?* Paris, LGDJ, 2017, p. 275.

Melchior et de certains autres auteurs[431], qui ne considèrent pas que la Cour procède à la création proprement dite de nouveaux droits fondamentaux, ainsi que nous l'avons souligné, il nous semble que la liberté d'expression publicitaire, s'apparente à une liberté fondamentale incomplète. Son accès au traité, et donc sa fondamentalisation, s'est avéré difficile et demeure incomplet, difficulté qui résulte du lien entre l'article 10§1 et le discours publicitaire. Trouver un lien raisonnable entre l'octroi de la protection et sa justification constituait un défi pour le juge européen qui n'a pas été totalement relevé. Jusqu'à maintenant, entre l'hésitation et la nécessité d'une position claire, la Cour demeure dans une situation embarrassante pour défaut de justification de ce lien.

201. Par ailleurs, la fondamentalisation de l'expression publicitaire s'est réalisée dans un ordre qu'il faut bien respecter. Il aurait tout d'abord fallu que l'article 10§1 soit applicable aux émetteurs du message publicitaire avant de s'étendre ensuite à leur discours. Ainsi, si techniquement l'applicabilité de l'article 10§1 aux émetteurs pouvait s'expliquer (**paragraphe 1**), le rattachement de ce dernier au message publicitaire n'a toutefois pas été une tâche aisée et demeure inavoué (**paragraphe 2**).

Paragraphe 1 - L'extension progressive de l'applicabilité de l'article 10§1 aux émetteurs du message publicitaire

202. Le Professeur F. Marchadier soulignait que « *tout en évitant de sombrer dans un anthropomorphisme ridicule, elle {la Cour EDH} a étendu les droits dont pouvaient se prévaloir les différents opérateurs*

---

[431] Pour M.MELCHIOR « *techniquement, il ne peut s'agir de droits nouveaux, autonomes, créés par la jurisprudence ; il ne peut être question d'autres choses que de certains « aspects » de droits déjà garantis ou de la qualification de certaines situations comme rentrant dans le champ d'application de droits inscrits dans la Convention* »,V. « Notions « vagues » ou « indéterminées » et « lacunes » dans la Convention européenne des Droits de l'Homme », *in Protection des droits de l'homme : la dimension européenne*, Mélange en l'honneur de G.J.WIARDA, éd. *Carl Heymanns Verlag*, 1988, p. 416. 12. Pour une analyse des fondements de la qualification de droit fondamental à un droit, v. A. ZOLLINGER : *Droits d'auteur et droits de l'Homme*, *LGDJ*, 2008, *op.cit.*, p.15 et s ; V. aussi dans ce sens la théorie de la rationalité procédurale de J. HABERMAS : *Droit et morale*, Tanner Lectures (1986), Paris : *Éditions du Seuil*, 1997.

[431] Par le biais de cette expression, nous faisons référence aux discours qui reçoivent une protection forte de la part de la Cour EDH, par exemple : le discours de la presse, artistique ou celui politique, etc.

économiques, y compris les plus puissants d'entre eux, les personnes morales »[432].

203. C'est par l'interprétation dynamique de la Convention que s'est réalisée cette extension des droits, dont l'article 10§1, aux émetteurs du message publicitaire. Qualifiée par un auteur de « *technique de définition conceptuelle* » [433], l'interprétation dynamique de la Convention EDH a été définie par un autre[434] comme « *celle qui, partant du texte de la Convention, en tire une conception élargie des droits proclamés, voire de l'existence de droits qui n'ont pas été primitivement perçus comme en faisant partie (...). Le dynamisme interprétatif s'appuie essentiellement sur le développement logique d'un concept, d'un droit ou d'un principe fondamental, qui est laissé à la discrétion du juge* »[435]. En ce qui concerne l'élargissement du champ d'application des droits, c'est surtout le développement, l'enrichissement de la signification d'une notion et son caractère autonome qui ont en effet donné lieu à l'extension des droits de la CEDH.

204. Cette définition renvoie à de nombreuses techniques utilisées par le juge européen afin d'étendre les droits de la CEDH. La littérature est abondante concernant ces techniques [436], or il n'est ici pas question de se

---

[432] F. MARCHADIER : « La moralisation de la vie des affaires et la convention européenne des droits de l'homme », préc.

[433] F. SUDRE : « A propos du dynamisme interprétatif de la Cour européenne des droits de l'homme », *JCP G Semaine juridique* (édition générale), 11 juillet 2001, §6.

[434] P. ROLLAND : « Le contrôle d'opportunité par la Cour européenne des DH » *in* D. ROUSSEAU et F. SUDRE : *Conseil constitutionnel et Cour européenne des droits de l'homme*, Paris, Editions STH, 1990, p.70.

[435] *Ibid.*

[436] L. BURGORGUE-LARSEN : « Nothing is perfect – Libres propos sur la méthodologie interprétative de la Cour EDH », Mélanges Flauss, 2014, *Pedone*, p. 129 ; G. COHEN-JONATHAN : « Le rôle des principes généraux dans l'interprétation et l'application de la Convention EDH », *in* Mélanges en hommage à Louis Edmond Pettiti, Bruylant, Bruxelles, 1988,p. 65 ; « La CEDH et les systèmes nationaux des États contractants », in DUPUY [dir.], Mélanges en l'honneur de Valticos : *Droit et justice* , 1999, Pedone, p. 385 ; J-P. COSTA : « La Cour EDH : vers un ordre juridique nouveau ? », *in* Mélanges Pettiti, *op. cit.*, p.197 ; De FONTBRESSIN : « L'effet transcendantal, de la Convention EDH », *in* Mélanges Pettiti, *op. cit.*, p.231 ; « Le juge européen, un juge de l'action », JCP 1997. I. 4049 ; GUINCHARD : « L'influence de la Convention EDH sur la procédure civile », LPA 12 avr. 1999 et *Gaz. Pal.* 31 août 1999 ; J. GUILLARMOD : « Règles, méthodes et principes d'interprétation dans la jurisprudence de la Cour EDH », *in* L. E. Pettiti, DECAUX et IMBERT [dir.] : *La Convention EDH, commentaire article par article*, 1995, Economica, p. 83 ; F. MATSCHER : « Les contraintes de l'interprétation juridictionnelle, les méthodes d'interprétation de la Convention EDH », *in* F. Sudre [dir.] : « L'interprétation de la Convention EDH », Colloque de l'Institut du droit européen des droits de l'homme de Montpellier, 13 et 14 févr. 1998, Bruylant et Nemesis.

livrer à un exposé exhaustif de celles-ci[437]. Nous focaliserons uniquement nos propos sur celle de l'enrichissement des concepts dans la mesure où elle a contribué à l'élargissement du champ de l'article 10§1.

205. Soulignons que l'applicabilité de l'article aux personnes morales de droit privé ne résulte pas d'un truisme. Certes, elle a été construite, en référence au texte conventionnel, mais surtout grâce à la jurisprudence de la Cour EDH. Sur le fondement du concept de « toute personne » habilement choisi par les rédacteurs du traité européen, la Cour a dû opérer un élargissement du droit à la liberté d'expression (**A**) qui s'est affiné au point d'en venir à intégrer les émetteurs du message publicitaire (**B**).

A - L'élargissement de l'applicabilité du droit à la liberté d'expression

206. Les termes qui ont été adoptés par les rédacteurs de la Convention s'avèrent « vagues » et « larges ». Ils ont permis à la Cour de conférer à ces derniers une signification élargie afin d'inclure plusieurs domaines dans leur champ d'application. Par le biais de cette interprétation progressiste, le juge européen a pu « libérer »[438] le texte de 1950 et ses protocoles additionnels des anciennes conditions. L'enrichissement de ce concept par des significations nouvelles contribue ainsi au rayonnement de la Convention.

207. C'est au fur et à mesure de ses arrêts que la Cour détermine les contours de ce concept, qui est toujours lié à un droit de la convention. Il en est ainsi de l'article 10§1 de la CEDH. Le concept qui a joué un grand rôle dans son extension territoriale est, en effet, celui de « toute personne ». On pourrait affirmer, tout en restant prudent, que ce n'est pas par hasard, mais plutôt intentionnellement que les pères fondateurs de la Convention ont adopté des termes larges lors de sa rédaction, point de vue qui pourrait être confirmé par la Cour de Justice Internationale, qui a souligné que « *lorsque les parties ont employé dans un traité certains termes de nature générique, dont elles ne pouvaient pas ignorer que le sens était susceptible d'évoluer avec le temps, et que le traité en cause a été conclu pour une très longue période ou « sans limite de durée », les parties doivent être présumées, en règle générale, avoir eu l'intention de conférer aux termes en cause un sens évolutif* »[439].

---

[437] Pour une recension de l'intégralité de ces techniques, V. not. J.P. MARGUÉNAUD : « La Cour européenne des droits de l'Homme », préc., pp, 50 et s ; F. SUDRE, *op. cit.* ; F. SUDRE : « L'interprétation de la Convention européenne des droits de l'Homme », Actes du colloques 1998, précité.

[438] J.P. MARGUENAUD, *La Cour européenne des droits de l'Homme*, préc., p.50.

[439] CIJ., différend relatif à des droits de navigation et des droits connexes (Costa-Rica c. Nicaragua), arrêt du 13 juillet 2009, C.I.J. Recueil 2009, p. 213, § 66.

208. Le concept de « personne » peut en ce sens bien illustrer cet état de fait. Les travaux préparatoires[440] liés à l'article 10 de la CEDH révèlent en effet que dans la première version de cet article, la notion d'« individu » avait été retenue[441]. Après une demande de modification rédactionnelle, ce terme originel a été remplacé par celui de « toute personne ». Or la différence entre ces deux concepts s'avère flagrante dans la mesure où la première version de cet article n'aurait pas permis d'inclure les personnes morales dans le champ d'application de la Convention, ce qui devenu possible avec la version actuelle.

De la sorte, si les personnes physiques, en tant que sujets de droit, sont par nature titulaires du droit à la liberté d'expression, la question de l'applicabilité de ce droit à certaines catégories de personnes physiques a toutefois été posée[442]. La nature, la fonction ou la qualité de certaines « personnes », présument, en effet, qu'elles sont en dehors du champ de l'article 10. Les exigences de certaines professions ont motivé l'invocation par les États défendeurs du grief d'inapplicabilité du droit. A titre d'illustration, le gouvernement turc se montrait très réticent à ce que l'article 10 puisse être invoqué en faveur des détenus. Or, cette approche a été rejetée par la Cour, qui a estimé « *utile de rappeler que l'article 10 garantit la liberté d'expression à « toute personne » ; (...) les détenus en général continuent de jouir de tous les droits et libertés fondamentaux (...). Ainsi, continuent-ils de jouir du droit à la liberté d'expression* »[443]. L'attitude de la Cour est, en effet, conforme à sa jurisprudence Golder, qui établit qu'« il *ne faut pas interpréter la Convention en fonction de ce qu'une partie a pu comprendre au moment où elle l'a ratifiée* »[444].

De même pour les fonctionnaires, l'applicabilité de l'article 10§1 de la CEDH a également été affirmée sans ambiguïté. Dans l'arrêt *Vogt c. Allemagne*, la Cour EDH a énoncé que « *Le présent art. s'étend à la sphère professionnelle en général et à la fonction publique en particulier* »[445], ce qui

---

[440] Pour plus de détails sur ce point, v. Cour EDH, gde ch : 8 novembre 2016, Magyar Helsinki Bizottság c. Hongrie, n° 18030/11 §47 et suivants.

[441] L'intégralité des travaux préparatoires de la Convention européenne de sauvegarde des droits de l'Homme est accessible et téléchargeable à l'adresse électronique suivante : https://www.echr.coe.int/Documents/Bibliotheque_TravPrepTable_FRA.pdf, Voir tout spécialement les travaux liés à l'article 10, p. 6.

[442] Rapport de P. MERTENS, Conseil de l'Europe, Assemblée Consultatives, Conférence parlementaire sur les Droits de l'Homme, Vienne, 18-20 octobre 1971 (Strasbourg, 1972).

[443] Cour EDH : 20 septembre 2007, Tapkan et autres c. Turquie, n° 66400/01 §68.

[444] Affaire Golder, Rapport de la Commission du 1er juin 1973, Publications de la Cour européenne des droits de l'Homme, série B, vol.16, Strasbourg, 1975, p. 40.

[445] Cour EDH : 26 sept. 1995, n° 17851/91 § 53 : *AFDI* 1995. 498, obs. COUSSIRAT-COUSTÈRE ; *RTDH* 1996. 405, obs. SUDRE ; *JDI* 1996. 242, obs. DECAUX.

a plus tard été confirmé dans plusieurs autres affaires[446] dont *Ahmed et a. c. Royaume-Uni* où elle a déclaré que « *les garanties contenues à l'article 10 de la Convention valent pour les requérants, nonobstant leur statut de fonctionnaires employés par des collectivités locales* »[447].

209. De surcroît, au fil de sa jurisprudence, le concept de « toute personne » se clarifie et se précise. Au moment où les législations nationales des États ne prévoyaient pas que l'article 10§1de la CEDH soit appliqué aux personnes en uniforme ou aux salariés face à leur employeur, la Cour a, quant à elle, emprunté le chemin inverse et clairement posé le principe, s'agissant des premiers[448] comme des seconds[449]. Par ailleurs, le bond le plus spectaculaire effectué fut l'extension de cet article aux personnes morales de droit public comme de droit privé[450].

210. Même s'il est critiqué en raison de sa logique parfois incompréhensible, le pouvoir discrétionnaire dont dispose le juge européen des droits de l'Homme[451] demeure une source d'enrichissement des droits des individus tant qu'il est rationnel. Il s'agit là d'un avantage qui, même s'il demeure modeste, s'avère bénéfique pour l'avenir des droits de l'Homme, car l'interprétation du juge prend en compte l'évolution des législations nationales et internationales ainsi que les techniques spécifiques d'interprétation permettant au texte de la CEDH de faire face aux évolutions scientifiques et contemporaines.

B - L'élargissement du concept de « toute personne » : vecteur d'extension de l'article 10§1 aux émetteurs du message publicitaire

211. La fondamentalisation de l'expression publicitaire nécessite une construction rationnelle et convaincante. La nature du requérant, personne morale de droit privé dont l'objet social est l'exercice d'une activité commerciale, impliquait forcément que l'applicabilité de l'article 10 soit démontrée. Ainsi, dans notre quête d'un lien logique entre l'article 10 de la CEDH et l'expression publicitaire, nous avons fait le choix d'opter pour une approche méthodique et pragmatique. L'exigence d'une telle analyse oblige à suivre une ligne directrice dans notre démonstration. Celle-ci nous amène à

---

[446] Cour EDH : gr. ch., 12 févr. 2008, Guja c. Moldavie, n° 14277/04, § 52 : *AJDA* 2008. 978, chron. FLAUSS ; *JCP* 2008. I. 167, chron. SUDRE ; Cour EDH, gr. ch., 28 oct. 1999, Wille c. Liechtenstein : aff., n ° 28396/95, § 41 ; Cour EDH : 14 mars 2002, De Diego Nafría c. Espagne : aff. n° 46833/99, § 37.

[447] Cour EDH: 2 sept. 1998, n° 22954/93 § 41: *JCP* 1999. I. 105, chron. SUDRE.

[448] Cour EDH : 15 septembre 2009, Matelly c. France, req. n°30330/04.

[449] Comm. EDH : 6 sept. 1989, Rommelfanger c. Allemagne : aff. N° 12242/86, p.169.

[450] Nous nous consacrerons à ce point plus en détail dans les développements du paragraphe suivant.

[451] Sur ce point voir, F. SUDRE, la *SJEG,* n° 28, 11 Juillet 2001, doctr.335.

considérer que la majorité des messages publicitaires sont émis par des personnes morales[452]. Or, plusieurs dispositions de la Convention incluent, explicitement ou implicitement, de telles personnes dans le champ de leurs bénéficiaires, en particulier l'article 10. Par conséquent, on peut émettre le constat que des conditions favorables à l'appréhension et à la protection du discours émanant de ces entités sont réunies.

212. Le premier lien qu'a entretenu l'article 10§1 avec le discours publicitaire a consisté en l'extension du champ d'application de ce dernier aux personnes morales de droit privé et tout particulièrement à celles spécialisées dans la conception des messages publicitaires ou à celles dont l'objet social vise à maximiser les profits en ayant recours à la publicité. Ainsi, il convient de rappeler l'applicabilité des dispositions de la Convention EDH envers celles-ci.

213. Afin que toutes les conditions optimales soient, en effet, réunies pour que l'article 10§1 soit applicable aux personnes morales, plusieurs étapes ont été nécessaires. L'extension opérée par la Cour EDH aux émetteurs des messages publicitaires est le fruit d'une longue évolution ainsi que de très vifs débats doctrinaux qui ont marqué l'histoire des droits fondamentaux dans leur relation avec les personnes morales[453]. Sans sonder ce point qui ne touche que marginalement notre sujet, nous pourrions affirmer que la protection dont

---

452 Si ce constat ne repose pas sur une statistique, il fait néanmoins appel à une certaine appréhension logique de cette question : il semble que ce soient surtout les personnes morales (entreprises commerciales/industrielles sans oublier les professions libérales) qui émettent le plus de messages publicitaires. Cela se justifie par l'intention de promouvoir leur activité mais aussi parce que, contrairement aux personnes physiques, elles disposent des moyens financiers nécessaires pour couvrir le coût des campagnes publicitaires.

453 Au fil de l'histoire, surtout de celle de l'application aux « personnes », on constate que la première problématique rencontrée par les praticiens et théoriciens du droit a été celle de l'existence même des personnes morales, question intimement liée à celle de savoir si la jouissance de droits pouvait leur être conférée. Cette problématique fut à l'origine de la controverse classique concernant la nature de la personne morale (Concernant ce débat qui a débuté au XIXème siècle aux États-Unis. V. GA. MARK: «The Personification of the Business Corporation », in *American Law*, U. Chi. LR 1987. 1441; O. et M. F. HANDLIN: « Origins of the American Business Corporation », J. Econ. Hist. 1945. 1; « Constitutional Rights of the Corporate Person », LJ Yale 1982. 1641; SG. Wood, BG. SCHARFF: « Applicability of Human Rights Standards to Private Corporations », *The American Journal of comparative Law*, 2002-JSTOR; V., également sur le droit anglais WS. HOLDSWORTH: « English Corporation Law in the 16th and 17th Centuries », Yale LJ 31. 1922. 382. C. J. MAYER: « Personalizing the Impersonal: Coporations and the Bill of Rights », *Hastings* LR 1990. 577, spéc. p. 640; F. GREEN: « Corporation as Persons, Citizens, and Possessor of Liberty », U. of Pennsylvania LR 1946. 202.), considérée comme une fiction par les uns (le Député Thouret, Svigny, puis d'autres ont suivi ; ZACHARIAE, AUBRY et RAU ; M. PATAULT : « La personne morale d'une nationalisation à l'autre, naissance et mort d'une théorie », *Droit*, n°17), et comme une réalité par les autres (GENY et MICHOUD).

bénéficie l'émetteur du message publicitaire à l'aune de l'article 10§1 de la CEDH est due à la théorie de la réalité[454]. Celle-ci constitue la première étape ayant permis aux émetteurs des messages publicitaires de se voir reconnaître une existence et donc d'accéder à la qualité de sujets de droit afin de pouvoir bénéficier, plus tard, des droits fondamentaux, en l'occurrence de la liberté d'expression.

214. Par ailleurs, dans le cadre du droit européen des droits de l'Homme, une simple lecture de la Convention et de ses protocoles additionnels révèle l'existence d'autres personnes juridiques que les personnes physiques[455]. Ces constatations textuelles reflètent l'idée des rédacteurs de la Convention de faire bénéficier les personnes morales des droits de la Convention. Certains évoquaient même l'idée de modifier le projet initial de la Convention dans l'intention d'y intégrer les personnes morales[456]. Parallèlement, la jurisprudence de la Cour EDH a bien concrétisé cette idée[457].

215. Dans la même ligne, le contenu de l'objet social de la personne morale a conduit à une distinction entre les personnes morales de droit privé. Selon

---

[454] Les partisans de la théorie dite de la réalité technique de la personne morale, comme Michoud (Selon lui : « *Si le droit veut correspondre aux besoins de l'humanité, dégager la formule exprimant aussi exactement que possible les rapports existant dans la société humaine, il ne doit pas seulement protéger l'intérêt de l'individu, il doit garantir aussi et élever à la dignité de droits subjectifs les intérêts collectifs et permanents des groupements humains. Il doit permettre à ces groupements d'être représentés par des volontés agissant en leur nom ou, en d'autres termes, comme des personnes morales* » (L. MICHOUD : *La théorie de la personnalité morale et son application au droit français*, T1. LGDJ., 1906, n°52)), considèrent que les personnes morales sont une réalité, mais que leur existence n'est que juridique. Depuis le début du XX siècle, c'est cette approche qui a triomphé, ce qui a ainsi permis aux personnes morales de conquérir une existence juridique sans tomber dans l'excès de la première.

[455] Le texte de la Convention EDH évoque expressément les personnes morales dans le protocole 1 (article 1), selon lequel, « *toute personne physique ou morale a droit au respect de ses biens* ». Dans d'autres articles de la Convention, émergent des références implicites à ces dernières. Par exemple, les articles de la Convention (articles 1, 8, 10...) emploient l'expression « toute personne », l'article 10§1 évoque le mot « entreprise » alors que l'article 25 reconnaît le droit de recours individuel non seulement aux personnes physiques mais également aux « organisations non gouvernementales » (CEDH, 27 février 1992, société stenuit c. France, Aff. 11598/85, préc.).

[456] S. MARCUS-HELMONS : « L'applicabilité de la Convention européenne des droits de l'homme aux personnes morales », *JTDE,* Belgique, 1996, p.150.

[457] Cour EDH : 17 février 2004, Gorzelik c. Pologne, n°44158/98 ; Cour EDH : 10 juillet 1998, Sidiropoulos c. Grèce, n°26695/95 ; Cour EDH : 5 avril 2007, Eglise de scientologie de Moscou c. Russie, n°18147/02 (la Cour avait condamné le refus des mesures de privation de la personnalité juridique frappant des églises ou des partis politiques) ; Cour EDH 9 déc. 1994, *D.* 1996. J. 329, note D. FIORINA (Elle également a reconnu la qualité d'organisations non gouvernementales (ONG) à des monastères grecs, personnes morales de droit public en droit grec).

leur objet, ces dernières peuvent effectuer des activités différentes et par conséquent tenir des discours différents. L'expression des personne morales de droit privé ou de droit public, dont l'objet social vise à divulguer des informations intéressant le public et concourant aux débats d'actualité (ex. les entreprises de presse ou de communication) a pu bénéficier d'une forte protection par le biais de l'article 10[458]. Cependant, la question de l'applicabilité de cet article aux personnes morales exerçant une activité commerciale ou relative au domaine de la publicité a été discutée. Celle-ci constitue parfois l'activité principale d'une entreprise spécialisée dans la conception de messages publicitaires, de même qu'elle peut s'avérer essentielle pour réaliser un objet social consistant en la maximisation de la vente de biens et services[459].

216. Dans les premières affaires qu'elle a été amenée à traiter, la Cour EDH a dû, en effet, faire face au grief de la non-applicabilité de l'article 10§1 soulevé par les États défendeurs. Ainsi, dans l'affaire *Barthold c. Allemagne*[460], elle a conclu à l'applicabilité de l'article 10 à la profession de vétérinaire. Outre l'affaire de la *Clinique de Hambourg*[461] ou celle de la Maison d'édition *Markt Intern Verlag*[462], dans lesquelles la Cour EDH a considéré que l'article 10§1 était applicable en l'espèce en réfutant l'exception d'inapplicabilité soulevée par le gouvernement allemand, un important arrêt de l'assemblée plénière[463] ne laisse point de doute quant à l'applicabilité de l'article 10§1 aux personnes morales émettrices de messages publicitaires. Dans l'affaire *Autronic AG*, le juge européen des droits de l'Homme a, en effet, sur la base des termes « toute personne », franchi le pas pour déclarer que le champ d'applicabilité de l'article 10§1 était suffisamment large, au point que « *ni le statut juridique de société anonyme, ni le caractère commercial de ses activités ni la nature même de la liberté d'expression ne sauraient priver Autronic AG du bénéfice de l'article 10* » [464]. Il a enfin affirmé expressément que l'art 10 « *vaut pour « toute personne », physique ou morale* ».

---

458 Pour un exemple de la Cour de Cassation, V. l'affaire dite *des Guignols de l'info*. Cass., ass. plén., 12 juill. 2000, n° 99-19004, Bull. civ. ass. plén., n° 7.

459 Pour l'application de l'article 6§1 : Cour EDH : 26 mars 1992, Éditions Périscope c. France. Aff. 11760/85. V. aussi, J.-F. RENUCCI : « Application de la Convention européenne des droits de l'homme à une personne morale », *Recueil Dalloz,* 1993 p.385.

460 Cour EDH : 25 mars 1985, aff. 8734/79.

461 *Ibid.*

462 Cour EDH : 20 novembre 1989, Markt Intern Verlag GMBH et Kaus Beermann c. Allemagne, préc.

463 Cour EDH : 22 mai 1990, Autronic AG c. Suisse, Aff. 12726/87.

464 Aff. Autronic, préc. §47.

217. Quatre ans plus tard, la même position a été réitérée par la Cour EDH dans l'affaire *Casado Coca c. France*[465] par rapport aux professions libérales. Elle avait, en effet, rappelé sa jurisprudence relative à l'applicabilité de l'article 10§1 qui pose le principe selon lequel « *l'article 10§1 s'applique à toute personne* » [466], tout en renforçant les arguments justifiant cette applicabilité en ayant recours à l'article 14 de la CEDH qui interdit toute discrimination entre ces « personnes ». Le juge européen a conservé la même position dans sa jurisprudence postérieure[467].

218. Ainsi, c'est d'une manière progressive que le juge européen a pu construire une analyse pragmatique et logique, à travers la technique de la dynamisation des concepts, afin de renforcer l'utilité de l'article 10§1 de la CEDH. En revanche, l'extension de cet article au discours des émetteurs n'est pas entièrement assumée par le Cour EDH.

Paragraphe 2 - L'extension embarrassante de l'applicabilité de l'article 10§1 au discours publicitaire

219. Bien que la Commission européenne des droits de l'Homme (Commission EDH) ait estimé que la notion de liberté d'expression était porteuse d'un contenu et d'un sens autonome[468], la Cour a toutefois refusé de suivre cette approche, préférant enrichir les concepts figurant expressément dans l'article 10. Sa jurisprudence révèle un recours réitéré à plusieurs composantes de la liberté d'expression pour élargir le contenu de l'article 10§1. Ainsi, la Cour appréhende la liberté d'expression comme une notion-cadre, dont le contenu est librement déterminé en lien avec l'un de ses concepts amplificateurs. C'est surtout en référence à la notion « d'information » que la Cour a, en effet, bâti sa jurisprudence extensive en direction de la publicité commerciale tout en s'offrant la liberté de déterminer le contenu de cette notion.

220. Avant d'aborder l'expression publicitaire, la question de l'applicabilité de l'article 10§1 a tout d'abord été focalisée sur le discours commercial. Ainsi, la Commission européenne des droits de l'Homme a été la première à se confronter à cette problématique. Face à la nouveauté de cette question de droit, la Commission EDH a connu un moment d'hésitation et de

---

[465] Cour EDH, 24 février 1994, aff. 15450/89.

[466] Casado Coca, précité, §35.

[467] Not. Cour EDH : 5 mars 2009, Hachette Filipacchi presse automobile et Dupuy c. France, requête n°13353/05, § 29 ; Cour EDH : 5 mars 2009, Société de conception de presse et d'édition et Ponson c. France, requête n° 26935/05, § 33.

[468] Rapport de la Commission du 13 juillet 1983, req. n°8734/79, §188 à §204 ; Aff. Markt Intern Verlag, rapport de la Commission du 18 décembre 1987, req., n°10572/83.

discrétion[469], avant de clarifier sa position dans l'affaire *X. Eglise de scientologie c. Suède*[470], pour la confirmer dans l'arrêt *Liljenberg* en ces termes « *The Commision has earlier expressed opinion that commercial advertisement and promotional compaigns are as such protected by Art. 10§ 1 of Convention* »[471].

221. En revanche, face aux contestations des États contractants, qui se sont montrés moins enthousiastes vis-à-vis de l'idée que la liberté d'expression soit gardienne d'un discours purement mercantile, la Cour EDH a dû forger une position claire dès ses premiers arrêts en la matière. Pour ces États, un tel discours ne mérite pas une protection fondamentale dans la mesure où ses objectifs, purement privés, sont bien loin de concerner l'intérêt général. Par conséquent, la Cour a adopté la position inverse sans se laisser influencer par les arguments des autres parties contractantes à la Convention. Elle a progressivement affirmé le principe de l'applicabilité de la liberté d'expression à ce discours en le rattachant à la notion « d'information ».

222. Toutefois, la mise en place d'une protection fondamentale au profit du discours commercial ne se reflète pas de la même manière s'agissant de l'expression publicitaire proprement dite. Il s'agit certes là d'une forme d'expression commerciale, mais qui semble toutefois bénéficier d'un traitement différencié, car le juge européen ne semble pas convaincu qu'il faille rattacher le message publicitaire à la notion d'information étant donné que ce rattachement ne s'opère, en effet, que de manière opportuniste.

223. Dès lors, l'applicabilité de la liberté d'expression au discours commercial résulte, pour la jurisprudence européenne, du fait qu'il constitue une « information », au sens de l'article 10§1 de la CEDH (**A**). En revanche, au regard de son caractère incitatif, l'intégration de la publicité commerciale dans le bloc de la conventionalité ne s'est opérée que du fait de la nécessaire applicabilité de l'article 10§1 (**B**).

A - L'expression commerciale en tant que forme d'information

224. Dès l'affaire *Markt intern* précitée, la Cour a franchi une étape considérable en assimilant le discours commercial à une « information » afin qu'il puisse ensuite profiter du bénéfice de la liberté d'expression. Les concepts d'« information » et de « renseignements » sont, en effet, les termes utilisés par le juge européen quand il fait le lien entre le discours commercial et l'article 10§1 de la CEDH.

---

[469] Comm. EDH : 12 juillet 1971, X et Association Z c. Royaume-Uni, n° 4515/70, annuaire de la Convention, vol. 14, 539.

[470] Com. EDH : 5 mai 1979, X. et l'Eglise de Scientologie c. Suède, req. n° 7805/77,DR, 16, 76.

[471] Com.EDH : décision du 1 mars 1983, Ingemar Liljenberg et autres c. suède, req., n°9664/82. Polyc. Conseil de l'Europe, p.15.

225. Le rappel des faits en l'espèce nous semble important au sens où il nous permettra d'éclairer la qualification « d'information » attribuée par la Cour EDH à l'« expression commerciale ». Une société de presse, Markt Intern, rompue à la défense des intérêts des commerçants détaillants spécialisés (droguerie et produits de beauté) face aux pratiques de grandes sociétés de distribution, avait, en effet, publié un article figurant dans un bulletin d'information qui relatait un incident concernant le comportement commercial d'une maison de vente par correspondance « Club X ». Afin de critiquer les pratiques commerciales en question, le journal invitait ses abonnés à le tenir informé d'incidents du même genre. La nature commerciale des déclarations en cause est avérée, compte tenu de l'objet social de la société ayant publié l'article et de la finalité de la publication, clairement rappelée dans l'arrêt, à savoir la défense des intérêts économiques des PME.

226. Par conséquent, le journal contenait des messages qui intéressaient en premier lieu les entreprises, dans la mesure où il les informait et les conseillait sur un sujet lié à leurs secteurs d'activité et aux pratiques commerciales de leurs concurrents. C'est d'ailleurs ce qui a justifié le recours du « Club X » aux dispositions de la concurrence déloyale, autrement dit à l'un des domaines juridiques encadrant les relations entre concurrents, pour interdire au journal de répéter les déclarations publiées le 20 novembre. Or, si la société Markt Intern n'est pas une concurrente de la société mise en cause dans la publication, les déclarations publiées dans son journal suggéraient cependant, malgré tout, à ses lecteurs « *d'observer envers le Club X une certaine réserve* »[472], attitude qui pourrait pu le défavoriser sur le marché au profit de ses concurrents.

227. Ainsi, étant donné l'objet, la finalité et le contexte dans lequel l'article incriminé a été publié, le caractère commercial de son contenu semble confirmé. Ce faisant, cette expression commerciale véhiculée dans l'article a été considérée par la Cour comme méritant de figurer au rang des « informations » protégées par l'article 10§1 de la CEDH.

Par ailleurs, dans la même affaire, le juge européen a justifié la qualification d'« information » donnée au contenu de l'article incriminé en mettant l'accent sur le rôle important de ce type de publications dans la contribution à la transparence des activités commerciales.

228. Du point de vue de la Cour EDH, la liberté d'expression de la presse spécialisée (consistant à émettre des critiques) de même que celle des consommateurs (revêtant la forme de l'émission d'avis) doivent donc être garanties dans un tel domaine afin de parvenir à la réalisation de la transparence en matière commerciale. Ainsi, enlever à ce genre d'informations la protection issue de l'article 10§1 et risquer de la sorte de faciliter l'interdiction de leur publication consisterait par là-même à priver une

---

[472] §12.

catégorie importante des entreprises de presse des garanties de la liberté fondamentale d'expression.

229. En mettant en avant l'objectif de transparence commerciale, la Cour EDH semble avoir adhéré à la démarche poursuivie par les législateurs européen et français, qui imposent en effet aux entreprises de nombreuses obligations d'information portant souvent sur des renseignements de nature commerciale. Traitée par le législateur, la transparence apparaît comme une contrainte. Les obligations d'informations, également qualifiées de « publicité légale » servent plusieurs intérêts[473]. Ainsi, l'intérêt des tiers d'être informé de la qualité de leur partenaire contractuel justifie l'obligation de la publicité du statut juridique de l'entreprise auprès des greffes du tribunal de commerce[474]. L'intérêt des consommateurs, justifie quant à lui l'obligation de la transparence tarifaire imposée aux entreprises afin de communiquer les prix de leurs produits et services[475]. Enfin, la publicité des informations concernant les engagements bancaires de l'entreprise et la publicité des comptes[476] (bilan, compte de résultat et annexe) constituent toutes des informations très utiles pour les investisseurs, ainsi que pour les pouvoirs publics concernés (par exemple, l'administration fiscale). Par conséquent, l'intérêt de la communication d'informations commerciales paraît évident.

230. Dans le même sens, la liberté d'expression étendue au discours commercial pourrait participer à la réalisation de l'objectif de transparence. Contrairement à la démarche du législateur, celle entamée par le juge européen des droits de l'Homme vise pour sa part à favoriser ce que le Professeur Garaud qualifie de « *transparence facultative* »[477]. Autrement dit, afin que l'entreprise puisse communiquer autour de son action (ex. bénéfices réalisés, actions menées sur le plan social) et de celles de ses concurrents et partenaires, il faudrait lui garantir cette liberté par le biais de l'article 10§1. Par ailleurs, les informations commerciales peuvent contribuer aux débats d'intérêt général en traitant des questions intéressant le public (la santé publique par exemple), d'où l'intérêt d'accorder la liberté d'expression à la presse spécialisée en matière économique. Les critiques émises à l'égard d'un opérateur économique, lorsque ce dernier adopte, par exemple, des pratiques déloyales, méritent d'être protégées par la liberté d'expression. Ainsi, dans son opinion dissidente à l'arrêt *Markt Intern Verlag*, le juge Pettiti avait souligné combien

---

[473] Au niveau européen : directive transparence révisée n° 2013/50/UE du 22 oct. 2013 ; Directive 2006/111/CE de la Commission du 16 novembre 2006 relative à la transparence des relations financières entre les États membres et les entreprises publiques ainsi qu'à la transparence financière dans certaines entreprises.

[474] Art. L. 123-1 du Code du commerce.

[475] Art. L. 111-3 al. 1 du Code de la consommation.

[476] Art. L. 123-12 Code du commerce.

[477] E. GARAUD : *La transparence en matière commerciale*, Thèse de Doctorat en droit privé, Faculté de droit et des sciences économiques, Université de Limoges, 9 décembre 1995, p. 43.

la liberté d'expression commerciale s'avérait importante pour faire face à la pression financière que les laboratoires sont susceptibles d'exercer afin de « *retarder la manifestation de la vérité et donc différer l'interdiction d'un médicament ou d'un produit dangereux pour la santé* »[478].

231. Par conséquent, l'intégration du discours commercial dans le champ de l'article 10§1 de la CEDH en le considérant implicitement comme une forme d'« information » paraît motivé, principe qui devrait demeurer intact dans sa jurisprudence postérieure.

232. En somme, si les justifications qui ont guidé le choix de la Cour en matière de discours commercial nous semblent convaincantes, il n'en va en revanche pas de même en matière de l'expression publicitaire.

B - La prise en compte opportuniste de la substance informationnelle de la publicité commerciale

233. Un constat se dégage de la lecture de la jurisprudence de la Cour EDH relative au discours commercial et publicitaire, à savoir que le juge européen se montre plus explicite quand l'objet de l'affaire porte sur des questions simples. En revanche, sa position est ambiguë quand il s'agit d'un sujet qui pose des problèmes juridiques d'une complexité particulière. Il convient d'interpréter le caractère équivoque de la position parfois adoptée par la Cour EDH, comme une forme de prudence et de sagesse dont les juges font preuve. Toutefois, dans certains cas, l'absence d'une position claire pourrait se justifier par l'incertitude de la Cour quant à la justesse de la position qu'il convient d'adopter.

234. Par rapport à l'applicabilité de l'article 10§1 de la CEDH, certains exemples peuvent illustrer les cas où la Cour a choisi la clarté alors que d'autres mettent en lumière le caractère parfois équivoque de sa position. En matière de discours commercial, comme souligné précédemment, le juge européen se montre, en effet, clair en faisant le lien entre ce discours et l'article 10§1 de la CEDH. Ainsi, la notion « d'information » est le concept mobilisé afin de conférer la protection de la liberté d'expression à ce discours. Il en va de même pour le discours artistique. La Cour est également très explicite quant au rattachement de l'expression artistique à la liberté d'expression. Le célèbre arrêt *Müller* fourmille ainsi de renseignements en ce sens. La Cour strasbourgeoise ne s'est pas cantonnée à déclarer que le message artistique fait partie intégrante des expressions protégées par l'article10§1, mais elle s'est montrée beaucoup plus explicite en justifiant l'existence d'un tel lien. Selon elle, « *l'article 10§1(...) Englobe la liberté d'expression artistique notamment*

---

[478] Opinion dissidente individuelle de M. le juge PETTITI : l'arrêt Markt Intern Verlag, préc., §21.

dans la liberté de recevoir et communiquer des informations et des idées »[479]. Elle a poursuivi son raisonnement en considérant que « *[...] les activités des « entreprises de radiodiffusion, de cinéma ou de télévision » s'étendent au domaine de l'art* »[480].

235. En revanche, la Cour EDH s'est montrée beaucoup moins enthousiaste dans son traitement de l'applicabilité de l'article 10§1 de la CEDH au discours publicitaire. Elle n'a ainsi pas souhaité procéder à l'élargissement du champ du concept d'« information » afin d'y inclure le message publicitaire[481], attitude qui peut s'expliquer par le fait que l'expression publicitaire est assez particulière. Autrement dit, elle constitue une combinaison « d'informations » quant à son contenu et « d'incitation à... » pour ce qui est de sa finalité.

236. Le juge européen est conscient de ce caractère bidimensionnel de la publicité. Il en vient ainsi souvent à distinguer ces deux dimensions quand il est invité à répondre à la question de l'applicabilité de l'article 10§1 à la publicité commerciale. Une telle distinction a tout d'abord été faite dans l'arrêt *Barthold* précité ; l'article journalistique relatant les propos du vétérinaire allemand au sujet des cliniques de nuit comportait des renseignements personnels ainsi que des informations liées à son cabinet. De telles mentions, relatives au vétérinaire et à son cabinet, qualifiées d'« *observations élogieuses* »[482], ont été critiquées par les autres membres de la profession. Néanmoins, afin d'apprécier l'applicabilité de l'article 10§1 de la CEDH, la Cour les a considérées comme représentant avant tout des informations, abstraction faite de leur finalité publicitaire.

237. La méthode du juge européen consistant à se focaliser sur la seule substance informationnelle du message afin d'apprécier l'applicabilité de l'article 10§1 de la CEDH apparaît plus clairement dans l'affaire *Pablo Casado Coca*[483] dans laquelle la Cour a estimé à propos de la publicité de l'avocat que « *les annonces litigieuses indiquaient simplement les nom, profession, adresse et numéro de téléphone du requérant. Elles visaient assurément un but publicitaire, mais elles fournissaient aux personnes ayant besoin d'une assistance juridique des renseignements d'une utilité certaine et de nature à faciliter leur accès à la justice* »[484]. En d'autres termes, la Cour ne nie pas qu'il se soit agi là de publicité, elle s'est néanmoins focalisée sur son caractère informatif afin de statuer sur l'applicabilité de l'article 10§1 de la CEDH.

---

[479] Arrêt Müller précité, §27.

[480] *Ibid.*

[481] Voir point 55 de l'arrêt Groppera Radio précité.

[482] §38.

[483] *Op. cit.*

[484] §36.

238. La méthode du juge strasbourgeois en la matière n'a pas évolué. La même démarche est adoptée dans ses rares décisions postérieures. La Cour n'a pas, en effet, encore franchi le pas pour affirmer expressément que la publicité est une forme d'« information », or tel est le cas pour le discours commercial. D'ailleurs, elle ne cache pas qu'une telle qualification puisse engendrer nombre d'inquiétudes et de doutes[485]. Nous avons noté cette hésitation chez la Cour dans l'affaire *Hachette Filipacchi Presse c. France*[486], où elle a été amenée à traiter la question d'une publicité en faveur du tabac. Dans ce cas d'espèce, la Cour a en effet accordé à cette dernière la garantie de la liberté d'expression sans pour autant lui attribuer la qualification de « renseignement » hormis l'objection du gouvernement français qui estimait que « *les photographies en cause constituaient une publicité de marques à but exclusivement mercantile* »[487]. Toutefois, elle s'est montrée fidèle à sa technique en distinguant le contenu de l'expression de sa finalité.

239. Pour ce faire, la Cour a tout d'abord affirmé que « *la liberté d'expression s'étend à la publication des photos* » [488], avant de mettre en exergue leur contenu qui, selon celle-ci, fournissait avant tout « *une information d'actualité* », malgré les deux logos publicitaires qui y apparaissaient[489]. En mettant l'accent sur les informations fournies par les photos litigieuses, la Cour a facilement pu conclure à l'applicabilité de l'article 10§1 de la CEDH.

240. Par ailleurs, après avoir tranché en faveur de l'applicabilité de l'article 10, la Cour EDH n'a pas hésité à traiter le reste de l'affaire en se focalisant sur la finalité publicitaire des photographies litigieuses. Elle affirme d'emblée que : « *l'image litigieuse ne constitue pas le témoignage d'un moment particulier mais plutôt la reproduction de la mise en scène, par des sponsors, d'un sportif à des fins publicitaires* ». Selon elle, « *il ne fait aucun doute que la photographie a pour objet d'assurer la publicité de marques de tabac, entre autres* »[490]. Il apparaît que la Cour EDH met en exergue le caractère informatif de la publicité dans l'objectif de lui étendre le champ matériel de l'article 10§1 de la CEDH et traite par la suite sa finalité publicitaire, « l'incitation à… » afin de statuer sur la violation. La distinction entre la finalité de l'expression publicitaire et sa substance, démontre l'embarras du juge européen, lequel s'abstient de déclarer que le discours publicitaire, à l'image du discours commercial, est une « information ».

---

[485] Arrêt Groppera Radio, précité, §54.

[486] Cour EDH : 5 juin 2009, Hachette Filipacchi Presse Automobile et Dupuy c. France, préc. ; Société de conception de presse et d'édition et Ponson c. France, préc.

[487] §26.

[488] §31.

[489] §32.

[490] §49.

241. La finalité et le contenu distingués par la Cour sont des éléments véhiculés par le message publicitaire. Étant donné que la publicité commerciale, au sens strict de cette expression, n'est pas uniquement d'ordre informatif, son caractère incitatif invitant à conclure une transaction justifie l'abstention de la Cour EDH de la qualifier purement et simplement d'« information ». Ce faisant, elle s'octroie le privilège de revenir sur cette qualification implicite si les circonstances d'une affaire apparaissaient défavorables.

Par conséquent, le silence de la Cour ne peut être interprété dans un sens négatif, c'est-à-dire, comme un refus d'établir un lien entre expression publicitaire et liberté d'expression. Néanmoins, c'est l'inquiétude liée à ce rattachement et à sa justification qui explique que la Cour puisse être indécise.

242. En définitive, la grande difficulté à laquelle se trouve confronté le juge européen est liée au caractère bidimensionnel de la publicité commerciale : dimension informationnelle et dimension incitative à la consommation. Chaque dimension peut être rattachée à l'un des deux paragraphes de l'article 10 de la CEDH. Ainsi, de par sa dimension informationnelle, le juge européen est enclin à rattacher le discours publicitaire à la liberté d'expression (art. 10 § 1) au même titre que l'expression artistique ou journalistique, formes d'expression qui véhiculent toutes deux des informations. Certes, le rattachement de l'expression publicitaire à la notion d'information s'avère certainement plus implicite[491], exprimé avec beaucoup moins d'emphase par la Cour EDH que pour les autres formes d'expression, mais il est toutefois bel et bien réel. En revanche, la seconde dimension de la publicité, c'est-à-dire celle incitant à la consommation de biens et de services, dont certains peuvent nuire à la santé (tabac, alcool), incite le juge à tolérer bien plus largement les atteintes portées à l'expression publicitaire que celles frappant des expressions plus nobles (politiques, artistiques) et à conclure que celles-ci sont conformes à l'article 10 § 2, au terme de son contrôle à triple détente.

Section 2 - Une vision comparatiste des motivations de l'extension de la liberté d'expression

243. Une étude comparatiste des motivations de l'extension de l'article 10 à la publicité commerciale permettra de spécifier et de mieux faire apparaître le déficit argumentatif du juge européen en la matière. Ainsi, contrairement aux Cours suprêmes, américaine et canadienne, ayant explicitement justifié l'application de la liberté d'expression au discours publicitaire **(paragraphe 1),** la Cour EDH s'est pour sa part montrée plus avare d'arguments en ce sens. Dès ses premiers arrêts en la matière, elle n'a, en effet, pas adopté de position motivée quant à l'application de

[491] Cf. *infra* n°803.

l'article 10 au discours publicitaire et a ainsi préféré laisser la « question ouverte »[492]. Il convient ainsi de remarquer une absence relative des motivations européennes de l'extension de l'article 10§1 de la CEDH (**paragraphe 2**).

Paragraphe 1 - La présence affirmée des motivations nord-américaines de l'extension

244. L'extension d'une liberté fondamentale telle que la liberté d'expression ne se conçoit pas sans des justifications argumentées et convaincantes de la part de l'organe de protection des droits de l'Homme, ce à quoi se sont livrées les Cours nord-américaines, qui ont exprimé depuis longtemps une vision assez claire au sujet de l'application de la liberté d'expression[493] au discours publicitaire. Cependant, les décisions rendues par les Cours d'appel Canadiennes témoignent, pour leur part, qu'un très vif débat a eu lieu entre les juges sur cette question. En outre, si les jurisprudences américaine et canadienne ont chacune accordé la protection d'une liberté fondamentale au discours publicitaire, leurs justifications et motivations, bien que différentes, sont riches d'enseignements et à la hauteur d'une question aussi importante que celle de l'extension de la protection d'une liberté fondamentale à un discours « *qui ne fait rien d'autre que de proposer une opération commerciale* »[494].

245. La motivation américaine de cette extension, fondée sur la fonction informative de la publicité sera tout d'abord développée **(A)** avant que soit évoquée la justification de l'extension donnée par la Cour suprême canadienne, reposant quant à elle sur le libre choix économique inhérent à l'épanouissement personnel **(B)**.

A - La fonction informative de la publicité : justification américaine de l'extension

246. Historiquement, la Cour suprême américaine a été pionnière dans la reconnaissance de la liberté d'expression publicitaire. Comme c'est souvent le cas pour les questions nouvelles, la Cour suprême américaine a dans un premier temps fait preuve de réticence par rapport à la question de la protection du discours publicitaire par le premier amendement. Dans l'affaire *Valentine v. Chrestensen* de

---

[492] Arrêt Casado Coca, préc, §35.

[493] La liberté d'expression est reconnue en Amérique du nord, respectivement par : le 1er amendement de la Constitution des États-Unis, issu du *Bill of Rights,* l'article 2. b. de la Charte canadienne des droits et libertés et par l'article 3 de la Charte des droits et libertés de la personne, dite Charte Québécoise.

[494] Cour suprême, Ford c. Québec (Procureur Général), 1.R.C.S.927 (1988), p. 53. §47.

1942, relative à l'interdiction de distribuer des prospectus commerciaux sur la voie publique, figurant dans un arrêté de la ville de New York, la Cour a refusé de reconnaître au plaignant un droit à la liberté d'expression publicitaire fondé sur le premier amendement. Selon cette dernière, une telle garantie n'aurait, en effet, su bénéficier à « *tout discours qui ne faisait rien d'autre que proposer une opération commerciale* »[495]. Huit ans plus tard, elle a réitéré cette position dans la décision *Bread v. Alexandria*[496] relative au démarchage à domicile. Ce n'est qu'en 1975, dans l'affaire *Bigelow v. Virginia*[497], que l'intention de la Cour de réviser la jurisprudence Christensen a été partiellement dévoilée. En 1976, la Cour a finalement intégré la publicité commerciale dans le cadre du premier amendement, par le biais d'un revirement de jurisprudence dans la célèbre affaire *Virginia Board*[498] relative à une loi de l'État de Virginie interdisant aux pharmaciens de faire de la publicité sur les prix des médicaments délivrés sur ordonnance. En l'espèce, la Cour n'a pas hésité à expliquer la légitimité à protéger l'expression publicitaire en cause. Le rédacteur du jugement, le juge Blackmun, a transcrit le raisonnement de la Cour en posant une simple question : « *en quoi la phrase « je vais vous vendre le médicament X sur ordonnance au prix Y » est hors champ d'applicabilité du premier Amendement ?*»[499]. Ainsi, en fondant son raisonnement sur *la fonction informative* de la publicité - laquelle ne se déduit ici qu'implicitement de la question reproduite -, la Cour a jugé que l'exclusion de cette dernière du domaine du Premier Amendement était injustifiée.

247. C'est en prenant, en effet, en compte l'autre aspect de la liberté d'expression, c'est-à-dire la liberté de recevoir, que la Cour a décidé que les requérants-intimés pouvaient invoquer le Premier Amendement. Ainsi, selon elle, « *la liberté d'expression ne protège pas seulement les droits des émetteurs d'une communication, mais également les personnes à qui elle est destinée, ainsi que la communication elle-même* »[500].

248. Toujours en lien avec la même affaire, les juges ont considéré que la libre circulation de l'information commerciale était « *indispensable au bon fonctionnement du système capitaliste ainsi qu'à la formation d'opinions intelligentes sur les façons de réglementer ou de modifier ce système. Les citoyens d'une société fondée sur la liberté d'entreprise doivent avoir accès à l'information économique qui leur sert à prendre de multiples décisions privées chaque jour* »[501].

---

[495] U.S. Supreme Court, 13 avril 1942, Valentine v. Chrestensen, 316 US 52.

[496] U.S. Supreme Court, 4 juin 1951, Bread v. Alexandria 341 US 622.

[497] U.S. Supreme Court, 16 juin 1975, Bigelow v. Virginia, 421 U.S. 809

[498] U.S. Supreme Court, 24 mai 1976, Va. Pharmacy Bd. v. Va. Consumer Council, 425 U.S. 748

[499] Préc, p.761.

[500] Aff. Virginia Pharmacy. *Op. cit.*, p.756-757.

[501] A. BINETTE : « La liberté d'expression commerciale », *Les Cahiers de droit*, éd. Faculté de droit de l'Université Laval, *vol.*28, n°2, 1987 p. 355.

249. Le caractère informatif de la publicité peut, selon la Cour, contribuer à la satisfaction de deux principaux intérêts : celui de l'individu (consommateur et citoyen) et celui de la société.

Concernant l'individu-consommateur, la publicité commerciale lui permet d'être davantage informé sur les produits et services. En l'espèce, il s'agissait du prix des produits pharmaceutiques, car certains considéraient que la guerre des prix pourrait avoir des conséquences négatives sur la qualité des services des pharmaciens. Du point de vue de la Cour, la capacité de discernement des citoyens acquise grâce à une large diffusion des informations économiques et commerciales leur permettrait de choisir le meilleur pharmacien, même si ses services étaient plus onéreux. Aussi, la Cour poursuivit son raisonnement en précisant que la qualité des services professionnels pourrait être contrôlée par des moyens législatifs autres que la limitation de la liberté d'expression[502].

La conception qu'avait la Cour du Premier Amendement la faisait, en effet, pencher davantage vers le choix *« d'un maximum d'informations »* que celui d'une *« approche paternaliste et bien intentionnée qui protège les citoyens contre eux-mêmes »* [503]. C'est précisément le sens même de la théorie du libre marché des idées[504].

S'agissant de l'individu-citoyen, la Cour considère que *« l'information commerciale lui permettra de construire une opinion intelligente sur les façons de réglementer et modifier le système capitaliste »* [505]. Il aura ainsi la capacité de choisir le bon candidat pour cette fin[506].

Le respect de l'intérêt social constitue, quant à lui, un autre motif ayant nourri l'analyse de la Cour. Ce dernier se traduit par la manifestation de l'intérêt général. En ce sens, à l'image de son homologue canadien[507], le juge américain estime que la publicité pourrait endosser ce rôle et se rendre utile à la société au sein de laquelle elle est diffusée.

La position de la Cour, affirmée dans l'arrêt *Virginia Board*, a été confirmée dans deux arrêts rendus en 1977 : à savoir dans l'affaire *Bates*[508] et dans celle *Linmark Associates*[509].

---

[502] Virginia Board, *op.cit.*, 770.

[503] *Ibid.*

[504] E. BORNER-KAYDEL : *La liberté d'expression commerciale, étude comparée sur l'émergence d'une nouvelle liberté fondamentale*, préc. p.80 ; pour plus de détails sur cette théorie, v. C. GIRARD : « Le « libre marché des idées » et la régulation de la communication publique », *Klesis, revue philosophique*, 2011, 21. Spec., p. 222.

[505] A. BINETTE, préc., p.355.

[506] Virginia Board, *préc.*, 765.

[507] Affaire Ford, (1988), 1.R.C.S.927, §59.

[508] 97A S. Ct. 2691 (1977), 433 U.S. 350.

[509] 97A S.Ct.1615 (1977).431 U.S. 85. Restriction d'un règlement municipal qui interdisait d'annoncer la mise en vente de résidences privées par le biais de panneaux et d'affiches.

250. Cependant, la Cour ne considère pas la liberté d'expression publicitaire comme une liberté extrêmement protégée, mais en admet quelques limites constitutionnelles[510]. D'ailleurs, dans l'affaire *Central Hudson*[511], elle a mis en place un test permettant d'apprécier la compatibilité des réglementations restrictives de l'expression publicitaire avec le Premier Amendement. Elle a également souligné la différence existante entre l'expression publicitaire et les autres formes d'expression (politique, culturelle, scientifique, artistique, etc.) protégées par ce texte. Une importante protection est ainsi accordée aux expressions politiques et artistiques, tandis que la publicité commerciale bénéficie, quant à elle, d'un niveau moyen de protection.

251. En définitive, tout comme le juge européen des droits de l'Homme et le juge canadien, le juge américain adopte également une approche de la protection par catégories[512].

B - Le libre choix économique : motivation canadienne de l'extension

252. De même que devant la Cour EDH, les parties défenderesses aux litiges relatifs à l'applicabilité de la liberté d'expression au discours commercial ont soulevé l'incompétence *rationae materiae* de la Charte Canadienne des droits et libertés (CCDL), devant les juridictions canadiennes, du fait qu'elles estimaient que son article 2, b) ne couvrait pas ce type de discours.

Ainsi, dans la célèbre affaire *Irwin Toy c. Procureur général du Québec* (PGQ)[513], l'entreprise appelante s'est estimée victime d'une violation de sa liberté d'expression par une loi sur la protection des consommateurs interdisant la publicité destinée aux enfants. Par conséquent, pour trancher cette affaire, la formation collégiale de la Cour d'appel du Québec a dû répondre à la question de savoir si la garantie de la liberté d'expression pouvait s'étendre à l'expression commerciale.

253. Les trois juges ont tous répondu positivement à la question. Le juge Jacques, soutenu par le juge Kaufman, ne s'est pas borné à affirmer que l'article 2 de ladite Charte n'excluait aucune forme d'expression. Tous deux ont au contraire enrichi leur raisonnement en se fondant sur le caractère essentiel des choix économiques opérés par les individus. Ainsi, « *les choix économiques des citoyens sont importants, sinon plus, que les choix artistiques et culturels. Ces choix dépendent des informations disponibles et ils ne peuvent être des choix éclairés que*

---

[510] E. BAKER : « Le premier Amendement et la publicité commerciale », *in La liberté d'expression aux États-Unis et en Europe*, ss dir., Élisabeth ZOLLER, éd. *Dalloz*, 2008, p. 9

[511] Central Hudson Gas & Electric Corp. v. Public Service Commission of New York, 447 U.S. 557 (1980). p.566.

[512] D.A. FARBER : « L'approche de la liberté d'expression par catégorie d'expression en droit constitutionnel américain » *in, La liberté d'expression aux États-Unis et en Europe*, 1ère éd. *Thèmes et commentaires*, 25 juin 2008, p. 73.

[513] Cour d'appel du Québec, 1986, R.J.Q. p.2441.

si ces informations circulent le plus librement possible »[514]. En outre, les réponses données par les juges aux arguments avancés par le Procureur général du Québec ont été catégoriques. Ainsi, alors que ce dernier avait érigé l'intérêt de l'enfant au rang de moyen justifiant les restrictions apportées aux publicités à la radio et à la télévision destinées aux enfants de moins de 13 ans, les juges ont, quant à eux, rejeté cet argument en mettant en avant la fonction non dommageable de la publicité quant aux choix de l'enfant ou de ses parents. Selon eux, « *rien n'indiquait en particulier que la publicité des jouets de l'appelante causait un tort à l'enfant. Cette publicité influençait certes les choix de l'enfant ou de ses parents mais là précisément sa fonction, qui n'est pas dommageable si le produit ne l'est pas et si la publicité est loyale* »[515].

254. Les juges québécois ne conçoivent en effet pas de restriction à la liberté constitutionnelle d'expression publicitaire si cette dernière ne s'avère pas trompeuse et porte sur un produit ou un service dont la licéité de la commercialisation n'est pas contestée. Il en résulte que, contrairement à l'hésitation de la Cour EDH, les juges Jacques et Kaufman ont pour leur part adopté une position ferme et explicite par rapport à la question de l'expression publicitaire en tant que composante de la liberté d'expression, tout en adoptant une méthode pragmatique et libérale dans le cadre de sa défense. Ce pragmatisme est ici apparent dans l'acceptation de la fonction incitative de la publicité, qui est destinée à influencer le comportement du consommateur. Les juges ne veulent pas ôter à la publicité cette fonction inhérente à sa nature. Une telle position illustre également le libéralisme des juges, lesquels n'acceptent point de restrictions à la liberté d'expression publicitaire en dehors de celles interdisant la publicité trompeuse.

Le troisième juge (Vallerand) s'est pour sa part rallié à l'avis de ses collègues en se fondant quant à lui sur la jurisprudence américaine pertinente. Selon lui, la publicité est, en effet, avant tout une communication de message et constitue donc une forme d'expression. L'importance de sa motivation réside dans la comparaison des intentions. Il considère que « *l'intention de l'annonceur ne diffère pas de celle d'un éditeur ou même d'un auteur d'un ouvrage politique ou littéraire* »[516]. Il est en effet vrai que l'intention d'une maison d'édition ou d'un auteur d'ouvrage consiste à informer le public sur des questions d'intérêt général, d'où la légitimité de la protection de leur communication par la liberté d'expression. Il n'en demeure pas moins que ceux-ci ont également une intention économique sous-jacente qui se résume au besoin de créer des richesses assurant leur pérennité financière, contrairement aux annonceurs dont l'intention est clairement affichée, voire très présente, dans le message émis. Toutefois, et selon le même juge, cette raison s'avère insuffisante pour les priver de la garantie de la liberté d'expression.

255. D'autres décisions ont réitéré la position adoptée dans l'affaire *Irwin Toy* de même que dans l'affaire *Procureur général du Québec c. La Chaussure Brown's*

---

[514] Irwin Toy précité, p.2441.

[515] *Op. cit.*, p.2456.

[516] *Op. cit.*, p.2460.

inc. et autres[517] ou dans celle *Re Law Society of Manitoba and savino*[518]. Or, c'est la décision Divisional Court de l'Ontario qui a apporté de nouvelles motivations sur la question de l'applicabilité de la liberté d'expression à la publicité commerciale. Dans cette affaire, le juge Callaghan, favorable à l'extension, a souligné qu'il fallait justifier « *l'extension réclamée du périmètre de la liberté d'expression au-delà de ses domaines traditionnels, qui étaient principalement politiques* ». Nous soulignons d'ores et déjà l'importance accordée à la motivation de la position qui sera prise à l'encontre de l'extension, attitude à laquelle le juge Henry s'est livré avec rigueur dans son opinion dissidente car selon lui, la protection constitutionnelle de l'expression publicitaire se justifiait, en effet, pour deux motifs. D'une part, il s'est référé au texte de la Charte, qui ne permet pas, selon lui, d'exclure cette expression du domaine de l'article 2b et ce, contrairement à l'avis du juge Callaghan. D'autre part, ce même juge a audacieusement mis en avant l'efficacité du libéralisme économique et la vitalité économique en guise de justification de la liberté d'expression publicitaire. Selon lui, si l'esprit de l'économie libérale « *permet à l'individu de risquer son capital en vue d'obtenir un profit parce que ce serait le meilleur moyen d'assurer une répartition optimale des ressources dans la société il ne peut être efficace que s'il y a une liberté d'informations économiques (...)* »[519].

256. De surcroît, toujours selon le juge Henry, la bonne santé de l'économie, garante du bien-être économique des citoyens, est un critère d'évaluation des politiques menées par les gouvernements. Partant, les citoyens doivent avoir accès à ces informations économiques et commerciales, qui permettent une évaluation qui concourt à l'amélioration des politiques de leur gouvernement.

257. La Cour suprême du Canada partageait l'avis du juge Henry. Dans l'affaire *Ford c. Québec* de 1988[520], elle s'est prononcée en faveur de l'extension de la liberté d'expression protégée par l'alinéa 2b) de la Charte Canadienne des droits et libertés de l'expression publicitaire. Elle a, en effet, amorcé son raisonnement en reformulant la question qui lui avait été posée. Selon la Cour, il ne s'agit pas de savoir « *si la garantie de liberté d'expression à l'al. 2b) de la Charte canadienne et à l'art. 3 de la Charte québécoise doit être interprétée comme englobant des catégories particulières d'expression* », mais plutôt, « *s'il existe une raison pour laquelle la garantie ne devrait pas s'étendre à un type particulier d'expression (publicitaire)* »[521]. La Cour s'est alors évertuée à rechercher les raisons de la non-protection du discours commercial au détriment des motivations qui peuvent aller dans le sens de sa protection. Autrement dit, la Cour a voulu déterminer s'il existait une ou des raison(s) pertinente(s) de nature à justifier l'exclusion du discours

---

517 J.E.87-83. Lien direct : https://ca.vlex.com/vid/chaussure-brown-s-inc-681022317

518 (1984) 1 D.L.R. (4th) 285.

519 A. BINETTE, *op. cit.* p.349.

520 (1988), 1. R.C.S.927.

521 C'est nous qui soulignons, §46.

commercial de la protection instaurée par la liberté d'expression, question à laquelle elle a répondu négativement.

258. La Cour s'est en effet prononcée en ces termes en faveur de la protection de l'expression commerciale « *à notre avis le caractère commercial de l'expression ne permet pas de l'exclure du champ d'application de la liberté garantie* », ainsi, d'après la Cour Suprême, « *il n'y a aucune raison valable d'exclure l'expression commerciale de la protection de l'al. 2b) de la Charte* »[522] . La Cour ne s'est pas bornée à cette affirmation et a poursuivi son raisonnement en expliquant que « *l'expression commerciale qui, répétons-le, protège autant celui qui s'exprime que celui qui l'écoute, joue un rôle considérable en permettant aux individus de faire des choix économiques éclairés, ce qui représente un aspect important de l'épanouissement individuel et de l'autonomie personnelle* »[523].

259. Ce motif met en valeur l'expression publicitaire, souvent considérée comme n'ayant aucun intérêt pour les individus. La motivation de la Cour trouve sa source, à notre avis, dans les travaux de la doctrine qu'elle a d'ailleurs cités à cette occasion. La haute juridiction Canadienne s'est interrogée ainsi sur les valeurs justifiant la protection constitutionnelle de la liberté d'expression. Elle a analysé la doctrine tout en citant les travaux les plus pertinents, puis en a dégagé les raisons légitimant la protection constitutionnelle de l'expression publicitaire, parmi lesquelles le développement et l'épanouissement personnels de l'individu sont les maîtres mots[524]. De surcroît, dans ce prolongement, il apparaît davantage qu'assurer la protection du discours publicitaire en tant que composante de la liberté d'expression et sa libre circulation constitue un facteur favorisant des choix économiques éclairés pour les individus. Ces derniers ne peuvent se réaliser qu'à travers la garantie de l'autonomie individuelle. Or, cette garantie ne peut avoir lieu que par la liberté d'expression de toute forme y compris par le biais de celle ayant un aspect commercial.

260. De ce qui précède, nous avons relevé qu'un effort avait été fait afin d'aboutir à une argumentation louable quant au rattachement du discours commercial à la liberté d'expression. Dans leur traitement de la question de l'applicabilité de la liberté d'expression au discours publicitaire, les juges canadiens se sont montrés convaincants. Tel n'est pas le cas du juge européen.

Paragraphe 2 - L'absence relative des motivations européennes de l'extension

261. Alors que les juges nord-américains ont pris le plus grand soin à justifier et motiver explicitement l'extension de la liberté d'expression aux discours publicitaires ainsi qu'à leurs émetteurs, le juge européen des droits de l'Homme,

[522] *Op. cit.*, §59.
[523] Décision Ford, préc., §59.
[524] *Ibid.*, §56.

peut-être de peur d'être taxé de libéraliste, est pour sa part demeuré beaucoup plus prudent dans le traitement de cette question. Il n'a, en effet, pas abordé le sujet de l'extension de l'article 10§1 de manière directe en construisant un raisonnement juridique convaincant et non équivoque (**A**).

262. Malgré ce *modus operandi*, nous ne pouvons ignorer la jurisprudence de la Cour EDH en la matière. Elle permet de constater que le rayonnement du droit à la liberté d'expression constitue un enjeu qui justifie la fondamentalisation de l'expression publicitaire (**B**).

A - La réticence du juge européen des droits de l'homme

263. Une précision importante s'impose d'emblée. La réticence dont il est ici question, est celle liée à la fourniture d'une motivation explicite de l'extension de l'article 10 de la CEDH au discours publicitaire. Dans l'ensemble des arrêts relatifs à l'expression publicitaire (*Barthold*, *Groppera Radio*, *Casado Coca*, etc.), les gouvernements défendeurs avaient en effet invoqué l'inapplicabilité de la liberté d'expression à ce discours. La Cour aurait pu déclarer non fondées les requêtes des personnes ayant soulevé la question de la violation de leur liberté d'expression, pour incompétence *rationae materiae* de la Convention, et donner ainsi droit aux prétentions étatiques. Or, elle a préféré statuer que l'article 10 était applicable aux cas d'espèces. Il s'agit d'une sorte d'argument d'autorité, la Cour EDH, protectrice des droits et libertés fondamentaux, estime en effet que l'article 10 est applicable à l'expression publicitaire, sans autre forme de justification, alors qu'un approfondissement aurait été grandement nécessaire.

264. L'appréciation de la violation ou non d'une disposition de la Convention à travers l'analyse des trois critères que sont sa prévisibilité légale, l'existence d'un but légitime et sa nécessité dans une société démocratique, ne suffit pas, à notre sens, pour justifier la décision rendue. Il faut préalablement justifier en quoi cette disposition est applicable au cas d'espèce.

265. Cependant, nous nous alignons sur les propos de B. Genevois, qui considère que les arrêts de la Cour sont la plupart du temps très motivés[525]. Toutefois, la motivation qui, selon nous, s'imposait dans les affaires précitées, était liée à l'applicabilité de l'article 10 à l'expression publicitaire. En effet, à défaut d'une telle motivation, la décision *« s'écroulerait comme un édifice sans fondation »*[526]. Or, l'extension de l'article 10§1 de la CEDH au discours publicitaire nous semble reposer sur une telle absence de motivation, ce que nous en venons à déplorer dans les lignes qui suivent.

---

[525] Voir : *La motivation des décisions de justice des juridictions internationale, coll.* Contentieux international, éd., Pedone, 2008, sous dir. H. RUIZ FABRI et J-M. SOREL, p 197.

[526] Opinion dissidente du juge KORETSKY, sous CIJ, 18 juillet 1966, Affaire du Sud-Ouest africain (Éthiopie c. Afrique du Sud) *CIJ. Rec.*1966, p.241.

266. Nous ne nous partageons, en effet, pas entièrement l'avis de Melchior, qui considère que « *l'exigence de la motivation ne s'étend pas aux motifs des motifs* » [527]. Au regard de la question qui nous préoccupe, à savoir de l'extension de l'article 10§1 de la CEDH à l'expression publicitaire, cette affirmation signifie que l'interprétation extensive de l'article 10§1 n'a pas à être « discutée » ou explicitée. Ce que l'on devrait exiger de la Cour, est la motivation de sa décision finale, c'est-à-dire, le constat de la violation ou non du droit. Or, le dispositif de l'arrêt répond à la question de l'applicabilité de l'article 10§1 avant de répondre à celle consistant à savoir si la violation est caractérisée ou non. L'applicabilité de l'article 10 à l'expression publicitaire fait donc partie de la décision sans être réellement motivée[528].

267. Par conséquent, l'absence de la motivation en question remet en cause l'essence même du principe de la motivation des arrêts de la Cour EDH. La légitimité de la décision découle, à notre sens, de celle du motif qui en constitue le fondement. Comme l'a en effet précisé le Recteur Guinchard, la motivation est un « *rempart contre l'arbitraire* »[529]. Elle légitime la décision du juge européen dans la mesure où elle est « *le gage d'une réflexion rationalisée dans le choix de la décision* »[530]. Le Professeur Normand, considère quant à lui que celle-ci « *oblige le juge à se donner à lui-même et à donner à autrui les raisons de sa décision* »[531]. Ce sont justement ces paramètres qui font défaut au juge européen dans son traitement de la question de l'applicabilité du droit de la liberté d'expression au discours publicitaire.

268. La Cour s'est en effet surtout livrée à des affirmations péremptoires, sans s'attarder sur les justifications[532] de l'applicabilité de l'article 10§1 au discours publicitaire. Elle a en ce sens affirmé, dans l'affaire *Autronic*, que « *quelle que soit la nature de l'expression, même commerciale, ne serait privé une société commerciale du bénéfice de l'article 10§1* »[533]. Elle poursuit dans l'affaire *Casado Coca* en énonçant que « *l'article 10§1 englobe aussi (...) des messages*

[527] *Op. cit.*, p.414.

[528] Voir surtout les dispositifs des arrêts : Autronic 1990, et l'arrêt Casado Coca de 1994.

[529] S. GUINCHARD : *Droit processuel. Droit commun et droit comparé du procès équitable*, Dalloz, 4ème éd., 2007, n°436.

[530] F. SUDRE : « La motivation des décisions de la Cour européenne des Droits de l'Homme », *in La motivation des décisions de justice des juridictions internationale*, éd. Pedone, 2008, p.172.

[531] J. NORMAND : « Le domaine du principe de motivation », *in*, *La motivation*, Association Henri Capitant des amis de la culture juridique française *LGDJ*, 2000, p.18.

[532] Si la Cour avait fait le lien avec la notion d'information pour intégrer le discours commercial dans le champ de l'article 10§1, elle se montrait en revanche hésitante par rapport à l'expression publicitaire. Ce n'est qu'après, avec les arrêts Casado coca et Hachette Filipachi que la Cour a commencé à se montrer plus explicite concernant le caractère informatif ou non de la publicité.

[533] Cour EDH : Autronic AG c. Suisse, préc. §47.

publicitaires diffusés par câble »[534], etc. Toutes ces affirmations non étayées sont considérées comme des motifs de la décision finale qui figurent dans le dispositif de l'arrêt. Or, ce dernier englobe des « normes » élaborées qui méritent une motivation plus poussée.

269. Il n'en demeure pas moins que, bien qu'elle n'ait toutefois pris aucune mesure rectificative, la Cour reste consciente que les soupçons liés à l'applicabilité d'une clause normative de la Convention posent un problème de fond[535]. Dans l'affaire *Barthold*, par exemple, quand le gouvernement allemand avait soulevé la question de l'inapplicabilité de l'article 10 au discours publicitaire, il avait ainsi remis en cause l'applicabilité d'une norme de la Convention, mais la Cour avait estimé qu'il n'y avait pas lieu de rechercher en « l'espèce » si la publicité en tant que telle bénéficiait de la garantie assurée par l'article 10§1 de la CEDH[536]. On pourrait comprendre qu'elle a préféré ne pas poser de règle générale dans ce cas d'espèce, surtout après que l'applicabilité de l'article 10 a été justifiée en considérant que le nom et le fonctionnement de la clinique du Dr. Barthold sont des renseignements et une forme d'expression d'opinion que l'article 10 doit protéger.

270. Le dispositif des affaires ayant traité cette question contient une clause disposant l'applicabilité de l'article 10 au cas d'espèce[537]. Il est communément admis qu'au-delà de la réponse apportée par la Cour au litige, elle « dit le droit ». C'est la raison pour laquelle la motivation de l'applicabilité doit être détaillée de manière à légitimer l'arrêt de la Cour et à le rendre acceptable par ses premiers destinataires qui sont les parties au litige et également par les États contractants.

271. Nous reprochons à la Cour de ne pas avoir joué son rôle face à une telle nouvelle question nécessitant pourtant qu'on lui prête une attention particulière. Elle aurait pu, entre autres, analyser le droit interne des États contractants et observer l'existence d'un consensus européen en matière d'applicabilité de la liberté d'expression au message publicitaire afin de commencer à motiver l'extension de l'article 10§1. Telle est la fonction première de la motivation qui doit « *faire appel à l'existence d'un « dénominateur commun » aux systèmes juridiques internes des États membres pour signifier à l'État en cause qu'elle s'écarte d'une norme commune* »[538].

272. Par ailleurs, sa jurisprudence indique qu'elle s'autorise, en vue de l'interprétation des droits de la Convention, à recourir au droit comparé, qui constitue une technique de justification[539]. Dans son arrêt *Demir et Baykara c.*

---

534 §35.

535 L'arrêt Barthold, préc. §41.

536 Arrêt Barthold, préc. §42.

537 Les cas d'espèces dont il s'agissait portaient tous, à une exception près, sur le message commercial et publicitaire.

538 F. SUDRE : « La motivation des arrêts de la Cour européenne des Droits de l'Homme », préc. p. 177.

539 A. SCHAHMANECHE : « La motivation des décisions de la Cour Européenne des Droits de l'Homme », préf. F. SUDRE, éd. *Pedone*, Paris 2014, p. 540.

Turquie rendu en 2008, la Cour affirmait, en effet, que la CEDH « *n'est pas l'unique cadre de référence dans l'interprétation des droits et libertés* » [540] et qu'elle doit « *tenir compte des éléments de droit international autres que la Convention* »[541]. Or, cette trame n'a pas été suivie dans le contentieux lié à l'expression publicitaire, contrairement à l'affaire *Magyar* de 2016[542]. En l'espèce, la Cour a pris soin de mobiliser un arsenal de techniques juridiques et de méthodes d'interprétation variées afin de construire un raisonnement solide levant les doutes quant à la justification et à la motivation données à l'interprétation extensive de l'article 10§1 au droit d'accès à l'information.

273. En définitive, il nous appartient de pallier cette carence argumentative en tirant de la jurisprudence des indices justifiant l'extension de l'article 10 au discours publicitaire.

B - Le rayonnement du droit à la liberté d'expression, motivation implicite de l'extension de l'article 10§1 de la CEDH

274. Le juge strasbourgeois, en sa qualité d'interprète de la Convention, peut recourir à plusieurs méthodes d'interprétation dans son traitement de chaque cas d'espèce. En matière d'expression publicitaire, c'est une interprétation évolutive fondée sur « les conditions d'aujourd'hui » qui a permis à l'article 10 de se développer. Plusieurs finalités peuvent être recherchées par l'organe juridictionnel européen dans son recours à une telle interprétation. Sans prétendre à l'exhaustivité, nous nous limiterons à quelques objectifs dont nous jugeons qu'ils sont liés à la méthode d'interprétation adoptée. Nous estimons ainsi que la recherche de l'effectivité du droit à la liberté d'expression est l'un des objectifs de l'extension (**1**) et que la volonté du juge européen de maîtriser le champ *rationae materiae* de la Convention en constitue un second (**2**).

1 - L'effectivité de la liberté d'expression

275. Considérée comme l'un des principes sur lesquels est fondée la convention EDH, l'effectivité des droits des individus est un objectif depuis longtemps affirmé par la jurisprudence de la Cour[543] et confirmé avec force dans l'arrêt *Stafford*[544].

276. Lors de cette affaire, la Cour avait en effet souligné qu'« *il est d'une importance cruciale que la Convention soit interprétée et appliquée d'une manière qui en rende les droits pratiques et effectifs, et non théoriques et illusoires*»[545].

---

[540] L'arrêt Demir et Baykara, préc. §67

[541] *Op. cit.*, §85

[542] Cour EDH : 8 novembre 2016, Magyar Helsinki Bizottsag c. Hongrie, 18030/11.

[543] Cour EDH : 28 octobre 1987, Inze c. Autriche, 8695/79, série A n°126. p.18 ; Cour EDH : 27 septembre 1990, Cossy c. Royaume Uni, série A n°184.p 14, §35.

[544] Cour EDH : 28 mai 2002, Stafford c. Royaume-Uni, n°46295/99.

[545] Arrêt Stafford, § 68.

Ainsi, le recours de la Cour EDH à l'interprétation dynamique et évolutive s'inscrit dans la droite ligne de cette jurisprudence.

Dans la même veine, l'effectivité de la liberté d'expression justifie le recours de la Cour à ces mécanismes interprétatifs. L'extension du champ d'application de cette liberté au discours publicitaire s'inscrit dans cette perspective de recherche d'effectivité. Cette dernière peut être appréciée sous deux angles.

277. D'une part, nous pouvons considérer que la liberté d'expression devient effective par le biais de l'extension, parce qu'elle bénéficie à toute personne souhaitant véhiculer un message, y compris aux émetteurs de messages publicitaires. Dès lors, l'article 10 de la CEDH ne sera pas limité à quelques formes d'expression au mépris des autres. L'élargissement de son champ donne plus de sens à son applicabilité à « toute personne » et à tout genre d'expression. De la sorte, la liberté d'expression est présumée applicable à toutes les formes d'expression dans la mesure où la jurisprudence européenne n'a pas établi de critères permettant de distinguer les formes d'expression protégées de celles qui ne le sont pas.

278. En définitive, les commerçants et les professionnels de la publicité commerciale peuvent invoquer cette garantie fondamentale afin de promouvoir leurs produits, leurs services et leurs marques. Les restrictions qui seraient imposées à leur message ne seront considérées comme valables que si elles respectent les exigences de l'alinéa 2 de l'article 10 de la CEDH[546].

279. Ainsi, en ayant conduit à l'extension de l'article 10, la Cour a inscrit la liberté d'expression dans le catalogue des libertés économiques dont ces professionnels disposaient déjà, pour s'exprimer librement dans le cadre du respect des droits d'autrui. Il s'agit en quelque sorte d'une nouvelle liberté économique qui garantit les intérêts commerciaux des émetteurs de la publicité commerciale.

280. D'autre part, l'extension s'inscrit dans la voie tracée par la politique du Conseil de l'Europe, inscrite dans la déclaration sur la liberté d'expression et d'information, adoptée le 29 avril 1982 par le Comité des ministres lors de sa 70e session[547]. Cette politique préconise l'encouragement de la diversité des moyens de communication, privés et publics, et la pluralité des sources d'information. En ce sens, certains auteurs considèrent ainsi que la publicité commerciale est une garantie de l'effectivité de l'article10 de la CEDH[548]. L'applicabilité de l'article 10 à la publicité commerciale contribue, en effet, à l'effectivité de toutes les autres formes d'expressions : politique, culturelle, artistique, scientifique, etc.

En tant que moyen de financement des médias de masse, la publicité garantit, en effet, leur pérennité et leur permet de développer plusieurs autres canaux de communication (ex. journalistique, culturel, artistique). Pour M. Docquir, la

---

546 La restriction doit ainsi être prévue par la loi, poursuivre un but légitime et apparaître comme nécessaire dans une « société démocratique ».

547 Bulletin d'information sur les activités juridiques au sein du Conseil de l'Europe et dans les États membres, janvier 1983.

548 L. BOISSON DE CHAZOURNES : « La publicité commerciale et liberté d'expression dans le cadre du Conseil de l'Europe », *Revue générale de droit international public*, 1988, p.952

publicité se présente comme une voie d'accès à la tribune médiatique[549]. L'audiovisuel privé, par exemple, qui constitue un domaine de communication important dans de nombreux contextes, pourrait faire face à de sérieuses difficultés de financement s'il était totalement privé de tout support publicitaire[550]. Dès lors, en étendant la liberté d'expression au discours publicitaire, la Cour EDH a voulu garantir l'expression pluraliste en assurant en quelque sorte la viabilité économique des autres formes de communication, or s'il ne s'agit là que de l'une des conséquences heureuses de sa jurisprudence, il n'est même pas certain qu'un tel objectif soit atteint[551].

2 - La maîtrise du champ *rationae materiae* de la CEDH

281. Comme nous l'avons évoqué précédemment, l'autonomisation des concepts, concrétisée par leur définition européenne, permet d'admettre que le juge européen ambitionne de rester le maître de l'application *rationae materiae* de la Convention. Autrement dit, il souhaite être l'organe qui détermine quand et comment les droits de la Convention seront appliqués. Il est vrai que ce postulat mérite d'être relativisé car il est désormais possible de faire le constat que la jurisprudence des États parties à la Convention EDH développe des interprétations audacieuses et parfois inédites de la Convention. L'instrument conventionnel se trouve ainsi appliqué à des hypothèses que n'ont pas eu à connaître les juges strasbourgeois. Néanmoins, nous ne pourrions nier que cette volonté de maîtrise existe, en témoignent, plus particulièrement, la jurisprudence relative à l'article 6§1 et l'article 8§1 de la CEDH qui permet de déduire ce constat.

La technique du « développement du concept » appliquée à l'article 10§1 de la CEDH constituait un moyen efficace permettant à la Cour de donner une définition européenne aux concepts de la Convention dans un souci d'uniformité et également pour ne pas laisser aux États contractants la liberté d'interpréter la Convention à leur guise au risque de rendre leurs droits et libertés illusoires.

282. En cas de litige opposant, en effet, une partie à un État contractant, cet État s'attèle souvent[552] à repérer dans son droit interne une argumentation juridique cohérente et fondée afin de défendre sa thèse excluant l'application de la CEDH. C'est la raison pour laquelle le juge européen doit affirmer sa vision et la conception qu'il a des droits et libertés tout en fournissant un cadre de référence acceptable[553].

---

[549] P-F. DOCQUIR : *Variables et variations de la liberté d'expression en Europe et aux États-Unis*, Bruxelles, Bruylant, 2007, p. 142, §174.

[550] *Ibid.*

[551] Cf. *infra* n°488 et s.

[552] Il convient de souligner que, parfois, les juridictions internes donnent satisfaction à un plaideur en reconnaissant que la CEDH est applicable au litige qu'il a porté devant elles et reconnaissent, *in fine*, qu'il a été victime d'une violation de l'un de ses droits primordiaux.

[553] V. opinion séparée du juge S.G. FITZMAURICE, arrêt Golder c. Royaume-Uni du 21 février 1975. §23.

283. En somme, les différents objectifs énumérés participent au rayonnement du droit de la liberté d'expression. Ce faisant, la Cour EDH, de même que tout organe international de protection des droits de l'Homme, souhaite rajouter sa pierre à l'édifice international. Étant donné que, généralement, un texte, de quelque nature qu'il soit, légale ou religieuse, par exemple, ne peut produire les effets escomptés s'il demeure figé sur sa vision primitive de la Société ; la Cour EDH prête beaucoup d'intérêt aux évolutions mondiales sur les différentes questions posées et s'adapte au fur et à mesure des cas qui se présentent. Néanmoins, elle est demeurée assez hermétique aux justifications nord-américaines. L'absence d'une politique jurisprudentielle ouverte sur les évolutions des différentes législations européennes et internationales serait fatale pour la survie de la Convention. En d'autres termes, l'adaptation de la Convention à ces évolutions conditionne la pérennité de ce texte dans le temps.

Conclusion du chapitre 2

284. Les outils techniques nécessaires à l'extension des droits de la convention sont nombreux. Ainsi, en utilisant la technique du développement des concepts, la Cour EDH a étendu l'article 10§1 de la CEDH au discours commercial en mobilisant le terme « information ». Concernant le discours publicitaire, c'est surtout l'expression « toute personne » qui a ouvert la voie à une telle extension. Puis, le juge européen, implicitement et tout en demeurant prudent, a aligné la publicité sur la notion d'information. Cette attitude équivoque vis-à-vis du discours publicitaire pourrait s'expliquer par le fait que ce dernier n'est pas qu'informatif. Une partie de la publicité commerciale est subjective et fait l'éloge du produit. En outre, son caractère répétitif révèle également sa fonction incitative, qui s'avère pour sa part plus apparente, essentielle.

285. L'analyse de la jurisprudence de la Cour révèle, en effet, que cette dernière distingue entre la finalité *informative* de la publicité et sa fonction *incitative*. Elle se fonde ainsi sur la première pour conclure à l'applicabilité de l'article10§1 de la CEDH, puis immédiatement après elle poursuit son raisonnement et son traitement de l'affaire en se focalisant sur la seconde. Cette distinction opérée au sein du message publicitaire témoigne de l'amphibologie qui caractérise la position de la Cour EDH quant à la qualification à donner au message publicitaire. Il ressort en réalité de la jurisprudence de la Cour en la matière que la fonction essentielle de la publicité se caractérise par son incitation à conclure une transaction commerciale. Dès lors, la finalité informative de la publicité est plus au moins marginalisée. Elle s'apparente en effet à une sorte de laisser- passer qui permet à la cour d'appliquer l'article 10§1 dans les affaires concernant la publicité commerciale. Le caractère informatif de la publicité, revêt-il une autre forme que celle d'une passerelle entre le discours publicitaire et l'article 10§1 de la CEDH ?

286. Par ailleurs, bien qu'étant prometteuse, l'extension de l'article 10§1 de la CEDH au discours publicitaire n'a pas pu être réalisée de façon claire. Contrairement aux juges nord-américains, qui ont su quant à eux justifier l'applicabilité de la liberté d'expression à l'expression publicitaire, le juge européen des droits de l'Homme a quant à lui éprouvé des difficultés pour justifier le lien de rattachement entre l'article 10§1 de la CEDH et l'expression publicitaire, ce à quoi se rajoute le problème de la justification de l'extension. Il est ainsi souhaitable que le juge européen opère, en premier lieu, un rapprochement avec la jurisprudence des Cours nord-américaines dans l'objectif de forger, dans un second temps, sa propre argumentation de l'extension sans être lié par les justifications parfois très libérales données, en particulier, par la Cour suprême américaine.

287. Cependant, au regard de sa jurisprudence en la matière, on a pu souligner qu'animée par le souci de « faire vivre » les droits de la Convention, la Cour strasbourgeoise vise le développement de la liberté d'expression en intégrant à son champ d'application le discours publicitaire qui, hormis son caractère incitatif, joue

un rôle dans l'information du public. Ainsi, la préoccupation de la Cour EDH de développer la liberté d'expression en direction du discours publicitaire et le fait de souligner son caractère informatif rattrapent *in fine*, l'absence de justification, voire quelque peu obscure du lien liberté d'expression-publicité commerciale. Soulignons, en définitive, que l'obscurité actuelle de ce lien influence le niveau de protection que devrait recevoir la liberté l'expression publicitaire de l'instrument conventionnel. Ce constat[554] verse dans la thèse qui considère que l'extension de l'article 10 ne s'avère pas pertinente.

---

[554] Pour le volet relatif au niveau de protection de la liberté d'expression publicitaire, V. Cf. *infra* n°303.

Conclusion du titre 1

288. S'il n'est pas contesté que la liberté d'entreprendre, y compris toutes les libertés qui s'y rattachent sont les fondements classiques de la liberté d'expression publicitaire de l'émetteur, leur apport limité a également été démontré. Ainsi, à travers l'étude de la jurisprudence administrative et constitutionnelle relative aux libertés économiques, nous avons pu établir deux constats.

289. D'une part, l'apport des libertés économiques se limite à leur simple invocation afin de revendiquer le droit d'exercer l'activité publicitaire génératrice de l'expression publicitaire. Autrement dit, bien qu'elles constituent un moyen souvent soulevé devant les juges[555], les libertés économiques n'ont pas pu montrer l'étendue de leur utilité.

290. D'autre part, il ressort de la jurisprudence des deux juges que dès qu'un intérêt juridiquement protégé entre en concurrence avec la liberté d'expression publicitaire, c'est le premier qui l'emporte. Ainsi, en ce qui concerne la sauvegarde de cette liberté, la liberté d'entreprendre n'est pas d'une telle vigueur qu'elle serait en mesure d'imposer au juge d'exercer un réel équilibre des intérêts. Dès lors, il était peut-être temps de renforcer l'arsenal juridique en matière de protection de la publicité commerciale par une norme supra-légale telle que la liberté d'expression. Encore faut-il que ce nouveau fondement de protection soit endossé par le juge européen et pourvu d'effet[556].

291. En revanche, l'accès au marché se trouve assuré par la liberté de la concurrence. Qu'il s'agisse du marché publicitaire, c'est-à-dire de celui lié aux professionnels de la publicité, ou du marché des annonceurs, la liberté de la concurrence assure un exercice plus au moins équilibré de l'expression publicitaire en luttant contre son monopole par le biais des annonceurs les plus favorisés.

292. Par ailleurs, d'origine européenne, les libertés de circulation des marchandises et des services sont une autre forme de liberté économique qui continue à avoir à ce jour un effet favorable sur la liberté d'expression publicitaire. Elles permettent, en effet, à ce discours commercial de circuler librement entre les différents États de l'UE. La jurisprudence de la CJUE a le mérite d'avoir forgé un lien entre la liberté de circulation des marchandises et la publicité commerciale en considérant que l'effectivité de la première repose sur la garantie de la seconde. De surcroît, la naissance du principe de la libre circulation des services publicitaires a renforcé la liberté de diffusion du message publicitaire au sein de l'Union européenne. Par conséquent, le droit primaire, le TFUE en l'occurrence, et le droit dérivé en viennent à être légitimement appliqués au discours publicitaire, en

---

[555] Il convient de noter que seules les libertés économiques sont invoquées devant les tribunaux. La liberté d'expression publicitaire, est quant à elle rarement invoquée.

[556] Cf. *infra* n° 303 et s.

permettant une harmonisation, bien que toujours en voie de réalisation, des législations nationales en la matière favorable à une libre circulation de l'expression publicitaire.

293. Cependant, la protection qui en découle est étroitement liée à l'objectif de la construction d'un marché commun dans lequel les biens et services circulent librement. La jurisprudence de la CJUE ne cesse de rappeler que la publicité commerciale accentue la libre circulation des services et des marchandises. Dès lors, nous pourrions admettre que seule la contribution de l'expression publicitaire à cet objectif justifie la protection dont elle bénéficie. Ainsi, elle demeure une protection conditionnée à la réalisation du marché unique, à défaut, elle perdrait son importance. Il en résulte que la protection de la liberté d'expression publicitaire par les libertés de circulation demeure assez relative, voire temporaire, car elle dépend de l'existence de l'UE. De plus, l'apport des libertés de circulation est circonscrit à un champ géographique limité.

294. Face à l'apport plus ou moins limité des libertés économiques, le discours publicitaire s'est vu accorder une importance assez particulière par son intégration dans le champ d'application de l'article 10§1 de la CEDH. Bien qu'elle s'avère surprenante[557], l'extension des droits de la CEDH à une forme d'expression purement commerciale témoigne de l'intérêt de ce discours. Les enjeux de cette extension demeurent pour l'heure ambigus, mais il semble qu'une évolution pourrait se produire à partir du moment où le prétoire de la Cour serait sollicité à ce sujet. Actuellement, il est pour le moins possible d'évoquer une liberté d'expression publicitaire, bien que la légitimité et la justification de l'extension demeurent en suspens. Au demeurant, il faut bien reconnaître que les méthodes d'interprétation des droits de la Convention visant l'objectif du développement du droit autorisent l'audace de la Cour EDH mais sans le justifier complétement.

295. *A priori*, la liberté d'expression, en tant que fondement de l'exercice et de la création publicitaire, permet de renforcer le premier fondement (libertés économiques). Si les libertés économiques garantissent l'établissement et l'exercice de l'activité publicitaire, la liberté d'expression se tourne pour sa part davantage vers la garantie de la diffusion. Certes, on ne peut réduire son rôle à celle-ci. Ce dernier englobe également l'accès aux différents supports, celui au marché publicitaire ainsi que l'établissement des professionnels de la publicité. Par conséquent, la liberté d'expression pourrait combler les failles des libertés économiques, surtout quand il s'agit de trouver un équilibre entre les droits en concurrence. Le poids de la liberté d'expression pourrait faire pencher la balance en faveur de l'émetteur en cas de conflit d'intérêts, ce que les libertés économiques semblent difficilement en mesure de réaliser.

296. Cependant, le nouveau fondement est-il assez fort pour soutenir les fondements classiques ? La réunion des deux fondements juridiques de la liberté

---

557 Il n'est pas inutile de rappeler que l'effet de surprise résulte de la forme d'expression (publicitaire) qui se voit accordée la protection de la liberté d'expression. Cette dernière est, en principe, appliquée aux discours qui contribuent aux débats de sociétés.

d'expression publicitaire devrait, en principe, favoriser un contrôle plus poussé des restrictions que celui qui était réalisé antérieurement à la fondamentalisation de l'expression publicitaire. Or, il s'avère que tel n'est pas réellement le cas. L'heureuse valorisation de la liberté d'expression publicitaire de l'émetteur est incertaine, l'extension de l'article 10§1 de la CEDH n'est pas un véritable bouclier face aux restrictions injustifiées qu'elle subit.

TITRE SECOND

VALORISATION INCERTAINE DE LA LIBERTÉ D'EXPRESSION PUBLICITAIRE DE L'ÉMETTEUR

297. Au terme de l'audacieuse extension de l'article 10§1 de la CEDH à l'expression publicitaire, l'arsenal de droits et de libertés dont dispose l'émetteur de ce discours s'est renforcé et le contrôle des restrictions a été complété. *A priori*, un tel élargissement du droit ne pourrait qu'être favorable aux personnes concernées. Autrement dit, si l'on prenait en considération la liberté d'expression en tant que nouvelle base et les autres libertés économiques comme fondements classiques de l'expression publicitaire, il incomberait à la Cour européenne, ainsi qu'aux juridictions nationales, d'exercer un contrôle complet des ingérences dans l'exercice de cette liberté. Par conséquent, *a priori*, les législations les moins favorables à l'expression publicitaire devraient s'adapter à cette évolution jurisprudentielle et garantir par conséquent davantage de liberté d'expression aux émetteurs.

298. Cependant, la dualité du fondement de la libre expression publicitaire ne semble pas produire les effets escomptés. La raison principale tient à la nature commerciale du discours auquel ces deux fondements s'appliquent, puisque la particularité de ce discours, sa nature et ses objectifs font que toutes les libertés censées le protéger ne seront en réalité jamais rien d'autre qu'un simple cadre juridique dénué d'effets concrets. Alors que l'évolution de la jurisprudence de la Cour EDH en la matière est pour sa part encourageante malgré l'incertitude dans laquelle elle se réalise, son action de « fondamentalisation » du discours publicitaire se retrouve confrontée à plusieurs obstacles inhérents à celui-ci. Ce dernier est un message commercial, souvent exprimé par une entité commerciale à des fins mercantiles et il s'intègre dans un domaine marchand. Ainsi, de par sa nature et son objectif, le message publicitaire se désintéresse de la construction et de la pérennité de la société démocratique. Ce sont ces facteurs réducteurs du niveau de protection de l'expression de l'émetteur qui expliquent également la complexité du domaine de la publicité commerciale, limitent la portée de l'extension de l'article 10§1 de la CEDH et constituent des obstacles à la valorisation de la liberté d'expression publicitaire de l'émetteur.

299. Si une protection effective du message publicitaire par l'article 10§1 s'avère incertaine, peut-on encore songer à valoriser davantage la liberté d'expression publicitaire des émetteurs ? La notion de valorisation doit être comprise dans le sens de la suppression des restrictions injustifiées dont l'expression publicitaire fait l'objet et la garantie d'un minimum d'expression publicitaire en faveur de certains produits et de certaines professions qui subissent l'injuste interdiction totale de la publicité. Ainsi, la valorisation souhaitée ne doit

point s'interpréter dans le sens d'une augmentation de la valeur marchande ou financière de la publicité.

300. Des voies menant à la valorisation existent en effet bel et bien. Toutefois, cette dernière demeurera incomplète, car à défaut d'un contrôle européen renforcé, les restrictions actuelles[558] qui paralysent la liberté d'expression publicitaire continueront à exister.

301. Dans l'attente d'une évolution en la matière, nous considérons que l'essor de la publicité en ligne et le développement technologique en la matière favorisent la liberté d'expression publicitaire de l'émetteur, des PME-TPE en particulier. Une intervention du législateur, interne ou européen, afin de garantir la transparence dans les relations entre les professionnels de la publicité s'avère cependant nécessaire. En outre, la valorisation pourrait être recherchée chez l'émetteur lui-même, qui doit se responsabiliser à travers le mode de régulation qui lui spécifique à savoir l'autorégulation publicitaire. Bien qu'elle nécessite également d'être épaulée par l'action du législateur, l'autorégulation pourrait donc se présenter comme une seconde voie de valorisation.

302. *In fine*, si la valorisation de la liberté d'expression publicitaire de l'émetteur rencontre des obstacles (**Chapitre 1**), une valorisation, ne serait-ce que partielle, est possible par le biais de la technologie et de l'autorégulation. Cette valorisation partielle est conditionnée, car elle devrait toutefois être épaulée par le législateur (**Chapitre 2**).

---

[558] Mentionnons par exemple l'interdiction totale de la publicité en faveur du tabac.

Chapitre 3 - Les obstacles à la valorisation

303. Faisant l'objet de la fondamentalisation, l'expression publicitaire est désormais l'une des formes d'expression protégées par l'article 10§1 de la CEDH. Pourtant et paradoxalement, elle demeure moins protégée que d'autres formes d'expression. Le juge européen justifie cette faible protection par la complexité et la fluctuation du domaine de la publicité commerciale[559], sans expliquer la signification de ces deux termes. Il convient ainsi de mener un raisonnement en l'orientant de manière à démontrer la limite de l'extension de l'article 10 tout en expliquant plus précisément pourquoi le domaine de la publicité commerciale serait complexe et ferait ainsi obstacle à la valorisation de la liberté d'expression de l'émetteur.

304. Il convient de préciser d'emblée que la valorisation dont il s'agit revêt un double sens. Le premier, porte sur le contrôle européen des ingérences dans l'exercice effectif de la liberté d'expression publicitaire. Le second concerne quant à lui les objectifs inhérents à la liberté d'expression, qui vise entre autres à garantir le pluralisme et la liberté individuelle. Chacun de ces deux volets de la valorisation souhaitée semble limité par un obstacle qui lui est propre.

305. Nous admettons en effet que l'un des obstacles à la valorisation de l'expression publicitaire en termes de contrôle européen des restrictions tient en premier lieu à la nature de son contenu et donc au message commercial qu'elle véhicule. C'est parce qu'elle est commerciale que la publicité bénéficie seulement d'une protection européenne faible. L'intensité du contrôle dépend en effet de l'objet auquel il s'applique. En outre, les objectifs mercantiles de la publicité dictant son contenu sont étrangers à l'idéal d'une société démocratique. La publicité ne véhicule pas d'idées et ne peut donc contribuer à garantir le pluralisme. De surcroît, le message publicitaire n'exprime pas d'opinions et ne se préoccupe point des débats d'intérêt général. Dès lors, l'utilité de ce discours pour la collectivité est toute relative, ce qui influence par conséquent sa protection.

306. La complexité du domaine dans lequel s'inscrit l'expression publicitaire constitue un second obstacle à sa valorisation en termes de finalité. Compte tenu que la théorie économique qui prédomine enseigne que le but du marché est l'allocation optimale des ressources, et ce indépendamment de toute prise en compte des considérations extra-économiques, l'objectif du pluralisme publicitaire et, en même temps, celui de la liberté individuelle semblent irréalisables. L'action du juge européen sur ce terrain serait infructueuse. La nécessité de financer certains supports, la recherche de l'efficacité du message publicitaire et l'esprit de profit qui gouverne le marché font que, dans son second volet, la valorisation de l'expression publicitaire est difficile.

---

559 Cour EDH : 11 décembre 2003, Krone Verlag c. Autriche, §30.

Les émetteurs du message publicitaire s'attendent à ce que leur message soit rentable. Pour qu'il le soit, il faudrait que ce dernier atteigne sa cible, c'est-à-dire s'avère efficace. Or, cette efficacité commandée par l'esprit de profit encourage le monopole de certains supports au détriment des petits et moyens émetteurs.

307. Par ailleurs, la liberté d'expression n'est pas forcément envisagée de la même manière par l'annonceur que par l'artiste ou le politicien. Par exemple, son intérêt ne se traduit pas de la même manière sur le terrain marchand et sur celui politique. Dans le premier, plusieurs paramètres entrent en jeu, de sorte que l'émetteur auquel elle est censée profiter pourrait refuser de s'en prévaloir (ex : durant les périodes de crise économique) ou se retrouver dans l'incapacité financière de l'exercer. En revanche, dans le second, la liberté d'expression est toujours réclamée. Ses bénéficiaires n'approuvent pas, ou plutôt seulement rarement, des évènements susceptibles de les conduire à s'autocensurer.

308. Nous considérons ainsi que ces deux obstacles limitent la portée de l'extension de l'article 10§1 de la CEDH. L'utilité très relative du discours publicitaire pour le bon fonctionnement d'une société démocratique explique que seule une faible protection lui soit réservée aujourd'hui (**section 1**). La complexité de ce domaine rend difficile une possible valorisation future de la liberté d'expression publicitaire de l'émetteur avec le concours de l'article 10§1 de la CEDH (**section 2**).

Section 1 - L'utilité relative de l'expression publicitaire pour le bon fonctionnement de la société démocratique

309. L'intérêt majeur de la « fondamentalisation » de l'expression publicitaire consiste en la garantie qu'elle confère à cette dernière. En principe, en tant que forme d'expression protégée par l'article 10§1, la publicité commerciale doit bénéficier d'une protection fondamentale. Autrement dit, son exercice ne peut être limité qu'en cas de « *besoin social impérieux* », dont les cas sont énumérés dans le paragraphe 2 de ce même article.

310. Le législateur français, de même que celui des autres États contractants, a en effet le pouvoir de restreindre la liberté d'expression, celle-ci étant relative et non absolue[560]. Cette latitude laissée aux États n'est toutefois pas sans limites[561]. Toute

[560] Le paragraphe 2 de l'article 10 de la CEDH prévoit la possibilité, pour les États, de prendre des mesures restrictives et d'établir un régime de sanctions pour faire face aux abus. Aux termes de ce paragraphe, il est précisé que « *l'exercice de ces libertés (...) peut être soumis à certaines formalités, conditions, restrictions ou sanctions (...)* ».

[561] Le paragraphe 2 de l'article 10 fixe les contours et ne tolère des restrictions à la liberté d'expression que si elles sont « *prévues par la loi, constituent des mesures nécessaires, dans une société démocratique, à la sécurité nationale, à l'intégrité territoriale ou à la sûreté*

restriction doit respecter une triple condition de prévisibilité et d'accessibilité de la norme source de l'ingérence, de légitimité du but poursuivi par celle-ci et de proportionnalité de la mesure restrictive au but à atteindre.

311. À cet égard, si l'on prend en considération le caractère relatif de la liberté d'expression et les limites de cette dernière, l'on relève qu'une juste appréciation du degré de protection que l'article10§1 de la CEDH accorde au discours publicitaire suppose l'observation de l'attitude du juge dans l'appréhension des mesures restrictives de nature aussi bien législative que réglementaire.

312. L'étude de la jurisprudence des juridictions internes et de la Cour EDH nous permet de constater qu'un traitement différencié est réservé aux restrictions frappant la liberté d'expression publicitaire. Un dysfonctionnement du contrôle des restrictions est également relevé. Si faiblesse du contrôle européen il y a, c'est parce que le juge européen a des raisons qui expliquent cette attitude. La Cour, dans son examen européen des mesures restrictives, raisonne en s'interrogeant sur leur nécessité au sein d'une société démocratique et sur ce qui est favorable à la construction de cette dernière. Ayant constaté que le discours publicitaire différait des autres discours constituant le noyau dur de la liberté d'expression, les juges européens n'estiment pas qu'un contrôle approfondi des restrictions soit opportun.

313. C'est un fait que l'objectif d'une campagne de publicité est d'atteindre un but commercial : de mettre en avant les avantages d'un produit en comparaison de ceux de la concurrence, de créer ou recréer une notoriété, de promouvoir l'image corporatiste et les qualités du produit associées à la compagnie, etc. Il s'agit en effet là de la seconde fonction de la publicité commerciale, à savoir de l'incitation à l'achat. Le contrôle du juge européen semble limité par cette fonction incitative à la consommation qui apparaît comme une finalité moins noble, bien plus futile et *in fine* moins utile au bon fonctionnement d'une société démocratique que l'expression journalistique, politique ou militante, ce qui expliquerait que le contrôle européen des ingérences au message publicitaire opéré par la Cour EDH semble plus limité.

314. L'établissement d'un lien entre les finalités de l'expression publicitaire et les principes du pluralisme, la tolérance et l'esprit d'ouverture incarnés dans la « société démocratique » telle qu'elle est perçue par la Cour[562], s'avère, *a priori,* inconcevable. Garantir la liberté d'expression, consiste à assurer l'existence de ces

---

publique, à la défense de l'ordre et à la prévention du crime, à la protection de la santé ou de la morale, à la protection de la réputation ou des droits d'autrui, pour empêcher la divulgation d'informations confidentielles ou pour garantir l'autorité et l'impartialité du pouvoir judiciaire ».

[562] L'action de contrôle exercée par la Cour a toujours été animée par la volonté de construire une « société démocratique » garante de la prééminence du droit. La liberté d'expression constitue un principe essentiel au sein de cette « société démocratique ». En raison des disparités en termes de visions et de cultures au sein des États contractants, cette dernière n'a pas été définie. Toutefois, dans l'arrêt Handyside (§49), la Cour l'a liée aux concepts de pluralisme, tolérance et d'esprit d'ouverture.

valeurs essentielles. Or, le niveau de protection de la liberté d'expression publicitaire, aussi faible soit-il, n'influence en rien une « société ouverte » au sens de Popper[563] et « démocratique » à celui de la Cour EDH, reposant sur une confiance rationaliste dans les vertus d'un débat aussi riche que possible. Ce constat ressort d'une jurisprudence constante de la Cour en la matière.

315. Il apparaît ainsi que le vent de la fondamentalité du droit, concrétisé par un contrôle européen renforcé des restrictions, comme décrit ci-dessus, ne souffle pas avec la même intensité sur l'expression publicitaire en raison de son utilité très relative dans la construction et le bon fonctionnement d'une société démocratique. Cela engendre en effet deux conséquences majeures : d'une part, les motifs de restriction de l'expression publicitaire sont généralement considérés comme légitimes (**paragraphe 1**) ; d'autre part, le juge européen s'autolimite dans l'exercice du contrôle européen des ingérences (**paragraphe 2**).

Paragraphe 1 - La légitimité acquise des mesures restrictives de l'expression publicitaire

316. Dès lors qu'il s'agit de formes d'expression de nature politique ou artistique, par exemple, le caractère légitime des restrictions qui leur sont apportées est difficilement reconnu. Seul un motif « pertinent » et « suffisant » pourra les justifier et donc permettre de leur accorder cette légitimité[564]. Or, dans ces domaines d'expression, ce genre de motifs est rarissime.

317. En matière d'expression publicitaire, la pertinence et la suffisance du motif de restriction de celle-ci sont également exigées. Toutefois, les mesures restrictives dans ce domaine répondent presque systématiquement à ces exigences[565]. La légitimité des ingérences est en quelque sorte acquise. De ce fait, les restrictions de la liberté d'expression publicitaire sont nécessairement légitimes (**A**) et voire même, fortement recommandées (**B**).

---

[563] K. POPPER, *La société ouverte et ses ennemis*, tome1, trad. J. BERNARD et Ph. MONOD, L'ascendant de Platon, éd. *Seuil*, 1979, p. 144. Dans une société ouverte, au sens de Popper, comme le sont les sociétés démocratiques, le fait que la liberté d'expression publicitaire ne bénéficie pas d'un important niveau de protection ne constitue pas un gros risque d'en saper les fondements. Ce n'est pas comme si on limitait drastiquement la liberté d'expression journalistique ou politique.

[564] Arrêt Handyside, préc : « *Il incombe à la Cour de déterminer, sur la base des divers éléments en sa possession, si les motifs donnés par les autorités nationales pour justifier les mesures concrètes d'"ingérence" qu'elles adoptent sont pertinents et suffisants au regard de l'article 10 par. 2* », §50.

[565] À titre d'illustration, la législation interdisant la publicité en faveur du tabac constitue une mesure pertinente et suffisante. Cette législation n'a pas été considérée comme inconventionnelle, la finalité poursuivie a permis de la justifier.

A - Des restrictions nécessairement légitimes

318. Il ne serait ici pas question d'établir une liste des restrictions dont la Cour EDH considère qu'elles poursuivent un but légitime. Il est de jurisprudence constante, qu'en principe, elles ne devront pas dépasser les buts énumérés au paragraphe 2 de l'article 10 de la CEDH.

Les États signataires de la CEDH ont la liberté de réglementer les différentes formes d'expression protégées par la Convention. Cette liberté trouve sa source dans le second paragraphe de l'article 10 de cette même Convention. Sans excéder le cadre prescrit, la jurisprudence révèle que les États peuvent être amenés à adopter des mesures hostiles à la publicité commerciale dans le but de garantir les intérêts juridiquement protégés (par exemple : la santé publique, la protection de la jeunesse, celle de l'environnement). Même lorsqu'il s'agit d'une interdiction totale de la publicité, et ce malgré l'incertitude qui entoure « *l'impact réel de l'interdiction totale de la publicité, y compris indirecte, sur la consommation* (…) »[566], ces mesures passent le test de la légitimité dans l'ordre interne sans difficulté. Lorsqu'elles sont également approuvées par le juge européen des droits de l'Homme[567], ces dernières acquièrent alors une légitimité européenne.

319. Les domaines dans lesquels il a été considéré que la limitation de la publicité commerciale poursuivait un but légitime sont nombreux. Nous nous limiterons à examiner ceux dans lesquels une jurisprudence constante a été établie. Ainsi, la publicité réalisée par les professions libérales juridiques et dans le domaine de la santé fournit une palette de décisions portant sur des textes, certes restrictifs, mais considérés comme légitimes, dans le premier cas au nom de la dignité de la profession (**1**) et dans le second en vertu de la santé publique (**2**).

1 - La dignité de la profession : motif légitime restreignant la publicité pour les avocats

320. Sans qu'il soit nécessaire de retracer l'évolution de la législation encadrant la publicité des avocats, nous nous focaliserons sur les justifications des restrictions qui ont eu un impact sur l'expression de ce type particulier d'annonceur.

321. La question de la publicité des avocats dérive, en effet, d'un conflit entre les valeurs traditionnelles de cette profession et les contraintes économiques ayant surgi dans ce domaine. La divergence des cultures des États membres du Conseil de l'Europe en la matière a ainsi généré une discordance entre les différentes législations réglementant la profession d'avocat.

322. Pour s'en tenir au seul exemple français, la loi du 31 décembre 1971 portant réforme de certaines professions judiciaires a constitué l'un des plus des anciens

---

566 Cour EDH : Hachette Filipacchi Presse automobile c. France, préc. §47.

567 Cour EDH : 5 mars 2009, Hachette Filipacchi Presse c. France, préc.

textes interdisant le démarchage[568] et réglementant strictement la publicité[569]. À l'époque, une interdiction presque totale de publicité a été infligée aux avocats. Elle a été interdite à travers les tracts, les lettres, les affiches, les films cinématographiques et les émissions radiophoniques ou télévisées[570]. L'article 17-3° de la loi de 1971 fait en effet de « *la probité, le désintéressement, la modération et la confraternité* » les piliers de la profession d'avocat. Dès lors, la communication de l'avocat est elle aussi soumise à ces principes. Quant au règlement intérieur national (RIN) de la profession d'avocat, ce dernier dicte à celui-ci les valeurs et principes qu'ils devront respecter en toutes circonstances, en particulier la dignité, la probité et l'humanité, l'honneur et la loyauté[571]. De plus, ce règlement exige des avocats qu'ils respectent les principes précités quand ils se livrent à la publicité commerciale[572].

323. Ces règles déontologiques ont en effet constitué les motifs ayant permis au législateur français de l'époque de restreindre la publicité, jugée incompatible avec le respect et la dignité de la profession, qui interdisent aux avocats de tirer les justiciables par la manche[573]. Ainsi, en l'absence de telles règles déontologiques, il s'agirait alors d'une marchandisation de l'activité d'avocat dont la matière première serait les crimes et les délits. Par conséquent, la réglementation de la publicité en la matière s'est avérée motivée.

324. La jurisprudence a également joué un rôle considérable dans l'interprétation des normes déontologiques et des usages de la profession d'avocat ainsi que de sa discipline. Elle a certes été restrictive en la matière, mais en réalité moins si on la compare aux décisions beaucoup plus strictes émanant des barreaux.

325. À titre d'illustration, la Cour de cassation a censuré la décision d'un Conseil de l'ordre qui a limité la publicité individuelle réalisée par un avocat au nom des principes qui organisent le comportement des membres du barreau. La première chambre civile a ainsi considéré que « *s'il appartient au conseil de l'Ordre de veiller au respect de ces principes, il ne peut cependant limiter la publicité individuelle autorisée aux seuls moyens constitués par la pose d'une plaque et à des avis dans la presse relative à l'ouverture ou au transfert du cabinet de l'avocat* » [574].

---

568 L'article 66-4 de la loi du 31 décembre 1971 punissait, en effet, d'une amende de 4 500 € et, en cas de récidive, d'une amende de 9 000 € ainsi que d'une peine d'emprisonnement de 6 mois ou de l'une de ces deux peines seulement, quiconque se serait livré au démarchage en vue de donner des consultations ou de rédiger des actes en matière juridique.

569 Le premier texte réglementant la profession remonte à 1274.

570 Décret n° 72-785 du 25 août 1972, article 2.

571 Article 1er. 1.3 du RIN dans sa version consolidée du 29 janvier 2018.

572 Voir article 10.1 du RIN.

573 D. LANDRY : « Communication de l'avocat et démarchage », *Gaz.Pal*, 28 février 2015 n° 59, p. 8.

574 Cass. 1re civ., 25 mai 1992, n° 89-10.096: *Bull. civ.* I, n° 153.

Aussi, à la suite de sa délibération du 16 mars 2005, le Conseil de l'ordre des avocats du barreau de Nevers a estimé que l'abonnement au service d'affichage prioritaire proposé par les Pages Jaunes méconnaissait les obligations de « *confraternité, de délicatesse et de dignité* », au motif que ce dispositif d'affichage permet à l'avocat de « *se mettre en avant* ». La première chambre civile de la Cour de cassation a censuré la décision de la Cour d'appel de Bourges, qui avait refusé de donner gain de cause au cabinet en question, en alléguant que « *le choix de ce mode de consultation de l'annuaire ne porte pas en lui-même atteinte aux obligations de discrétion et de dignité qui pèsent sur l'avocat* »[575].

326. La stricte réglementation de la publicité ne se justifiait pas uniquement par les principes évoqués ci-dessus. La finalité visée par celle-ci constituait également un motif de restriction. Considérée en tant qu'un moyen d'attirer la clientèle, et donc de poursuivre l'ambition d'une augmentation des bénéfices, la publicité commerciale était jugée non nécessaire. A l'époque, le Barreau était sociologiquement composé de membres émanant en majorité d'une certaine bourgeoisie, dont les problèmes d'argent n'étaient pas la première préoccupation[576]. De la sorte, l'élargissement de principes tels que ceux de dévouement ou de désintéressement était justifié.

327. Aujourd'hui, le cabinet d'avocat est une entreprise[577] qui doit couvrir ses charges et réaliser des bénéfices. Il lui faut se battre pour survivre[578]. À cette fin, cette entreprise doit faire face à un environnement de plus en plus concurrentiel. Afin d'obtenir des parts importantes sur le marché[579], il convient de se faire connaître. La volonté de présenter ses services passe nécessairement par une certaine liberté d'expression commerciale et donc par la publicité. Dès lors, le recours à celle-ci sur le marché des prestations de services juridiques ne constitue pas un choix libre, les barreaux se retrouvent en quelque sorte contraints d'y recourir. Certes, la nécessité ne fait pas loi, néanmoins, en adoptant l'attitude inverse, ils subiraient les conséquences de leur fidèle attachement à des règles déontologiques déjà affaiblies et qui ne demandent en quelque sorte qu'à tomber[580]. Cela dit, le recours à la publicité ne remet pas en cause ces principes. Le législateur est tenu d'établir un équilibre entre les intérêts en opposition, il doit ainsi limiter les impacts de l'attrait du marketing sur la dignité de la profession et tenir compte des effets d'une course à deux vitesses à la publicité dont les seuls bénéficiaires seraient les cabinets financièrement les plus puissants au détriment des avocats individuels.

328. A l'initiative de la Commission européenne, le législateur européen a été le premier à mettre en place les bases d'un tel équilibre. Conscient de l'urgence d'une

---

[575] Cass. 1re civ., 6 déc. 2007, n° 06- 16.072.

[576] D. LANDRY, *op.cit.*

[577] CJCE : 23 avr. 1991, n° C-41/90, Klaus Höfner et Fritz Elser c. Macrotron GmbH.

[578] D. LANDRY, préc.

[579] M. BÉNICHOU : « L'Europe, les avocats et la concurrence » : *Gaz. Pal.* 7 févr. 2015, n°038, p.9.

[580] D.LANDRY, préc.

action évolutive dans ce secteur, il a adopté la directive 2006/123/CE du 12 décembre 2006 portant sur la libéralisation du marché. Cette dernière constitue le point de départ d'un grand changement en matière de communication des professions règlementées. Ainsi, son article 24 énonce que « *les États membres veillent à ce que les communications commerciales faites par les professions réglementées respectent les règles professionnelles (...) Les règles professionnelles en matière de communication commerciale doivent être non discriminatoires, justifiées par une raison impérieuse d'intérêt général et proportionnées* ». À cet égard, il semble que même au niveau européen, un certain niveau de respect des règles déontologiques soit imposé. Toutefois, ces règles ne peuvent restreindre la publicité. Elles ne pourraient en effet restreindre la communication publicitaire que pour une raison impérieuse d'intérêt général et de manière proportionnée à ce motif. En cas de litige quant à une restriction professionnelle, les juridictions nationales auront la charge d'apprécier si celle-ci répond ou non aux critères édictés par la directive.

329. La voie tracée par la législation dérivée est poursuivie par le législateur français. On ne pourrait affirmer que c'est sous l'influence du droit de l'Union européenne ou de la jurisprudence de la Cour EDH que le législateur français a autorisé la publicité pour les avocats. Le texte interne ayant fait un pas en avant en la matière date en effet de 1991. Il est donc antérieur, non seulement à l'arrêt *Casado Coca*, lequel a expressément consacré la liberté d'expression publicitaire au profit des avocats, mais aussi à la directive Bolkestein de 2006 traitant de cette question.

330. Reprenant l'essentiel du décret du 25 août 1972[581], celui du 27 décembre 1991[582] fut le premier texte à autoriser la publicité aux professions libérales juridiques. Son ancien article 161[583] disposait que « *la publicité est permise à l'avocat dans la mesure où elle procure au public une nécessaire information. Les moyens auxquels il est recouru à cet effet sont mis en œuvre avec discrétion, de façon à ne pas porter atteinte à la dignité de la profession, et communiqués au conseil de l'ordre* », ce qui a ainsi permis à cette expression de se libérer[584]. Cependant, ce texte interdisait totalement le démarchage[585]. Il importe de souligner

---

[581] Décret n° 72-785 relatif au démarchage et à la publicité en matière de consultation et de rédaction d'actes juridiques.

[582] Décret n°91-1197 organisant la profession d'avocat.

[583] Abrogé par l'article 22 du décret n°2005-790 du 12 juillet 2005, relatif aux règles de déontologie de la profession d'avocat.

[584] C'est sous l'empire de ce texte qu'après s'y être fait autoriser par le Conseil de l'ordre du barreau de Paris, le cabinet Thiery fit paraître en 1999 dans les journaux Les Échos et Le Monde un encart de 9x6 cm sur fond noir, sur lequel figuraient le nom du cabinet et ses adresses à Paris, New-York, Bruxelles et Shangaï, et son adresse web, portant le texte suivant : « *Nous sommes des avocats d'affaires, implantés sur trois continents via quatre barreaux. L'élégance n'est pas incompatible avec la publicité* ».

[585] Alinéa 2 de l'article 161 « *Tout acte de démarchage ou de sollicitation est interdit à l'avocat* ».

qu'à l'instar de la Cour EDH, cet ancien article a mis en avant la fonction informative de la publicité, tout en limitant celle incitative que le démarchage illustre d'une manière concrète, d'où son interdiction.

331. En 2005, un nouveau décret[586] a contribué à confirmer et affiner la liberté d'expression publicitaire des avocats. Son article 5 a ainsi fait apparaître la nouvelle notion d'« *offre de service personnalisée* », qui deviendra ensuite « *sollicitation personnalisée* ». Or, ces dernières n'ont constitué que des synonymes du démarchage dont l'interdiction a été maintenue.

Moins de dix ans après ce décret, la sollicitation personnalisée en guise de forme de publicité commerciale a également été reconnue par la jurisprudence de la CJUE. Ainsi, dans la décision *Sté Fiduciaire nationale d'expertise comptable*[587], la CJUE a considéré « *qu'une réglementation nationale ne peut interdire totalement aux membres d'une profession réglementée de recourir au démarchage ou de proposer à leurs clients une offre personnalisée de services, quels que soient leur forme, leur contenu et les moyens employés, ou de prohiber de manière générale le recours à la publicité dans les médias* »[588]. La notion de « *profession règlementée* »[589] employée par la Cour a été interprétée d'une façon large afin d'y inclure toutes les professions libérales. Par conséquent, cette décision autorise le recours à la sollicitation personnalisée par les avocats, même si cette décision concernait un cabinet d'experts-comptables.

332. Par ailleurs, le même constat peut être fait au niveau national où les règles déontologiques sont inhérentes à la profession d'avocat. Si le climat actuel impose une certaine libéralisation des professions règlementées, les principes liés à la profession d'avocat constituent cependant un frein à l'avènement d'une liberté d'expression publicitaire comparable à celle dont jouissent les entreprises commerciales. L'expression publicitaire de ces dernières ne s'en tient en effet pas à des valeurs telles que la « dignité de l'entreprise » ou « l'humanisme » dont doit faire preuve son dirigeant. La maximisation des profits est au cœur de l'objet social de l'entreprise commerciale qui est la raison même de son existence, ce qui légitime beaucoup plus son recours à la publicité[590].

---

586 Décret n°2005-790 du 12 juillet 2005 relatif aux règles de déontologie de la profession d'avocat.

587 CJUE, (grande chambre) : 5 avril 2011, Société fiduciaire nationale d'expertise comptable c. Ministre du Budget, des Comptes publics et de la Fonction publique. Demande de décision préjudicielle : Conseil d'État, France.

588 §46

589 *Ibid.*

590 Cet objet social de maximisation des profits doit cependant être nuancé par le nouvel art. 1833 al. 2 C. civ., issu de la loi Pacte du 22 mai 2019, qui dispose que « *la société est gérée dans son intérêt social, en prenant en considération les enjeux sociaux et environnementaux de son activité* », même s'il est possible de considérer, à l'heure actuelle, qu'il s'agit uniquement d'une pétition de principe.

333. Du point de vue des organes du Conseil de l'Europe, la question de la publicité des avocats a réussi à obtenir une certaine garantie conventionnelle. L'ancienne Commission EDH a été la première à traiter cette question dans une affaire concernant un avocat allemand[591]. En l'espèce, il était question d'un blâme officiel émanant de l'ordre des avocats de Stuttgart qui avait censuré une circulaire vantant les services d'un avocat auprès de clients potentiels, notamment des établissements de recouvrement. Or, ce texte contrevenait au principe déontologique fondamental d'interdiction de la publicité[592]. La censure en question aurait été fondée, selon l'ordre des avocats de Stuttgart, sur la nécessaire protection des nouveaux venus contre la puissance des grands cabinets, qui pourraient en venir à les « écraser »[593] en cas de délaissement du principe d'interdiction de la publicité. Le tribunal disciplinaire du *district,* ainsi que la Cour constitutionnelle fédérale, ont approuvé ces motifs de restriction. La haute juridiction allemande a estimé que la restriction de la liberté d'expression du requérant était justifiée par l'intérêt d'une bonne administration de la justice[594]. La Commission, sans expressément affirmer que l'article 10 couvrait l'expression publicitaire, s'est finalement inclinée face aux arguments des juridictions allemandes et a approuvé l'intérêt légitime de la mesure restrictive de l'expression publicitaire. Selon elle, « *l'interdiction de la publicité vise à la fois à protéger les droits d'autrui, à savoir le public en général et les membres de la profession, et à garantir le bon fonctionnement des services assurés par les avocats* »[595].

334. Peu de temps plus tard, la Cour EDH s'est emparée de cette question dans l'affaire *Casado Coca* de 1994 en déclarant que la dignité de la profession, le respect des confrères et l'intérêt du justiciable justifiaient la règlementation espagnole[596] interdisant à l'avocat d'avoir recours au discours publicitaire. De surcroît, la Cour EDH a pris soin de rappeler ces principes de manière détaillée en exposant les spécificités associées à cette profession. Selon elle, « *il faut tenir compte de la nature spécifique de la profession qu'exerce un avocat ; en sa qualité d'auxiliaire de la justice il bénéficie du monopole et de l'immunité de la plaidoirie, mais doit témoigner de discrétion, d'honnêteté et de dignité dans sa conduite* »[597]. En outre, la Cour a affirmé qu'il n'y avait pas lieu de faire une comparaison entre des prestataires de services tels que des compagnies d'assurance, des sociétés judiciaires fournissant des services juridiques à leurs clients et l'avocat. Ce dernier dispose en

---

[591] Décision du 7 mars 1991, Hempfing c. République fédérale d'Allemagne, DR 69, requête n° 14622/89, p. 272.

[592] Rapport de la Commission, § 280.

[593] Rapport de la Commission, § 281.

[594] *Ibid.*

[595] Rapport de la Commission, §281 et s.

[596] Les règles visées ici étaient celles adoptées par le Conseil de l'ordre de Catalogne. V. le statut de l'ordre en 1947, article 18, §24. Des normes plus souples ont été adoptées en 1991 tout en sauvegardant les principes essentiels en la matière. §28.

[597] L'arrêt Casado Coca préc., §46.

effet d'un « *statut spécifique qui le place dans une situation centrale dans l'administration de la justice comme intermédiaire entre le justiciable et les tribunaux* »[598].

335. Il semble ainsi que le juge européen octroie une valeur assez importante aux règles déontologiques applicables à la profession et reconnaisse leur caractère légitime. Dans la plupart des barreaux traditionnels, les dispositions qui interdisent le recours à la publicité sont en effet fondées sur le souci de préserver la dignité de la profession[599]. Cet argument n'est pas invoqué dans le paragraphe 2 de l'article 10 de la CEDH. Cependant, la Cour se réfère à « *la protection des droits d'autrui* » afin de valider les législations et les sanctions disciplinaires prises à l'encontre des avocats. Le juge européen est même allé plus loin en considérant, au nom des principes de la profession, que non seulement la publicité pourrait parfois être interdite pour « *empêcher la concurrence déloyale et la publicité mensongère ou trompeuse* », mais aussi, « *dans certains contextes, même la publication de messages publicitaires objectifs et véridiques pourrait subir des limitations, tendant au respect des droits d'autrui fondé sur les particularités d'une activité commerciale ou d'une profession libérale* »[600].

336. En outre, la Cour strasbourgeoise accorde une certaine latitude aux États en matière de règlementations de l'expression publicitaire. Sans hésiter, elle considère que ces derniers sont les plus proches « *des forces vives de leur pays* » et qu'ils sont donc mieux placés afin « *d'aménager un juste équilibre entre les impératifs d'une bonne administration de la justice, la dignité de la profession, le droit de toutes personnes à recevoir une information sur l'assistance juridique et la possibilité pour un avocat de faire de la publicité pour son cabinet* »[601]. Cette même Cour refuse d'accorder une primauté à la liberté économique[602] et préfère assurer un standard minimal en la matière en respectant le droit du public à l'information et une liberté d'expression publicitaire maîtrisée. Cependant, l'effectivité de la liberté d'expression publicitaire recommanderait de permettre aux avocats de recourir à la publicité commerciale sans entraves et de repenser cette limite assez vague que constitue la dignité de la profession.

337. Il serait opportun d'évoquer dans ce contexte la position du juge américain qui reflète une application effective de la liberté d'expression publicitaire au profit de la profession d'avocat. La Cour suprême américaine a opté pour la libéralisation totale de la publicité des avocats[603]. Appelée à statuer sur la conformité avec le

---

598 *Ibid.*, §54.

599 M.HALPERIN : « Liberté d'expression, professions libérales et publicité commerciale », *Rev.trim. dr.h.* 1995, p.78.

600 Casado coca, §51.

601 *Op. cit.*, §55.

602 M. HALPERIN, préc., p.82.

603 Voir la décision de principe, Bates v. State Bar of Arizona, 433 U.S. 350 (1977), confirmée par la décision Zauderer v. Office of Disciplinary Counsel of the Supreme Court of Ohio, 471 US 626 (1985).

premier amendement d'une règle disciplinaire de la Cour suprême de l'État d'Arizona, qui interdisait aux avocats de recourir à la publicité dans les journaux ou autres médias, la Cour suprême américaine a tout d'abord rappelé que le discours publicitaire qui sert des intérêts individuels et sociétaux en assurant une prise de décision éclairée et fiable a le droit de bénéficier d'une certaine protection de la part du premier amendement[604]. Elle a ensuite clairement affirmé que « *la croyance selon laquelle les avocats sont en quelque sorte au-dessus du « commerce » est un anachronisme, et (que) le fait qu'un avocat fasse de la publicité pour ses honoraires ne portera pas atteinte au véritable professionnalisme* »[605]. La Cour poursuit en soulignant que « *bien que la publicité ne fournisse pas une base complète pour le choix d'un avocat, il serait particulier de refuser au consommateur au moins une partie des informations pertinentes nécessaires pour prendre une décision en connaissance de cause, au motif que ces informations ne sont pas complètes* »[606]. Enfin, le juge américain considère que du fait qu'elle est un mécanisme traditionnel au sein d'une économie de marché libre permettant à un fournisseur d'informer un acheteur potentiel de la disponibilité et des conditions d'échanges, la publicité commerciale pourrait bien être bénéfique à l'administration de la justice[607] au sens où elle pourrait « *servir à réduire, et non à avancer, le coût des services juridiques au consommateur et qu'elle puisse aider de nouveaux avocats à entrer sur le marché* »[608]. Cette position pragmatique s'avère tout à fait compréhensible car elle n'est en effet que l'extension cartésienne de l'application du premier amendement au discours publicitaire qui était motivée par la fonction informative de la publicité[609]. Toutefois, insinuer que la profession d'avocat s'apparenterait à un « commerce » et qualifier les justiciables ou les clients de « *consumers* » est révélateur d'un libéralisme accru qui fait abstraction des spécificités de la profession. De la sorte, s'il n'est ici pas recommandé d'adopter le libéralisme américain sur la question de la publicité d'avocat, il serait néanmoins souhaitable, sous l'impulsion d'un contrôle européen renforcé, d'observer la compatibilité des

---

[604] Bates v. State Bar of Arizona, 433 U.S. 350, *préc.*, pp 433 U.S. 363-384, §2.

[605] Notre propre traduction du passage suivant de la décision de la Cour suprême : « *The belief that lawyers are somehow above "trade" is an anachronism, and for a lawyer to advertise his fees will not undermine true professionalism* », Bates v. State Bar of Arizona, 433 U.S. 350 (1977) préc., pp.433 U.S. 368-372 §b).

[606] *Idem* pour le passage suivant « *Though advertising does not provide a complete foundation on which to select an attorney, it would be peculiar to deny the consumer at least some of the relevant information needed for an informed decision on the ground that the information was not complete* », pp.433 U. S. 372-375.

[607] Pp. 433 U. ART. 375-377.

[608] Notre traduction du passage suivant: « *It is entirely possible that advertising will serve to reduce, not advance, the cost of legal services to the consumer, and may well aid new attorneys in entering the market* », Bates v. State Bar of Arizona, 433 U.S. 350, préc., pp 433 U.S. 377-378, § e).

[609] Cf. *supra* n°246.

restrictions actuelles (ex : interdiction de la publicité comparative) de la publicité des avocats avec les conditions d'exercice d'aujourd'hui. De plus, la Cour EDH devrait revenir sur sa position qui tolère la limitation même de la publicité véridique et sincère[610], il lui faudrait ainsi consacrer le principe de « *l'exceptio veritatis* » au profit des avocats.

2 - La santé publique : motif légitime limitant la publicité dans le domaine de la santé

338. L'éthique est une notion essentielle dans les professions de santé. Les médecins, chirurgiens-dentistes, pharmaciens, masseurs-kinésithérapeutes, sages-femmes, possèdent tous leur Code de déontologie[611] qui transposent cette notion[612], Codes qui prévoient des dispositions concernant l'expression publicitaire de ces professions. Ainsi, aux termes de l'article R 427-215 du Code de déontologie des chirurgiens-dentistes, « *la profession dentaire ne doit pas être pratiquée comme un commerce. Sont notamment interdits : (...) tous procédés directs ou indirects de publicité* ». Il en est de même pour la profession de médecin. L'article 19 du décret n°95-1000 du 6 septembre 1995 dispose que ce métier « *ne doit pas être pratiqué comme un commerce* » pour lui interdire par la suite tous les procédés de publicité. Les mêmes termes ont été repris par le code régissant la profession de sages-femmes, qui interdit de la sorte à ceux qui l'exercent tout recours à la publicité[613].

339. Cela étant, la profession de santé qui a connu de nombreux mouvements réglementaires en matière d'expression publicitaire est celle des pharmaciens d'officine. Les juridictions internes, administratives et judiciaires, ainsi que la Cour EDH, ont eu l'occasion de se prononcer sur leurs communications publicitaires. Pour ces raisons, nos développements porteront largement sur la profession des pharmaciens d'officine sans pour autant négliger les autres professions.

340. Il est en effet primordial de rappeler brièvement l'histoire de cette profession afin de mieux comprendre l'intérêt de la restriction de leur expression publicitaire.

---

610 Casado coca, préc., §51.

611 Code de déontologie pour les médecins : décret n° 95-1000 du 6 septembre 1995, JORF, 8 septembre 1995 ; pour les chirurgiens-dentistes : décret n° 67-671 du 22 juillet 1967, JORF, 9 août 1967 ; pour les sages-femmes : décret n° 91-779 du 8 août 1991, JORF, 14 août 1991, modifié par le décret n°2012-881 du 17 juillet 2012 ; pour les pharmaciens : décret n° 95-284 du 14 mars 1995.

612 F. GRAS : « Communication et déontologie des professions de santé », *Légicom* 1996/1 n°11, p.80.

613 L'article R.4127-308 du Code de la santé publique, repris par le Code de déontologie des sages-femmes, dispose que « *la sage-femme doit éviter dans ses écrits et par ses propos toute atteinte à l'honneur de la profession ou toute publicité intéressant un tiers, un produit ou une firme quelconque et, d'une manière générale, tout ce qui est incompatible avec la dignité individuelle et professionnelle d'une sage-femme* ».

341. Jusqu'à la fin du 18ème siècle, les pharmaciens étaient qualifiés d'« apothicaires », c'est-à-dire de détenteurs de « magasins »[614]. À l'époque, leur profession n'était pas différenciée de celle des épiciers. C'est grâce à la déclaration du 25 avril 1777 que la corporation des apothicaires a pris le nom de « *collège de pharmacie* ». Leur expression publicitaire à l'égard du grand public était en principe libre[615] et n'était pas soumise aux restrictions actuelles. En réalité, la publicité des officines de pharmacie n'a jamais été aussi libre qu'avant les années cinquante.

La liberté dont elles bénéficiaient donna lieu à une surabondance de réclames en tout genre et avait atteint un tel niveau qu'elle devenait dangereuse en termes de santé publique et préjudiciable pour la réputation des pharmaciens[616]. Dès lors, l'intervention du régulateur s'est avérée nécessaire, voire urgente, suite au scandale provoqué par l'affaire « *Stalinon* »[617] au début des années cinquante. Une vague normative a en effet déferlé pour organiser les activités de ce secteur et restreindre ainsi la publicité commerciale au nom de la santé publique.

342. Au départ, l'ordonnance n° 59-250 du 4 février 1959 a confié au pouvoir réglementaire la charge d'encadrer la publicité pour les médicaments. Des décrets ont ensuite instauré le principe du visa préalable[618], selon lequel toute publicité en faveur des médicaments en direction des professionnels de santé, celle visant le public étant interdite, nécessitait l'obtention d'une autorisation préalable auprès du ministère de la santé. Le décret du 24 août 1976[619] a pu renforcer les règles appliquées à la publicité en faveur des médicaments en imposant aux supports l'obligation d'obtenir également une autorisation préalable à toute diffusion.

343. Le souci de préserver la santé publique a permis de légitimer les restrictions successives, apportées au discours publicitaire des pharmaciens et des laboratoires pharmaceutiques.

344. A un moment donné, le régulateur a souhaité revoir sa politique restrictive en la matière et adoucir les règles. Il a alors instauré un système fondé sur la distinction entre les destinataires de la publicité, ce qui impliquait d'établir une différenciation entre les différentes règles applicables. Ainsi, l'exigence du visa

---

614 Il est en effet issu du grec *apothêkê* signifiant magasin, du bas latin *apothecarius* pouvant se traduire par boutiquier et du latin classique *apotheca.* V. cnrtl.fr.

615 Sous l'empire de la loi 21 germinal an XI.

616 J. PEIGNÉ : « La publicité pour les produits de santé », *JurisClasseur Communication. Fasc.*188. 1 nov.2015. §7.

617 Ce médicament à base d'étain utilisé contre la furonculose, a obtenu son visa en 1953 pour être commercialisé. Or, il provoqua une catastrophe sanitaire l'année suivante.

618 C'est le décret n° 68-499 du 24 mai 1968 relatif à la publicité concernant les médicaments et les établissements pharmaceutiques, remplaçant le décret n° 63-264 du 14 mars 1963, qui a mis en place le système du visa préalable.

619 Décret n°76-807 relatif à la réglementation de la publicité pharmaceutique et de la publicité pour les produits, objets, appareils, méthodes présentés comme bénéfiques pour la santé, ainsi que l'étiquetage des spécialités pharmaceutiques.

préalable a été supprimée pour les messages destinés aux professionnels[620], mais maintenue concernant ceux visant le grand public, ce qui témoigne que l'effectivité et la force de l'expression publicitaire dépendent, outre de sa nature commerciale, de ses destinataires.

Or, le scandale sanitaire du « médiator » a incité le régulateur à revenir sur cette démarche libéralisant le secteur, pour réinstaurer, par le biais de la loi *Bertrand*[621], le régime initial applicable à la publicité visant les professionnels.

345. Sur le plan législatif, aujourd'hui, la publicité concernant les médicaments, particulièrement celle visant le public, est strictement encadrée. En plus de l'impératif de la santé publique, d'autres facteurs d'ordre économique expliquent sa restriction, ce qui témoigne de la complexité de la réglementation de la publicité commerciale. La publicité pour les médicaments n'est en effet autorisée qu'à la condition que le « *médicament ne soit pas soumis à prescription médicale* (…) ». En outre, il ne faut pas que le médicament faisant l'objet de la publicité soit remboursable par les régimes obligatoires d'assurance maladie, dernière exigence qui ne répond pas au souci de sécurité publique mais s'insère plutôt dans une politique nationale qui vise à ne pas accroître les dépenses.

346. De plus, sous l'effet de la préoccupation liée à la sécurité, « *seuls peuvent faire l'objet d'une publicité les médicaments pour lesquels ont été obtenus l'autorisation de mise sur le marché* »[622]. C'est l'Agence nationale de sécurité des médicaments et des produits de santé (ANSM) qui dispose de la compétence de délivrer cette autorisation. Cette dernière est assortie de conditions tendant à garantir la sécurité des futurs consommateurs, comme par exemple l'obligation de réaliser des études de sécurité post-autorisation[623]. Par ailleurs, la publicité destinée aux professionnels de santé exige un « visa de publicité » émanant de cette même autorité[624]. Cependant, la publicité trompeuse[625] et celle portant atteinte à la santé publique sont interdites et ce, quelle que soit la qualité du destinataire[626]. Aussi, ces deux types de publicités sont soumises à un contrôle préalable[627] de la part de l'ANSM, qui délivre les visas nécessaires.

---

620 Décret n° 87-772 du 23 septembre 1987 portant réglementation de la publicité dans le domaine de la pharmacie.

621 Loi n° 2011-2012 du 29 décembre 2011 relative au renforcement de la sécurité sanitaire du médicament et des produits de santé.

622 Article L.5122-6 du CSP.

623 Article L.5121-8 du CSP.

624 Article L.5122-9 du CSP.

625 Il s'agit des pratiques commerciales qui contiennent ou véhiculent des éléments faux susceptibles d'induire en erreur le consommateur moyen, ou bien des éléments vrais mais présentés de telle façon qu'ils conduisent au même résultat. Pour des exemples, voir l'article L. 121-2 du Code de la consommation.

626 Article L.5122-2 du CSP.

627 Le Visa PM pour la publicité auprès des professionnels de santé, et le visa dit GP pour la publicité destinée au grand public. Les modalités de contrôle ont été modifiées par la loi du 29

347. Quant à la publicité des officines de pharmacies, dans sa partie réglementaire, le Code de la santé publique l'interdit en des termes ambigus. L'article R.4235-21 dispose ainsi qu'« *il est interdit aux pharmaciens de porter atteinte au libre choix du pharmacien par la clientèle* ». On pourrait en déduire que cette publicité est interdite, si l'on considère que toute publicité est susceptible d'influencer le choix du client. Néanmoins, l'article poursuit en indiquant que ces derniers « *doivent s'abstenir de tout acte de concurrence déloyale* », ce qui présuppose une autorisation à condition de ne pas, à titre illustratif, dénigrer un confrère ni profiter indûment de l'effort employé par ce dernier en se livrant à des actes de parasitisme économique. Par ailleurs, dans le souci de préserver la dignité de la profession, l'article R.4235-23 indique qu'il est « *interdit aux pharmaciens de solliciter la clientèle par des procédés et moyens contraires à la dignité de la profession* ».

348. Il faut bien reconnaître que, contrairement à la profession d'avocat, le motif de la dignité de la profession du pharmacien n'est pas le principal mobile de la règlementation restrictive du discours publicitaire. Le Code de déontologie des pharmaciens y fait certes référence dans l'article R. 4235-23 précité et dans son article R.4235-3[628], mais l'évolution de la législation en la matière montre que ce n'est pas cet intérêt, dont la légitimité est incontestable, qui a guidé le choix du régulateur.

349. Sur le terrain du contentieux[629], son analyse en la matière révèle que les motifs qui pourraient justifier les restrictions frappant la publicité varient en fonction de l'objet de cette dernière. En matière de publicité des médicaments, c'est en effet l'idée que la protection de la santé publique est indispensable qui est omniprésente. Il a été érigé par les juges internes au rang de motif d'intérêt général pour donner ainsi un fondement à la restriction de droits fondamentaux[630].

350. Au niveau national, c'est surtout le Conseil constitutionnel qui s'est clairement prononcé sur la légitimité des mesures restrictives de l'expression publicitaire en faveur des officines. Ainsi, à l'occasion de l'examen d'une question prioritaire de constitutionnalité, le Conseil constitutionnel a considéré que

---

décembre 2011 relative au renforcement de la sécurité sanitaire du médicament et des produits de santé, complétée par le décret 2012-741 du 9 mai 2012.

628 Dispose que le pharmacien « *doit avoir en toutes circonstances un comportement conforme à ce qu'exigent la probité et la dignité de la profession. Il doit s'abstenir de tout fait ou manifestation de nature à déconsidérer la profession, même en dehors de l'exercice de celle-ci* »

629 Il convient de signaler que la plupart des contentieux en matière de publicité du médicament sont conduits devant les tribunaux (judiciaires et administratifs), et les autres sont traités par le Comité d'éthique et de médiation des laboratoires pharmaceutiques (CEMIP), organisme non juridictionnel placé auprès du LEEM (Les Entreprises des médicaments). Seuls les premiers seront étudiés.

630 SAINT-JAMES : « Le droit à la santé dans la jurisprudence du Conseil constitutionnel », *RDP* 1997, p.457.

l'exigence constitutionnelle de « *protection de la santé publique, la favorisation d'une répartition équilibrée des officines sur l'ensemble du territoire et (le fait de) garantir ainsi l'accès de l'ensemble de la population aux services qu'elles offrent* »[631], justifient l'encadrement, par le législateur, de la profession de l'activité de pharmacien [avec, par exemple, l'interdiction de la publicité][632], ainsi que de leur établissement[633]. Le Conseil de l'ordre des pharmaciens s'est réjoui de cette décision qui rappelle, selon lui, à ceux qui l'ont oublié que « *ces règles [faisant référence aux articles L5125-31 et 5125-32 contestés par les requérants]*[634] *sont faites pour protéger les patients et garantir à tous un égal accès aux médicaments sur l'ensemble du territoire. Les pharmacies ne sont pas des commerces comme les autres. Ce sont des lieux de santé publique et les pharmaciens ont une mission de service public* »[635].

351. Le principe de proportionnalité est pris en considération par les juridictions nationales dans la recherche d'un équilibre entre les intérêts divergents. Ainsi, statuant sur un arrêté ministériel mentionnant que « *La recherche de référencement dans des moteurs de recherche ou des comparateurs de prix contre rémunération est interdite* », le Conseil d'État a considéré, dans une récente affaire, qu'en « *interdisant sur un site internet autorisé le commerce électronique de médicaments d'une officine toute forme de promotion pour les médicaments proposés à la vente, y compris les médicaments de médication officinale, l'arrêté du 28 novembre 2016 comporte, à l'égard de la vente en ligne de médicaments, sans justification, des dispositions plus restrictives que celles existant pour la vente au comptoir de l'officine. Par suite, ces dispositions sont illégales* »[636].

352. Cependant, dans les contentieux liés à la publicité en faveur de l'officine, les intérêts de sauvegarde de la dignité de la profession et l'interdiction de la concurrence déloyale[637] sont les moyens les plus invoqués afin de justifier l'ingérence dans l'exercice de la liberté d'expression publicitaire.

353. Au niveau européen, dans son exercice du « *contrôle du contrôle* », la Cour EDH « *doit rechercher si les mesures prises au niveau national se justifient en principe et sont proportionnées* »[638] Elle accorde donc une attention particulière à la finalité des mesures prises au niveau national pour vérifier si elles poursuivent

---

[631] Con. Const., décision n°2013-364 QPC du 31 janvier 2014.

[632] Les crochets sont de nous.

[633] Décision n°2013-364 §8.

[634] C'est nous qui soulignons.

[635] Voir l'adresse suivante : http://www.ordre.pharmacien.fr/Communications/Communiques-de-presse/Sante-publique-et-proximite-au-coeur-de-la-decision-du-Conseil-constitutionnel .

[636] Décision du 4 avril 2018 Conseil d'État, chambres réunies, n° 407292.§.5.

[637] Cour de cassation, Ch., comm. : 24 Mai 2011, n° 09-70.722.

[638] Arrêt Groppera radio, préc. §71.

réellement un but légitime[639] ou si elles constituent simplement un prétexte permettant de détourner le droit à la liberté d'expression[640].

354. Dans une affaire relative à la publicité en faveur des médecins dans la presse, la Commission EDH a estimé que la législation britannique (*General Medical Council*) interdisant cette dernière n'allait pas au-delà de la marge d'appréciation laissée aux États et que « *les organes de la convention n'ont pas à substituer leur propre appréciation à celle des autorités médicales compétentes dans la présente affaire lorsque ces autorités, par des motifs raisonnables, ont estimé nécessaires les restrictions en cause à cette période donnée* »[641]. Ainsi, une large marge d'appréciation est donc laissée aux autorités nationales afin de réglementer les professions médicales en matière de publicité. La Cour EDH a adopté peu de temps après la même solution concernant, cette fois, la publicité des avocats[642].

355. La position de la juridiction européenne en matière de publicité des médicaments est alignée sur les recommandations du Conseil de l'Europe portant sur cette même question. Ce dernier juge en effet que la publicité pourrait inciter à abuser des médicaments, et recommande, par conséquent, aux États membres d'adopter les dispositions minimales prévues dans l'accord partiel dans le domaine social et de la santé publique, tout en leur laissant la liberté d'adopter des réglementations plus strictes dans l'objectif de garantir la santé publique[643]. Ainsi, la réglementation française en la matière, garantissant tout de même un minimum de liberté à ces professions médicales, y compris en matière de publicité pour les médicaments, ne pourrait être considérée, en l'état actuel de la jurisprudence européenne, comme allant au-delà de la marge d'appréciation laissée par le juge européen. La liberté d'expression dans ce domaine n'est pas assez pesante. Toutefois, au regard du droit de l'Union européenne, une interdiction générale et absolue de la publicité en faveur de la profession des chirurgiens-dentistes[644] n'est pas conforme à la liberté de prestation des services et à l'article 8 paragraphe 1 de

---

[639] Il s'agit d'une application de l'article 18 de la Convention EDH qui dispose « Les restrictions qui, aux termes de la présente Convention, sont apportées auxdits droits et libertés ne peuvent être appliquées que dans le but pour lequel elles ont été prévues ».

[640] P. FONTBRESSIN : « La liberté d'expression et la protection de la santé ou de la morale », *Rev.Trim.dr.h.* 1993, p.135.

[641] Com. EDH, 19 octobre 1992, Richard Colman c. Royaume-Uni, n°16632/90.

[642] Arrêt, Casado coca du 24 février 1994, préc.

[643] Con., Eur., Résolution A.P (83) 1 du 14 septembre 1983 sur « La réglementation de la publicité des médicaments auprès du public », remplaçant la résolution (69) 3). p.2.

[644] CJUE : 4 mai 2017, Valsts policijas Rīgas reģiona pārvaldes Kārtības policijas pārvalde c. Rīgas pašvaldības SIA "Rīgas satiksme", affaire C-13/16 ; Sur l'interprétation de l'article 8 paragraphe 1 de la directive relative au commerce électronique, voir : Ordonnance de la CJUE (huitième chambre) : 23 octobre 2018, Conseil départemental de l'ordre des chirurgiens-dentistes de la Haute-Garonne c. RG et RG et SELARL cabinet dentaire du docteur RG, affaire C-296/18.

la directive du 8 juin 2000 portant sur le commerce électronique[645]. C'est dans ce sens que s'est prononcé le Conseil d'État en annulant la décision implicite de la ministre des solidarités et de la santé refusant d'abroger le 5ème alinéa de l'article R. 4127-215 du Code de la santé publique et la seconde phrase du premier alinéa de l'article R. 4127-225 du même Code, qui interdisent aux chirurgiens-dentistes, d'une manière générale et absolue, d'avoir recours à la publicité commerciale[646].

356. La protection de l'expression publicitaire trouve dès lors ses limites dans des intérêts dont la légitimité ne saurait être contestée. La protection de la santé publique se présente comme un intérêt primordial qui dépasse largement tout droit garantissant la liberté d'expression publicitaire en faveur des médicaments et des officines ainsi que des autres professions médicales. Bien que nous ne puissions qu'approuver la suprématie de cet intérêt général, nous pourrions toutefois noter que l'extension de l'article 10 au discours publicitaire n'a aucun impact sur l'ordre interne français qui, contrairement à la Cour européenne des droits de l'Homme, a pu être amené à connaître certains contentieux en la matière. Ce constat interroge encore une fois l'utilité de l'extension de l'article 10 à l'expression publicitaire. En principe, face à une liberté fondamentale, même un impératif tel que celui de la protection de la santé publique devrait permettre un minimum de liberté d'expression. Or, À ce jour, les interdictions générales de la publicité sont toujours d'actualité. Les médecins n'ont pas le droit de recourir à un quelconque procédé direct ou indirect de publicité[647]. Il en est de même pour les chirurgiens-dentistes[648]. La Chambre disciplinaire de première instance[649] avait reconnu la violation de l'interdiction de la publicité et interdit à l'un des praticiens exerçant au sein d'un cabinet dentaire d'exercer sa profession pendant trois mois tandis que les quatre autres chirurgiens-dentistes avaient simplement été rappelés à l'ordre, parce que le cabinet en question avait fait figurer sur le site internet des Pages jaunes une mention selon laquelle les urgences étaient acceptées dans la journée, sur appel téléphonique. Cette condamnation a été confirmée par la Chambre disciplinaire nationale, qui a toutefois ramené la sanction d'interdiction d'exercer à un mois[650]. Cette affaire témoigne de l'abus que pourrait générer une interdiction totale de la publicité. Ce même cabinet avait en effet été attaqué pour violation de l'article R.4127-19 du CSP parce qu'il avait fait l'objet d'un éclairage de jour comme de nuit.

---

[645] Relative à certains aspects juridiques des services de la société de l'information, et notamment du commerce électronique, dans le marché intérieur.

[646] Conseil d'État, 4ème - 1ère chambres réunies, 6 novembre 2019, 420225, Inédit au recueil Lebon.

[647] Article R.4127-19 du CSP.

[648] Article R. 4127-217 du CSP.

[649] Ordre des chirurgiens-dentistes des Antilles-Guyane, Chambre disciplinaire de première instance 18 octobre 2013, n°(introuvable).

[650] Ordre national des chirurgiens-dentistes, Chambre disciplinaire nationale, 29 décembre 2014, n° 2229.

357. Par ailleurs, des demandes d'abrogation de l'interdiction générale de la publicité ont été formulées par les médecins et les chirurgiens-dentistes auprès de la ministre des solidarités et de la santé car ils jugeaient ces dispositions contraires à la libre prestation de services au sein de l'Union européenne. Les médecins sollicitaient également la saisine de la CJUE d'une question préjudicielle visant à déterminer si, du fait qu'elles interdisaient la publicité de façon générale, les dispositions de l'article R. 4127-19 étaient réellement compatibles avec le traité sur le fonctionnement de l'Union européenne qui interdit pour sa part les restrictions générales à la libre prestation de services. Il convient de bien remarquer que la liberté d'expression ne constitue pas le fondement de ces demandes d'abrogation d'une interdiction générale de la publicité. De plus, lorsque des avancées peuvent être observées en la matière, c'est toujours sous l'impulsion d'une liberté autre que celle d'expression. Le CJUE[651], le Conseil d'État[652] ainsi que le gouvernement[653], semblent en effet adopter des positions favorables à la levée de cette interdiction générale, ce sur le fondement de la liberté de prestation de service.

Il ne faudrait pas s'étonner d'une telle préférence manifestée en faveur d'une liberté économique. La liberté de prestation de service prône la réalisation d'un marché unique. Il est ainsi tout à fait compréhensible que les demandes de levée des interdictions générales de la publicité soient en effet fondées sur une telle liberté. La liberté d'expression vise quant à elle le bon fonctionnement d'une société démocratique, objectif qui semble éloigné du marché. C'est la raison pour laquelle, à l'image des médecins, les chirurgiens-dentistes préfèrent se tourner vers une liberté qui leur paraît cohérente avec leur revendication. Quand bien même l'article 10 serait mobilisé, rien ne laisse présager une avancée en la matière et ce au regard de la retenue du juge européen. Ce dernier n'impose pas de contrôle renforcé des restrictions qui frappent la liberté d'expression publicitaire.

B - Des restrictions recommandées

358. Dans un avant-projet de recommandation du Conseil de l'Europe portant sur les mesures qu'il convient de prendre au niveau international afin de lutter contre les abus en termes de liberté d'expression commis par la publicité, le rapporteur Scholten écrivait qu'« *on ne peut pas dire que la publicité soit bonne ou mauvaise. Tout dépend de la nature des annonces, des produits qu'elle recommande et de la*

---

[651] CJUE : 4 mai 2017, Nederlandstalige rechtbank van eerste aanleg c. Luc Vanderborght, n° C-339/15.

[652] CE, 4ème - 1ère chambres réunies, 6 nov.2019, n°416948 ; CE, 4ème - 1ère chambres réunies, 6 nov. 2019, n° 420225, Inédit au recueil Lebon.

[653] Projet de Décret portant modification du Code de déontologie des médecins et relatif à leur communication professionnelle, voir : C. LANTERO : « La responsabilité ordinale, Interdiction de la publicité et de la pratique commerciale », étude *in Droit médical*, Lexbase.

manière dont ces produits sont présentés »[654]. Cela signifie qu'en réglementant le discours publicitaire, les États devraient prendre son objet en considération. Selon ce même auteur, il arrive en effet que l'expression publicitaire « s'efforce *de vendre des produits et des services qui sont dangereux pour la santé ou inopportuns pour d'autres raisons* ». Dans de tels cas, « *certains d'entre nous admettent sans aucun doute qu'il peut y avoir des cas où il est nécessaire de la freiner d'une manière ou d'une autre* ». Partant, des mesures restrictives de l'expression publicitaire s'avèrent parfois nécessaires. À la différence de celles traitées plus haut, assujetties à un contrôle de légitimité, ce sont les organes du Conseil de l'Europe eux-mêmes, qui en viennent à recommander celles dont il est question ici, qui ne pourront donc en aucun cas, en principe, subir un contrôle renforcé[655].

359. Les recommandations émanant des organes du Conseil de l'Europe dessinent et reflètent en effet, en principe, la ligne qu'il convient d'adopter sur une question donnée. La Cour EDH devait suivre cette ligne, tout en demeurant bien évidemment autonome par rapport à l'interprétation de la Convention. De la sorte, si le Conseil de l'Europe recommande certaines restrictions à la liberté d'expression publicitaire, nous pourrions considérer qu'au regard du principe de cohérence qui doit caractériser la politique des organes de la Convention EDH, la Cour devrait se montrer dans une certaine mesure tolérante à l'égard de ces dernières en se retranchant derrière un éventuel consensus en la matière.

360. Au fur et à mesure de l'évolution législative en la matière, une liste grise des produits dont la promotion est interdite ou dont celle-ci doit être strictement règlementée, a été établie. Néanmoins, le contentieux aussi bien interne qu'européen, s'est largement concentré sur les réglementations de la publicité en faveur des produits du tabac et de l'alcool. Ainsi, une jurisprudence constante s'est construite sur cette question. Pour cette raison, et dans un souci de clarté, nous nous limiterons à ces deux exemples afin de tenter de démontrer à quel point l'expression publicitaire peut apparaître hostile et contraire à des intérêts juridiquement protégés et doit, par conséquent, être strictement encadrée ou interdite. Voilà pourquoi nous nous pencherons dans un premier temps sur les recommandations de nature restrictive émanant des organes du Conseil de l'Europe (**1**), puis, nous analyserons leur application en droit interne (**2**) et leur niveau d'acceptation par la Cour EDH (**3**).

1 - Les recommandations du Comité des ministres restrictives de la publicité commerciale

361. C'est le Comité des Ministres, sur recommandation de l'Assemblée parlementaire, qui adopte les résolutions jugées nécessaires à la réalisation de

---

654 M. SCHOLTEN : « Abus de la liberté d'expression dans la publicité commerciale », Conseil de l'Europe, Assemblée parlementaire, Strasbourg, février 1981, p 1, §1.2.

655 En témoigne l'unique phrase consacrée par la Cour, à cette étape du contrôle, qui confirme la légitimité. V arrêt Hachette Filipacchi, préc. §43.

l'objectif du Conseil de l'Europe[656]. Ce but peut être poursuivi par le biais de l'adoption d'une réglementation commune dans le domaine social et de la santé publique[657].

362. Les recommandations du Comité des ministres permettent à ce dernier de communiquer aux gouvernements ses conclusions[658] concernant un sujet lié à la politique du Conseil de l'Europe. Bien qu'elles ne s'avèrent en effet pas contraignantes, ces recommandations trouvent leur valeur juridique dans leur portée symbolique. Examinons dans les détails cette dernière (**a**) avant de nous intéresser à la politique recommandatoire restrictive de l'expression publicitaire (**b**).

a - La portée symbolique des recommandations restrictives de l'expression publicitaire

363. L'importance de la valeur symbolique des recommandations du Comité des ministres est illustrée lors de l'interprétation de la Convention EDH puisque ces recommandations servent de support pour tolérer les ingérences dans la liberté d'expression publicitaire. Même une interdiction totale de la publicité en faveur du tabac passe alors sans difficulté le contrôle européen.

364. Afin d'asseoir la légitimité d'une audacieuse interprétation et pour ne pas donner raison à ceux qui formulent à son encontre l'accusation du « gouvernement des juges », la Cour EDH recherche en effet des indications dans le paysage juridique et social des États membres. Elle procède à une analyse des législations internes sur la question posée afin de déterminer quelles sont les convergences, les tendances législatives et de dégager un potentiel consensus. C'est à ce niveau que les recommandations du Comité des Ministres trouvent leur intérêt. Bien que ces dernières ne soient pas opposables à la Cour, la jurisprudence de cette dernière démontre toutefois que la Cour EDH fait constamment référence à ces recommandations afin d'éclairer ses choix interprétatifs[659]. Par ailleurs, il est important de signaler que les travaux précédents, l'adoption de recommandations de ce genre prennent réciproquement en considération les droits de la Convention. Ainsi, dans son rapport, Scholten a pris en compte les exigences de la liberté d'expression, avant de proposer les mesures restrictives de l'expression publicitaire à l'encontre du tabac et de ses produits[660], constat qui s'avère logique, étant donné

---

656 Dont le principal but est d'établir des liens plus étroits entre les États de l'Europe.

657 Résolution (78) 46, sur les Méthodes de traitements de l'alcoolisme, adoptée par le Comité des Ministres le 26 octobre 1978, lors de la 294ème réunion des Délégués des Ministres.

658 L'article 15.b du Statut du Conseil de l'Europe stipule que le Comité des Ministres peut faire des recommandations aux États membres sur des questions pour lesquelles le Comité a décidé d'une « politique commune ».

659 M. SCHOLTEN : « Abus de la liberté d'expression dans la publicité commerciale », préc.

660 M. DONZE : Avant-projet d'avis sur les mesures à prendre au niveau international pour lutter contre les abus de la liberté d'expression commis par la publicité commerciale, Commission des risques sociaux et de la santé, Ass. Parl. Con. Eur. Le 8 juin 1982, p. 3 §8.

que ces rapports débouchent éventuellement sur des recommandations de l'Assemblée parlementaire. Or, c'est cette dernière qui fut à l'origine de la Convention EDH. Ses recommandations sont adressées au Comité des ministres qui est, toutefois, l'organe de contrôle de l'exécution des arrêts de la Cour EDH. Des liens étroits existent donc entre les organes du Conseil de l'Europe et toutes les mesures adoptées sont en principe conformes aux exigences de la Cour en matière de liberté d'expression.

365. Par voie de conséquence, il semble difficilement concevable que la Cour ignore ces recommandations. En outre, dans son traitement d'une affaire dont la question a fait l'objet d'une recommandation, elle conforte son raisonnement et son interprétation à la lumière de celle-ci. Dès lors, la plupart des restrictions relatives à la publicité en faveur du tabac et de l'alcool existant dans les ordres internes des États dépasseront d'office, ou pour le moins sans difficulté, le contrôle européen au regard de l'article 10§2.

b - La politique recommandatoire à l'encontre de la publicité en faveur des produits dangereux

366. Il ressort très clairement des différents rapports demandés par la Commission des questions sociales et de la santé, qu'une réponse globale doit être donnée au phénomène mondial que constituent le tabac et ses produits dérivés[661]. Selon ces derniers, la règlementation de la publicité en faveur des produits dangereux dont il est ici question ne pourrait, en effet, pas être efficace sans une politique internationale en la matière. C'est la raison pour laquelle le Conseil de l'Europe, organisation intergouvernementale, invite ses États membres à répondre à ce fléau en menant une politique commune. Les prémices de cette politique résident dans l'adoption, en 1973, par l'Assemblée parlementaire, d'une recommandation sur l'interdiction de la publicité en faveur du tabac et de l'alcool[662].

Constatant le danger que représentent les produits du tabac et l'alcool sur la santé des consommateurs, et établissant le lien entre la consommation de ces produits et la publicité commerciale, l'instrument juridique recommandait au Comité des ministres d'inviter les gouvernements des États membres à « *réglementer strictement ou interdire la publicité pour le tabac et l'alcool à la télévision et à la radio et limiter la publicité pour ces produits en général, notamment dans la presse, les salles de spectacle, les rues, les endroits publics, ainsi que les stades sportifs* » [663]. L'Assemblée parlementaire insistait en particulier sur les médias de masses en

[661] D'après le rapporteur SCHOLTEN : « il est sûr que, dans l'Europe d'aujourd'hui, des mesures nationales, même très poussées, ne pourront réussir à protéger pleinement le consommateur européen. La publicité, puisqu'elle s'étend bien au-delà des frontières des États membres, a une incidence directe sur le fonctionnement du marché européen et sur la liberté de la concurrence ». V. M. DONZE., préc., p. 3, §8.

[662] Recommandation 716.

[663] V., point 8 d).

raison de leur impact. En revanche, elle laissait aux États le choix relatif au degré de restriction : limiter et/ou interdire, en fonction du média visé.

367. Dans sa réponse à cette recommandation, se fondant sur le principe de subsidiarité, comme le fait la Cour EDH en la matière, le Comité des ministres a préféré laisser aux États membres la liberté d'adopter les mesures qu'ils jugeaient nécessaires pour faire face aux dangers du tabac et de l'alcool[664]. Cinq ans plus tard, donc en 1978, une résolution du Comité des Ministres, relative aux méthodes de traitement de l'alcoolisme, fut adoptée. Si la publicité commerciale n'a pas été directement visée par cette résolution, cette dernière lui a néanmoins réservé quelques lignes, indiquant qu'il faudrait prendre des mesures sur l'alcool, afin de permettre de réduire la demande individuelle, et qu'il serait judicieux de mener des études sur les facteurs qui contribuent à son augmentation. D'autres recommandations ont ensuite été adoptées à ce propos[665]. Dans son rapport, M. Donze a dressé un état des lieux des législations internes en matière de publicité en faveur des produits du tabac et de l'alcool dans lequel il a constaté que plus de dix-huit États interdisaient totalement la publicité à la télévision et à la radio en faveur du tabac et pour une dizaine d'entre eux, la publicité pour l'alcool[666].

368. Toutes les recommandations relatives à l'expression publicitaire dangereuse[667] conseillent en effet de restreindre la publicité pour les produits considérés comme portant atteinte à la santé, de bien informer les adultes et les enfants à ce sujet et de poursuivre les investigations sur leurs effets. Or, aucun de ces textes n'avait jusqu'ici recommandé d'interdire totalement la publicité concernant certains articles. Un minimum d'expression demeurait garanti, jusqu'à ce que l'Assemblée parlementaire du Conseil de l'Europe adopte une résolution relative à la lutte contre le tabagisme passif et actif, invitant tous les États membres à se doter « *sans plus attendre, de législations de santé publique résolument antitabac qui : ne tolèrent - quel qu'en soit le support - aucune publicité directe, indirecte ou déguisée en faveur des produits du tabac et de ses dérivés* »[668]. Une telle interdiction totale et absolue de la publicité en faveur du tabac est-elle justifiée au regard de l'article 10 de la CEDH ? Nous ne pourrions adhérer à cette position marquée par une certaine radicalité, d'autant plus que le produit concerné est autorisé dans le commerce, autorisation vraisemblablement fondée sur la liberté d'entreprendre. Or, le droit à la liberté d'expression publicitaire repose, pour sa part,

---

664 Réponse du Comité des Ministres à la Recommandation 716 (1973), Doc. 3651 addendum.

665 La Résolution (72) 8 sur la protection des consommateurs contre la publicité trompeuse, les Recommandations : R (82) 4 sur la prévention des problèmes liés à l'alcool, en particulier parmi les jeunes, R (82) 5 sur la prévention de la toxicomanie et le rôle particulier de l'éducation pour la santé, R (84) 3 sur les principes relatifs à la publicité télévisée, et la R (86) 14 sur la mise au point d'une stratégie de lutte contre le tabagisme, l'abus d'alcool et la toxicomanie.

666 M.DONZE, préc. p.8, §23.

667 C'est-à-dire dont l'objet est un produit dangereux pour la santé, à savoir en l'occurrence le tabac et l'alcool.

668 Adoptée le 24 juin 2002, n°1286 (2002).

sur la liberté d'expression. Dès lors, cela voudrait-il dire que la liberté d'entreprendre prime sur le droit garanti par l'article 10 ? À l'heure actuelle, il semble que cela soit le cas dans ce domaine.

369. Par ailleurs, au-delà de cette interdiction totale de la publicité cautionnée par les organes du Conseil de l'Europe et à laquelle la Cour EDH semble adhérer, n'est-il pas disproportionné d'imposer aux fabricants de tabac une publicité négative (fumer tue, provoque des cancers, des AVC...) ? Ne serions-nous pas en train de retourner le bénéfice de la liberté d'expression contre celui auquel elle est censée profiter ? De surcroît, alerter sur le caractère nocif du produit par le biais de la publicité, ne serait-il pas un aveu de l'importance informative de la publicité ? Or, c'est la fonction incitative de celle-ci qui a toujours été mise en avant lors des opérations d'arbitrages opérées par le juge européen, ce qui n'était pas favorable à la liberté d'expression publicitaire des émetteurs.

370. Ceci étant, il nous reste à examiner si l'ordre juridique interne a su prendre en considération ces textes et établir un équilibre entre la protection de la santé publique et le respect de la liberté d'expression publicitaire. Les recommandations du Comité des Ministres seraient aussi en opposition avec les législations qui autorisent la publicité en faveur de ces produits dans les médias de masses.

2 - L'accueil des recommandations restrictives au niveau national

371. Au niveau interne, ce sont essentiellement les recommandations émanant de l'Organisation Mondiale de la Santé (OMS) qui ont tiré la sonnette d'alarme du législateur français à propos des risques que représentent l'alcool, le tabac et ses produits[669]. Elles ont constitué le point de départ d'une vague de législations restrictives de l'expression publicitaire à l'encontre de tous ces produits. L'étude de l'évolution de la seule législation relative à la publicité en faveur du tabac et de ses produits révèle qu'elle est de plus en plus restrictive.

372. Ainsi, la loi n°76-616 du 9 juillet 1976, dite « loi Veil », a constitué le premier grand texte consacré aux méfaits du tabagisme et encadrant cette expression publicitaire. Elle interdisait la publicité sur certains supports (télévision, Radio, projections dans les salles de spectacles, affiches, prospectus ou enseignes). Dans un sens plus restrictif, elle a été modifiée et complétée par la loi Évin en 1991, qui posait le principe d'une interdiction générale, assortie de quelques exceptions. Le principe est que « *toute propagande ou publicité directe ou indirecte en faveur du tabac ou des produits du tabac ainsi que toute distribution gratuite sont interdites* »[670]. Les affichettes disposées à l'intérieur des débits de tabac, non visibles de l'extérieur, constituaient une exception. Malgré sa nature plus restrictive,

---

[669]https://www.hassante.fr/upload/docs/application/pdf/202001/la_prevention_des_addictions _et_la_reductionduction_des_risques_et_de _dommages_par_les_csapa- _recommandations.pdf.

[670] Article 3512-4 du CSP.

sa constitutionnalité a été reconnue par le Conseil constitutionnel au nom de l'impératif de la santé publique[671].

373. Enfin, par la loi n° 2016-41 du 27 janvier 2016, le législateur a donné au principe général d'interdiction sa pleine effectivité. Ainsi, l'exception dont bénéficiaient les affichettes disposées à l'intérieur des débits de tabac a été supprimée[672]. De plus, la catégorie des produits dont la publicité est interdite a été élargie pour intégrer les « *dispositifs électroniques de vapotage et des flacons de recharge qui leur sont associés* ». Le parrainage et le mécénat en faveur des produits du tabac ont été révisés. Ils sont désormais interdits dès qu'ils sont « *effectués par les fabricants, les importateurs ou les distributeurs de produits du tabac* ». Plus encore, loi de 2016 s'est attaquée à l'emballage des paquets, en imposant les principes d'uniformité et de neutralité des emballages[673]. Les conditions et modalités d'application de ces nouvelles dispositions ont été précisées dans le décret du 21 mars 2016[674].

374. Cependant, la législation relative à la lutte contre l'alcoolisme s'avère quant à elle moins stricte. Ainsi, d'une part, c'est davantage un principe de restriction plutôt que d'interdiction qui est adopté. D'autre part, l'on observe qu'au fil du temps, la législation se montre de plus en plus favorable à l'expression publicitaire dans ce domaine car celle actuelle a été adoucie si on la compare à celle antérieure. Les lois les plus restrictives du discours publicitaire en faveur de l'alcool remontent en effet aux années 40[675]. Toutefois, dès le début des années cinquante émergent les prémices d'un assouplissement[676]. L'intervention de la loi Évin marque un tournant, du fait qu'elle a permis une atténuation partielle des règles applicables à l'expression publicitaire[677]. En outre, cette même loi a profondément modifié le

---

671 Cons. const., déc. 8 janv. 1991, n° 90-283 DC, loi relative à la lutte contre le tabagisme et l'alcoolisme : JO 10 janv. 1991, p. 524.

672 Les enseignes des débits de tabac non concernées. V. article 3512-4 du CSP.

673 Article 3511-6-1, « *Les unités de conditionnement, les emballages extérieurs et les suremballages des cigarettes et du tabac à rouler, le papier à cigarette et le papier à rouler les cigarettes sont neutres et uniformisés* ».

674 Décret n° 2016-334 du 21 mars 2016 relatif au paquet neutre des cigarettes et de certains produits du tabac.

675 Il y avait tout d'abord la loi du 23 août 1940, qui disposait, dans son article 4, que « la publicité par l'affiche, le journal, les panneaux réclames, la TSF ou par quelque mode que ce soit, en faveur des boissons visées aux articles 1er et 2 (boissons spiritueuses et apéritives), est interdite en France et sur les territoires relevant de l'autorité française ». Puis, la loi du 24 septembre 1941 est venue modifier ces dispositions dans son article 9.

676 Loi n° 51-37 du 6 janvier 1951, JO. 11 janvier 1951 : « *la publicité relative aux apéritifs à base de vin et aux liqueurs compris dans les troisième et cinquième groupes et dont la vente est autorisée, est libre lorsqu'elle indique exclusivement la dénomination et la composition du produit, le nom et l'adresse du fabricant, des agents et des dépositaires. Le conditionnement ne pourra être reproduit que s'il comporte exclusivement la dénomination et la composition du produit, le nom et l'adresse du fabricant, des agents et dépositaires* ».

677 F. GRAS : « Publicité pour l'alcool », *JurisClass. Comm.* Fasc.184. §8.

Code des débits de boisson, qui a été intégré par la suite dans le Code de la santé publique[678]. Depuis, des modifications ont été apportées à ce texte, parmi lesquelles l'enrichissement de la liste des mentions autorisées à la publicité en y intégrant les « *références objectives relatives à la couleur et aux caractéristiques olfactives et gustatives du produit* [679]». En outre, la loi n°2016-41 de 2016[680] a apporté quelques modifications à la définition donnée à la notion de publicité en excluant de cette dernière certains messages afin de les soustraire à l'application des mesures restrictives de la publicité en faveur de l'alcool et également afin de faire distinguer celle-ci de l'information[681].

375. L'influence du droit de l'Union européenne sur le droit interne est visible en la matière. Concernant la publicité télévisuelle en faveur du tabac, la directive Télévision sans frontières (TSF) l'interdit totalement. Quant aux autres médias, l'ancienne directive 98/43/CE du 6 juillet avait fixé les règles applicables en la matière en optant pour l'interdiction générale. À la suite de son annulation par la Cour de justice de l'Union européenne[682], elle a été remplacée par la directive 2003/33/CE du 26 mai 2003[683] pour interdire la publicité en faveur du tabac et de ses produits à la radio, dans les médias imprimés, sur internet, ainsi que le sponsoring réalisé par les fabricants de cigarettes lors de manifestations et d'activités transfrontalières. Cette dernière directive est considérée comme la plus restrictive des textes européens en la matière. Sa transposition en droit français n'a été que partielle. À titre d'exemple, internet demeure exclu de cette interdiction mais demeure toutefois réglementé.

376. Partant, il apparaît que le droit français adhère à la politique menée par le Conseil de l'Europe en matière de limitation des dangers du tabac et de l'alcool.

---

[678] L'ordonnance n° 2000-548 du 15 juin 2000.

[679] L'article L. 3323-4 du Code de la santé publique.

[680] Elle-même modifiée par l'ordonnance n° 2016-623 du 19 mai 2016 portant transposition de la directive 2014/40/UE sur la fabrication, la présentation et la vente des produits du tabac et de ceux connexes.

[681] La loi 2016-41 a inséré dans le Code de la santé publique l'article 3323-3-1. Aux termes de cet article, « *Ne sont pas considérés comme une publicité ou une propagande, au sens du présent chapitre, les contenus, images, représentations, descriptions, commentaires ou références relatifs à une région de production, à une toponymie, à une référence ou à une indication géographique, à un terroir, à un itinéraire, à une zone de production, au savoir-faire, à l'histoire ou au patrimoine culturel, gastronomique ou paysager liés à une boisson alcoolique disposant d'une identification de la qualité ou de l'origine, ou protégée au titre de l'article L. 665-6 du code rural et de la pêche maritime* ». Voir en ce sens le jugement du Tribunal de grande instance, Versailles, 8e chambre correctionnelle, 18 Janvier 2016 - n° 15106000169.

[682] CJCE : 5 octobre 2000, République fédérale d'Allemagne c. Parlement européen et Conseil de l'Union européenne, Affaire C-376/98.

[683] Directive adoptée par le Parlement européen et le Conseil de l'Union européenne, concernant le rapprochement des dispositions législatives, réglementaires et administratives des États membres en matière de publicité et de parrainage en faveur des produits du tabac.

Toutefois, la différence de traitement quant aux restrictions relatives à la publicité en faveur de ces deux produits paraît injustifiée, non légitime. Elle n'est tout d'abord pas justifiée parce que, bien que l'alcool, de même que le tabac, soit un produit dont la dangerosité pour la santé n'est pas contestée, le Code de la santé publique se montre plus favorable à la publicité pour le premier que pour le second. Nous considérons ensuite que cette différence de traitement n'est pas légitime au regard de l'esprit de l'article 10§2 de la CEDH. Si celui-ci autorise des limitations au nom de l'intérêt général (la santé publique dans notre cas), ce dernier ne peut être opposé plus fermement aux produits du tabac qu'à l'alcool. Ainsi, même si un État contractant est un grand producteur de ce produit, la protection de la santé publique devrait primer sur les autres intérêts, en particulier lorsqu'ils sont d'ordre économique.

377. *In fine*, cette différence de traitement en matière de restrictions de la publicité en faveur du tabac et de l'alcool aurait pu être évitée si le respect de la liberté d'expression publicitaire avait été observé. Cette dernière ne tolèrerait pas, en principe, une interdiction totale et absolue de la publicité en faveur du tabac et de ses produits. Il serait ainsi cohérent d'aligner la législation relative au tabac en matière de publicité commerciale sur celle concernant l'alcool. De surcroît, si même dans le cas d'une interdiction totale de la publicité, la Cour EDH ne déclenche pas un contrôle renforcé, cela confirmera l'illusion d'une liberté d'expression publicitaire.

3 - L'accueil des recommandations restrictives par la Cour EDH

378. Après avoir énuméré les principales recommandations émanant des organes du Conseil de l'Europe et opéré un bref retour sur la législation française en matière de publicité relative aux produits dangereux, il apparaît que le droit français, sous l'influence de celui européen, adopte la voie la plus restrictive de l'expression publicitaire en faveur du tabac et demeure assez exigeant vis-à-vis de l'alcool, profitant ainsi du pouvoir d'appréciation accordé en la matière par la Cour et les autres organes du Conseil de l'Europe.

379. Bien que le droit interne français en la matière figure en effet parmi les plus restrictifs, dépassant même les limites des recommandations du Conseil de l'Europe, qui n'imposent quant à elles pas d'interdiction générale mais laissent le choix aux États, la Cour EDH a confirmé ces mesures au nom de la santé publique. Ainsi, à deux reprises, la Cour EDH a approuvé la décision de la Cour de

Cassation[684] censurant la publicité des magazines *Entrevue et Action Auto Moto* pour publicité indirecte en faveur du tabac[685].

380. Le raisonnement poursuivi par la Cour avant de conclure à la non-violation de l'article 10§1 de la CEDH s'avère assez convaincant. Elle a en effet fait preuve de cohérence avec la politique menée par les organes du Conseil de l'Europe dont elle fait partie. Ainsi, la Cour EDH traitait la question de la publicité en faveur du tabac en faisant référence aux recommandations des organes du Conseil de l'Europe, qui ont joué un rôle fondamental dans le rapprochement des législations des États membres en la matière, établissant par conséquent un consensus européen ayant permis à la Cour de légitimer la restriction de la liberté d'expression. Par conséquent, les motifs invoqués par le gouvernement français ont sans conteste été confirmés par la Cour. Ainsi, cette dernière « *est d'avis, avec le Gouvernement, que la restriction de la publicité en faveur du tabac et des produits du tabac constitue un axe essentiel d'une stratégie plus globale de lutte contre le fléau social que constitue le tabagisme. Cette politique suscite dans l'opinion et auprès des pouvoirs publics un intérêt soutenu. Ainsi, des considérations primordiales de santé publique, sur lesquelles l'État et l'Union européenne ont d'ailleurs légiféré, peuvent primer sur des impératifs économiques, et même sur certains droits fondamentaux comme la liberté d'expression* » [686]. Il en résulte que la Cour considère que les motifs des restrictions apportées à la liberté d'expression publicitaire en l'espèce, s'avèrent « pertinents » et « suffisants » pour justifier l'ingérence[687]. Ainsi , « *compte tenu de l'importance de la protection de la santé publique, de la nécessité de lutter contre le fléau social que constitue, dans nos sociétés, le tabagisme, du besoin social impérieux d'agir dans ce domaine, et de l'existence d'un consensus européen sur la question de l'interdiction de la publicité en faveur du tabac, la Cour considère que les restrictions apportées en l'espèce à la liberté d'expression des requérants répondait à un tel besoin, et n'étaient pas disproportionnées au but légitime poursuivi* » [688].

381. En résumé, il apparaît que les restrictions au discours publicitaire sont souvent considérées comme justifiées par rapport aux intérêts légitimes qu'elles visent à protéger. Sur ce point, les juridictions internes comme la Cour européenne semblent en accord. Dans un tel cas, les ingérences dans l'exercice de la liberté d'expression publicitaire de l'émetteur ne pourraient en effet, en principe, être

---

[684] Le 5 octobre 2004, la chambre criminelle de la Cour de cassation confirma l'arrêt de la Cour d'appel du 26 janvier 2004 selon lequel « *le principe de la liberté d'expression ne s'opposait pas à ce que le législateur en réglemente l'exercice en vue de le concilier avec d'autres règles ou principes et notamment celui de la sauvegarde de la santé publique* ».

[685] Affaire Hachette Filipacchi, préc. ; Cour EDH : 5 juin 2009, Société de conception de presse et d'édition et Ponson c. France, req., n°26935/05.

[686] §46.

[687] §48.

[688] Arrêt Ponson c. France, préc., §63.

considérées comme attentatoires à sa liberté d'expression du moment qu'elles sont justifiées.

Paragraphe 2 - La faiblesse avouée du contrôle européen

382. Le contrôle européen des restrictions ne fait pas défaut, mais il s'annonce plus lâche[689]. L'utilité relative du discours publicitaire pour le bon fonctionnement d'une société démocratique conduit le juge européen des droits de l'Homme à s'autolimiter dans l'exercice du contrôle des ingérences.

383. À quoi pourrait bien servir une liberté fondamentale qui ne censurerait pas les interdictions totales de la publicité commerciale et ne contrôlerait pas effectivement les restrictions partielles de celle-ci ?

384. Le contrôle européen étant faible, il octroie ainsi une marge d'appréciation étendue au profit des États (**A**). Selon la Cour, cette marge n'est toutefois pas illimitée et demeure toujours associée à un contrôle de proportionnalité, qui n'est toutefois pas renforcé et plutôt favorable aux limitations étatiques à la publicité commerciale (**B**).

A - Une marge d'appréciation étendue

385. L'octroi de la marge nationale d'appréciation consiste à admettre qu'une norme nationale qui n'est pas totalement conforme à la Convention peut néanmoins être jugée compatible avec celle-ci[690], non parce qu'elle serait justifiée, tout du moins en matière de liberté d'expression publicitaire, mais en raison de l'importance relative qu'elle revêt auprès de la collectivité, état de fait qui réduit l'intensité du contrôle exercé par les juges européens.

386. La Cour EDH trouve dans la marge nationale d'appréciation un argument pour justifier son autolimitation[691] car elle conserve le pouvoir d'apprécier l'étendue de la marge nationale d'appréciation. Nous remarquons toutefois que des critères préétablis qui permettraient de déterminer les situations où le juge européen pourrait laisser une large marge aux États font défaut. Ce flou, plus particulièrement quant à l'ampleur de la marge, est largement critiqué[692]. Plusieurs études ont donc essayé de systématiser la marge d'appréciation afin de répondre à cette préoccupation.

---

689 F. MARCHADIER : « La moralisation de la vie des affaires et la convention européenne des droits de l'homme », préc.

690 F. TULKENS : « L'usage de la marge d'appréciation par la Cour européenne des droits de l'homme. Paravent juridique superflu ou mécanisme indispensable par nature ? », *Dalloz*, RSC 2006, p.3. p.11.

691 *Ibid.*

692 P. LAMBERT : « Chronique de la jurisprudence de la Cour européenne des droits de l'homme », *Journal des tribunaux-droit européen*, 1997, p.62.

Dans une remarquable étude, Madame Tulkens est parvenue à déterminer les domaines dans lesquels la marge nationale d'appréciation est souvent invoquée, de même que les raisons qui déterminent son ampleur. Ainsi, selon cette auteure, l'objet et la matière en cause, la nature du droit auquel il est porté atteinte et la gravité de celle-ci, l'existence d'un consensus européen, la diversité des approches nationales constituent autant de paramètres réglant l'étendue de la marge.

387. Concernant le droit à la liberté d'expression, l'étendue de la marge d'appréciation est variable. À ce propos, dans son opinion dissidente dans l'affaire *Wingrove c. Royaume Uni* du 25 novembre 1996, le juge Lohmus déclarait que « *la Cour opère des distinctions au sein de l'article 10 lorsqu'elle applique sa doctrine sur la marge d'appréciation des États. Pour certaines affaires, la marge laissée est vaste, pour d'autres, plus réduite* ». Dans le même sens, la Cour affirmait que « *le pouvoir d'appréciation [laissé aux États]*[693] *n'a pas une ampleur identique pour chacun des buts énumérés à l'article 10§2* »[694]. Un lien étroit existe entre la marge nationale d'appréciation et l'intensité du contrôle européen, ce dernier pouvant être mesuré en observant l'étendue de la marge conférée aux États. Lorsque celle-ci est réduite, le contrôle européen est alors strict[695], et inversement. Il demeure tout de même certains cas pour lesquels une large marge d'appréciation se voit conjuguée avec un contrôle renforcé[696].

388. Le discours politique et tout autre discours contribuant au débat d'intérêt général, font en effet constamment l'objet d'un contrôle poussé impliquant une suppression presque totale de la marge de manœuvre des États. Ainsi, constituant l'essence de la démocratie, la presse[697] et les discours contribuant au débat d'intérêt

---

[693] C'est nous qui précisons.

[694] Cour EDH, 26 avril 1979, Sunday times c. Royaume-Uni, requête n°6538/74, §59.

[695] Arrêt Sunday times, préc. §59 : « *À une liberté d'appréciation moins discrétionnaire correspond donc ici un contrôle européen plus étendu* »,

[696] S.VAN DROOGHENBROECK : *La proportionnalité dans le droit de la convention européenne des droits de l'homme. Prendre l'idée simple au sérieux*, Bruxelles, *éd., Presses de l'Université Saint-Louis*,2001, p.544.

[697] Selon P. WACHSMANN, « *la Cour insiste avec force sur le rôle que joue la presse à cet égard [libre discussion dans l'espace public], au point que les condamnations ou injonctions qui la visent apparaissent a priori suspectes et doivent reposer sur des motifs particulièrement impérieux pour que l'État échappe à un constat de violation de l'article 10* ». L'auteur poursuit en faisant du rôle de la presse dans la contribution au débat d'intérêt général la raison de la protection dont elle bénéficie : « *ce n'est pas donc pour elle-même que la presse jouit d'une situation privilégiée : elle est avec les médias audiovisuels, le moyen par excellence d'une discussion sur les problèmes d'intérêt général* », Voir : WACHSMANN : « Une certaine marge d'appréciation, considérations sur les variations du contrôle européen en matière de liberté d'expression », *in* Mélanges en honneur à Pierre Lambert. Brulant, 2000 ; V. arrêts en la matière : Sunday times n°1 et Observer et Guardian c. Royaume-Uni du 26 novembre 1991 pour nous en tenir à ces deux arrêts précités.

général[698], comme ceux des associations de protection de l'environnement, par exemple[699], bénéficient d'une forte protection.

389. Ainsi, tout discours susceptible d'animer le débat public (le discours renfermant des valeurs, le discours politique, etc.) reçoit une attention particulière de la part de la Cour. La juridiction strasbourgeoise s'intéresse également aux expressions qui choquent et qui inquiètent une fraction de la population[700]. Dans les domaines intéressant le public (comme l'art, la politique, la presse), le juge européen exerce un contrôle strict en réduisant la marge nationale d'appréciation.

390. Comme nous l'avons souligné, la contribution à la construction d'une société démocratique constitue l'outil de mesure de l'intensité du contrôle que la Cour souhaite exercer. L'on peut en effet remarquer que, même dans les cas où une large marge d'appréciation est attribuée aux États, la Cour n'hésite pas à émettre des constats de violation. Tel est le cas dans l'affaire *Hertel c. Suisse* du 25 août 1998. Ainsi, après avoir insisté sur l'importance de la marge d'appréciation dans le domaine de la concurrence déloyale[701], la Cour a d'emblée déclaré que « *la mesure en cause a pour effet de censurer partiellement les travaux de ce dernier [le requérant] et de limiter grandement son aptitude à exposer publiquement une thèse qui a sa place dans un débat public dont l'existence ne peut être niée. Peu importe que l'opinion dont il s'agit est minoritaire et qu'elle peut sembler dénuée de fondement : dans un domaine où la certitude est improbable, il serait particulièrement excessif de limiter la liberté d'expression à l'exposé des idées généralement admises* » [702]. L'importance accordée au discours en cause est justifiée par la contribution de l'article incriminé aux discussions liées à l'intérêt général, à la santé publique en l'occurrence[703]. Ainsi, dès lors qu'une restriction remet en cause les valeurs essentielles au sein d'une société démocratique, la Cour renforce son contrôle malgré l'importance de la marge attribuée aux États en la matière.

391. Cependant, toujours par rapport à l'article 10§1 de la CEDH, mais s'agissant cette fois-ci de la publicité commerciale, les États bénéficient non seulement d'une « certaine » [704] mais d'une « large » marge d'appréciation. Étant

---

[698] Dans son arrêt Verein Gegen Tierfabriken c. Suisse du 30 juin 2009, la Cour affirmait que « *l'article 10§2 de la Convention ne laisse guère de place pour des restrictions à la liberté d'expression dans le domaine du discours politique ou comme ici, des questions d'intérêt général* » §92, précité.

[699] Leur discours contient des informations et des faits de « nature à intéresser le public ». Par le biais de leurs messages, ces dernières contribuent à rendre transparentes les activités des autorités publiques ; Cour EDH, 27 mai 2004, Vides Aizsardzibas Klubs c. Lettonie, aff., 57829/00, §42.

[700] Arrêt Handyside.

[701] Cour EDH: Hertel, §47.

[702] *Ibid.*, §51.

[703] *Ibid.*, §47.

[704] Tel est le cas dans l'affaire Hertel, préc.

donné qu'elle a déjà fait l'objet de plusieurs études antérieures[705], il n'est ici pas question de retracer la jurisprudence relative à la doctrine de la marge dans ce domaine. Nous nous limiterons juste à quelques observations de principe.

Primo, on ne peut nier que l'importance de la marge d'appréciation dans le domaine de la publicité commerciale est une donnée constante. Dès lors, la critique selon laquelle la jurisprudence de la Cour est imprévisible[706] du fait du manque de clarté des mesures justifiant l'étendue de la marge, ne semble pas être transposable dans ce domaine. La Cour semble assez claire sur cette question et ainsi les affaires ayant trait au discours commercial bénéficieraient d'une prévisibilité importante[707].

Secundo, de même que dans les autres domaines où le recours à une large marge d'appréciation, et donc à un contrôle restreint, a fait l'objet de justification[708], la Cour a affirmé la raison de son autolimitation en matière de publicité commerciale. C'est la nature commerciale du discours publicitaire et le domaine dans lequel il s'insère[709] qui constituent en effet l'argument explicite, mais équivoque, de son autolimitation. Voilà pourquoi, dans l'affaire *Market Intern* Verlag[710], par exemple, la Cour affirme, en s'alignant sur l'appréciation du gouvernement allemand[711], que « *selon la jurisprudence constante de la Cour, les États contractants disposent d'une certaine marge d'appréciation pour juger de l'existence et de l'étendue de la nécessité d'une ingérence (...) Pareille marge est indispensable en matière commerciale, en particulier dans un domaine aussi complexe et fluctuant que celui de la concurrence déloyale* [712]». Dans le cadre d'une autre affaire, *Krone Verlag c. Autriche* du 11 décembre 2003, concernant l'interdiction d'une publicité comparant les tarifs d'abonnement à deux journaux sans faire état de leurs styles éditoriaux différents, la Cour a réaffirmé en ces termes sa position : « *une pareille marge*

---

[705] Not. OTHEIMER : *L'Harmonisation de la liberté d'expression en Europe*, Paris, édition Pedone, 2001.

[706] Johan CALLEWAERT : « La convention européenne des droits de l'homme entre effectivité et prévisibilité », *in Les Droits de l'homme au seuil du troisième millénaire*, mélanges en honneur à Pierre Lambert, *Brulant*, 2000, p.105.

[707] Otheimer, p.97.

[708] Concernant l'absence d'une conception uniforme de la notion de religion, voir : CEDH, 20 septembre 1994, Otto-Preminger-institut c. Autriche ; ou de la morale, voir : Handyside, préc ; et en cas de situation de crise existant dans un État défendeur : CEDH, 20 février 2003, Forrer-Neidenthal c. Allemagne, n°47316/99, §48.

[709] Ce facteur de complexité de la publicité commerciale sera développé dans la section suivante.

[710] *Op. cit.*

[711] Pour l'État défendeur, « *dans le domaine de la concurrence les États jouiraient d'une ample latitude pour tenir compte de la situation spécifique du marché national et, ici, des conceptions nationales de la bonne foi en affaires. Des déclarations poursuivant "des fins de concurrence" n'entreraient pas dans le noyau fondamental de la liberté d'expression et bénéficieraient d'une moindre protection que d'autres "idées" ou "informations"* », §32.

[712] §33.

d'appréciation est indispensable dans un domaine aussi complexe et fluctuant que celui de la concurrence déloyale. Il en va de même pour la publicité »[713].

D'après P. Wachsmann, il s'agirait d'arbitrages complexes entre des données contradictoires dans le domaine marchand qui justifieraient l'abstention de la Cour en faveur des autorités nationales mieux placées pour appréhender les facteurs pertinents et les hiérarchiser[714]. Bien que l'on soit de cet avis - et nous allons d'ailleurs l'exprimer plus clairement dans les développements qui suivent - il nous semble tout de même que la complexité dont il s'agit ici et qui justifie le contrôle restreint du juge, est la nature commerciale de la publicité. Ceci est d'autant plus vrai lorsque l'on constate que l'extension de l'article 10 à ce discours n'a pas pu être clairement motivée. Le juge européen ne semble pas convaincu de la justesse d'une telle extension et cela se reflète dans son contrôle des restrictions frappant cette forme d'expression.

Dans ce prolongement, on peut enfin relever de sa jurisprudence en la matière que la faible importance sociale du discours publicitaire pour la collectivité[715] est une raison principale permettant de comprendre la faible protection qui lui réservée par le juge des droits de l'Homme. Il est de jurisprudence constante que la Cour accorde une attention particulière au principe de la liberté d'expression, en raison de son importance primordiale au sein d'une société démocratique[716]. D'ailleurs, elle ne se lasse pas de rappeler que la liberté d'expression constitue l'un des fondements de ce type de société[717], au point de devenir un refrain jurisprudentiel. Ces principes liés à l'article 10§1 de la CEDH et cette préoccupation du juge en la matière disparaissent entièrement lorsque le discours publicitaire entre en jeu. La protection accordée à ce discours est faible, ce qui fait de la publicité commerciale un « *jus secondarium* » ou une sorte de liberté fondamentale de second rang. Le système européen des droits de l'homme a-t-il réellement besoin de libertés semi-fondamentales ?

392. Par conséquent, l'étendue de la marge nationale d'appréciation influence l'intensité du contrôle exercé par le juge. Étant donné qu'il s'agit d'un discours dénué d'importance pour la collectivité, considéré comme non essentiel pour

---

713 Préc. §30.

714 P. WACHSMANN, préc. p.1030.

715 C'est également la position du juge Callaghan dans l'affaire Re Klein and Law Society of Upper Canada (1985) 16 D.L.R (4th) 489. Selon ce dernier, « l'expression *commerciale ne contribue en rien aux valeurs démocratiques parce qu'elle n'a rien à dire sur la manière dont les citoyens sont gouvernés ou devraient être gouvernés; l'expression commerciale ne mérite pas par conséquent, la protection constitutionnelle* », p.539.

716 Il faut rappeler ici la formule de la Cour dans l'arrêt Handyside, selon laquelle « *son rôle de surveillance commande à la cour de prêter une extrême attention aux principes propres à une société démocratique* ».

717 Arrêt Handyside, préc : « *La liberté d'expression constitue l'un des fondements essentiels de pareille société, l'une des conditions primordiales de son progrès et de l'épanouissement de chacun* ».

construire ou contribuer au progrès d'une société dite « démocratique » et s'inscrivant dans un domaine complexe, celui du marché, les États reçoivent, en effet, une large marge de manœuvre dans le domaine de la publicité commerciale. Il s'ensuit qu'un contrôle très faible est exercé par la Cour strasbourgeoise. Se pose alors la question du caractère judicieux de l'extension de l'article 10§1 à une forme d'expression n'intéressant point la collectivité.

Soulignons néanmoins que la marge en cause n'est pas sans limite, mais demeure accompagnée d'un contrôle de proportionnalité.

B - Un contrôle de proportionnalité restreint

393. La Cour EDH a maintes fois rappelé que le respect du principe de subsidiarité illustré par le recours à la marge nationale d'appréciation, « *va de pair avec un contrôle européen* »[718]. Par conséquent, même si une subsidiarité étendue est laissée aux États, elle demeure tout de même limitée par le contrôle de la Cour.

394. Dans son examen de la mesure litigieuse, la Cour EDH s'attache au but poursuivi et en évalue la légitimité. Puis, elle procède à la vérification de sa « *nécessité dans une société démocratique* ». Or, la nécessité suppose une certaine proportion[719]. Autrement dit, un juste équilibre[720] doit être ménagé entre les intérêts individuels et ceux collectifs. Cette opposition entre le privé et le public constitue, selon M. Fromont, le seul terrain possible d'intervention de l'« *authentique proportionnalité* »[721].

395. Le contrôle de la proportionnalité de la mesure a en effet été défini comme « *un contrôle exercé par une juridiction et consistant à vérifier concrètement que l'application d'une règle de droit interne ne conduit pas à porter une atteinte disproportionnée à un droit fondamental garanti par une convention internationale ou par une norme nationale au regard du but légitime poursuivi par cette règle* »[722].

396. En exerçant le contrôle de proportionnalité, le juge européen observe si la mesure d'ingérence ne porte pas une atteinte excessive au droit fondamental en cause au regard du but légitime poursuivi. En d'autres termes, il vérifie la possible existence d'autres mesures moins restrictives qui auraient été susceptibles

---

718 Arrêt Handyside, préc.§ 49. Dans l'arrêt Jacubowski, la Cour EDH affirme qu'« il convient de reconnaître aux États contractants une certaine marge d'appréciation pour juger de l'existence et de l'étendue de la nécessité d'une ingérence, mais elle va de pair avec un contrôle européen portant à la fois sur la loi et sur les décisions qui l'appliquent, même quand elles émanent d'une juridiction indépendante » §26.

719 E. KASTANAS : *Unité et diversité : notions autonomes et marges d'appréciation des États dans la jurisprudence de la Cour européenne des droits de l'homme*, Bruxelles, Bruylant, 1996.

720 D'après la Cour, les expressions « proportion raisonnable » et « juste équilibre » sont équivalentes. V. Cour EDH, arrêt James et autres c. RU, 21 février 1986, 8793/79.

721 M. FREMONT : « Le principe de proportionnalité », *AJDA*, numéro spécial, 1995, p. 164.

722 P. CHAUVIN : « Contrôle de proportionnalité : Une nécessaire adaptation aux exigences de la jurisprudence européenne », *Gaz. Pal.* 6 déc. 2016, n° 281w8, p. 10.

d'atteindre le même objectif. Cette sévérité dans l'appréciation de la proportionnalité de la mesure restrictive disparaît en matière d'expression publicitaire. La Cour ne se force pas à réexaminer l'ensemble de l'affaire pour apprécier la nécessité de la mesure restrictive, démarche jusqu'alors suivie dans les autres domaines. L'évaluation des faits est une condition de l'effectivité du contrôle et son abandon rend ce dernier illusoire[723]. Cependant, le contrôle de proportionnalité est présent. Ainsi, dans l'affaire *Markt intern* précitée, la Cour strasbourgeoise avait indiqué très clairement qu'en matière commerciale, la marge d'appréciation est indispensable et que de ce fait, elle s'abstiendra de réexaminer l'ensemble de l'affaire et se bornera à observer la proportionnalité de cette mesure[724].

397. Or, même si la Cour s'attache à observer la proportionnalité de la mesure restrictive, l'essence de cette dernière (la proportionnalité) ne semble toutefois pas être respectée par la Cour. Ainsi, dans cette même affaire, elle a procédé en exposant les différents intérêts en cause, avant de s'aligner sur les appréciations des juridictions nationales, notamment sur celles de la Cour fédérale d'Allemagne[725].

Cette dernière avait jugé que la mesure était justifiée en raison de l'absence d'une raison suffisante pour relater l'incident lors de la publication[726]. Adoptant cet argument, la Cour EDH n'a pas voulu préciser si la décision de la Cour fédérale s'avérait conforme aux exigences de la Convention et a estimé que cette dernière était mieux placée pour trouver un juste équilibre entre la liberté de l'information du journal spécialisé et la réputation du Club visé[727].

398. Cette attitude a été largement critiquée par plusieurs juges qui ne l'ont pas approuvée[728]. Un réel examen de la proportionnalité n'aurait pas condamné la liberté de Markt Intern, selon les juges Martens et Macdonald[729] qui ont estimé que la Cour fédérale avait fondé ses appréciations sur le droit de la concurrence déloyale. Or, un tel droit s'applique entre concurrents, à quelques exceptions près[730] et pose comme principe l'interdiction de la critique envers un concurrent, ce qui s'avère tout à fait compréhensible dans la mesure où un discours ciblant un concurrent sert dans la majorité des cas un intérêt privé. Or, tel n'est pas le cas pour la liberté d'expression car, dans ce domaine, l'idée est « *qu'en usant de son droit on sert*

---

[723] Arrêt Markt Intern Verlag, préc. §33.

[724] *Ibid.*

[725] Markt intern, §36.

[726] *Ibid.*

[727] Markt Intern, §37.

[728] Voir les différentes opinions dissidentes, pp.18 à 26 de l'arrêt Markt intern Verlag.

[729] Opinion dissidente du juge MARTENS approuvée par le juge MACDONALDS, sous l'arrêt Markt Inter, p.24.

[730] En droit français, l'action en concurrence déloyale, fondée sur la théorie du parasitisme économique, n'impose pas que l'agent économique exerçant cette action contre un autre « *se situe dans une relation de concurrence directe avec celui qu'il qualifie de parasite* » : Com. : 7 avril 2009 ; n° 07-17.529.

l'intérêt général, en particulier s'il s'agit de la presse »[731], ce qui fait que le principe en la matière est la liberté de critique. Par conséquent, examiner le discours d'un organe de presse à la lumière du droit de la concurrence constitue une régression dans la protection fondamentale qui lui est consacrée par l'intermédiaire de l'article 10§1 de la CEDH. Ceci étant, il n'est pas certain, selon le juge Martens, qu'un réel équilibre ait été ménagé entre les intérêts privés du club et celui, général, « *qui voulait que non seulement les lecteurs spécialisés, mais aussi le public dans son ensemble puisse prendre connaissance des faits ayant une certaine importance dans le cadre de la lutte des petites et moyennes entreprises du commerce de détail contre les grandes sociétés de distribution* »[732].

399. Pareillement, la jurisprudence en matière d'expression publicitaire montre la détermination de la Cour EDH à accorder aux autorités nationales le pouvoir de trouver un juste équilibre entre les intérêts concurrents. Ainsi, à titre d'illustration, dans l'affaire *Casado Coca*, la Cour a estimé que la mesure interdisant la publicité aux avocats n'était par proportionnée au but visé, tout en renvoyant devant les juridictions internes, considérées comme les mieux placées, « *pour préciser où se situe, à un moment donné, le juste équilibre à ménager entre les divers intérêts en jeu: les impératifs d'une bonne administration de la justice, la dignité de la profession, le droit de toute personne à recevoir une information sur l'assistance juridique et la possibilité pour un avocat de faire de la publicité pour son cabinet* »[733].

400. Par ailleurs, il ressort des décisions de la Commission EDH relative à la publicité commerciale, que cet organe reconnaît à l'État davantage de facilités pour prouver la nécessité d'une restriction à la liberté de communiquer un message ayant une finalité commerciale que pour prouver la nécessité d'une ingérence dans l'expression d'un message d'une autre teneur. La commission considère en effet que le discours commercial doit bénéficier de la protection prévue au §1 de l'article 10 « dans *une mesure moindre que l'expression d'idées « politiques » au sens le plus large, expression que les valeurs qui étayent la notion de liberté d'expression dans la Convention visent au premier chef* »[734].

401. Sur un autre registre, celui du régime répressif en matière de publicité commerciale, le principe de proportionnalité n'est guère respecté. La pénalisation de la pratique commerciale trompeuse pose la question du respect des exigences de la jurisprudence de la Cour EDH en matière de pénalisation de la liberté d'expression. L'enjeu est d'assurer une protection effective des consommateurs contre l'expression publicitaire inexacte tout en ne portant pas atteinte à la liberté d'expression de l'émetteur.

[731] Opinion dissidente du juge MARTENS, *op. cit.*, p.25, §4.

[732] *Op. cit.*, p 26, §7.

[733] Casado Coca, *op. cit.*, §55.

[734] Commission européenne des droits de l'homme, décision du 5 mai 1979, X et Église de scientologie c. Suède, p.68, préc.

402. La Cour EDH a maintes fois rappelé que les autorités doivent savoir faire preuve de retenue dans l'usage de la voie pénale, notamment lorsque d'autres voies s'ouvrent à elles[735]. Une condamnation pénale est en effet l'une des formes les plus graves d'ingérence dans le droit à la liberté d'expression, eu égard à l'existence d'autres moyens d'intervention et de réfutation, notamment par les voies de droit civiles[736]. Or, il faudrait reconnaitre que les sanctions applicables en cas de constatation de la pratique incriminée sont certes d'ordre administratif, mais aussi pénal. De plus, la finalité répressive[737] des premières leur attribue la nature pénale au sens de l'article 50 de la Charte des droits fondamentaux.

403. Bien qu'il ne soit pas vraiment le texte de la dépénalisation totale du droit de la consommation, la loi Hamon du 17 mars 2014[738] a amorcé un mouvement dans ce sens en tendant à la substitution des sanctions administratives aux sanctions pénales. Néanmoins, le pouvoir de sanction (amendes administratives) offert par cette loi à l'Autorité administrative chargée de la concurrence et de la consommation[739] ne concerne que certains domaines spécifiques (ex. la violation des règles relatives au droit de rétractation dans les contrats conclus hors établissement)[740] et n'instaure pas une substitution des sanctions en matière de pratiques trompeuses. Au contraire, le texte établit un cumul des sanctions administratives [741], ce qui n'est pas sans conséquences sur l'aggravation de l'ingérence dans la liberté d'expression. D'autant plus que le juge européen prête une attention particulière à la nature et à la lourdeur des peines infligées dans son appréciation de la proportionnalité de l'ingérence[742]. Une sanction sévère de l'abus de la liberté d'expression peut s'avérer dans certain cas disproportionné dans la mesure où elle exerce un effet dissuasif quant à l'exercice de cette liberté. Ainsi, bien qu'il soit relativement modéré, le montant d'une amende a été considéré comme ayant un effet dissuasif[743]. Dès lors, cumulée avec une sanction pénale, l'amende administrative prononcée en cas de publicité trompeuse pourrait s'avérer disproportionnée. En outre, en dépit de toute amende administrative, la sanction pénale réservée aux personnes morales responsables pénalement du délit de publicité trompeuse est extrêmement sévère. En effet, l'article L.132-3 paragraphe 3 du Code de la consommation renvoi à l'article 131-38 du Code pénal qui prévoit

---

[735] Cour EDH : 23 septembre 1998, Lehideux et Isorni c. France, n° 24662/94, §57.

[736] Cour EDH, Grande chambre :15 oct. 2015, Perinçek c. Suisse, n° 27510/08.

[737] CJUE, Grande chambre : 20 mars 2018, Luca menci, aff., C-524/15, §. 31.

[738] Loi n° 2014-344 du 17 mars 2014 relative à la consommation (1).

[739] Article L.522-1 C . Consommation.

[740] Article L. 522-1 du Code de la consommation.

[741] L'article L. 522-7 du Code de la consommation dispose que « *Lorsque, à l'occasion d'une même procédure ou de procédures séparées, plusieurs sanctions administratives ont été prononcées à l'encontre du même auteur pour des manquements en concours, ces sanctions s'exécutent cumulativement* ».

[742] Cour EDH : 8 juill. 1999, Sürek c. Turquie, n° 1, req. n° 26682/95, §64.

[743] Cour EDH : 22 déc. 2005, Paturel c. France, req. n° 54968/00, §49.

une peine d'amende qui peut aller jusqu'à un million d'euros qui peut être cumulée avec les peines prévues aux 2° à 9° de l'article 131-39 du même Code.

404. Les sanctions sont plus importantes lorsque l'acte incriminé n'a pas été intentionnel et a été donc commis en toute bonne foi. En effet, bien que la Cour de cassation exige l'existence d'un élément intentionnel pour constituer le délit de pratique commerciale trompeuse, la CJUE semble être plus sévère en adoptant une position qui accroît l'exposition à la sanction pénale. Dans un arrêt du 19 décembre 2013, le juge de l'UE avait considéré que l'article 6 de la directive 2005/29/CE s'applique à une publicité émanant de la société de droit autrichien Team 4 Travel (agence de voyage) dans laquelle cette dernière a fait référence à son accord d'exclusivité avec certains hôtels alors qu'une autre société (CHS), sa concurrente, a obtenu également une exclusivité avec les mêmes hôtels. Dans son appréciation du caractère déloyale de la publicité en cause, la Cour de justice n'a fait aucune référence à la notion de faute. Ce qui signifie qu'abstraction faite de toute faute à la charge de la société émettrice du message mensonger ou trompeur, l'incrimination peut être tout de même caractérisée. La bonne foi de l'émetteur n'est pas prise en considération par le juge de l'Union. Pourtant cela semblait être le cas de l'annonceur dans cette affaire. Ce dernier a soutenu qu'« *il a respecté la diligence professionnelle exigée lors de l'élaboration de ses brochures et que, d'autre part, jusqu'à la date d'expédition de celles-ci, il n'avait pas connaissance des contrats conclus entre CHS et les hôtels en cause* »[744]. Ceci a été approuvé par les juridictions autrichiennes[745].

405. Par conséquent, cette jurisprudence européenne extrêmement rigoriste, permettant de constituer le délit de pratique commerciale trompeuse en l'absence d'intention coupable, a des conséquences non négligeables sur la liberté d'expression publicitaire, en particulier, lorsqu'elle reçoit une application dans l'ordre français. La répression pénale réservée à ce délit en droit national aggrave davantage l'ingérence dans l'exercice de la liberté d'expression. Ce constat laisse planer des doutes sur la proportionnalité des sanctions et la compatibilité du régime répressif de l'expression publicitaire avec la jurisprudence de la Cour EDH, laquelle, en matière de diffamation par exemple, considère que le recours à la voie pénale doit être adéquat, non excessif lorsqu'il sanctionne « *des imputations diffamatoires dénuées de fondement ou formulées de mauvaise foi* »[746]. La mauvaise foi de l'émetteur du message incriminé est une condition essentielle pour la constitution de certains délit relatifs à l'exercice de la liberté d'expression[747].

406. Par ailleurs, ce constat peut être tempéré par la nouvelle réforme de la directive 2005/29/CE qui rationnalise les sanctions applicables en la matière. En

[744] §18.

[745] §19 et 20.

[746] Cour EDH : 23 avril 1992, Castells c. Espagne, A n°236, n°11798/85, §46.

[747] Les journalistes peuvent avoir été mis en situation de diffuser une information que, en parfaite bonne foi, ils croyaient exacte. Dans cette hypothèse, le délit de fausse nouvelle n'est pas constitué. En effet, l'article 27 exige que la fausse nouvelle ait été publiée de mauvaise foi.

effet, l'article 13 de cette dernière a été amendé pour intégrer les critères que les États membres devraient prendre en considération pour décider des sanctions à prendre et de leur niveau. Le nouveau texte de la directive fait du délit de publicité trompeuse un délit intentionnel[748]. De surcroît, les critères énoncés dans l'article 13 de la directive 2005/29 invitent le juge et les autorités concernées à une application *in concreto* des sanctions prévues. Ils doivent observer entre autres si le contrevenant a commis par le passé des infractions du même ordre ou de nature différente. L'instantanéité du délit de la publicité trompeuse est également partiellement remise en cause, car désormais une rectification du message trompeur, en particulier s'il a été diffusé de bonne foi, peut être prise en considération dans la détermination de la sanction. Le point c) de l'article 13 énonce que toute « *mesure prise par le professionnel pour atténuer ou réparer les dommages subis par les consommateurs* » doit être prise en compte. Enfin, le moyen de diffusion de la publicité incriminé est également à prendre en compte. L'étendue de la sanction doit donc être mesurée selon le moyen utilisé. Ce critère semble en adéquation avec la jurisprudence de la Cour EDH qui considère que « *quiconque exerce sa liberté d'expression assume des « devoirs et des responsabilités » dont l'étendue dépend de sa situation et du procédé technique utilisé* »[749]. Toutefois, remarquons que ces avancées en matière de proportionnalité des sanctions qui frappent la publicité trompeuse ne sont pas l'œuvre de la Cour européenne des droits de l'Homme.

407. Il en ressort que, même si le juge européen a recours à l'exercice du contrôle de proportionnalité, ce dernier n'en demeure pas moins faible. Le renvoi récurrent au juge national témoigne de l'autolimitation manifeste de la Cour EDH, qui est la principale illustration de la portée limitée de l'extension de l'article dont l'artisan est le juge européen. Dès lors, se pose avec acuité la question de l'intérêt de cette dernière pour la liberté d'expression publicitaire de l'émetteur. Consisterait-il là en une fondamentalisation dénuée d'effets concrets ? Dans un tel cas, la liberté d'expression publicitaire serait illusoire ! Ces interrogations nous semblent d'autant plus légitimes, lorsque l'on sait que, même dans le cas où le juge européen opte pour un contrôle européen renforcé des restrictions de la publicité commerciale, l'effet escompté ne sera pas forcément atteint en raison du second facteur de la complexité de la publicité, à savoir le marché.

Section 2 - La complexité du domaine de la publicité commerciale

408. Si l'on veut s'écarter de l'approche critique du contrôle faible réservé aux ingérences dans la liberté d'expression publicitaire, nous pourrions considérer que l'attitude du juge européen s'avère compréhensible. Un discours qui ne contribue

---

[748] Le nouvel article 13, paragraphe 2 de la directive 200(/29/CE modifiée.

[749] Arrêt Handyside du 7 déc. 1976, préc. §49.

pas au débat d'intérêt général, ou qui ne profite pas au public, n'a pas à bénéficier d'une protection comparable à celle réservée au discours politique ou à celui de la presse, par exemple[750]. Ce qui importe est que la Cour garantisse à chacun le droit de s'exprimer, quelle que soit la forme de son discours. L'émetteur du message publicitaire (annonceur ou professionnel de la publicité) bénéficie de cette garantie par le biais de cette extension. Certes, cette protection est faible, mais un minimum est cependant garanti, bien que cela ne semble actuellement pas être le cas pour la publicité en faveur du tabac ou des chirurgiens-dentistes, par exemple.

409. Toutefois, cette vision optimiste et compréhensible se heurte à une réalité fracassante. Il faut bien observer que non seulement le contrôle européen des restrictions est faible, mais que les objectifs que le juge européen des droits de l'Homme pourrait assigner à la liberté d'expression publicitaire sont également irréalisables. Il importe de rappeler qu'à l'instar de la concurrence déloyale, la publicité commerciale est considérée par le juge européen comme un domaine complexe[751]. Le discours publicitaire s'inscrit dans un domaine marchand, il est en quelque sorte le moteur de ce marché. Il s'agit là de l'une des principales raisons qui ont poussé le juge européen à laisser une large marge d'appréciation aux États en la matière. Soulignons à cet égard que, même dans l'hypothèse où le juge européen souhaiterait réaliser un pas en avant en matière de protection de l'expression publicitaire, son action pourrait être limitée par la logique du marché. Autrement dit, il n'est pas tout à fait libre de renforcer sa garantie en faveur des émetteurs en raison des contraintes spécifiques du marché, qui n'existent pas sur le plan du discours politique. Par exemple, l'un des objectifs que devrait embrasser la liberté d'expression publicitaire est de permettre à tous les émetteurs, y compris aux PME-TPE, de s'exprimer sur le support de leur choix et ce sans aucune contrainte financière. C'est ce que nous appelons le pluralisme publicitaire. Or, seuls certains groupes plus puissants accèdent aux supports tels que la télévision ou la radio. Ainsi, seul un grand groupe ou un cabinet d'avocats pourrait se permettre une communication publicitaire à la télévision. Une TPE ou un avocat exerçant à titre individuel ne pourraient s'offrir un tel accès. On pourrait objecter qu'il existe d'autres supports moins chers et donc accessibles, tels que les journaux ou les sites internet. Cependant, tous les supports n'ont pas la même puissance ni des effets similaires sur les récepteurs. L'efficacité du message constitue une donnée importante pour les émetteurs[752]. C'est elle qui pourrait garantir le profit (un retour sur investissement). Dès lors, des contraintes comme la capacité financière de l'émetteur ou l'efficacité du message publicitaire, qui ambitionnent de réaliser et de maximiser le profit, font que l'apport de la liberté d'expression est limité. L'objectif

---

[750] Dans l'Arrêt De Haes et Gijsels c. Belgique du 24 février 1997 la Cour affirmait que « *L'existence d'un débat d'intérêt général a pour conséquence un niveau élevé de protection de la liberté d'expression* ».

[751] Cour EDH : 11 décembre 2003 arrêt Krone Verlag c. Autriche, §30.

[752] M. KAMMOUN : « Efficacité de la publicité. Un état de l'art », *La Revue des Sciences de Gestion*, 2008/1, n°229, p. 111-119

du profit inhérent à l'expression publicitaire pourrait en effet se présenter comme l'un des facteurs de la complexité du domaine de celle-ci.

410. Afin de pousser le raisonnement plus loin et pour ne pas se limiter aux objectifs directs, il est louable de considérer que la protection européenne de l'expression publicitaire pourrait avoir pour finalité indirecte la garantie d'un moyen de financement pour les médias et donc assurer un pluralisme sur les plans artistique, politique, etc. Est-il nécessaire de rappeler à cet égard que la publicité commerciale constitue une source importante de financement ? Pour l'année 2019, les recettes publicitaires nettes totales du marché de la publicité s'élèvent à plus de 15 milliards d'euros[753] répartis entre l'ensemble des médias[754].

411. Cependant, même cet objectif qui aurait pu être une conséquence heureuse de l'extension de l'article 10§1 au discours publicitaire, ne semble pas atteint. De surcroît, paradoxalement, la valeur pécuniaire de l'expression publicitaire est source de nombreuses restrictions législatives et règlementaires.

412. En résumé, nous considérons que si le domaine de la publicité commerciale est complexe, cela est dû à l'objectif de recherche du profit (**paragraphe 1**) et à l'importance financière de la publicité commerciale (**paragraphe 2**). Par conséquent, au regard de ces derniers, le juge européen ne pourrait mobiliser l'expression publicitaire ni dans l'objectif direct de la réalisation du pluralisme publicitaire ni dans celui, indirect, du pluralisme des autres courants d'expression.

Paragraphe 1 - Une complexité due à l'objectif de recherche du profit

413. Il s'avère important de rappeler que la notion d'« émetteur » désigne tout à la fois les annonceurs (sociétés commerciales qui produisent des biens et proposent des services) et les professionnels de la publicité (agences médias, régies publicitaires et supports). Le but des professionnels de la publicité varie en fonction de l'activité de chacun d'entre eux. Cependant, un point commun les lie, à savoir répondre à la demande des annonceurs. C'est, en effet, le but recherché par ces derniers en ayant recours à la publicité commerciale qui nous intéresse.

414. L'opinion aujourd'hui admise considère que la publicité telle qu'on la connaît actuellement a été inventée pour doper la consommation et donc faire face à une surproduction[755]. La publicité commerciale cherche-t-elle à convaincre d'autre chose que d'acheter un produit ou à faire l'apologie de la société de

---

[753]Voir l'étude de l'IREP à l'adresse suivante : https://www.irep.asso.fr/telecharger/OWltSWsrZndVZGZXVFZ1Qi9na1J0a280ZDBHbjBqR0NRR1R5eGx3dlgyWURXQStDRnFCa1IxZnhqV0VqUThwdUswZ2ZqWFB0TmtPTkFUQjdaSVVTbERHU0xrcDBPdWc5UUdsRkR0RndFNnc9/

[754] Le marché publicitaire par média en 2019 se chiffre ainsi en millions d'euros : la télévision 3402 ; le cinéma, 100 ; la radio 714 ; la presse 2072 et pour l'ensemble des secteurs de la publicité en ligne, les recettes s'élèvent à 5862 millions d'euros. *IREP*, préc.

[755] P. BRETON : *La parole manipulée*, éd. La découverte, 2000, p.51.

consommation et de la culture de masse ? Telle est, sans verser dans l'excès, sa raison d'être. Or, l'incitation à la consommation implique un objectif d'augmentation de la vente des biens et des services. Les transactions commerciales ainsi réalisées grâce à la communication publicitaire contribuent à accroître le profit des émetteurs. Dès lors, c'est la maximisation du profit qui incite les émetteurs à investir des sommes colossales dans les marchés publicitaires. Pour sauvegarder leur part de marché et afin de perdurer, les émetteurs n'ont pas d'autre choix que d'adopter le meilleur comportement dans l'objectif de rester dans le jeu des affaires. Dans cette perspective, la publicité commerciale apparaît comme un moyen incontournable et s'impose par ce même biais. Les entreprises ne peuvent s'en passer si elles veulent augmenter leurs ventes et renforcer l'attractivité de leurs marques.

415. Ainsi vue, la maximisation du profit par le recours à la publicité commerciale a pour conséquence[756] l'abandon de l'un des objectifs de la liberté d'expression, à savoir celui de la liberté individuelle. Cette liberté s'efface dans le domaine de la publicité au profit d'une volonté collective assoiffée de profits (**A**). Sur un autre plan, celui de la rentabilité des investissements publicitaires, l'efficacité du message est devenue une préoccupation majeure pour l'ensemble des émetteurs (annonceurs, agences de communication et supports). Envisagée dans ce contexte, l'efficacité publicitaire est celle qui permet au message d'atteindre sa cible dans l'objectif d'orienter ses choix et de l'inciter à passer à l'acte d'achat. Cependant, la recherche d'efficacité génère un monopole de l'expression publicitaire et sape, par conséquent, l'objectif du pluralisme publicitaire (**B**).

A - La recherche du profit exclut la liberté individuelle

416. Selon E. Baker, le discours publicitaire est une expression ne reflétant pas la volonté individuelle mais émanant d'« *entités artificielles instrumentalisées à des*

---

[756] Nous pourrions noter par ailleurs que l'objectif du profit recherché par les émetteurs les incite souvent à s'autocensurer. En période de crise et de ralentissement économique, les émetteurs hésitent à dépenser dans la communication publicitaire par crainte de ne pas aboutir aux effets escomptés (P. LEROY, rapport d'information, la planification sur l'évaluation de l'impact de la libéralisation de la publicité télévisée et les perspectives ainsi ouvertes pour l'ensemble des acteurs concernés, Sénat, n°413, 21 juin 2005, pp.21 et s.). De surcroît, certains annonceurs soutiennent même les réglementations qui leur interdisent l'expression publicitaire sur certains médias (P. LEROY, 2005, préc., p.106). Tel est le cas par exemple des professionnels du cinéma qui ont refusé que leur secteur soit ouvert à la publicité télévisée par crainte de perdre le marché au profit de concurrents financièrement plus puissants. Il apparaît ainsi très clairement que les émetteurs ne tiennent pas à la liberté d'expression publicitaire comme cela pourrait être le cas d'une personne physique quand il s'agit d'exprimer une opinion. Cependant, il semble que cette dernière ne les intéresse que dans la mesure où elle pourrait leur apporter des bénéfices. C'est, en réalité, une sorte de logique utilitariste de la liberté d'expression, qui enlève à cette dernière sa fonction de libération des discours.

fins précises »[757]. La volonté individuelle des dirigeants d'une société commerciale ne devrait pas prendre le pas sur l'intérêt économique de la personne morale qu'ils commandent. Le discours publicitaire de celle-ci ne doit pas s'écarter de l'objectif de maximisation du profit.

417. L'opinion personnelle des dirigeants des entreprises commerciales ne doit, en effet, représenter un obstacle ni aux activités de la personne morale ni à sa communication commerciale. À titre d'illustration, les dirigeants et actionnaires d'une multinationale ayant pour objet la production d'alcool ou de tabac sont, par exemple, contraints par la concurrence qu'impose le marché de diffuser des messages publicitaires sur ces produits mêmes s'ils sont réputés nocifs pour la santé. Il se pourrait que la dangerosité du produit les préoccupe à titre personnel, mais ce souci ne doit pas pour autant influencer la stratégie commerciale de la société qui devra veiller sur ses parts dans le marché concerné. Dès lors, il semble que l'expression publicitaire de cette société ne reflètera pas forcément la volonté individuelle de ses actionnaires, mais plutôt l'intérêt collectif de l'entreprise consistant en la prospérité de l'activité et de ce fait, l'augmentation des dividendes de ses actionnaires.

418. Partant, la liberté d'expression au sens européen ne bénéficie pas à des personnes qui peuvent exprimer librement ce qu'elles pensent, mais bénéficie à des entités dont l'objectif est de maximiser le profit. La liberté d'expression se trouve ainsi dénaturée parce que sa garantie a été étendue à une forme de discours qui n'est pas l'incarnation de la volonté individuelle, mais qui est régie par la logique du gain. Il s'agit de la dimension incitative à la consommation de la publicité commerciale. Or, c'est le respect de l'autonomie de l'individu, ses choix et ses opinions qui fondent la garantie de la liberté d'expression. Voilà pourquoi l'État ne doit pas limiter l'expression des personnes.

419. Par conséquent, le domaine marchand pourrait exclure la liberté individuelle au profit de la volonté collective qui vise la réalisation de bénéfices. Le droit des sociétés est lui-même orienté en ce sens. En son état actuel, le Code civil demeure fidèle à la conception traditionnelle de la société commerciale qui vise la réalisation de profits. Ainsi, en fonction de la théorie contractuelle, l'article 1832 de ce Code retranscrit l'idée que, derrière la création d'une société commerciale, réside un intérêt propre pour ses fondateurs. Selon cet article, « *La société est instituée par deux ou plusieurs personnes (...) en vue de partager le bénéfice ou de profiter de l'économie qui pourra en résulter* ». Il en est de même de l'article 1833 du même Code, qui dispose que « *toute société doit (...) être constituée dans l'intérêt commun des associés* ». De ces deux textes il ressort que la personne morale de droit privé, qui poursuit un but lucratif, ne pourrait se prévaloir de la liberté d'expression pour défendre des intérêts autres que ceux de ses associés. Paradoxalement, lorsqu'elle le fait, c'est-à-dire quand la personne morale embrasse un sujet intéressant la collectivité, au lieu d'apprécier son discours à la lumière de l'article 10§1, elle est

[757] E. BAKER, préc., p.17.

aussi vite attaquée sur le terrain des pratiques commerciales trompeuses. La recherche du profit est une idée tellement ancrée que lorsque la société commerciale exprime une opinion, son discours est qualifié de publicité afin que lui soit appliqué le droit commun. Les affaires *Leclerc*[758] en France et *Kasky c. Nike*[759] aux États-

---

[758] À la suite d'une communication de la société Leclerc (CA Colmar, 1re ch. B, 7 mai 2008, SA SC GALEC – Groupement d'achat des centres Leclerc c. SAS Univers pharmacie) réclamant un changement de législation afin que ses officines puissent distribuer les médicaments non remboursés par la sécurité sociale, un groupement de pharmaciens ainsi que deux syndicats l'ont assignée pour publicité mensongère et dénigrante. Bien que l'objet du message de l'émetteur en question ait porté sur des produits qui ne faisaient pas l'objet d'une commercialisation, la présidente du tribunal de grande instance de Colmar a malgré tout ordonné la cessation de la publicité. Infirmée par la Cour d'appel de Colmar, cette décision du TGI fut rejetée au motif que la communication en question n'était pas une publicité, en ces termes : « *même dans leur rédaction résultant de la loi du 3 janvier 2008, les articles L. 121-1 et suivants du Code de la consommation ne s'appliquent qu'aux pratiques commerciales, et spécialement aux publicités, que dans la mesure où elles visent à promouvoir la vente d'un bien ou d'un service effectivement proposés sur le marché ; tel n'est pas le cas de la campagne organisée par le groupe Leclerc* ». Cette communication fut qualifiée en communication d'opinion parce que le groupe cherchait à influencer le législateur en vue de modifier la législation.
Deux éléments peuvent être retenus de ce premier exemple. *Primo*, la communication des sociétés commerciales n'est pas uniquement publicitaire, ce qui est une évidence. Elle peut ainsi s'illustrer sous d'autres formes, telle que la communication d'opinion (L. ARCELIN : « Campagne de Leclerc pour la distribution des médicaments non remboursés : ceci n'est pas une publicité », *La Semaine Juridique Entreprise et Affaires* n° 50, 11 Décembre 2008, 2499) par exemple. La communication d'opinion émanant d'une société commerciale pourrait, certes, se préoccuper de questions d'intérêt général, mais elle sert avant tout les intérêts de l'entreprise émettrice. Pour ce genre de communication commerciale, l'entreprise pourrait bien évidemment se prévaloir de la garantie de l'article 10§1 de la CEDH, ce qui pourrait lui servir de fondement essentiel. En revanche, et c'est là le second enseignement qu'il faudrait en tirer, la conception retenue de l'expression publicitaire dans la décision de la Cour d'appel de Colmar relie plus particulièrement ce discours à l'objet social de la société commerciale. La Cour avait en effet précisé que *« les articles L. 121-1 et suivants du Code de la consommation ne s'appliquent qu'aux pratiques commerciales, et spécialement aux publicités, que dans la mesure où elles visent à promouvoir la vente d'un bien ou d'un service »*. Cela signifie que la publicité ne peut être que liée à l'activité de l'émetteur et donc à son objet social. Par conséquent, l'émetteur pourrait s'exprimer en dehors de l'objet statutaire sans pour autant que son discours reçoive la qualification de publicité commerciale. Cette dernière ne doit en principe pas avoir pour objet une activité autre que celle exercée par l'émetteur. Ainsi, l'acception même de la publicité relie cette expression à l'objet de la société commerciale. Cette conclusion semble logique dans la mesure où elle permet une mise en garde contre les dérives éventuelles de la publicité qui peut s'emparer d'un fait social pour le détourner de son objet. Ainsi, cette dernière doit demeurer commerciale et ne pas s'occuper de l'intérêt général. En outre, la publicité opère sur un marché dénué de morale, où la préoccupation de l'intérêt général n'est qu'illusoire. Elle risque ainsi d'être dangereuse pour le public (TGI Paris, 20 février 1997, Gaz. Pal, n° 142, 17 et 18 mai 1997, p. 18, note E. MORAIN).

[759] L'affaire Nike nous renseigne sur « l'effet de glaciation » que pourrait avoir la requalification en publicité commerciale du discours d'une firme qui s'est prononcée sur des sujets d'intérêt sociétal. Pour faire face à une virulente campagne menée par des associations reprochant à la société Nike de recourir

Unis en témoignent.

Il est vrai que la tendance actuelle est orientée vers une nouvelle définition de l'objet social des sociétés commerciales. Certains parlent d'une « société à objet social étendu »[760] afin de désigner des entreprises qui ne sont pas totalement orientées vers un but lucratif et qui incluent les dimensions sociales et les questions environnementales dans leurs objectifs.

420. La nouvelle loi relative à la croissance et à la transformation des entreprises dite « loi Pacte » va dans ce sens et constitue une (r)évolution importante. Toutefois, si l'entreprise d'aujourd'hui se responsabilise, il n'empêche qu'elle continuera malgré tout à exercer des activités commerciales pour perdurer. Tel est le cas des associations qui essaient depuis longtemps de concilier activités d'intérêt général et hybridation des ressources afin de subsister. Dès lors, le recours à la publicité commerciale ne semble pas influencé par le nouveau rôle assigné à l'entreprise. Les autres formes de

---

à des sous-traitants qui ne respectent pas la législation sociale et les règles élémentaires du respect de la dignité humaine dans les pays du sud-est asiatique, le groupe Nike a en effet entamé une communication auprès de ses partenaires commerciaux et de la presse pour se défendre. Les différents documents communiqués par la société Nike affirmaient que celle-ci respecte le droit du travail et offre des conditions de travail beaucoup plus confortables que ce qui est exigé par les règles locales.

Contestées par un consommateur californien, les affirmations de Nike ont été considérées par la Cour suprême de l'État de Californie comme étant des communications commerciales qui doivent se soumettre aux exigences de la véracité (Décision, 27 cal. 4th 939 (2002)). La démarche de la Cour suprême californienne est cohérente. Elle a estimé qu'un message émanant d'une entreprise à destination de ses parties prenantes et dont l'objet traite des actes relevant de l'activité de la société dans le but de promouvoir les ventes de ses produits constitue une publicité (Voir l'intégralité du jugement sur http://reclaimdemocracy.org/nike/#Cases). Or, la requalification (les premiers juges californiens ont relevé que le discours en cause n'était pas commercial, la Cour suprême californienne l'a requalifié) d'un discours qui relève de la politique RSE d'une société en une publicité commerciale a un impact limitatif considérable sur la communication externe de celle-ci.

Selon les avocats de Nike (F-G. TRÉBULLE : « Responsabilité sociale des entreprises et liberté d'expression », *Dalloz, Revue des sociétés*, 2004, p.261), le discours volontariste sur un sujet d'intérêt général que la société n'est pas obligée de mener, ne doit, en effet, en principe pas être contrôlé. Considérer ce genre de discours comme une publicité et le soumettre ainsi au contrôle du droit commun, empêcherait la société de mener une politique citoyenne qui se préoccupe des intérêts des consommateurs et pas seulement de ceux de ses actionnaires. Dans leurs opinions dissidentes, les juges BREYER et O'CONNOR, ont relevé cet éventuel effet de glaciation que pourrait avoir la décision des juges de la Cour suprême en affirmant que « *la possible mise en cause des sociétés pourrait conduire certaines d'entre elles à censurer leurs propos, en faisant preuve d'une prudence excessive, au-delà de ce qui leur est constitutionnellement demandé. Ainsi Nike a d'ores et déjà considérablement restreint ses communications sur les thèmes « sensibles », s'est abstenu d'établir un rapport annuel sur la RSE et a décidé de ne plus faire partie du Dow Jones Sustainability Index* » (Opinion dissidente du juge BREYER, p.19).

[760] B. SERGRESTIN et A. HATCHUEL : « La société à objet social étendu », *Presses des Mines*, 2015.

communications[761] de l'entreprise leur permettront de participer aux débats sur les sujets de société. La publicité commerciale conservera quant à elle sa mission essentielle d'augmentation des ventes et donc du profit. Dès lors, la liberté d'expression publicitaire ne pourrait vraisemblablement faire triompher la liberté individuelle par le biais de la publicité. Celle-ci est prisonnière d'une volonté collective animée par le souci du bénéfice. C'est ce qui explique que les émetteurs ont pour objectif que chaque euro investi dans la communication publicitaire soit rentable et donc efficace.

B - L'exigence de l'efficacité exclut le pluralisme publicitaire

421. La protection de la liberté d'expression se trouve au cœur de toute société démocratique. Elle assure la communication plurielle des idées et des opinions des personnes. Le Conseil constitutionnel fait du pluralisme une condition de la démocratie[762]. En outre, il considère le pluralisme des quotidiens d'information politique et générale comme un objectif à valeur constitutionnelle[763]. L'effectivité de la liberté de communication est liée à la liberté des personnes d'exercer des choix entre plusieurs publications aux sources et caractères différents[764]. L'objectif du pluralisme constitue le fondement d'un nombre important de législations interdisant la concentration des médias hors ligne et en ligne.

422. Cependant, la liberté de choix et la diversité des idées se retrouvent menacées en matière de publicité commerciale. Après l'extension de la liberté d'expression au discours publicitaire, on aurait, en effet, pu s'attendre à ce que soit mis en œuvre un certain pluralisme publicitaire. Toutefois, étant donné que l'expression publicitaire a un coût, seuls certains émetteurs peuvent avoir accès aux supports les plus puissants tels que la télévision.

423. L'expression publicitaire a un coût important qui comprend, entre autres, sa production et sa diffusion. Les investissements en matière de communication publicitaire pourraient dépasser ceux engagés dans la production même du produit faisant l'objet de la publicité.

De plus, le message publicitaire efficace s'avère beaucoup plus cher. Pour compenser leurs dépenses et avoir un retour sur investissement important, les annonceurs exigent de plus en plus que la diffusion de leur message soit efficace (**1**). Or, l'efficacité recherchée a pour conséquence le monopole de l'expression publicitaire (**2**).

---

761 À titre d'exemple : La communication institutionnelle, mécénat et sponsoring, parrainage, création de fondations.

762 Décision n°86-217 DC du 18 septembre 1986, *Rec.*, p. 11294.

763 Décision n°84-181 DC des 10 et 11 octobre 1984, *Rec.*, p. 3200.

764 M-L. PAVIA : « L'existence du pluralisme, fondement de la démocratie », *in RA*, 1990, p. 320.

1 - La recherche de l'efficacité de l'expression publicitaire

424. Envisagée dans ce contexte, l'efficacité permet au message publicitaire d'atteindre sa cible dans l'objectif d'orienter les choix de cette dernière et de l'inciter à passer à l'acte d'achat. Par conséquent, l'effet macroéconomique de la publicité n'est pas concerné[765].

425. De même que les agences de communication, les médias ont en effet de plus en plus recours à des fusions-acquisitions pour mutualiser leurs moyens de manière à réaliser des économies d'échelle. Sous l'influence de la publicité numérique, qui possède des atouts et un coût réduit, les médias se sont livrés à une course à la concentration pour faire contrepoids aux GAFAM[766]. L'efficacité assurée par la publicité digitale grâce au développement de l'automatisation de l'achat d'espaces publicitaires sur le web, qualifié de « *programmatique* »[767], attire de plus en plus d'annonceurs. Ainsi en 2017, la publicité numérique a capté 59%[768] des annonceurs pour en atteindre 63% à l'issue du premier semestre 2018[769] . Durant le même semestre, concernant la publicité liée à la recherche et à la publicité *display*[770], les principaux acteurs sont Facebook et Google[771]. Ensemble, ils ont capté 79% des investissements publicitaires en ligne, dont 93% sur le téléphone mobile[772].

426. Dans ce contexte concurrentiel, les médias et agences en communication doivent évoluer pour assurer leur pérennité et gagner en compétitivité. La recomposition du secteur des médias que l'on observe aujourd'hui est en effet animée du souci d'attirer et de séduire les annonceurs[773]. Ces derniers exigent de récupérer la totalité des retombées positives de leurs dépenses publicitaires. Par conséquent, l'efficacité des

---

765 Sur ce point voir, J-M. UTARD : « La publicité soluble dans l'économie... » , *La Revue*, vol. 44, n°. 1, 2006, pp. 93-98 ; Rapport, « The economic contribution of advertising in Europe », *The World Federation of Advertisers, Deloitte*, janvier 2017.

766 Google, Amazon, Facebook, Apple et Microsoft.

767 A. JOUX : « Publicité : face aux critiques, faire mieux, faire moins », *REMN*, n°48, 2018.

768 IREP, France Pub et Kantar Media : « Le marché publicitaire au premier semestre 2017, un marché attentiste », mai 2017.

769 IREP, France Pub et Kantar Média : « Le marché publicitaire pour le premier semestre 2018, le marché reprend des couleurs ! », janvier 2019.

770 La publicité display recouvre toutes les formes de publicités affichées sur les écrans : bannière simple ou animée, vidéos, publicité dite native, qui s'insère de façon très intégrée dans la page web, etc.

771 Autorité de la Concurrence, Avis n° 18-A-03 du 6 mars 2018 portant sur l'exploitation des données dans le secteur de la publicité sur internet.

772 J-M. De MARCHI et M. GENSOUS : « L'Observatoire de l'e-pub S1 2018, Facebook et Google accentuent leur domination sur la publicité en ligne », *Mind Média,* 13 juillet 2018.

773 V. MAUD : « Qu'est-ce que la concentration des médias peut apporter aux annonceurs ? », E-marketing.fr, octobre 2015.

campagnes publicitaire s'avère primordiale. Conscients de l'enjeu, les médias et agences de communication ambitionnent de disposer d'une gigantesque base de données leur permettant de proposer des diffusions ciblées. L'efficacité passe en effet nécessairement par le ciblage des consommateurs, qui nécessite de posséder d'importantes bases de données à caractère personnel. L'importance de la donnée dans ce secteur pousse les acteurs publicitaires à rejoindre les géants de la publicité digitale en constituant à leur tour des *Data-Center* capables d'attirer les annonceurs.

427. Par conséquent, les acteurs de la publicité cherchent constamment des alliances et synergies pour gagner en taille car, en ce qui concerne les agences de communication, le mouvement de concentration a débuté dans les années 80 par l'absorption par le groupe Saatchi&Saatchi de plusieurs autres agences du secteur. Pour faire face à l'augmentation en puissance de ce groupe, d'autres agences, dites indépendantes, se sont rapprochées pour donner naissance au groupe Omnicom qui a fusionné, depuis juillet 2013, avec le géant Publicis qui détient pour sa part Saatchi&Saatchi. Cette concentration permet au groupe Omnicom-Publicis de régner sur le marché publicitaire nord-américain à travers Omnicom, et celui européen par le biais de Publicis. Le même phénomène est observé dans le secteur des médias[774].

428. Par ailleurs, l'offre efficace d'internet l'a propulsé au rang de premier média publicitaire et lui a ainsi permis de dépasser la télévision qui n'est plus le premier média mondial[775]. La croissance d'internet a fait migrer les recettes publicitaires, initialement détenues par la télévision, vers les acteurs de la publicité numérique, changements qui ont alarmé les entreprises de télévision. Ainsi, les éditeurs de programmes télévisuels en appellent à une adaptation de l'offre du média télévision à la tendance mondiale de digitalisation. Les diffuseurs des différentes chaînes souhaitent donc que la législation évolue et demandent une réforme ainsi qu'une révision de l'article 13 du décret du 27 mars 1992, qui interdit implicitement la publicité ciblée, afin de pouvoir garantir aux annonceurs une diffusion adaptée de leurs messages publicitaires.

429. Les chaînes de télévision sont désormais en effet capables d'adapter les messages publicitaires au profil des téléspectateurs grâce aux données collectées par les fournisseurs d'accès à internet. A cette fin, un rapport d'information de l'Assemblée nationale datant d'octobre 2018[776] préconise

---

[774] J. BRÉMOND : « La concentration dans les médias en France (OFM) », 14 avril 2004 - Analyse de l'OFM ; Pour une vision internationale de ce phénomène, voir, C. RADSCH et R. POLLACK : « World Trends in Freedom of Expression and Media Development », *UNESCO*, 2014, p.53.

[775] Voir l'avis de l'Autorité de la concurrence, préc.

[776] A. BERGÉ, Commission des affaires culturelles et de l'éducation, en conclusion des travaux de la mission d'information sur une nouvelle régulation de la communication audiovisuelle à l'ère numérique, 4 OCTOBRE 2018, n°1292. Rapport accessible et téléchargeable à l'adresse

d'autoriser les diffuseurs à recourir à la publicité segmentée à la télévision. L'objectif consiste à restaurer l'efficacité de la télévision afin qu'elle retrouve sa position de leader du marché[777] de la communication publicitaire[778]. Une expérimentation a déjà eu lieu en ce sens, les opérateurs SFR et Orange ayant déjà testé ce genre de publicité segmentée[779]. Aujourd'hui, les fournisseurs déclarent être prêts en vue de sa mise en œuvre en 2020[780], ce qui est désormais effectif depuis la publication du décret du 5 août 2020.

430. La publicité en ligne détient la majorité des parts du marché mondial car elle est moins coûteuse que la télévision. En outre, cette forme de publicité a su capter la plupart des investissements publicitaires des annonceurs en raison de l'efficacité qu'elle offre en termes de ciblage, basé sur le traitement des données personnelles des consommateurs. Afin de récupérer les parts de marché perdues au profit de la publicité en ligne, les agences médias ripostent alors en ayant recours aux concentrations et à de nouvelles techniques publicitaires.

431. Par ailleurs, le ciblage n'est pas la seule voie possible pour gagner en efficacité. En matière de publicité extérieure, M. Moritz a en effet proposé aux collectivités territoriales d'augmenter l'efficacité des espaces publicitaires publics en menant une politique d'organisation de la « *rareté publicitaire* »[781]. Autrement dit, moins les espaces publicitaires seront nombreux, plus leur efficacité augmentera. Une telle proposition intervient afin de répondre au conflit existant entre la liberté d'entreprendre des annonceurs et la protection du cadre de vie contre la pollution publicitaire. Ainsi, la « *rareté publicitaire* » permettrait aux communes de concilier ces deux intérêts tout en conservant une stabilité des ressources générées par la publicité.

De prime abord, cette solution pourrait séduire car elle permettrait aux autorités locales de sauvegarder le cadre de vie en diminuant le nombre d'espaces autorisés pour l'affichage publicitaire, ce qui induirait une augmentation du prix de ces derniers, compensant par conséquent leur diminution numérique. Or, ces espaces publicitaires étant devenus plus chers, seuls les grands annonceurs y auraient accès. Les petits émetteurs

---

suivante : http://www.assemblee-nationale.fr/dyn/15/rapports/cion-cedu/l15b1292_rapport-information .

[777] Décret n°2020-983 du 5 août 2020 portant modification du régime de publicité télévisée, JORF n°0192 du 6 août 2020.

[778] La publicité ciblée sur la télévision est déjà pratiquée aux USA, V. A. JOUX, préc.

[779] T. LUISETTI : « Tv segmentée : testée et approuvée par les annonceurs », *CBNEWS*, 12 mars 2019.

[780] V., le lien suivant : https://www.afmm.fr/les-operateurs-telecoms-membres-de-lafmm-et-le-snptv-prevoient-les-premieres-campagnes-de-publicite-segmentee-dici-le-1er-semestre-2020/

[781] M. MORITZ : *Les communes et la publicité commerciale extérieure pour une valorisation environnementale et économique de l'espace public*, collection thèses n°32, *éd. IUV*, janvier 2010.

éprouveraient des difficultés à s'exprimer sur ce média de proximité qu'est l'affichage. L'exemple de la « rareté publicitaire » montre, en effet, clairement que le droit de toute personne de s'exprimer publicitairement serait très amoindri, voire inexistant. Par conséquent, la raréfaction des espaces publicitaires publics apparaît *in fine* non compatible avec la liberté d'expression. En outre, les effets d'une telle politique consisteraient en l'accentuation du recours à la location d'emplacements publicitaires situés sur des propriétés privées. Dès lors, une migration des recettes publicitaires vers des personnes privées, physiques ou morales, s'opèrerait sans pour autant parvenir au résultat souhaité, à savoir réduire la pollution visuelle.

432. Ce mouvement généralisé de concentrations animé par l'efficacité de l'expression publicitaire constitue un obstacle au déploiement de la liberté d'expression publicitaire. Cette dernière passe nécessairement par des canaux de diffusion au grand public. Or, les concentrations opérées ne permettent pas aux petites et moyennes entreprises d'exercer effectivement leur droit à la liberté d'expression publicitaire. Ainsi, à notre sens, lorsque la Cour européenne des droits de l'Homme a considéré que le domaine de la publicité était complexe, elle faisait référence d'une manière implicite aux effets de ces concentrations dont l'efficacité constitue certainement la force.

2 - Le monopole de l'expression publicitaire

433. Si les différentes formes de concentrations auxquelles les médias se sont livrés étaient susceptibles d'intéresser les annonceurs, dans la mesure où elles leur offriraient des bassins d'audience et permettraient de garantir l'efficacité de la diffusion des messages publicitaires, cette situation ne demeurerait toutefois pas sans incidence sur le coût de la communication publicitaire du fait du monopole de la publicité.

De la sorte, la concentration des médias favorise le monopole de l'expression publicitaire, faisant obstacle à l'entrée de nouveaux acteurs sur le marché[782]. Les barrières à l'entrée concernent les annonceurs de type PME-TPE dont la majorité ne communiquent pas, faute de moyens[783], tandis que l'accès est réservé aux seules entreprises financièrement très puissantes. Les professionnels de la publicité sont eux aussi influencés. Les agences de communication dites indépendantes ont de sérieuses difficultés pour accéder au marché de la publicité efficace, ce qui n'est pas forcément compatible avec les règles du droit de la concurrence. En d'autres termes, les acteurs minoritaires existants et les nouveaux arrivants pourront certes s'exprimer au moyen de la publicité sur internet ou sur des médias traditionnels moins

---

782 Résolution du Parlement européen du 25 septembre 2008 sur la concentration et le pluralisme dans les médias dans l'Union européenne, 2007/2253.

783 Commission Nationale des services, Contrat de la filière « La communication », version 15 février 2017, p.23.

coûteux. Or, à force de ne pas bénéficier de retours positifs sur investissement, à défaut d'accéder au marché de la publicité efficace, les petits annonceurs finiront par engager des ressources limitées, en matière de communication publicitaire, voire par s'abstenir d'en engager.

434. Ainsi, c'est dans ce contexte que la liberté d'expression, selon l'acception de la Cour EDH, devrait intervenir afin de permettre à tous les émetteurs de s'exprimer et de leur garantir, si ce n'est de façon effective, tout du moins un simple accès aux différents canaux de communication.

435. Cependant, dans le secteur publicitaire, le budget dont dispose l'émetteur détermine presque à lui seul l'étendue de sa liberté d'expression publicitaire. Partant, ce sont les multinationales, productrices de produits standardisés et dégageant des économies d'échelle, qui détiennent l'essentiel du marché de la publicité. De surcroît, tandis que les PME et les TPE se trouvent marginalisées, les grandes sociétés s'offrent les espaces publicitaires les plus coûteux, c'est-à-dire ceux associés à des pics d'audiences, aussi appelés « prime time ». Par conséquent, la complexité du domaine marchand freine le juge européen qui ne pourra pas changer les règles du jeu du marché publicitaire, à moins qu'une liberté d'expression publicitaire pluraliste, au sens où elle doit pouvoir également bénéficier aux PME-TPE, serve de fondement pour les législateurs nationaux dans leur volonté de réguler ce marché et d'en assurer la transparence.

Ainsi, afin de faire face à l'augmentation des prix des espaces publicitaires, en partie due aux pratiques des grandes centrales d'achat-revente de ces espaces, consistant à acheter en gros auprès des supports pour revendre ensuite au détail aux annonceurs, le législateur français a accompli un pas considérable en instaurant un mécanisme permettant de rendre transparentes les transactions conclues entre annonceurs, intermédiaires et supports médias. Pour atténuer la difficulté des annonceurs à accéder aux espaces publicitaires, la loi du 29 janvier 1993[784], dite loi « Sapin », impose en effet aux différents intermédiaires de clarifier les relations et intérêts qu'ils peuvent avoir avec les supports médias et exige de ces derniers qu'ils communiquent directement la facture d'achat d'espace publicitaire aux annonceurs, y compris en présence d'un intermédiaire. De surcroît, la loi Sapin interdit les rémunérations ou versements d'avantages de toute nature entre les intermédiaires représentant les acheteurs d'espace et les régies publicitaires offrant ces espaces. Elle a enfin supprimé les centrales d'achats, qui constituaient pour les petits annonceurs un obstacle majeur à franchir. Ce régime a été étendu à l'achat d'espaces publicitaires en ligne par le décret du 9 février 2017, relatif à la publicité digitale[785].

---

[784] Loi relative à la prévention de la corruption et à la transparence de la vie économique et des procédures publiques.

[785] Article 1 du décret n°2017-159.

436. La détention du monopole de la publicité par les grands annonceurs constitue une problématique découlant en partie de la quête d'efficacité du message publicitaire. Le phénomène de concentration des médias y contribue fortement. Les efforts du législateur français ont permis d'instaurer une certaine transparence dans les relations entre les acteurs de la publicité permettant par conséquent de contrôler les prix des espaces. Toutefois, plusieurs efforts sont attendus de la part du législateur, qui doit prendre en considération l'article 10§1 de la CEDH en tant que fondement de l'exercice et de l'accès à la diffusion de la publicité commerciale. Il devrait, par exemple, consacrer un temps réglementaire de publicité aux TPE-PME qui éprouvent des difficultés à accéder aux médias puissants tels que la télévision, et ce moyennant une faible contrepartie. En d'autres termes, il est question d'exiger des chaînes de télévision qu'elles proposent des espaces publicitaires à des tarifs qui prennent en considération la taille de l'annonceur et son activité. Cela encouragerait ainsi le développement des activités des TPE-PME tout en assurant un pluralisme publicitaire.

Paragraphe 2 - Une complexité due à l'importance financière de la publicité commerciale

437. Si le coût de l'expression publicitaire remet en cause son pluralisme, le poids financier de la publicité menace quant à lui le pluralisme des médias. La publicité commerciale coûte en effet très cher pour les annonceurs, mais profite aux agences de communication et en particulier aux supports médias. Les dépenses des premiers sont les recettes des seconds. La publicité constitue ainsi une source de financement pour des milliers d'éditeurs de contenus sur internet et apparaît comme un enjeu pour le financement des médias.

438. En 2019, les recettes publicitaires nettes, tout média confondu, se sont élevées à plus de 15 milliards d'euros[786]. Les leaders du marché publicitaire en ligne, Facebook et Google, offrent des services gratuits aux internautes mais génèrent l'essentiel de leurs revenus par le biais des services publicitaires proposés aux annonceurs et éditeurs.

439. Le poids financier de l'expression publicitaire pourrait en effet avoir une incidence sur le choix d'une partie de la réglementation dans le secteur audiovisuel et dans la presse. Ainsi, la législation française en la matière vise à garantir un certain équilibre financier entre les différents médias en général. Par conséquent, l'expression publicitaire pourrait être limitée pour certains secteurs industriels (la grande distribution, par exemple) dans le dessein de les

---

[786]IREP, Accessible et téléchargeable à l'adresse électronique suivante : https://www.irep.asso.fr/telecharger/OWltSWsrZndVZGZXVFZ1Qi9na1J0a280ZDBHbjBqR0NRR1R5eGx3dlgyWURXQStDRnFCa1IxZnhqV0VqUThwdUswZ2ZqWFB0TmtPTkFUQjdaSVVTbERHU0xrcDBPdWc5UUdsRkR0RndFNnc9/ .

protéger contre la concurrence étrangère ou éventuellement de répondre aux besoins financiers de certains médias.

440. Les politiques applicables au marché de la publicité visent à assurer à chaque média une source de financement suffisante assurant de la sorte sa pérennité et lui donnant les moyens de diversifier ses programmes et de produire des contenus culturellement et socialement intéressants. Or, afin d'attirer les annonceurs, les médias adoptent des stratégies dans le but de capter davantage d'audience au détriment de la qualité des programmes et de la diversité des contenus. Dès lors, c'est l'effet inverse qui se produit. L'influence des grands annonceurs sur la production des programmes résulte de l'apport financier de la publicité, de sorte que les médias sont devenus des plateformes de rencontre entre les annonceurs et les consommateurs.

441. Ainsi, la prise en compte du poids financier important de la publicité engendre deux conséquences qui sont bien loin d'être favorables à la liberté d'expression publicitaire. D'un côté, le législateur appréhende l'interdiction de la publicité dans certains domaines comme un facteur de réalisation de l'équilibre financier entre les médias et par là-même comme un moyen de sauvegarder leur pluralisme (**A**). De l'autre, l'importance financière de la publicité incite les médias à adopter des stratégies visant avant tout à attirer des annonceurs, et ce au mépris de la qualité des programmes et de leur diversité (**B**).

A - La valeur pécuniaire de l'expression publicitaire amplificatrice des mesures restrictives

442. Depuis Émile de Gérardin (1802-1881), fondateur de *La Presse* (1836), il est courant que pour accroître le nombre de lecteurs, il s'avère nécessaire de baisser les prix de vente des quotidiens et d'augmenter le nombre des insertions publicitaires.

443. Le financement des médias par la publicité les rend, en effet, accessibles à un grand nombre de personnes. En outre, selon le CSA, le dynamisme du marché publicitaire garantit également les investissements des groupes dans la production audiovisuelle et cinématographique[787]. Par conséquent, les gouvernements sont amenés à distribuer les recettes publicitaires entre les différents canaux de communication afin d'assurer leur existence ou, tout du moins, pour les prémunir de difficultés financières. Tel est l'objectif que devrait poursuivre tout État démocratique afin de garantir un panorama large de journaux et de médias dans l'objectif de protéger le pluralisme des idées. Ce propos est peut-être excessif et mérite d'être sensiblement nuancé. Il existe en effet des médias et des journaux (ex : Le

[787] Note de synthèse du CSA : « Les nouveaux territoires publicitaires : quels enjeux pour la télévision ? », nov.2016, p.7.

canard enchaîné, Charlie Hebdo, Mediapart, etc.) qui choisissent volontairement de se passer des recettes publicitaires et optent pour un modèle économique reposant sur l'abonnement. Néanmoins, est-il nécessaire de préciser que ce type de modèle est complexe et ne s'avère viable que pour quelques médias bénéficiant d'une certaine notoriété ou réputation.

En France, les lois de finance de chaque année réservent un budget pour ce qui est appelé « l'aide au pluralisme ». La loi de finance 2020 n'est pas une exception[788]. L'arsenal juridique relatif à la télévision est un exemple probant qui témoigne de la volonté du législateur d'assurer une diversité des sources d'information. La législation française relative au secteur des médias et à la presse poursuit cet objectif en s'appuyant sur les recettes de la publicité, ce qui rend ainsi les médias dépendants des annonceurs[789].

444. Le décret du 27 mars 1992 relatif à la publicité, au téléachat et au parrainage sur les réseaux de télévision hertziens et autres est ainsi à l'origine de l'interdiction, pour quatre secteurs industriels[790], de bénéficier des avantages de la publicité télévisée. Deux types d'arguments ont justifié une telle censure. Concernant le secteur du cinéma, le gouvernement français voulait « *préserver la diversité culturelle en évitant un accès inégalitaire à la publicité au profit des opérateurs les plus importants, seuls capables d'investir en télévision* »[791]. Le poids financier des producteurs américains et les budgets qu'ils sont capables d'investir dans la publicité auraient permis à ces derniers de bénéficier d'une visibilité laissant dans l'ombre la presque totalité de la production française. Notons que récemment, probablement sous l'effet de la crise sanitaire, le régulateur a autorisé pour une période de dix-huit mois la publicité pour le secteur du cinéma[792].

Les mêmes préoccupations ont fondé l'interdiction du secteur de l'édition de la publicité télévisée. L'intérêt d'une telle interdiction était d'assurer un accès comparable à toutes les œuvres et de faire de l'originalité et de l'apport intellectuel de l'œuvre des critères distinctifs.

445. S'agissant du secteur de la distribution, l'interdiction d'accès à la publicité télévisuelle était animée par le souci de préserver le pluralisme des médias au moyen de la protection de la radio et de la presse écrite dont l'essentiel des revenus provient de ce secteur[793].

---

788 Avis n° 145 (2019-2020) de M. M. LAUGIER, fait au nom de la commission de la culture, de l'éducation et de la communication, déposé le 21 novembre 2019 : Accessible directement via l'adresse suivante : https://www.senat.fr/rap/a19-145-42/a19-145-42_mono.html#toc36

789 Rapport du Sénat, p.99.

790 Le cinéma, la distribution, l'édition et la Presse.

791 La Consultation publique d'Août 2017 sur la simplification des règles relatives à la publicité TV, août 2017, p.3.

792 Décret n° 2020-984 du 5 août 2020 portant modification du régime de diffusion des œuvres cinématographiques sur les services de télévision.

793 Rapport de l'Assemblée nationale, 2018, préc., p.42.

Le législateur était, en effet, confronté à deux choix : autoriser la publicité télévisée dans ces secteurs et subir les conséquences que cela aurait pu avoir sur l'industrie nationale ou opter pour l'interdiction totale de l'expression publicitaire télévisuelle et mettre tous les acteurs sur un pied d'égalité. Face à ce dilemme, la censure fut l'option privilégiée par le législateur français.

Sous l'influence de la Commission européenne et sur le fondement des libertés de circulation des marchandises et des services dans le marché intérieur, un décret du 7 octobre 2003 a assoupli la réglementation existante. Si la presse a, en effet, obtenu un accès total à la télévision, les secteurs de la distribution et de l'édition n'ont, pour leur part, bénéficié que d'une ouverture partielle. Le cinéma n'a, quant à lui, pas été inclus dans la réforme à la demande des professionnels du secteur[794]. De plus, pour garantir aux entreprises d'affichage ainsi qu'à la presse des ressources publicitaires émanant du secteur de la publicité, le législateur a privé les annonceurs du secteur de la distribution d'un accès à la publicité télévisée en leur interdisant de recourir aux opérations promotionnelles[795].

446. En outre, en poursuivant toujours l'objectif de préservation du pluralisme, le décret de 1992, tel qu'il a été modifié par celui de 2001, dispose, dans son article 13, que « *les messages publicitaires doivent être diffusés simultanément dans l'ensemble de la zone de service* ». L'objectif visé par cette disposition est de préserver les médias locaux. A titre d'illustration, un annonceur parisien ne pourrait communiquer sur ses produits uniquement sur une chaîne de télévision parisienne et délaisser la presse ou une radio bordelaise.

447. Il semble ainsi que la réglementation de la publicité télévisée milite en faveur d'un équilibre dans la répartition des recettes provenant de l'expression publicitaire. Le législateur a opéré ces choix en fonction de l'intérêt financier de la publicité commerciale. Une telle démarche se justifie par la protection du pluralisme des médias. Nous verrons toutefois que c'est l'effet inverse qui se produit. L'influence de la publicité s'étend même aux contenus médias, faisant ainsi barrage à une réelle diversité. L'existence d'un média ne présente pas, en effet, de réel intérêt s'il ne procure pas au public des informations et des programmes différents les uns des autres et d'un média à un autre.

---

[794] P. LEROY, Rapport d'information, Sénat, préc., p. 106.

[795] Article 8 du décret du 7 octobre 2003. V. Note de doctrine, Distribution et publicité télévisée, ARPP, juin 2006.

B - La remise en cause du pluralisme médiatique

448. Dans un marché biface ou dual[796], le contenu du produit médiatique pourrait être influencé par le poids financier de la publicité commerciale[797]. Les médias peuvent, en effet, être amenés à adapter leurs programmes en fonction de ceux qui seraient susceptibles de capter une audience importante afin de séduire les annonceurs. Le marché des médias est gouverné par une concurrence entre les différentes entreprises, afin de capter le maximum d'audience possible. Plus une chaîne touche une large audience, plus elle attire les annonceurs et augmente les prix du temps publicitaire. On aurait pu estimer que cette course vers la maximisation de l'audience inciterait les entreprises à diversifier leurs contenus, or, comme Steiner l'avait démontré[798], c'est l'inverse qui se produit. La concurrence dans ce secteur n'entraîne qu'une duplication des programmes offerts marquant ainsi l'absence de toute diversité. Cela est dû, selon cet auteur, à l'objectif que se sont fixés les médias, à savoir « *attirer l'audience la plus large pour satisfaire les desiderata des annonceurs* » ou, pour reprendre la célèbre expression de Patrick Le Lay, ancien PDG de TF1 : « *vendre du temps de cerveau disponible à Coca-Cola* »[799] !

449. Par conséquent, dans un tel contexte concurrentiel, les chaînes préfèrent se partager l'audience liée à un programme considéré comme susceptible d'intéresser un grand nombre de personnes plutôt que de prendre le risque d'investir dans des programmes distincts dont elles ignorent l'effet sur le public. Les médias sont donc amenés à sélectionner les programmes pouvant attirer le plus d'audience. Ainsi, dans la presse d'information politique, par exemple, l'influence de la publicité pourrait remettre en cause la diversité des opinions. Le lectorat de cette presse recherche des informations sur les programmes et les idées politiques des différents partis, la taille du lectorat d'un journal dépendra de la ligne politique de ce dernier. En d'autres termes, plus l'opinion politique du journal est majoritairement admise, plus il aura davantage de lecteurs, et inversement. Or, les revenus d'un journal ne proviennent pas seulement de ses lecteurs mais également des annonceurs. Étant donné que la valeur des espaces publicitaires disponibles dépend de la taille du lectorat du journal, les éditoriaux ont intérêt à avoir une ligne éditoriale centriste, par exemple, et à s'éloigner des extrêmes. Selon Bagdikian, « *quand un journal souhaite attirer un maximum de publicité,*

---

796 Pour les supports publicitaires, il s'agit, d'un côté, du marché des lecteurs/auditeurs/ téléspectateurs et, l'autre, du marché des annonceurs.

797 N. SONNAC : « Médias et publicité ou les conséquences d'une interaction entre deux marchés », *Le Temps des médias*, vol. 6, n°. 1, 2006, pp. 49-58.

798 N. SONNAC, préc., p.54.

799 https://www.acrimed.org/Le-Lay-TF1-vend-du-temps-de-cerveau-humain

refléter des opinion politiques extrêmes n'est pas la solution optimale »[800]. Ce que l'auteur appelle la « doctrine de l'objectivité » [801] constitue donc une solution pour la presse afin de toucher les lecteurs issus de tous les horizons politiques.

450. Ainsi, d'un côté, l'effet de la publicité est positif, au sens où elle incite la presse à être une expression plurielle. Or, d'un autre côté, il existe un risque d'uniformisation de l'information. Les journaux pourraient chercher à fournir l'image la plus apte à attirer les lecteurs, au risque de ne pas refléter l'opinion réellement partagée au sein de la société. C'est donc le jeu démocratique qui en subirait *in fine* les conséquences.

451. Au-delà, les médias peuvent aller encore plus loin afin d'optimiser au maximum le temps publicitaire que la réglementation leur accorde[802]. Contrairement au droit européen[803], qui autorise une coupure par tranche de trente minutes, l'article 73 de la loi du 30 septembre 1986 ne permet, en effet, que deux coupures pour les œuvres cinématographiques et audiovisuelles. Par ailleurs, l'article 15 du décret de 1992 prévoit, pour l'ensemble des œuvres, le respect d'un temps de vingt minutes entre deux séquences publicitaires. Ces contraintes légales ont conduit les médias à opter davantage pour des fictions de 45 minutes afin d'intercaler une publicité supplémentaire entre les deux parties au lieu d'avoir une œuvre de 90 minutes qui ne permettra de diffuser que deux séquences publicitaires. Notons ici que la création cinématographique et audiovisuelle est sensiblement influencée par ce besoin de financement par le biais de la publicité. Afin d'éviter « *les effets pervers* » [804] de cette réglementation, un rapport préconise[805] d'ajouter une troisième coupure. Un tel changement de la législation pourrait se faire au détriment des auteurs qui verraient leurs œuvres dénaturées sans pouvoir s'y opposer, car toute opposition de leur part risquerait d'être sanctionnée par le refus des diffuseurs de les acheter.

452. En définitive, il est clair que la diversité et le pluralisme sont menacés par la nature de la concurrence qui gouverne l'industrie médiatique et par conséquent, par le pouvoir financier des annonceurs. S'il est ainsi légitime de considérer que l'extension de l'article 10§1 de la CEDH au discours publicitaire avait pour ambition d'assurer un moyen d'existence aux médias et à la presse considérées comme des sources d'informations pour le public et

---

[800] B-H. BAGDIKIAN: « The Media Monopolist », *Beacon Press*, 1992, p.129-130.

[801] *Ibid.*

[802] Voir la loi n° 86-1067 du 30 septembre 1986 relative à la liberté de communication (Loi Léotard) et le Décret n°92-280 du 27 mars 1992 pris pour l'application des articles 27 et 33 de la loi du 30 septembre 1986 et fixant les principes généraux définissant les obligations des éditeurs de services en matière de publicité, de parrainage et de télé-achat.

[803] L'article 20 de la directive SMA.

[804] Rapport de l'Assemblée nationale, 2018, préc., p. 51

[805] *Ibid.*

des canaux d'expression des opinions diverses et variées, il conviendrait toutefois de reconnaître que cela s'avère difficile en raison de la dépendance de ces moyens d'information de l'apport financier de l'expression publicitaire. Dès lors, encore une fois, la complexité de la publicité commerciale, illustrée par les logiques (d'efficacité, de profit, de besoin de financement) qui gouvernent ce secteur, l'a emporté sur l'existence d'un réel effet de la liberté d'expression.

Conclusion du chapitre 3

453. Après l'extension contestée de l'article 10§1 de la CEDH au discours publicitaire, son apport à la liberté de l'émetteur demeure figé, à savoir qu'il n'y a pas de valorisation à l'horizon. La nature du discours publicitaire et son objectif font qu'il est d'une utilité très relative pour le bon fonctionnement d'une société démocratique et engendre ainsi un contrôle européen faible. Dans la mesure où l'expression publicitaire ne participe pas effectivement à la construction d'une telle société en contribuant aux débats d'intérêt général, par exemple, les ingérences dont elle fait l'objet sont généralement considérées comme légitimes et passent sans aucune difficulté le contrôle du juge européen des droits de l'Homme.

454. Il ne faudrait pas s'étonner si la jurisprudence de la Cour EDH n'évolue pas dans un sens favorable aux émetteurs, car bien que la Cour change de position et souhaite adopter une jurisprudence favorable à l'expression publicitaire, cela n'aurait pas les mêmes effets que s'il s'agissait de l'expression politique, artistique ou autre. Faut-il pour autant aboutir à la conclusion que la liberté d'expression publicitaire de l'émetteur est condamnée à rester en bas du podium ?

455. De plus, la liberté individuelle ainsi que le pluralisme publicitaire et informationnel sont des finalités difficilement réalisables. Il faudrait une immixtion approfondie dans le domaine de la publicité afin de tendre à l'effectivité de l'extension de l'article 10§1. À titre d'illustration, pour réaliser une sorte de pluralisme publicitaire, la Cour EDH devrait extraire de la liberté d'expression une obligation positive d'accès aux supports publicitaires les plus onéreux. Or, le juge européen, qui n'a pas encore établi les fondements de la liberté d'expression publicitaire, ne semble pas en mesure de s'aventurer dans ce domaine et encore moins de garantir aux PME-TPE un accès aux supports publicitaires influents (Télévision, Radio, etc.). Les préoccupations de l'émetteur et de la Cour EDH divergent : il s'agit de la maximisation du profit pour l'un et du bon fonctionnement d'une société démocratique pour l'autre. L'objectif du premier le conduit à ne s'exprimer au moyen de la publicité que lorsque sa communication est susceptible d'atteindre le maximum d'individus. La recherche d'efficacité est en effet l'un des éléments de complexité du domaine marchand. Elle exclut les PME-TPE du marché des médias influents. Le coût de l'expression publicitaire efficace est en effet un facteur de blocage de la liberté d'expression publicitaire. Bien que les émetteurs aient le droit et soient libres de faire de la publicité, ils n'y parviennent pas, faute de moyens nécessaires pour accéder aux différents supports.

456. Il semble, en définitive, qu'en l'état actuel du droit et de la jurisprudence de la Cour EDH, l'extension de l'article 10§1 de la CEDH

demeure dénuée d'une utilité observable et certaine sur la liberté d'expression publicitaire de l'émetteur. Outre le fait qu'elle constitue un fondement de son discours en lui garantissant une protection contre une interdiction totale de ce dernier - bien que l'interdiction générale de la publicité en faveur du tabac ou pour certaines professions de santé passe toujours pour légitime - la liberté d'expression ne semble pas en mesure de renforcer la liberté d'expression de l'émetteur. Au demeurant, il nous appartient de rechercher la valorisation de l'expression publicitaire ailleurs, c'est-à-dire sans le concours de l'article 10§1 de la CEDH.

Chapitre 4 - Les conditions de la valorisation

457. Bien que des obstacles aussi bien légaux qu'économiques limitent l'apport de l'extension de l'article 10§1 de la CEDH au discours publicitaire, la valorisation de la liberté d'expression publicitaire des émetteurs demeure possible.

Deux types de voies libératrices sont possibles. Toutefois, toutes deux sont conditionnées.

458. La première trouve sa source dans l'évolution technologique contemporaine. Dans les années 1990, internet n'était qu'un petit canal émergent, mais au bout de trois décennies, il a occupé la position de leader au niveau des investissements publicitaires[806]. Le développement spectaculaire des différents modes de communication issus de ce média peut permettre à l'expression publicitaire de trouver ainsi une nouvelle voie de manifestation. Cependant, le renforcement technologique de la liberté de diffusion enveloppe certaines problématiques juridiques qui semblaient, *a priori*, réglées ou insuffisamment encadrées[807]. Il s'agit principalement de la question de la transparence des opérations d'achat d'espaces publicitaires. Le manque de transparence occasionne en effet des difficultés d'accès au marché de l'achat d'espaces publicitaires, c'est la raison pour laquelle, en tant qu'élément de régulation, la transparence doit être observée afin que l'effet positif (les acquis actuels et à venir) de la technologie ne soit pas inversé au détriment de la liberté d'expression publicitaire de l'émetteur (**section 1**).

459. Dénuée de lien direct avec la première, la seconde voie vers la valorisation de l'expression de l'émetteur pourrait bien se trouver dans un mode de régulation qui lui est propre. L'émetteur devrait en effet s'auto-responsabiliser en s'autorégulant. L'autorégulation, en guise de mode de régulation, pourrait se présenter comme une alternative à la dure loi portant sur la libération de l'expression publicitaire (**section 2**).

---

[806] Autorité de la Concurrence, avis n° 18-A-03 du 6 mars 2018 portant sur l'exploitation des données dans le secteur de la publicité sur internet.

[807] Il s'agit principalement du recours intensif à l'utilisation de données à caractère personnel à des fins publicitaires.

Section 1 - La transparence, condition nécessaire à l'épanouissement de l'expression publicitaire par la technique

460. L'expression publicitaire se libéralise et trouve de nouveaux terrains d'expression grâce à l'évolution technologique et ce, sans avoir véritablement recours à la liberté d'expression. Bien que le discours publicitaire constitue encore la forme d'expression bénéficiant de la protection européenne la plus faible, le marché mondial et européen de la publicité ne cesse de se développer. Toutefois, bénéficier de nouveaux terrains d'expression n'est pas pour autant synonyme de libération sur le plan juridique. Autrement dit, la technique peut certes offrir de nouveaux outils et modes de communication, mais elle ne pourra déroger à une interdiction légale de la publicité pour un produit donné (ex. les produits du tabac). Dès lors, nous considérons que la valorisation de l'expression publicitaire de l'émetteur dont il est question ici est partielle.

461. En réalité, l'expression publicitaire qui se libère par le biais de l'évolution technologique est celle qui a été longtemps limitée pour des raisons financières. Il s'agit de l'expression publicitaire des TPE-PME dont les moyens financiers ne leur permettaient pas d'avoir accès à des modes de diffusion jugés onéreux. Certes, l'évolution technologique constitue un facteur libérateur de l'expression publicitaire pour l'ensemble des acteurs de ce secteur, mais son effet est beaucoup plus évalué au regard de la catégorie des émetteurs les moins fortunés.

462. Cependant, l'apport technologique comporte des faiblesses, dont en particulier l'opacité du système d'achat d'espaces publicitaires qu'il convient de combattre en faisant un effort de transparence. Celle-ci est nécessaire afin de pérenniser l'effet positif de la technologie sur l'expression publicitaire. Cet élément de régulation qu'est la transparence devrait être envisagé en tant que condition devant accompagner la valorisation du discours de l'émetteur par le biais de la technique. À défaut, l'essor technologique des modes de diffusion pourrait avoir un effet inverse sur l'expression publicitaire. C'est la raison pour laquelle le législateur doit ajuster l'arsenal juridique existant pour plus de transparence en la matière.

463. En résumé, la transparence constitue un défi (**paragraphe 2**) qui doit être soulevé afin que l'apport de la technologie demeure positif (**paragraphe 1**).

Paragraphe 1 - La technique, destructrice des obstacles tarifaires et génératrice d'opacité en matière d'achat d'espaces publicitaires

464. Les études et statistiques menées dans le secteur de la publicité convergent vers la conclusion de l'évolution continue de cette dernière, qui devient de plus en plus digitale. Internet a enregistré, en 2018, le record des investissements publicitaires des annonceurs[808], ce qui en fait le premier média publicitaire au monde. Ce succès s'accompagne d'un changement dans le paysage des médias traditionnels dont la plupart se sont modernisés pour tirer profit des avantages qu'offre internet. Ainsi, à titre d'exemple, la télévision constitue un média traditionnel déjà en cours de transformation pour diffuser de la publicité segmentée. Il en est de même pour la radio et l'affichage numérique.

465. A côté de ces supports traditionnels transformés, d'autres, nouveaux, ont fait leur apparition, offrant ainsi des espaces publicitaires presque infinis, ce qui n'est pas sans incidences sur le coût de ces derniers. Par conséquent, la liberté de communication des TPE-PME se trouve plus au moins libérée de l'obstacle financier car elle s'opère à des coûts maîtrisés et l'achat des espaces publicitaires en ligne jouit d'une révolution majeure en la matière (**A**).

466. La libération de l'expression publicitaire de l'émetteur grâce au progrès technique réalisé dans le digital ne doit pas éclipser le côté sombre de ces technologies, susceptible de freiner, voire de remettre en cause leur évolution dans un sens favorable à la liberté d'expression publicitaire de l'émetteur. La multitude d'acteurs intervenant dans la commercialisation des espaces publicitaires et l'atomicité des opérations réalisées sont davantage génératrices d'opacité dans ce secteur (**B**).

A - L'accessibilité du coût de la diffusion de l'expression publicitaire

467. La libéralisation de l'expression publicitaire se manifeste, d'un côté, par l'accessibilité du coût de l'expression publicitaire pour l'annonceur, grâce à la multiplicité des espaces publicitaires et à la performance que la publicité en ligne permet de réaliser. Ainsi, d'un côté, les systèmes de tarification mis en place encouragent les investissements (**1**) et d'un autre, les modes d'achat des espaces publicitaires se sont réinventés afin de répondre à un besoin d'efficacité des campagnes publicitaires jusqu'alors réservé aux grands annonceurs (**2**).

---

808 Avis de l'Autorité de la concurrence, précité.

1 - Des modes de tarification stimulateurs de la diffusion de l'expression publicitaire

468. Le coût élevé de l'expression publicitaire traditionnelle (hors ligne) empêche les PME-TPE d'accéder au marché de la publicité. En revanche, grâce à internet, ces petits acteurs ont pu avoir accès aux nouveaux canaux de diffusion qu'offre la publicité numérique. Parmi les principaux attributs de celle-ci, figure, en effet, sa capacité à proposer des espaces publicitaires à des coûts inférieurs à ceux pratiqués hors-ligne. Depuis que la technologie s'est emparée de la publicité, les annonceurs ont pu contrôler leurs investissements publicitaires.

469. Dès lors, les modes de tarification de l'achat d'espaces publicitaires mis en place par les principaux supports en ligne encouragent les annonceurs à engager des investissements importants. La raison principale du succès de ces systèmes de paiement réside dans leur modèle fondé sur la performance de la campagne publicitaire. Autrement dit, l'annonceur ne paie que si son message a été reçu par la cible. Il peut donc préalablement vérifier si son message a été visualisé ou non, c'est-à-dire si l'internaute et ou/le mobinaute a affiché la page (impression), s'il a cliqué sur l'annonce ou si l'action escomptée par la diffusion a été réalisée (ex. remplir un formulaire ou réaliser un achat). De telles vérifications sont rendues possibles grâce au traçage de la navigation. Les principaux modes de paiement correspondent ainsi parfaitement au souhait d'un annonceur qui pourrait contrôler le budget engagé dans une campagne. À titre d'illustration, le paiement par coût de clic (CPC), ou « le coût par action » [809] ainsi que le « coût par mille impressions » [810], sont des modes de tarification avantageux pour les annonceurs. En outre, le risque qu'une campagne n'obtienne pas de succès pèse aussi bien sur les supports que sur les intermédiaires[811].

470. Par ailleurs, la technique du ciblage, reposant sur la collecte de données à caractère personnel, permet aux supports de bénéficier d'une certaine garantie quant aux retombées d'une campagne. Les espaces proposés aux annonceurs sont, en effet, fournis sur la base des centres d'intérêt des individus.

471. De surcroît, le développement d'achats d'espaces publicitaires en temps réel permet aux annonceurs d'acheter ou d'annuler à tout moment une campagne sans engendrer de frais supplémentaires[812]. Ainsi, la diffusion du message publicitaire devient plus souple et accessible à tous les annonceurs et

---

[809] L'annonceur ne paie que si une action a été réalisée (ex : passage à l'achat).

[810] L'annonceur paie à tous les mille affichages de son annonce.

[811] Avis de l'Autorité de la concurrence, préc., p.12.

[812] Avis n° 10-A-29 du 14 décembre 2010 sur le fonctionnement concurrentiel de la publicité en ligne, p. 13, point 62.

ce au fur et à mesure du développement des techniques appliquées à la publicité.

2 - Des modes d'achat des espaces publicitaires en ligne sophistiqués

472. Si en l'espace de quelques années, la publicité en ligne s'est emparée de la majorité des investissements publicitaires, c'est parce qu'elle a su répondre aux besoins des annonceurs et des supports.

473. Le nombre d'espaces publicitaires en ligne est plus ou moins illimité. Tous les sites web sont susceptibles de constituer des supports fournissant plusieurs emplacements publicitaires. En outre, afin d'optimiser leurs ventes, ces derniers procèdent aux classements des espaces publicitaires sur la base de plusieurs critères. Il existe ainsi des espaces de qualité supérieure, qualifiée de « premium », et d'autres de qualité inférieure (placés en bas de page, par exemple). Or, il s'avère que, dans la pratique, les premiers se vendent massivement au détriment des seconds. Par conséquent, les éditeurs (supports) ont dû faire face à d'importants volumes d'invendus, allant jusqu'à 50% [813].

474. Afin d'y remédier, plusieurs nouveaux acteurs, en majorité des intermédiaires, ont vu le jour. Leur principale activité consiste à mettre en relation l'offre et la demande sur le marché des espaces publicitaires. Concrètement, ces intermédiaires aident les petits supports à vendre leurs espaces. Les grands supports (éditeurs) parviennent le plus souvent à vendre eux-mêmes leurs inventaires[814], alors que les petits éditeurs ont besoin de passer par des réseaux d'intermédiation qui leur facilitent la commercialisation des espaces. Les intermédiaires œuvrant en ce sens sont notamment des plateformes d'affiliation[815], les *Trading Desks*[816], les *Ad Centrics*[817] et les *Ad Verifications*[818].

---

[813] Rapport, Loi Sapin et publicité sur internet, juillet 2013, n° 2013 / 17 / CGEiet / SG, p.24.

[814] Par exemple, les Pages Jaunes vendent directement leur inventaire *display*, par le biais de leur régie Horizon média. Le *display* de YouTube est également directement vendu directement par Google.

[815] M. MERCANTI-GUÉRIN et M. VINCENT : *Publicité digitale*, éd., DUNOD, 2016, préc.p.52.

[816] Il s'agit de structures qui prennent en charge l'achat d'inventaires pour le compte des annonceurs. V. Définitions-marketing.préc.

[817] Il s'agit des outils permettant à l'annonceur d'obtenir des informations relatives au trafic sur le site de l'éditeur. Les *Ad Centrics* analysent le comportement des internautes sur un site donné et fournissent divers renseignements : « *provenance, parcours, destinations, temps passé sur une page, exposition de l'internaute au message publicitaire, interaction de l'internaute avec la publicité, identification des pages qui facilitent les conversions* ». Ainsi collectées, ces données offrent une idée sur la conversion, c'est-à-dire sur la réaction de l'internaute face à la publicité reçue. V. en ce sens l'avis de l'Autorité de la concurrence de 2018 préc. p.34.

[818] Ils permettent aux annonceurs de vérifier si leur publicité est diffusée dans un environnement ne portant pas atteinte à leur image (brand Safety). V. Définitions-marketing.fr.

475. L'intervention de ces acteurs dans le processus d'achat des espaces publicitaire, opérée majoritairement sur des places de marché dématérialisées appelées *Ad-Exchanges*[819], s'avère fort utile pour les petits et moyens annonceurs. A l'instar du système financier où le négoce des places boursières est dématérialisé, la commercialisation des espaces publicitaires s'effectue en effet en temps réel. Autrement dit, elle s'est automatisée, ce qui illustre ainsi l'une des formes d'automatisation permise par la publicité programmatique[820].

476. Les *Ad-Exchanges* présentent plusieurs avantages. En premier lieu, ils renforcent la liberté de diffusion des émetteurs. D'un côté, ils constituent pour les supports un moyen de vendre des espaces de moyenne qualité, n'ayant pas trouvé preneur par le biais du processus normal d'achat. D'un autre côté, ils fournissent aux annonceurs un moyen d'acheter des espaces publicitaires à bas prix, puisque l'achat se fait aux enchères. En second lieu, l'accélération et la simplification de la commercialisation des espaces publicitaires constituent d'autres atouts des *Ad-Exchanges*, car avant l'apparition de ce système d'achat aux enchères, le processus d'achat s'avérait très coûteux et très long[821]. La sophistication de l'achat des espaces publicitaires est rendue possible grâce à de puissants algorithmes qui peuvent, après avoir analysé des millions de données, proposer aux annonceurs le message adapté à l'emplacement voulu[822] et ce, en moins de cent-vingt millisecondes.

477. Ainsi, pour acheter et vendre sur les places de marché, les annonceurs, de même que les supports, ont recours à des systèmes techniques comme les *Supply-side platform* (SSP) et les *Demand-Side platform* (DSP). Les premiers (SSP) interviennent aux côtés des supports. Leur rôle est d'optimiser l'inventaire de ces derniers en le mettant en avant. Sur les places de marché, ce sont les *Supply-side platform* qui gèrent les enchères sous les ordres du support dans l'objectif de vendre les espaces publicitaires au bon prix. En ce qui concerne l'achat, les *Demand-Side platform* s'en chargent au nom des

---

[819] Leur apparition résulte de la nécessité d'écouler en temps réel les espaces publicitaires vacants, qualifiés d'inventaires invendus. V. Définitions-marketing, préc.

[820] La publicité programmatique « désigne l'ensemble des campagnes publicitaires associées à l'utilisation de logiciels et d'algorithmes. Elle induit une automatisation des processus d'achats et de ventes », v. M. MERCANTI-GUÉRIN et M. VINCENT, préc. p.60. V. aussi, F. Laugée, « Programmatique », REM n°32, automne 2014.

[821] Selon Next MARK, spécialiste américain du médiaplanning, « *un processus traditionnel comporte 42 étapes effectuées par une douzaine d'intervenants. Et d'après Google, cette complexité a un coût : 28% du budget publicitaire global, contre 2% seulement en télévision (...). Des pourcentages qui expliquent cette ruée vers les ad exchanges. Les ordres d'achat et de vente étant automatisés, le processus de commercialisation est plus simple, plus rapide, moins cher et plus précis grâce aux données de ciblage* » V. Rapport, Loi Sapin et publicité sur internet, 2013, préc., p. 28.

[822] M. MERCANTI-GUÉRIN et M. VINCENT, *Publicité digitale*, préc., p. 67.

annonceurs ou de leurs agences. Elles permettent d'acheter en temps réel et en une fraction de seconde, des inventaires disponibles sur les différents *Ad-Exchanges.*

L'ensemble de ces technologies qui révolutionnent le secteur de la publicité en ligne et dans un futur proche, celui de la publicité hors ligne, renforcent et amplifient considérablement la liberté de diffusion, en particulier celle des TPE-PME. Néanmoins, cela n'est pas sans engendrer des problématiques liés à la protection des données personnelles utilisées par les acteurs intervenant dans ce processus d'achat[823]. La transparence des opérations d'achats constitue également un grand obstacle auquel il faut apporter une réponse.

B - L'accentuation de l'opacité

478. Avant 1993, les organes étatiques intéressés par l'état du marché de la publicité[824] avaient relevé que cette dernière souffrait d'une pathologie relative à l'opacité des tarifs et des statuts des intermédiaires[825]. Dans le même ordre d'idées, une décision de l'ancien Conseil de la concurrence avait fait le constat qu'il existait des dysfonctionnements sur le marché publicitaire en relevant des pratiques opaques telles que des tarifs discriminatoires, l'absence de mentions de remises sur les factures, la double facturation, la sur-commission et des commissions relatives à la préconisation[826]. Les relations entre annonceurs et supports passaient alors par l'intermédiaire d'agences de communication, de centrales d'achat et de régies. Or, le statut indéterminé des intermédiaires et l'absence d'un contact direct entre les deux principaux acteurs de la publicité que sont les supports et les annonceurs, s'avéraient préjudiciables, en particulier pour les annonceurs, puisque les supports ont pour leur part contribué à l'opacité qui frappait les prix. Ils proposaient aux centrales d'achats des remises, des ristournes ainsi que d'autres avantages tels que « *le don d'espaces invendus à la date où les ordres cessent d'être acceptés à titre d'exemple* »[827] d'une manière directe ou à travers leurs régies. En outre,

---

[823] Cf. *infra* n° 682 et s.

[824] L'ancienne Commission de la concurrence, avis du 29 mai 1986 : *in* Avis et décisions du Conseil de la concurrence : *Lamy*, vol. II, n° 262, note Y. SERRA et V. SÉLINSKY, p. 1 à 23 ; Assemblée nationale, Rapport d'information déposé par la Commission des affaires culturelles, familiales et sociales sur la publicité et les médias. Doc. AN 1991-1992, n° 2615 ; Rapport qui amorce le processus d'adoption de la loi dite Sapin, Rapp., au Premier ministre de la Commission de prévention de la corruption présidée par ROBERT BOUCHERY : coll. des rapports officiels, Paris, Doc. Fr., 1993, p. 249.

[825] F. GRAS : « Contrat de publicité », *JurisClass.*, 26 août 2012, point 19.

[826] Décision n° 93-D-59 du 15 décembre 1993.

[827] Décision du Conseil de la concurrence, préc., pp. 17 et 18.

l'ensemble de ces pratiques sont plus défavorables à l'annonceur qu'elles ne le sont pour le support.

479. Par ailleurs, l'achat en temps réel d'espaces publicitaires et le nombre croissant des intermédiaires entre les annonceurs et les supports sont à l'origine de l'opacité entourant ce domaine. La difficulté de déterminer la nature de la relation juridique existant entre les supports et les acteurs spécialisés dans la promotion de l'offre soulève la question d'un manque de transparence, situation qui peut s'avérer préjudiciable à la liberté d'expression publicitaire.

480. Il est évident que c'est le système d'achat d'espaces en temps réel qui se retrouve plus particulièrement concerné, du fait que les acteurs concernés par celui-ci ne fournissaient pas les informations suffisantes sous couvert de complexité technique de ce système qui a d'ailleurs donné lieu à une forme de fraude spécifique à internet. Les systèmes de tarification utilisés pour les achats programmatiques CPM (coût pour mille impression) et CPC (coût par clic) ont en effet pu être détournés de leur objectif qui était d'encourager les investissements publicitaires et devenir ainsi une cible facile pour les fraudeurs. À titre d'illustration, au moyen de la tarification « coût toutes les mille impressions », les annonceurs ne pouvaient pas savoir si leur publicité avait été ou non affichée mille fois ni sur quels sites. Ainsi, la pratique a révélé que des robots intervenaient pour cliquer en lieu et place des internautes afin d'augmenter le nombre de clics et d'alourdir par conséquent la facture des annonceurs, qui ont alors dénoncé, par le biais de leur organisation représentative - l'Union des annonceurs (UDA) - ces pratiques génératrices d'un climat défavorable aux investissements[828]. L'une des conséquences de cette opacité a concerné le budget alloué à l'expression publicitaire. Ainsi, selon une source de Médiamétrie, seuls 25% des investissements publicitaires des annonceurs cibleraient le consommateur[829], l'essentiel des sommes servant à supporter les coûts techniques, ceux des données et des algorithmes et la rémunération de l'opérateur. Ce sont les petits acteurs qui sont les plus influencés par ces pratiques, la fraude dans ce secteur constituant un très sérieux frein à leur liberté de communication.

Par conséquent, il apparaît que la technologie dans le secteur de la publicité est une arme à double tranchant. Elle peut être favorable à l'expression publicitaire en facilitant sa diffusion et en permettant aux petits annonceurs de bénéficier de certains modes de communication permettant de rendre leur discours assez efficace en termes de ciblage. Toutefois, l'atout de la technique peut se transformer en une barrière à l'accès aux techniques utilisées en raison de l'ambiguïté qui caractérise les liens juridiques entre ces acteurs. Dès lors,

---

828 E. LECOMPTE : « Marché de la publicité à l'heure du numérique : plus de transparence pour plus de croissance », rapport de l'Union des annonceurs.

829 L. OSMANIAN MOLINERO : « La publicité sur internet : le marché en recherche de confiance », *Médiamétrie*, septembre 2018.

la technologie n'est favorable à la liberté d'expression publicitaire que si elle se développe dans un climat transparent.

Paragraphe 2 - Le défi de la transparence

481. L'absence de transparence dans le domaine de la commercialisation des espaces publicitaires et son accentuation par le développement technologique dans ce domaine ont fait réagir le législateur. Il convient toutefois de remarquer que le nombre important d'acteurs intervenant dans l'offre d'espaces publicitaires pose un problème de transparence au support presque similaire à celui posé à l'annonceur. Or, l'intervention du législateur et du régulateur est demeurée cantonnée aux opérations d'achats d'espaces en faisant du vendeur d'espaces le seul débiteur des obligations édictées. Dès lors, le problème de la transparence n'est appréhendé que partiellement et non par le biais d'une vision d'ensemble.

482. Partant, si nous ne pouvons nier l'importante intervention du législateur dans l'objectif d'instaurer une certaine transparence dans le secteur de la publicité fixé (**A**), il nous semble cependant qu'elle s'avère insuffisante (**B**).

A - La tentative d'instauration de la transparence

483. Afin d'instaurer la transparence dans les relations contractuelles des professionnels de la publicité, le législateur s'est attelé à supprimer les centrales d'achat. Puis, il a adopté un certain nombre d'obligations d'information, mises à la charge du support ou de ses régies en direction de l'annonceur, afin qu'il soit informé de l'ensemble des prestations relatives à sa campagne. L'article 20 § 4 de la loi du 29 janvier 1993 relative à la prévention de la corruption et à la transparence de la vie économique et des procédures publiques (dite loi Sapin 1) a imposé aux vendeurs d'espaces de facturer directement l'annonceur et de l'informer sur les conditions de déroulement de l'opération de diffusion du message. En outre, cette loi a également soumis les intermédiaires à l'achat d'espaces publicitaires au régime du mandat en leur interdisant d'adopter le statut d'acheteur/de revendeur et d'être rémunérés par le support[830]. Les articles 22 et 24 de la même loi ont quant à eux interdit aux prestataires de services de conseils en achats d'espaces de recevoir une rémunération ou un avantage quelconque de la part du vendeur d'inventaires.

484. Au regard du développement de la publicité en ligne, le législateur a transposé les dispositions de la loi Sapin à cette forme de publicité, tout en

[830] Article 20.

adoptant certaines obligations compatibles avec les spécificités d'internet. Ainsi, après l'extension de la loi Sapin à la publicité en ligne, en 2015, un décret est venu préciser quelles étaient les nouvelles obligations applicables en la matière. Ce décret crée notamment deux régimes concernant l'achat d'espaces : un régime général pour les achats non programmatiques et un autre particulier pour les achats programmatiques. Les nouvelles obligations adoptées sont à distinguer selon le régime auquel elles s'appliquent. Si dans les deux régimes, le vendeur d'espace doit transmettre des informations sur le coût cumulé et unitaire des espaces facturés, cette transmission s'avère quant à elle automatique, lorsqu'il s'agit de l'achat non programmatique. En revanche, elle aura lieu sur demande dans le cas d'un achat programmatique. Dans le régime général (achat non programmatique), le vendeur d'espace se voit contraint de communiquer la date de diffusion des annonces et l'emplacement de cette dernière. En ce qui concerne le régime particulier (achat programmatique), les vendeurs d'espaces ont l'obligation de faire un compte rendu à l'annonceur comportant des informations relatives au contenu du message, à l'univers de la diffusion publicitaire (sites internet par exemple), aux formats publicitaires et au résultat des prestations au regard des indicateurs de performance[831].

Lors de sa transposition en matière numérique, l'esprit de la loi de 1993 a été sauvegardé par le législateur. Ce dernier considère toujours que l'annonceur est la partie la plus influencée par l'opacité qui règne dans le secteur de la publicité en ligne, alors que, du côté de l'offre, il existe un problème similaire.

B - L'insuffisance du mécanisme de la loi Sapin

485. Si le mécanisme de transparence mis en place par la loi Sapin de 1993 a montré son efficacité quant à la publicité hors ligne[832], il n'est cependant pas entièrement adapté à la publicité digitale[833]. Cette intervention législative n'a, en effet, pas résolu tous les problèmes de transparence (**1**). De plus, les nouvelles obligations du support dépassent ses droits d'accès (**2**).

1 - Un déficit de transparence pour les éditeurs

486. Dans l'esprit de la loi Sapin, l'annonceur est la partie faible du contrat publicitaire, il faut par conséquent le protéger. En outre, si la loi Sapin n'a pas prévu d'obligations en faveur des supports, c'est parce qu'il s'agit d'une loi

---

[831] Article 3 du décret de 2017.

[832] R. FERRAND : rapp., fait au nom de la Commission spéciale chargée d'examiner le projet de loi n° 2447 pour la croissance et l'activité, t. 1, vol. 2 : doc. AN, n° 2498, 19 janv. 2015.

[833] *Ibid.*

appliquée à l'achat d'espaces et non à leur vente. Or, la multiplicité des prestataires situés du côté de l'offre, tels que les régies de réseaux publicitaires et celles multi-supports, regroupant des milliers d'espaces publicitaires appartenant à des milliers d'éditeurs, doivent inciter le législateur à revoir sa copie. Ainsi, les *Ad-network* et les plateformes d'affiliation (ex. *AdSense* pour Google) soulèvent également la question de la transparence « *qu'un éditeur est en droit d'attendre de l'intermédiaire auquel il recourt pour vendre une partie ou l'intégralité de son espace publicitaire* »[834]. En effet, dans la plupart des cas, l'éditeur (support) n'est pas informé du niveau du prix, du fait que les données concernant les audiences et le déroulement des campagnes ne lui sont plus guère communiquées[835].

487. Or, il aurait été, à notre sens, souhaitable que la réforme engagée dans ce cadre prévoie des obligations de rendre des comptes au profit des éditeurs, leur permettant de bénéficier d'informations concernant la valeur réelle de leur espace, en accédant, par exemple aux données des audiences. Toutefois, ni la loi Macron de 2015[836], ni le décret de 2017, n'ont vraiment répondu à ce déficit de transparence en termes de vente d'espaces et ils sont demeurés fidèles au champ de la loi Sapin qui circonscrit celle-ci à l'achat d'espaces. Ainsi, dans ses six articles, le décret de 2017 ne prévoit aucune disposition permettant d'assurer la transparence dans les rapports qu'entretient le support avec les autres acteurs de la vente d'espaces.

2 - Une détermination délicate de l'identité du débiteur de l'obligation de reddition des comptes

488. Les acteurs de la publicité en ligne ne sont pas unanimes en ce qui concerne l'interprétation de la loi et de certaines dispositions du décret de 2017[837]. La notion de « vendeur d'espace », utilisée par le législateur, est l'un des points centraux de ces divergences. L'interprétation de cette notion permet en effet de divulguer une problématique liée aux obligations de *reporting* auxquelles sont tenus les acteurs que nous pourrions qualifier de « vendeurs d'espace ». Ainsi, le législateur et l'Union des annonceurs assimilent le vendeur d'espaces publicitaires au support ou à sa régie[838]. Or, ces deux débiteurs des obligations d'informations ne disposent généralement pas, à eux seuls, de toutes les informations dont ils doivent rendre compte aux annonceurs, ce qui pourrait les mettre dans l'illégalité par rapport au décret de 2017[839].

---

[834] Avis n° 10-A-29 du 14 décembre 2010, préc., p. 68.

[835] Avis n° 18-A-03 du 6 mars 2018, préc., pp. 106 et 107.

[836] Article 33 de la loi Macron.

[837] Avis de l'AC, 2018, préc., p. 105.

[838] Loi 93-122 de 1993, préc. Art., 23 et 26.

[839] Décret n°2017-159 du 9 février 2017 relatif aux prestations de publicité digitale, préc.

489. Dans le cadre de la publicité en ligne, il n'est en effet pas aisé de déterminer le statut de certains acteurs par rapport à la loi Sapin. Certains acteurs achètent des espaces aux régies afin de les revendre ensuite aux annonceurs, ce qui rappelle les procédés des anciennes centrales d'achats supprimées par la loi Sapin. Tel est le cas des *Trading desks*, prestataires techniques au départ, qui peuvent cependant adopter le statut de régie pour échapper à celui de mandataire, imposé par la loi Sapin aux intermédiaires et ce, qu'ils agissent du côté de la demande ou de l'offre[840]. Lorsque le *trading desk* opère sous le statut de régie[841], il ne revend pas forcément en l'état l'inventaire acheté auprès du support, car il utilise souvent son savoir-faire couplé à l'analyse de différentes données[842] pour rendre l'espace publicitaire plus performant avant sa revente aux annonceurs. En outre, le *Trading desk* peut faire partie du réseau ou du groupe du support. Dans un tel cas, il informe les annonceurs de ces liens d'intérêt. Par ailleurs, le *Trading desk* peut être une régie indépendante qui représente des milliers de supports, qui ne disposeraient que d'informations partielles liées à la campagne de l'annonceur. Par conséquent, ces supports ne sont pas en mesure de communiquer à l'annonceur le montant global facturé, les informations liées aux résultats des prestations ou de l'informer au sujet de l'univers de diffusion ou du contenu du message.

490. Par ailleurs, dans la mesure où *les Trading Desks* jouent un rôle d'optimisation l'achat d'espaces au profit des annonceurs, il ne peut être qualifié purement est simplement de régie. Ces acteurs ne sont d'aucun intérêt pour les supports. Cela étant, l'indétermination du statut des *Trading desks* ne permet pas de leur imposer les obligations de *reporting* exigées par le décret de 2017. Par conséquent, les supports ne peuvent communiquer d'informations dont ils ne disposent pas et les trading desks ne sont eux-mêmes pas débiteurs de cette obligation d'information.

491. *In fine*, les contradictions relevées entre le décret de 2017 et la réalité du marché de la publicité nécessitent un éclaircissement de la situation des plateformes et des acteurs techniques opérant sur les places de marché *Ad-exchanges* et ce, en raison des impératifs de sécurité juridique et de cohérence en la matière.

---

[840] D. ROSKIS : « Publicité digitale : plus de transparence en matière d'achat d'espaces publicitaires - Décret n° 2017-159 du 9 février 2017 », *La SJEA*, n°21-22, du 25 mai 2017.

[841] Un *Trading desk* peut adopter le statut de mandataire de l'annonceur ou du support.

[842] « *Les données peuvent être issues de la propre base de données de l'annonceur (données « first party ») ou être achetées à des sociétés spécialisées (données « third party »). Le support fournit aussi des données permettant de mieux qualifier l'impression, pour valoriser son offre* », V. Rapport loi Sapin et publicité sur internet, préc., p.38.

Section 2 - L'effectivité des normes privées, condition nécessaire à la libération de l'expression publicitaire par l'autorégulation

492. Il semble légitime de se poser la question de savoir si l'autorégulation pourrait constituer une voie de libération de l'expression publicitaire. Il y a en effet fort à parier que les professionnels de la publicité préfèrent s'autoréguler au lieu de subir les règles trop contraignantes de sources réglementaires ou législatives. Ce sont les émetteurs eux-mêmes, en concertation avec leurs pairs, qui fixent les règles auxquelles ils doivent se conformer dans le cadre de l'exercice de leur profession. Or, si l'on en croit Rousseau, il existe bel et bien une certaine liberté dans l'obéissance aux règles auto-fixées[843].

493. L'autorégulation permet-elle vraiment à l'émetteur d'être libre ou lui donne-t-elle seulement l'illusion de la liberté ? Cette question se pose car, selon le positivisme sociologique[844], la *soft law* et la *hard law*, puisent leurs sources dans l'évolution de la société. En d'autres termes, le droit est l'expression de la société[845]. Ainsi, la règle de droit doit refléter ce qui est acceptable par la société et ce qui ne l'est pas. Dès lors, si le droit dur interdit la publicité pour les produits dangereux (le tabac par exemple), c'est que l'intérêt de la santé publique l'exige. Un tel intérêt se trouve également prôné par la collectivité. Il en est de même de l'interdiction de la publicité sexiste ou de celle mensongère. Dès lors, l'autorégulation ne peut y déroger en adoptant des codes de conduites ou des recommandations allant dans le sens inverse. Il en résulte que les professionnels de la publicité et les parties prenantes sont, à l'image des pouvoirs publics et du législateur, tenus d'édicter des règles qui respectent les destinataires de leurs messages.

494. Par ailleurs, si la liberté ne s'avère pas suffisante pour justifier la préférence accordée à l'autorégulation, la rapidité de l'élaboration des règles déontologiques nous semble constituer un autre mobile à l'origine de cette préférence. Ainsi, cette rapidité[846] et cette efficacité contribuent indirectement à assurer la liberté des émetteurs (**paragraphe 1**).

---

843 J-J. ROUSSEAU : *Du contrat social ou Principe du droit politique*, Amsterdam, 1762. Selon l'auteur : « *l'obéissance à la loi qu'on s'est prescrite s'appelle liberté* ».

844 S. PINON : « Le positivisme sociologique : l'itinéraire de Léon Duguit », *Revue interdisciplinaire d'études juridiques*, 2011/2, volume 67, p. 69-93.

845 P. Grossi, *L'Europe du droit*, éd. Seuil, 2011, p. 88.

846 La frontière entre rapidité et précipitation n'est pas étanche. On le mesure hélas en matière de *hard law* dans la succession des réformes, les lois de circonstances rédigées et votées dans l'urgence, qui renferment des imperfections, des ambiguïtés et des lacunes. Nous admettons que l'on pourrait retrouver de tels défauts dans des règles déontologiques trop hâtivement élaborées. Nous allons en tenir compte.

495. Cependant, l'élaboration rapide de règles adaptées à l'évolution de la profession des publicitaires ne doit pas pour autant éclipser la question de l'effectivité de celles-ci, qui sont dépourvues de force contraignante. Aussi, il serait hâtif et naïf de considérer que les règles issues de l'autorégulation sont moins restrictives que celles, juridiques, relevant du droit dur. Il serait de la sorte opportun d'émettre quelques réserves à leur encontre (**Paragraphe 2**).

Paragraphe 1 - Un apport considérable à la libération de l'expression publicitaire

496. De manière générale, les professions préfèrent s'autoréguler elles-mêmes au lieu de subir l'intervention étatique. Les vertus de l'autorégulation sont nombreuses, notamment en assurant le prestige de la profession[847] et son intégration dans la société[848]. Quand elle revêt la forme de règles déontologiques, l'autorégulation vise à respecter certaines valeurs éthiques, les intérêts des acteurs impliqués ainsi que le public visé. Ainsi, l'autorégulation veille à ce que l'exercice d'une profession donnée soit responsable et non contraire aux intérêts de la société.

497. Il en va ainsi dans le domaine de la publicité commerciale où les annonceurs comme les professionnels de la publicité se sont organisés dans le même objectif. Les professionnels de la publicité se sont dotés de leur propre organe de contrôle depuis le début du XXe siècle (1935). L'Autorité de régulation professionnelle de la publicité (ARPP), dont le nom, il est utile de le souligner, n'indique pas qu'il s'agit là d'une association, est aujourd'hui l'organe de régulation de la publicité en France dont le principal objectif est d'éradiquer la publicité déloyale, mensongère et malhonnête. Composée de professionnels de la publicité, d'annonceurs et d'associations de défense des droits des consommateurs, l'ARPP élabore des règles déontologiques (par ex. des recommandations, codes de bonne conduite) adaptées à l'évolution du marché et de la technologie en matière publicitaire en concertation avec ces derniers.

498. L'organisation de l'activité publicitaire par les émetteurs eux-mêmes a l'avantage de prendre en considération les droits de ces derniers, principalement, le respect de leur liberté d'expression, sans pour autant négliger les droits des consommateurs[849]. De surcroît, le fait que ces règles aient été élaborées dans un laps de temps court permet aux émetteurs de profiter de l'évolution de la technologie en la matière dans un cadre sécurisé et transparent (**A**).

---

[847] J. MORET-BAILLY : *Les déontologies*, *PUAM*, 2001, p. 209.

[848] S. BRISSY : « L'autorégulation des professions », *éd. Dalloz, Droit social*, 2016, p.137.

[849] La conciliation entre la liberté d'expression des émetteurs et les droits des consommateurs est l'une des missions de l'ARPP, v. Rapport d'activité 2017 de l'ARPP, p. 3.

499. Sous un autre angle, l'autorégulation des professionnels de la publicité reflète leur volonté d'adhérer à une logique de responsabilisation et de construction d'un discours publicitaire acceptable par la société. L'évolution que connaît la technique en matière de publicité, en particulier celle qui exploite les données personnelles des consommateurs à des fins publicitaires, exige de l'émetteur qu'il fasse preuve d'un sens de la responsabilité, dès lors qu'il lui faut s'emparer de son discours et le maîtriser afin d'éviter les potentielles dérives (**B**).

A - Une adaptation permanente aux évolutions technologiques

500. Le Conseil de l'éthique publicitaire constitue l'instance d'anticipation[850] qui se charge de conseiller et d'éclairer l'ARPP sur les nouvelles techniques publicitaires et les différentes évolutions que connaît ce secteur. De surcroît, le Conseil de l'éthique publicitaire prévient l'ARPP des problèmes éthiques que posent la publicité sous toutes ses formes et son acceptabilité par la société. L'objectif est de réinventer l'autorégulation et de l'adapter aux changements profonds vécus par la communication publicitaire. Si un Jury de déontologie publicitaire (JDP) veille sur le respect des règles déontologiques et qu'un Conseil paritaire de la publicité (CPP) contribue à faire évoluer les règles déontologiques en intégrant les attentes et préoccupations des parties prenantes[851], le Conseil de l'éthique publicitaire n'a de cesse de faire la promotion de l'autorégulation auprès des pouvoirs publics en mettant en avant ses mérites[852]. Ainsi, nombreux sont les avis adoptés[853], rappelant l'utilité de l'autorégulation et invitant les pouvoirs publics à lui consacrer une place importante dans le système juridique français, tout en écartant l'intervention du législateur.

501. Selon le Conseil de l'éthique publicitaire, « *l'autorégulation est en effet une procédure rapide, économique, (...) elle a la vertu de s'adapter aisément à toutes les situations et à toutes les évolutions. On comprend dès lors que les acteurs de la vie économique y recourent de plus en plus souvent* »[854]. La rapidité dont il s'agit ici est celle relative à l'adoption de règles déontologiques nouvelles par les acteurs de la publicité eux-mêmes, constat qu'il convient d'apprécier en comparaison avec le temps législatif ou réglementaire, qui pourrait s'avérer un peu plus lent. Ainsi, à titre d'exemple, afin de répondre au problème posé par la publicité pour les Jeux d'argent vis-

---

[850] J-J. BIOLAY : « Professionnels de la publicité », *éd., LexisNexis*, 1er décembre 2009, p. 8.

[851] Voir les missions du CCP à l'adresse suivante : https://www.cpp-pub.org/qui-sommes-nous/mission/

[852] Avis du CEP, « Systèmes d'autorégulation ». V., lien direct : https://www.cep-pub.org/avis/avis-cep-systemes-autoregulation/

[853] *Ibid.*

[854] *Ibid.*

à-vis des mineurs, l'ARPP a adopté une recommandation sur cette question en juin 2009, entrée en vigueur en octobre 2009. En revanche, les travaux parlementaires portant sur ce même sujet ont débuté en mars 2009 et abouti à la promulgation de la loi n° 2010-476, relative à l'ouverture à la concurrence et à la régulation du secteur des jeux d'argent et de hasard en ligne seulement en mai 2010[855]. Ainsi, le temps nécessaire à l'adoption d'une loi apparaît plus lent que celui nécessaire pour adopter une recommandation.

502. Cette rapidité d'action des organes d'autorégulation puise sa source dans les discussions et dialogues quotidiens des membres de l'ARPP. Étant donné que les professionnels de la publicité et les annonceurs sont les acteurs du marché de l'expression publicitaire, ce sont les meilleurs connaisseurs des obstacles et défis actuels et futurs de ce secteur. Par conséquent, ils sont les mieux placés pour édicter les règles nécessaires afin de s'y adapter.

503. Par ailleurs, en tant que qualité de l'autorégulation, la rapidité ne se résume pas à l'élaboration de règles déontologiques mais concerne également leur actualisation. Ainsi, la recommandation de l'ARPP « *Communication publicitaire digitale* » a été actualisée à de nombreuses reprises, faisant de la sorte preuve de souplesse et d'adaptabilité aux changements d'usages[856]. Le Conseil d'État reconnaît d'ailleurs cette qualité au droit souple en général en le décrivant comme « *plus aisé à faire évoluer, ne formulant pas de règles générales insusceptibles de dérogation* », et en ajoutant qu' « *il s'avère souvent plus adapté que le droit dur pour traiter de phénomènes qui ne sont pas tout à fait bien cernés* »[857].

C'est là, précisément, que l'autorégulation peut être appréhendée comme favorable à la liberté d'expression publicitaire. Sa capacité à s'adapter et à s'emparer des nouveaux changements dans la communication publicitaire permet aux professionnels de bénéficier des avancées en la matière (la publicité numérique) tout en rassurant les consommateurs en adoptant dans un délai raisonnable des règles qui permettent d'éviter d'éventuelles dérives.

De surcroît, l'autorégulation est également censée favoriser la flexibilité et l'adaptabilité des codes aux besoins des utilisateurs en permettant théoriquement une réaction rapide à l'évolution de leurs besoins juridiques dans un environnement potentiellement changeant[858].

---

[855] L. ARCELIN : « L'opportunité de transformer l'Autorité de régulation professionnelle de la publicité (ARPP) en autorité administrative indépendante (AAI) », *Rec. Dalloz*, 2012, p. 1028, note 10.

[856] F. D'AUBERT : « L'autorégulation est une richesse sachons la faire fructifier », Message du Président de l'ARPP, *rapport d'activité* 2017, p.3.

[857] Rapport du Conseil d'État, Le droit souple, 2014, p.91.

[858] M. HOSSAIN et M. REAZ: « The determinants and characteristics of voluntary disclosure by Indian banking companies », *Corporate Social Responsibility and Environmental Management*, 14(5) 2007, pp. 274-288.

504. En outre, au lieu d'analyser les évolutions dans le secteur de la publicité avec méfiance, comme c'est le cas du législateur, qui veille davantage sur les droits du consommateur en le considérant comme la partie faible, l'autorégulation porte un regard plutôt optimiste et essaie de tirer profit des opportunités que présente l'évolution technologique. C'est en tout cas ce qui ressort très clairement du message du président de l'ARPP, selon lequel « *si la volonté des consommateurs et plus largement des citoyens de maîtriser l'usage de leurs données personnelles est tout à fait légitime, je suis le premier à y souscrire, il faut arriver à la concilier avec les besoins de la publicité et sa recherche de ciblage. Le recours à l'intelligence artificielle est aussi une source d'inquiétude pour les consommateurs mais aussi une opportunité pour les professionnels* »[859]. Cependant, il ne faudrait pas en déduire que la priorité de l'autorégulation publicitaire consiste à défendre les intérêts des professionnels. Au contraire, « *L'autorégulation a pour but de définir et promouvoir une éthique professionnelle afin de protéger le consommateur* » [860], et pour y parvenir « *elle oblige à une réflexion et un débat au sein même des parties prenantes, ce qui lui garantit une proximité de terrain et l'incite à la réactivité et la souplesse* » [861].

505. Aujourd'hui, plusieurs avancées technologiques en matière de publicité commerciale ne sont, en effet, toujours pas évoquées par le législateur, alors que les instances de l'ARPP, le Conseil de l'éthique publicitaire en particulier, s'en sont déjà emparés. Il s'agit tout particulièrement du rôle que l'intelligence artificielle (IA) joue en matière publicitaire. Ainsi, dans son avis de janvier 2018 sur le rôle de l'intelligence artificielle dans la publicité, le Conseil de l'éthique publicitaire a non seulement évoqué les problématiques qui se posent en la matière, mais a aussi soulevé des questions qui touchent à la fonction même de la publicité. Ainsi, au-delà du fait que l'intelligence artificielle permettra, dans un avenir proche, à l'expression publicitaire de gagner en efficacité en raison du développement de la précision du ciblage publicitaire, le Conseil de l'éthique publicitaire relève d'autres utilisations de l'intelligence artificielle en publicité exigeant davantage de précautions. Parmi les utilisations actuelles de l'intelligence artificielle dans le champ de la publicité, le Conseil de l'éthique publicitaire cite les assistants personnels et les moteurs de recherches vocaux associés aux smartphones (ex. Siri pour l'iPhone) qui seraient susceptibles de jouer un rôle publicitaire en mettant en avant des produits ou des marques pour les individus sans que la filiation publicitaire soit claire. L'apparition d'influenceurs non humains sur les réseaux sociaux en constitue un autre exemple. Le consommateur ne sait pas forcément que derrière la « personne » qu'il suit, par exemple, sur Instagram, se cache en réalité un robot appartenant à une

---

[859] *Ibid.*

[860] Avis du CEP : « Légitimité de l'autorégulation », septembre 2015.

[861] *Ibid.*

marque[862]. Dans la même optique, la montée en puissance des calculs des algorithmes, leur capacité d'apprentissage et l'abondance des données personnelles en raison de l'avènement des objets connectés et de la cinquième génération des standards pour la téléphonie mobile pourraient menacer la fonction même de la publicité et par conséquent, son existence. En effet, confier à des robots (par ex. des agents conversationnels, des assistants personnels intelligents comme chez Google et Amazon) le soin de choisir un produit ou un service qui correspond aux caractéristiques propres au consommateur « *annihile (...) réduit, voire annule l'influence publicitaire* » [863]. Face à ces enjeux, les organes d'autorégulation peuvent tirer la sonnette d'alarme et sensibiliser les professionnels vis-à-vis du respect des droits des consommateurs, de même qu'ils peuvent les inciter à s'adapter convenablement à l'évolution en privilégiant les pratiques professionnelles proches des réalités et facilement évolutives[864] pour faire face aux dangers qui pourraient menacer leurs activités.

506. Par ailleurs, on pourrait avancer l'idée que l'autorégulation constitue une réponse à l'internationalisation de l'expression publicitaire. Étant donné qu'internet est devenu le premier média publicitaire au niveau mondial, l'internationalisation du discours des marques s'est accentuée. Face à la difficulté de déterminer la loi applicable et afin d'éviter les conflits de compétence juridictionnelle, une harmonisation des règles applicables en la matière et par conséquent, l'adoption d'un cadre réglementaire international régissant le contenu et la diffusion des messages publicitaires deviennent alors nécessaires. Conscient des enjeux qui se présentaient, le parlement européen a ainsi affirmé l'importance de l'autorégulation et incité les États membres qui n'en disposeraient pas à faciliter la mise en place d'organismes d'autorégulation sur le modèle de ceux existant au sein des autres États de l'UE[865]. Au niveau international, le Code de la Chambre de commerce internationale relatif aux pratiques de la publicité et des communications commerciales constitue, depuis 1937, une source d'autorégulation pour les organes nationaux[866]. Il demeure également une référence en la matière au niveau international et permet ainsi d'harmoniser les règles déontologiques capables de rehausser la confiance du public dans la communication

---

[862]https://www.rtbf.be/lapremiere/article/detail_des-influenceuses-virtuelles-qui-se-prennent-le-bec-alors-qu-elles-n-existent-pas?id=9909506

[863] Avis du CEP : « L'IA en publicité entre fantasmes et responsabilité », 2018.

[864] Avis du CEP : « Systèmes d'autorégulation », préc.

[865] Rapport sur l'effet de la publicité sur le comportement des consommateurs (2010/2052(INI)), point 13.

[866] Direction générale de la concurrence, de la consommation et de la répression des fraudes (DGCCRF), JO n°8 du 10 octobre 2008. Annexe VIII, p.832.

publicitaire et de protéger la liberté d'expression des acteurs de la communication commerciale[867].

507. Bien que les avantages de l'autorégulation soient multiples, il apparaît que cette dernière n'a cependant pas atteint son objectif, consistant en la limitation de l'action du législateur et des pouvoirs réglementaires. Ces derniers ne cessent de légiférer et de réguler le secteur malgré l'existence de codes de bonnes conduites, d'avis et de recommandations traitant les mêmes problématiques liées à la publicité commerciale. L'existence de règles déontologiques devrait persuader le législateur à moins et mieux légiférer dans ce domaine. Or, étant donné que le droit souple, résultant de l'autorégulation, est dépourvu de la force de la règle de droit, il apparaît un souci d'efficacité ou d'effectivité de ces règles. Dès lors, au lieu d'adopter une vision manichéenne, une articulation entre les deux catégories normatives que sont le droit souple et le droit dur, pourrait constituer une solution nécessaire[868].

B - Une auto-responsabilisation du discours publicitaire

508. Tous les codes d'autorégulation de l'activité publicitaire militent pour une publicité honnête, véridique, décente et conforme aux lois[869]. Leur ambition est de responsabiliser le discours publicitaire et de le rendre acceptable pour le public. Une telle responsabilisation passe nécessairement par le respect des droits des consommateurs destinataires du message publicitaire. Le recours à l'autorégulation pourrait renforcer et intensifier la confiance des consommateurs à l'égard des émetteurs, car elle serait la démonstration que l'émetteur s'auto-responsabilise volontairement.

509. Plusieurs études, menées à l'échelle nationale, révèlent que la publicité dispose d'une mauvaise réputation. Jugée banale, envahissante et inutile, l'image de la publicité se dégrade progressivement[870]. Dans un tel contexte, l'émetteur a besoin de se responsabiliser afin de rendre son discours acceptable par les destinataires. À cette fin, l'autorégulation nous semble constituer le moyen le plus efficace pour améliorer l'image du secteur de la communication publicitaire auprès du public. Ainsi, selon la formule de M. Jean-Pierre Teyssier, « *quel meilleur moyen de se sentir responsable qu'en étant (...) appelé à définir soi-même le meilleur comportement dans son activité ?* »[871].

510. L'autorégulation en guise d'outil d'édiction des règles de droit souple se définit, en effet, comme la possibilité, pour les émetteurs, d'adopter eux-

---

[867] Code ICC consolidé, p. 3.

[868] Cf. *infra* n°536 et s.

[869] Code ICC consolidé, préface.

[870] M. ERRA : « Contrat de la filière « communication », *CNS*, 15 février 2017, p.16.

[871] J.-P. TEYSSIER : « La régulation professionnelle : des règles non étatiques pour mieux responsabiliser », Fondation pour l'innovation politique, décembre 2011, p.9.

mêmes et pour eux-mêmes des lignes directrices communes qu'ils s'engagent à respecter volontairement dans l'intérêt du secteur dans son ensemble[872]. En matière de déontologie publicitaire, le processus d'élaboration des règles passe par un dialogue entre les parties prenantes, au premier rang desquelles figurent les associations représentatives des consommateurs. Au sein du Conseil paritaire de la publicité (CPP), instance de l'ARPP, ces associations font, en effet, part des inquiétudes des consommateurs et de leurs critiques à l'égard de la publicité. Les organes d'autorégulation en tiennent compte afin d'établir des règles déontologiques dont le respect aboutirait à une communication appréciée par le public.

511. Parallèlement, il s'avère que l'autorégulation constitue un meilleur outil pour que les professionnels fassent « *la communication de leur communication* » [873]. Le secteur de la communication, en général, et de la publicité, en particulier, souffre, en effet, d'incompréhension[874]. Rares sont les études qui évaluent ou démontrent l'intérêt de la publicité pour l'économie et la société en général[875], constat qui devrait inciter les professionnels de ce secteur à s'organiser autrement, comme c'est le cas depuis 2017 avec la création de la Filière de la communication[876], dans l'objectif de mettre en avant les bienfaits de la communication commerciale pour la société[877]. Ainsi, ce sont les organes d'autorégulation qui sont les mieux placés pour jouer un rôle de pédagogues auprès du public, afin de mettre en avant la valeur et l'utilité de la publicité.

512. Les émetteurs ont donc aujourd'hui besoin de responsabiliser leur discours afin de perdurer. Ainsi, le Code de la chambre de commerce internationale envisage la responsabilisation du discours publicitaire comme une « *licence to operate* »[878]. De surcroît, selon ce même Code, l'adoption d'un discours publicitaire responsable est la condition *sine qua non* pour continuer à bénéficier de la liberté d'expression[879], tout du moins, d'une manière effective.

513. L'autorégulation en guise de moyen de régulation, témoigne, en effet, depuis longtemps de la volonté d'auto-responsabilité des émetteurs. Ainsi, comme l'a bien souligné le Parlement européen, l'autorégulation « *permet de*

---

872 F. D'AUBERT : Rapport d'activité 2017, préc., p. 3.

873 M. ERRA, préc., p. 24.

874 M.ERRA, préc., p.19.

875 Citons à titre d'exemple : R. LEDUC : « Rôle économique de la publicité », *in* L'avenir de la publicité et le droit, Montpellier 1976, p.11 et s.

876 *Ibid.*

877 Comme peut l'illustrer le rapport de la Fédération mondiale des annonceurs intitulé : « The economic contribution of advertising in Europe », éd. *Deloitte*, janvier 2017.

878 Code consolidé ICC, p.2.

879 *Ibid.*

cultiver une culture d'esprit et de responsabilité d'entreprise »[880]. Il n'en demeure pas moins qu'il faut la mettre en avant en encourageant le respect des règles qui en découlent et au besoin, ne pas lésiner sur la sanction.

514. Œuvre de l'autodiscipline, la responsabilisation du discours publicitaire de l'émetteur pourrait avoir deux effets positifs. D'un côté, elle serait de nature à renforcer la confiance des consommateurs vis-à-vis des professionnels de la communication commerciale, en rendant ainsi acceptable l'expression publicitaire. D'un autre côté, un discours responsable, c'est-à-dire respectueux des droits d'autrui au sens du paragraphe 2 de l'article 10 de la CEDH, pourrait engendrer un changement dans la position de la jurisprudence européenne qui demeure fidèle à son classement de l'expression publicitaire au bas niveau de la protection[881]. Encore faut-il qu'il tienne compte des règles édictées, qu'elles portent sur le contenu (par ex. abstention de conception de publicités sexistes, discriminatoires ou banalisant la violence) ou sur les modalités de diffusion (interdiction du ciblage basé sur des données personnelles traitées sans le consentement des utilisateurs, interdiction des formats de publicité intrusives).

Paragraphe 2 - Un apport perfectible

515. En dépit de ses vertus, l'autorégulation souffre tout de même de certaines faiblesses. Ce système de régulation privée est, par exemple, en quête de légitimité auprès des pouvoirs publics et des consommateurs. Pourtant, la régulation professionnelle du secteur publicitaire a su répondre à cette faiblesse en instaurant, depuis 2008, le Conseil paritaire de la publicité, composé de toutes les parties prenantes en la matière, dont les associations représentatives des consommateurs. Ainsi, toutes les voix sont représentées au sein de cette instance qui propose d'actualiser ou de produire de nouvelles règles à l'ARPP. Une fois passé l'obstacle de son prétendu manque de légitimité, l'autorégulation fait face à une autre limite qui trouve son origine, paradoxalement, dans l'une des vertus du droit souple, à savoir la flexibilité et l'adaptabilité de ses règles. Bien que la souplesse des règles s'avère importante dans un domaine en perpétuelle évolution, elle pourrait cependant susciter des difficultés liées à l'instabilité de la référence normative[882]. Ainsi, outre le fait de constituer une source d'insécurité juridique, l'instabilité

---

880 Rapport, (2010/2052(INI)), préc., point 13.

881 Cour EDH : Sekmadienis Ltd c. Lituanie, , préc.

882 S. HARNAY et T. SACHS : « La régulation de la gouvernance d'entreprise : de l'autorégulation à la corégulation ? », *Revue d'économie financière (REF), vol.* 130, n°. 2, 2018, p.47.

normative fait peser sur les émetteurs la charge du coût de la mise en conformité[883].

516. En outre, la régulation privée des normes frôle le risque de *corporatisme*. Il s'agit d'une situation dans laquelle les instances de l'autorégulation, telles que l'ARPP, sont ouvertes à certains acteurs, mais fermées à d'autres ou les ordres professionnels, à titre d'exemple, produisent des règles qui faussent la concurrence[884]. Il existe donc un risque de détérioration de la qualité des règles produites parce qu'elles peuvent être influencées par les intérêts privés des émetteurs au détriment des droits des consommateurs[885].

517. Enfin, le fait que les règles issues de l'autorégulation soient non contraignantes et que les entreprises y adhèrent volontairement pose la question de l'efficacité de ces règles, entendue comme leur capacité à produire des effets[886]. Celle-ci a divisé la doctrine.

518. Si certains auteurs considèrent en effet qu'en matière d'autorégulation, confier la production des normes aux milieux d'affaires constitue une garantie de leur efficacité[887], d'autres évoquent au contraire une « *efficacité de façade* », ce qui signifie que « *les engagements présentés par les acteurs privés ne sont pas accompagnés d'un système qui assure leur suivi et leur contrôle, avec les sanctions suffisantes en cas de non-respect* » [888].

519. Définie comme l'aptitude des règles de droit à produire les effets souhaités, désirés[889] et en quelque sorte, à remplir les finalités que les organes d'autorégulation leur ont fixées, l'effectivité[890] des normes privées en matière de publicité nous semble constituer le point le plus important.

520. Une réelle responsabilisation du discours publicitaire ne pourra en effet pas se produire sans l'effectivité des règles qui la garantissent. Ainsi, l'on se bornera à traiter ce point qui nous semble fondamental (**A**), avant d'explorer les éventuelles voies permettant à ces normes privées de jouer leur rôle de responsabilisation de l'émetteur (**B**).

---

883 *Ibid.*

884 J.-P. TEYSSIER, préc., p.13.

885 S. HARNAY et T. SACHS, préc., p. 47.

886 W. BARANÈS et M-A. FRISON-ROCHE : « Le souci de l'effectivité du droit », *D.* 1996, chron., p. 301-303.

887 S. HARNAY et T. SACHS, préc., p.45.

888 J.-P. TEYSSIER, préc., p.13.

889 W. BARANÈS et M-A. FRSON-ROCHE, préc

890 Dans ce contexte les termes « effectivité » et « efficacité » seront employés en tant que synonymes.

A - Le caractère essentiel de l'effectivité des règles issues de la régulation privée

521. De par leur nature, les normes privées ne sont pas forcément contraignantes, ce qui a conduit certains auteurs à les considérer comme extérieures au droit, qui est constitué de règles juridiques obligatoires, générales et sanctionnées[891]. Par conséquent, le respect des règles issues de la régulation privée pose la question de leur respect. Selon le Conseil d'État, le droit souple ne sera utile que s'il est effectif[892]. Ainsi, l'application conditionne l'existence même des normes privées (**1**).

522. Par ailleurs, afin d'inciter les professionnels de la publicité à respecter les codes éthiques et déontologiques, un changement structurel s'est opéré au sein de l'organe de contrôle pour le doter d'un pouvoir de sanction au risque d'en abuser (**2**).

1 - La quête de l'effectivité des normes privées en matière publicitaire

523. Selon le Conseil d'État, « *cette question de l'effectivité est au cœur du mystère et de la séduction exercée par le droit souple* »[893], *aussi, « le droit souple, lui, n'existe vraiment que dans la mesure où il est appliqué* »[894].

524. La principale critique formulée à l'encontre de l'autorégulation en tant que mode de gouvernance est liée aux effets des règles qu'elle édicte. Autrement dit, il s'agit de la capacité des règles produites par les émetteurs à responsabiliser le discours publicitaire. Une telle critique résulte de deux éléments, qui permettent de distinguer le droit souple de celui dur, à savoir le caractère volontaire de l'adhésion à l'ensemble des codes édictés et celui non contraignant des règles adoptées. On pourrait souscrire en partie à ce postulat. Si les émetteurs n'ont en effet pas l'obligation d'adhérer aux organes chargés de la régulation privée de la publicité[895], la contrainte quant à elle existe bel et bien, car celle-ci peut être comprise autrement que comme celle exercée par les pouvoirs publics[896]. En matière d'autorégulation, une autre forme de contrainte, non-juridique, émerge. Plus précisément, au lieu de solliciter le concours des pouvoirs publics qui ont la légitimité d'exercer la contrainte, ce qui ne présume pas pour autant de leur efficacité[897], les émetteurs font confiance à la discipline du marché. L'entreprise qui ne respecte pas les règles

---

891 P. DEUMIER : *Le droit spontané*, éd. Economica, 2002, § 259.
892 CE. Rapport, Le droit souple, préc., p.104.
893 *Ibid,* p.85.
894 Rapport, le droit souple, préc.
895 Facebook et Google sont un exemple d'annonceurs non-membres de l'ARPP.
896 M. VIRALLY : « Sur la prétendue « primitivité » du droit international », *in Le droit international en devenir*, 1991, p. 91, spéc. p. 93.
897 Rapport CE : Le droit souple, préc., p.110.

fixées par ses pairs sera pointée du doigt ou « *nommée publiquement* » et subira certainement des sanctions économiques.

525. Très connu dans le milieu des affaires, le mécanisme anglo-saxon dit *Name and Shame*, c'est-à-dire « *honte à celui qui est nommé* »[898], constitue, en effet, un aspect de la sanction qui frapperait la réputation des entreprises potentiellement récalcitrantes afin de les contraindre à respecter les normes privées édictées. En matière de publicité, le Jury de déontologie publicitaire (JDP) a recours à ce mécanisme. Ainsi, l'article 21 de son règlement intérieur prévoit la publication des avis sur le site du JDP avec la possibilité d'une publication renforcée par voie de communiqué de presse ou au moyen d'une demande adressée au contrevenant qui doit procéder à la publication de l'avis le concernant par voie d'encarts dans la presse.

Étant donné que l'avenir de l'expression publicitaire est numérique, il serait plus aisé de mettre en place un tel mécanisme. L'information des entreprises et des consommateurs sur le non-respect des règles déontologiques par un émetteur est devenue plus rapide. Il en va de même de la mise en œuvre de la sanction, ce qui rend ce mécanisme plus efficace.

526. Cependant, même si la sanction médiatique, à travers l'image négative qu'elle véhicule du destinataire de la sanction (dégradation de la réputation et de l'image de la marque), peut engendrer une sanction économique différée (par ex. baisse des ventes, perte de parts de marché), elle demeure insuffisante, voire un *flatus vocis*. L'intervention de cette dernière après la nomination du contrevenant renforce l'efficacité du mécanisme du *Name and Shame* et donne, par conséquent, aux normes privées leur plein effet. Ainsi, selon le doyen Roubier, la sanction économique « *est la source d'une contrainte extérieure susceptible dans bien des cas d'assurer le respect des règles en faisant réfléchir ceux qui seraient incités à les transgresser* » [899]. En plus de cette sanction par les pairs, le non-respect des règles issues de l'autorégulation pourrait entraîner une sanction supplémentaire émanant cette fois des consommateurs. Ainsi, en ce qui concerne l'utilisation des données à caractère personnel en matière de ciblage publicitaire, l'autorégulation consiste à labelliser les entreprises qui respectent les règles édictées en la matière[900]. Toute utilisation illicite de ces données suscite la méfiance des consommateurs à l'égard de l'entreprise à l'origine de l'atteinte, ce qui pourrait affecter son image, voire, par exemple, se transformer en boycott[901].

527. Dès lors, la crainte d'une atteinte au patrimoine réputationnel résultant de la réprobation par les pairs et d'une désaffection par les

---

[898] N. CUZACQ : « Le mécanisme du Name of Shame ou la sanction médiatique comme mode de régulation des entreprises », *RTD Com*, 2017, p. 473.

[899] P. ROUBIER : *Théorie générale du droit*, Dalloz, 2005, p. 40.

[900] F. ROCHELANDET : *Économie des données personnelles et de la vie privée*, Paris, éd. La Découverte, *coll. Repères*, 2010, pp. 92-93.

[901] N. CUZACQ. préc.

consommateurs obligerait les entreprises à se conformer aux règles en la matière. En définitive, cette dynamique suscitée auprès des destinataires des règles déontologiques pourrait contribuer à les rendre effectives[902].

528. Plus encore, consciente qu'il est nécessaire que les règles déontologiques soient effectives, l'ARPP contrôle leur respect tout au long du processus de diffusion du message publicitaire, en adressant une demande de cessation de diffusion lorsqu'elle en constate la violation. Étant donné que la plupart des médias ont adhéré à cette autorité, ils se retrouvent, en principe[903], tenus de respecter les décisions prises par cette dernière, ce qui montre que l'efficacité des règles déontologiques repose sur l'adhésion forte et la cohésion de toutes les parties concernées.

529. En outre, à travers le rôle du Jury de déontologie publicitaire, l'ARPP veille à la mise en œuvre efficace de ses recommandations. Ainsi, le Jury constitue le « *bras armé* »[904] des principes qui découlent du Code de la chambre de commerce internationale et des recommandations de l'ARPP. Il peut, en effet, être saisi par tout destinataire du message publicitaire, c'est-à-dire par toute personne physique ou morale qui considère qu'une publicité viole l'une des recommandations de l'ARPP. Dès les premiers mois d'ouverture de cette saisine, à savoir depuis juin 2008, le Jury de déontologie publicitaire a reçu de nombreuses plaintes, dont la majorité émanaient d'organisations de défense des consommateurs et de protection de l'environnement. Ainsi plusieurs publicités, considérées comme contraires aux règles déontologiques[905], ont subi une mesure de cessation de diffusion.

530. Bien que les avis du Jury de déontologie publicitaire soient susceptibles d'être révisés à la demande de la partie concernée, la recherche d'effectivité des règles déontologiques a, en effet, conduit à des dérives qui semblent, paradoxalement, menacer le fonctionnement de la régulation professionnelle en matière de publicité.

2 - Les dérives de la recherche d'effectivité

531. Les contrôles exercés par l'ARPP, ainsi que les sanctions prononcées, ont pour objectif d'assurer le respect des règles déontologiques et par conséquent, de leur octroyer un plein effet. Une telle ambition s'avère légitime et même soutenable dans la mesure ou l'autorégulation publicitaire est considérée comme favorable à la liberté d'expression publicitaire. Cependant, la fin ne justifie pas toujours les moyens. Il apparaît, en effet, que pour assurer

---

[902] Rapport du Conseil d'État, Le droit souple, préc.

[903] C'est ce qui ressort de l'article 1 du Règlement intérieur de l'ARPP (octobre 2015).

[904] C'est ainsi que l'OCDE a qualifié les différents points de contacts nationaux, qui veillent au respect de ses principes directeurs. OCDE, Rapport annuel 2012 sur les principes directeurs de l'OCDE à l'intention des entreprises multinationales.

[905] Tous les avis du JDP sont publiés sur son site : https://www.jdp-pub.org

la régulation publicitaire, l'ARPP et son instance disciplinaire, le Jury de déontologie publicitaire, dépassent largement leurs pouvoirs associatifs en adoptant officieusement ceux appartenant à une juridiction[906] ou, tout du moins à une Autorité administrative indépendante[907].

532. Même si les recommandations qu'elles formulent n'ont, en effet, pas de force contraignante, le Jury de déontologie publicitaire et l'ARPP considèrent qu'elles ont une portée générale, engageant même les annonceurs et professionnels non adhérents à l'ARPP. Ainsi, en réponse à la réaction de la société Leclerc[908], destinataire d'un avis ayant relevé le caractère trompeur de l'une de ses publicités alors qu'elle n'est pas adhérente à l'ARPP, le Jury de déontologie publicitaire a très clairement indiqué que « *le champ d'action que s'est fixé l'ARPP, et dont découle celui du Jury de déontologie qui lui est associé, n'est pas limité aux comportements de ses adhérents. L'article 3 du règlement intérieur du Jury précise que celui-ci est compétent pour traiter les plaintes portant sur des publicités que les professionnels, qui en sont à l'origine, soient ou non adhérents de l'ARPP. En conséquence, le fait que la société E. Leclerc ne soit pas adhérente à l'ARPP et au système d'autorégulation, dont elle est l'émanation, est sans portée sur la compétence du Jury pour connaître des plaintes portant sur des publicités dont cette société est à l'origine* » [909]. Or, dans la mesure où l'ARPP est une association, le Jury de déontologie publicitaire ne peut, en principe, imposer aux professionnels qui ne sont pas membres de celle-ci de respecter des règles auxquelles ils n'ont pas adhéré et ce, en violation du principe de l'effet relatif des conventions.

533. En outre, plusieurs critiques ont été adressées aux avis du Jury de déontologie publicitaire, notamment qualifiés de plus restrictifs que les décisions émanant de l'ordre judiciaire. Tel est le cas lorsque ce Jury interdit une publicité qui avait pourtant reçu, après contrôle, un avis favorable de l'ARPP[910] ou lorsqu'il censure une publicité bien que le CSA ne l'ait pas jugé nécessaire[911]. L'ARPP ne cesse de réagir pour apporter des éclaircissements quant à l'une[912] et l'autre[913] de ces critiques. Or, si le Jury de déontologie

---

[906] G. BUIS : « Responsabilité du Jury de déontologie publicitaire », 16 janvier 2012, http://www.buis-avocat.fr/Responsabilite-du-Jury-de

[907] L. ARCELIN : « L'opportunité de transformer l'Autorité de régulation professionnelle de la publicité en autorité administrative indépendante », *D.* 2012, p. 1028.

[908] Décision du 16 déc. 2008, *Leclerc.*

[909] Décision du 16 juill. 2009, *Fo-Yam.*

[910] G. BUIS, préc.

[911] *Ibid.*

[912] ARPP, affaire tous promoteurs.com, décision confirmée en appel, 4 juillet 2012. V, lien direct : https://www.arpp.org/actualite/04-07-2012-affaire-touspromoteurs/

[913] BVP (à l'époque), Spot Leclerc : le BVP précise sa position, 4 avril 2008. V., lien direct : https://www.arpp.org/actualite/spot-leclerc-le-bvp-precise-sa/

publicitaire rend des avis parfois plus fermes que ceux d'une juridiction, il se montre, en revanche, beaucoup moins soucieux de la garantie des droits relevant du respect d'un procès équitable (article 6§1 CEDH). Même s'il ne se revendique, en effet, pas en tant que juridiction[914], le Jury de déontologie publicitaire rend toutefois des avis qui sont de plus en plus respectés par les émetteurs. Dès lors, l'observation de l'article 6§1 de la CEDH s'imposerait à cette instance, étant donné qu'il détient le pouvoir de rendre des avis assez contraignants pour leurs destinataires[915]. Ainsi, si la condition de l'impartialité des membres du Jury semble remplie[916], même si elle est sujette à discussion[917], il convient d'émettre des réserves concernant le respect du principe du contradictoire et du droit à un recours effectif par cet organe.

534. Le Jury de déontologie publicitaire peut, en effet, rendre son avis s'il estime que la publicité est non conforme aux principes du Code de la Chambre de commerce internationale ou à une recommandation de l'ARPP, sans même que le contrevenant soit entendu. Lorsqu'il est saisi d'une plainte, après avoir statué sur sa recevabilité, le Jury se contente d'informer la partie visée par cette dernière et l'invite à présenter ses observations[918]. À défaut, l'avis est émis. Le Jury de déontologie publicitaire n'a pas le pouvoir d'inciter l'émetteur contrevenant à se présenter à l'audience, ce qui s'explique par le caractère associatif de l'instance dont ce dernier fait partie. En outre, le comportement du défendeur, c'est-à-dire sa réticence, voire son refus de se défendre, s'avère compréhensible parce que ce dernier est conscient que les avis du Jury ne sont pas contraignants et que leur respect est livré à sa bonne volonté.

535. Par ailleurs, pour contester les avis rendus, le règlement intérieur prévoit une simple révision que l'émetteur pourra demander dans les quinze jours suivant leur publication[919]. Or, cette demande de révision ne sera acceptée par le Réviseur de la déontologie publicitaire qu'en « *cas de survenance d'éléments nouveaux, non connus du Jury de déontologie publicitaire à la date de son avis ou dans le cas où la procédure devant le Jury n'a pas été menée conformément au chapitre D du présent Règlement (...)* »[920]. Cependant, restreindre les cas dans lesquels la partie destinataire de l'avis pourrait formuler une demande de révision semble porter atteinte au droit de ce dernier à bénéficier d'un recours effectif. Abstraction faite de ce mécanisme de révision, l'émetteur qui n'a pas respecté les règles

---

914 Dans un avis, le JDP rappelait qu'il n'est pas une juridiction, V. avis n°361/16 Grande distribution.

915 L. ARCELIN, préc.

916 Articles 5 et 6 du règlement intérieur du JDP.

917 *Ibid.*

918 Article 12 du règlement intérieur du JDP.

919 Article 22 du règlement intérieur du JDP.

920 *Ibid.*

déontologiques ne dispose, en effet, d'aucun autre recours, hormis s'il souhaite agir sur le terrain de la diffamation[921], voie ouverte du fait de la publication des avis sur le site du Jury de déontologie publicitaire. Au regard de ce qui précède, il semble nécessaire de repenser la régulation privée de la publicité commerciale.

B - La nécessité de repenser la régulation professionnelle en matière publicitaire

536. Afin de remédier aux limites de l'autorégulation, les propositions peuvent varier. Il nous faudra néanmoins celles qui soient favorables à la liberté d'expression publicitaire.

Certains en appellent en effet à une meilleure articulation des normes privées avec les règles étatiques. Autrement dit, une bonne gouvernance exige de mettre en place des instruments dont l'effectivité ne repose pas entièrement sur la discipline du marché[922], mais s'appuie sur les pouvoirs publics pour la mise en œuvre de ces normes privées. D'après Teyssier, il s'agirait ainsi d'une co-régulation, allant au-delà de la coordination en vue d'encadrer une activité ou un secteur[923], mais de solliciter l'intervention étatique afin de mettre en œuvre des normes issues de la régulation privée. Or, cette conception de la co-régulation ne semble pas adaptée à la régulation privée de la publicité.

537. D'une part, plusieurs chantiers entrepris dans le domaine de la régulation professionnelle de la publicité relèvent déjà de la co-régulation. Il s'agit notamment d'actions portant sur l'image de la femme, la publicité alimentaire ou les allégations environnementales. Ainsi, la loi reconnaît l'importance de la régulation privée de la publicité en matière environnementale à travers la loi Grenelle 2[924], reconnaissance qui s'illustre également par l'autorisation du CSA, par le biais de la loi de mars 2009 transposant la directive relative aux services de médias audiovisuels (ci-après directive SMA), de confier le contrôle de la publicité télévisuelle à l'ARPP. C'est cette conception de la co-régulation qui s'avère le mieux adapté à l'activité de l'ARPP, parce qu'elle lui permet de garder sa nature privée. Y associer les pouvoirs publics ferait de cet organe une autorité administrative indépendante qui ne dirait pas son nom.

538. D'autre part, l'ARPP ne ressent pas le besoin de recourir à la force publique ou à la contrainte de la loi pour faire respecter ses recommandations[925]. Si elle se revendique comme une sorte d'« Autorité »

---

921 TGI Paris, ord. 13 janv. 2012, RG n° 11/55901 ; TGI Paris, 7 mai 2014, TG n° 13/16669.

922 S. HARNAY et T. SACHS, préc., p. 50.

923 J.-P. TEYSSIER, préc., p.11

924 Loi n° 2010-788 du 12 juillet 2010 portant engagement national pour l'environnement.

925 L'autorégulation refondée : Publicité et Société, déc. 2008, p. 32

morale, c'est uniquement dans le sens étroit que lui a attribué Hannah Arendt, qui énonçait que « *l'autorité est l'obéissance sans recourir à la contrainte par la force* »[926]. Dès lors, seules l'adhésion collective à ces dispositifs de responsabilisation et l'acceptation par les annonceurs de subir des contrôles, passibles de sanctions, en cas de manquement, suffiront à en garantir le respect.

539. Cependant, en matière de publicité commerciale, il apparaît que ce sont plutôt les dérives liées à la quête d'effectivité qui invitent à revoir la régulation professionnelle en matière publicitaire, notamment le respect des droits de défense. Une réponse à cette problématique fut proposée par Mme le Professeur Linda Arcelin, qui consistait en la transformation de l'ARPP en une Autorité administrative indépendante (AAI)[927]. Une telle solution s'avère, en effet, réaliste dans la mesure où cela permettrait « *d'asseoir l'autorité sur des bases procédurales transparentes, impartiales et ainsi garantes des droits de la défense* »[928]. Aussi, en plus du renforcement du respect des normes privées édictées en matière publicitaire, la transformation de l'ARPP en AAI conférerait aux contrevenants, au sens de l'article 6§1 de la CEDH, le droit de contester les avis du Jury de déontologie publicitaire devant un tribunal. En outre, le juge judiciaire semblerait être le plus légitime pour statuer sur de tels recours, étant donné sa connaissance en droit des affaires[929], la Cour d'appel de Paris ou la Cour de Cassation en l'occurrence. En revanche, pour ce qui est des actions qui viseraient à mettre en cause la responsabilité de l'État, le Conseil d'État pourrait être saisi, d'autant plus que ce dernier a récemment ouvert les prétoires aux actes émanant du droit souple[930].

540. Néanmoins, bien qu'elle semble séduisante, il convient d'émettre des réserves sur l'idée de l'institutionnalisation de l'ARPP. Cette solution aurait, en effet, pour conséquence de placer l'organe de régulation privée sous la tutelle de l'État. Ainsi, bien que les AAI ne soient pas soumises à l'autorité du gouvernement, elles ont toutefois en commun d'agir au nom de l'État[931]. Or, la notion même de régulation privée perdrait tout son sens, voire n'existerait plus, étant donné que l'organe qui veillerait sur cette régulation serait une autorité agissant au nom de l'État. De surcroît, cette situation pourrait remettre en cause l'esprit de responsabilité qui se développe chez les émetteurs et

---

926 *Ibid.*

927 L. ARCELIN, préc.

928 *Ibid.*

929 J.-L. AUTIN : « Le devenir des autorités administratives indépendantes », *RFDA*, 2010, p.875.

930 CE, Le juge administratif et les autorités de régulation économique, *Dossiers thématiques du CE*, 13 octobre 2016.

931 Rapport public du Conseil d'État, jurisprudence et avis de 2000, les autorités administratives indépendantes, Études et documents n°52, 2001.p.257.

risquer de renforcer l'intention de détourner les décisions et les règles[932] de cette autorité qui serait devenue AAI et aurait donc été dotée d'un pouvoir de sanction. L'évolution en ce sens n'est pas forcément favorable à la liberté d'expression publicitaire des émetteurs. Il se peut que les chemins susceptibles d'éveiller, chez les émetteurs, un sentiment de contrainte ne soient pas forcément favorables à leur liberté d'expression. Détourner les normes privées pour échapper à la contrainte du fait de la transformation de l'ARPP en une AAI ne semble pas compatible avec les « devoirs et de responsabilités » que les bénéficiaires de la liberté d'expression devront assumer.

En outre, il est généralement admis que l'existence d'une AAI est la solution choisie par l'État quand il est nécessaire de réguler un secteur jugé sensible. Or, le secteur de la publicité n'est pas d'une sensibilité telle qu'il nécessiterait la création d'une AAI. Il est vrai qu'à l'ère des *Big-data*, l'utilisation des données personnelles par les acteurs de la publicité digitale et l'accélération de la transformation numérique des médias traditionnels requièrent un contrôle du respect des données à caractère personnel des consommateurs. Toutefois, il s'agit là de l'œuvre de la CNIL qui est elle-même une AAI instituée par la loi du 6 janvier 1978 relative à l'informatique, aux fichiers et aux libertés. Par ailleurs, le secteur de la publicité est assez contrôlé, puisque les domaines jugés plus sensibles, tels que la communication environnementale, la publicité alimentaire ou celle relative à l'image de la femme, font l'objet d'une co-régulation.

541. En définitive, bien que ces réserves soient légitimes, l'observation du respect des droits de la défense ne peut passer que par la possibilité d'attaquer les avis du JDP devant un tribunal. Or, une telle action ne s'avère possible que lorsque les avis ont une force contraignante et émanent donc d'une autorité dotée d'un pouvoir de sanction et d'injonction. Dès lors, la transformation de l'ARPP en une autorité administrative indépendante demeure, pour l'heure, le meilleur moyen de sauvegarder les droits consacrés par l'article 6§1 de la CEDH et garantir le respect effectif des règles de la *soft law*. En ce qui concerne la responsabilisation du discours publicitaire par l'émetteur, nous estimons que ce dernier sera conduit tout de même à le faire et ce sous l'influence de la liberté de réception publicitaire[933].

[932] Cons. const., déc. n° 86-217 DC, 18 sept. 1986, cons. 58-60 ; déc. n° 88-248 DC, 17 janv. 1989, cons. 14-16 ; déc. n° 91-304 DC, 15 janv. 1992, cons. 11-13 ; *D.* 1992. 201, note C. DEBBASCH ; *RFDA* 1992. 251, étude D. TRUCHE.
[933] Cf. *infra* n°895 et s.

Conclusion du chapitre 4

542. L'évolution progressive du marché national et mondial de la publicité en général et de la publicité numérique en particulier résulte en grande partie du progrès technologique que connaît ce secteur. L'apparition de nouveaux acteurs et l'invention d'outils techniques adaptés à la publicité en ligne ont contribué à rendre cette dernière plus efficace. La liberté de diffusion s'est en effet optimisée en même temps que son coût a été réduit. Ainsi, l'ensemble de ces facteurs participent à l'épanouissement de la liberté d'expression publicitaire des TPE-PME en particulier.

543. Le problème de la transparence dont souffre l'achat des espaces publicitaires en ligne a pu être atténué par l'extension à ce secteur des dispositions de la loi Sapin 1, établissant notamment le régime du mandat entre annonceurs et intermédiaires. Toutefois, l'existence d'intermédiaires du côté des supports nécessite également de repenser le régime de cette loi qui veille plutôt à l'intérêt des annonceurs au détriment de celui des éditeurs.

544. Par ailleurs, l'autorégulation constitue une voie d'épanouissement supplémentaire de la liberté d'expression publicitaire. Elle témoigne de la volonté des émetteurs de responsabiliser leur discours. Ainsi, l'auto-responsabilisation des émetteurs illustrée par la volonté de respecter les droits d'autrui pourrait rendre leur expression acceptable par les consommateurs et augmenter le degré de protection qui lui a été jusqu'ici alloué par la Cour EDH[934].

545. L'ensemble de ces voies a été exposé afin de démontrer qu'il existe une alternative à l'apport faible de l'extension de l'article 10 au discours publicitaire. Il est même susceptible de stimuler la liberté d'expression publicitaire de l'émetteur sans faire appel à la liberté d'expression. Ceci étant, ce postulat pourrait nous conduire à réaffirmer la justesse de la question posée, à savoir : est-il judicieux d'étendre la protection de l'article 10 au discours publicitaire ? La réponse par la négative semble la plus appropriée.

546. Dans la mesure où l'exercice de la liberté d'expression publicitaire dispose en effet de ses propres fondements légaux et où l'article 10§1 de la CEDH n'a pas réellement permis de les perfectionner en remédiant à leurs faiblesses, et puisque le domaine de la publicité s'avère assez complexe, nous ne pourrions considérer comme déraisonnable l'interrogation essentielle qui pointe l'extension de l'article 10§1 de la CEDH.

---

[934] Cf. *infra* n°838 et s.

Conclusion du titre 2

547. L'ambiguïté qui caractérise la justification de l'extension de l'article 10§1 au discours publicitaire a eu des incidences sur sa mise en œuvre. De la sorte, la portée de la fondamentalisation de l'expression publicitaire est limitée.

Confronté à la complexité du domaine de la publicité commerciale et à la raison d'être de cette expression, à savoir à la réalisation d'un profit[935], le juge européen des droits de l'Homme ne souhaite pas redonner un effet utile à la liberté d'expression publicitaire de l'émetteur.

548. Le poids financier de l'expression publicitaire lui confère une valeur importante, malgré sa protection limitée par l'article10§1 de la CEDH, au point d'encourager l'établissement d'un monopole des canaux de communications de la publicité. Nous avons pu admettre[936] que la Cour EDH avait en effet l'ambition de garantir un moyen financier aux médias en ayant recours à l'extension de l'article 10§1 de la CEDH à la publicité commerciale, c'est-à-dire en assurant des contrats publicitaires pour les médias. Nous avons toutefois pu constater que cet objectif semble lointain. En guise de source de financement des supports, la publicité commerciale a influencé ce secteur en incitant les médias à se concentrer afin de répondre aux besoins des annonceurs en termes d'efficacité. Par conséquent, un monopole a été instauré, fermant la porte aux petites agences de publicité et rendant le coût de diffusion plus élevé, de la sorte, les petits et moyens annonceurs pourraient être exclus du marché des supports les plus efficaces.

549. Ceci étant, afin de ne pas se limiter à un constat mitigé, voire incontestable, de l'apport limité de l'extension de l'article 10 au regard de son effet sur la liberté d'expression publicitaire de l'émetteur, il a fallu rechercher des voies de valorisation de cette liberté.

550. Il s'avère en effet que la liberté d'expression publicitaire trouve son plein épanouissement grâce aux acteurs du domaine dans lequel elle se déploie. Ainsi, la digitalisation des médias traditionnels (TV, affichage, presse…etc.) et l'avènement d'une vague d'acteurs techniques dont la plupart sont des intermédiaires, font que la liberté de diffusion de l'expression publicitaire se trouve optimisée et que l'achat des espaces publicitaires s'avère sophistiqué, car la technologie dans ce domaine a su répondre aux attentes des annonceurs et des supports. Les premiers disposent des outils techniques leur permettant de communiquer efficacement et d'éviter des dépenses

[935] Si l'engagement sociétal de l'entreprise pouvait être exprimé à travers le discours commercial au sens large, son côté marchand (recherche de profits), s'exprime quant à lui en recourant à la publicité. De ce fait, la publicité est inhérente à la réalisation des profits.

[936] Cf. *supra* n°280 et 410 et s.

importantes dans des campagnes non efficaces. Les seconds trouvent quant à eux des places dématérialisées leur permettant d'écouler les espaces publicitaires invendus au meilleur prix.

551. Dans la même veine, la régulation privée en matière publicitaire joue un rôle fondamental dans le fleurissement de l'expression publicitaire. L'accompagnement assuré par l'ARPP permet aux émetteurs de tirer profit du progrès technologique que connaît la publicité numérique tout en veillant au respect des droits des consommateurs. Les émetteurs sont ou du moins devraient en effet être conscients du fait que leur liberté publicitaire se limite là où commence la liberté et prennent naissance les droits des récepteurs. Dès lors, la responsabilisation de l'expression publicitaire est devenue indispensable.

552. En définitive, il semble que la liberté d'expression publicitaire de l'émetteur pourrait se renforcer en dehors de toute application de la Convention européenne des droits de l'Homme au discours publicitaire, ce qui conforte le constat établi, qui pose la question de la justesse de l'extension de l'article 10§1 à ce discours.

CONCLUSION DE LA PREMIERE PARTIE

553. Les libertés économiques (la liberté d'entreprendre et les autres) ont montré leurs limites face aux différentes normes qui restreignent la liberté d'expression publicitaire. Bien qu'elles garantissent aux professionnels de la publicité le droit d'accéder au marché de la publicité et de s'y établir, elles semblent cependant perdre leur effet, surtout lors de la phase de diffusion, face aux autres intérêts juridiquement protégés (la protection du cadre de vie contre la pollution visuelle par exemple). Par conséquent, la balance penche très souvent du côté opposé à la liberté de l'émetteur.

554. Dans ce contexte, la fondamentalisation de l'expression publicitaire, par le biais de l'extension de l'article 10 de la CEDH, semblait prometteuse dans la mesure où, en tant qu'expression, la publicité devait être garantie par la liberté de communiquer des informations. Cette dernière aurait pu combler le vide laissé par les libertés économiques et agir comme un renforcement de ces dernières. Or, la nature commerciale de l'expression publicitaire et les objectifs qu'elle se fixe ont vidé l'article 10§1 de son effet utile. Il s'est ainsi avéré que la publicité commerciale est inhérente à l'objectif de réaliser du profit, ce qui justifie ainsi nombre de restrictions dont elle fait l'objet. L'opération d'extension de la liberté d'expression en faveur de la publicité commerciale a ainsi été complexifiée et sa justification n'est pas clairement affirmée par le juge européen des droits de l'Homme. Dès lors, la publicité demeure faiblement protégée par la Cour EDH, qui ne dissimule pas son auto-limitation lorsque cette expression est en conflit avec un autre intérêt juridiquement protégé.

555. Toutefois, il serait prématuré de sous-estimer l'effet potentiel de l'article 10§1 de la CEDH par rapport au discours publicitaire. Il est à souligner que parmi les voies permettant de valoriser la liberté d'expression publicitaire de l'émetteur, figure la responsabilisation de ce discours par l'émetteur lui-même, qui passe nécessairement par le respect des droits d'autrui. Cette tendance se réalise efficacement par le biais du recours aux normes privées édictées par les organes d'autorégulation concernés. Les émetteurs ont plus que jamais besoin de produire un message publicitaire responsable afin de restaurer la réputation de la publicité, laquelle ne cesse de se détériorer. La jurisprudence de la Cour EDH en la matière pourrait jouer un rôle important. Sur le long terme, elle pourrait établir les critères déterminant un message responsable méritant une réelle protection de l'article 10§1 et limitant l'acceptabilité des restrictions qui lui seraient apportées sur le fondement de l'article 10 § 2, critères qui pourraient par la suite être repris par les organes de régulation privée dans leurs recommandations et codes de bonnes conduites. Par conséquent, au fur et à mesure des décisions, nationales

et européennes, la publicité commerciale pourrait s'inscrire dans un cadre qui la rendrait acceptable par le plus grand nombre.

556. Au demeurant, la faiblesse de la protection européenne de l'expression publicitaire et l'absence d'une justification claire d'une telle extension sont révélatrices d'un problème plus large qui dépasse le cadre de l'extension de l'article 10 au discours publicitaire et son apport en faveur de la liberté d'expression de l'émetteur. Il est en effet inéluctable que la Convention doit être interprétée à la lumière « *des conditions d'aujourd'hui* » et qu'il incombe à la Cour EDH d'assurer le développement des droits de cette dernière. L'interprétation progressiste et évolutive des droits de la Convention est la démonstration la plus apparente de l'engagement de la Cour EDH dans cette voie extensive des droits. Or, ne serait-il pas judicieux de rationnaliser ce mécanisme interprétatif qui se traduit par l'extension des droits de la Convention, en particulier lorsque l'effet de celle-ci sur les droits des individus demeure limité ? Une telle question se pose avec acuité, notamment lorsque l'on observe que l'enjeu du développement des droits de la Convention est de les rendre « *concrets et effectifs et non pas théoriques et illusoires* »[937]. Toutefois, l'effectivité de la liberté d'expression n'est pas approuvée sur le terrain de l'expression publicitaire de l'émetteur, d'autant plus que la complexité du domaine de la publicité commerciale et la non-contribution de cette dernière au bon fonctionnement d'une société démocratique, d'ailleurs reconnue par le juge européen, font barrage à toute évolution favorable de la jurisprudence de la Cour en la matière. De surcroît, l'existence de fondements classiques et adaptés au domaine de la publicité (les libertés économiques) n'a pas suffi pour limiter l'extension de la Convention. La liberté d'expression est en effet plus étendue lorsqu'elle est *pro homo* et faible lorsqu'elle est *pro œconomicus*, parce que la logique marchande exclut ce qui constitue le noyau dur de toute expression, à savoir la liberté.

557. Il est difficile d'admettre une extension du droit dans l'objectif de le rendre effectif et de limiter son effet par l'abstention d'exercer un contrôle européen étendu des restrictions dont il fait l'objet. Cette situation est révélatrice de la volonté du juge européen de faire preuve d'adaptabilité en rendant la Convention applicable au cas d'espèce présenté. Or, n'est-il pas déraisonnable de vouloir étendre le champ de la Convention sans se préoccuper des effets que pourrait avoir une telle politique sur cet instrument dans sa totalité. L'extension du champ de la Convention n'est souhaitable que lorsque celle-ci permet de donner un nouveau sens et de nouveaux effets aux droits conventionnels. Dans le cas contraire, toute extension peut apparaître comme une menace pour ce traité. Certes, l'extension du champ des droits de la Convention ne signifie point leur conférer un caractère absolu. Néanmoins, les priver d'un effet concret n'est tout de même pas souhaitable. L'ineffectivité des nouveaux droits consacrés, le droit à la liberté d'expression

[937] Arrêt Cour EDH Airey c. Irlande, prec.

publicitaire dans notre cas, influencerait négativement le respect dû à la Convention. Certes, l'exemple de la liberté d'expression publicitaire est marginal et il ne faut pas l'amplifier. Néanmoins, il est la preuve qu'une interprétation trop évolutive, et surtout non solidement justifiée, renferme un risque de banalisation des droits primordiaux. De plus, en l'état actuel de la jurisprudence de la Cour EDH en la matière, il faut bien reconnaître que c'est la marchandisation de la liberté d'expression qui a pris le pas sur la moralisation du domaine marchand.

558. L'incapacité de la liberté d'expression à valoriser la liberté d'expression publicitaire de l'émetteur avec tous les enjeux qu'elle pourra engendrer pour l'instrument conventionnel est nette. Ce résultat à lui seul pronostiquera-t-il l'inutilité de l'extension de l'article 10§1 de la CEDH ? À notre avis, le constat établi par rapport à l'émetteur ne saurait fournir un fondement suffisant permettant de remettre en cause la fondamentalisation de l'expression publicitaire. L'extension ne concerne pas uniquement l'émetteur du message ou le droit de communiquer. Elle s'applique également aux récepteurs du message, à la liberté d'information. Un nouveau sens, une nouvelle vie de la fondamentalisation de l'expression publicitaire sont donc à rechercher au niveau de la liberté de réception publicitaire. La question qui s'impose naturellement est la suivante : existe-il une liberté publicitaire du récepteur ? La réponse est affirmative. L'extension de l'article 10§1 au discours publicitaire a certes donné naissance à une liberté d'expression publicitaire qui demeure non effective, mais elle possède également un aspect en lien avec la liberté de réception. Ainsi, afin de remédier à l'ineffectivité de l'extension dans son rapport avec le droit de communiquer, une étude prospective en faveur de l'avènement de la liberté publicitaire du récepteur en guise d'extension de la liberté de réception s'avère nécessaire, car c'est en effet elle qui redonnera à l'extension de l'article 10 son effet utile.

SECONDE PARTIE

L'AVÈNEMENT DE LA LIBERTÉ PUBLICITAIRE DU RÉCEPTEUR

559. Breton disait que « *Protéger la liberté d'expression est indispensable, protéger la liberté de réception l'est tout autant. Or, nos institutions démocratiques protègent de façon sourcilleuse la première, mais s'intéressent peu à la seconde* »[938]. En ce qui nous concerne et au regard de la valorisation non réussie de la liberté d'expression de l'émetteur, les juge national et européen ainsi que le législateur sont appelés à concrétiser et à donner un effet utile à la liberté publicitaire du récepteur[939].

560. À elle seule l'ineffectivité de la liberté d'expression publicitaire de l'émetteur ne remet pas en cause le caractère pertinent de la fondamentalisation de l'expression publicitaire.

Ce n'est que dans le cas d'une ineffectivité de la liberté publicitaire du récepteur que l'on pourrait admettre que l'extension de l'article 10§1 ne s'avérerait en réalité pas judicieuse. Toutefois, il est évident que, afin d'apprécier l'effectivité d'une liberté, il faut encore qu'elle existe et que sa substance soit précisée. L'existence en elle-même de la liberté publicitaire du récepteur n'est pas contestable. Il suffit de se référer au texte de l'article 10 pour s'en convaincre, article qui a le mérite d'offrir une définition claire et complète de la liberté d'expression en faisant du droit de recevoir une composante essentielle[940]. De ce fait, si l'extension de l'article 10§1 de la CEDH concerne l'émetteur, à travers le droit de communiquer, elle s'étend également au récepteur relié au droit de recevoir. Le récepteur pourrait alors prétendre à une liberté publicitaire qui découle du respect effectif de la liberté de réception.

561. Par ailleurs, en ce qui concerne la substance de la liberté de réception publicitaire, face au silence de la Cour EDH, il nous appartient, dans le cadre d'une étude prospective, de la définir.

Dans ses rapports avec les autres formes d'expression, la liberté de réception est en effet interprétée par la Cour européenne dans un sens positif. En d'autres termes, la liberté de réception est envisagée comme un droit de recevoir des informations. C'est cette liberté de réception d'informations par

---

[938] P. BRETON : *La parole manipulée*, préc., p. 204.

[939] Il est important de préciser que la liberté publicitaire du récepteur et la liberté de réception publicitaire sont des synonymes.

[940] Aux termes de l'article 10§1 de la CEDH : « *Toute personne a droit à la liberté d'expression. Ce droit comprend la liberté d'opinion et la liberté de recevoir ou de communiquer des informations ou des idées (...)* »

le public qui justifie le rôle important des médias et de la presse et qui confère à cette dernière le rôle de « chien de garde » de la démocratie[941]. L'interprétation de la liberté de réception dans un sens positif engendre, pour l'État, des obligations lui interdisant d'empêcher quiconque de recevoir des informations auxquelles d'autres aspirent ou que d'autres peuvent consentir à lui fournir[942]. Des mesures de protection du droit de recevoir sont également exigées de la part de l'État dans les relations des individus entre eux[943].

L'interprétation donnée par la Cour EDH à la liberté de réception dans ses rapports avec les discours politique et artistique par exemple, pourrait être transposée, à quelques exceptions près, dans l'expression publicitaire. Il est ainsi légitime d'évoquer le droit de recevoir le message publicitaire. La seule différence que l'on peut relever avec les autres formes d'expression concerne le message lui-même, car le contenu de ce dernier que le récepteur pourrait prétendre recevoir est, en l'état actuel de la publicité commerciale, sans réel intérêt pour lui en tant que consommateur mais aussi en sa qualité de citoyen. Souvent orientée vers la valorisation du produit en lui donnant une supériorité sur ses concurrents, la publicité commerciale crée en effet une sélection de la demande, en l'absence presque totale d'une information objective, qui n'est pas forcément favorable au récepteur-consommateur. En outre, la publicité fait l'apologie de la société de consommation de masse, ce qui pourrait actuellement être considéré comme contraire aux convictions des récepteurs-citoyens responsables. Par conséquent, si la liberté publicitaire du récepteur pouvait fonder un droit de recevoir le message publicitaire, l'exercice de ce droit et sa mise en œuvre divergeraient toutefois dans le domaine publicitaire. Le droit de recevoir le message publicitaire doit permettre aux récepteurs d'exiger la réception d'un message publicitaire qui prenne en compte leurs intérêts et préoccupations. C'est dans ce cadre que sera en effet appréciée l'effectivité de ce volet positif de la liberté publicitaire du récepteur.

562. La substance de la liberté publicitaire du récepteur renferme également un autre droit, mais cette fois ayant une connotation négative, à savoir celui de ne pas recevoir le message publicitaire. Deux raisons sont avancées afin de plaider pour l'interprétation de la liberté de réception dans un sens négatif en matière publicitaire. *Primo*, la réception de l'expression publicitaire est souvent imposée. Le récepteur se retrouve assailli par des centaines de messages qu'il n'a pas demandé à recevoir et qu'il souhaite même souvent ne pas recevoir. L'intensité de la diffusion du message publicitaire et le caractère intrusif de certaines formes de publicités exigent en effet que le

---

[941] Cour EDH : Sunday Times c. Royaume-Uni, §49, préc.

[942] Cour EDH : 26 mars 1986, Leander c. Suède, n°9248/81, §74, obs. PETTITI et TEITGEN ; CDE 1988. 463, obs. COHEN-JONATHANN ; JDI 1988. 858, obs. ROLLAND et TAVERNIER.

[943] Cour EDH : 16 déc. 2008, Khurshid Mustafa et tarzibachi c. Suède, n°23883/06, §§ 32, 47 et 49.

consentement du récepteur à la réception soit pris en considération. *Secundo*, l'expression publicitaire est d'une relative utilité pour le bon fonctionnement de la société démocratique (intérêt collectif) et s'avère pauvre en termes d'informations qu'elle prétend procurer au récepteur-consommateur (intérêt individuel). Ainsi, plaider pour la consécration d'un droit de ne pas recevoir en matière publicitaire constituerait une entreprise peu difficile car les principes d'une société démocratique (que sont la tolérance, le pluralisme et l'esprit d'ouverture) de même que l'intérêt particulier de l'individu ne sauraient pâtir de l'existence éventuelle d'un tel droit.

563. Cela dit, il faudrait en effet envisager l'avènement de la liberté publicitaire du récepteur au regard de ses deux composantes, à savoir le droit de ne pas recevoir et inversement celui de recevoir le message publicitaire. Il s'agit, d'une part, de permettre à l'individu qui ne souhaite pas recevoir l'expression publicitaire de disposer d'un fondement juridique lui permettant d'exercer ce choix. La consécration du droit de ne pas recevoir le message publicitaire, en tant que droit fondamental de l'individu, constitue un fondement essentiel.

Dès lors, la liberté publicitaire du récepteur serait partiellement effective par la consécration d'un tel droit.

564. D'autre part, le droit de recevoir le message publicitaire devrait contribuer, sous l'influence des récepteurs, à améliorer le contenu du message reçu, le moraliser. En d'autres termes, sans défendre une orientation complète de la publicité vers l'intérêt général, qui n'est pas sa vocation car il est rare qu'un annonceur engage des investissements importants par altruisme, le droit de recevoir en matière de publicité doit toutefois être mobilisé afin de bannir du champ de la publicité tout ce qui inciterait à une consommation excessive et rappellerait ainsi l'idéologie capitaliste. L'expression publicitaire que l'individu exigera de recevoir serait celle qui tient compte des conditions socio-économiques et environnementales. Elle doit s'avérer utile au récepteur en lui procurant une information, sans être pour autant entièrement objective parce qu'il faut tout de même garder une dose de créativité bien que subjective, qui demeurerait malgré tout correcte et adéquate. Il faudrait envisager le droit de recevoir le message publicitaire comme un vecteur permettant de dissocier la publicité commerciale de son discours traditionnel qui fait l'apologie de la société de consommation et présente la consommation comme un progrès social, une totalité intégrée et universalisante[944]. Enfin, le droit de recevoir l'expression publicitaire doit être considéré comme un amplificateur du droit à l'information des consommateurs.

Partant, l'effectivité du droit de recevoir s'appréciera dans sa capacité à produire ces changements dans le discours publicitaire et à procurer une information utile pour le récepteur.

---

[944] S. EWEN : *Consciences sous Influence – Publicité et genèse de la société de consommation* -, Paris, Aubier, 1983.

565. En définitive, redonner un effet à l'extension de l'article 10§1 au discours publicitaire exige d'envisager la liberté publicitaire du récepteur comme une nouvelle liberté effective, ayant un aspect négatif (**Titre 1**) et un aspect positif (**Titre 2**). Le premier aspect devrait permettre au récepteur de ne pas recevoir le message publicitaire. Le second, quant à lui, devrait lui garantir une réception utile de ce dernier.

TITRE PREMIER

LA LIBERTÉ DE RÉCEPTION NÉGATIVE

566. Après avoir passé au peigne fin les dispositions du droit positif et la jurisprudence relative à la liberté d'expression publicitaire, nous avons bâti notre réflexion sur l'hypothèse suivante : l'individu qui refuse de recevoir un message publicitaire doit être considéré comme ayant le droit de ne pas le recevoir. Il s'agit de la liberté de réception publicitaire négative.

567. Évoquer l'aspect négatif de la liberté de réception dans un domaine autre que celui de la publicité commerciale serait sans doute inconcevable et même excessif. L'exercice de la liberté d'expression est, en effet, suffisamment encadré pour prémunir les individus de ses éventuels abus et ce sans qu'il soit nécessaire de recourir à une forme aussi radicale que celle de la consécration d'un droit de ne pas recevoir. L'action du législateur, ainsi que les principes de « tolérance et de l'esprit d 'ouverture » qui prédominent au sein d'une « société démocratique », font barrage à toute démonstration juridique allant dans ce sens.

568. L'expression publicitaire est en effet un discours visant des objectifs (fournir des débouchés à l'industrie en permettant d'écouler la (sur)production, mettre en valeur des produits, en particulier ceux standardisés, et maximiser le profit) autres que de contribuer au bon fonctionnement d'une société démocratique ou de permettre à l'individu de s'épanouir. De ce fait, les exigences d'une société démocratique ne lui sont pas applicables, mais ne sont pas pour autant inconciliables[945]. La consécration du droit de ne pas recevoir le message publicitaire ne devrait en principe pas être contestée sur ce terrain. Les seules limites de ce nouveau droit pourraient émaner de la liberté d'expression publicitaire de l'émetteur. Afin de tenir compte de la liberté de ce dernier, il ne conviendrait pas de faire du droit de ne pas recevoir une prérogative absolue. Son exercice devrait être raisonnable et proportionnel. C'est la raison pour laquelle le juge devrait jouer un rôle important dans l'interprétation de ce droit en lui assurant une application mesurée. Si une certaine tolérance devrait raisonnablement être acceptée à l'encontre des messages publicitaires responsables, le respect du choix de ne pas recevoir serait toutefois nécessaire lorsqu'il s'agit de messages publicitaires intrusifs, gratuitement offensifs, choquants et ont surtout un effet sur le temps disponible du cerveau des individus. Au demeurant, il ne peut être exclu d'invoquer le droit de ne pas recevoir malgré l'absence d'une atteinte, mais afin de respecter un autre droit tel que celui de pouvoir circuler

---

[945] Cf. *infra* n°874 et s.

librement dans l'espace public sans être dérangé par des messages publicitaires.

569. L'expression publicitaire vise à influencer le choix des individus, à susciter des désirs futiles et leur édicte souvent un comportement de consommation en ayant recours à des moyens divers et variés. La publicité commerciale est volontairement répétitive, intrusive et parfois même choquante. Elle est personnalisée sur la base de données à caractère personnel, qui sont parfois traitées sans qu'aucun consentement éclairé et non équivoque de l'individu ait été recueilli. En outre, la publicité subliminale visant l'inconscient des récepteurs exerce sur eux une réception contrainte. En matière de publicité numérique, la vie privée des individus et leur liberté de choix sont dans certains cas neutralisés. C'est sur l'ensemble de ces éléments que la réception de l'expression publicitaire pourrait porter atteinte aux droits des individus et donner lieu à des préjudices, notamment de nature morale. C'est ce qui fait la spécificité de la réception de l'expression publicitaire, qui pourrait fonder la construction du droit de ne pas recevoir.

570. Au regard d'une telle spécificité et du danger que peut représenter le rythme actuel de la réception du message publicitaire pour le récepteur, une réponse exceptionnelle et adaptée à celui-ci devrait être apportée. Un fondement juridique s'avère nécessaire aussi bien pour le récepteur, que pour le législateur, afin de permettre au premier d'exercer un choix face à la réception de l'expression publicitaire et au second, d'adopter des dispositions en ce sens. L'extension de l'article 10§1 constitue une opportunité qu'il faudrait saisir et ce en consacrant expressément un droit fondamental en faveur des récepteurs de la publicité commerciale, à savoir en l'occurrence le droit de ne pas recevoir.

Cela dit, il faudrait exposer en premier lieu les fondements de l'émergence du droit de ne pas recevoir (**chapitre 1**) avant d'étudier sa construction et sa consécration concrète (**chapitre 2**).

Chapitre 5 - Les fondements de l'émergence du droit de ne pas recevoir

571. Le droit de ne pas recevoir doit tout d'abord être envisagé comme une riposte à une contrainte exercée par la réception forcée, puis, comme un libre choix de l'individu, c'est-à-dire qu'il s'agit là d'une possibilité qui s'exerce indépendamment de tout abus de la part de l'émetteur. Ceci étant, la consécration jurisprudentielle et légale de ce droit serait surtout motivée par l'agressivité et l'abus de diffusion du message publicitaire. Il faudrait ainsi dès à présent distinguer les fondements constitutifs du droit de ne pas recevoir et la manière dont il sera exercé. L'accent sera mis sur les motifs de la nécessaire consécration du droit de ne pas recevoir. Une fois consacré, c'est au juge que reviendra la tâche de déterminer, selon les cas, les contours de ce droit. C'est à lui qu'il incombe en effet de rendre possible un individualisme du choix dans le respect de la liberté d'expression publicitaire de l'émetteur. Il ne s'agit là en aucun cas de développements relatifs aux limites de la liberté d'expression publicitaire de l'émetteur. Certes, plaider en faveur de la consécration du droit de ne pas recevoir est en soi une démonstration des limites de la liberté de l'émetteur, néanmoins les propos qui suivent ont pour ambition d'établir et de préciser les fondements et les raisons pour lesquels il est nécessaire de consacrer un nouveau droit fondamental en faveur du récepteur du message publicitaire.

572. Soulignons que, contrairement au message artistique, par exemple, qui est généralement proposé[946] (ex : l'achat d'un ticket pour regarder un film au cinéma ou un spectacle illustre la volonté de recevoir), le message publicitaire s'impose quant à lui (l'individu ne consent pas clairement à la réception des publicités reçues sur internet ou à celles exposées dans l'espace public, par exemple) et comporte de ce fait une contrainte. L'ensemble des formes et des modes de diffusion de l'expression publicitaire sont concernés par le caractère imposé du message publicitaire. Le ciblage excessif des individus, la pression exercée par une diffusion répétitive des messages publicitaires et les gigantesques affiches publicitaires collées aux murs ou scellées au sol sont autant de sources publicitaires à destination d'individus qui n'ont souvent pas pu exprimer la volonté de les recevoir. Parfois, l'individu n'a pas d'autre choix que de recevoir le message. Tel est le cas de la publicité diffusée préalablement à l'exposition d'une œuvre cinématographique dans une salle de cinéma. Il est vrai que dans un tel cas, nous pouvons estimer que la réception a été consentie par l'achat du ticket de

---

[946] B. NICAUD, préc., p. 327, §495.

cinéma (contrat), néanmoins le consentement est-il réellement libre dans ce cas de figure ?

573. Par ailleurs, hormis son caractère tout à la fois contraignant et intrusif qui rend la réception de l'expression publicitaire forcée, le discours publicitaire dépasse souvent la sphère de la contrainte et devient dommageable pour le récepteur. La réception d'une expression publicitaire offensante, ou neutralisant la liberté de choix de l'individu, est source d'un dommage moral.

574. En définitive, deux causes principales pourraient être à l'origine de l'apparition du droit de ne pas recevoir. D'un côté, la contrainte exercée par le message publicitaire ou la réception forcée (**section 1**). D'un autre côté, le préjudice dont elle est à l'origine, que nous qualifions de réception dommageable (**section 2**).

Section 1 - La réception forcée

575. Le verbe « forcer » évoque ici le fait « *d'augmenter la force et l'intensité de quelque chose* »[947]. L'exercice d'une « *pression trop forte* »[948] illustre également le sens recherché par l'emploi de ce terme. Ainsi, l'omniprésence de la publicité dans notre cadre de vie pourrait être analysée comme une pression susceptible de porter atteinte à la liberté de réception des individus. Le respect de cette liberté implique la prise en compte de son pendant négatif, à savoir le droit de ne pas recevoir. Or, en matière de publicité traditionnelle (hors ligne), la réception de la publicité télévisuelle, radiophonique, ou encore de l'affichage publicitaire, n'est pas vraiment consentie. L'individu se retrouve ainsi confronté à des messages publicitaires sans que son consentement à la réception ait été préalablement recueilli.

576. Par ailleurs, dans le domaine de la publicité en ligne, le caractère forcé de la réception du message est assez présent. La réception forcée se déploie à la source du message personnalisé, c'est-à-dire en matière de collecte de données à caractère personnel (DP) utilisées à des fins de ciblage publicitaire. Le traitement de ces données s'avère en effet nécessaire pour diffuser un message publicitaire ciblé. L'efficacité recherchée par le biais du recours à ce type de messages donne lieu à une collecte massive de données souvent organisée au mépris du consentement des individus.

577. Par conséquent, la contrainte liée à la réception du message publicitaire est caractérisée lorsque le consentement de l'individu n'est pas

[947] Définition du Centre national de ressources textuelles et lexicales : cnrtl.fr

[948] *Ibid.*

recueilli avant la réception du message publicitaire (**Paragraphe 1**) ou encore lors de la personnalisation de ce dernier (**Paragraphe 2**).

Paragraphe 1 - L'absence du consentement à la réception du message publicitaire

578. En règle générale, lorsque l'expression publicitaire est reçue sans que le récepteur ait la possibilité de l'accepter ou de la refuser, il est légitime de considérer qu'elle lui a été imposée. Ceci étant, il serait inconcevable et même excessif de recueillir le consentement préalable des individus avant toute diffusion du message. À titre d'exemple, l'absence de toute forme de manifestation de volonté à la réception d'un message politique ne suffit pas pour qu'elle puisse être considérée comme une contrainte. Néanmoins, l'expression publicitaire s'avère particulière puisqu'elle se désintéresse de l'intérêt général, et se caractérise par son omniprésence et son intensité. C'est pour ces raisons que, contrairement au message politique, le message publicitaire invite à observer l'existence du consentement à la réception. En d'autres termes, la liberté d'expression politique ne doit pas être laissée à la volonté individuelle, car elle contribue en principe aux débats de sociétés. En revanche, le message publicitaire ayant un objectif intéressé et donc privé, devrait accepter que lui soit opposée la volonté individuelle.

579. Par ailleurs, il est nécessaire de préciser que ce n'est pas la validité du consentement qui est en jeu, mais plutôt la faculté d'exercer ou non le choix de recevoir le message. Toutefois, il faudrait reconnaître que lorsque l'individu est conscient de l'existence d'un message publicitaire, ce dernier n'a pas le pouvoir de refuser sa réception (**A**). Plus encore, la réception forcée du message publicitaire s'illustre parfois par le recours à des procédés manipulatoires afin d'imposer à l'individu la réception d'un message dont il ignorait jusque-là l'existence (**B**).

A - Une réception consciente non consentie

580. Dans le contexte de la réception du message publicitaire, la conscience désigne « *une connaissance immédiate et directe, plus ou moins complète et claire, de quelque chose* »[949]. Cette conscience se matérialise ainsi lorsque l'individu se retrouve devant un message publicitaire. Dépourvu du pouvoir de l'éviter ou de refuser sa réception, il subit une contrainte lors de sa réception.

---

[949] *Ibid.*

581. La diffusion du message publicitaire peut s'avérer parfois excessive et démesurée[950]. La caractérisation de l'existence d'une contrainte est possible. Bien qu'il demeure difficile pour un individu de se prétendre victime de la simple réception d'un message publicitaire, il pourrait néanmoins établir l'existence d'une contrainte (**1**). Par ailleurs, la preuve de celle-ci s'avère insuffisante pour caractériser une atteinte à sa liberté de réception publicitaire, encore faut-il en effet qu'une certaine gravité soit démontrée (**2**).

1 - L'importance du consentement face à une réception contrainte du message publicitaire

582. La situation s'avère problématique lorsque l'individu qui ne souhaite pas être le récepteur d'un message y est finalement bel et bien confronté. La question se pose alors de savoir si l'absence d'un consentement à la réception du message publicitaire constitue un manquement suffisant pour la caractérisation d'une contrainte et donc d'une atteinte à sa liberté de réception publicitaire. Autrement dit, l'existence de messages publicitaires dans un espace public auxquels un individu est confronté sans qu'il ait la possibilité d'exercer son consentement suffit-elle à caractériser une atteinte à sa liberté de réception ?

583. L'absence de consentement présuppose que la réception du message a été imposée à l'individu. C'est ainsi la preuve de l'existence de la contrainte qu'il faudrait démontrer car il ressort de la jurisprudence européenne qu'il y a contrainte lorsqu'un acte est imposé à un individu au mépris de sa volonté[951]. Dès lors, le défaut de consentement à un acte, la réception en l'occurrence, est interprété comme une contrainte[952]. Si l'existence de celle-ci suppose que l'individu n'a pas souhaité recevoir le message, cela implique que cette même

---

[950] Il s'agit dans ce cas d'une diffusion à un rythme considéré par la plupart des gens comme normal. À l'opposé, on parle de diffusion démesurée, lorsque le rythme de diffusion est élevé, au point d'atteindre un niveau insupportable.

[951] « *La protection des opinions personnelles offerte par les articles 9 et 10 (art. 9, art. 10) sous la forme de la liberté de pensée, de conscience et de religion comme de la liberté d'expression compte de surcroît parmi les objectifs de la garantie de la liberté d'association par l'article 11 (art. 11). Touche donc à la substance même de cet article (art. 11) l'exercice de pressions, du genre de celles infligées aux intéressés, visant à forcer quelqu'un à adhérer à une association contrairement à ses convictions* ». Cour EDH : 13 août 1981, Young, James et Webster c. Royaume-Uni, n° 7601/76 ; 7806/77, §57 ; Cour EDH : 17 déc. 1996, Saunders c. Royaume-Uni, n°19187/91; Cour EDH : 4 déc. 2003, M.C. c. Bulgarie, n°39272/98 ; Cour EDH : 11 juil. 2006, Jalloh c. Allemagne, n°54810/00.

[952] En matière de viol, par exemple, l'arrêt M.C. contre Bulgarie du 4 décembre 2003 est illustratif. Dans cette affaire, la Cour a considéré que l'absence de la volonté de la victime caractérise la contrainte. Il en est de même concernant la distinction fait entre l'acte sadomasochiste et celui de coups et blessures, voir Cour EDH : 17 février 2005, K. A et A.D. c. Belgique, n° 42758/98 et 45558/99.

personne n'a pas provoqué la réception en s'exposant volontairement au message et ne s'est pas retrouvée, de par son propre choix, dans une situation qui aurait rendu la réception incontournable. Ainsi, dans l'appréciation de l'existence de la contrainte, l'action ou l'inaction de l'individu s'avèrent déterminantes.

584. Il ressort de la jurisprudence que la réception ne peut être qualifiée de forcée que si l'individu est un sujet passif face à la diffusion[953]. Cette jurisprudence se montre limitative du droit de ne pas recevoir, étant donné le faible nombre de cas où l'individu se retrouve dans une position passive face à la réception. La passivité des individus apparaît en effet lorsqu'ils « *ne recherchent aucun contact au colloque singulier avec une œuvre ou un spectacle déterminés, se voient – hors toute manifestation de volonté de leur part – nécessairement et brutalement confrontés à une manifestation publicitaire et commerciale* »[954]. Le contexte dans lequel l'individu est à son domicile constitue l'un des rares cas dans lesquels il se retrouve en état de passivité. Ainsi, les nuisances sonores dont il fait l'objet à son domicile constituent des messages intrusifs contre lesquels il bénéficie d'une protection[955], car la réception de ces messages lui est extérieure et échappe à sa volonté. Dès lors, ces messages peuvent être considérés comme ayant été imposés.

585. Toutefois, la contrainte s'efface lorsque l'individu, même à son domicile, fait usage des services de télécommunication audiovisuels[956]. La réception de messages publicitaires ne pourrait être considérée comme étant forcée. Dans un tel cas, l'individu connaît, en effet, par avance, l'existence de ces messages et agit donc en connaissance de cause du moment qu'il avait le choix de les éviter. L'étude des rares arrêts de la Cour EDH en la matière révèle qu'il n'existe pas de contrainte lorsque l'individu a la possibilité d'éviter la réception du message publicitaire par tout moyen[957]. A contrario, l'absence de « *mesures raisonnables et adéquates* »[958] permettant aux individus de se soustraire à la réception forcée pourrait être considérée comme

---

[953] TGI Paris, référé, 23 oct. 1984, affaire Ave Maria : *Gaz. Pal.*, 1984, 2, p. 727, confirmé par CA Paris, 26 oct. 1984 : *ibid.* 1984, 2, p. 728.

[954] *Ibid.*

[955] C.Cass. Ch. Crim., 08 juil. 1949, JCP 1949, II, 5128; M-F. DELHOSTE: « Musique amplifiée et atteintes à la personne humaine, un encadrement insuffisant », *in Revue de la recherche juridique, Droit prospectif*, 2005-2, p.935 et s.

[956] Internet fait partie des moyens de communications, selon la Cour EDH « *une fois connectés au réseau Internet, les utilisateurs de ces systèmes ne jouissent plus d'une protection effective de leur vie privée, s'exposant à la réception de messages, images et informations souvent non sollicités* », arrêt Muscio c. Italie du 13 novembre 2007, n° 31358/03 ; Cour EDH : Autronic A.G. c. Suisse, préc. §47.

[957] Cour EDH : Aff., Muscio, préc., §7.

[958] Cour EDH : Lopez Ostra c. Espagne, 09 déc. 1994.

une contrainte. A notre sens, cette dernière jurisprudence ne s'avère pas convaincante et se dissocie de la réalité de certaines formes de publicités. Comment peut-on interpréter la « possibilité d'éviter la réception » dans le cas de la publicité en ligne ? Visualiser gratuitement un contenu sur YouTube est par exemple conditionné à la visualisation de spots publicitaires. Il en est de même des vidéos en streaming. Les éviter n'est possible qu'en fermant cette plateforme de vidéo ou en détournant le regard en attendant la fin de la publicité ! Peut-on dire dans un tel cas qu'il existe une possibilité d'éviter la réception ? La réponse semble négative, car, en réalité, la personne est tellement intéressée par le contenu proposé qu'elle se retrouve contrainte de recevoir les messages publicitaires liés à ce dernier et elle subit donc la réception. La contrainte pourrait raisonnablement être caractérisée. Le droit de ne pas recevoir pourrait établir un équilibre dans un tel cas en réduisant, par exemple, la durée et la fréquence des messages publicitaires.

586. Concernant la réception dans l'espace public, le respect de la liberté de réception publicitaire de l'individu devrait logiquement conduire à considérer la réception du message publicitaire dans un espace public comme une contrainte. Faut-il rappeler que les principes de pluralisme, de tolérance et d'esprit d'ouverture « *sans lesquels il n'y a pas de société démocratique* » [959] ne s'appliquent pas à l'expression publicitaire ?

587. Les principes évoqués ci-dessus perdent leur force lorsqu'il s'agit de la réception d'un message publicitaire. La faible protection européenne consacrée à cette forme d'expression illustre un tel constat. Étant donné qu'en principe, le message publicitaire ne véhicule généralement aucune valeur ni information d'intérêt général, il y a lieu de s'interroger sur l'étendue de sa liberté de diffusion dans l'espace public lorsque des individus n'en souhaitent pas la réception. La question se pose avec acuité dès lors qu'un grand nombre d'individus s'oppose à leur présence dans un tel milieu. Dans un tel contexte, ne serait-il pas possible de respecter la volonté des individus en n'autorisant l'affichage publicitaire que dans les endroits situés à proximité des commerces ? La personne qui va se rendre dans un magasin se montre en effet moins hostile à la réception d'un message qu'une autre souhaitant circuler en toute liberté dans les lieux publics. Les collectivités territoriales sont les mieux placées pour mettre en œuvre cette solution. Elles pourraient établir, dans le règlement local de la publicité, quelles zones peuvent être consacrées à la publicité commerciale et informer le public de leur existence afin de lui permettre d'exercer le choix de s'y rendre ou de les éviter. Ceci est juridiquement possible étant donné que le règlement national de la publicité

---

[959] Cour EDH : Handyside c. Royaume-Uni, préc. ; Cour EDH : 8 déc. 2009, Aguilera Jimenez et a. c. Espagne, n°28389/06, §22.

ne fait pas obstacle à la prescription de règles plus strictes[960], ce d'autant plus que le droit de ne pas recevoir le message publicitaire comme fondement supra-légal constituerait un appui pour une évolution en ce sens.

2 - L'importance du consentement face à une diffusion intense du message publicitaire

588. La contrainte en matière de réception des messages publicitaires ne résulte plus seulement de l'absence de la liberté de consentir à cette dernière mais puise également sa source dans l'intensité de la diffusion des messages. Pour certains médias (par ex : internet), celle-ci s'opère d'une manière programmée. Ainsi, en plus de l'impossibilité de pouvoir exprimer une volonté de réception, plusieurs autres facteurs, intrinsèques aux modalités de diffusion du message publicitaire, font que la réception est forcée. Le caractère répétitif des messages publicitaires, le nombre croissant des espaces publicitaires, la taille des publicités extérieures, leur emplacement et les technologies utilisées ; de même que le cas des panneaux numériques, qui rendent l'exposition inévitable, sont autant d'éléments qui exercent une pression sur l'individu. Ce dernier devient, par la force des choses, un récepteur de ces messages.

L'objectif des technologies récentes dans le secteur publicitaire est de capter l'attention de l'individu et d'occuper ainsi une place disponible dans un coin de son cerveau. À cette fin, en ce qui concerne la publicité extérieure, les emplacements constituant un passage forcé pour le public sont les plus exploités par les entreprises d'affichage. Il s'avère même que certains arbres sont coupés à dessein afin de rendre les panneaux plus visibles. Dans son rapport à l'ONU, la rapporteuse spéciale avait fait le constat du nombre croissant d'espaces publicitaires et surtout de celui des personnes dont la vue est condamnée puisque leurs fenêtres sont cernées par des écrans d'affichage géants[961]. Le développement des technologies en matière de publicité extérieure intensifie l'effet de cette dernière sur l'environnement[962], de même qu'il entrave la liberté des personnes circulant dans les lieux publics. L'utilisation d'images animées et de sons d'une intensité parfois trop intense contraignent en effet la personne à visualiser l'écran, l'obligent à être attentive au message et augmentent par conséquent son niveau de stress[963].

---

960 Le Code de l'environnement dispose dans son article L581-14 que « *le règlement local de publicité définit une ou plusieurs zones où s'applique une réglementation plus restrictive que les prescriptions du règlement national* ».

961 Voir le rapport de la rapporteuse spéciale dans le domaine des droits culturels, L'ONU, A/69/286, 8 août 2014.

962 http://www.dijon-ecolo.fr/dossier-pollution-lumineuse.html

963 V. Rapport de l'ONU, 2014, préc.

589. Par ailleurs, l'omniprésence de la publicité rend la confrontation inévitable. La presque totale impossibilité d'éviter le message publicitaire est fortement observée en matière d'affichage publicitaire. Ainsi, l'emplacement de l'affiche, qui est généralement située dans un endroit où il y a une certaine densité de passage, impose sa réception aux utilisateurs de la voie publique. À titre illustratif, un individu qui prend le métro et qui ne souhaite pas recevoir les messages publicitaires ne pourrait les éviter, d'autant plus qu'aucun moyen technique ni aucune règle légale ne lui confèrent cette possibilité. De manière anecdotique, nous pourrions imaginer que, même en baissant la tête en espérant échapper ainsi aux agressions des affiches, la personne se retrouverait confrontée à une autre publicité dessinée sur le trottoir[964].

590. Bien qu'elle soit considérée comme le moyen de diffusion des messages publicitaires le plus agressif, aussi bien par sa puissance que par sa force de pénétration et sa capacité de stimulation[965], la télévision offre, pour sa part, la possibilité d'éviter le message publicitaire. L'intensité et le caractère répétitif de la publicité télévisée sont atténués par la possibilité de « *zapping* » que permet la télécommande. Aussi, à l'exception de France 3 région et des publicités génériques[966], après 20 heures, les chaînes publiques de télévision offrent un choix et une bouffée d'oxygène pour les nombreuses personnes souhaitant ne pas être étouffées par des publicités[967]. Malgré ces possibilités de zapping qu'offrent la télévision ainsi que la radio, les marques ne cessent de faire preuve d'agressivité en ayant recours à des techniques, comme par exemple à celle appelée opération de compression dynamique, qui consiste à relever l'amplitude des fréquences qui sont utilisées en dessous du niveau maximal afin d'augmenter le son des annonces publicitaires et d'attirer l'attention des téléspectateurs[968]. Ayant jugé cette pratique intrusive, le CSA a mis en place une coopération avec les éditeurs et les spécialistes audio qui a

---

[964] En dérogeant aux dispositions du code de la route et du code de l'environnement, le décret n° 2017-1743, 22 déc. 2017 : JO, 24 déc., permet l'expérimentation de marquages biodégradables sur les trottoirs à des fins publicitaires ; V. P. BILLET : « On va marcher sur la pub », la *Semaine Juridique Administrations et Collectivités territoriales* n° 4, 29 Janvier 2018, 2036.

[965] Voir la conclusion de l'avocat général M. Damaso Ruis-Jarabo Colombier dans CJCE : 18 octobre 2007, affaire KommAustria c. ORF, C-195/06.

[966] Selon le CSA, la notion de publicité générique recouvre : les messages publicitaires assurant la promotion d'une catégorie de produits, dès lors qu'ils n'assurent pas la promotion d'une entreprise commerciale, les messages de promotion d'appellations d'origine et de labels, les messages de promotion des attraits touristiques d'un département, d'une région ou d'un pays. Voir le site du CSA.

[967] Loi n° 2009-258 du 5 mars 2009 relative à la communication audiovisuelle et au nouveau service public de la télévision (1), JORF n°0056 du 7 mars 2009.

[968] V. le volume sonore des publicités télévisées, le CSA, V., lien direct : https://www.csa.fr/Proteger/Publicite-et-communications-commerciales/Le-volume-sonore-des-publicites-televisees .

abouti à l'adoption de nombreuses recommandations décrites dans sa délibération de 2011 visant à améliorer le confort auditif des téléspectateurs[969].

591. Le degré de la contrainte qui peut être exercée par le message artistique est par exemple moins élevé que celle qu'exerce le message publicitaire. L'effet de la réception n'est pas le même que l'on se trouve face à une « *affiche (...) sous la forme d'une bâche géante, de 40 mètres de long sur 11 de large, apposée sur un échafaudage couvrant*[970] » un immeuble[971], ou devant une affiche de film collée aux abords d'un cinéma[972].

592. Le droit français reconnaît expressément l'effet que pourrait avoir le caractère agressif et forcé des messages publicitaires. L'article 121-6 alinéa 1 du Code de la consommation dispose en effet qu'« *une pratique commerciale est agressive lorsque du fait de sollicitations répétées ou insistantes ou de l'usage d'une contrainte physique ou morale et compte tenu des circonstances qui l'entourent : 1° elle altère ou est de nature à altérer de manière significative la liberté de choix d'un consommateur* ». Dès lors, l'altération de la liberté de choix est la conséquence de l'agressivité des pratiques commerciales dont la publicité fait partie. L'article 121-7 al. 5 de ce même Code qualifie en effet d'agressive la publicité qui « *incite directement les enfants à acheter ou à persuader leurs parents ou d'autres adultes de leur acheter le produit faisant l'objet de la publicité* ». Aussi, selon ces mêmes dispositions, le caractère répété des messages et leur insistance caractérisent l'existence d'une contrainte morale, qui s'avère omniprésente dans toute forme de publicité commerciale.

Si les dispositions du Code de la consommation envisagent la contrainte dans son rapport avec les droits contractuels du consommateur et, dans certains cas, par rapport aux concurrents de l'annonceur[973], il n'en demeure pas moins que ces mêmes dispositions démontrent que l'agressivité réside dans le fait d'adresser des messages (sollicitations) publicitaires d'une manière répétée ou insistante. Ainsi, à l'image de la liberté de choix liée à la liberté contractuelle, celle relative à la réception est également altérée par l'intensité de la diffusion du message publicitaire.

---

[969] Délibération du CSA n° 2011-29 du 19 juillet 2011.

[970] CA Paris, 14e ch. B, 8 avr. 2005, SAS JC Decaux Publicité Lumineuse et a. contre Assoc. Croyances et Libertés, n° *Juris-Data* n° 2005-274875 ; P. MALAURIE : « Caractère outrageant d'une affiche publicitaire qui constitue une injure au sens de la loi du 29 juillet 1881 », *JCP G.*, 2005, II, 10109.

[971] Voir par exemple l'affiche de PNL pour la sortie de leur 3ème album (2019). V. lien direct : https://www.mouv.fr/rap-fr/pnl-s-affiche-en-geant-sur-un-immeuble-de-la-cite-de-leur-enfance-349650

[972] Ce type d'affiches a généralement le rôle purement informatif de mentionner la sortie d'un film. V. C.Cass., ch., crim., 14 fév. 2006, n°05-81932.

[973] CA. Versailles, 17 mai 1994, n° XVE1705942X.

593. Les mêmes éléments caractérisant la contrainte indiquée ci-dessus ont été déterminés par les juges français car la jurisprudence française offre des exemples concrets ayant permis d'analyser cette contrainte. Ainsi, dans l'affaire *Ave maria*, par exemple, le Tribunal de grande instance (TGI) de Paris avait mis l'accent sur la forme d'exposition d'une affiche représentant le symbole de la croix en considérant que « *la représentation du symbole de la croix, dans des conditions de publicité tapageuse et en des lieux de passage public forcé, constitue un acte d'intrusion agressive (...)* »[974]. Aussi, une ordonnance du juge des référés avait clairement mis en avant la contrainte exercée par le support en raison de son emplacement, de sa taille et de l'impossibilité d'éviter sa visualisation, en ces termes : « *Le choix délibéré d'installer, dans un lieu de passage obligé pour le public, une affiche aux dimensions imposantes, qu'aucun regard ne peut éviter, constitue un acte d'intrusion agressive et gratuite* »[975].

594. Si un parallèle peut être fait avec le droit d'association négatif, à propos duquel la Cour EDH avait estimé que « *la gravité des contraintes exercées sur les réfractaires à la filiation pouvait toucher la substance même de la liberté d'association* »[976], il est légitime de constater que la gravité de la contrainte exercée par la diffusion du message publicitaire porte atteinte à la liberté de réception publicitaire du récepteur. L'intensité de la publicité, son caractère répétitif et la difficulté d'éviter sa réception caractérisent, en effet, l'existence d'un niveau élevé de contrainte[977]. La consécration du droit de ne pas recevoir pourrait s'avérer utile pour les récepteurs, droit qui leur permettrait d'exiger le respect de leur volonté de réception.

B - Une réception inconsciente

595. Contrairement à la réception consciente pour laquelle l'absence de la faculté de consentir à la réception est considérée comme caractéristique de la contrainte exercée par la diffusion du message publicitaire, la réception inconsciente porte quant à elle sur la validité du consentement. Autrement dit, il s'agit ici des cas où l'individu a la possibilité d'exprimer sa volonté de recevoir un message publicitaire personnalisé, toutefois, la question de la validité de son consentement, voire son existence, demeure vive.

596. En somme, la réception inconsciente du message publicitaire suppose que l'individu qui y a été exposé, l'a reçu sans s'en apercevoir. Deux types de messages peuvent en effet être distingués. D'une part, il s'agit du message

---

[974] TGI, référés, 23 octobre 1984, préc.

[975] TGI Paris, ord. réf., 10 mars 2005, Assoc. Croyances et Libertés c. Sté M.-F. Girbaud et a.

[976] Cour EDH : Young James et Webster c. Royaume-Uni, 13 août 1981.

[977] La Cour a mis l'accent sur le degré de la gravité en le considérant comme ce qui peut être atteint par l'intensité et le temps de la diffusion, V. Cour EDH : 14 nov. 2004, Moreno Gomez c. Espagne, n°4143/02, §58.

publicitaire clandestin (publicité cachée)[978], genre de message expressément interdit, surtout dans son champ d'application privilégié, à savoir les médias audiovisuels[979].

597. D'autre part, nous distinguons le message subliminal auquel les émetteurs ont de plus en plus recours dans leurs campagnes promotionnelles. La publicité subliminale peut être définie comme « *une technique de production qui utilise des stimulations inférieures au seuil de perception afin d'imprimer dans le subconscient du consommateur un message caché* »[980]. Il s'agit ainsi d'une technique qui permet à des messages publicitaires de s'infiltrer dans le subconscient de l'individu tout en échappant à sa conscience[981]. Force est de constater, en effet, que ces messages ont des répercussions sur l'individu dans la mesure où ils affectent sa liberté de réception. Le non-respect de la liberté de réception publicitaire s'illustre par le recours délibéré des annonceurs à cette forme particulière de publicité afin d'imposer sa réception. Contrairement à la contrainte apparente concrétisée par la taille des affiches publicitaires ou les bannières publicitaires qui apparaissent sur les pages web visitées, la publicité subliminale exerce, pour sa part, une forme de contrainte subie inconsciemment[982]. Bien que difficile à prouver dans la pratique, son impact sur la liberté du récepteur est néanmoins réel[983]. Il s'agit d'une forme de violence psychologique visant « *les forces de l'inconscient* »[984] afin d'influer sur le comportement des individus. Il s'agit en effet d'une forme de marketing comportemental[985].

---

978 Article 9 du décret n°92-280 du 27 mars 1992 pris pour l'application des articles 27 et 33 de la loi n° 86-1067 du 30 septembre 1986 et fixant les principes généraux définissant les obligations des éditeurs de services en matière de publicité, de parrainage et de télé-achat.

979 Nous reviendrons sur ce type de message plus en détail dans nos raisonnements ultérieurs.

980 P. BELLOIR : « Droit pénal et publicité subliminale », *Legicom*, vol. 10, n°. 4, 1995, pp. 50-56.

981 Pour des exemples, nous renvoyons le lecteur aux travaux de M. FRYDMAN : *Les habitudes tabagiques*, éd., Labor, 1989.

982 Dans sa vision large, la réception ou perception subliminale concerne tout stimulus perçu inconsciemment dont l'influence sur le comportement ainsi que les processus de traitement de l'information échappent à la conscience. Voir, R-F. BORNSTEIN: « *Subliminal Techniques as Propaganda Tools: Review and Critique* », vol. 10, *Journal of Mind and Behavior*, 1989, 231–262 p., chap. 3.

983 J. ARASZKIEWIEZ : « L'influence des images subliminales : Une approche critique », *in La télévision et ses influences, De Boeck*; *INA*, pp.208, 2003. Accessible et téléchargeable à l'adresse suivante : https://halshs.archives-ouvertes.fr/halshs-00445306/document .

984 C. GEFFROY : note sous CA Rennes, 16 janvier 1976, JCP 1977, II, n° 18703.

985 E. GAVARD : « Le marketing s'attaque à l'inconscient des clients », déc. 2019, *Stratégie.fr* : https://www.strategies.fr/etudes-tendances/tendances/4033657W/le-marketing-s-attaque-a-l-inconscient-des-clients.html

598. Conscients des dangers de tels procédés, le législateur national, de même que son homologue européen[986], exigent que les consommateurs soient informés de l'existence des messages publicitaires, donc qu'ils soient présentés comme tels et que l'identité de leur émetteur leur soit révélée. À l'exception des médias audiovisuels, aucune disposition légale n'interdit la publicité subliminale sur les autres médias. De plus, la source réglementaire de cette interdiction (décret 1992) témoigne de l'indifférence du législateur vis-à-vis du respect de la liberté de réception des individus.

599. Au demeurant, les neurosciences comme la psychologie sociale se montrent unanimes pour déplorer les effets des messages subliminaux sur le comportement des individus[987]. Afin de modérer nos propos, nous admettons que, si les stimuli (messages publicitaires dans notre cas) n'orientent pas spécifiquement le comportement des consommateurs, ils activent néanmoins des « *besoins* »[988] latents. La liberté de réception est un rempart contre ces effets indésirables et va à l'encontre de ces techniques manipulatrices du cerveau humain. Hormis toute exigence de préjudice pour solliciter sa réparation, l'interdiction de la publicité subliminale relèverait en effet du domaine de ce qui serait le droit de ne pas recevoir. Sa consécration est un gage de l'effectivité de la liberté de réception publicitaire, qui serait ainsi illusoire si l'individu continuait à recevoir des messages sans en être conscient.

600. De surcroît, les effets des messages subliminaux sur les individus ne sont pas forcément juridiquement reconnus. Le caractère immoral[989] d'un tel procédé publicitaire devrait donner lieu à la réparation d'un préjudice moral. Les juges ne sont pas encore sur cette voie visant la reconnaissance d'un préjudice moral du fait de la réception inconsciente. Si la publicité cachée est sanctionnée par les juridictions, en particulier lorsqu'elle véhicule des informations fausses et de nature à induire en erreur, telles que les avis en ligne de faux consommateurs ou le fait qu'un bloggeur invente les mérites d'une marque sans indiquer que cette dernière le rémunère à cette fin[990] ; les

---

[986] Parmi les textes s'attaquant à la publicité subliminale, il existe une recommandation du Conseil de l'Europe n° R (84) 3 sur les principes relatifs à la publicité télévisée adoptée le 23 février 1984 ; une Convention du 1er février 1989 du Conseil de l'Europe sur la Télévision transfrontière ; enfin une Dir. PE et Cons. UE n° 2010/13/ UE, 10 mars 2010, Services médias audiovisuels, JOUE 15 avr. 2010, n° L 95.

[987] M. LAJANTE : *Contribution des neurosciences à l'étude de l'émotion en persuasion publicitaire : concepts, méthodes et mesures*, thèse, Université de Rennes 1, 4 déc. 2013.

[988] J. ARASZKIEWIEZ : « L'influence des images subliminales », préc., p.3.

[989] P. BRTON : *La parole manipulée, op. cit.*

[990] V. en ce sens, Com. 4 déc. 2012, n° 11-27.729, D. 2012. 2956, obs. C. MANARA; *ibid.* 2013. 2487, obs. J. LARRIEU, C. Le STANC et P. TRÉFINY; CCE 2013, comm. n° 14, G. LOISEAU, approuvant la condamnation d'un comparateur de prix n'ayant pas suffisamment

plaintes des individus qui s'estiment victimes de manipulations parce qu'ils ont reçu des publicités subliminales sont quant à elles déclarées irrecevables[991]. Les affaires portant sur les atteintes à la liberté de réception du fait de la réception forcée de messages publicitaires subliminaux sont rarissimes, voire inexistantes. Du fait qu'il s'avère difficile d'établir le préjudice moral qui en résulte[992], les personnes ayant pu déceler l'existence de ces messages manipulateurs à leur encontre se découragent et finissent par renoncer à saisir le juge. De surcroît, peu connues du législateur, les techniques du neuro-marketing[993] ne font quant à elles pas l'objet d'une réglementation spécifique pour permettre aux associations de protection des consommateurs - les mieux qualifiées pour prévenir les individus des risques liés à ces techniques - de faire barrage à l'immoralité[994] dont font preuve certains émetteurs. Le seul dispositif juridique traitant expressément du phénomène de la manipulation est la loi du 22 décembre 2018 relative à la manipulation de l'information, qui s'attaque aux contenus diffusés sur les services de communication au public en ligne parce qu'il est aisé d'en faire la cible d'une manipulation massive[995].

En l'absence d'une définition expresse de la notion de « manipulation », une décision du Conseil constitutionnel du 20 décembre 2018 a pu l'éclairer en considérant que les dispositions de la loi s'appliquent aux « *allégations ou imputations inexactes ou trompeuses d'un fait de nature à altérer la sincérité du scrutin à venir* »[996]. Ainsi, c'est l'inexactitude des informations qui caractérise la manipulation. Plus encore, la publication doit être automatisée, massive et délibérée[997]. Partant, en matière d'expression publicitaire, l'application des critères de cette loi nous renvoie aux dispositions législatives interdisant la publicité trompeuse et déloyale. Or, la manipulation en matière de communication commerciale, telle qu'elle est démontrée par les techniques évoquées ci-dessus, ne concerne plus seulement la diffusion de messages trompeurs ou faux, mais concerne également la liberté de choix des récepteurs.

---

informé les utilisateurs du caractère payant du référencement prioritaire dans la mesure où une telle pratique est susceptible d'altérer leur comportement économique.

[991] TGI Paris, 17e ch., 23 avril 1990, Casanovas c. David Niles, C. Contamine, L.P., n° 72, 1990, p. 64. Voir également, pour un autre exemple de message subliminal, TGI Paris, 1re ch., 19 décembre 1990, FEDIMAS c. Radio France (non publié), en appel CA Paris, 1re ch., Sect. A, 18 novembre 1991, Radio France c. FEDIMAS (non publié).

[992] Cf. *infra* n°663 et s.

[993] V. Rapport de la rapporteuse spéciale dans le domaine des droits culturels, l'ONU, préc. p. 7 §24.

[994] G. GAUTHIER : « La publicité est-elle immorale ? », *in Communication, Information Médias Théories*, volume 15 n°1, printemps 1994. pp. 12-34.

[995] Con. Const, décision n° 2018-773 DC, 20 décembre 2018, §20.

[996] *op.cit.*, §21.

[997] *Ibid.*

Ainsi décrite, la manipulation de la liberté de réception des consommateurs ne fait l'objet d'aucune incrimination malgré l'espoir de la doctrine en ce sens[998]. Le droit individuel à la liberté de réception pourrait ainsi constituer un fondement légitime en vue de la construction d'un régime spécial limitant ou interdisant les effets de la publicité subliminale. Encore faut-il que ces effets soient concrets[999]. Ou bien faut-il sanctionner le procédé visant à exploiter de façon abusive la durée de disponibilité du cerveau et ce en dépit de son résultat ?

Paragraphe 2 - L'absence du consentement à la personnalisation du message publicitaire

601. Le développement du numérique s'est traduit par le passage d'une publicité « aveugle », de type consommation de masse, à une publicité personnalisée. Par conséquent, les méthodes de production et de diffusion des messages publicitaires se sont considérablement transformées. Tel est en particulier le cas du traitement[1000] des données personnelles (ci-après DP ou données) des utilisateurs des services en ligne, qui s'est accentuée pour devenir une source indispensable de la publicité digitale.

602. L'importance des données personnelles en matière de publicité digitale s'avère en effet indéniable. Il paraît ainsi évident que les émetteurs des messages publicitaires ne peuvent plus les ignorer. La valeur publicitaire des données a rendu leur protection nécessaire. Celle-ci constitue un droit fondamental consacré par un article spécial de la charte des droits fondamentaux de l'UE[1001] alors que la Cour EDH en fait une composante du droit à la vie privée[1002] en le rattachant à l'article 8 de la CEDH. En la matière, le droit de l'UE se dote d'un instrument juridique important, à savoir du règlement général de la protection des données (RGPD) entré en vigueur le 25

---

998 P. BELLOIR, *op. cit.*

999 Certains auteurs ont pu être amenés à étudier les effets de la publicité subliminale. Nous allons nous intéresser à ceux-ci lorsque l'on abordera la question de l'atteinte à la liberté de choix dans le cadre du paragraphe 2 de la section 2 du présent chapitre.

1000 Plusieurs techniques sont utilisées : Formulaires, informations divulguées publiquement (Blogs personnels, pages sur un réseau social), traces collectées à l'insu de la personne, informations divulguées par des tiers, etc., V. F. ROCHELANDET : *Économie des données personnelles et de la vie privée*, préc., p 18.

1001 Article 8.

1002 Cour EDH : 17 décembre 2009, Gardel c. France, n° 16428/05, « *La protection des données à caractère personnel joue un rôle fondamental pour l'exercice du droit au respect de la vie privée et familiale consacré par l'article 8 de la Convention. La législation interne doit donc ménager des garanties appropriées pour empêcher toute utilisation de données à caractère personnel qui ne serait pas conforme aux garanties prévues dans cet article* », §62.

mai 2018[1003]. La France avait, quant à elle, adopté une législation protectrice anticipant les exigences européennes, sa conformité avec le règlement a motivé une réforme en 2018[1004] achevée le 1er juin 2019[1005], date d'entrée en vigueur de la loi informatique et libertés dans sa nouvelle version.

603. C'est tout autant à ces données protégées qu'à l'action ayant consisté à les recueillir que la publicité ciblée doit son succès. L'arsenal juridique protecteur n'autorise leur traitement qu'après le recueil du consentement de l'utilisateur. Par « traitement », le législateur interne, de même que celui de l'UE, entendent « *toute opération ou tout ensemble d'opérations effectuées ou non à l'aide de procédés automatisés et appliqués à des données ou des ensembles de données à caractère personnel, telles que la collecte, l'enregistrement, l'organisation, la structuration, la conservation, l'adaptation ou la modification, l'extraction, la consultation, l'utilisation, la communication par transmission (...)* » [1006].

De ce fait, si l'exigence du consentement concerne plus particulièrement la collecte, elle ne se limite toutefois pas à cette dernière. L'utilisateur doit consentir à ce que ces données fassent l'objet d'un traitement. Son consentement est donc lié à l'ensemble des opérations précitées[1007]. Dès lors, une attention particulière est portée au sort des données issues des analyses et du traitement des données ajoutées.

604. Partant, lorsqu'un responsable de traitement procède à la collecte des données sans avoir obtenu le consentement clair et explicite des individus, il serait en infraction avec le RGPD, le droit à la vie privée de la personne concernée mais également avec la liberté de réception publicitaire. Cette liberté interprétée dans un sens négatif, serait en effet le fondement d'un droit spécial relatif à la protection des données traitées à des fins publicitaires. Ainsi, une atteinte à cette liberté pourrait être caractérisée lorsque les données illégalement traitées ont une finalité publicitaire. C'est cette finalité qui constitue le lien direct entre le respect de l'obligation du recueil du consentement et celle consistant à s'opposer aux décisions automatisées. Les autres finalités des traitements ne sont donc pas concernées par les raisonnements qui suivront. Par ailleurs, malgré un traitement licite des données et donc en l'absence de toute atteinte, le droit de ne pas recevoir pourrait s'avérer utile afin de mettre un terme à un ciblage ou à un profilage

---

[1003] Règlement général sur la protection des données (RGPD) n°2016/679.

[1004] Modifications de la loi « Informatique et libertés », par la loi du 20 juin 2018, puis de son décret d'application, par le biais du décret du 1er août 2018.

[1005] Décret n° 2019-536 du 29 mai 2019 pris pour l'application de la loi n° 78-17 du 6 janvier 1978 relative à l'informatique, aux fichiers et aux libertés.

[1006] Article 4 du RGPD, al. 2. Pour la définition de la notion de « traitement », l'article 2 de la loi relative à l'informatique, aux fichiers et aux libertés renvoie à la définition donnée par le RGPD (article 4).

[1007] Article 4, al 2 du RGPD.

non souhaité. Certes, la personne concernée pourrait invoquer le droit d'opposition consacré par la législation relative à la protection des données (article 21 du RGPD) et par conséquent, l'existence d'un droit de ne pas recevoir empièterait sur les droits existants. Toutefois, le caractère supra-légal de ce qui constituerait un nouveau droit lui permettrait de chapeauter les différents droits consacrés par le RGPD (droit d'opposition, droit de refuser de faire l'objet d'une décision automatisée, droit au transfert des données, etc.). Ces derniers pourraient en effet être envisagés comme des extensions d'un droit fondamental dont la jurisprudence de la Cour européenne pourrait préciser les contours. De surcroît, en matière de publicité contextuelle[1008], laquelle ne nécessite pas de traitement des données, le droit de ne pas recevoir pourrait faire barrage aux formes de publicités intrusives telles que les flashs transparents et les formats interstitiels qui occupent une partie importante de l'écran.

605. Cela dit, le traitement des données ne se fait pas toujours dans le cadre prescrit par les règles en vigueur. D'une part, les techniques utilisées afin d'accéder aux données des utilisateurs s'avèrent intrusives (**A**). De l'autre, des données sont collectées sans que le consommateur y consente expressément (**B**).

A - Le profilage intrusif des individus

606. Face à l'expansion de la collecte des données à des fins publicitaires et au développement des technologies dans le domaine de la publicité en ligne, la Cour européenne des droits de l'Homme devrait développer une jurisprudence propre à la réception des messages publicitaires personnalisés. Protéger les droits des individus en matière de publicité en ligne devrait passer par la consécration du droit de ne pas recevoir.

607. Le ciblage publicitaire impose que soient massivement collectées des données à caractère personnel dans le but de comprendre les goûts et les préférences des internautes et d'améliorer ainsi la conception et les

---

1008 Selon B. BATHELOT « *La notion de publicité contextuelle recouvre l'ensemble des techniques publicitaires qui consiste à cibler une audience grâce à des supports spécifiques en fonction du contexte dans lequel se trouve l'individu exposé au message. L'affichage caddie, l'affichage dans les aéroports, les messages publicitaires en salles d'attente sont des exemples de supports de la publicité contextuelle. La publicité contextuelle est considérée comme très efficace car elle touche sa cible à un moment propice pour la réaction attendue (pub caddie + achat) ou pour la mémorisation (désœuvrement en salle d'attente). Le terme de publicité contextuelle peut prendre également une signification spécifique sur Internet, il s'agit alors des publicités sous formes de liens textes apparaissant dynamiquement en fonction du contenu textuel de la page* », *Définitions-marketing*.com, juillet 2015.

fonctionnalités de l'interface de l'utilisateur[1009]. Outre le profilage des utilisateurs, les opérateurs en ligne peuvent, par le biais des techniques de traçage, collecter des informations en ligne et en temps réel[1010] sur les comportements et les communications en ligne de ceux-ci. Il s'agit pour eux d'identifier les modèles qui pourront être utilisés afin d'obtenir des informations précises sur des traits de leur personnalité tels que leur humeur ou leur état émotionnel[1011]. L'ensemble de ces informations constituent ce qui est communément appelé aujourd'hui les *Big Data*, c'est-à-dire, « *l'agrégation de grandes masses de données provenant de sources différentes* »[1012].

608. Les bannières publicitaires polluantes qui remplissent la surface de la page d'un site web visité sont délaissées au profit d'une publicité davantage pertinente et de plus en plus individualisée. Ce sont en effet les données personnelles qui permettent de prendre de telles décisions qui menacent aujourd'hui la vie privée et la liberté de choix des individus. Ainsi, leur collecte nécessite une attention particulière.

609. La publicité comportementale est la forme de publicité « la plus troublante »[1013] du fait de la réelle menace qu'elle représente pour la vie privée des utilisateurs en ligne. Elle est choisie en traquant l'utilisateur sur la toile tout en observant son comportement au fil du temps. La publicité comportementale, contrairement à la publicité personnalisée[1014] et à la publicité contextuelle[1015],

---

[1009] P. DE FILIPPI : « Gouvernance algorithmique : vie privée et autonomie individuelle à l'ère des Big Data », *in Open data et Big Data* (ss. dir. D. BOURCIER et P. DE FILIPPI), *Mare & Martin*, 2016, p.98.

[1010] Aujourd'hui la publicité programmatique est un exemple de mode d'achat d'espaces dit programmatique, entièrement automatisé, qui permet d'atteindre en temps réel une audience précise grâce aux algorithmes brassant toutes sortes de données sociodémographiques, comportementales et géographiques. V. F. LAUGÉE: « Programmatique », *REM*, n°32, automne 2014.

[1011] J. BUGHIN, J. LIVINGSTON et S. MARWAHA: « Seizing the potential of « big data » » McKinsey Quarterly,103-109, 2011.

[1012] P. DE FILIPPI, précité.

[1013] F. MARCHADIER : « Réseaux sociaux sur internet et vie privée », *in* Techniques et droits de l'homme, Actes du colloque organisé du 20 au 23 avril 2010, Facultés de droit de Limoges et de Poitiers, *Coll. Grands colloques*, éd. *Montchrestien*, 2011, p. 215.

[1014] Selon la CNIL, « *La publicité personnalisée est une publicité qui est choisie en fonction des caractéristiques connues de l'internaute (âge, sexe, localisation, etc.) et qu'il a lui-même renseignées, par exemple en s'inscrivant à un service* », v. La publicité ciblée en ligne, 5 fév. 2009, p.5.

[1015] La CNIL la définit comme « *une publicité qui est choisie en fonction du contenu immédiat fourni à l'internaute. Ainsi, le produit ou le service vanté dans la publicité contextuelle est choisi en fonction du contenu textuel de la page dans laquelle la publicité s'insère ou, s'il s'agit d'un moteur de recherche, en fonction du mot clé que l'internaute a saisi pour sa recherche* », voir, La publicité ciblée en ligne, préc.

étudie les caractéristiques de l'internaute à partir de ses actions, pour en déduire son profil et lui proposer des publicités adaptées.

610. Cependant, les techniques utilisées dans l'objectif de collecter les données peuvent s'avérer intrusives en raison de leur recours au traçage du comportement de l'individu en ligne. Parmi les technologies de traçage, la plus répandue est celle des cookies, aussi appelés « *témoins de connexion* ». Selon la CNIL, « *il s'agit d'une information déposée sur le disque dur d'un internaute par le serveur du site qu'il visite. Il contient plusieurs données : le nom du serveur qui l'a déposé, un identifiant sous forme de numéro unique, éventuellement une date d'expiration* »[1016]. Ces informations sont parfois stockées sur l'ordinateur dans un simple fichier texte auquel un serveur accède pour lire et enregistrer des informations. Il permet à celui qui les a déposées d'analyser le comportement de l'internaute d'une visite à une autre, grâce à un identifiant unique. Certains cookies peuvent également être utilisés afin de stocker le contenu d'un panier d'achat, d'autres pour enregistrer les paramètres de langue d'un site. Les cookies qui représentent un risque pour la vie privée sont énumérés par la CNIL, ceux relatifs à la publicité ciblée en font partie[1017]. Le recours à ces derniers exige en effet un consentement préalable (*opt-in*) de l'utilisateur[1018]. À l'époque de la directive 95/46/CE, il a été indiqué que le consentement doit être libre. Le consentement accordé simplement pour éviter les conséquences négatives du refus n'a alors pas été considéré comme libre[1019] puisque certains cookies imposent aux utilisateurs leur acceptation, faute de quoi ces derniers se retrouvent dans l'impossibilité d'accéder aux services en ligne[1020]. Plus encore, la visite d'un site web pourrait entraîner l'installation de cookies traceurs de ce site et d'un autre site non visité. Si le consentement est recueilli pour les cookies du premier site (site visité), tel n'est pas forcément le cas pour les cookies étrangers émanant d'un autre site. L'exemple type est celui de Facebook, qui par une décision du tribunal de première instance de Bruxelles, le 9 décembre 2015[1021], a été condamné pour avoir utilisé des *plug-*

[1016]Voir le Laboratoire d'Innovation Numérique de la CNIL à l'adresse en ligne suivante : https://linc.cnil.fr/fr/une-petite-histoire-du-cookie

[1017] Article 1 de la délibération n° 2013-378 du 5 décembre 2013 portant adoption d'une recommandation relative aux cookies et aux autres traceurs visés par l'article 32-II de la loi du 6 janvier 1978.

[1018] Article 2 et la délibération 5 déc. 2013, préc.

[1019] *Ibid.*

[1020] Par exemple les sites comme Google, Facebook, YouTube exigent l'acceptation des cookies. Nous reviendrons sur ce point d'une manière détaillée dans les développements qui suivront.

[1021] Affaire opposant la Commission Belge de la protection de la vie privée c. Facebook Inc, Facebook Belguim et Facebook Ireland Limited.

ins sociaux[1022] et cookies permettant de tracer les non-membres du réseau social.

611. Depuis l'entrée en vigueur du RGPD, les responsables de traitement sont tenus de laisser une certaine liberté de choix aux individus. Ils doivent leur permettre d'accepter l'installation des cookies ou de toute autre technologie destinée à les ranger dans des profils tout en leur offrant la possibilité de s'opposer à celle-ci[1023]. Or, les responsables de traitement conditionnent l'accès de l'individu à leur service par le biais de l'installation des cookies, ce qui ne laisse pas forcément le choix à ce dernier de les refuser.

612. Par ailleurs, la traque du comportement des individus se poursuit même hors ligne car la collecte des données de géolocalisation permet de connaître les emplacements des mobinautes. Les applications mobiles collectent en effet à leur tour des données parfois à l'insu du mobinaute, en particulier quand la géolocalisation est activée. Ces traitements sont parfois justifiés par la finalité de l'application, d'autres le sont moins[1024]. En outre, il est important de souligner que même si la géolocalisation est désactivée, les smartphones activent automatiquement l'option wifi dès qu'ils sont dans un endroit alimenté par un réseau wifi (public ou privé). Bien que n'étant pas libres d'accès, ces réseaux enregistrent malgré tout le numéro du terminal situé dans leur zone en vue de l'exploiter à diverses fins (statistiques ou autres).

613. La reconnaissance faciale est également une technique largement utilisée par les marques afin de nous identifier au moyen de notre visage. Nos traits sont ainsi devenus une « donnée » exploitable que les avancées de la numérisation ont transformé en une marchandise convoitée par les géants du Web, les experts du marketing, les enseignes de e-commerce, les banques et grandes surfaces. Les utilisateurs de certains services offerts par des applications ne sont pas clairement informés du sort de leurs images ou des traits de leur visages. Pour donner un exemple récent, celui de l'application *DeepFace* ou de FaceApp[1025] est probant. Cette dernière présente de réelles menaces pour la vie privée des internautes/mobinautes. Elle est en effet capable de reconnaître les visages des individus avec 97% de précision, la marge d'erreur s'avère donc très faible[1026].

[1022] L'existence du bouton « j'aime » de Facebook dans le site web donnait droit à ce dernier de tracer les utilisateurs même s'ils n'avaient pas visité le réseau social.

[1023] D. LEABEAU-MARIANNA et E.-C. VERMYNCK : « Publicité comportementale : enjeux, risques et tendances », *RLDI* 2009/52 p. 55.

[1024] La CNIL : « *Opération internet sweep day : une première mondiale visant à apprécier le niveau d'information des internautes* », 13 Août 2013, sur *cnil.fr*.

[1025] J. PASSY: « Read this before using FaceApp - you give up more personal data than you realize on this Russian-made app », *in MarketWatch.com*, 18 Juliet 2019.

[1026] Y. TAIGMAN, M. YANG, M. RANZATO et L. WOLF: « DeepFace: Closing the Gap to Human-Level Performance in Face Verification », Facebook Research, voir l'adresse électronique suivante :

Cette performance est due à l'exploitation des images des individus publiées sur le réseau social sans que les personnes concernées accordent leur consentement tacite à cette opération ni à la collecte des données qui en résulte.

614. Ainsi, au-delà de l'intrusion de la technique, ce sont ses conséquences éventuelles qui font qu'elle est jugée abusive. Le droit à la vie privée n'est en effet pas respecté dans les cas où les données à caractère personnel sont traitées sans l'accord de l'individu. Ainsi, 51% des français estiment que la publicité ciblée est intrusive et donne une mauvaise image des sites et applications qui les hébergent[1027]. Plus encore, l'individu fait l'objet d'une discrimination commerciale fondée sur l'exploitation des données traitées, qui pourraient révéler ce « *qu'un consommateur est prêt à payer pour obtenir un certain type de service, ses risques d'insolvabilité, sa propension à retourner le bien acheté etc.* »[1028], dès lors une même demande peut être traitée selon le profil de l'individu auquel elle est destinée[1029].

B - Le traitement illicite des données à caractère personnel

615. L'arsenal juridique solide[1030] dont se dote le droit interne et européen témoigne de la conscience du législateur des dangers que représente l'exploitation des données à caractère personnel sur les choix et la vie privée des consommateurs. Certaines obligations sont déjà imposées aux opérateurs concernés par le traitement des données dans l'objectif de protéger les droits des utilisateurs des services en ligne, alors que d'autres font en ce moment encore l'objet de discussions[1031]. Il conviendrait de reconnaître qu'au regard de cette armature juridique consacrée à la protection des données, l'on pourrait se douter de l'utilité du droit de ne pas recevoir dans ce domaine. Néanmoins, notons que la protection des données trouve un fondement dans le respect du droit à la vie privée (article 8 de la CEDH), tandis que le droit de ne pas recevoir émanerait quant à lui d'une interprétation évolutive de la liberté de réception publicitaire (article10 de la CEDH). La consécration de ce dernier

---

https://research.fb.com/publications/deepface-closing-the-gap-to-human-level-performance-in-face-verification/

1027 CDQ, Les français sont lassés du marketing digital, *Stratégies.fr*.

1028 D. LEABEAU-MARIANNA et E.-C. VERMYNCK, préc.

1029 Affaire Amazon en septembre 2000, V. F. ROCHELANDET : *Économie des données personnelles et de la vie privée*, préc., p 13.

1030 La loi informatique et liberté du 6 janvier 1978 (pour la France), le RGPD et l'actuelle directive 2002/58/CE sont les principaux textes en la matière.

1031 Proposition de règlement du parlement Européen et du Conseil concernant le respect de la vie privée et la protection des données à caractère personnel dans les communications électroniques et abrogeant la directive 2002/58/CE (règlement « vie privée et communications électroniques »).

constituerait un support supplémentaire pour la protection des droits des individus. Au-delà du respect du droit à la vie privée qui pourrait être démontré par la preuve du consentement, le respect du droit de ne pas recevoir pourrait quant à lui être exigé malgré le consentement au traitement.

616. Comme nous l'avons en effet exposé ci-dessus, l'exigence du consentement préalable (*opt-in*) du consommateur avant tout traitement de données constitue l'obligation principale qui permet d'assurer le respect du droit à la vie privée de ce dernier, puisque c'est le non-respect de cette obligation principale du consentement qui rend le traitement illicite. Ainsi, deux cas de figure peuvent illustrer l'existence d'un traitement illicite.

617. S'agissant du premier cas, la manifestation de la volonté de l'individu ne répond pas aux exigences du RGPD. En plus des technologies de traçage, l'absence d'informations éclairées sur les données traitées et leurs finalités fait que l'utilisateur ne consent pas à la publicité en toute connaissance de cause. Ainsi, dans le cadre d'une décision[1032] qui a condamné Google LLC à payer 50 millions d'euros, la CNIL avait estimé que ce géant du web n'avait pas respecté le RGPD qui exige le recueil d'un consentement éclairé, spécifique et univoque des utilisateurs.

La Commission a tout d'abord jugé en effet que le consentement des utilisateurs n'était pas suffisamment éclairé parce que « *L'information sur ces traitements, diluée dans plusieurs documents ne permet pas à l'utilisateur de prendre conscience de leur ampleur* ». En fait, tous les services de Google (sites, applications, Google photo, Playstore, YouTube, etc.) avaient accès aux données de l'utilisateur qui avait accepté d'aller sur le moteur de recherche, données qui sont ensuite combinées pour donner lieu à des annonces personnalisées. La CNIL a également considéré que le consentement de l'utilisateur n'avait pas été spécifié dans la mesure où ce dernier se voyait contraint d'accepter en bloc toutes les finalités poursuivies par Google. Or, le RGPD exige que le consentement soit donné de manière distincte pour chaque finalité. Enfin, le non-respect du RGPD a pu être caractérisé en raison du pré-cochage des cases relatives à la réception des messages publicitaires personnalisés. La CNIL relève donc l'existence d'une ambigüité dans cette pratique. Selon elle, « *le consentement n'est « univoque », comme l'exige le RGPD, qu'à la condition que l'utilisateur effectue un acte positif (cocher une case non précochée par exemple)* ».

618. Dans le second cas illustratif du non-respect de l'obligation du recueil du consentement, le responsable de traitement procède à un regroupement d'un ensemble de données émanant de sources différentes. Ce cas de figure permet de mettre en exergue les failles qui persistent malgré le cadre juridique existant. De ce fait, si le législateur insiste sur le recueil du consentement auprès du consommateur pour le traitement des données divulguées ou

---

[1032] Délibération de la formation restreinte n° SAN – 2019-001 du 21 janvier 2019 prononçant une sanction pécuniaire à l'encontre de la société Google LLC.

diffusées par ce dernier, il n'a pas prévu les cas où la collecte porte sur des informations concernant l'individu consentant et qui ont été publiées par d'autres individus (*data shadow*)[1033]. Tel est le cas des informations divulguées par des amis sur leurs amis. Ainsi, la question consiste à se demander si le consentement recueilli expressément et clairement auprès d'un individu vaut également pour le traitement des données le concernant et qui ont été rendues publiques par ses amis. La réponse est négative, car l'ami devient à son tour un responsable de traitement[1034].

619. Aussi, le non-respect de l'obligation du recueil du consentement ne semble pas être respecté lorsqu'il s'agit des « *Black data* »[1035], c'est-à-dire des données cachées dans le système informatique (parcours du client dans le rayon, discussions téléphoniques issues du service après-vente, emplacement de parking, etc.). Dans la même veine, les *métadonnées*[1036] découlant des communications électroniques, les données extraites du profilage par des algorithmes sophistiqués posent de réelles questions quant au respect de la volonté de l'individu.

620. *In fine*, étant donné que les informations collectées dans des circonstances non transparentes sont destinées à des fins de ciblage publicitaire, elles portent par là-même atteinte à la liberté de réception. Bien que le traitement des données ne serve pas uniquement à personnaliser les messages publicitaires, leur collecte à l'insu des individus constitue une atteinte au droit de ne pas recevoir. Ce lien entre la manifestation de la volonté de traitement des données et la réception des messages personnalisés s'avère plus clair dans la décision de la CNIL précitée, qui estime que les cases pré-cochées par défaut par Google indiquant que l'utilisateur accepte de recevoir des messages publicitaires personnalisés constituent un manquement à l'obligation de recueillir un consentement « univoque ».

621. L'absence du consentement de l'individu à la réception de publicités, la pression publicitaire exercée sur ce dernier au moyen d'une diffusion intense du message publicitaire, ne portent pas seulement atteinte à sa liberté de réception publicitaire, mais pourraient également être source de dommages.

[1033] B-J. KOOPS: « Forgetting Footprints, Shunning Shadows: A Critical Analysis of the "Right to Be Forgotten" », *in Big Data Practice*, *SCRIPTed*, Vol. 8, N°3, 2011 pp. 229-256.

[1034] CJCE : 6 novembre 2003, procédure pénale contre Bodil Lindqvist, n° C-101/01.

[1035] L. ARCELIN : « Données personnelles : sésame déterminant sur le marché de la publicité digitale », *Revue Lamy Droit de l'Immatériel*, n° 142, 1er novembre 2017.

[1036] V, définition donnée par l'article 4. 3(m) de la proposition de Règlement relatif à la vie privée et communications électroniques.

Section 2 - La réception dommageable

622. Bien qu'un certain seuil de gravité de la contrainte soit atteint dans le cadre de la réception forcée du message publicitaire, il y a lieu de mettre en lumière les dommages que pourrait causer sur les droits de l'individu ce type de réception. Est-il nécessaire de préciser d'emblée que le préjudice que la réception pourrait entraîner est surtout de nature morale (ex : message offensant, atteinte aux convictions religieuses, atteinte au droit de jouir en toute tranquillité de son domicile, etc.). En outre, la démonstration de l'existence d'un préjudice du fait de la réception est en effet envisagée dans la perspective de la consécration du droit de ne pas recevoir. S'intéresser à la liberté de réception publicitaire négative de l'individu revient certes à contribuer à la sauvegarde de ses droits.

623. Les dommages causés par la réception de l'expression publicitaire pourraient varier selon sa source. Ils pourraient découler du contenu même du message reçu, de l'emplacement du support qui le véhicule ou de son mode de transmission. L'appréciation du préjudice peut se faire au regard de la violation des droits de l'individu. Un contenu publicitaire offensant pourrait ainsi par exemple porter atteinte au droit au respect de la vie privée ou à la dignité de la personne. Par ailleurs, la position de l'individu et l'endroit où il se situe seraient également susceptibles d'avoir une incidence sur la source d'où émane le dommage. Un individu circulant dans l'espace public est souvent confronté à la réception d'un message publicitaire qui pourrait s'avérer offensant et choquant pour ses convictions religieuses (par ex : l'utilisation de signes religieux dans le cadre d'une campagne publicitaire). Dans le cas d'un individu passif vis-à-vis de la réception, retranché dans son domicile, l'atteinte pourrait découler du type de support du message publicitaire, par exemple d'une affiche lumineuse géante qui mettrait à mal sa tranquillité et polluerait son cadre de vie.

624. Au demeurant, le libre arbitre du récepteur est également menacé et ce en dépit de la position de l'individu, qu'il se montre actif ou passif par rapport à la réception. Le profilage intrusif à la source de décisions individuelles automatisées, c'est-à-dire un message publicitaire ciblé dont la diffusion en temps réel est confiée aux algorithmes, semble neutraliser la liberté de choix de l'individu. De surcroît, la liberté de choix de consommation dont pense bénéficier le récepteur du message publicitaire pourrait en réalité s'avérer illusoire. Se croyant libre de ses choix, l'individu agit ainsi sous l'effet de la réception inconsciente et incessante de messages publicitaires et n'est peut-être plus maître de ses propres décisions de consommation.

625. Cela dit, intéressons-nous dans un premier temps aux sources du dommage causé à l'individu au regard de sa position vis-à-vis de la réception (**Paragraphe 1**). Puis, nous allons étayer, dans un second temps, les

conséquences que pourrait avoir la réception du message sur la liberté de choix du récepteur (**Paragraphe 2**).

Paragraphe 1 - Dommages causés de sources différentes

626. Tenir compte de la position de l'individu ou de son attitude vis-à-vis de la réception du message - est-il actif ou passif à la réception ? -, nous permettra de distinguer les différentes sources de préjudice moral. Dans le cas d'un individu actif, le dommage trouve généralement sa source dans le contenu du message. Dans le cas contraire, de celui d'un individu passif à la réception, du fait de l'endroit où il se situe, nous pourrions légitimement présumer qu'il ne souhaite aucun contact avec le message publicitaire, le dommage pourrait être causé par le support, son emplacement ou sa taille.

627. Nous pourrions ainsi relever un préjudice moral dont la source peut être la réception d'un message publicitaire offensant (**A**) ou un support dont le caractère intrusif affecte la vie privée de l'individu (**B**).

A - L'individu actif : un préjudice résultant de l'expression publicitaire offensante

628. Un individu actif est celui qui, de par son propre choix, a décidé de s'ouvrir sur le monde extérieur et de ne pas rester enfermé dans son espace intime, qui est le plus souvent son domicile. Cette ouverture ne peut en effet être jugée en tant que telle que dans un espace public[1037].

629. L'expression « espace public », utilisée pour la première fois par Kant[1038] et par Joseph Von Sonnenfels en 1975, « *évoque non seulement le lieu du débat politique, de la confrontation des opinions privées que la publicité s'efforce de rendre publiques, mais aussi une pratique démocratique, une forme de communication, de circulation des divers points de vue* ». Il s'agit donc d'un espace communicationnel dans lequel s'effectue une communication libre[1039] sans les entraves de la censure. Ainsi, l'espace public est tout d'abord un espace réel (de circulation). Il est défini par la loi n° 2010-1192 du 11 octobre 2010 interdisant la dissimulation du visage dans l'espace public comme étant « *constitué des voies publiques ainsi que des lieux ouverts*

[1037] T. PAQUOT : *L'espace public,* éd. La Découverte, 2009, pp. 3-9.

[1038] E. DACHEUX, S. ROUQUETTE « Internet est-il un espace public ? » B. VACHER, C. LEMOENNE, A. KYINDOU. Communication et débat public, 2013. Sic_00848835.

[1039] BIRKNER, NINA, et York-GOTHART MIX : « Qu'est-ce que l'espace public ? *» Histoire du mot et du concept*, Dix-huitième siècle, vol. 46, n°. 1, 2014, pp. 285-307.

au public[1040] *ou affectés à un service public* »[1041]. Un rapport établi par J-P. Garraud prend soin de préciser[1042] que par « voies publiques » il faut entendre « tout passage accessible, route ou chemin, ouvert au public »[1043].

630. Par ailleurs, la jurisprudence française attribue une large acception à la notion d'espace public. Elle y intègre internet en tant qu'espace public numérique[1044]. A notre connaissance, les services de communication audiovisuels ne sont pas considérés comme un espace public, il s'agit néanmoins d'un espace audiovisuel virtuel[1045]. Ainsi, il convient d'étudier le préjudice du fait de la réception du message publicitaire aussi bien dans un espace public réel (**1**) que dans un espace audiovisuel (**2**).

1 - Espace public réel

631. Par « espace public réel » nous entendons les lieux publics[1046]. Les messages publicitaires susceptibles d'être diffusés dans les lieux publics seront véhiculés sous la forme d'affiches ou distribués sous celle de prospectus. Ainsi, le préjudice du fait de la réception forcée trouvera son origine dans une affiche publicitaire, car le préjudice moral pourrait découler du contenu de celle-ci.

632. Ce dernier peut en effet contenir des expressions offensantes et par conséquent, préjudiciables à une certaine catégorie de personnes. Dans un tel cas, c'est surtout un préjudice moral qui en résultera.

1040 Cette notion désigne un lieu « *accessible à tous, sans autorisation spéciale de quiconque, que l'accès en soit permanent et inconditionnel ou subordonné à certaines conditions* », TGI Paris, 23 oct. 1986, confirmé par CA Paris, 19 nov. 1986, cité in Rapport de J.-P. GARRAUD, *op. cit.*, p. 51 ; V. également, la loi n° 95-73, 21 janv. 1995 d'orientation et de programmation relative à la sécurité, JO 24 janv. 1995, p. 1249.

1041 Article 2 de la loi du 11 octobre 2010.

1042 Rapport de J.-P. GARRAUD rédigé au nom de la commission des lois constitutionnelles, de la législation et de l'administration générale de la République sur le projet de loi (n° 2520) interdisant la dissimulation du visage dans l'espace public, enregistré à la présidence de l'Assemblée nationale le 23 juin 2010, p. 50.

1043 Selon la définition donnée par la Cour de cassation dans son arrêt Civ. 3e, 13 mai 2009, n° 08-14.640, *AJDI* 2009. 742.

1044 Cour de cassation, ch., crim., 14 mars 2006, n°05-83423.

1045 S. CACIOPPO : « Programme télévisé discriminatoire et attentatoire à la vie privée : le Conseil d'État confirme la sanction du CSA à l'encontre de C8 », CE, 5ème et 6ème ch. réunies, 18 juin 2018, n°414532.

1046 C'est-à-dire, « *les endroits accessibles au(x) public(s), arpentés par les habitants, qu'ils résident ou non à proximité. Ce sont des rues et des places, des parvis et des boulevards, des jardins et des parcs, des plages et des sentiers forestiers, campagnards ou montagneux, bref, le réseau viaire et ses à-côtés qui permettent le libre mouvement de chacun, dans le double respect de l'accessibilité et de la gratuité* » V. T. PAQUOT, préc. p. 3.

Se pose alors la question de savoir si l'individu est dans l'obligation de recevoir tous les messages diffusés sur la voie publique.

633. Les convictions et opinions des individus qui y circulent ne sont pas forcément les mêmes, l'impact des messages publicitaires varie de même que les réactions des personnes. Ainsi, la Cour EDH en appelle à « l'esprit de tolérance » des personnes en estimant que même si parfois des messages peuvent « *choquer, heurter ou inquiéter* »[1047], ils doivent cependant être acceptés au regard des exigences de l'esprit d'ouverture et de la tolérance sans lesquels il n'y a pas de « société démocratique »[1048]. Néanmoins, étant donné la faiblesse de la protection par rapport au discours publicitaire et son inutilité relative pour une société démocratique, il est permis de considérer que les individus ne sont pas forcés de recevoir tous les messages publicitaires au nom de la liberté d'expression. De plus, les messages préjudiciables à l'individu doivent, quant à eux, être interdits. C'est au juge qu'il incombe d'établir le préjudice qui s'avère certes souvent subjectif mais qui pourrait dépendre d'éléments objectifs (l'emplacement de l'affiche publicitaire, sa taille, le caractère offensant de son contenu).

634. Au demeurant, le contenu du message publicitaire doit être suffisamment offensant pour que le préjudice soit caractérisé[1049]. Le caractère offensant du message publicitaire doit aussi atteindre un niveau suffisant pour démontrer qu'il existe bel et bien un « *préjudice moral individuel* »[1050]. Dans l'affaire des *publicités Benetton*, la Cour d'appel de Paris a considéré que la société a « *utilisé une symbolique de stigmatisation dégradante pour la dignité des personnes atteintes de manière implacable en leur chair et en leur être* » et qu'ainsi, en leur imposant « *une représentation de leur état de personnes séropositives, dégradante pour leur dignité », les sociétés « leur ont occasionné un préjudice moral individuel* »[1051]. Ceci étant, il reste à savoir ce qu'il faut entendre par une « expression offensante ».

635. La jurisprudence européenne s'est attachée à énumérer les critères permettant de caractériser l'expression offensante ou insultante de nature à causer un préjudice à l'individu et justifiant de ce fait une protection conventionnelle. Elle est qualifiée par les vocables d' « injure » ou de

---

1047 Cour EDH : Handyside c. RU, préc. §49.

1048 Cour EDH : 20 septembre 1994, Otto-Preminger Institut c. Autriche, préc.

1049 Selon la Cour de cassation, même si un message « *a pu heurter la sensibilité de certains catholiques, son contenu ne dépasse pas les limites admissibles de la liberté d'expression* ». C. Cass., 14 fév. 2006, n°05-81932.

1050 CA Paris, 1ère ch. A, 28 mai 1996, *D.*1996, Jur. p.617, note B. EDELMAN.

1051 CA Paris, 1ère ch. A, 28 mai 1996, préc. Voir aussi la décision attaquée : Tribunal de grande instance de Paris 1re ch. 01-02-1995.

« diffamation »[1052]. Ainsi, outre le fait qu'elle soit intentionnelle, l'expression offensante doit être suffisamment publique[1053], grave et gratuite[1054].

636. Ces critères semblent réunis en matière d'affichage publicitaire. Une affiche publicitaire est par nature publique et fait l'objet d'une large diffusion auprès du public. Sa diffusion peut être nationale, voire internationale, étant donné que la plupart des panneaux d'affichage sont numériques[1055]. De surcroît, pour que la personne offensée puisse invoquer un préjudice, l'expression en cause doit « « *atteindre un certain seuil de gravité* »[1056]. Il convient de souligner à juste titre que tout l'intérêt du critère de la gravité est qu'il fait la distinction entre les idées hostiles, choquantes et les expressions offensantes. Dans ce cadre, la Cour EDH distingue les expressions offensantes qui visent les « *convictions intimes* » des personnes, de celles qui, malgré leur caractère choquant, relèvent pour leur part du domaine de la critique[1057]. Seules les premières peuvent être considérées, dans certains cas, comme préjudiciables alors que les secondes font partie du domaine où règne l'esprit de tolérance, qui n'occupe pas une place importante en matière de publicité commerciale. De ce fait, une publicité commerciale choquante pourrait légitimement être considérée comme préjudiciable.

637. S'agissant du critère de la gratuité de l'offense, il ressort de la jurisprudence européenne que la contribution au débat d'intérêt général est un paramètre permettant de caractériser l'expression gratuite. Ainsi, par « *gratuitement offensantes* », la Cour EDH désigne « *les expressions éventuellement graves mais dénuées de tout lien avec un débat ou une discussion* »[1058]. L'expression publicitaire offensante ne peut l'être que « gratuitement » étant donné sa finalité. Toutefois, selon le juge strasbourgeois, le fait que les publicités utilisent des symboles religieux pour des motifs superficiels et qu'une telle démarche soit jugée inappropriée ne permet pas pour autant d'expliquer de manière suffisante les raisons de

---

1052 Article 29 de la loi du 29 juillet 1881 sur la liberté de la presse.

1053 Dans l'affaire Otto-Preminger Institut, la Cour EDH avait justifié la confiscation du film en cause au motif que « *la projection envisagée doit passer pour avoir constitué une expression suffisamment publique pour être offensante* ».

1054 L. FRANÇOIS : « Liberté d'expression et convictions religieuses dans la jurisprudence européenne », *Légicom* n°55-2015/2, p.143.

1055 Il est utile de préciser que lors d'un entretien avec l'un des ingénieurs de la Société JCDecaux, gestionnaire de milliers d'écrans publicitaires dans le monde, ce dernier a affirmé qu'il pouvait changer le contenu d'une affiche publicitaire sans se retrouver contraint de se rendre sur place.

1056 Commission EDH, X. Ltd et Y contre RU, 5 mai 1982, n°8710/79.

1057 L. FRANÇOIS, préc., p.145.

1058 Cour EDH : Otto-Preminger Institut, préc.

l'offensivité[1059] et la gratuité des références religieuses[1060]. Ainsi, la réception de messages publicitaires présentant un produit en ayant recours à des symboles religieux n'est pas en elle-même préjudiciable.

638. Cela dit, en prenant appui sur les critères déterminés par la Cour EDH, les juridictions nationales ont été maintes fois amenées à juger que certains messages publicitaires portaient atteinte aux droit individuels des personnes. Une campagne d'affichage a ainsi fait l'objet d'une interdiction en raison du trouble manifestement illicite qu'elle avait causé par le biais des affiches en cause. Les juges ont en effet considéré que « *la représentation du symbole de la croix, dans des conditions de publicité tapageuses et en des lieux de passage public forcé, constitue un acte d'intrusion agressive et gratuite dans le tréfonds intime des croyances de ceux qui, circulant librement sur la voie publique et ne recherchant aucun contact ou colloque singulier avec une œuvre ou un spectacle déterminés, se voient – hors toute manifestation de volonté de leur part – nécessairement et brutalement confrontés à une manifestation publicitaire et commerciale, contestable et trompeuse, constitutive, en tout état de cause, d'un trouble manifestement illicite* »[1061]. Certaines décisions se montrent parfois plus protectrices à l'égard des récepteurs en dépassant les exigences européennes pour réprimer les affiches publicitaires, qui, sans susciter de sentiments malsains[1062], ont cependant été prohibées au nom de la décence[1063].

639. La conception de l'expression offensante ne se limite pas aux seuls contenus affectant les croyances. Dès lors, les atteintes à la dignité humaine caractérisent également l'existence d'un préjudice. Il a de ce fait été jugé que cette affiche publicitaire représentant « *en des lieux de passage public forcé (...) l'image fractionnée et tatouée du corps humain consistait à utiliser une symbolique de stigmatisation dégradante pour la dignité des personnes* »[1064]. Dans la même veine, et concernant cette fois un avis du Jury d'éthique publicitaire portant sur une publicité roulante du site internet « RichMeetBeautiful » (incitant des jeunes filles à s'inscrire sur un site internet afin d'y rencontrer des hommes riches), le Jury a estimé que la campagne portait atteinte à la dignité humaine.

[1059] La première publicité montrait un jeune homme auréolé vêtu d'un jean, qui portait un bandeau dans ses cheveux longs et arborait plusieurs tatouages. Au bas de l'image figurait la légende suivante : « *Jésus, quel pantalon !* ». Quant à la seconde publicité, elle montrait une jeune femme vêtue d'une robe blanche et portant une coiffe ornée de fleurs blanches et rouges. Le visage auréolé, elle tenait un rang de perles. Au bas de l'image, on pouvait lire la légende suivante : « *Marie chérie, quelle robe* ! ».

[1060] Cour DEH : 30 janvier 2018, Sekmadienis LTD. c. Lituanie, requête n° 69317/14.

[1061] TGI de Paris 1984, préc.

[1062] Cass. crim. 8 janv. 1959, Bull. crim. n° 33, *D.* 1959.140.

[1063] CA Paris, 20 avr. 1990, *Gaz. Pal.* 1990.1.809.

[1064] CA Paris, 28 mai 1996 : *D.* 1996, préc.

640. Par ailleurs, le message publicitaire est offensant et par conséquent, préjudiciable lorsqu'il porte atteinte aux attributs et éléments constitutifs de la personne. Ainsi, l'article 14 de la CEDH protège les individus contre toute discrimination reposant sur les « *caractéristiques innées et constitutives de son identité* »[1065]. La protection offerte par cet article vise à ce que la personne ne se sente pas humiliée ou qu'elle n'ait pas l'impression que son image est dégradée en raison de son identité ou de son état du fait de la réception du message publicitaire.

641. Sur un autre plan, il semble que l'objet de la publicité, le produit ou le service, puisse s'avérer en lui-même - et non la publicité au sens strict de ce terme[1066]- nuisible à la santé des individus et donc source de préjudice. Dans un tel cas, le législateur anticipe la réalisation du préjudice et interdit ou réglemente strictement la diffusion du message publicitaire. Son intervention constitue une protection des intérêts de chacun. Il est de la sorte légitime de considérer que le législateur se positionne à la place de l'individu pour veiller sur ses intérêts en lui assurant le droit de ne pas recevoir le message publicitaire portant sur un produit nuisible à sa santé. Bien qu'elle puisse paraître logique, une telle analyse fait l'objet de quelques réserves.

642. Considérer que le législateur assure le droit de ne pas recevoir des messages publicitaires préjudiciables à l'individu signifie que toutes les personnes ont souhaité ne pas les recevoir. Or, il serait difficile de prouver ce constat si l'on prend l'exemple d'un fumeur qui ne se montre pas forcément hostile à la réception d'un message publicitaire en faveur du tabac. On ne peut ainsi parler ici d'une protection de la liberté de réception dans son pendant négatif.

Les restrictions apportées aux messages publicitaires portant sur les produits dangereux sont plutôt justifiées par l'intérêt général et non par le respect d'un droit individuel. Ainsi, la protection de la santé publique justifie l'interdiction de la publicité en faveur du tabac[1067] et sa stricte réglementation dans le cas de l'alcool.

643. Toutefois, étant donné que le degré de « sensibilité » des individus n'est pas le même, l'impact du message publicitaire portant sur un produit dangereux varie d'une personne à l'autre. Dès lors, les restrictions ne visent pas le produit « dangereux » en lui-même mais l'effet que peut avoir la publicité sur le récepteur. S'agissant d'une communication partisane et subjective, la publicité peut exercer une séduction excessive sur l'individu en

---

[1065] A. LEVADE : « Discrimination positive et principe d'égalité en droit français », Pouvoirs, n° 111, 2004, p. 55, dans, D. THARAUD : *Contribution à une théorie générale des discriminations positives*, Thèse, Université de Limoges 2006.

[1066] C'est-à-dire la description qui en est faite ou la manière dont elle est présentée.

[1067] Pour les motifs d'interdiction de la publicité en faveur du tabac, voir le rapport du Sénat accessible par le biais du site suivant : https://www.senat.fr/rap/1990-1991/i1990_1991_0003.pdf

le forçant à passer à l'acte de consommation[1068]. Le législateur vise donc à prémunir le récepteur forcé des conséquences préjudiciables de sa consommation d'un produit nuisible à la santé.

2 - Espace public audiovisuel

644. La télévision de même que la radio, qu'elles soient publiques ou privées, constituent des espaces dans lesquels la libre communication des idées et des opinions est garantie. En utilisant ces services, l'individu s'invite dans un espace qui peut contenir des messages publicitaires susceptibles de le heurter ou de porter atteinte à ses valeurs.

645. Le procédé utilisé pour la diffusion du message suscite l'intérêt du juge européen. Ce dernier reconnaît l'impact que pourraient avoir les messages publiés sur les médias audiovisuels. Ainsi, la Cour EDH considère que ces médias ont des effets immédiats et puissants[1069]. La diffusion du message publicitaire par voie hertzienne et le fait qu'il soit destiné à être répété à l'antenne exige une maîtrise de la réception[1070]. Il est, par conséquent, légitime que l'État demeure attentif *« aux risques d'offense existant dans le contexte de l'audiovisuel, puisque, (...) ces médias ont un effet plus immédiat, envahissant et puissant (...) y compris à l'égard du destinataire passif de l'information »*[1071].

646. Dans l'objectif de protéger les téléspectateurs des dangers de la publicité télévisuelle, plusieurs dispositions interdisent, en effet, les messages publicitaires susceptibles de porter préjudice à l'individu. Ainsi, l'article 12 de l'ancienne directive TV sans frontière, assurant la réglementation de la publicité télévisuelle au niveau européen, dispose que le message ne doit pas porter atteinte au respect de la dignité humaine ; il doit être exempt de toute discrimination en raison du sexe, de la race ou de la nationalité ; il ne doit contenir aucun élément de nature à choquer les convictions religieuses, philosophiques ou politiques des téléspectateurs ; de même qu'il ne doit pas encourager des comportements préjudiciables à la santé, à la sécurité ou à l'environnement. Dans le même objectif, l'article 5 du décret du 27 mars 1992 relatif à la publicité télévisuelle[1072] dispose que « *la publicité ne doit contenir aucun élément de nature à choquer des convictions religieuses (...) des*

[1068] Certains juges du fond ont tendance à se montrer plus souples que la Cour de cassation en considérant que toute publicité est nécessairement valorisante pour le produit en cause et en interdisant seulement les publicités exerçant une séduction excessive. V. CA Versailles, 3e ch., 3 avr. 2014, n° 12/02102 : *JCP* E 2014, 1307, note C. Le GOFFIC.

[1069] Cour EDH: 23 sept. 1994, Jersild c. Danemark, n° 15890/89 § 31.

[1070] Cour EDH : 30 mars 2004, Radio France et a. c. France, no 53984/00 § 39.

[1071] Cour EDH : 10 juillet 2003, Murphy c. Irlande, n°44179/98, §74.

[1072] Décret n°92-280 du 27 mars 1992 fixant les principes généraux définissant les obligations des éditeurs de services en matière de publicité de parrainage et de télé-achat.

téléspectateurs ». Une telle disposition ne serait pas apparue comme nécessaire au sein d'une société démocratique. Les idées qui choquent ou inquiètent sont en effet tolérées dans une société pluraliste. Néanmoins, dès qu'elles sont véhiculées par le discours publicitaire, les expressions choquantes à l'encontre des convictions religieuses pourraient être limitées.

647. Un intérêt particulier est également porté à la protection des enfants contre l'impact de la publicité télévisée. La loi-cadre en la matière est celle du 20 décembre 2016 relative à la suppression de la publicité commerciale dans les programmes jeunesse de la télévision[1073]. Ainsi, afin de limiter l'intensité de la publicité et par conséquent la pression qu'elle exerce sur les mineurs, l'article 1 de cette loi prévoit un système d'autorégulation des services de télévision privés, qui doivent, d'une part, transmettre au Conseil supérieur de l'audiovisuel (CSA)[1074], les informations relatives à leurs mesures de contrôle des publicités diffusées durant les programmes jeunesse. D'autre part, concernant la publicité sur les chaînes de France Télévision, cet article prévoit la suppression des publicités quinze minutes avant et après les programmes destinés spécifiquement aux enfants de moins de douze ans ainsi qu'au cours de la diffusion de ces derniers[1075]. Concernant le contenu du message, l'article 7 du décret de 1992 dispose que « *la publicité télévisée ne doit pas porter un préjudice moral ou physique aux mineurs (...)* »[1076].

648. Le rôle joué par l'autorégulation contribue fortement au respect des dispositions protégeant les mineurs contre la publicité télévisée. La vérification de la compatibilité des spots publicitaires avec les règlementations en cours avant leur diffusion permet d'éradiquer des films, les messages publicitaires violents, ainsi que les images choquantes ou inappropriées. Tout projet de publicité envisagé par les adhérents de l'ARPP doit obligatoirement être visionné par cette autorité qui émet un avis - « favorable », « à modifier » ou « à ne pas diffuser » - avant sa potentielle diffusion. En complément de ce contrôle préalable, l'ARPP exerce un contrôle *a posteriori* en s'auto-saisissant d'un manquement ou en examinant les plaintes émanant de personnes qui s'estiment choquées et qui ont saisi le Jury de déontologie publicitaire.

[1073] Loi n°2016-1771, 20 déc. 2016.

[1074] Les autorités de manière générale et le CSA en particulier sont chargés de protéger le téléspectateur. Cette mission, attribuée par la loi du 30 septembre 1986, s'effectue en deux temps. Elle se caractérise par « une phase d'observation » des programmes et une « phase coercitive ». Le CSA a pour but d'éliminer tout contenu préjudiciable à l'individu. Il évite ainsi la création d'un préjudice pour le téléspectateur et, partant, la caractérisation d'une atteinte.

[1075] Il est à signaler qu'une proposition de loi relative à la protection des enfants et des adolescents face aux effets de la publicité télévisuelle envisage d'étendre ces dispositions aux chaînes privées.

[1076] Décret n°92-280 du 27 mars 1992 fixant les principes généraux définissant les obligations des éditeurs de services en matière de publicité de parrainage et de télé-achat, préc.

649. Au demeurant, les expressions publicitaires choquantes et offensantes sont strictement interdites à la radio. Les publicités diffusées sur les ondes des radios publiques et privées peuvent contenir des messages heurtant la sensibilité de l'auditoire. Le régime juridique encadrant le message publicitaire à la radio a en effet été institué par la loi du 30 décembre 1986 relative à la liberté de communication ainsi que par le décret du 6 avril 1987[1077]. Ce dernier interdit toute publicité renfermant une discrimination raciale, sexuelle ou violente ainsi que toute publicité comportant des éléments de nature à choquer les convictions religieuses des auditeurs.

650. De même que la jurisprudence, la doctrine n'offre pas d'exemples d'espèces permettant de clarifier ce qui pourrait constituer un message publicitaire choquant ou heurtant les sensibilités. Cependant, une récente affaire devant le Jury de déontologie publicitaire illustre que le caractère choquant d'une publicité radiophonique est facilement caractérisé. Ainsi, dans l'affaire en question étaient en cause deux spots publicitaires radiophoniques portant sur certains produits. Le jury avait alors estimé que ces derniers étaient choquants dans la mesure où ils allaient à l'encontre d'une éducation aux bons comportements en matière de développement durable[1078]. Deux spots publicitaires ont en effet été soumis à l'examen du Jury. Le premier mettait en scène un dialogue entre un homme et une femme, à propos de leur enfant, la femme se réjouissant que l'enfant utilise le pot, l'homme estimant à l'inverse que « *ça tombe très mal, ça !* », car il ne pourrait pas profiter de l'offre promotionnelle proposée pour l'achat de couches de la marque du distributeur. Dans la même affaire, un autre spot consistait en un dialogue entre une femme et un enfant, ce dernier indiquant que son frère risquait de se tacher car il jouait avec de la peinture. La mère lui répondait que, au prix de la lessive proposée, « *il peut, hein. Allez, va jouer dans la boue !* ». Le Jury a considéré que cette publicité ne s'inscrivait pas dans un contexte de responsabilité sociale et ne tenait pas compte de la sensibilité du corps social, d'autant plus qu'elle incitait à un mode de consommation excessif.

B - L'individu passif : un préjudice résultant de l'atteinte à la vie privée

651. L'individu qui se trouve au sein de son domicile n'a pas choisi d'être récepteur du message publicitaire. Le choix de ne pas recevoir un tel message doit être présumé du seul fait de l'emplacement de l'individu. Étant donné que

---

[1077] Décret n°87-239 du 6 avril 1987 pris pour l'application de l'article 27-I de la loi n° 86-1067 du 30 septembre 1986 relative à la liberté de communication et fixant, pour les services privés de radiodiffusion sonore diffusés par voie hertzienne terrestre ou par satellite, le régime applicable à la publicité et au parrainage.

[1078] JDP, avis concernant la publicité Intermarché, publié le 4 avril 2019.

le droit à la vie privée protège la sphère intime des personnes, le préjudice résultera d'un manquement à ce droit, qui reçoit une interprétation large. Il englobe le droit pour l'individu de « *jouir en toute tranquillité de son domicile* » comme il lui garantit le droit de « *mener sa vie personnelle à sa guise à l'écart du monde extérieur* »[1079]. La garantie de ces droits incombe à l'État qui doit prendre « *les mesures nécessaires pour assurer la protection effective du droit des intéressés au respect de leur vie privée* »[1080]. L'absence de moyens susceptibles de permettre de faire cesser la contrainte exercée par la pénétration des messages publicitaires dans la sphère intime des individus pourrait engager sa responsabilité.

652. La tranquillité de la personne retranchée dans son domicile peut en effet être perturbée par plusieurs formes d'intrusions à caractère publicitaire. L'étude de la jurisprudence en la matière révèle que l'affichage publicitaire, et dans une certaine mesure le marketing olfactif, constituent des domaines de publicité perturbateurs.

Ainsi, comme cela a été précédemment exposé, la seule existence d'une affiche publicitaire sur la voie publique ne s'avère en elle-même pas préjudiciable pour les individus. Or, lorsque cette même affiche couvre le champ visuel des personnes se trouvant dans leur domicile se pose la question de l'éventuel impact qu'une telle installation pourrait avoir sur la vie privée de ces derniers. L'exposition longue et forcée à un message pourrait être qualifiée d'atteinte au droit de ne pas recevoir, sans pour autant qu'un préjudice physique soit exigé[1081]. Le droit de « *jouir en toute tranquillité de son domicile* » couvre l'individu contre « l*es atteintes extérieures immatérielles ou incorporelles, telles que les bruits, les émissions, les odeurs et autres ingérences* » si ces dernières sont graves[1082]. La gravité en question s'illustre dans le préjudice qui résulte d'une atteinte à la jouissance, en toute tranquillité, d'une sphère intime[1083]. En droit français, ce préjudice est qualifié de nuisance ou de trouble[1084]. Il s'agit, par conséquent, de savoir dans quel cas les affiches publicitaires constituent des nuisances visuelles ou un trouble.

653. La jurisprudence française se montre, en effet, assez claire en la matière. Les juges n'hésitent pas à prononcer des dommages et intérêts pour

---

1079 J.-P. MARGUENAUD : « Le droit au respect de la vie privée et familiale, *in Les grands arrêts de la Cour européenne des Droits de l'homme*, éd. 2015, p 452.

1080 *Ibid.*

1081 Dans l'affaire Hatton c. Royaume-Uni du 8 juillet 2003, la Cour EDH avait considéré que « *la cour ne reconnaît pas expressément le droit à un environnement sain et calme, mais (que) lorsqu'une personne pâtit directement et gravement du bruit ou d'autres formes de pollution, une question peut se poser sous l'angle de l'article 8* », §36.

1082 Cour EDH : Moreno Gomez c. Espagne, préc., §53 ; Cour EDH : Haton et autres c. Royaume-Uni, préc. ; Cour EDH, Oluic c. Croitie, préc., §44.

1083 Cour EDH, Moreno Gomez. préc.

1084 Voir article 809 du Code de la procédure civile.

réparer les préjudices causés par les affiches publicitaires. Il est important de préciser d'emblée que l'installation d'affiches publicitaires est soumise à des formalités préalables à l'affichage, mais que toutefois « *l'autorisation administrative de diffuser les affiches litigieuses, ne fait pas obstacle aux actions individuelles de ceux qui invoquent une atteinte personnelle de leurs libertés et droits fondamentaux dont le juge judiciaire est le gardien* »[1085].

654. Ainsi, la qualification de « trouble de voisinage » a été retenue à l'encontre d'une société installant une affiche publicitaire sur un mur pignon séparant un bâtiment d'une cour en bordure de rue qui précède le bâtiment voisin édifié en retrait. Étant donné que la publicité est fréquemment renouvelée, il a été établi que les ouvriers afficheurs se sont très souvent introduits dans la cour de l'immeuble voisin et ont entravé, avec leurs échelles, l'entrée et la sortie des véhicules[1086]. La même qualification a été retenue dans un autre cas d'espèce portant sur un panneau d'affichage installé sur la voie publique et tout près d'une habitation. La Cour d'appel de Paris a considéré que le panneau en question privait d'ensoleillement le domicile du requérant et limitait sa vue. De plus, la durée du désagrément causé a perduré dans le temps – pendant deux ans - ce qui a permis aux juges du fond de considérer que cet état de fait excédait le trouble normal de voisinage[1087].

655. Sous un autre angle, et en dehors des cas où les messages publicitaires causent un trouble du voisinage ou constituent une nuisance visuelle, l'atteinte à « la qualité de vie » a pu être caractérisée en la matière non en raison des signaux émis par ce dispositif, mais parce que son « *(...) implantation (...) par le propriétaire d'un immeuble à côté de la ligne séparative du fond voisin et très près des fenêtres de celui-ci, restreignant considérablement la vue du propriétaire, constitue une atteinte à la qualité de sa vie* »[1088]. L'atteinte à la qualité de vie peut être caractérisée par les nuisances sonores émanant d'un panneau d'affichage déroulant. Postérieurement à la loi du 29 décembre 1979, en limitant les emplacements publicitaires, les règlements locaux de publicité sont ainsi devenus plus restrictifs. Afin de remédier au manque de places, les annonceurs ont opté pour des panneaux publicitaires pouvant contenir plusieurs affiches qui se déroulent l'une après l'autre au moyen d'un système de rotation. Plusieurs témoignages ont été recueillis par les associations militantes[1089] auprès desquelles des personnes se plaignent du dérangement causé par ces panneaux.

[1085] TGI. Paris, ord. réf., 20 février 1997, n° 52151/97.

[1086] Cour d'appel Paris, Chambre 23 section A, 31 Mars 1992, OPAC / Association syndicale Ilot Gobelin nord.

[1087] Cour d'appel de Paris, Cham. 8., section A, 25 Avril 1983 SA Affichage Giraudy/ Boukaert.

[1088] Cour d'appel de Bordeaux, Chambre 1, 20 Décembre 1991, Libberecht / Lanau. Numéro *JurisData* : 1991-051097.

[1089] L'association Paysages de France ou l'association Résistance à l'agression publicitaire.

656. En plus des nuisances visuelles, l'émergence du marketing olfactif a donné lieu à des formes particulières de messages. Il s'agit d'une autre forme de « persuasion clandestine » dont les premières manifestations ont été dénoncées par V. Packard dans les années 60[1090]. Certaines marques accompagnent en effet les affiches publicitaires de techniques permettant de diffuser des odeurs afin d'attirer l'attention des individus[1091]. Les entreprises de restauration rapide ont également recours à ce genre de publicité (ex : Mcdonald's).

657. Dès lors, l'individu se trouvant à son domicile serait susceptible de recevoir ces messages publicitaires olfactifs qui visent son odorat. La réception continuelle de ce type particulier de message est de nature à causer une atteinte au droit à « la jouissance paisible du domicile ». À notre connaissance, la question des messages publicitaires olfactifs n'a pas encore été traitée par le juge. Il est fort possible, au regard de la jurisprudence exposée ci-dessus, que les tribunaux qualifient de « nuisance », la réception de ces odeurs délibérément diffusées.

658. En définitive, la réception du message publicitaire peut s'avérer préjudiciable pour l'individu. Si elle ne l'est pas du fait du contenu de son message, la réception peut être toutefois dommageable en raison du procédé et du support utilisés par ce dernier. Les mécanismes classiques du droit civil ne se montrent pas en mesure de protéger effectivement les individus contre les effets de la réception.

659. L'ensemble des atteintes que la réception de l'expression publicitaire pourrait engendrer démontre qu'il est bel et bien nécessaire de mettre en place un droit fondamental permettant à l'individu de se protéger. Le droit à la vie privée, de même que les autres dispositions protectrices du droit de l'individu, ne tiennent pas forcément compte de la spécificité de la publicité commerciale. Il est préférable d'établir une jurisprudence propre à la réception du message publicitaire, afin que la consécration du droit de ne pas recevoir permette ainsi de tenir compte de la spécificité de l'expression publicitaire.

Paragraphe 2 - Dommage causé à la liberté de choix

660. Le respect de la liberté de choix relève du respect du droit à la vie privée. La conception originelle de ce dernier découle en effet du principe du respect de la dignité humaine et en fait une condition du libre développement de la personnalité. Ce développement passe ainsi par l'épanouissement familial et personnel que permettent la discrétion et l'anonymat, conditions qui semblent toutes deux nécessaires à la réflexion et à la capacité à remettre en question ses choix et à développer des relations significatives avec

---

[1090] VANCE PACKARD : *La persuasion clandestine*, Paris, éd. Calmann-Lévy, 1958.

[1091] Voir « La publicité à une odeur », *Stratégies* 9 mai 2003.

autrui[1092]. Cette conception implique l'apparition d'une autre qui fait de la valeur de l'autonomie un fondement du respect de la vie privée[1093]. Elle prend en compte l'évolution que connaît la vie privée dans le temps et conduit à penser ce droit en tant que source de plusieurs obligations pour l'État, obligations qui consistent « *à garantir à l'individu un environnement suffisamment pluraliste, ou hétérogène, pour que les choix des individus ne soient pas excessivement influencés par les contextes où ils sont posés »*[1094]. La vie privée pourrait ainsi s'entendre ici comme garantissant à l'individu une « autonomie décisionnelle »[1095]. Apparue comme assurant aux époux la liberté de choix d'avoir ou non un enfant[1096], l'autonomie décisionnelle implique donc la garantie d'une certaine liberté de choix. La jurisprudence de la Cour EDH extensive du droit à la protection de la vie privée va dans ce sens en mettant à la charge de l'État l'obligation de garantir la liberté de choix aux individus dans tous les domaines où ils sont confrontés à des choix[1097]. En outre, les États ont élaboré des législations favorisant la liberté de choix des consommateurs, notamment lorsque ceux-ci ne sont pas uniquement guidés par la seule question du prix dans leurs actes de consommation mais également par certaines valeurs (par ex. étiquetage des produits bio pour permettre aux consommateurs d'exercer leur liberté de choisir des produits alimentaires sains et respectueux de l'environnement car cultivés sans engrais ni pesticides ou insecticides).

661. Ainsi, le développement des technologies du marketing, qu'il s'agisse du neuro-marketing ou de la publicité personnalisée, est susceptible de remettre en cause l'autonomie individuelle et par conséquent, la liberté de choix. En matière commerciale, cette liberté consiste à permettre aux individus d'opérer des choix libres et non influencés par les différentes méthodes de marketing (par ex : marketing comportemental). Or, le message publicitaire pourrait avoir un effet sur les choix des consommateurs. Néanmoins, ces derniers demeurent libres de passer à l'acte d'achat, de même qu'ils jouissent de la liberté de choisir un bien parmi d'autres choix de substitution. Le problème n'apparaît que lorsque l'émetteur du message publicitaire a intentionnellement recours à des procédés manipulatoires dans

---

1092 D-J. SOLOVE: « Conceptualizing privacy », *California Law Review*, 2002, 90, p.1085.

1093 O. DE SCHUTTER : « La vie privée entre droit de la personnalité et liberté », *RTDRH* 1999, p.828.

1094 *Ibid.*

1095 Y. POULLET et A. ROUVROY : « Le droit à l'autodétermination informationnelle et la valeur du développement personnel. Une réévaluation de l'importance de la vie privée pour la démocratie », *in* « Reinventing Data protection ? », éd. Springer, 2009, p. 159.

1096 Voir l'important arrêt, Griswold c. Connecticut, 381 US. 479, 493 de 1965.

1097 Le choix de vie en pleine connaissance de l'environnement voisinant (F. SUDRE : *Le droit au respect de la vie privée au sens de la convention européenne des droits de l'homme*, Collection Droit et Justice, éd. Bruylant, 2005.

l'objectif d'exercer une réelle influence sur le comportement de l'individu ou tout du moins pour stimuler ses désirs. Plus encore, le profilage des individus sur la base de données traitées d'une manière illégale dans l'objectif de les cibler par des messages publicitaires personnalisés limite les options dont disposent naturellement ces derniers[1098]. Autrement dit, le fait d'être destinataire d'une décision automatisée ou semi-automatisée influence la liberté de choix des individus en leur suggérant l'option à suivre.

662. En définitive, que ce soit dans le cas du recours à des procédés manipulatoires ou dans celui du ciblage automatisé, la liberté de choix se retrouve menacée. Cette dernière peut être illusoire (**A**), de même qu'elle peut s'avérer neutralisée (**B**).

A - La publicité subliminale : une liberté de choix illusoire

663. Les techniques de manipulation, auxquelles ont recours les publicitaires, visent à empêcher la prise de conscience de l'individu, qui lui donnerait la faculté d'accepter ou de refuser la réception du message émis. Il s'agit donc, comme nous l'avons précédemment exposé, d'un détournement du respect exigé de la liberté de réception de l'individu en exerçant sur lui une contrainte à son insu. Cette première étape de la réception forcée conduit à une seconde consistant à influencer son comportement ou à raviver ses désirs. Cette seconde étape fera l'objet des développements qui suivront[1099].

664. Après avoir subi de telles contraintes, l'individu n'est effectivement plus libre dans ses choix. À ce propos, dans sa lettre 58 à Schuller en 1674, Spinoza disait que « *les hommes se croient libres parce qu'ils sont conscients de leurs désirs mais ignorants des causes qui les déterminent* ». Ce sont ces causes dont parlait le philosophe qui, en cas d'abus, rendront la liberté de choix illusoire. La publicité subliminale a fait l'objet de nombreux travaux scientifiques qui s'accordent sur la réalité des effets de cette technique[1100]. À titre d'illustration, un individu exposé à un message de quelques mots ou à une image dont la durée de présentation est comprise entre 1ms et 50 ms et, de plus, diffusés de manière répétée, choisira celui (ou celle) auquel (à

1098 Un algorithme pourrait rendre l'individu prisonnier de certaines marques. À l'image des algorithmes de YouTube et de Facebook, qui ne proposent souvent que les contenus qui intéressent l'individu, ce dernier pourrait être prisonnier d'un algorithme qui ne lui propose que certaines marques. L'individu pourrait ne pas être au courant de l'existence d'autres marques susceptibles de l'intéresser (au niveau du prix par exemple).

1099 Nous allons nous intéresser aux effets de la publicité subliminale. La contrainte qu'elle exerce du fait de l'absence du consentement à la réception a déjà été traitée ci-dessus.

1100 A. CHANNOUF et M-F. PICHEVIN : *Le pouvoir subliminal, influences non conscientes sur le comportement*, Paris, édition Delachaux et Niestlé, 1998 ; A. CHANNOUF : « Les images subliminales », *Presses Universitaires de France*, Coll. Médecine et Société, Paris 2000.

laquelle) il a été exposé inconsciemment[1101]. Plus encore, il a été démontré que l'effet de la perception inconsciente croît, au fil du temps, entre l'exposition et la phase du choix[1102]. L'ensemble des études menées convergent pour reconnaître la puissance de l'effet de la perception inconsciente sur la liberté de choix des individus par rapport à celui que pourrait avoir la perception consciente[1103]. Son efficacité repose sur la théorie de *la simple exposition*[1104],selon laquelle le caractère répétitif d'un message permet de pousser l'individu à développer un sentiment positif envers l'objet du message, qu'il s'agisse d'un produit ou d'une marque. Ainsi, bien que le consommateur ne consente pas à être exposé à une image publicitaire, « *celle-ci finit par pénétrer les aires du cortex* préfrontal*, zone du cerveau liée à la mémorisation, créant un sentiment de familiarité* »[1105].

665. N'étant plus seulement informative, la publicité commerciale peut jouer un rôle de promotion, ce qui suppose qu'elle soit attractive et incite les personnes à l'achat. La jurisprudence conforte cette idée dans une affaire portant sur la publicité en faveur de l'alcool en considérant que « *le contenu du message ne saurait être purement informatif* » et que « *la communication sur les origines n'a nullement à être objective et peut parfaitement être hyperbolique* »[1106]. Ainsi, la publicité ne perd pas sa moralité et elle ne peut être considérée comme manipulatrice lorsqu'elle a recours à l'exagération ou à la parodie pour inciter à l'achat. Cela dit, même si elles peuvent influer sur le choix du consommateur, ces techniques relèvent de la liberté d'expression. Cette dernière permet ainsi une certaine hyperbole, il serait dès lors inadmissible d'enlever à la publicité ce qui relève de sa nature sous prétexte qu'elle influence le choix des consommateurs. Seul le recours aux techniques subliminales visant d'une manière intentionnelle à influencer le choix du consommateur à son insu devrait faire l'objet de restrictions légales. Si le pouvoir réglementaire interdit expressément la publicité subliminale dans les médias audiovisuels, *quid* des autres médias et principalement d'internet ? Bien qu'il ne soit en effet pas expressément lié à la publicité subliminale, on

---

[1101] W-R. KUNST-WILSON et R-B. ZAJONC : « Affective Discrimination of Stimuli that cannot be Recognized », *Science, New Series*, Vol. 207, n°. 4430, fév. 1980, pp. 557-558.

[1102] R-F. BORNSTEIN: « Exposure and affect: Overview and Meta-analysis of Research », 1968-1987, *Psychological Bulletin*, 106, 265-289, 1989; T.S. PITTMAN: « Perception without Awarness », *The Guilford press*, New York, 1992.

[1103] D. COURBET : « Réception des communications et cognition non consciente : les effets non-verbalisables de la communication commerciale », *Communication et organisation*, 18-2000, p.7.

[1104] R. ZAJONC: « Attitudinal Effects of Mere Exposure », *Journal of Personality and Social Psychology Monographs*, vol. 9. 2, partie 2, 1968.

[1105] R. FOSSARD et J. INTARTAGLIA : « Libres face à la publicité ? », C.E.R.A.S, 2018/6 N° 367, pp. 41 à 48.

[1106] CA, Paris, pôle 2 – ch.2 du 13 décembre 2018, SAS Kronenbourg c. ANPAA.

ne peut enlever au principe d'identification de la publicité toute son importance. Ce dernier joue un rôle essentiel dans l'atténuation de l'effet de la communication subliminale. Il a ainsi été prouvé d'une manière empirique que l'information des personnes de l'existence des messages subliminaux, ce y compris après qu'elles y ont été exposées, leur permet d'adopter une stratégie de défense inhibant les effets non conscients[1107]. Toutefois, ce principe exige qu'une distinction soit faire entre la publicité et d'autres programmes et qu'elle dispose d'écrans spécifiques. Une telle obligation semble certes respectée en matière de publicité en ligne mais est facilement détournée. À titre illustratif, la publicité *display* sur YouTube respecte cette obligation d'identification mais a recours aux techniques de la publicité subliminale, puisque les spots publicitaires de YouTube se différencient des autres contenus dans la mesure où les utilisateurs ont la possibilité de les ignorer[1108]. Toutefois, depuis peu, cette société utilise des messages simples, c'est-à-dire composés du logo d'une marque accompagné d'une tonalité ou de quelques mots, à caractère répétitif et d'une durée moyenne n'excédant pas les cinq secondes. S'il ne s'agit pas là de publicité subliminale au sens strict de ce terme, ce procédé est pour le moins comparable à cette dernière.

666. Par ailleurs, le non-respect du principe d'identification de la publicité n'ouvre pas droit à des actions pour les individus. Ce sont surtout les acteurs chargés du contrôle qui peuvent procéder à des sanctions[1109]. En tant que fondement légal, la liberté de réception et le préjudice personnel qui peut résulter de son non-respect, ne semblent pas être pris en considération.

667. Néanmoins, étant donné que la publicité subliminale porte atteinte à la liberté de réception en s'adressant au subconscient de l'individu pour le contraindre à recevoir le message, il est fort probable que l'invocation de la Convention EDH devant le juge national soit possible et s'avère même fructueuse. Le droit de ne pas recevoir pourrait constituer un fondement afin de limiter les effets des techniques de marketing jugées déloyales. Si, après l'épuisement des voies de recours internes, l'individu n'est pas satisfait des décisions des autorités nationales, qui prêtent peu d'intérêt aux effets de la publicité subliminale, cette personne pourrait saisir la Cour EDH, susceptible de déclarer la recevabilité de la requête en considérant que le respect des droits de l'Homme garanti par la Convention exige un examen de la requête au fond[1110]. De plus, le juge strasbourgeois aurait la possibilité de s'appuyer sur une autre « clause de sauvegarde », à savoir sur le « dû examen », s'il estime que l'affaire en question n'a pas été dûment examinée par les juridictions

---

1107 J-F. KIHLSTROM: « The cognitive unconscious », *Sciences*, 237, pp. 1145-1152, 1987.

1108 La fameuse indication « ignorer l'annonce » dans 5 secondes.

1109 Par exemple le CSA, V., Décision n° 2016-510 du 9 mars 2016, mettant en demeure l'Association pour le développement des techniques modernes de communication.

1110 *Ibid.*

internes[1111], ce qui est plausible étant donné l'absence de mesures nationales de protection contre ce type d'agression inconsciente. De surcroît, même si la personne concernée oppose ses droits fondamentaux devant le juge national, il n'est pas certain que ce dernier interprète la liberté de réception publicitaire dans un sens négatif, chose que le juge européen pourrait, ou devrait, faire.

668. Par ailleurs, abstraction faite du doute si présent quant aux effets de la publicité subliminale - d'où la difficulté de prouver l'existence d'un préjudice -, il serait loisible que le législateur s'attaque aux techniques développées par les sciences du neuro-marketing et destinées à influencer l'individu à son insu. Il faudra pallier le risque d'atteinte à sa liberté de réception qui influence sa liberté de choix. Une prudence toute particulière doit être observée à l'égard des enfants. La puissance de la publicité télévisuelle et de la publicité numérique accentuée par le recours aux techniques d'imageries cérébrales, est disproportionnée par rapport à leur fragilité[1112]. Sur ce plan, la protection de la personnalité des mineurs et leur épanouissement rendent nécessaire l'intervention du législateur. Dans cet objectif, l'interdiction de la publicité subliminale pourrait être généralisée en étant étendue aux autres médias.

B - La décision individuelle automatisée : une neutralisation de la liberté de choix

669. L'adoption de certaines dispositions témoigne du souci du législateur de protéger l'autonomie personnelle des individus. Parmi les exemples les plus éloquents, figurent le droit de refuser de faire l'objet d'une décision automatisée et celui à l'autodétermination, consacré par la loi 1978. Nous considérons que ces deux dispositions constituent une mise en œuvre du droit

---

[1111] Sur l'interprétation de cette clause de sauvegarde, v., Cour EDH : décision du 14 décembre 2010, Ladislav Holub n° 24880/05 et Cour EDH : 8 février 2011, Bratři Zátkové c. Tchèque, req., n° 20862/06.

[1112] M. JACOBSON disait à ce propos que « *Les gens du marketing se sont aperçus que ce qui marchait le mieux avec les enfants, c'était le bombardement du logo de la marque. Mais intelligemment, sans que cette saturation se ressente (...) Voilà pourquoi on utilise leurs personnages favoris. Les enfants aiment naturellement ce qui leur est familier, ce qu'ils reconnaissent. Cela fait partie de leur besoin de sécurité. Les marques ainsi associées deviennent des amis qu'ils sont heureux de retrouver (...)* », Directeur du CSPI (Center for Science in the Public Interest) en 1996, propos tenus lors du colloque « *Consumer Kids* » des 26 et 27 avril 1994, *in* MOREIRA Paul, « Les enfants malades de la publicité », *Le Monde Diplomatique*, 1996.

de ne pas recevoir le message publicitaire personnalisé[1113], qui s'avère parfois menaçant pour la liberté de choix.

670. La collecte intrusive par le biais des technologies de traçage et celle effectuée à l'insu des personnes portent en effet en elles-mêmes atteinte à la liberté de réception publicitaire du récepteur. Cette opération devient davantage abusive lorsque des algorithmes regroupent l'ensemble de ces données et les analysent par le biais des « *data mining* »[1114], afin d'en extraire d'autres données susceptibles de prédire et d'orienter le choix des individus. Dès lors, le libre arbitre peut être remis en cause, ce en particulier lorsque la personne fait l'objet d'une décision automatisée[1115] reposant sur les analyses effectuées sur la base du profilage.

671. Le développement de la capacité de calcul des algorithmes et l'apparition de l'intelligence artificielle en la matière inquiètent plus qu'ils ne fascinent. Les risques pour la liberté de choix sont indéniables. Aujourd'hui, la publicité ciblée, fondée sur le profilage (décision automatisée), a atteint un stade qui lui permet de recommander un bien précis en écartant les autres produits existant sur le marché car ils pourraient, selon les calculs réalisés, ne pas intéresser le consommateur. La cible de ce message, en l'occurrence l'individu, se trouve circonscrit dans un marché dont les produits et services sont filtrés par des algorithmes. Le profilage dont l'individu fait l'objet limite sa liberté d'action dans la mesure où il réduit les possibilités qui lui sont offertes. L'individu n'est pas toujours conscient de cet état de fait qui limite ainsi son champ d'action, de sorte qu'il ne lui vient même pas à l'idée d'agir en dehors du périmètre pré-dessiné. Le confort offert par les décisions prises par les algorithmes, dispensant l'individu de tout effort, concourt également à la passivité de ce dernier[1116], comme s'il préférait, inconsciemment, ce confort offert par la « machine » à l'effort d'exercer sa liberté de choix[1117]. Cette dernière sera à l'avenir davantage influencée en raison du développement de l'efficacité des annonceurs-robots (algorithmes destinés au ciblage

---

[1113] Pour la suite de notre raisonnement, nous utiliserons la notion de « décision individuelle automatisée » (DIA) afin de désigner le message publicitaire personnalisé. Étant donné que ce dernier peut être entièrement automatisé, nous le mentionnons en tant que synonyme de la DIA.

[1114] Outils d'interférence statistique et de déduction (algorithmes puissants).

[1115] Dans notre cas, la décision automatisée désigne le message publicitaire personnalisé. Nous employons ainsi ces deux termes en tant que synonymes.

[1116] L'intervention des algorithmes permet par exemple à l'individu de retrouver rapidement les musiques qu'il aime écouter sans avoir à les rechercher lors de chacune de ses visites sur le site. Plus encore, une liste des chansons préférées est établie par l'algorithme de YouTube sur la base des choix de musiques opérés par l'individu lors de ses visites précédentes. Dans un tel cas, la personne concernée effectue rarement des recherches qu'elle aurait entreprises en l'absence d'une telle pression algorithmique.

[1117] Dans ce contexte, l'exercice de la liberté de choix devient un effort que la personne préfère s'épargner en faisant confiance aux propositions des annonceurs- robots.

publicitaire). Selon E. Schmidt, « *bientôt la technologie deviendra tellement efficace qu'il sera très difficile pour les personnes de voir ou consommer quelque chose qui n'aura pas été prévu pour elles* »[1118]. Ce jour-là, la publicité ciblée aura atteint la capacité permettant « *d'adapter les désirs des individus à l'offre en ajustant les stratégies de vente (le moment d'envoi de la publicité, la manière de présenter le produit ou d'en fixer le prix, etc.) au profil de chacun* »[1119]. Ainsi, les décisions automatisées auraient dépassé l'étape de la recommandation au profit de celle de la prescription[1120].

672. Dans un tel contexte et face aux dangers[1121] qu'une telle situation représente pour les droits et libertés des personnes, le Conseil d'État s'est posé la question de savoir comment et au nom de quoi il était possible de limiter la prolifération des données susceptibles de nourrir les profilages dont nous sommes les cibles [1122]. La réponse n'est pas évidente, même pour les plus savants. L'arsenal juridique actuel milite en faveur de ce qui est le plus précieux chez l'être humain, à savoir de sa liberté. La consécration du droit à « l'autodétermination informationnelle »[1123] permettant à l'individu de décider de la communication et de l'utilisation de ses données à caractère personnel constitue une importante avancée en la matière. Le RGPD reconnaît également les conséquences que pourraient avoir les décisions individuelles automatisées sur les libertés individuelles des personnes, c'est la raison pour laquelle il les interdit[1124] dans les cas où elles « *produisent des effets juridiques* » [1125] ou influencent « *d'une manière significative de façon*

[1118] W. HOLMAN et J. JENKINS: « Google and the Search for the Future », *in Wall Street Journal* (WSJ), 14 août 2010.

[1119] Conseil d'État, Le numérique et les droits fondamentaux, étude annuelle, 2014, p. 419.

[1120] E. SCHMIDT, l'ex PDG de Google disait que « *En fait je pense que ce que veulent la plupart des gens, ce n'est pas que Google réponde à leurs questions mais leur dise ce qu'ils devraient faire* », WSJ, *op. cit.*

[1121] Pour être caricatural, nous pourrions dire que parmi les dangers, il existe le risque d'être enfermé dans l'alternative Pepsi ou Coca alors qu'il y aurait la possibilité de goûter au Limouzi Cola.

[1122] *Op. cit.*

[1123] L'article 1er de la loi du 6 janvier 1978 : « *Toute personne dispose du droit de décider et de contrôler les usages qui sont faits des données à caractère personnel la concernant, dans les conditions fixées par la présente loi* ». Voir également la proposition n°1 de l'étude annuelle du Conseil d'État de 2014, préc.

[1124] L'article 22 du RGPD permet de refuser la réception de ce genre de décisions. Celles-ci désignent « *la capacité de prendre des décisions par des moyens technologiques sans intervention humaine* ». Il s'agit ainsi des algorithmes qui analysent des quantités importantes de données qui peuvent être celles directement fournies par les personnes concernées (comme les réponses à un questionnaire) ou des données dérivées ou inférées, telles qu'un profil de la personne qui a déjà été créé.

[1125] Parmi les exemples des effets juridiques concernés, figure : « *l'annulation d'un contrat, le droit ou le refus d'un avantage social particulier accordé par la loi, comme l'allocation*

similaire » les personnes visées. L'individu doit être suffisamment affecté pour se prévaloir des garanties du RGPD. Sont considérées comme répondant aux exigences de gravité au sens du RGPD, les décisions automatisées qui « *affectent de manière significative la situation, le comportement ou les choix des personnes concernées* »[1126]. Les lignes directrices du G29 considèrent que le profilage destiné à la publicité ciblée est susceptible d'avoir des effets aussi graves que ceux concernant « la production des effets juridiques »[1127].

673. Ainsi, une partie de la réponse apportée à la question consistant à savoir « *comment limiter la prolifération des données ?* » trouve des éléments de réponse dans le respect de ces dispositions. Concernant la seconde partie de la question du Conseil d'État, à savoir « au nom de quoi ?», il serait tout à fait cohérent de considérer que la liberté des individus et donc, le respect de leur autonomie personnelle, constituent des fondements juridiques solides en mesure de bâtir un édifice de règles face aux menaces existantes et futures symbolisées par la technique.

674. Par ailleurs, le droit de ne pas recevoir devrait chapeauter les autres droits tels que celui à l'autodétermination et le droit de refuser de faire l'objet d'une décision individuelle automatisée[1128]. Par conséquent, il est tout à fait légitime de considérer que la liberté de réception peut être tout à la fois un pilier fondateur de la riposte contre les menaces technologiques en matière de publicité en ligne et une réponse à l'interrogation ci-dessus. Le renforcement de son pendant négatif permettrait aux individus d'empêcher que le profilage algorithmique influe sur leur liberté de choix. Les circonstances particulières[1129] de l'affaire *Muscio contre Italie* n'ont pas permis à la Cour EDH de créer à la charge de l'État une obligation positive consistant à mettre en place des moyens permettant aux individus de refuser la réception de courriels publicitaires indésirables ou choquants[1130]. Dans cette affaire le requérant avait invoqué son droit au respect de la vie privée, car étant chrétien et président d'une association de parents catholiques, il considérait que les courriers publicitaires non désirés (spams) avaient un caractère obscène qui allait à l'encontre de la morale de sa religion[1131]. Dans sa réponse, la Cour EDH s'est notamment retranchée derrière l'argument suivant : « *une fois connectés au réseau Internet, les utilisateurs de ces systèmes ne jouissent plus d'une protection effective de leur vie privée, s'exposant à la réception de*

---

familiale ou l'allocation de logement, le refus d'admission dans un pays ou le refus de citoyenneté », V., Lignes directrices du « G29 », préc. p.23.

[1126] *Op. cit.*, p.24

[1127] Préc., p.24.

[1128] Point qui sera traité en profondeur dans le chapitre suivant.

[1129] Cour EDH, décision Muscio, préc. p. 7

[1130] *Ibid.*

[1131] *Ibid.*, p. 6.

messages, images et informations souvent non sollicités. Cet inconvénient peut être réduit par l'installation de « filtres » informatiques »[1132].

675. Cela dit, rien n'exclura, dans d'autres circonstances et sur le fondement de la liberté de réception publicitaire, que la Cour fasse extraire une obligation positive de l'article 10§1 exigeant des États qu'ils procurent des moyens raisonnables et adéquats afin de permettre aux individus de refuser la réception de courriers électroniques indésirables.

1132 *Ibid.*, p. 7.

Conclusion du chapitre 5

676. La réception du message publicitaire se caractérise par une certaine dose de contrainte. Le caractère délibéré de la contrainte exercée par l'émetteur sur le récepteur du message publicitaire est incontestable. La manipulation des personnes par le recours à la publicité subliminale en est la meilleure illustration. À celle-ci, il faudrait ajouter les pratiques de diffusion massive des messages et leur répétition suivant les recommandations de la théorie de la simple exposition. L'individu ne contrôle pas le flux des messages publicitaires qui s'immiscent dans son environnement privé et visent son subconscient, contrainte génératrice de préjudices de nature morale. Le préjudice pourrait en effet découler de l'atteinte à la vie privée : l'atteinte au droit de « *jouir en toute tranquillité de son domicile* » et à la liberté de choix, l'atteinte aux convictions religieuses des personnes et au cadre de vie, constituent les principales conséquences de la contrainte à la réception. De plus, la méfiance, l'agacement et le stress générés par la pression exercée par le message publicitaire invitent en effet à une consécration du droit de ne pas recevoir le message publicitaire. L'objectif d'une telle consécration éventuelle serait de protéger les droits des récepteurs/individus contre une réception non souhaitée de l'expression publicitaire.

677. Il semble ainsi que l'interprétation de la liberté du récepteur de la publicité dans un sens négatif est justifiée. La justification du sens négatif de la liberté de réception publicitaire annonce la consécration du droit de ne pas recevoir et illustre l'effectivité de la liberté du récepteur vis-à-vis de la publicité. Il reste à savoir comment se concrétise et se manifeste cette consécration.

Chapitre 6 - Le devenir de la construction du droit de ne pas recevoir

678. L'affirmation du caractère contraignant de la réception du message publicitaire et de ses effets sur les droits des récepteurs constitue l'amorce d'une reconnaissance de l'aspect négatif de la liberté de réception. La liberté de réception publicitaire négative semble en être à une phase qui ne nécessite qu'une reconnaissance par la Cour européenne des droits de l'Homme. Plusieurs dispositions illustrent le sens négatif de la liberté de réception (par ex : le droit d'opposition au traitement des données à des fins publicitaires). De plus, la technique offre à l'individu la possibilité de refuser la réception de certaines formes de publicités (par ex : les Adblock). Des concrétisations du droit de ne pas recevoir ont été observées dans le domaine de la publicité en ligne. Dans les autres domaines, tels que la publicité extérieure ou la publicité audiovisuelle, la réception négative n'est illustrée et reconnue qu'implicitement[1133] et rarement.

679. La diffusion intense et personnalisée du message publicitaire et le recours à des techniques de publicité subliminale ont suscité un sentiment de méfiance chez les individus/récepteurs qui se traduit par le rejet de ce discours. Il semble que, pour faire face à la réception forcée, et au regard de l'insuffisance de la réponse légale, la technique a développé en matière de publicité en ligne, des moyens de prévention contre la publicité agressive, concrétisant, par conséquent, une mise en œuvre technologique du droit de ne pas recevoir. Le succès qu'ont connu les bloqueurs de publicité témoigne du rejet du discours publicitaire par les utilisateurs/récepteurs et confirme combien la consécration européenne d'un droit de refus de la réception s'avère importante.

L'agression publicitaire a en effet engendré une riposte. Il faut bien reconnaître que la construction du droit de ne pas recevoir est réalisée sous la forme d'une riposte, également notable sur le plan juridique. De même que le droit à l'autodétermination informationnelle, le droit d'opposition constitue une expression et une consécration inavouée du droit de ne pas recevoir.

680. Par ailleurs, étant donné qu'une évolution en faveur de la consécration du droit de ne pas recevoir se dessine à l'horizon et qu'elle est fortement

---

[1133] V., le rapport sur l'enquête publique relative au projet de révision du Règlement local de publicité de la Commune de limoges (2020). Accessible et téléchargeable à l'adresse électronique suivante :
https://www.limoges.fr/sites/default/files/media/downloads/RAPPORT%20RLP%20DEFINITIF.pdf

probable[1134], il est question de l'existence d'éventuelles collisions entre les droits fondamentaux. De nouveaux conflits dont l'origine remonte à l'extension de l'article 10§1 au discours publicitaire émergent. La consécration expresse du droit de ne pas recevoir donnera lieu à un conflit entre ce dernier et la liberté d'expression publicitaire de l'émetteur. En outre, celle-ci s'opposera, en l'attente d'une consécration expresse, à certaines dispositions actuelles qui concrétisent le droit de ne pas recevoir et puisent leur origine dans le droit au respect de la vie privée du récepteur.

681. Partant, la réception forcée du message publicitaire, et l'intégration de l'expression publicitaire dans le champ d'application de l'article 10 de la CEDH, engendrent deux conséquences juridiques. D'une part, une consécration juridique éventuelle du droit de ne pas recevoir devient de plus en plus nécessaire (**Section 1**). D'autre part, cette éventuelle consécration pourrait donner lieu, en fin de compte, à l'émergence de nouveaux conflits de droits fondamentaux (**section 2**).

Section 1 - La construction par riposte : une double concrétisation du droit de ne pas recevoir

682. Le caractère intrusif et agressif de la publicité commerciale caractérisant la contrainte exercée sur l'individu, d'un côté, et de l'autre, la récolte automatisée de données personnelles, le recours à des algorithmes de recommandation et les conséquences négatives que ceux-ci entraînent comme la perte du libre arbitre et de l'autonomie de l'autre, sont à l'origine d'une évolution en faveur de la mise en place de moyens permettant aux gens de se prémunir contre le caractère invasif de la publicité. Cette évolution est alimentée par le sentiment de rejet du message publicitaire qui ne cesse de croître au fur et à mesure du développement des techniques intrusives de traçage et de ciblage en ligne.

683. Une certaine lassitude des individus à l'égard de la publicité digitale est observée[1135]. Le nombre de personnes estimant que la publicité commerciale est invasive augmente de plus en plus. Ainsi, 75 % des français se disent « irrités » par la publicité à la télévision, 79 % par celle diffusée à la radio, 83 % par la publicité en ligne et 76 % des mobinautes jugent la publicité sur mobile « trop intense » [1136].

684. Le non-respect de la liberté de réception publicitaire a fait naître chez les individus un besoin de protection dont s'est emparée la technologie pour

---

[1134] Cf. *infra* n°776 et s.

[1135] Rapport du Conseil de l'éthique publicitaire, 14 septembre 2015.

[1136] *Numbate*, 2016.

développer un marché offrant différentes techniques qui permettent de contrôler le contenu de leurs écrans. Le contrôle recherché par l'individu et son refus de recevoir n'importe quel type de message sont rendus possibles grâce à la technologie. Devenue une sorte de résistance face à l'invasion publicitaire, la technique constitue par ce biais une concrétisation du droit de ne pas recevoir. Il s'avère toutefois que la possibilité technique de refuser la réception des messages publicitaire ne fait l'objet d'aucun accompagnement juridique. Laissées aux soins des entreprises qui les conçoivent, les techniques de blocage de la publicité commerciale pourraient aller au-delà de la concrétisation souhaitée du droit de ne pas recevoir par une mise en œuvre excessive de ce dernier. Ainsi, en plus de la concrétisation technique du droit de ne pas recevoir, il est primordial de soulever la problématique de l'insuffisance de l'encadrement juridique des moyens techniques caractérisant la réception publicitaire négative.

685. La concrétisation du droit de ne pas recevoir est, sur le plan juridique, motivée par les mêmes raisons que celles qui ont enclenché le développement des techniques protectrices des utilisateurs des services de communications en ligne. Une telle concrétisation est en pleine évolution et donc loin d'être complète. Si certaines dispositions législatives et réglementaires permettent aux individus de faire face à l'agression publicitaire, la concrétisation effective du droit de ne pas recevoir n'est pour sa part que partielle, étant donné qu'une reconnaissance légale ou prétorienne fait défaut.

686. En définitive, la double concrétisation du droit de ne pas recevoir est certes réelle mais incomplète. Alors qu'il convient de souligner l'absence, sur le plan de la technique, d'encadrement juridique (**paragraphe 1**), sur celui juridique, la concrétisation est inaccomplie (**paragraphe 2**).

Paragraphe 1 - Une concrétisation technique insuffisamment encadrée

687. La quantité de messages publicitaires reçus et la qualité du ciblage montrent le caractère envahissant de la publicité et soulignent l'aspect intrusif de la publicité numérique. La collecte automatisée de données, c'est-à-dire par le biais de cookies ou de caméras de vidéoprotection, par exemple, amplifiée par l'avènement des objets connectés et de la cinquième génération des standards pour la téléphonie mobile, entraîne une perte générale de maîtrise des données par les individus. Par conséquent, leur confiance s'est fragilisée et un besoin urgent de s'autoprotéger s'est fait ressentir. Des mouvements cherchant à développer des solutions techniques visant à protéger les données à caractère personnel, tels que Cypherpunk[1137], ont alors vu le jour. Cette résistance technologique se concrétise également, sur le plan politique, par la

[1137] G. COLEMAN: *Hacker, Hoaxer, Whistleblower, Spy: The Many Faces of Anonymous,* New York, éd. Verso Books, 2014.

création de partis politiques[1138], d'associations[1139] et d'organismes publics[1140]. De surcroît, des techniques de contrôle de la réception des messages publicitaires se sont développées. Si certaines d'entre elles sont encadrées par la loi, d'autres ne le sont en revanche pas (**A**). L'absence d'un encadrement juridique des techniques de blocage de la réception de la publicité et de sa personnalisation laisse place à des pratiques disproportionnées et par conséquent abusives. Dès lors, afin de ne pas sacrifier la liberté des émetteurs au profit de la liberté personnelle des récepteurs, un accompagnement juridique visant à adapter l'utilisation des techniques de blocage s'avère nécessaire (**B**).

A - Une riposte technique partiellement hors droit

688. La résistance technologique face à l'invasion publicitaire s'opère sur deux fronts différents. D'une part, certaines techniques font face à la pression publicitaire en raison de l'omniprésence de la publicité commerciale au nom de la liberté individuelle (**1**) ; alors que d'autres militent quant à elles contre la publicité intrusive en limitant au maximum l'activité des traceurs en ligne au nom de leur droit à la vie privée (**2**).

1 - La résistance à la pression publicitaire au nom de la liberté individuelle

689. La pression publicitaire est exercée en raison de la réception d'un nombre important de publicités à une fréquence élevée. Les publicités de type bannières et bandeaux rendent la lecture du contenu peu aisée en créant des espaces distincts sur les marges des espaces collaboratifs et ajoutent ainsi une information visuelle supplémentaire. De la même façon, les pop-ups et les formats interstitiels se superposant directement au contenu en gênent l'accès et rendent la publicité agaçante. Afin de remédier à ces formats, qui irritent les internautes et les mobinautes, des techniques sont mises au point. Les bloqueurs de publicité en constituent un exemple probant. Il s'agit en effet d'extensions logicielles des navigateurs dont le but est de contrôler l'apparition des publicités sur l'écran du terminal utilisé pour se connecter au web[1141]. En neutralisant les publicités « non-

[1138] Ex. Parti Pirate

[1139] Ex. La Quadrature du Net.

[1140] Ex. La CNIL.

[1141] Avis du Conseil de l'éthique publicitaire, Blocages publicitaires : l'impasse, 14 septembre 2015.

acceptables »[1142], ces logiciels, dont le plus connu est Adblock plus, permettent un affichage plus rapide et plus clair des pages web.

690. La constante croissance du nombre d'individus utilisant les bloqueurs de publicité témoigne de l'agacement qu'a fini par susciter la publicité chez ces derniers. Les études menées sur ce terrain montrent que les internautes/mobinautes qui utilisent un bloqueur de publicités cherchent tout d'abord à réduire la pression publicitaire pour améliorer leur confort de navigation[1143]. Parmi les 55% d'internautes[1144] qui ont déjà utilisé un bloqueur de publicité, 84% l'apprécient pour sa capacité à ne pas afficher les publicités intrusives. Pour plus d'un internaute sur deux, ces bloqueurs servent à améliorer le confort de la navigation et pour 36%[1145] à protéger leurs informations personnelles.

En plus des ordinateurs portables ou fixes, les mobiles sont eux aussi concernés par le phénomène de blocage de publicités. Une étude menée en 2016[1146] révèle que 309 millions de mobinautes utilisent un bloqueur de publicité sur leur navigateur internet dont 116 millions en Chine, 89 millions en Inde et 28 millions en Indonésie.

C'est parce qu'ils constituent un moyen permettant aux personnes d'exercer le choix du contrôle et du filtrage des messages publicitaires que les bloqueurs de publicité connaissent un tel succès car le fonctionnement des bloqueurs de publicités se fait sur la base de listes de filtres qui constituent des séries de règles qui commandent au navigateur utilisé de bloquer tel ou tel type de publicité. En principe, toutes les publicités ne sont pas bloquées, seules celles considérées comme dérangeantes le sont. Il existe ainsi une liste dite blanche dans laquelle sont répertoriés des annonceurs qui sont exempts du blocage de leurs publicités. Pour figurer dans cette liste, il faut remplir un certain nombre de conditions dont la diffusion modérée d'annonces qui ne sont pas intrusives.

1142 Selon l'éditeur d'Adblock plus, la société Eyeo Gmbh, *« Les publicités acceptables sont des publicités qui ne sont ni intrusives ni dérangeantes. Elles sont respectueuses, ne s'immiscent pas dans le contenu et sont clairement identifiées par le mot « publicité » ou un équivalent* », v. https://adblockplus.org/fr/acceptable-ads#criteria .

1143 C. DUCHESNE-JEANNEY, G. LALLEMENT et J. SERRIS : « Accès aux données, consentement, l'impact de règlement e-privacy », rapport du Conseil Général de l'Économie de l'Industrie, de l'Énergie et des Technologies, janvier 2018.

1144 P. WAELBROECK, A. KHATCHATOUROV et C. LEVALLOIS-BARTH : « Données personnelles et confiance : quelle stratégie pour les citoyens-consommateurs en 2017 ? », Rapport de la Chaire Valeurs et Politiques des Informations Personnelles, 23 juin 2017.

1145 Les ratios d'un internaute sur deux et de 36% des internautes sont rapportés au nombre d'internautes qui installent des bloqueurs de publicité sur leur navigateur (55% de l'ensemble des internautes). V. Baromètre du numérique 2016.

1146 Voir, Pagefair, rapport sur les bloqueurs de publicité sur le mobile, 2016, accessible à l'adresse suivante : https://pagefair.com/blog/2016/mobile-adblocking-report ,

691. Toutefois, les individus ont la possibilité de rajouter des listes de filtres et donc, de nouvelles règles permettant un blocage total des publicités, ce qui n'est toutefois pas sans conséquences pour les éditeurs de contenus et pour les annonceurs. Pour les premiers, une source importante de leurs revenus est menacée, ce qui va jusqu'à engendrer une remise en cause du modèle économique pour certains d'entre eux. Quant aux seconds, c'est leur liberté d'expression publicitaire qui est menacée par la possibilité de bloquer totalement la publicité. Dès lors, s'est posée la question de la légalité de ces dispositifs. En Allemagne, où siège la société Eyeo éditrice d'Adblock Plus, une réponse a été donnée par le Tribunal de Hambourg[1147]. Deux groupes de presse estimaient qu'Eyeo, l'éditeur du logiciel sis à Cologne, entravait les règles de la concurrence, et mettait de la sorte en danger le modèle économique de financement des sites Internet par la publicité. Le tribunal de Hambourg a estimé que l'offre et la distribution de ce logiciel ne constituait « *pas un handicap anticoncurrentiel* » pour les sociétés plaignantes. Ce dernier a reconnu aux internautes/mobinautes le droit de conserver le contrôle de ce qui s'affiche sur leurs écrans en déclarant légale cette technique de blocage. C'est surtout en effet l'atteinte au modèle économique de financement des sites par la publicité et l'opacité qui règne sur la politique de la publicité acceptable, également critiquée par l'ARPP[1148], qui ont été traitées. Dans ces deux affaires, les requérants étaient des éditeurs de sites web (un hebdomadaire d'information, *Zeit Online*, un Quotidien économique, *Handelsblatt*) et non des annonceurs, c'est la raison pour laquelle la liberté d'expression de ces derniers n'a pas été invoquée, laissant place à la liberté individuelle des utilisateurs des services en ligne.

692. Dans le cadre d'une autre affaire opposant cette fois Axel Springer à la société Eyeo, la Cour d'appel de Cologne a considéré qu'il existait une concurrence déloyale dans l'activité de la société Eyeo qui a alors porté l'affaire devant la Cour suprême allemande. Celle-ci a considéré que « *L'offre du logiciel bloqueur de publicités Adblock Plus ne viole pas la loi contre la concurrence déloyale* »[1149]. Elle a estimé que ce programme informatique n'interférait pas dans l'offre publicitaire des sites web des éditeurs et des médias et surtout que son utilisation dépendait de « *la décision autonome des internautes* ». Les dommages causés à Axel Springer sont le fait des utilisateurs et non de la société éditrice d'Adblocks

---

[1147] Tribunal de Hambourg, 21 avril 2015, Zeit Online et Handelsblatt c. Eyeo.

[1148] Voir Avis du CEP, préc.

[1149] Cour suprême allemande, 19 avril 2018, Axel Springer c. la société Eyeo, n°I ZR 154/16. Arrêt accessible et téléchargeable à l'adresse électronique suivante : http://juris.bundesgerichtshof.de/cgibin/rechtsprechung/document.py?Gericht=bgh&Art=pm&Datum=2018&Sort=3&anz=78&pos=0&nr=88498&linked=urt&Blank=1&file=dokument.pdf

Plus[1150]. En outre, la Cour a jugé que « *Springer était en mesure de se défendre contre Eyeo, par exemple en ne permettant pas aux utilisateurs du bloqueur de publicité d'accéder au contenu du groupe* »[1151].

693. En France, aucune plainte n'a encore été déposée contre les bloqueurs de publicités. Depuis leur apparition et à ce jour, la plupart des organismes regroupant des éditeurs de contenus et des services en ligne comme GESTE ou des annonceurs comme l'IAB[1152], sont en train d'étudier les angles d'attaques contre ces techniques[1153]. Soulignons par ailleurs que la consécration, par la Cour européenne, du droit de ne pas recevoir, pourrait constituer un moyen permettant au juge de sauvegarder la liberté individuelle des internautes/mobinautes, sans pour autant entraver totalement la liberté d'expression publicitaire des émetteurs. En l'attente d'une telle consécration, les récepteurs font valoir leur droit de ne pas recevoir par le biais des moyens qu'offre la technique, mais au détriment de la liberté des émetteurs.

2 - La résistance au *tracking* au nom du droit à la vie privée

694. Bien que la publicité ciblée soit plébiscitée par une certaine catégorie d'internautes[1154], elle constitue tout de même pour la majorité d'entre eux une source de défiance. Ainsi, 61% des internautes refusent de partager leur géolocalisation, 59% effacent leurs traces de navigation et 45% configurent les paramètres de protection de la vie privée de leur navigateur[1155]. Paradoxalement, c'est la pertinence de cette publicité qui inquiète les internautes. Ces derniers se sentent faibles par rapport à l'automatisation de la collecte de leurs données personnelles, qui fait d'eux les cibles des acteurs de la publicité. Afin de se protéger, les internautes n'hésitent pas à adopter des solutions extrêmes, par le biais du recours à la navigation privée ou anonyme, par exemple. Dans tous les cas, l'objectif recherché est de limiter le nombre d'informations collectées. Ainsi, les individus sont conscients du danger que représente la collecte de leurs données, c'est ce qui motive leur volonté de rester maîtres de leur contrôle. Pour répondre à ce besoin de protection, des techniques de blocage des traceurs responsables de la collecte des données

---

[1150] Rapporté par le Financial Times : https://www.ft.com/content/0ee0702a-43ee-11e8-803a-295c97e6fd0b et par Edition Multimédia:
https://www.editionmultimedia.fr/2018/05/28/pourquoi-axel-springer-a-perdu-son-proces-contre-eyeo-editeur-du-logiciel-adblock-plus/

[1151] *Ibid.*

[1152] Interactive Advertising Bureau.

[1153] Consulter l'adresse suivante : https://www.generation-nt.com/adblock-plus-bloqueur-publicite-france-plainte-geste-actualite-1909411.html

[1154] Avis du CEP, préc.

[1155] C. DUCHESNE-JEANNEY, G. LALLEMENT et J. SERRIS : « Accès aux données, consentement, l'impact du règlement e-privacy », préc.

sont développées. Elles permettent à l'utilisateur de signaler aux annonceurs et à leurs intermédiaires techniques qu'il ne souhaite pas être tracé[1156]. Ce signal, se trouvant dans chaque en-tête de requête à un site web, devrait persuader les annonceurs de ne pas étudier le comportement de l'individu en ligne et de ne pas le cibler par des publicités. D'autres extensions de navigateurs permettent de classer les cookies selon la finalité du traçage. L'individu ne souhaitant pas recevoir de publicité ciblée pourrait de la sorte facilement configurer le logiciel en choisissant cette option. Les bloqueurs offrent à l'utilisateur de nombreuses fonctions de paramétrage dans l'objectif de s'adapter à ses besoins de protection. Ces choix varient de l'option la plus radicale, qui consiste à supprimer tous les cookies, à celle la plus souple permettant de ne neutraliser que les cookies tiers (appartenant à des tiers présents sur le site visité appelés cookies *Third- party*). Le blocage à la carte des cookies traceurs constitue une solution souple et ajustée à l'objectif de protection de la vie privée parce qu'elle permet au site de ne collecter que les données nécessaires à son fonctionnement et offre à l'utilisateur la possibilité d'accéder au site sans recevoir de messages publicitaires ciblés.

695. Contrairement aux techniques de blocage de publicités, celles relatives au blocage des cookies et d'autres traceurs concrétisent quant à elles l'aspect négatif de la liberté de réception publicitaire sans présenter malgré tout un réel danger pour la liberté d'expression des émetteurs. En outre, ces technologies anti-traçage ne bloquent pas toutes les publicités sur le site visité, et permettent donc à ce dernier de garder une source de revenu. L'internaute continuera à recevoir des publicités contextuelles, moins intrusives, tout en demeurant confiant, dès l'instant ou dans la mesure où la publicité comportementale, considérée comme intrusive, est bloquée.

696. Par ailleurs, il convient de souligner qu'en application de la directive européenne dite « paquet télécom »[1157], les utilisateurs des services en ligne doivent être informés et donner leur consentement préalablement à l'insertion de traceurs[1158]. Il leur faut pouvoir disposer d'une possibilité de choisir de ne pas être tracés lorsqu'ils visitent un site ou utilisent une application. Les éditeurs ont donc l'obligation de solliciter au préalable le consentement des utilisateurs. C'est ce qui a été récemment affirmé par la Cour de justice de l'Union européenne, qui exige que soit respectée la volonté de l'utilisateur de ne pas être tracé sur la toile, et impose en effet un acte positif (cocher une case par exemple) pour que le consentement à l'installation des cookies soit

---

[1156] Le protocole « Do not Track », v. C. DUCHESNE-JEANNY, G. LALLEMENT et J. SERRIS : « Accès aux données, consentement, l'impact du règlement e-privacy », préc. p. 28.

[1157] L'expression « Paquet Télécom » désigne un ensemble de textes communautaires adoptés en 2002, revus en 2009 et destinés à définir un cadre juridique commun pour la réglementation et la régulation des réseaux et des services de communications électroniques.

[1158] L'article 5 (3) de la directive 2002/58/CE modifié par la directive 2009/136/CE du Parlement européen et du Conseil du 25 novembre 2009.

valable[1159]. Autrement dit, les cases cochées par défaut sont contraires aux dispositions du RGPD.

697. En outre, les exigences de la loi informatique et libertés de 1978 en matière de recueil du consentement ont encouragé l'émergence de techniques qui proposent de gérer le consentement des utilisateurs. Le respect des dispositions de l'article 82 de la loi de 1987, qui prévoit l'obligation, sauf exception, de recueillir le consentement des utilisateurs avant toute opération d'écriture ou de lecture de cookies et autres traceurs, ne serait pas effectif tant que la technologie ne s'alignerait pas sur cette voie. Des logiciels tels que BayCloud ou TartAuCitron (utilisé par la CNIL), par exemple, permettent aux éditeurs de contenus de recueillir le consentement préalable de l'internaute avant de poser les cookies sur son ordinateur. En outre, par le biais de ses logiciels, l'individu dispose de la possibilité de révoquer son consentement à tout moment. Cette adaptation de la technologie aux exigences légales montre que, dans certains cas, la loi influence la technique et que le législateur n'est pas toujours contraint de s'adapter à la technique.

698. *In fine*, l'évolution de la technologie de blocage des publicités et des techniques de traçages a poussé les professionnels de la publicité à revoir leurs stratégies de communication. En 2015, par exemple, les représentants des consommateurs, des annonceurs, des médias, des éditeurs de navigateurs et des agences, ainsi que la Commission européenne se sont réunis afin de répondre à la montée en puissance des bloqueurs de publicité. Les conclusions de ces réunions peuvent être résumées en deux volets : réduire la pression publicitaire (par conséquent le nombre d'expositions), améliorer la qualité des publicités et respecter la volonté du consommateur[1160]. Il s'agit là d'une avancée favorable au respect des droits des personnes qui est réalisée sans aucune intervention législative ou réglementaire. Toutefois, cette intervention, notamment si elle est concrétisée par la consécration expresse du droit de ne pas recevoir le message publicitaire, permettra aux individus de s'opposer à l'utilisation des traceurs à des fins publicitaires. Une telle opposition s'illustrera par le refus d'installation et aussi par celui de réception. Aujourd'hui, le recueil du consentement est généralement effectué de manière globale. Par un arrêt du 19 juin 2020, à la lumière de la loi informatique et libertés, le Conseil d'État[1161] exige uniquement que le consentement de l'utilisateur soit précédé d'une information spécifique pour chacune des finalités du traitement de données sans suggérer un consentement finalité par finalité.

[1159] CJUE (GC) : 1er octobre 2019, Verbraucherzentrale Bundesverband eV c. Planet49 GmbH, C-673/17.

[1160] C. DUCHESNE-JEANNEY, G. LALLEMENT et J. SERRIS : « Accès aux données, consentement, l'impact du règlement e-privacy », préc. p. 13.

[1161] CE, 19 juin 2020, 10ème et 9ème chambres réunies, Association des agences-conseil en communication et autres, n°434684.

699. Dans un contexte où la concrétisation technique et en partie juridique du droit de ne pas recevoir est en marche, il ne faudrait pas marginaliser les effets d'une telle évolution partielle hors du champ légal, même si elle s'avère favorable aux récepteurs. Délimiter les contours de la riposte technique est donc important.

B - L'accompagnement juridique de la riposte technique

700. La consécration technique du droit de ne pas recevoir ne doit pas être sans limites, mais complétée par une consécration juridique européenne et nationale. C'est au juge ainsi qu'au législateur qu'il appartiendra en effet de contrôler l'usage technique du droit de ne pas recevoir.

Les technologies concernées par l'accompagnement juridique sont celles spécialisées dans le blocage de publicités. Elles représentent un danger pour la liberté d'expression publicitaire des émetteurs et remettent en cause le modèle économique de ces derniers (par ex : les éditeurs de contenus et de services en ligne). Les techniques anti-traçage destinées à protéger la vie privée des utilisateurs/mobinautes ne représentent quant à elles pas de réel danger parce que les solutions qu'elles proposent ne permettent pas de bloquer totalement l'ensemble des publicités. Toutefois, il ne faut pas perdre de vue que ce sont ces même techniques anti-traçage qui proposent le plus souvent l'option de blocage des publicités. *Adblock Plus* permet par exemple de bloquer les cookies à l'origine de la publicité ciblée, mais également de la publicité contextuelle. Or, si nous avons choisi de distinguer les technologies de blocage des cookies de celles qui visent le blocage des publicités, c'est tout d'abord en raison de leurs différences. Alors que les premières répondent à un besoin de protection de la vie privée, les secondes visent, pour leur part, à diminuer la pression publicitaire et accordent à l'utilisateur le choix de refuser la réception de ces messages. Une telle distinction est ensuite nécessaire parce qu'elle nous permet de cibler les technologies qui nécessitent un accompagnement légal.

701. Ce sont en effet les technologies relatives au blocage des publicités qui sont les plus susceptibles d'être abusivement utilisées au détriment des autres intérêts juridiquement protégés. Dès lors, l'accompagnement juridique apparaît comme un impératif qui répondrait à deux enjeux majeurs. En premier lieu, il permettrait d'endiguer ces technologies en fixant des règles plus transparentes pour leur fonctionnement (**1**). Ensuite, ces technologies de blocage de publicités limitent la liberté fondamentale d'expression des émetteurs sans que cette limite soit prévue par la loi. La consécration expresse du droit de ne pas recevoir fournirait alors une base juridique pour le respect du principe de la légalité qui fait aujourd'hui défaut (**2**).

1 - Encadrer le fonctionnement des bloqueurs de publicité

702. À ce jour, les règles déterminant quelles sont les publicités acceptables et celles qui devront être bloquées sont d'origine privée. Par exemple, le leader des bloqueurs de publicités, la société éditrice d'Adblock Plus, dispose d'une charte définissant les publicités qu'il considère comme responsables dont il propose l'adoption aux professionnels. C'est bel et bien sur ce point que repose une problématique qui ne concerne pas le contenu de cette charte fondée sur une démarche éthique, mais qui est plutôt liée au processus d'adoption de ces règles. Le Conseil de l'éthique publicitaire disait à propos de la charte qu'« *Elle est initiée par un seul intervenant, qui s'arroge le droit de fixer les critères qu'il impose au marché. Quelle que soit la valeur intrinsèque de ces critères, ils n'ont pas fait l'objet d'échanges avec les professionnels avant diffusion, aucun avis de parties prenantes n'a été sollicité. Enfin, rien ne vient en contrôler l'effectivité* »[1162]. Ainsi, la nécessité d'encadrer ces bloqueurs répondra à l'impératif de légitimité des règles auxquelles se voient contraints d'adhérer les professionnels qui ne souhaitent pas voir leur publicité bloquée. Certes, il s'agit là d'une démarche pleine de bonnes intentions et l'internaute semble satisfait des avantages qu'il tire de l'utilisation des bloqueurs. Toutefois, les impacts de la montée en puissance de telles techniques qui s'accompagne de leur adoption massive par le public ne doivent pas être sous-estimés.

703. Cette technique n'a pas vocation à prendre le pas sur le droit, mais doit simplement permettre à celui-ci de contrôler un phénomène qui lui a échappé. Ainsi, afin d'éviter toute dérive éventuelle susceptible d'avoir un effet contraire à l'objectif envisagé par les éditeurs des bloqueurs, à savoir réduire la pression publicitaire, l'établissement d'un cadre, que ce soit à l'initiative du législateur ou à celle des organismes d'autorégulation publicitaire, permettrait de renforcer, par le biais de la technique, les droits des individus. Dans les deux cas, une réflexion éthique rigoureuse entre les différentes parties prenantes devrait aboutir à l'adoption de règles de protection maximale que les éditeurs des bloqueurs de publicités devraient respecter sans avoir la possibilité de sortir du cadre fixé. L'intérêt d'une co-régulation des bloqueurs de publicité est qu'elle garantirait les droits de toutes les parties concernées (annonceurs, éditeurs de contenus et des services en lignes, ainsi que internautes/mobinautes). Dès lors, la possibilité de supprimer totalement toutes les publicités, envisagée comme constituant une option disproportionnée, ne sera plus possible. Aussi, elle renforcera le respect des principes de loyauté et de transparence, qui permettront aux acteurs de prendre connaissance des conditions à remplir pour éviter la censure.

Sous un autre angle, bien que les bloqueurs de publicités aient contribué à améliorer la navigation des internautes/mobinautes par le biais du blocage de

[1162] Avis du CEP, préc. 2015.

la publicité et surtout grâce à la pression exercée sur les annonceurs dans l'objectif qu'ils revoient leur modèle de communication afin de l'améliorer, il n'en demeure pas moins que ces bloqueurs ont provoqué une course vers la publicité cachée. Afin de contrer les Adblockers, des mesures ont en effet été prises[1163] et des techniques[1164] ont également été développées pour contourner ces derniers. Il s'agit là d'une véritable « course à l'armement », selon le Conseil de l'éthique publicitaire[1165], qui, à notre sens, n'est favorable ni au respect du droit de ne pas recevoir ni à la liberté d'expression publicitaire. Il convient, en effet, de noter le passage à ce que nous pourrions appeler la « publicité fantôme » ou « la publicité cachée ». Le *Native-Ad*[1166] et le *Brand content*[1167] appartiennent à ce genre de publicité, censé moins déranger l'internaute en évitant des formats intrusifs. Cependant, en plus du non-respect par ce genre de techniques du principe de l'identification de la publicité prévu par l'article 20 de la LCEN, et donc de l'inobservation du droit de ne pas recevoir, ces publicités portent atteinte au contrat de confiance qui existe entre le consommateur et les médias en ligne, en particulier la presse numérique. Dans un tel contexte, la consécration prétorienne ou légale de la liberté de réception négative constituerait tout à la fois une protection pour les récepteurs et une garantie d'un minimum de liberté d'expression publicitaire pour les émetteurs, qui pourraient éventuellement se convaincre qu'il leur faut abandonner le recours à des formats de publicités déguisées contraires à la liberté de réception publicitaire.

704. Par ailleurs, l'intervention du législateur afin d'encadrer un domaine dans lequel prédomine la technique dans l'objectif de protéger des droits n'est pas inédite. En matière de protection des droits d'auteurs, la France a déjà été amenée[1168] à transposer[1169] une directive européenne prévoyant le renforcement et la protection des mesures et techniques destinées à protéger

---

[1163] Le lancement par L'IAB (*interactive advertising bureau*) d'un nouveau standard : le L.E.A.N., pour Light, *Encrypted, Ad choice supported, Non-invasive ads*. Cette nouvelle norme n'est pas clairement définie pour le moment : l'IAB lance une concertation dont l'objectif est de préciser clairement les spécifications des publicités certifiées L.E.A.N., en vue de convaincre les bloqueurs de publicités d'inclure les sites qui utilisent le nouveau standard L.E.A.N. dans leurs listes blanches.

[1164] Depuis New York, *Secret Media* propose aux éditeurs français et américains un *ad-server* qui utilise la cryptographie afin de générer un tag publicitaire différent à chaque page internet, de sorte qu'il n'est pas repérable par un bloqueur de publicité.

[1165] Avis CEP, *Blocage publicitaire : l'impasse*, préc.

[1166] Le *native advertising* est une publicité qui, de par sa forme, son emplacement et son contenu, ressemble et s'intègre fortement aux contenus habituellement diffusés par le site support qui la diffuse, préc.

[1167] Définitions marketing, préc.

[1168] CJCE : 27 janvier 2005.

[1169] Ce qui a été fait par la loi n° 2006-961 du 1er août 2006 relative au droit d'auteur et aux droits voisins dans la société de l'information.

les droits d'auteurs[1170]. En matière de publicité commerciale, il est question de trouver un juste équilibre entre des droits concurrents. Le fondement juridique d'une telle intervention strictement législative ou combinée à la régulation privée est la liberté de réception qui, du fait qu'elle possède une facette négative, justifierait l'encadrement d'une *restriction technique* de la liberté d'expression. Plus encore, l'encadrement des *Adblocks* sur la base de la liberté de réception garantira aux individus, en plus du droit de ne pas recevoir les messages publicitaires, la possibilité d'identifier les messages filtrés en dehors de leur libre arbitre. Cela dit, un tel encadrement, bien qu'il soit prometteur et bénéfique pour les parties auxquelles les bloqueurs s'appliquent et à celles qui en bénéficient, ne permettrait plus aux sociétés éditrices de ces logiciels de se financer, tout du moins, dans les mêmes proportions que celles dont elles bénéficient actuellement. A titre d'exemple, Adblock Plus impose en effet aux grands annonceurs un paiement afin que leurs publicités figurent sur les listes blanches. Cette méthode se caractérise par une certaine opacité parce qu'il suffit en principe de respecter les conditions d'une publicité responsable pour éviter la censure. Or, imposer un paiement pour éviter le blocage pose la question du caractère loyal des filtrages. Dès lors, la co-régulation ne pourrait tolérer de telles pratiques. Ainsi, les sociétés propriétaires des logiciels de blocage seraient tenues de revoir leur politique de financement pour survivre. La disparition des sociétés spécialisées dans le développement de ces technologies de blocage ne constituerait pas un recul de la protection de la liberté individuelle des individus et n'aurait pas de conséquences néfastes étant donné que des navigateurs appartenant à des grands annonceurs et créateurs de contenus ont à leur tour développé des moyens de blocage des publicités intrusives et dérangeantes.

2 - Fournir un fondement légal aux restrictions techniques

705. L'encadrement du fonctionnement des bloqueurs de publicité a pour principale finalité la protection des droits individuels des internautes sans marginaliser la liberté d'expression des émetteurs. Un tel encadrement permettrait d'éviter les éventuels abus de la machine (un bus qui consisterait en un blocage total des publicités). La seconde principale finalité de l'encadrement juridique des bloqueurs de publicité est de fournir un fondement légal prévoyant ce genre de restrictions techniques, ce qui justifie l'urgence qui caractérise sa réalisation à court terme. Les bloqueurs de publicités étant considérés comme des restrictions à la liberté d'expression publicitaire, leur utilisation vise un but légitime, à savoir la protection des

---

[1170] Directive 2001/29/CE du Parlement européen et du Conseil du 22 mai 2001 sur l'harmonisation de certains aspects du droit d'auteur et des droits voisins dans la société de l'information.

droits d'autrui, mais ne répond pas à l'obligation de la légalité qui « *exige que toute restriction à la liberté d'expression soit inscrite dans le droit positif* »[1171]. La jurisprudence européenne des droits de l'Homme se montre assez claire concernant le principe de légalité. Il est l'une des trois conditions[1172] nécessaires pour tolérer une ingérence dans l'exercice des droits conventionnels. La Cour EDH considère que le mot « loi » doit être entendu dans son acception matérielle et non formelle et inclut alors « le droit écrit et non écrit »[1173]. L'absence d'une prévision légale ou jurisprudentielle limitant l'étendue du pouvoir dont dispose la technique et définissant avec précision ses modalités d'exercice laisse place à l'arbitraire et constitue ainsi une atteinte à la liberté d'expression[1174]. Certes, la Cour EDH n'exclut pas de la légalité les normes d'origine privée telles que les contrats ou les règlements intérieurs des entreprises[1175]. Or, dans la mesure où la plupart des règles d'origine privée applicables aux bloqueurs de publicité émanent notamment des entreprises ayant développé ces technologies et au regard de l'opacité qui règne sur les règles déterminant les publicité acceptables[1176], il se peut que la qualité[1177] de ces règles ne soit pas conforme aux exigences du principe de légalité.

706. Cela dit, les émetteurs des messages publicitaires voient leur liberté d'expression limitée par des acteurs privés sans qu'aucune intervention légale ne la prévoie ou n'encadre l'étendue que ces restrictions pourraient avoir. En l'état actuel du droit français en la matière, il existe des dispositions législatives qui pourraient être interprétées dans un sens permettant leur application aux bloqueurs de publicités. Ainsi, par exemple l'article 323-2 du Code pénal dispose que « *Le fait d'entraver ou de fausser le fonctionnement d'un système de traitement automatisé de données est puni de cinq ans d'emprisonnement et de 75 000 euros d'amende ». Étant donné que la vente d'espaces publicitaires en ligne est automatisée et repose sur le traitement de données à caractère personnel, le blocage des messages publicitaires y figurant pourrait constituer une entrave au bon fonctionnement d'un système automatisé de diffusion des messages publicitaires. Aussi, l'obligation faite aux responsables de ce traitement de respecter le choix des individus de ne*

[1171] TGI Paris, réf., 21 févr. 2002, AGRIF c. Sté Renn Production et a., *Juris-Data* n° 2002-205891.

[1172] Toute restriction doit être prévue par la loi et poursuit un but légitime et nécessaire au sein d'une société démocratique.

[1173] Cour EDH : 24 avril 1990, Kruslin c. France, req., n° 11801/85, §29.

[1174] Cour EDH : 2 août 1984, Malone c. Royaume-Uni, req., n° 8691/79, série A, n°82, §67.

[1175] S. GUINCHARD : « Convention européenne des droits de l'homme et procédure civile », *D.* avril 2017, section 2, §15.

[1176] Voir Avis du CEP, préc.

[1177] Cour EDH (GC) : 9 juillet 2009, Mooren c. Allemagne, n° 11364/03, §76 ; Cour EDH : 24 avril 2008, Ismoilov c. Russie, n°2947/06, §137.

pas faire l'objet de décisions automatisées et la consécration du droit à l'autodétermination informationnelle sont autant de dispositions qui trouveront application en la matière. Enfin, l'article 6 de la loi pour la confiance dans l'économie numérique exige des personnes dont l'activité consiste à offrir un accès à des services de communication au public *qu'elles disposent de techniques permettant de limiter l'accès à certains services de communication en ligne et informent leurs abonnés de leur existence*[1178]. Cependant, non seulement ces dispositions ne prennent pas en compte l'atteinte portée à la liberté d'expression par les techniques de blocage, mais, de plus, elles ne visent pas avec précision à encadrer les techniques de blocage et par conséquent, ne répondent pas forcément à l'exigence européenne qui insiste sur la « qualité de la loi ». Cette dernière exige en effet que la « prévision légale » soit accessible aux citoyens et définisse avec suffisamment précisément les conditions et modalités de la limitation au droit, afin de permettre aux individus d'ajuster leur conduite. La « qualité de la loi » implique aussi sa prévisibilité, dont l'absence implique la violation de la Convention[1179]. Le juge européen, relativise ces deux exigences qui doivent caractériser la « prévision légale » en affirmant qu'elles doivent l'être « raisonnablement »[1180]. Ainsi, la Cour donne de l'importance aux interprétations jurisprudentielles. Or, à ce jour, il n'existe pas de précisions jurisprudentielles permettant d'éclairer les acteurs sur la licéité ou non des bloqueurs de publicité. En outre, les systèmes juridiques actuels n'offrent pas avec assez de précision des mesures de « *sauvegarde adéquates contre divers abus à redouter* »[1181].

707. Au demeurant, le fait que les restrictions à la liberté d'expression émanent des entreprises commerciales (la société Eyeo, par exemple, ayant mis en place Adblock plus) devraient davantage inciter l'intervention de l'État. Cette intervention est ici exigée par l'obligation positive qui incombe à celui-ci de faire respecter les droits de l'Homme dans les relations interindividuelles. Ainsi, la Cour a affirmé que la responsabilité de l'État peut « *découler du fait qu'il n'a pas réglementé l'activité d'une industrie privée d'une manière propre à assurer le respect des droits consacrés par l'article 8 de la Convention* »[1182]. L'intervention peut donc revêtir la forme d'une

---

[1178] Selon cet article, « *Les personnes dont l'activité est d'offrir un accès à des services de communication au public en ligne informent leurs abonnés de l'existence de moyens techniques permettant de restreindre l'accès à certains services ou de les sélectionner et leur proposer au moins un de ces moyens* », Loi n° 2004-575 du 21 juin 2004.

[1179] Cour EDH (GC) : 23 févr. 2017, De Tommaso c. Italie, n°43395/09.

[1180] Cour EDH : 15 nov. 1996, Cantoni c. France, req. n° 17862/91 , *RTDH* 1997. 685, note D. SPIELMANN.

[1181] Cour EDH : 14 décembre 1988, Kruslin c. France, req. n°11801/85.

[1182] Cour EDH (GC) : 8 juillet 2003, Hatton et autres c. Royaume-Uni, req., n° 36022/97, §119. JCP 2004, I, 107, n° 14, obs. F. SUDRE; *RTD civ.* 2003, p. 760, obs. J.-P. MARGUÉNAUD.

législation ou être d'ordre juridictionnel[1183]. Elle pourrait, dans l'idéal, être corroborée par une régulation privée. Dans les deux cas, une telle intervention peut créer un devoir individuel à la charge, aussi bien des sociétés éditrices des bloqueurs de publicité, que des navigateurs (Google Chrome, Mozilla, Safari) et des hébergeurs de contenu, devoir qui imposerait de respecter la liberté d'expression des émetteurs et la liberté de réception des individus. La responsabilisation de ces acteurs pourrait contribuer à sauvegarder le droit de ne pas recevoir des individus sans pour autant recourir au blocage en guise de solution[1184].

Paragraphe 2 - Une concrétisation juridique non achevée

708. La protection des individus contre la publicité intrusive et agressive préoccupe depuis longtemps le législateur. Parmi les nombreuses dispositions juridiques assurant la garantie des droits individuels, certaines constituent des manifestations de l'aspect négatif de la liberté de réception (**A**). Au demeurant, le législateur n'a pas franchi le pas pour mettre en avant d'une manière explicite le volet négatif de la liberté de réception. L'autonomisation de ce dernier par sa consécration expresse est en effet recommandée (**B**).

A - Les manifestations de la concrétisation juridique du droit de ne pas recevoir

709. Bien que le droit de ne pas recevoir le message publicitaire ne soit pas consacré expressément, il est concrétisé par le biais de certaines dispositions. En l'état actuel du droit, qu'il soit français ou européen, plusieurs dispositions juridiques permettent à l'individu, éventuel récepteur du message publicitaire, de refuser la réception des messages. Abstraction faite des débats qui entourent leur efficacité, le système juridique actuel dispose de moyens permettant à l'individu d'exercer son droit de ne pas recevoir. L'ensemble de ces dispositions juridiques s'appliquent dans les cas où l'individu reçoit un message non sollicité par le biais de l'utilisation d'une donnée personnelle le concernant. Ces dispositions permettent également à l'individu de s'opposer au traitement des données le concernant après y avoir consenti. Le droit de ne pas recevoir, devrait quant à lui garantir une opposition à la réception du message et ce, malgré le consentement donné au traitement. En d'autres

[1183] A. DRZEMCZEWSKI : *La Convention européenne des droits de l'Homme et les rapports entre particuliers*, CDE 1980, p. 3, spéc. p. 18

[1184] Avis sur l'article 9 du projet de loi renforçant les dispositions relatives à la lutte contre le terrorisme, Conseil National du numérique.

termes, l'individu pourrait accepter que ses données à caractère personnel soient traitées, mais à des fins autres que publicitaires.

710. En effet, par exemple, la réception des messages promotionnels et le fait d'être la cible d'un démarchage téléphonique nécessitent de disposer du numéro de téléphone de l'éventuel récepteur. L'intervention du législateur porte sur la façon dont l'annonceur a accédé à cette donnée personnelle et sur l'étendue de l'usage qu'il est autorisé à en faire. Ainsi, en principe, la question ne se pose pas en cas de collecte licite de la donnée à l'instar d'un opérateur téléphonique qui dispose, en toute évidence, du numéro de téléphone de son client. Toutefois, le RGPD prévoit la possibilité de s'opposer au traitement des données après y avoir consenti. L'individu est en droit de refuser l'utilisation de ses données personnelles, volontairement transmises, à des fins de prospection commerciale. Par conséquent, c'est l'action de s'opposer au traitement des données permettant de personnaliser le message publicitaire qui concrétise le respect du droit de ne pas recevoir.

711. De la même manière, le traitement des données à caractère personnel à des fins de prospection commerciale nécessite le consentement des personnes concernées par ce traitement. Contrairement au premier cas, ici le message reçu est souvent personnalisé. C'est, en effet, le fait de s'opposer aux traitements permettant de personnaliser le message publicitaire qui concrétise le droit de ne pas recevoir. Ainsi, étant donné que les données constituent la matière première de ces messages ciblés, le législateur vise à accorder aux individus des droits leur permettant de maîtriser et contrôler l'utilisation de leurs données et de leur garantir une autodétermination informationnelle.

712. En définitive, la consécration du droit à l'autodétermination informationnelle (**2**) et le droit d'opposition sont une concrétisation juridique inavouée du droit de ne pas recevoir les messages publicitaires (**1**).

1 - Une concrétisation par le principe d'opposition à la réception

713. Il est important de souligner d'emblée que le destinataire du message publicitaire ne reçoit pas forcément une publicité qui lui est adressée. L'utilisation de données à caractère personnel le concernant peut se limiter à la diffusion du message et pas nécessairement à sa personnalisation. Le consentement préalable exigé par la loi constitue ainsi une forme d'autorisation d'utiliser la donnée à caractère personnel (numéro de téléphone, adresse mail, adresse postale) détenue par l'annonceur afin de solliciter le destinataire dans un but commercial. En matière de communication électronique, par exemple, l'interdiction de l'usage de l'adresse mail à des fins de prospection commerciale s'impose au responsable de traitement dont le destinataire est un abonné ou utilisateur de ses services puisque l'abonné ayant fourni volontairement son adresse mail n'avait pas forcément accepté pour autant son utilisation à des fins publicitaires. Ainsi, l'article 34-5 du Code des postes et des communications électroniques dispose qu'« *Est interdite la*

prospection directe au moyen d'un automate d'appel, d'un télécopieur ou d'un courrier électronique utilisant, sous quelque forme que ce soit, les coordonnées d'une personne physique qui n'a pas exprimé son consentement préalable à recevoir des prospections directes par ce moyen ». La loi prévoit deux exceptions au principe du consentement préalable[1185] : l'individu peut être sollicité par des messages publicitaires s'il est lié par contrat à l'émetteur et si le contenu du message porte sur des services ou des biens analogues à ceux déjà fournis par l'entreprise (émetteur). Aussi, l'émetteur peut solliciter son abonné ou l'utilisateur de ses services par le biais de messages électroniques (sms ou mail) dont l'objet n'est pas commercial et *a fortiori* non publicitaire. Toutefois, ces deux exceptions sont assorties de deux obligations cumulatives : il s'agit tout d'abord d'informer la personne concernée que son adresse électronique sera utilisée à des fins de prospection commerciale et de lui donner par la suite la possibilité de s'opposer à cette prospection. Le respect de ces deux obligations est en effet exigé lors du recueil des données de la personne concernée[1186]. Le droit de s'opposer à la réception des messages électroniques de nature publicitaire ou commerciale, doit quant à lui être rendu possible à tout moment. C'est ainsi que l'article L. 121-15-1 du Code de la consommation dispose que « *Les publicités (...) adressées par courrier électronique, doivent pouvoir être identifiées de manière claire et non équivoque dès leur réception par leur destinataire, ou en cas d'impossibilité technique, dans le corps du message. Ces messages doivent indiquer une adresse ou moyen électronique permettant effectivement au destinataire de transmettre une demande visant à obtenir que ces publicités cessent* ». C'est dans ce contexte que s'illustre, en effet, très clairement la concrétisation du droit de ne pas recevoir de messages publicitaires. Exiger le consentement préalable du destinataire est un élément caractérisant ce droit. La révocation de ce consentement met clairement en œuvre le droit de ne pas recevoir à travers l'opposition à la prospection tout en permettant à l'individu de continuer à bénéficier des services du responsable de traitement. Autrement dit, distinguer la volonté de contracter ou d'utiliser les services en ligne d'un responsable de traitement de celle d'utiliser l'adresse électronique à des fins de prospection commerciale constitue une avancée caractérisant et concrétisant le droit de ne pas recevoir.

714. Un tel raisonnement ne peut être valable dans le cas du démarchage téléphonique. En la matière, la consécration du droit de ne pas recevoir est concrétisée par le passage d'un droit d'opposition au principe du consentement préalable (*opt-in*). En l'état actuel du droit positif, les individus ont en effet la possibilité de s'opposer à l'utilisation de leur numéro de téléphone à des fins de prospection commerciale. Ce droit d'opposition est garanti par la loi « informatique et libertés » du 6 janvier 1978, qui renvoie à

1185 Alinéa 4 de l'article 34-5 du Code des postes et des communications électroniques.

1186 *Ibid.*

l'article 21 du RGPD. L'article R 10,4°) du Code des postes et des communications électroniques le prévoit également en permettant à toute personne d'exiger de l'opérateur auprès duquel elle est abonnée ou au distributeur de son service « *que les données à caractère personnel la concernant issues des listes d'abonnés ou d'utilisateurs ne soient pas utilisées dans des opérations de prospection directe* ». L'exercice du droit d'opposition au démarchage téléphonique peut se faire à tout moment dès la date de souscription de l'abonnement[1187]. L'individu peut recourir à l'inscription sur des listes dites « d'opposition » afin d'exprimer sa volonté de ne pas recevoir de messages publicitaires par le biais d'appels téléphoniques. Ces listes sont prévues dans l'article 223-1 du code de la consommation qui dispose que « *le consommateur qui ne souhaite pas faire l'objet de prospection commerciale par voie téléphonique peut gratuitement s'inscrire sur une liste d'opposition au démarchage téléphonique* ». Le dispositif Bloctel a ainsi été mis en œuvre afin de permettre ce droit d'opposition. Ayant vu le jour en juin 2016 à la suite de l'adoption de l'article 9 de la loi n° 2014-344 du 17 mars 2014 relative à la consommation, cette liste d'opposition est à la disposition de tout consommateur ne souhaitant pas être démarché par téléphone. L'article 221 ci-dessus précise qu'il est interdit à tout professionnel, directement ou par l'intermédiaire d'un tiers agissant pour son compte, de démarcher par téléphone un consommateur inscrit sur cette liste. Les opérateurs qui vendent ou acquièrent des fichiers de numéros téléphoniques doivent s'assurer qu'ils ont été expurgés des numéros inscrits sur Bloctel.

715. Cependant, ces dispositions donnent lieu à un système dans lequel le consentement des personnes à l'utilisation de leurs données personnelles à des fins de prospection commerciale est admis par défaut. De plus, face à l'ineffectivité du droit d'opposition illustrée par l'inefficacité du dispositif bloctel[1188], les personnes inscrites sur cette liste continuent malgré tout à être sollicitées par les annonceurs n'ayant pas expurgé leur liste des numéros des personnes ne souhaitant pas recevoir leurs appels. Une réelle concrétisation du droit de ne pas recevoir consisterait à repenser le paradigme actuel en passant des listes « d'opposition » à « l'obligation d'autorisation » ou liste « d'acceptation ». En d'autres termes, il serait préférable d'instaurer le principe du consentement préalable en matière de démarchage téléphonique, qui exigerait des opérateurs téléphoniques qu'ils recueillent le consentement des utilisateurs avant de mener toute prospection commerciale par le biais des appels téléphoniques, même s'ils ne sont pas automatisés. Dès lors, à défaut d'un accord préalable et explicite de la part des consommateurs, les opérateurs téléphoniques et leurs partenaires ne pourront utiliser les données de ces derniers à des fins de prospections commerciale. Plus encore, il faudrait que

---

[1187] Alinéa 8° de l'article R 10 du Code des postes et des communications électroniques.

[1188] Voir le rapport de P. CORDIER relatif à la proposition de loi visant à renforcer les droits des consommateurs en matière de démarchage téléphonique, n°779, 13 juin 2018, p. 11.

le droit d'opposition soit possible, ce y compris après un accord de volonté, comme c'est le cas en matière de prospection commerciale par voie de courriels électroniques et de SMS. Ainsi, le consommateur ayant accepté dans un premier temps d'être démarché par téléphone aurait toujours la possibilité de refuser et de s'opposer à ce démarchage s'il a changé d'avis. C'est l'existence du droit de s'opposer au fait que nos propres données soient utilisées à des fins de prospection commerciale qui concrétise le droit de ne pas recevoir. Nous soutenons ainsi qu'une possibilité de révocation du consentement devrait être possible en matière de démarchage téléphonique.

Une proposition de loi[1189] envisageait un tel changement en faveur des consommateurs. Toutefois, adoptée le 24 juillet 2020, la loi visant à encadrer le démarchage téléphonique et à lutter contre les appels frauduleux (1)[1190] n'a malheureusement pas évolué dans ce sens, et préféré maintenir le principe d'opposition expresse du consommateur[1191], ce malgré l'inefficacité attestée de ce mécanisme[1192].

716. À l'instar de l'association Résistance à l'Agression publicitaire[1193], on ne peut que regretter le délaissement du principe de *l'opt-in* en faveur de celui des listes d'opposition. On regrette également que la concrétisation du droit de ne pas recevoir ne trouve pas d'application effective en matière de démarchage téléphonique. En la matière, la loi n°2020-901 du 24 juillet 2020 aurait garanti un droit permanent de refus de recevoir. Or, le droit de ne pas recevoir n'a d'intérêt qu'au sein d'un système ayant pour principe la liberté de réception. Il semble que tel est le cas en matière de démarchage téléphonique, car dans la mesure où la protection des consommateurs justifie une avancée vers le principe de *l'opt-in*, il serait inconcevable de militer en faveur de la sauvegarde du système actuel.

717. Par ailleurs, se pose également la question du respect de la volonté des individus dans le cadre de la publicité par voie postale. En la matière, la loi distingue entre les messages publicitaires ciblés et ceux qui ne le sont pas, étant donné que les premiers comportent des données personnelles (nom et prénom, par exemple) en raison de leur diffusion depuis un fichier identifiant

---

[1189] Proposition de loi visant à renforcer les droits des consommateurs en matière de démarchage téléphonique, n°779, 13 juin 2018.

[1190] Loi n°2020-901 du 24 juillet 2020, JORF n°0181 le 25 juillet 2020. Accessible via le lien suivant : https://www.legifrance.gouv.fr/download/pdf?id=CNSYRW_IXtGdOnnG84hvAostvrbVw7vibSIX3L_C8eE=

[1191] L'article L. 223-1 du Code de la consommation.

[1192] Rapport de P. CORDIER relatif à la proposition de loi visant à renforcer les droits des consommateurs en matière de démarchage téléphonique, n°779, 13 juin 2018, p. 11, préc.

[1193] Voir le lien direct suivant : https://antipub.org/des-amendements-antipubs-a-la-loi-sur-la-consommation/

la personne éventuellement susceptible de refuser leur réception[1194]. Les seconds, souvent des prospectus non nominatifs, n'ont suscité l'intérêt du législateur que récemment. Avant la loi 2020-105 du 10 février 2020 relative à l'économie circulaire et à l'exception de quelques initiatives consistant en la distribution gratuite d'autocollants « Stop publicité »[1195], aucune disposition légale ne prévoyait le respect de la volonté de ne pas recevoir ces messages publicitaires non personnalisés. La difficulté liée à la preuve de l'existence d'un autocollant sur la boîte aux lettres au moment de la distribution des prospectus publicitaires avait motivé le rejet, par le Sénat, d'un amendement ayant prévu d'instaurer une obligation du respect de ce signe d'opposition[1196]. Aujourd'hui, cet amendement a été accueilli favorablement. En témoigne l'article 46 de la loi relative à l'économie circulaire ayant créé l'article L. 541-15-15 du Code de l'environnement, qui renferme une disposition concrétisant le droit de ne pas recevoir. Ainsi, à compter du 1er janvier 2021, « *le non-respect d'une mention apposée faisant état du refus de la part de personnes physiques ou morales de recevoir à leur domicile ou à leur siège social des publicités non adressées est puni de l'amende prévue pour les contraventions de la 5ème classe* ».

718. En somme, la concrétisation du droit de ne pas recevoir apparaît très clairement à travers le droit d'opposition à utiliser les données personnelles à des fins de prospection commerciale. Aussi, la loi relative à l'économie circulaire constitue, à notre connaissance, la première initiative législative concrétisant le droit de ne pas recevoir en dehors de la publicité adressée. Notons par exemple qu'aucune disposition légale ne prévoit l'opposition à la réception de messages publicitaires par voie d'affichage.

2 - Une concrétisation par la consécration du droit à l'autodétermination informationnelle

719. Dans son étude menée en 2014, le Conseil d'État énonçait qu'« *il n'apparaît pas souhaitable d'ajouter le droit à l'autodétermination à la liste des droits déjà reconnus pas les textes existants (...). Le droit à l'autodétermination se situe à un autre niveau : il donne sens à tous ces droits,*

[1194] En s'inscrivant sur la liste « Robinson- Stop publicité », par exemple, ou en prenant contact avec l'union Française du Marketing Direct (l'UFMD).

[1195] Par exemple, le dispositif « Stop pub », lancé par le ministère de l'écologie et du développement durable en 2004 et qui consistait à mettre gratuitement à la disposition du public, par l'intermédiaire des mairies et des associations volontaires, 3 millions d'autocollants permettant à chacun de manifester son souhait de ne pas recevoir les imprimés publicitaires et gratuits.

[1196] https://antipub.org/des-amendements-antipubs-a-la-loi-sur-la-consommation/

qui tendent à le garantir et doivent être interprétés et mis en œuvre à la lumière de cette finalité »[1197].

Il en ressort que plusieurs droits existants contribuent à la réalisation de l'autodétermination informationnelle, qui permet à l'individu de mener son existence tout en demeurant libre[1198]. Afin d'y parvenir, il est important que l'individu ait la liberté de décider de la communication et de l'utilisation de ses données à caractère personnel[1199]. Pour rendre une telle liberté effective, le RGPD, de même que la loi informatique et libertés, consacre certains droits dont l'exercice devrait permettre à l'individu de maîtriser ses données. La maîtrise de ces dernières implique de pouvoir contrôler leur utilisation. Ainsi, étant donné que la publicité ciblée se fonde sur l'exploitation algorithmique des données, l'individu doit être en mesure de s'opposer à une telle exploitation. Si tel est le cas, il serait considéré comme ayant exercé son droit de ne pas recevoir.

En plus de l'exigence principale qui consiste dans le recueil du consentement libre, spécifique, éclairé et univoque avant le traitement des données à caractère personnel[1200], la spécificité des droits garantis par la législation actuelle relative à la protection des données réside en effet dans l'abondance des droits que détient l'individu sur ses données postérieurement au consentement.

720. L'objectif de la maîtrise des données par les individus justifie en effet l'émergence de droits permettant de concrétiser celui de ne pas recevoir. Toutefois, il serait audacieux de considérer que l'ensemble des droits garantis contribuent directement à sa concrétisation. Seuls trois d'entre eux peuvent être considérés comme illustrant cet aspect négatif de la liberté de réception. Ainsi, bien qu'il n'entretienne pas de lien direct avec le droit de ne pas recevoir, le droit d'accès aux données personnelles[1201] détenues par le responsable de traitement joue un rôle important dans l'exercice des droits annexes qui lui sont étroitement liés. Le droit d'accès exige, en effet, du responsable de traitement qu'il informe l'individu des finalités du traitement auquel sont destinées les données à caractère personnel[1202]. L'individu pourrait être ainsi informé si ses données sont exploitées dans l'objectif de le cibler par des messages publicitaires et serait en mesure d'accepter ou de s'opposer à cette action. D'une manière plus directe, le droit d'opposition, consacré à l'article 21 du RGPD et repris dans l'article 56 de la loi 1978, constitue une illustration plus ou moins explicite de celui de ne pas recevoir. La personne ne souhaitant pas recevoir de publicité commerciale

---

[1197] Conseil d'État, étude de 2014, préc., p. 269.

[1198] Conseil d'État, *op. cit.*, p. 267.

[1199] Conseil d'État, *op. cit.*, p. 269.

[1200] Article 4, 11°) du RGPD.

[1201] Article 15, a) du RGPD.

[1202] Articles 13, c) et 15, a) du RGPD.

personnalisée a, en effet, « *le droit de s'opposer à tout moment, pour des raisons tenant à sa situation particulière, à un traitement des données à caractère personnel la concernant fondé sur l'article 6, paragraphe 1, point e) ou f), y compris un profilage fondé sur ces dispositions* »[1203]. Il s'agit donc d'un droit qui touche à la matière première qui sert à conditionner et à façonner le message publicitaire selon l'état de la personne, son comportement et ses centres d'intérêts. En ce sens, le règlement européen relatif à la protection des données à caractère personnel est allé plus loin en ouvrant aux personnes un droit négatif de « ne pas » faire l'objet d'une décision exclusivement fondée sur un traitement automatisé, y compris sur le profilage[1204]. Nombreuses sont les décisions qui peuvent être prises sur la base d'un traitement automatisé des données[1205] dont le message publicitaire personnalisé constitue l'une des plus importantes. Comme nous l'avons déjà souligné plus haut, le refus de faire l'objet de telles décisions garantit à l'individu son autonomie, qui s'avère nécessaire dès lors que l'on souhaite effectuer des choix libres et éclairés. Il s'agit là de l'objectif recherché par le droit à l'autodétermination informationnelle. Dès lors, le lien entre la consécration du droit à l'autodétermination informationnelle et la concrétisation du droit de ne pas recevoir est manifeste. À travers l'exercice du droit d'opposition à l'utilisation des données à des fins publicitaires et le droit de refuser d'être la cible de messages publicitaires automatiquement personnalisés ; le droit à l'autodétermination informationnelle est renforcé au moment où le droit de ne pas recevoir se voit à son tour concrétisé.

B - Pour une consécration expresse du droit de ne pas recevoir

721. Le législateur intervient afin de protéger les individus d'une utilisation non souhaitée de leurs données, l'intention première n'étant pas de limiter leur traitement à des fins publicitaires, mais vise avant tout à garantir la liberté individuelle des personnes à travers le renforcement du droit à l'autodétermination informationnelle. Dès lors que des données sont traitées, en dépit de la finalité du traitement[1206], le responsable de traitement doit respecter les règles en la matière. Autrement dit, en l'absence de traitement de données, aucune disposition légale ou réglementaire ne garantit aux individus le droit de ne pas recevoir. L'exemple du traitement différencié réservé aux publicités non adressées s'avère probant. La consécration expresse du droit de

---

[1203] Article 21 du RGPD.

[1204] Article 22 du RGPD.

[1205] Par ex : l'annulation d'un contrat ; le droit ou le refus d'un avantage social particulier accordé par la loi, comme l'allocation familiale ou l'allocation de logement ; le refus d'admission dans un pays ou le refus de citoyenneté.

[1206] C'est-à-dire même si la finalité n'est pas publicitaire.

ne pas recevoir est en effet nécessaire et devrait permettre de généraliser l'opposition aux messages publicitaire sans tenir compte du type de publicité.

Une telle approche qui assure aux individus le droit de ne pas recevoir exclusivement dans les cas où les données les concernant ont été utilisées à des fins publicitaires ne prend que partiellement en compte la liberté de réception publicitaire.

~~722.~~ Par ailleurs, une consécration complète du droit de ne pas recevoir s'avère néanmoins possible. Elle nécessiterait une précision du fondement. La liberté de réception est en effet la norme supra-légale favorable à l'adoption de dispositions consacrant un réel droit de ne pas recevoir, c'est-à-dire un droit capable de faire face à l'agression publicitaire sans distinction aucune entre les différents types de messages publicitaires[1207]. S'agissant d'une consécration expresse, ce fondement n'accepte en effet qu'une seule application qui consiste en l'interprétation de la liberté de réception dans un sens négatif permettant d'en extraire un droit de « ne pas » recevoir comme cela a été fait pour la liberté d'association[1208].

723. En l'attente d'une jurisprudence audacieuse permettant de révéler l'aspect négatif de la liberté de réception en déclarant l'autonomisation du droit de ne pas recevoir, une seconde application de la liberté de réception est possible. Elle consiste en effet en l'interprétation de la liberté de réception dans un sens qui complèterait les dispositions concrétisant partiellement le droit de ne pas recevoir fondées sur le droit à la protection des données et celui à la vie privée. Il s'agirait alors de renforcer le droit d'information des individus. L'information en question consisterait à indiquer l'existence de messages publicitaires et pourrait également jouer un rôle préventif, prévention qui aura un grand intérêt s'agissant de la publicité extérieure qui ne se contente pas d'attirer l'attention du public en ayant recours à des images animées et des écrans lumineux et qui serait en mesure de s'immiscer dans son quotidien en entrant en contact avec lui. En présence de panneaux publicitaires communicants, les individus sont sans cesse sollicités sur leur téléphone portable. En pratique, dès qu'une personne s'approche de ce type de panneaux, elle reçoit une notification l'invitant à accepter la réception d'une publicité sur son téléphone. De surcroît, des panneaux publicitaires auxquels est intégré un module de mesure d'audience sont également développés. Ce module se compose en particulier de deux caméras. Les images prises à l'insu des passants[1209] sont analysées par un algorithme qui permet d'isoler les visages et de mesurer la durée du regard. Il est ainsi légitime de considérer que les individus doivent être informés de la possibilité d'être traqués ou identifiés par des signaux émanant des capteurs intégrés dans ces panneaux d'affichage numériques.

[1207] Que le message publicitaire soit personnalisé ou non.

[1208] Cour EDH : 13 août 1981, Young, James et Webster c. Royaume-Uni, préc., §57.

[1209] Y. DÉTRAIGNE et A. ESCOFFIER, préc. p. 29.

724. L'intérêt de cette obligation d'information est qu'elle permet en effet aux individus d'exercer des choix : de recevoir ou de ne pas recevoir. Un individu informé peut librement choisir de se rendre ou non dans la zone publicitaire indiquée, de même qu'il a également la possibilité de prendre des précautions pour échapper au tracking des panneaux publicitaires en désactivant les fonctions de son terminal susceptibles d'en faire la cible de ces derniers. Par ailleurs, les individus doivent également être informés du fait que leur comportement est surveillé, ce y compris dans le cadre de la vie réelle. La plupart des grandes surfaces surveillent en effet le comportement des individus sur les parkings, dans les rayons, en passant aux caisses.

Certes, l'on pourrait croire que cette obligation d'information se manifeste aujourd'hui tel un fardeau ou une charge démesurée et moins justifiée. Dès lors, l'obligation d'information pourrait être envisagée comme une « obligation de prévention » [1210] sans aller pour autant jusqu'à établir une obligation positive à la charge de l'État en lui imposant de prendre des mesures permettant aux individus de refuser la réception des messages publicitaires. Selon la Cour EDH, l'État doit en effet « *empêcher, prévenir, mettre à l'abri de toute violation des droits de l'Homme* »[1211]. Partant, il a l'obligation de prendre des mesures préventives contre les violations susceptibles d'être commises par les émetteurs des messages publicitaires. La responsabilité de l'État ne sera engagée que dans le cas où un préjudice est réalisé en raison de l'agression publicitaire. De ce fait, l'absence d'une structure de prévention n'entraînera pas sa responsabilité[1212].

725. Par conséquent, l'information des individus sur l'existence des publicités et les risques de traçage pourrait constituer une déclinaison du droit de ne pas recevoir dont le fondement est la liberté de réception. *In fine*, en dépit des moyens, la finalité de la protection des droits des individus dans un contexte de développement des technologies de communications publicitaires et de digitalisation des panneaux publicitaires rend nécessaire une prise de conscience et une réaction de la part du législateur pour anticiper les éventuelles atteintes aux libertés individuelles des personnes.

[1210] Cour EDH : 23 septembre 1998, A. c. Royaume-Uni, requête n° 25599/94 ; JCP 1999, I, 105, n° 11, chron. F. SUDRE.

[1211] B. MOUTEL : *L'effet horizontal de la Convention européenne des Droits de l'Homme en droit privé français. Essai sur la diffusion de la CEDH dans les rapports entre personnes privées*, Thèse de Doctorat, Université de Limoges 2006, p. 237.

[1212] *Ibid.*

Section 2 - L'émergence de nouveaux conflits de droits fondamentaux

726. En matière de publicité commerciale, les droits du récepteur sont de manière indirecte garantis par la liberté de réception, étant donné qu'une consécration expresse de la facette négative de cette liberté et donc l'autonomisation du droit de ne pas recevoir, ne se sont pas encore réalisées. Toutefois, les droits du récepteur sont la déclinaison de plusieurs droits annexes qui trouvent leur garantie aussi bien au sein qu'en dehors de la Convention. À la lueur de ce que nous avons exposé précédemment, il a été fait le constat de plusieurs manquements aux droits et intérêts du récepteur. Dans la mesure où ces manquements sont motivés, de manière implicite, par l'exercice de la liberté d'expression de l'émetteur, les droits du récepteur entrent en conflit avec cette liberté fondamentale. Nous partons en effet du postulat selon lequel, en l'attente de la consécration expresse du droit de ne pas recevoir le message publicitaire, le droit à la protection de la vie privée constitue actuellement le principal droit fondamental dont les dispositions légales étudiées ci-dessus (par ex : le droit à la protection des données à caractère personnel, le droit d'opposition à la réception du message publicitaire personnalisé, le droit à l'autodétermination informationnelle, le droit de jouir en toute tranquillité de son domicile) sont une déclinaison. Il constitue de ce fait un droit auquel la liberté d'expression publicitaire doit faire face. Étant donné que ces deux droits ont une valeur supra-légale, un équilibre doit être ménagé entre les impératifs dont ils assurent la protection (**Paragraphe 1**).

727. En plus de cette confrontation indirecte[1213] entre la liberté d'expression publicitaire de l'émetteur et le droit de ne pas recevoir, il est important d'envisager à titre prospectif une éventuelle confrontation directe entre la liberté de communiquer des émetteurs et celle de ne pas recevoir des récepteurs. Toutes deux étant des composantes de la liberté d'expression, c'est d'un conflit intra-droit dont il serait question (**Paragraphe 2**).

Paragraphe 1 - La résolution du conflit original entre la liberté d'expression publicitaire numérique et le droit à la vie privée

728. Le conflit est envisagé dans le cadre du système de la Convention européenne des droits de l'Homme dans la mesure où les deux droits en

[1213] Le conflit entre l'article 10§1 et le droit à la vie privée sont des illustrations du réel conflit opposant la liberté d'expression publicitaire au droit de ne pas recevoir. La confrontation entre ces deux droits demeure qualifiée d'indirecte dans la mesure où le droit de ne pas recevoir n'est pas expressément consacré.

conflit, à savoir la liberté d'expression publicitaire et le droit à la protection de la vie privée, ont un caractère fondamental. Il est important de souligner que l'expression publicitaire contrebalançant le droit à la vie privée est celle diffusée en ligne et sur les services de communications électroniques. Le principal point de tension entre l'article 10 et l'article 8 se situe au niveau du traitement des données personnelles à des fins publicitaires, d'où la délimitation du champ du conflit.

729. Il est important de rappeler d'emblée un point central concernant le lien existant entre le traitement des données à caractère personnel, publicité et consentement. Il conviendrait de noter que le traitement des données à des fins publicitaires pourrait parfois être illicite (absence du consentement), ce qui porte atteinte au droit à la vie privée. En outre, une telle atteinte est susceptible d'être caractérisée malgré un traitement consenti, car l'intrusion du message et sa réception intense pourraient déterminer cette atteinte. Toutefois, l'éventuel conflit entre l'article 8§1 et la liberté d'expression publicitaire en matière de publicité commerciale numérique porterait davantage sur la phase de traitement des données à caractère personnel. Le traitement des données pour des fins publicitaires devrait être considéré comme une manifestation de la liberté d'expression. Dans la même logique, le consentement au traitement devrait être envisagé comme un consentement à la réception du message publicitaire ciblé. De ce fait, la réception du message publicitaire ne devrait pas être purement et simplement contestée sur le fondement de l'article 8§1 de la CEDH. Contrairement au contexte où une affiche publicitaire porte atteinte au droit de jouir de son domicile en toute tranquillité et où le droit au respect de la vie privée pourrait intervenir, dans le cas de la publicité numérique personnalisée, l'individu exerce un choix de réception. L'acceptation de l'installation de cookies sur son terminal pourrait légitimement être analysée comme un consentement à la réception. Soutenir l'hypothèse contraire est dépourvu de cohérence. Quel est l'intérêt d'accepter un traitement des données à des fins publicitaires si le responsable de traitement n'est pas en mesure de permettre aux annonceurs de cibler l'utilisateur des services de ce dernier ?

730. À l'instar de la jurisprudence, qui considère que la liberté d'expression protège également le mode de diffusion du message, le traitement licite des données à des fins publicitaires devrait en effet être considéré comme relevant du champ de protection de l'article 10§1. La raison étant qu'en l'absence de ces données personnelles, un nombre important d'émetteurs (annonceurs, éditeurs de sites internet, intermédiaires techniques, plateformes numériques comme *Ad exchange*) verront leur liberté d'expression publicitaire limitée. Les données personnelles sont le carburant de leur activité génératrice de l'expression publicitaire ciblée.

731. Par ailleurs, la révocation du consentement devrait être également garantie au nom du droit au respect de la vie privée. Les droits d'opposition et celui à l'autodétermination informationnelle sont un exemple de ce droit de

révocation. Toutefois, le droit à la vie privée ne saurait jouer un rôle effectif dans la protection de la liberté de réception du récepteur. Contrairement à son acceptation, la révocation du consentement au traitement des données, ne sera pas forcément synonyme d'un refus de réception des messages publicitaires. Le droit au respect de la vie privée ne pourrait effectivement être opposé qu'au traitement des données. La réception des messages après consentement au traitement pourrait lui échapper, car en l'attente d'une consécration du droit de ne pas recevoir sur le fondement de la liberté de réception publicitaire, qui devrait être invoqué afin de refuser tout contact avec l'expression publicitaire et ce, malgré la licéité du traitement des données, le droit au respect de la vie privée continue à jouer un rôle curatif important.

732. Cela dit, il est du ressort du juge de trancher cette antinomie, étant donné que la Convention EDH ne prévoit pas de norme matérielle pour établir un principe de solution. Ainsi, afin de traiter la question du conflit des droits fondamentaux, deux possibilités s'offrent à ce dernier. Il est question d'adopter une règle qui serait applicable en cas d'opposition entre les droits en cause (*appréciation in abstracto*) ou éventuellement de traiter le conflit au cas par cas (*appréciation in concreto*) en prenant en considération les deux intérêts en concurrence sans se baser sur une règle préétablie.

733. Pour le premier cas, plusieurs théories peuvent être mobilisées[1214]. Le Professeur Ducouloumbier évoque la technique de la négation du conflit en redéfinissant le litige afin de le faire disparaître, ce qui pourrait nécessiter le passage par une phase de redéfinition de l'étendue du droit. Selon cet auteur, la « *redéfinition implique de faire sortir du cadre du litige l'un des termes du conflit afin que ce conflit, in fine, soit considéré comme apparent et non réel* »[1215]. Or, la Cour EDH ayant clairement étendu l'article 10 au discours publicitaire et en considérant que la protection des données personnelles fait partie du champ de la protection de l'article 8 de la CEDH, la négation du conflit sur la base de la redéfinition de l'étendue du droit ne pourrait aboutir à une solution dans le cas que nous traitons. La Cour EDH pourrait également, pour écarter tout litige, choisir un but légitime autre que celui auquel les litigants font référence. Cependant, cette technique serait plus fiable pour les droits qui ne sont pas limités par les clauses d'ordre public. Les articles 10 et 8 de la CEDH sont des droits contenant ces clauses et surtout celle « attrape-tout » de la « protection des droits d'autrui ». L'ensemble de ces théories, ainsi que d'autres[1216], font ainsi pencher la balance vers l'un des deux droits sans

---

1214 P. DUCOULOUMBIER : *Les conflits de droits fondamentaux devant la Cour EDH*, éd., Bruylant, Bruxelles, 2011, p.457.

1215 P. DUCOULOUMBIER, préc., p.457, §691.

1216 Pour la théorie de l'abus de droit, voir, V. SAINT-JAMES : « La conciliation des droits de l'homme et des libertés en droit public français », préc., p. 120 ; Pour la théorie de la hiérarchie des droits, Voir. P. DUCOULOUMBIER, préc., p. 474 ; J-P. MARGUÉNAUD : « La résolution des conflits entre le droit à la liberté d'expression et les droits à l'image et à la

procéder pour autant à une réelle mise en balance des intérêts en concurrence. C'est pour cette raison que nous ne nous les exposerons pas comme des voies de conciliation du conflit ici traité.

734. Le second cas, c'est-à-dire le traitement des espèces au cas par cas, semble constituer l'une des meilleures solutions possibles pour l'instauration d'un juste équilibre entre les intérêts en concurrence. Cette solution s'avère être la position préférée du juge européen des droits de l'Homme, qui tend vers un traitement des conflits par la mise en œuvre du principe de la proportionnalité. Ce dernier étant rationnalisé[1217], un « *corridor de solutions* »[1218] est fourni au juge national pour lui permettre de trouver des solutions aux droits en conflit tout en respectant les exigences de la Cour EDH. Ce « corridor » se compose des cinq critères suivants : la contribution à un débat d'intérêt général ; la notoriété de la personne visée et l'objet du reportage ; le comportement antérieur de la personne concernée ; le mode d'obtention des informations et leur véracité ; le contenu, la forme et les répercussions de la publication et la gravité de la sanction imposée. Toutefois, dans les contentieux concernant la publicité digitale, certains de ces critères peuvent s'avérer inadaptés (**A**). La spécificité et l'originalité du conflit invitent à une évolution en la matière. Au regard de la jurisprudence récente, il serait en effet techniquement possible d'enrichir le mécanisme européen de mise en balance d'un nouveau critère (**B**).

A - L'insuffisance des critères actuels de la mise en balance

735. Par la notion « d'insuffisance », nous signifions que les critères de mise en balance, tels qu'ils sont définis et appliqués par la Cour EDH, ne sont pas adaptés au conflit existant entre la protection de la vie privée du consommateur et la liberté d'expression publicitaire des émetteurs. Ces critères ont en effet été bâtis tout au long des litiges classiques qui opposaient l'article 8§1 à l'article 10§1 de la CEDH. En outre, les fondements du conflit étudié ne sont pas ceux habituellement traités par le juge européen des droits de l'Homme. C'est le droit à la protection des données personnelles et la liberté d'expression publicitaire qui sont réellement en conflit.

---

réputation », *RTD. Civ.* 2012 p.279. Cependant, certains auteurs considèrent qu'elle existe toujours : F. SUDRE : *Droit européen et international des droits de l'homme*, Paris, PUF 13ème édition, 2016, p. 207 ; Pour une version plus récente, v., F.SUDRE, L. MILANO et H. SURREL, *Droit européen et international des droits de l'homme*, Paris, 14ème édition, PUF, 2019 ; O. JACOT-GUILLARMOND, Rapports entre démocratie et droits de l'homme, p. 57 et 69 ; Sur son rejet par la Cour EDH, v. l'arrêt Chassagnou et autres c. France ; opinion dissidente du juge PETTITI sous l'arrêt Buckley c. Royaume-Uni 25 décembre 1996.

[1217] J-P. MARGUÉAUD, *op. cit.*

[1218] *Ibid.*

736. Par conséquent, la majorité des critères prédéfinis par la Cour EDH ne pourrait pas servir à effectuer une mise en balance équilibrée des intérêts en jeu. La Cour EDH n'exige pas des juges nationaux qu'ils les prennent tous en considération dans l'opération de mise en balance des intérêts. Selon les situations, certains critères pourraient sembler moins adaptés[1219] (**1**) à la nature du conflit que d'autres (**2**).

1 - Critères inadaptés au conflit

737. Parmi les cinq critères précités, seuls deux entre eux nous semblent inadaptés à la résolution du conflit entre la liberté d'expression publicitaire digitale et le droit à la protection de la vie privée.

738. L'inadaptation de ces critères ne signifie pas pour autant que le juge européen des droits de l'Homme ne peut pas y recourir. Il est toujours en mesure de les invoquer mais ils n'auront pas de sens en raison, tout à la fois, de la forme d'expression en cause et de la personne qui s'estime victime d'une atteinte à son droit à la vie privée. Les critères dont il s'agit sont : la contribution à un débat d'intérêt général (**a**) et le critère de la notoriété de la personne (**b**).

a - La non-contribution de l'expression publicitaire à l'intérêt général

739. Il est de jurisprudence constante que la contribution d'une information à un débat d'intérêt général constitue un élément déterminant de la résolution des conflits relatifs à l'exercice de la liberté d'expression[1220]. Lors de la mise en balance de la liberté d'expression et de la protection de la vie privée, la Cour apprécie le degré de contribution du message, du type d'article publié ou de l'image, au débat d'intérêt général[1221]. Si l'information publiée contribue au débat d'intérêt général, la liberté d'expression l'emporte généralement sur la protection de la vie privée[1222]. *A contrario*, lorsque l'information en question est sans importance pour la société, la vie privée de la personne concernée prend le dessus sur l'article 10§1[1223]. Certes, la mise en balance ne s'effectue pas avec un tel automatisme, le juge prend en

---

[1219] Cour EDH : 20 mars 2018, Falzon c. Malte, n°45791/13, §55 ; Cour EDH : 21 septembre 2017, Axel Springer et RTL Télévision Gmbh c. Allemagne, n°51405/12, §42.

[1220] Cour EDH : 24 juin 2004, Von Hannover c. Allemagne, requête n° 59320/00, CCE 2004. Comm. 147, obs. A. LEPAGE, *D.* 2004. IR 2011, Somm. 2538, obs. J.-F. RENUCCI, et 2005. 340, note J.-L. HALPÉRIN , *Légipresse* 2004, III, p. 209.

[1221] Cour EDH : 17 octobre 2006, Gourguénidzé c. Géorgie, req. n° 71678/01, D. 2007. Pan. 2778, obs. Ch. BIGOT.

[1222] Cour EDH : 12 juin 2014, Couderc et Hachette Filipacchi Associés c. France, préc.

[1223] Cour EDH : Von Hannover c Allemagne (2), préc. ; Civ. 1er , 27 février 2007 , CCE 2007. Comm. 97, *D.* 2007. Somm. 2776, obs. Ch. BIGOT.

considération les autres critères, par exemple : les conséquences de la publication ou la sévérité de la sanction imposée aux journalistes ou éditeurs. Ainsi, une ingérence assez significative dans l'exercice de la liberté d'expression peut donner lieu à un constat de violation de cette liberté, bien que la publication ne contribue pas réellement au débat d'intérêt général[1224]. Cependant, il est indéniable que le critère de la contribution au débat d'intérêt général s'avère central en matière de conciliation entre les droits protégés par l'article 10 et ceux qui le sont par l'article 8 de la CEDH.

L'application de ce critère renverse l'effet sur la liberté d'expression, qui est, dans ses applications classiques, considéré comme un critère favorable à la valorisation de la liberté d'expression[1225]. Or, son application au conflit sur lequel porte cette étude en fait un obstacle à cette liberté.

740. Avant de nous intéresser au type d'expression en conflit avec l'article 8§1 de la CEDH, un point mérite d'être rappelé d'emblée, à savoir que le juge national, de même que son homologue européen, ont conscience que même si les droits en conflit appartiennent à la même génération et donc au même sommet des valeurs, une hiérarchie subsiste au sein même du droit à la liberté d'expression. Il en résulte ainsi plusieurs niveaux de protection selon la nature du discours en cause[1226]. Le discours publicitaire, contrairement à celui politique ou à celui de la presse, par exemple, reçoit une protection faible. La non-contribution d'une telle forme d'expression au débat de société justifie le niveau faible de protection dont elle bénéficie. Par conséquent, il s'agit d'une forme d'expression qui est à la périphérie d'une liberté fondamentale et qui ne reçoit qu'une protection limitée qui entre en conflit avec le droit à la vie privée du consommateur.

741. Cela étant, il va sans dire que la publicité commerciale, outre l'information qu'elle est susceptible de procurer aux consommateurs sur les biens et services existant sur le marché, n'est pas gratuite, mais vise à tirer avantage de son exercice, sous la forme d'une quête de notoriété et de l'optimisation des ventes dans une logique de maximisation du profit. Dès lors, l'examen du critère concernant le degré de contribution de l'expression publicitaire en cause dans l'intérêt général fait davantage pencher la balance en faveur du droit du consommateur à la protection de sa vie privée. Cet état de fait n'est pas près de changer étant donné que la nature de la publicité commerciale et sa raison d'être sont de faire vendre. Ainsi, ce critère central dans l'opération de mise en balance des droits en opposition constituerait un

---

1224 E. DREYER : *Droit de la presse*, D. 2020, p. 237 ; V. également E. DREYER : *Droit de la communication*, LexisNexis, 2018.

1225 A. LEPAGE : « Droits de la personnalité et liberté d'expression », *D.* septembre 20019, §305.

1226 D. A. FFARBER : « L'approche de la liberté d'expression par catégorie d'expression en droit constitutionnel américain », *in La liberté d'expression aux États-Unis et en Europe*, direct., Élisabeth Zoller, *Dalloz*, 1ère éd. 2008.

obstacle face à la liberté d'expression publicitaire des responsables de traitements et à l'émetteur tant que ce discours sert des intérêts mercantiles. Or, il serait souhaitable d'aboutir à la mise en place d'un critère de conciliation favorable à l'expression publicitaire et qui garantirait l'intimité des e-consommateurs (mobinautes ou internautes).

b - L'absence de notoriété de la victime d'atteinte au droit à la vie privée

742. Dans la même veine, le critère de notoriété de la personne qui s'estime victime d'une atteinte à sa vie privée complète celui de la contribution à un débat d'intérêt général. Les informations publiées concernant une personne célèbre, une personnalité politique par exemple, sont généralement intéressantes pour le public auprès duquel cette dernière fait audience. En effet, selon la Cour EDH « *le rôle ou la fonction de la personne visée et la nature des activités faisant l'objet du reportage et/ou la photo constitue un autre critère important, en lien direct avec le précédent (contribution à l'intérêt général)* »[1227]. Le juge européen considère qu'une distinction doit être faite entre de simples particuliers et ceux agissant dans un contexte public. En ce sens, le rôle de la presse s'avère moins important lorsqu'il s'agit de communiquer des idées et informations concernant une personne privée[1228]. Dès lors, l'article 10§1 en appelle à une interprétation moins large au profit de l'article 8§1.

743. Traditionnellement, l'opposition entre ces deux droits porte en effet surtout sur la publication d'informations privées concernant une personne dotée d'une certaine notoriété[1229]. Ce sont ainsi les entreprises de presse qui se sont retrouvées sous les projecteurs du droit au respect de la vie privée. Partant, lors de la divulgation d'informations privées sur une personne, ce sont souvent le droit du public à l'information et celui à l'image qui sont en confrontation avec la vie privée[1230].

744. L'essor du commerce électronique encouragé par une réglementation permettant de sécuriser les transactions en ligne, a permis aux entreprises de développer davantage leurs activités sur ce canal. Ceci étant, en plus des entreprises de presse, avec l'extension de l'article 10§1 au discours publicitaire, ce sont également les entreprises commerciales qui diffusent un discours qui est à son tour contesté au titre de l'article 8§1 de la CEDH. De

---

[1227] Cour EDH : Von hannover, préc. §110.

[1228] *Ibid.*

[1229] Commercialisation de l'image d'autrui, liberté d'expression et poupée vaudou – Tribunal de grande instance de Paris 29 octobre 2008 – *D.* 2008. 2870 ; Cour de cas., ch., crim., 16 mars 2016, n° 15-82.676 ; Cass., ass. plén., 7 mai 2004, n° 02-10.450.

[1230] Cour EDH : 23 juillet 2009, Hachette Filipacchi, n°12268/03 ; Cour EDH : Von Hannover n°2, préc.

surcroît, la personne qui s'estime victime d'une atteinte au droit à la vie privée ne peut s'en tenir à la seule personnalité publique, mais peut également concerner tout particulier se servant du web. Certes, l'atteinte à la vie privée était auparavant l'apanage des personnes célèbres et les personnes privées n'étaient que rarement confrontées à ce genre de conflit. Toutefois, aujourd'hui, ces dernières sont de plus en plus concernées. Ainsi, en appliquant ce critère dans le cas du conflit étudié, le juge serait ainsi amené à faire pencher la balance en faveur du respect de la vie privée et donc, de même que pour le critère de la contribution à l'intérêt général, souvent, voire toujours, de l'individu. Par conséquent, l'application du critère de l'évaluation de la notoriété aboutirait souvent au même résultat. De ce fait, l'on pourrait le considérer comme une sorte de règle qui tranche sans prendre en compte les intérêts concurrents.

2 - Critères adaptables au conflit

745. Les trois critères restants, à savoir l'examen du mode d'obtention des informations, le contenu du message et le comportement antérieur de la personne concernée semblent adaptables au conflit en question dans la mesure où chacun d'entre eux pourrait avantager l'un des deux droits.

746. S'agissant du critère du mode d'obtention des informations, il convient de préciser que les informations en question peuvent être des photos ou des informations personnelles concernant une personne publique ou privée. Ainsi, dans l'affaire *Von Hannover*, par exemple, la publication en cause avait pour objet des photos. Afin de vérifier leur mode d'obtention, la Cour s'était penchée sur les circonstances dans lesquelles elles avaient été prises. C'est la vérification de l'existence du consentement au moment de la prise et de la publication des photos qui a déterminé le sens de la décision du juge[1231]. L'absence de consentement ou l'utilisation de procédés frauduleux, afin d'obtenir des informations publiées fait en effet pencher la balance en faveur de la protection de la vie privée. Ces éléments semblent en parfaite adéquation avec le conflit entre la liberté d'expression publicitaire et la protection de la vie privée. En la matière, les informations dont il s'agit sont les données à caractère personnel appartenant à des personnes privées ou publiques (la distinction n'est pas d'un grand intérêt). La vérification de leur mode d'obtention pourrait de la sorte parfaitement aller dans le sens de la protection de la vie privée de même qu'elle est susceptible de confirmer le caractère licite de la publicité qui serait en cause.

747. Afin qu'il soit licite, tout traitement de données à caractère personnel doit en effet être autorisé par l'individu. Le RGPD exige du responsable du traitement qu'il recueille le consentement éclairé, spécifique et univoque de ce dernier. Le respect de cette obligation essentielle par les émetteurs de la

---

[1231] Cour EDH : Von Hannover n°2, préc. §113.

publicité commerciale devrait leur éviter la censure. Le conditionnel ici employé, est justifié du fait que le responsable de traitement est tenu par le respect de plusieurs autres obligations postérieures au consentement recueilli. De plus, l'intensité de la réception, son caractère intrusif en raison de l'espace qu'elle pourrait occuper sur l'écran seraient susceptibles de constituer des éléments dont le juge pourrait tenir compte.

Le responsable de traitement, qui n'est pas forcément l'émetteur du message publicitaire, doit informer l'individu sur le sort de ses données. Si, sur la base de ces informations, l'individu autorise la collecte de ses données, il ne pourrait s'estimer par la suite victime d'une atteinte à sa vie privée si elles sont exploitées à des fins publicitaires. Or, n'ayant réellement d'autre choix que d'accepter d'être tracé sur le web, étant donné que la collecte de ses données compense son utilisation « gratuite » des services proposés, l'individu se voit contraint de consentir à l'installation de cookies sur son ordinateur s'il souhaite bénéficier des services proposés. Par conséquent, la vérification du consentement apparaît comme une tâche délicate. Comment le juge européen apprécie-t-il l'existence d'une véritable volonté de recevoir les messages publicitaires ciblés chez les personnes ayant consenti à l'utilisation de leurs données ? Il est vrai que la définition donnée au consentement au sens du RGPD exige du responsable de traitement qu'il ne subordonne pas l'accès à son contenu à l'acceptation, par l'utilisateur, des cookies traceurs[1232]. Cependant, n'est-il pas tout à fait légitime pour le responsable de traitement de rechercher une contrepartie aux services fournis ? L'intérêt du responsable de traitement aurait-il un poids pour le juge européen lors de l'exercice de la mise en balance ? Une appréciation objective des intérêts en concurrence risque d'influer sur le critère de « liberté » exigé pour un consentement légal, or c'est ce critère qui exige du responsable de traitement d'autoriser l'accès à ses services, ce y compris en cas de refus d'installation des cookies traceurs.

748. Concernant le contenu du message, son examen permet à la Cour EDH de mesurer la gravité de l'information publiée[1233]. La nature pénale des faits imputés à une personne diffamée est susceptible de jouer en faveur d'un droit au détriment de l'autre[1234]. En outre, en cas d'atteinte médiatique à la vie privée d'une personne, la Cour évalue le caractère « intime » des informations rendues publiques. Lorsque la publication contient des informations personnelles, la balance penche en faveur de l'article 8 lorsqu'il s'agit d'une personne privée. Outre le caractère personnel des informations publiées, le juge évalue le contexte dans lequel celles-ci ont été recueillies. Si le recueil a

---

[1232] La CNIL, « Conformité RGPD : Comment recueillir le consentement des personnes », 3 août 2018. V. lien direct : https://www.cnil.fr/fr/conformite-rgpd-comment-recueillir-le-consentement-des-personnes

[1233] L. FRANÇOIS : « Le conflit entre la liberté d'expression et la protection de la réputation ou des droits d'autrui », *D.* 2006. 2953.

[1234] Cour EDH : 17 déc. 2004, Cumpana et Mazare c. Roumanie, req. 33348/96.

été fait dans un contexte privé, l'atteinte à la vie privée de la personne publique l'emporte également sur la liberté d'expression[1235]. Cependant, la liberté d'expression l'emporte pour sa part souvent sur le respect de la vie privée lorsque les faits révélés ne sont pas graves mais ont un caractère anodin (le lieu de résidence de la princesse monégasque, sa rencontre au restaurant avec son époux, par exemple)[1236]. De la même manière, la publication par un journal d'informations personnelles qui avaient déjà été révélées par le passé fait pencher la balance en faveur de la liberté d'expression[1237]. Plus encore, les répercussions des publications sur la personne sont également prises en compte par le juge européen[1238] dans son appréciation de ce critère. Ainsi l'ampleur de la diffusion, locale ou nationale, est un élément déterminant de la gravité de l'effet subi par la personne concernée[1239].

749. La vérification de ces éléments est possible dans le contexte de la publicité commerciale personnalisée. Nous avons précédemment souligné que l'importance des informations personnelles utilisées à des fins publicitaires ne varie pas en fonction de la personne à qui elles appartiennent. Bien qu'en réalité cette distinction s'avère importante pour les annonceurs, une personne aisée est davantage susceptible de passer à l'action qu'une personne ayant des revenus faibles, ainsi les données de la première ont plus de valeur que celles de la seconde. Toutefois, ce n'est pas la notoriété de la personne qui est prise en compte. Par conséquent, le seul cas où le juge se penche sur la vérification de la nature des données, est celui dans le cadre duquel il s'agit d'analyser si des données sensibles ont été traitées après consentement de l'individu. Dans un tel cas, ce n'est pas de la vérification du contenu du message qu'il est question, mais de la matière ayant contribué à sa production ou pour du moins à sa personnalisation. Partant, tout porte à croire que le critère de l'évaluation du contenu du message n'est pas adapté au conflit des droits traités. Toutefois, ce constat n'est qu'apparent. Contrairement aux contentieux classiques opposant l'article 10 à l'article 8, dans le cas du conflit impliquant l'expression publicitaire digitale, l'examen du juge - en application du critère du contenu du message -, sera porté sur l'objet du message, autrement dit sur le produit ou le service faisant l'objet de la publicité. Ainsi, d'autres éléments entreront en ligne de compte. Il s'agit, par exemple, de vérifier s'il est autorisé

[1235] Cour EDH, Von Hannover, préc.

[1236] Civ. 2e, 19 fév. 2004, n° 02-11. 122, *Bull. civ.* II, n°72, *D.* 2004; 2596, 3e esp., note Ch. BIGOT.

[1237] C. Cas., Civ.1er, 13 mai 2014, n°13-15.819, *D.* 28 mai 2014, Obs. MÉSA ; Civ. 1er, 20 nov. 1990, n°89-12.580, *Bull. civ.* I, n°256, JCP 1992. II. 21908, note J. RAVANS.

[1238] Cour EDH : 16 av ; 2009, Egeland et Hanseid c. Norvège, req., n°34438/04, §61.

[1239] Cour EDH : 16 nov. 2004, Karhuvaara et Iltalehti c. Finlande, req., n° 53678/00. § 47.

que le produit fasse l'objet d'une publicité (le tabac par exemple) ou encore si le contenu répond aux principes de loyauté, de dignité et de décence[1240].

Comme nous l'avons préalablement souligné, le juge étudie, dans le cadre de son examen du contenu du message, les répercussions du contenu publicitaire sur la personne. De ce fait, il ne va pas procéder à la vérification de l'ampleur de la diffusion mais plutôt se pencher sur l'appréciation des conséquences du message personnalisé, d'une manière récurrente et sur la base du profilage, sur le comportement et la liberté de choix de son récepteur.

750. S'agissant enfin de l'examen du comportement antérieur du consommateur, ce critère permet au juge de vérifier si celui-ci a droit à une espérance légitime de voir sa vie privée effectivement protégée étendue ou limité, voire même inexistante[1241]. La jurisprudence de la Cour EDH se montre claire sur ce point. S'il s'avère par conséquent, lors de l'examen des faits en l'espèce, que la personne concernée avait elle-même déjà divulgué des informations la concernant, et qu'elle s'était elle-même projetée sur la scène publique, elle risque de perdre son espérance légitime de voir effectivement sa vie privée protégée au titre de l'article 8§1. En d'autres termes, par exemple, les personnes « *ne pourraient solliciter les médias à des fins personnelles et se plaindre ensuite de la médiatisation pour exiger un droit à l'oubli* »[1242].

751. Dans notre cas, le consommateur ayant rempli, coché ou signé un formulaire pour adhérer à un réseau social ou afin de contracter en ligne, ne pourrait en toute légitimité contester le fait de recevoir des publicités personnalisées reçues sur la base des données fournies. Il ne perd certes pas le droit de revendiquer le respect de sa vie privée en cas d'atteinte avérée, ce dernier étant applicable y compris en cas de consentement au traitement des données. Toutefois son espérance légitime à une telle protection se verra limitée et influencerait par conséquent le degré d'effectivité du droit au respect de la vie privée.

Le mérite de ce critère est sa capacité à responsabiliser le consommateur en le confrontant à ses actions antérieures. De plus, l'émetteur de l'expression publicitaire ne pourrait voir sa liberté censurée d'une manière automatique. Faut-il ainsi reconnaître que le critère du comportement antérieur ne tranche pas en faveur de l'une ou de l'autre partie, mais instaure un juste équilibre entre leurs intérêts respectifs.

[1240] L. ARCELIN : « Règles générales quant au contenu du message publicitaire », *LexisNexis, Fasc.* 794, 29 octobre 2018.

[1241] J-B. WALTER : *L'espérance légitime*, Fondation Varenne (coll. des thèses), 2011 ; V. aussi, L. FRANÇOIS : « L'espérance légitime : nouvelle technique européenne de la protection de la liberté de la presse à sensation », *RLDI* sep 2009, n°53, n°1716.

[1242] L. FRANÇOIS : « Le droit à l'oubli numérique à l'épreuve de la liberté d'information », *AJ Pénal*, 2018, p.462.

752. *In fine*, afin de combler les insuffisances des critères de mise en balance utilisés par le juge européen des droits de l'Homme, il ressort qu'une évolution du mécanisme européen de ces critères s'avère nécessaire.

B - Vers la définition d'un nouveau critère de conciliation : l'exercice des droits acquis

753. Le critère proposé, que nous appelons « l'exercice des droits acquis », signifie que le juge devrait exiger de l'individu l'exercice des droits qui lui sont garantis par les textes relatifs à la protection des données. Les droits acquis dont il s'agit sont ceux consacrés par les différents textes européens en lien avec la protection des données à caractère personnel, avec la Convention pour la protection des données à caractère personnel n°108 et avec le RGPD à titre principal. En plus des droits garantis par ces derniers, il faudrait également compter l'éventuel droit à la patrimonialité des données dont les amorces se trouvent dans la directive concernant certains aspects des contrats de fourniture de contenus numériques[1243].

754. À la lumière de l'examen que fait la Cour EDH du comportement antérieur de l'individu, - c'est-à-dire quand elle vérifie si ce dernier a divulgué ou non les informations privées le concernant -, elle pourrait être amenée, en application du critère de l'exercice des droits acquis, à observer si ce même individu avait exercé les droits qui lui sont garantis par l'ordre interne et européen. Dans son appréciation de ce critère, le juge européen devrait distinguer entre deux types de droits : ceux dont l'exercice est exigé (droit à l'effacement des données, droit d'opposition, révocation du consentement) avant toute revendication de la protection de la vie privée et ceux qui, une fois exercés (transfert des données), feraient perdre au consommateur l'espérance légitime d'une protection effective de sa vie privée. De ce fait, le juge se retrouverait face à un individu passif (droits non exercés) **(1)** ou vigilant (droits exercés) **(2)**.

1 - L'individu passif

755. La passivité de l'individu s'apprécierait après la saisine du juge interne ou européen d'une requête alléguant la violation du droit à la protection de ses données à caractère personnel. L'affaire sera donc portée devant le juge sous l'angle de l'article 8. Néanmoins, rappelons que cela n'influencera pas la méthode classiquement adoptée par le juge pour la

---

[1243] Directive (UE) 2019/770 du parlement européen et du conseil du 20 mai 2019 relative à certains aspects concernant les contrats de fourniture de contenus numériques et de services numériques, considérant 24.

résolution du conflit[1244]. En effet, l'individu passif serait celui qui, après l'épuisement des voies de recours internes (Pour le cas de la France, après la saisine de la CNIL et le Conseil d'État) [1245], saisira le juge européen des droits de l'homme sur le fondement de l'article 8 et ce sans exercice préalable des droits dont il dispose : le droit à l'effacement, le droit d'opposition ou de révocation du consentement.

756. Il est à souligner que l'exigence d'exercer les droits acquis ne concerne que les violations postérieures à l'acceptation par le consommateur de la collecte de ses données à caractère personnel. Ceci peut être justifié par le fait que les droits dont dispose l'individu ne peuvent intervenir que postérieurement à l'acquiescement au traitement.

757. Bien qu'étant libéral, le critère d'exercice des droit acquis n'est nullement une condition *sine qua non* pour la revendication de la protection de la vie privée. Les personnes vulnérables, les mineurs et les personnes âgées, par exemple, auront toujours le droit de saisir le juge européen sur ce fondement sous réserve des articles 34 à 37 de la CEDH. En réalité, le critère exposé ne fait que compléter les autres critères classiques que le juge aurait à prendre en considération dans sa recherche d'équilibre.

758. Partant, l'observation d'un tel critère permettrait d'établir un équilibre entre l'exploitation licite des données à des fins publicitaires et le droit du consommateur à ce que sa vie privée soit protégée. D'un côté, le responsable de traitement ne sera pas automatiquement sanctionné pour avoir traité les données en question à des fins publicitaires parce que ce dernier y avait consenti. Ce n'est qu'en cas de réception intense intrusive que la liberté d'expression de l'émetteur pourrait être limitée.

Ceci étant, la jurisprudence de la Cour EDH fournit un exemple dans lequel un exercice du droit a été vérifié par le juge des droits de l'Homme. Dans l'affaire *M.L. et W.W c. Allemagne*[1246], deux frères contestaient, en effet, sur le fondement de l'article 8§1, le refus des juridictions allemandes d'ordonner l'interdiction du maintien en ligne des archives concernant leur condamnation pour assassinat et mentionnant leurs noms. L'un des motifs de la décision de la Cour s'avère fort intéressant. Elle n'a en effet pas fait un constat de violation de l'article 8§1 de la CEDH parce qu'elle a estimé, tout d'abord, que malgré l'écoulement du temps, la disponibilité en ligne des reportages en cause contribuait au débat d'intérêt général et a également considéré que les requérants avaient perdu leur espérance légitime puisqu'ils n'avaient pas demandé l'effacement de ces reportages aux exploitants des moteurs de

[1244] Cour EDH : Von Hannover c. Allemagne n°2, préc., §106 ; Cour EDH : Axel Springer c. Allemagne, préc., §87.

[1245] Sur cette question voire le Manuel de droit européen en matière de protection des données, 2014, p. 129.

[1246] Cour EDH : 28 juin 2018, numéros 60789/10 et 65599/10.

recherche[1247]. Insister sur le fait que les deux frères n'aient pas effectué une telle demande auprès des exploitants des moteurs de recherche est révélateur, comme M. Lyn François l'avait bien souligné, d'un éventuel nouveau critère de mise en balance[1248]. Un raisonnement par analogie permettrait de présager une telle exigence pour les autres droits consacrés par le RGPD. Si le non-exercice ne fait pas perdre au consommateur son droit à la vie privée, il constituerait, toutefois, un facteur d'affaiblissement de ce droit.

759. Il faudrait admettre qu'une (r)évolution dans le mécanisme européen de résolution des conflits est en marche. La création d'un nouveau critère de mise en balance est donc probable. Dans l'affaire *Aksu c. Turquie*, par exemple, la juridiction strasbourgeoise s'est certes référée aux critères *vademecum* « Von Hannover n°2 »[1249], mais elle les a immédiatement adaptés au cas d'espèce qui concernait une requête faisant valoir qu'un ouvrage comportait des passages offensants pour la communauté rom. Plus encore, la Cour a surtout insisté sur d'autres critères en lien avec le litige, à savoir : les intentions de l'auteur de l'ouvrage, ses fonctions, la méthode de recherche utilisée, ainsi que l'existence d'un dispositif juridique efficace de protection des droits relevant de la notion de « vie privée »[1250].

760. En somme, il ne reste qu'à croire en le « *pragmatisme du juge européen qui organise son contrôle à partir des intérêts exacts en conflits et du raisonnement des juges nationaux* »[1251], pour espérer une consécration du critère proposé.

2 - Le consommateur vigilant

761. Le consommateur vigilant serait quant à lui celui qui a exercé les droits qui lui sont garantis par le RGPD. Il ne s'agit que de ceux permettant le transfert des données, mais il serait plutôt question ici du droit à la portabilité des données et de celui à la patrimonialité des données, qui offrent au consommateur une réelle maîtrise sur ses données[1252].

762. Il est évident que le modèle économique sur lequel se fonde l'économie numérique est celui de la donnée considérée comme « le

---

1247 L. FRANÇOIS : « Le droit à l'oubli numérique à l'épreuve de la liberté d'information », préc ; H. SURREL : « Droit à l'effacement et la liberté de la presse », *JCP* 2018, n°869.

1248 L. FRANÇOIS, préc.

1249 Pour reprendre l'expression de M. AFROUKH : Les critères « Von Hannover n°2 » dans la jurisprudence récente de la Cour européenne des droits de l'homme : une attractivité équivoque », Rev. trim. dr. h. n°115, 2018, p. 595.

1250 Cour EDH (GC) : 15 mars 2012, Aksu c. Turquie, requêtes n° 4149/04 et 41029/04, §§70 à 73.

1251 M. AFROUKH, préc., p.601.

1252 Il est important de souligner que les données sensibles ne rentrent pas dans la catégorie des données auxquelles nous faisons référence.

carburant »[1253] de cette économie. Les services proposés en ligne ou par les applications mobiles sont payants. Néanmoins, l'illusion de leur gratuité découle du fait que la collecte des données était réalisée dans des conditions ne respectant pas les droits des e-consommateurs. La longueur et la complexité des chartes d'utilisation des services proposés entravent leur lecture par les consommateurs. Cependant, la vigilance du législateur européen alerté après les différents scandales liés à l'utilisation des données, dont *l'affaire Cambridge analytica* impliquant Facebook[1254], a éveillé la conscience des individus et les a rendus de plus en plus inquiets du devenir de leur données. Cette inquiétude a impliqué l'apparition de plusieurs droits permettant à l'individu de contrôler ses données. Le droit le plus contesté est celui qui permet à ces derniers de céder leurs données[1255].

763. En réalité, même avant toute consécration théorique du droit de la patrimonialité[1256] des données, le fait d'accepter l'installation de cookies sur son ordinateur implique un traitement des données. Tout refus de la part de l'utilisateur est souvent « sanctionné »[1257] par l'interdiction d'accès au service. Par conséquent, les données ont depuis toujours servi de monnaie d'échange contre les services proposés en ligne et sur les mobiles. *In fine*, l'évocation de cette faculté de fournir ses données en contrepartie d'un service proposé a l'avantage de concilier la liberté d'expression publicitaire avec la protection de la vie privée des consommateurs, mais au détriment des droits de l'individu[1258].

764. Par ailleurs, en exerçant son droit à la portabilité des données, l'individu détiendra ses données en format dématérialisé, ce qui lui permettra de les transférer à un autre responsable de traitement en contrepartie d'un service proposé. Ces données transférées seront exploitées[1259] afin de produire un message publicitaire personnalisé qui sera par la suite renvoyé à ce consommateur. Ce dernier pourrait également opter pour la contractualisation du transfert de ses données en contrepartie d'un service sans pour autant subir une telle exposition à la publicité[1260]. Dans un tel cas, les données du

---

1253 Pour reprendre l'expression de la CNIL.

1254 Sur cette affaire, voir, entre autres, https://www.cnil.fr/fr/affaire-cambridge-analytica-facebook.

1255 Voir l'étude du Conseil d'État de 2014, préc., p.62.

1256 Sur ce point, voir le rapport : « Mes données à moi. Pour une patrimonialité des données personnelles », *Think tank GénérationLibre* du janvier 2018.

1257 L. ARCELIN : « Données personnelles : sésame déterminant sur le marché de la publicité digitale », préc.

1258 Conseil d'État, préc. p. 264 et s.

1259 Par le responsable de traitement lui-même, ou par ses partenaires commerciaux.

1260 Considérant 24 de la directive (UE) 2019/770 du parlement européen et du Conseil du 20 mai 2019 relative à certains aspects concernant les contrats de fourniture de contenus numériques et de services numériques : « *Les contenus numériques ou les services numériques*

consommateur ainsi obtenues seront exploitées sur les autres interfaces du marché numérique. Si l'une de ces options est choisie, les intérêts des personnes concernées, de même que ceux du responsable de traitement, seraient satisfaits.

765. Le juge aurait pour rôle d'apprécier, en cas de conflits, les intérêts de chacun des deux protagonistes en fonction du critère d'exercice des droits. S'il constate que l'individu avait cédé ou volontairement transmis ses données à des fins publicitaires en contrepartie d'un service en ligne, il devrait prendre en compte le choix exercé. Dès lors, c'est l'espérance légitime de la protection de sa vie privée protégée qui serait remise en cause. Ainsi, dans l'arrêt *Hachette Filipacchi c. France* du 23 juillet 2009, la Cour européenne a estimé que la condamnation d'un magazine pour atteinte à la vie privée d'un chanteur célèbre violait l'article 10 de la Convention en affirmant que « *dans la mesure où le magazine a repris des informations librement divulguées et rendues publiques par l'intéressé lui-même, notamment dans son autobiographie, sur ses biens et sur la façon dont il employait son argent, la Cour est d'avis que celui-ci ne conservait plus une espérance légitime de voir sa vie privée effectivement protégée* »[1261].

À l'opposé, s'il s'avère que le responsable de traitement n'a pas respecté les termes du contrat de cession ou de location conclu avec le consommateur, le juge pourrait constater la violation du droit à la vie privée tout en le condamnant sur cette base et également en raison de son manquement à ses obligations contractuelles.

766. En définitive, le critère de l'exercice des droits acquis permet d'observer objectivement les intérêts des deux parties. Ce genre de contentieux concernant l'utilisation des données à des fins publicitaires impose une certaine objectivité dans l'examen qui lui sera réservé. Ce critère, qui pourrait être apprécié dans le cadre d'un examen du comportement

---

sont également souvent fournis lorsque le consommateur ne s'acquitte pas d'un prix mais fournit des données à caractère personnel au professionnel. Ces modèles commerciaux sont appliqués sous de multiples formes dans une grande partie du marché. Tout en reconnaissant pleinement que la protection des données à caractère personnel est un droit fondamental et que, par conséquent, les données à caractère personnel ne peuvent être considérées comme des marchandises, la présente directive devrait garantir aux consommateurs, dans le cadre de ces modèles commerciaux, le droit à des recours contractuels. La présente directive devrait dès lors s'appliquer aux contrats par lesquels le professionnel fournit ou s'engage à fournir un contenu numérique ou un service numérique au consommateur et le consommateur fournit ou s'engage à fournir des données à caractère personnel. Les données à caractère personnel pourraient être communiquées au professionnel soit au moment de la conclusion du contrat, soit ultérieurement, par exemple lorsque le consommateur donne au professionnel son consentement à l'utilisation de données à caractère personnel que le consommateur pourrait téléverser ou créer dans le cadre de l'utilisation du contenu numérique ou du service numérique ».

[1261] §53.

intérieur, témoigne de telles exigences. De surcroît, il inciterait les consommateurs à s'informer sur leurs droits et à les mettre en exercice. Par conséquent, ces droits pourraient gagner en effectivité et en efficacité. Par ailleurs, du côté des responsables de traitement, ce critère les inviterait à respecter davantage la vie privée des consommateurs et leur volonté de recevoir les messages publicitaires personnalisés car, en effet, consentir au traitement des données personnelles à des fins publicitaire revient à accepter par là-même la réception de la publicité ciblée. En somme, l'application de ce critère aurait un effet d'autorégulation des conflits en la matière. Si l'intervention du juge demeure nécessaire, sa tâche serait désormais moins difficile à accomplir.

Paragraphe 2 - Un éventuel nouveau conflit intra-droit en matière d'expression publicitaire

767. À la lumière des développements précédents, plus précisément des motifs ayant conduit à une riposte afin de faire face à l'agressivité et à l'intrusion de la publicité commerciale, tout porte à croire qu'une consécration légale de l'aspect négatif de la liberté de réception est proche. Nous étudierons ici l'éventualité d'une consécration jurisprudentielle de cet aspect négatif. Dans un tel cas, le juge européen des droits de l'Homme serait face à un conflit intra-droit. Il s'agirait là d'un nouveau conflit, même s'il n'est pas inédit en son genre, car l'agressivité de la publicité et son intrusion ne sont pas les seules causes de l'émergence de ce conflit intra-droit. L'interprétation dynamique de la Cour EDH appliquée à l'article 10§1 de la CEDH y a également contribué. Ainsi, l'interprétation dynamique de la Cour fondée sur les « conditions d'aujourd'hui » pourrait aboutir à la consécration de l'aspect négatif de la liberté de réception (**A**). Si une telle consécration avait lieu à l'avenir, le juge européen des droits de l'Homme serait tenu de résoudre le conflit existant (**B**).

A - Les causes du conflit intra-droit

768. Actuellement inexistante, la collision éventuelle entre la liberté d'expression publicitaire et le droit de ne pas recevoir aura pour origine la nature agressive et intrusive de la publicité commerciale et plus particulièrement l'interprétation dynamique de la Cour EDH. Il a été bien établi que le développement des droits de la Convention EDH, en particulier, dans son aspect qualitatif, est à l'origine de la multiplication des conflits

concernant les droits de l'Homme[1262]. Le droit à des conditions de détention conformes à la dignité humaine, celui à l'exécution des décisions de justice, le droit à un environnement sain et à la liberté d'expression publicitaire, constituent des illustrations de l'élargissement des droits dans l'objectif d'en assurer l'effectivité. L'élargissement du droit à la liberté d'expression a permis à cette liberté d'étendre sa garantie fondamentale au discours artistique, de même qu'à celui commercial et également, même s'il est moins avoué, au discours publicitaire. L'extension de l'article 10§1 au discours publicitaire est une cause de l'émergence du conflit intra-droit. Ainsi, comme nous avons essayé de le démontrer tout au long de nos développements, cette extension n'a pas contribué à la valorisation de la liberté d'expression publicitaire de l'émetteur, et de surcroît, elle est génératrice de conflits de droits. Encore faut-il, en plus de l'audace interprétative du juge européen, que les conditions soient remplies et que les circonstances d'une consécration expresse de l'aspect négatif de la liberté de réception se présentent.

769. Rares sont les droits conventionnels auxquels la juridiction strasbourgeoise a consacré l'aspect négatif. Le droit négatif de ne pas devenir parent[1263], le droit de ne pas adhérer à une religion ou encore celui de ne pas la pratiquer[1264] et le droit de ne pas s'associer figurent parmi les quelques exemples existants. Le dernier exemple, à savoir le droit de ne pas adhérer à un syndicat, attire particulièrement l'attention. Les raisons pour lesquelles il a été consacré sont en effet pratiquement similaires à celles qui existent actuellement par rapport à la liberté de réception. Dans l'arrêt de principe ayant consacré ce droit[1265], deux principaux griefs ont motivé la décision de la Cour EDH. En premier lieu, l'influence des systèmes internes de protection s'est avérée déterminante. Ainsi, dans l'arrêt *Sigurjonsson c. Islande*, le juge européen relève que *« l'affiliation obligatoire à une association de droit privé ne se rencontre pas dans le droit de la grande majorité des États contractants »*[1266]. Plus encore, la Cour fait le constat de l'existence de législations qui garantissent l'aspect négatif de la liberté d'association. Elle considère que « *Beaucoup de systèmes internes fournissent des garanties qui d'une manière ou d'une autre protègent la liberté d'association sous son aspect négatif, c'est-à-dire la liberté de ne pas adhérer à une association ou de s'en retirer »*[1267]. En France, par exemple, c'est le Conseil constitutionnel qui a consacré cet aspect négatif de la liberté syndicale en affirmant que *« ne*

[1262] F. SUDRE : *Les conflits de droit dans la jurisprudence de la Cour européenne des droits de l'homme,* Bruxelles, éd. Nemesis, n°109, 2014, p.24.

[1263] Cour EDH :10 avril 2007, Evans c. Royaume-Uni, préc.

[1264] Cour EDH : 25 mai 1993, Kokkinakis c. Grèce série A, n°260-A ; CEDH, 2 février 2010, Sinan Isk c. Turquie, req., n°21924/05.

[1265] Cour EDH : 30 juin 1993, Sigurdur A. Sigurjonsson c. Islande, req. n°16130/90.

[1266] §35.

[1267] *Ibid.*

saurait permettre que soit imposée, en droit ou en fait, directement ou indirectement, l'adhésion des salariés d'une entreprise à une organisation syndicale » [1268]. En second lieu, la Cour considère que l'affiliation obligatoire constitue une forme très grave de contrainte touchant à la substance même de la liberté d'association. De plus, la prise en compte des opinions personnelles du requérant était également déterminante. Ainsi, la Cour a estimé que « *la protection des opinions personnelles compte parmi les objectifs de la liberté d'association qu'il garantit. Les pressions exercées sur le requérant pour le contraindre à rester à la Frami représentent un élément supplémentaire touchant à l'essence même d'un droit énoncé à l'article 11 (art. 11); partant, il y a eu ingérence là aussi »*[1269].

770. Partant, un raisonnement par analogie permettrait de constater que l'un des motifs principaux ayant permis à la Cour de consacrer l'aspect négatif de la liberté d'association existe bel et bien lorsqu'il s'agit de la liberté de réception. L'adhésion à un syndicat, et le fait d'être exposé à la publicité sont comparables dans la mesure où le respect de la volonté de l'individu en est le point commun et cardinal.

Comme nous l'avons en effet détaillé plus haut[1270], l'émetteur du message publicitaire exerce une contrainte sur le récepteur qui se caractérise par l'absence du consentement à la réception (par ex : l'accès à certains contenus sur internet nécessite l'acceptation du traitement des données à des fins publicitaires ; la visualisation du contenu sur la plateforme YouTube impose la réception des messages publicitaires ; écouter la musique en streaming sur Spotify est conditionné à l'écoute ou à la visualisation de publicités). Elle s'accumule du fait de la très forte pression exercée par l'omniprésence de la publicité commerciale. Cela dit, il va falloir s'interroger sur ce qui constitue la « substance » de la liberté de réception afin de déterminer si ces éléments suffisent à consacrer un aspect négatif de cette liberté. La jurisprudence européenne, de même que celle des juridictions internes, conçoit, en effet, la liberté de réception comme un droit à l'information, qui implique que soit garanti au public le droit de recevoir sans entrave tout type de messages[1271]. Au demeurant, la liberté de réception est un fondement de la limitation des ingérences éventuelles des autorités publiques. Elle entraîne également, pour l'État, l'obligation d'intervenir activement, y compris dans les relations entre particuliers[1272].

1268 Conseil Const. DC des 19 et 20 juillet 1983, Démocratisation du secteur public, 83-162, R.J.C. I, p.157.

1269 Arrêt Sigurjonsson, préc., §37.

1270 Cf. *supra* n°575.

1271 E. DECAUX, P-H. IMBERT : *La Convention européenne des Droits de l'Homme, commentaire article par article*, sous direc. L-E. PETTITI, éd. *Economica*, Paris, 1995, p.373.

1272 E. DECAUX, P-H. IMBERT, préc.

771. À la lueur de ces brèves précisions, il est légitime de considérer que la liberté d'information[1273] du public et la fonction limitative des ingérences dans l'exercice de cette liberté forment ce qui est appelé la « substance » de la liberté de réception. Ce constat en implique un autre : il n'est en aucun cas établi que la liberté de réception couvre un droit à l'information forcée. À aucun moment, à notre avis, les juges européens, de même que les rédacteurs de la Convention EDH[1274], n'ont voulu faire du droit à l'information un droit qui s'impose au public. Le droit d'informer peut-être obligatoire, cependant le droit à l'information ne devrait, en effet, pas sous-entendre la réception forcée.

Depuis l'extension de l'article 10§1 de la CEDH au discours publicitaire, les messages publicitaires font partie des informations dont la liberté de réception garantit la diffusion. Ainsi, au sens européen, le droit à l'information impliquerait que le public ait le droit de recevoir ces messages impliquant ainsi l'élimination des entraves. Cependant, lorsque de tels messages ne sont pas d'un intérêt majeur pour le public ou quand ils vont à l'encontre des opinions et des convictions de certaines catégories de personnes[1275], le choix et la liberté de ne pas être informé devraient être assurés au public, ce d'autant plus, lorsque l'information véhiculée vise à informer sur l'existence de biens et de services sur le marché. Bien qu'étant importante pour la liberté de choix, cette soi-disant information ne devrait pas être imposée (par ex : affichage publicitaire extérieur, publicité dans les salles de cinémas) ni exigée (à l'exemple de Spotify et de YouTube).

772. En outre, la capacité de la liberté d'information à faire barrage aux ingérences étatiques dans l'exercice de cette dernière, ainsi qu'à interdire même celles émanant des particuliers (interdiction des concentrations des médias, par exemple) est vaine et dénuée d'un réel intérêt lorsqu'il s'agit de la limitation d'une expression publicitaire. En la matière, la logique est inversée. L'abondance de cette expression/information et la pression qu'elle exerce sur les individus font qu'elle est rejetée et non recherchée. Nous pourrions caractériser cette omniprésence de l'expression publicitaire comme un abus de la liberté d'information. Par conséquent, afin de ne pas défigurer cette importante liberté en la transformant en un droit d'être obligatoirement informé, il est légitime d'accorder au public la liberté de choisir de ne pas être informé. Un tel droit ne serait nullement considéré comme touchant à la substance de la liberté de réception, pour la simple raison que cette dernière n'implique pas l'obligation, pour le public, d'être informé sur l'ensemble des

---

[1273] J-F. RENUCCI : *Droit européen des droits de l'homme, droits et libertés fondamentaux garantis par la CEDH*, 8ème édition, L.G.D.J., 2019, p.198.

[1274] C'est le constat qui découle de la lecture des travaux préparatoires de l'article 10 de la CEDH.

[1275] Nous faisons ici référence aux associations et aux militants Anti-Pub : Résistance à l'Agression Publicitaire (RAP), par exemple.

sujets et objets. Toutefois, ce qui est susceptible d'aller à l'encontre de la liberté de réception, c'est d'en faire un fondement pour une *obligation* d'information publicitaire. En définitive, l'examen de l'un des motifs ayant permis à la Cour EDH de consacrer l'aspect négatif de la liberté d'association, à savoir l'existence d'une contrainte de s'associer contre son gré et ses convictions personnelles, est présent en ce qui concerne la liberté de réception. Il reste à examiner le second motif.

773. La Cour EDH a en effet pris soin d'analyser également les différentes législations internes des États contractants afin de déterminer l'existence d'une consécration législative de la liberté de ne pas s'associer. Un tel examen s'avère également nécessaire si nous voulons apprécier l'éventualité d'une consécration prétorienne du droit de ne pas recevoir. Il est important de souligner d'emblée qu'une distinction entre la publicité commerciale hors ligne et celle en ligne s'avère nécessaire pour cet examen. Cela dit, en droit français, le droit de ne pas être informé, et donc de ne pas recevoir, se trouve consacré dans des domaines bien précis. Dans le cadre de la procédure pénale, par exemple, la victime se voit accorder le droit de ne pas être informée des modalités d'exécution de la peine et notamment de la libération du condamné ou de la fin de la mise à l'épreuve[1276]. Aussi, en matière médicale, le patient a le droit d'exprimer la volonté de ne pas être informé de son état de santé[1277]. La Cour de cassation, de même que le Conseil d'État, considère que l'obligation d'information qui pèse sur le médecin tombe lorsque le patient souhaite ne pas la recevoir[1278]. Le respect de la volonté du patient, à l'image de celle de la victime, justifie l'existence d'un tel droit de refus d'être informé. Plus encore, ce droit négatif a pour objectif, dans ces cas précis, d'assurer une certaine tranquillité pour les personnes concernées, car certaines nouvelles peuvent être une source de perturbation pour les personnes. Avoir le choix de les ignorer est parfois d'un grand intérêt pour la personne, plutôt que de lui imposer leur réception. Un tel raisonnement s'accorde avec la réception des messages publicitaires. S'ils ne perturbent pas gravement la vie des récepteurs, ils influencent néanmoins leur comportement et constituent une source de dérangement et de stress, ce qui ne permet pas aux individus de conserver leur tranquillité.

774. Partant, à l'exception de ces quelques domaines où le droit de ne pas être informé est consacré, il faut relever son absence dans le domaine de la publicité hors ligne. Cependant, l'éventualité d'une consécration prétorienne du droit de ne pas recevoir dans le domaine de la publicité en ligne est fort présente, ce pour deux raisons principales. Tout d'abord, elle est l'une des formes d'expression publicitaire les plus intrusives et agressives. D'autre part,

---

[1276] Article D. 49-72 du Code de la procédure pénale.

[1277] Article R. 4127-35 du Code de la santé publique.

[1278] La Haute Autorité de santé, « Délivrance de l'information à la personne sur son état de santé, principes généraux », mai 2012, p.30.

le recueil du consentement des personnes avant de traiter leurs données à des fins publicitaires est exigé par la plupart des systèmes juridiques. Ainsi, un consensus européen, voire international, semble émerger. Le recueil du consentement peut désormais être analysé comme une autorisation d'être sollicité par des messages publicitaires.

775. Par conséquent, il s'avère qu'en matière de publicité en ligne, la contrainte en guise de motif, la consécration, dans l'ensemble des systèmes juridiques, d'un droit de refus de recevoir un message publicitaire personnalisé, ainsi que d'un droit d'opposition s'avèrent suffisantes pour permettre à la Cour de consacrer un aspect négatif de la liberté de réception. *In fine*, l'hypothèse du conflit entre cette éventuelle consécration jurisprudentielle du droit de ne pas recevoir du récepteur et la liberté d'expression publicitaire de l'émetteur est sérieusement envisageable. Il reste à savoir comment le juge pourrait les concilier.

B - L'embarras d'une reconnaissance prétorienne du droit de ne pas recevoir

776. Les aspirations individualistes de la Convention EDH pourraient permettre une probable reconnaissance du droit de ne pas recevoir, mais cette dernière ne serait pas sans conséquences. Au regard de cette analyse prospective, il est possible de constater que l'affirmation du droit individuel de ne pas recevoir affaiblirait la liberté de communication des émetteurs. Elle offrirait une légitimité aux individus refusant de recevoir les messages publicitaires en ligne. En ce sens, une obligation positive pourrait également peser sur les États afin de garantir aux personnes ce nouveau droit. Il s'agirait d'une charge supplémentaire dont les contours seraient difficiles à déterminer. Ainsi, la première difficulté que poserait l'éventuelle consécration du droit de ne pas recevoir en matière de publicité en ligne consisterait à savoir comment assurer la garantie d'un tel droit négatif et apprécier son étendue. Il faudrait reconnaître que cette difficulté se complexifie davantage lorsque la liberté de l'émetteur entre en jeu. D'ailleurs, l'opposition entre le droit de ne pas recevoir et celui de communiquer constitue justement la seconde difficulté. La Cour se trouverait embarrassée pour garantir d'une manière équilibrée ces deux aspects de la liberté d'expression.

777. Un point mérite d'être précisé d'emblée. Les droits opposés ne sont pas les revers de la même médaille. Certes, la liberté de réception et celle de communiquer composent le même droit, à savoir la liberté d'expression. Toutefois, l'émetteur ne se prévaut pas du droit de recevoir, mais de celui de communiquer, tandis que le récepteur, lui, revendique le droit de ne pas recevoir. C'est plutôt le public qui est en droit de revendiquer l'aspect positif de la liberté de réception et non l'émetteur. Dès lors, la collision intra-droit

n'est pas à identité d'objet[1279] mais plutôt à dualité d'objet[1280]. La distinction s'avère importante du fait que dans les conflits intra-droit à objet identique, le juge se trouve parfois face à des droits inconciliables[1281]. Dans notre cas, c'est-à-dire dans le cadre du conflit intra-droit à dualité d'objet, la conciliation s'avère possible. Plus encore, les points de tension entre le droit de ne pas recevoir et celui de communiquer s'avèrent assez identifiés. Le premier est une limite du second et le droit de communiquer pourrait constituer une atteinte au droit de ne pas recevoir.

778. Concernant la garantie de ce droit, l'État aurait l'obligation de garantir le droit de ne pas recevoir entre personnes privées en encourageant le développement des techniques et en assurant l'encadement d'autres. Ainsi, c'est par l'effet horizontal[1282] de la Convention EDH qu'un tel droit sera mis en œuvre. L'État devrait prendre des mesures permettant aux individus d'exercer ce droit. Si l'on prend l'exemple des bloqueurs de publicité, nous pourrions considérer que ce qui est actuellement facultatif, c'est-à-dire le fait que les navigateurs disposent de leurs propres bloqueurs de publicités et offrent des possibilités techniques d'anti-traçage, pourrait être une obligation en devenir. Il faut en effet attirer l'attention sur le fait que le développement des bloqueurs de publicité intégrés aux navigateurs n'est qu'une riposte de ces derniers face à l'expansion des adblockers appartenant à des tiers. Les navigateurs, tels que Mozilla FireFox, Google Chrome et Safari, appartenant aux grands responsables de traitement des données en ligne (Google, Apple) souhaitent limiter l'effet négatif des adblockers en développant les leurs avec un paramétrage et une personnalisation qui leur sont favorables tout en permettant aux utilisateurs de bloquer certaines publicités. Mais cela revient surtout à contrer le « chantage » que leur fait subir Eyeo, la société ayant développé Ad block Plus[1283]. L'intervention de l'État peut avoir un intérêt pour la liberté des annonceurs en limitant les excès de la technique de blocage. Par ailleurs, la mise en œuvre de l'aspect négatif de la liberté de réception devrait demeurer fidèle à son fondement, à savoir au respect de la volonté des individus. L'exigence actuelle du recueil du consentement n'est pas réellement respectée et elle a montré ses faiblesses[1284] face à un argument qui

---

1279 A. SCHAHMANECHE : « La combinaison des critères du mode de conflit et l'objet du conflit », *in Les conflits de droits dans la jurisprudence de la Cour européenne des droits de l'homme*, sous direc. F. SUDRE, préc. p.87.

1280 A. SCHAHMANECHE, *op. cit.*, p.109.

1281 Exemple du droit de manifester et de celui de contre-manifester. Voir, A. SCHAHMANECHE, *op.cit.*, p. 88.

1282 T. HOCHMANN et J. REINHARDT : *L'effet horizontal des droits fondamentaux*, Paris, éd. A. Pedone, novembre 2018, spéc. p. 119.

1283 https://www.lemonde.fr/pixels/article/2016/09/14/le-bloqueur-de-publicite-adblock-plus-va-vendre-des-publicites_4997359_4408996.html

1284 Avis, « Protection de la vie privée à l'ère du numérique », CNCDH, 22 mai 2018, p. 22.

est loin d'être infondé. Certains responsables de traitements limitent en effet l'accès à leur contenu lorsque l'individu refuse d'être tracé par des cookies ou quand il utilise des bloqueurs de publicité[1285], pratique considérée comme contraire à la liberté du consentement exigée par le RGPD. Ceci nous rappelle les conséquences subies pas le salarié qui refuse d'adhérer à un syndicat. Son licenciement en cas de refus a été considéré par la Cour comme une contrainte touchant la substance même de la liberté d'association[1286]. Un raisonnement par analogie aboutirait à admettre que le refus d'accès au contenu d'un site constitue une contrainte allant à l'encontre de la liberté de réception. Néanmoins, il ne faut pas priver le responsable de traitement du droit de limiter l'accès à un contenu dont il est le propriétaire. Ce reviendrait à aller, là aussi, à l'encontre des principes du droit de propriété que d'imposer au responsable de traitement d'ouvrir l'accès à son contenu sans contrepartie. Un tel raisonnement nous conduit au débat sur la patrimonialité des données et la justesse de leur utilisation en guise de monnaie d'échange. Ce débat est tranché en faveur de la protection des données par les droits de la personnalité[1287]. Il ne serait donc pas raisonnable d'aller à l'encontre de cette position. Toutefois, cette question ne demeure pas sans issue car les responsables du traitement ont toujours la possibilité de recourir à des abonnements pour financer leurs contenus[1288]. Les abonnés peuvent éviter de subir des publicités en contrepartie du versement d'une somme d'argent mensuelle ou annuelle. Outre cette possibilité, la publicité contextuelle reste toujours une source de financement pour les contenus proposés par les responsables de traitements. En mettant en place les mesures nécessaires à la garantie du droit de ne pas recevoir, l'État ne devrait pas en faire un droit interdisant la totalité des publicités. La publicité contextuelle, qui ne se fonde pas sur la collecte de données, ne devrait en principe pas être interdite. Seuls les formats interstitiels de cette forme de publicité devraient l'être. En interdisant le blocage de la publicité contextuelle, le responsable de traitement peut tirer profit de la vente des espaces publicitaires pour financer son contenu, ce qui permettrait aux utilisateurs d'accéder au site, y compris en cas d'exercice du droit de ne pas recevoir. Il incombe ainsi à l'État de limiter l'utilisation du droit de ne pas recevoir en n'autorisant pas les interdictions totales. Le juge a aussi un rôle à jouer, ce qui justifie son embarras.

[1285] Tel est le cas de Facebook, Google et YouTube (qui appartient à Google), pour ne citer que ces exemples.

[1286] Cour EDH (GC) : 11 janv. 2006, Sorensen et Rasmussen c. Danemark, req. n° 52562/99 et 52620/99.

[1287]Voir le Conseil d'État, étude annuelle de 2014, préc. V. aussi la loi relative à la protection des données personnelles promulguée le 20 juin 2018. Elle adapte la loi « Informatique et libertés » du 6 janvier 1978 au « paquet européen de protection des données ».

[1288] YouTube propose par exemple une version payante de lecture de contenus sans publicité.

779. Les difficultés auxquelles se heurte le juge et qui seraient causées par une éventuelle consécration jurisprudentielle du droit de ne pas recevoir, ne sont pas liées à la tâche consistant à trouver un terrain d'entente entre l'intérêt du responsable de traitement et celui des individus refusant d'être tracés à des fins publicitaires. Les responsables de traitement ne sont pas tous des annonceurs. L'hébergeur de contenu et le créateur de contenu offrent en particulier des emplacements publicitaires pour les annonceurs, comme c'est le cas pour la presse ou la télévision. Ainsi, le juge ne sera pas embarrassé par la nécessité de trouver un équilibre entre le droit de propriété des créateurs de contenus et celui de ne pas recevoir des publicités réclamées par les internautes. De toute manière, si une telle situation se présente, la balance pencherait en principe, hormis des circonstances particulières à l'espèce qui sera présentée, en faveur des individus qui refusent que leurs données personnelles soient exploitées à des fins publicitaires sans qu'ils y aient consenti.

780. C'est plutôt le droit de communiquer des annonceurs qui entrerait en collision avec le droit de ne pas recevoir. Par conséquent, le juge strasbourgeois pourrait procéder à la recherche du juste équilibre entre ces droits en partant du principe de la liberté d'expression publicitaire qui est susceptible d'être limité par le droit de ne pas recevoir. Ce dernier étant considéré comme une entrave au principe de la liberté d'expression et étant un droit consacré par le même article, il devrait remplir les conditions énumérées au paragraphe 2 de l'article 10. Généralement, les deux conditions de légitimité et de légalité de l'entrave ne posent pas de problème particulier. La discussion serait néanmoins vive concernant l'examen de la proportionnalité. Cela signifie que le juge se livrera à un examen concret des circonstances de l'espèce présentée pour constater l'existence ou non d'une violation du droit de ne pas recevoir. Si un tel examen est opéré par le juge interne, notamment par la Cour de cassation, la solution finalement retenue gagnerait en légitimité et en intelligibilité si elle bénéficiait de la technique de la motivation enrichie ou en la forme développée. Ainsi, l'invocation du droit de ne pas recevoir ne se traduira pas systématiquement par le constat d'une violation. Il semble donc que la gravité de l'atteinte pourrait toujours constituer un élément déterminant. La gravité de l'atteinte n'est pas à apprécier par rapport à la violation des autres droits de la convention. Tel est le cas lorsque l'opposition entre la liberté d'expression publicitaire et le droit de ne pas recevoir est indirecte[1289]. Or, ce que nous examinons ici, c'est un conflit direct. Par conséquent, l'atteinte au droit de ne pas recevoir sera considérée comme grave lorsque la volonté du récepteur a été méconnue. C'est la volonté du récepteur de ne pas recevoir de message publicitaire qui serait, comme nous l'avons expliqué, le fondement d'une éventuelle consécration de l'aspect négatif de la liberté de réception. Par voie de

[1289] Cf. *supra* n°726 et s.

conséquence, son non-respect devrait être analysé comme une atteinte grave à ce droit, ce d'autant plus lorsque ce dernier s'accompagne d'une interdiction d'accéder au contenu. Contrairement à la liberté de ne pas s'associer au sein de laquelle la gravité de l'atteinte ne découle pas uniquement de l'existence de l'obligation de s'affilier, mais également des conséquences (licenciement par exemple) que pourraient subir le salarié en cas de refus, lorsqu'il est question du droit de ne pas recevoir; la preuve de l'absence du consentement à la réception de message publicitaire ou le non-respect du droit d'opposition qui serait exercé, devraient suffire au juge pour conclure à l'existence d'une atteinte. Parfois, celle-ci est même constituée en l'absence d'une interdiction d'accès au contenu. Ainsi vu, le droit de ne pas recevoir apparaît comme une réelle menace pour la liberté d'expression publicitaire, menace qui demeure tout de même contextuelle car seule la publicité personnalisée semble aujourd'hui concernée, ce qui peut la rendre proportionnelle à l'objectif poursuivi. En outre, le recours du juge au critère proposé plus haut, c'est-à-dire à celui de l'exercice des droits acquis, peut contribuer à trouver un juste équilibre. Ainsi, le fait de ne pas contacter le responsable de traitement afin de lui demander de mettre fin au traitement contesté pourrait faire pencher la balance en faveur de ce dernier dont la bonne foi devrait être présumée. L'individu ne peut en effet pas prouver que le responsable de traitement continuerait, ou refuserait, de mettre fin à celui-ci, même si une demande expresse lui avait été faite. En outre, l'individu ne peut en principe reprocher au responsable de traitement de le cibler par le biais de messages publicitaires personnalisés alors qu'il n'a pas manifesté son refus d'en être la cible et donc y a consenti au préalable.

781. En définitive, nous relevons que les droits de la Convention et la publicité en ligne demeurent en cours de développement. Acteur du développement de la Convention, le juge devrait faire preuve de créativité et d'anticipation. Par « créativité », nous entendons la nécessité de revoir les critères de résolution des conflits de droits. L'anticipation exigerait quant à elle de rationaliser l'élargissement des droits. Cette analyse prospective ne fait que mettre en lumière un aspect d'une évolution qui est toujours en marche.

Conclusion du chapitre 6

782. Le sentiment de refus du message publicitaire et la nécessité de s'en prémunir ont désormais une illustration concrète.

783. Sur le plan technique, le refus de recevoir le message publicitaire est plus apparent. La publicité en ligne est la plus concernée car il est difficile de développer des techniques de blocage sur les autres supports. C'est ce qui explique l'absence d'une manifestation concrète du droit de ne pas recevoir dans le secteur de la publicité traditionnelle, hormis les autocollants « Stop publicité ».

Actuellement hors du droit, la concrétisation technique du droit de ne pas recevoir est en attente d'une légitimation légale ou prétorienne. Les limites de ces techniques devraient également être précisées.

784. Sur le plan juridique, nombreuses sont les dispositions qui concrétisent l'aspect négatif de la liberté de réception publicitaire. Ces dernières trouvent leur origine dans le droit au respect de la vie privée et dans la législation relative à la protection des données. Toutefois, la consécration expresse du droit de ne pas recevoir ou son autonomisation, c'est-à-dire son détachement des droits protégés par l'article 8§1 de la CEDH, continue à faire défaut. La liberté de réception publicitaire devrait fonder une telle consécration. Il a été démontré, en effet, qu'une interprétation de la liberté de réception dans un sens négatif est plausible. Celle-ci s'avère d'autant plus nécessaire afin de donner un effet utile à la liberté publicitaire du récepteur. L'effectivité de cette dernière donnerait à son tour, comme nous l'avons précédemment souligné, un sens et un effet à l'extension de l'article 10§1 de la CEDH au discours publicitaire. Telle est en effet l'ambition de l'étude prospective que nous avons entamée dans le cadre de cette seconde partie.

785. Par ailleurs, si toutes les conditions sont réunies afin de faire émerger l'aspect négatif de la liberté de réception publicitaire, il faudrait tenir compte de ses conséquences. La consécration prétorienne ou légale du droit de ne pas recevoir en matière de publicité commerciale engendre comme conséquence la naissance d'un nouveau conflit de droits entre les deux aspects de la liberté d'expression (que sont le droit de communiquer, d'un côté, et le droit de ne pas recevoir, de l'autre).

Plus encore, même en faisant abstraction de toute consécration explicite du droit de ne pas recevoir, la liberté d'expression publicitaire de l'émetteur entrerait en collision avec les dispositions qui concrétisent actuellement partiellement l'aspect négatif de la liberté de réception publicitaire. Dans la mesure où ces dispositions trouvent notamment leur origine dans le droit protégé par l'article 8§1 de la CEDH, la liberté de l'émetteur se heurte en effet à un droit fondamental.

786. Au regard de la naissance de ces nouveaux conflits de droits fondamentaux en matière de publicité commerciale, certains critères actuels de mise en balance s'avèrent dépassés, inadaptés. Ces conflits inédits rendent nécessaire une révision du *vademecum* « Von hannover n°2 »[1290]. Si la proposition du critère de l'exercice des droits acquis peut sembler correcte, il n'en demeure pas moins qu'elle témoigne du rôle important que devrait jouer le juge en la matière. L'office du juge consisterait en la définition de la substance des nouveaux droits (droit de ne pas recevoir et droit à la liberté d'expression publicitaire) ainsi qu'en la fixation de leurs limites. Une veille permanente, un effort interprétatif et une certaine audace de la part du juge sont en effet recommandés. L'effectivité de la liberté publicitaire du récepteur l'exige et la pertinence de l'extension de l'article 10§1 de la CEDH en dépendent.

[1290] Pour reprendre l'expression de M. AFROUKH, préc.

Conclusion du titre 1

787. L'effectivité de la liberté publicitaire du récepteur est possible mais pas pleinement réalisée. La consécration de l'un des droits, en l'occurrence de celui de ne pas recevoir, qui devrait en être une composante, est en effet plausible. Cette consécration trouve un fondement tant en faits qu'en droit.

788. En fait, la publicité commerciale, sous toutes ses formes, s'avère régulièrement une source de dérangement pour la grande majorité des individus[1291]. L'affichage publicitaire est considéré comme une pollution visuelle et une source de gaspillage d'énergie[1292]. Le même constat est valable pour la publicité télévisuelle et radiophonique. Le degré d'intrusion et de dérangement prend des proportions intolérables lorsqu'il s'agit de la publicité en ligne. L'argument de la gratuité du contenu passe pour une justification de la pression et de l'agression de cette forme de publicité. Le non-respect volontaire de la réception par les individus constitue la principale cause de cette agression. L'exigence de la visualisation des spots publicitaires peut moins être analysée comme une contrepartie qu'en tant que « chantage », car il conditionne l'accès à certains contenus (musique, vidéos, etc.).

789. En droit, la contrainte exercée par la réception forcée du message publicitaire est source d'un dommage moral caractérisant une atteinte au droit au respect de la vie privée. Les déclinaisons de ce droit, que sont le respect des convictions personnelles, le droit de jouir en toute tranquillité de son domicile et le respect de la liberté de choix, font de lui un fondement important du droit de ne pas recevoir. Ce fondement illustre certaines dispositions concrétisant l'aspect négatif de la liberté de réception publicitaire en matière de publicité numérique (la protection des données, le droit d'opposition au traitement des données, etc.). Certaines autres dispositions concrétisent réellement un respect de la volonté de ne pas recevoir le message publicitaire et ce, sans se fonder sur l'article 8 de la CEDH. La sanction du non-respect des autocollants manifestant la volonté de ne pas recevoir les messages publicitaires en constitue un exemple probant.

790. La construction technico-légale actuelle de l'aspect négatif de la liberté de réception publicitaire négative promet une avancée vers une consécration explicite du droit de ne pas recevoir, droit qui permettra à l'individu d'exercer le choix de ne pas recevoir le message publicitaire sous toutes ses formes. Il complètera le rôle curatif que joue actuellement le droit au respect de la vie privée qui n'est réellement effectif que lorsque les données

---

[1291] A titre d'exemple voir : https://www.greenpeace.fr/stop-a-la-publicite-climaticide/

[1292] Lorsqu'il s'agit de la publicité lumineuse. V. http://www.dijon-ecolo.fr/dossier-pollution-lumineuse.html

personnelles des individus sont traitées à des fins publicitaires. Certes, le droit au respect de la vie privée pourrait s'opposer à certaines formes d'affichage (ex : affiche géante lumineuse face à un immeuble d'habitation) et réparer les éventuels préjudices découlant d'une atteinte aux convictions personnelles des récepteurs, toutefois son intervention en relation avec ces formes de publicités est postérieure à la réception. Le droit de ne pas recevoir devrait jouer un rôle préventif : il serait susceptible de s'opposer, par exemple, à l'affichage publicitaire dans des zones de passage forcé des individus. Aussi, ce droit pourrait rendre nécessaire la détermination des zones d'affichages publicitaires en privilégiant les zones commerciales.

791. À la lumière de ces précisions et des développements qui précèdent, l'effectivité de la liberté publicitaire du récepteur est vraisemblable. Il appartient au juge, ainsi qu'au législateur, d'oser une consécration explicite du droit de ne pas recevoir dans l'objectif de la sauvegarde des droits des récepteurs. Le juge européen est le plus concerné par une avancée en ce sens. Ayant été à l'origine de l'extension de l'article 10§1 au discours publicitaire, qui s'est avérée sans réelle utilité pour l'émetteur et génératrice de nouveaux conflits de droits, la Cour de Strasbourg devrait redonner du sens à la fondamentalisation opérée au risque de banaliser les droits concernés : la liberté d'expression par sa marchandisation et la liberté d'expression publicitaire par son ineffectivité. Les fondements d'une interprétation négative de la réception publicitaire étant précisés, des concrétisations juridiques du droit de ne pas recevoir étant relevés en droit interne, il semble en effet que les conditions soient réunies pour une reconnaissance expresse de ce droit de réception négative. Les conditions de reconnaissance du droit de réception positive, demeurent quant à elles à déterminer.

TITRE SECOND

LA LIBERTÉ DE RÉCEPTION POSITIVE

792. Précisons d'emblée que la positivité de la réception se manifeste à travers la volonté de recevoir le message publicitaire qui présente un intérêt pour son récepteur. L'intérêt de la réception et le consentement à celle-ci constituent donc la réception positive.

793. Au sens de la Cour EDH, la liberté de réception implique le droit de recevoir des informations. Dans sa définition de la fonction de la presse, la Cour considère qu'il incombe à cette dernière de communiquer des idées et informations sur les questions débattues dans l'arène publique. Usant d'une formule plus explicite, la Cour estime qu'« *à sa fonction qui consiste à en diffuser s'ajoute le droit pour le public d'en recevoir* »[1293]. Ainsi, la liberté de réception vise à assurer le droit d'information du public. Il s'agit en effet d'un droit autonome relatif à la réception des informations et des idées et non d'un simple corollaire à la liberté de communiquer. L'autonomisation de la liberté de réception par rapport à celle de communication a été clairement affirmée dans le célèbre arrêt *Sunday times* et confirmée par ailleurs[1294].

794. La Cour strasbourgeoise met en effet l'accent sur l'intérêt, pour le public, de recevoir certaines informations. L'importance de celles-ci est un paramètre déterminant le niveau de protection du droit de recevoir. C'est ainsi qu'elle a considéré que l'interdiction de publier des renseignements relatifs aux services secrets britanniques constitue une ingérence dans le droit du public de recevoir[1295]. Toutefois, la Cour ne vise pas uniquement les informations importantes ou portant sur un sujet d'intérêt général, la notion d'information recouvre également les nouvelles brutes, les informations délibérément « produites » (à l'image des programmes de radiodiffusion)[1296], ou les musiques légères et messages publicitaires[1297].

795. Par conséquent, l'extension de l'article 10§1 de la CEDH au discours publicitaire concerne également la liberté de réception. A la liberté de communiquer des messages publicitaires s'ajoute donc le droit de les recevoir. Ceci dit, l'utilité et l'intérêt de l'extension devraient donc aussi être appréciés au regard de ce droit éventuel. À la lumière des développements précédents, on pourrait d'ores et déjà admettre que l'existence d'un droit de recevoir le

---

1293 Cour EDH : 8 juillet 1986, A n°103, §42.

1294 *Ibid*, §41 ; Arrêt Magyar Helsinki c. Hongrie, préc.

1295 Cour EDH : 26 novembre 1991, Observer et Guardian c. Royaume-Uni, A n°216, §59.

1296 Cour EDH : 12 décembre 1973, Geillusteerde c. Pays-Bas

1297 Cour EDH : Groppera radio, préc., §54.

message publicitaire s'annonce difficile. Les mêmes obstacles identifiés dans le cadre du renforcement de la liberté de communication publicitaire de l'émetteur pourraient en effet surgir à la naissance d'un droit de recevoir le message publicitaire. Par le mot « obstacles », nous faisons référence à la finalité commerciale de la publicité et à la partialité de son discours.

796. Cependant, une telle prise de position paraît hâtive. Une étude minutieuse et prospective de quelques arrêts de la Cour EDH en matière d'expression publicitaire pourrait, en effet, donner lieu à un postulat différent. Ainsi, le second volet de la liberté d'expression, à savoir la liberté de réception, permet à la Cour EDH de s'approprier la notion de publicité commerciale afin de la manier dans un sens favorable au récepteur. Autrement dit, il s'agit d'une sorte de définition européenne qu'il convient de construire dans le souci de protéger les droits des individus. Ce raisonnement, rendu possible grâce à l'extension de l'article 10§1 au discours publicitaire, permet d'envisager la consécration d'un droit de recevoir l'information publicitaire (**chapitre 1**).

797. Le principal levier de cet éventuel nouveau droit serait l'intérêt que procure la réception aux récepteurs. Or, nous savons très bien que la publicité commerciale ne se préoccupe pas de l'intérêt public ni de celui individuel d'ailleurs, ou tout du moins ce n'est pas sa première vocation. Toutefois, étant donné qu'il n'existe pas une seule et unique façon de contribuer à l'intérêt général, nous considérons que c'est au juge qu'il incombe de veiller à la sauvegarde du bénéfice de la réception de ce type d'information véhiculée au moyen de la publicité en exigeant que le récepteur soit correctement informé (**Chapitre 2**). À défaut, le droit de recevoir le message publicitaire serait illusoire.

Chapitre 7 - Le droit à la réception de l'information publicitaire

798. Au-delà des effets qu'elle a eus sur la liberté de communication de l'émetteur, l'extension de l'article 10 au discours publicitaire produit également des conséquences sur le droit des individus à la réception. Contrairement à la réception négative illustrée par le droit de ne pas recevoir, la réception traitée ici est celle que l'on peut qualifier de positive dans la mesure où elle est présumée favorable au récepteur. Ce dernier, susceptible à tout moment de se transformer en consommateur, a besoin de connaître certaines informations sur les biens et services avant de contracter. C'est en ce sens qu'est apprécié l'intérêt de la réception du message publicitaire, c'est-à-dire comme un élément amplificateur du droit à l'information des consommateurs. De surcroît, du fait que le consommateur est une personne appartenant à une masse d'individus, parler de l'intérêt du public de recevoir le message publicitaire s'avère également possible. Ainsi, l'intérêt de ce message apparaîtra en dehors de toute relation contractuelle.

799. Le respect de la logique du raisonnement juridique impose que la construction du droit de recevoir le message publicitaire soit étudiée dans un premier temps (**section 1**). Cette construction découle de l'extension de l'article 10 au discours publicitaire, la naissance du droit de recevoir le message publicitaire serait un aspect positif de la liberté publicitaire des récepteurs[1298]. Par conséquent, dans un second temps il sera question d'analyser l'intérêt de l'idée de consacrer un droit de recevoir en matière publicitaire. C'est au niveau du contrôle par le juge des mesures restrictives du message publicitaire que cet intérêt pourrait apparaître (**Section 2**).

Section 1 - La construction du droit de recevoir le message publicitaire

800. Il convient ici de faire le lien avec nos développements antérieurs, en particulier avec ceux relatifs aux justifications européennes de l'extension de l'article 10 au discours publicitaire. Nous avons, en effet, relevé précédemment[1299] que la Cour considère la publicité commerciale comme une forme d'information et que le lien trouvé avec l'article 10 est la notion

[1298] L'aspect négatif de la liberté publicitaire du récepteur étant traité dans le premier titre, Cf. *supra* n°566.

[1299] Cf. *supra* n°223 et s.

d'information. Ainsi, les informations faisant l'objet de la liberté de réception doivent être entendues au sens large. La Commission européenne des droits de l'Homme, puis la Cour EDH, ont une conception particulièrement étendue de cette notion, qui va au-delà du champ classique de la liberté d'expression[1300]. Les organes de Strasbourg ont, en effet, opté de concert pour une interprétation de la liberté de l'information détachée du contenu de l'information en cause[1301].

801. Par ailleurs, envisager l'étude de l'hypothèse de l'existence d'un droit de recevoir le message publicitaire alors que nos développements antérieurs ont porté sur la possibilité de la naissance du droit de ne pas recevoir ce message, pourrait paraître *prima facie* entaché d'une certaine contradiction. Une justification est donc nécessaire. Il s'agit, en effet, là de tout l'intérêt non avoué de l'extension de l'article 10 au discours publicitaire. En d'autres termes, la protection des droits des individus justifie en quelque sorte une telle extension. Le juge strasbourgeois vise à assurer la protection des intérêts économiques des consommateurs en leur assurant la réception d'un discours publicitaire positif, c'est-à-dire d'un discours ayant un intérêt pour le récepteur. Contrairement au caractère intrusif de la publicité dû, en particulier, à ses modes de communication ayant suscité un sentiment de rejet chez les individus, il est ici question du contenu du message qui est considéré comme représentant un intérêt pour les consommateurs.

802. Cela dit, l'interprétation de la notion d'information au sens de la Cour EDH sera envisagée comme l'amorce de la naissance du droit de recevoir le message publicitaire[1302] (**Paragraphe 1**). L'intérêt de la réception du message publicitaire finalisera quant à lui la construction de ce droit en l'autonomisant, c'est-à-dire en lui conférant une existence propre (**Paragraphe 2**).

Paragraphe 1 - La prééminence de la fonction informative de la publicité sur sa fonction promotionnelle

803. Afin de pouvoir éclairer la conception européenne de la publicité commerciale, il va falloir tout d'abord déterminer quelle est celle proposée par le droit interne français en prenant également en considération toutes ses imbrications avec le droit de l'UE. Un constat sans appel émerge en effet de

---

[1300] F. SUDRE : « Droit communautaire et liberté d'information au sens de la Convention européenne des droits de l'homme », *RTDH.*, 1993, n° spécial sur la liberté d'expression, pp.13-14.

[1301] C. DE TERWANGNE : *Société de l'information et mission publique d'information*, thèse, Université de Namur, mars 2000, p. 56.

[1302] Il s'agirait en quelque sorte d'un fondement légal ou d'une justification technique de la naissance du droit de recevoir.

l'étude de la doctrine[1303] en matière de discours publicitaire ainsi qu'en ce qui concerne la jurisprudence y afférente, à savoir qu'en l'absence d'une définition « officielle » ou immuable de ce terme, il s'avère difficile de cerner la notion de publicité commerciale et de lui donner une définition exacte. Il est ainsi permis de dire que le législateur possède sa propre définition, alors que la jurisprudence incite quant à elle à diffuser une autre vision de la publicité tournée vers la protection des récepteurs.

804. Contrairement à ce nous avions espéré, il est délicat de parler d'une définition européenne de la publicité commerciale propre à la Cour EDH car, elle ne fournit pas suffisamment de renseignements pour pouvoir conceptualiser la publicité au sens de la Cour EDH. Néanmoins, l'étude de quelques arrêts en la matière nous a révélé que le juge européen a mis en avant la fonction informative de la publicité dont il estime qu'il s'agit là, de manière opportuniste, de sa vocation première, alors qu'il considère son impact comme secondaire. Cette méthode lui a servi, comme nous l'avons précisé dans le cadre de la première partie, à appliquer l'article 10§1 aux affaires qui concernaient le discours commercial et la publicité commerciale. Dès lors, il n'y a pas lieu de revenir ici sur la conception de la publicité commerciale au regard de la jurisprudence européenne. Le caractère informatif de la publicité étant déclaré par le juge, nous ne pourrions que soutenir qu'il existe une évolution de la jurisprudence européenne dans le sens d'une concrétisation et d'une affirmation moins utilitariste de la fonction informative de la publicité commerciale.

805. Dans les développements qui suivront, nous allons nous intéresser à la conception de la publicité au niveau de la jurisprudence et du droit interne. Il s'agit en effet là d'une conception hybride entre des dispositions qui définissent la publicité par son caractère promotionnel et mettent ainsi en péril la prééminence de la fonction informative (**A**), et une jurisprudence qui met en avant sa fonction informative (**B**).

A - Une prééminence mise en péril par le législateur

806. La définition donnée par les législateurs de l'UE et français est centrée sur l'intention commerciale de l'annonceur. Autrement dit, le législateur enferme la publicité dans une fonction promotionnelle dont la vocation est de convaincre ses destinataires des bienfaits d'un produit ou service donné. En réalité, une telle conception pourrait correspondre à ce qu'est la publicité dans son essence. Dès son apparition, la réclame, comme

---

[1303] L. ARCELIN : *Droit de la publicité*, Collection « Didact Droit », édition PUR, 201 ; F. GREFFE et P-B GREFFE : « La publicité et la loi », préc. ; L. ARCELIN : « Publicité : règles générales », *jurisclasseur commercial*, 29 octobre 2018 ; M. LUBY : « La publicité commerciale », *Dalloz*, Répertoire de droit européen, janvier 2005 (actualisation juillet 2018).

elle était appelée autrefois, était destinée à faire vendre. Afin d'y parvenir, la publicité ne manque pas de développer des techniques et procédés pour inciter à l'achat. L'incitation à l'achat était donc et demeure un critère déterminant dans l'acception générale et le marketing du terme publicité[1304].

807. Cette signification en droit français remonte à 1829[1305]. Les législateurs, français et européens, n'ont pas réellement dépassé cette conception traditionnelle, la plupart des définitions données mettent en effet en avant ce rôle promotionnel et incitatif de la publicité commerciale. Par exemple, la Convention télévision sans frontière la définit comme « *toute annonce publique diffusée moyennant rémunération ou toute contrepartie similaire ou dans un but d'autopromotion, en vue de stimuler la vente, l'achat ou la location d'un produit ou d'un service, de promouvoir une cause ou une idée, ou de produire quelque autre effet souhaité par l'annonceur ou par le radiodiffuseur lui-même* »[1306]. La première partie de cette définition met très clairement en avant le but premier de la publicité commerciale, à savoir stimuler la vente en faisant la promotion de biens et de services. La seconde partie montre que la publicité est un procédé qui peut porter non seulement sur des biens et services, mais aussi sur des idées qui peuvent être politiques ou philosophiques. En outre, le Code consolidé de la Chambre de commerce internationale donne une définition assez large de la notion de publicité en y intégrant « *toutes les formes de communication commerciale pratiquées par des médias, habituellement en échange d'un paiement ou d'une autre contrepartie de valeur* »[1307]. Plus avant, dans son chapitre « D », le Code fournit des renseignements sur ce qu'il entend par « communication commerciale » en indiquant, par rapport à la communication numérique, qu'il s'agit des communications destinées à « *promouvoir des produits ou à influencer le comportement du consommateur* ». L'objectif de la promotion, et donc l'intérêt commercial de l'annonceur, y apparaît très clairement en l'absence de toute référence à l'intérêt du consommateur. Dans la même veine, sans négliger la finalité promotionnelle de la publicité, la directive de 2006 en matière de publicité trompeuse et de publicité comparative définit la publicité en ces termes : « *toute forme de communication faite dans le cadre d'une activité commerciale, industrielle, artisanale ou libérale dans le but de promouvoir la fourniture de biens ou de services, y compris les biens, les droits et les obligations* »[1308]. Il en est de même pour l'article 2 du décret du 27 mars 1992 définissant les obligations des éditeurs de services en matière de publicité, de parrainage et de télé-achat qui, dans le cadre de la

---

[1304] L. ARCELIN : « Publicité : règles générales », *jurisclasseur commercial*, préc. §3.

[1305] M. LUBY : « La publicité commerciale », janvier 2005.

[1306] Article 2, f) de la Convention européenne sur la télévision transfrontière 1989.

[1307] Page 4 du Code consolidé de la Chambre de commerce internationale.

[1308] Directive 2006/114/CE du Parlement européen et du conseil du 12 décembre 2006, article 2, a).

publicité télévisuelle, dispose que la publicité est « *toute forme de message télévisé, que ce soit contre rémunération ou paiement similaire, ou de diffusion à des fins d'autopromotion par une entreprise publique ou privée, dans le cadre d'une activité commerciale* [...], *dans le but de promouvoir la fourniture – moyennant paiement –de biens ou de services* [...] ».

808. L'objectif promotionnel de la publicité n'est pas le seul élément qui ressort de ces différentes définitions. La contrepartie en guise de critère de qualification de la publicité est un autre élément principal. Toutefois, l'existence de l'intention promotionnelle chez l'émetteur du message peut, dans certains cas, aboutir à sa qualification de publicité, peu importe qu'il existe ou non une contrepartie. C'est ainsi que la Cour d'appel de Paris avait qualifié une publication de publicité commerciale même si elle n'avait pas été commandée par le fabricant et s'il n'y avait donc pas de rémunération[1309]. L'absence de contrepartie n'est finalement pas un critère déterminant, celui de l'intention promotionnelle l'emporte.

809. Il en ressort que la publicité est certes faite pour le compte de l'annonceur, mais aussi dans son seul intérêt. Une telle conception centrée sur l'intérêt de la publicité pour l'émetteur n'aboutira pas forcément à la construction du droit de recevoir le message publicitaire. Une telle conception enferme en effet ce discours dans un contexte purement commercial dénué d'un quelconque intérêt pour les récepteurs. Or, c'est en tenant un discours veillant sur l'intérêt des consommateurs et en leur assurant une information adéquate qu'il est possible de fonder la naissance d'un tel droit. C'est cette approche conceptuelle qui se trouve adoptée par le juge.

B - Une prééminence affirmée par la jurisprudence

810. Étant donné que dès sa naissance, la réclame a été inventée dans le but de faire vendre, elle a toujours été liée à la description des biens et services faisant l'objet de l'offre de vente. C'est ce lien qui fait que la publicité commerciale est une notion aussi large. Peu importe en effet le support ou la façon dont le message est présenté (sous une forme graphique, en chiffres ou en lettres) tant qu'il porte sur un bien ou un service (sa description ou le signal de son existence), il est considéré comme une publicité commerciale. Le caractère commercial de la publicité est déterminé par le contenu du message. Il faut comprendre par-là que la publicité est un procédé autonome qui n'est pas forcément lié à la promotion des biens et des services. Certes, son apparition était en lien avec cet objectif marchand mais il s'agit aujourd'hui d'une notion large dont le contenu du message détermine la nature. Ainsi, est commerciale la publicité dont le message vante les mérites d'une marque ou porte sur des biens ou services. Toutefois, la publicité peut aussi être de nature

---

[1309] CA. Paris, 13e ch. A, 13 mai 1997, Da Silva c. CNCT, *Légipresse* 1998, n° 150, I, p. 38.

politique, lorsque son objet est un candidat aux élections[1310] ou revêtir la forme d'un message émanant d'associations défendant la cause animale[1311]. Aussi, la publicité est institutionnelle lorsque les entreprises commerciales ou autres font connaître leurs activités pendant le temps d'antenne qui leur est alloué contre rémunération[1312]. Cette communication n'est pas une publicité commerciale tant que son objet ne porte pas sur les produits et services proposés par l'entité qui s'est livrée à cette forme de communication[1313]. Par conséquent, tout message adressé aux consommateurs et dont l'objet porte sur un bien, un service ou une marque est une publicité commerciale. Cette large conception de la publicité est celle adoptée par le juge français. Une jurisprudence constante considère que la publicité commerciale est « *tout moyen d'information permettant de se faire une opinion sur le bien ou le service offert par l'annonceur ; qu'il importe que la publicité ne soit pas diffusée à des fins lucratives et ne présente pas de caractère commercial* »[1314]. La publicité est considérée ici comme un moyen d'information, c'est-à-dire que le message transmis est toujours informatif, quelle que soit sa nature.

811. Une telle jurisprudence attribuant à la publicité une finalité informative est favorable à la consécration du droit de recevoir le message publicitaire. Contrairement à la conception focalisée sur la finalité promotionnelle, qui rappelle l'intérêt de la publicité pour l'annonceur, la conception prétorienne met pour sa part en avant l'intérêt de la réception du message publicitaire pour les consommateurs. Ce dernier s'informe en recevant un tel message. En outre, la définition donnée par la Cour de cassation vise avant tout à protéger les consommateurs en rendant effectif le dispositif d'incrimination des pratiques commerciales trompeuses[1315]. Pour s'en rendre compte, il suffit de revenir sur les faits des arrêts dans lesquels le juge interne a donné sa définition actuelle de la publicité. Ainsi, que ce soit dans l'arrêt du 12 novembre 1986[1316] ou dans celui du 23 mars 1994, le juge a été amené à qualifier la nature du message afin de lui appliquer la législation prohibant les pratiques commerciales déloyales. Dans le premier cas, il était question de savoir si un descriptif envoyé à un potentiel client par la gérante d'une agence immobilière et ne portant aucune mention sous la rubrique

---

[1310] Loi n° 90-55 du 15 janvier 1990 relative à la limitation des dépenses électorales et à la clarification du financement des activités politiques.

[1311] Cour EDH : 22 avril 2013, Animal Defenders International c. Royaume Uni, n°48876/08.

[1312] J-J. BIOLAY : « Publicité : communication publicitaire audiovisuelle », *Lexis360*, 1 mars 2007, §178.

[1313] V. Cahier des missions et des charges RFO, art 55.

[1314] Cass. crim., 6 mai 1998, n°97-83.023, comm. *Revue lamy droit des affaires*.1998, n°8, n°488. Obs, P. STORRER.

[1315] Article 121-2 du Code de la consommation.

[1316] Cass. crim., n°85-95. 538.

« inconvénients voisinage », alors que le défaut d'achèvement du bâtiment occasionnait en réalité des désagréments au locataire, était dans ce cas de figure constitutif d'une publicité mensongère. La Cour de cassation a confirmé la décision des premiers juges, qui avaient qualifié ce document descriptif de publicité et condamné la gérante de l'agence à 8 jours d'emprisonnement avec sursis et à 2 000 francs d'amende. Quant au second cas, il s'agissait d'une offre d'abonnement adressée, par voie postale, à de potentiels clients par une entreprise éditant un annuaire de télécopie, qui avait été qualifiée de publicité. Selon la Cour de cassation, constitue une publicité au sens de l'article 121-1 du Code de la consommation « *tout document commercial, tel un bon de commande, dont les indications et la présentation permettent aux clients potentiels auprès desquels il est diffusé de se former une opinion sur les résultats attendus du bien ou du service proposé* ». Ainsi, la Cour d'appel, soutenue par la chambre criminelle de la Cour de cassation, avait considéré que de par sa présentation et les indications qu'il comportait, ce document laissait penser qu'il s'agissait d'une facturation émise par France Télécom pour bénéficier du service public de la télécopie alors qu'en réalité, il émanait d'une entreprise privée dénuée de tout rapport avec France Télécom. Par conséquent, le gérant et l'entreprise ont été jugés responsables du chef de publicité de nature à induire en erreur. Il en ressort que toute information permettant au consommateur de se faire une opinion sur un bien ou un service est une publicité au sens de l'article 121-1 du Code de la consommation. La protection des individus contre les pratiques déloyales justifie cette conception extensive de la notion de publicité. Aujourd'hui, l'étiquetage obligatoire d'un produit, qui permet l'information du consommateur[1317], l'affichage d'un tarif de stationnement déposé à la Direction de la concurrence et de la consommation[1318], constituent des publicités. Par ailleurs, les exemples de supports publicitaires ne manquent pas. Hormis ceux « normaux »[1319] d'une publicité commerciale, le contentieux en matière de publicité trompeuse révèle que n'importe quel support peut véhiculer un message publicitaire ; le bulletin de participation à une loterie[1320], des bons de commande et factures[1321] ou le menu d'un restaurant[1322]. De surcroît, la jurisprudence se montre plus

[1317] La Cour de cassation estimait que « *tout moyen d'information du public portant sur la composition d'un produit mis en vente, s'agirait-il d'un étiquetage obligatoire, constitue une publicité au sens de l'article 44 de la loi du 27 septembre 1973 [L. n° 73-1193, 27 sept. 1973, art. 44 devenu C. consom., art. L. 121-1] dès lors qu'il accompagne l'objet proposé et que le consommateur est conduit à en prendre connaissance pour guider son choix* ». Cass. crim., 25 juin 1984, n° 83-92.808, Bull. crim., n° 241, *D.* 1985, jur., p. 80.

[1318] Cass. crim., 18 nov. 1986, n° 85-95.343, Bull. crim., n° 346.

[1319] Les supports de la communication de masse comme la Télévision, la Radio, internet…etc.

[1320] T. Corr. Quimper, 6 sept. 2000, BRDA 2000, n° 22, p. 13.

[1321] Cass. crim., 14 nov. 2000, n° 98-85.778, BID 2001, n° 4, p. 24.

[1322] T. corr. Evreux, 27 mai 1982, *Cah. dr. entr.* 1983, Fasc. 6, p. 23.

protectrice des intérêts des consommateurs en allant jusqu'à étendre la notion même de publicité aux informations communiquées après la conclusion d'un contrat. Ainsi, dans un arrêt du 15 mai 2012, la Cour de cassation a jugé qu'une notice d'information d'un produit accessible une fois ce dernier acheté était une publicité[1323]. Cette jurisprudence semble en adéquation avec l'article 3-1 de la directive n° 2005/29/CE du 11 mai 2005 relative aux pratiques commerciales déloyales des entreprises vis-à-vis des consommateurs sur le marché intérieur et précise que cette directive « *s'applique aux pratiques commerciales déloyales des entreprises vis-à-vis des consommateurs [...] avant, pendant et après une transaction commerciale portant sur un produit* ». L'approche jurisprudentielle de la notion de publicité ne prend guère en considération le caractère promotionnel de la publicité, ce qui ne fait aucune référence à son caractère incitatif. Dans certains cas, cette caractéristique est même interdite, ce qui n'empêche pas que le message soit qualifié de publicité[1324]. Dans d'autres, son absence ne dispense pas ce message de la qualification de publicité, c'est en ce sens que la Cour d'appel de Paris s'est prononcée en considérant que « *la publication d'une photographie représentant un acteur portant une casquette sur laquelle apparaissait de manière très apparente une marque de cigarette constituait une publicité illicite, même si cette publication ne faisait pas partie d'une opération de promotion pour des cigarettes, n'avait pas été commanditée par le fabricant et n'avait pas pour objet d'inciter à la consommation de tabac* »[1325].

812. En définitive, il apparaît que la jurisprudence s'est appuyée sur la législation relative à la prohibition de la publicité en tant que pratique commerciale déloyale afin de développer une approche prétorienne du caractère informatif de la publicité commerciale. Une telle approche vise à protéger les consommateurs, c'est ce qui donne un intérêt à la réception.

Paragraphe 2 - L'autonomisation du droit de recevoir le message publicitaire par l'intérêt de la réception

813. Tout d'abord, il convient de souligner un point primordial, à savoir que nous étudierons ici la consécration du droit de recevoir le message publicitaire et non du droit de recevoir le message commercial. Ce choix, s'il est dicté par l'intitulé de notre thèse, l'est également par l'idée selon laquelle la consécration du droit de recevoir le message publicitaire signifiera, *a fortiori,* que la réception du message commercial est également garantie au même titre.

[1323] Cass. crim., 15 mai 2012, n° 11-83.301, F-D , Sté Casa France : *JurisData* n° 2012-014335.
[1324] Cass. crim., 29 nov. 2005: Bull. crim. 2005, n° 312.
[1325] CA. Paris, 13ème ch. A, 13 mai 1997, Da Silva c. CNCT, *préc.*

Cela étant, pour qu'il y ait consécration du droit de recevoir le message publicitaire, il faut qu'il existe des motifs suffisants pour convaincre le juge et le législateur du bien-fondé d'un tel droit. La conception actuelle de la publicité commerciale penche en ce sens, encore faut-il que le message auquel le juge attribue un caractère informatif présente un intérêt pour ses récepteurs. Certes, la protection d'une forme d'expression par la Cour EDH n'est pas conditionnée à l'existence d'un intérêt[1326]. Toutefois, comme nous l'avons déjà souligné, une telle protection devient plus importante lorsque le message est considéré comme ayant une utilité pour un groupe d'individus ou pour l'intérêt général. Dès lors, la question se pose de savoir si le message publicitaire présente un intérêt pour le public. Donner une réponse négative reviendrait à contredire la conception actuelle de la publicité commerciale et les textes faisant d'elle un moyen d'information important pour les consommateurs. Dans le cas d'une réponse positive, nous aurions ouvert la voie à une éventuelle consécration du droit de recevoir le message publicitaire. La thèse que nous défendons dans ce cadre est celle qui considère que la publicité commerciale telle qu'elle est envisagée par le juge européen et définie par son homologue français présente un intérêt pour les récepteurs. Ainsi, sa réception devrait être effectivement garantie au nom de la liberté d'information.

Le contenu de la publicité commerciale porte souvent sur des biens et des services. Cette offre d'achat constituée d'un ensemble d'informations permet d'éclairer le futur acheteur sur son objet. L'intérêt de la réception du message publicitaire en guise de critère important pour la consécration du droit de recevoir ce message, doit être recherché dans la relation que ces présumés consommateurs entretiennent avec les annonceurs (vendeurs). Un détenteur d'informations relatives à l'offre et un acquéreur qui doit faire un choix éclairé avant de passer à l'acte d'achat prennent part à cette relation dans laquelle le rapport de force est évident, puisque le consommateur se trouve dans une situation de faiblesse vis-à-vis du vendeur. Dès lors, afin qu'il traite d'égal à égal avec le vendeur, ou tout du moins pour qu'il soit protégé, il faudrait qu'il dispose d'informations, d'où l'intérêt de la réception du message publicitaire dans la relation contractuelle.

814. Il est vrai que l'intérêt du message publicitaire est apprécié dans le cadre de cette relation contractuelle intéressant deux parties. Or, étant donné que la transaction commerciale a pour objet un bien ou un service et que toute personne éprouve un besoin de consommer, il est fort probable, et même certain, que plusieurs milliers, voire plusieurs millions de personnes soient amenées à conclure la même transaction. C'est pourquoi les informations fournies sont publiques et donc destinées à un ensemble d'individus existant au sein d'une société donnée. Cela dit, il convient de chercher à savoir si le

[1326] C. DE TERWANGNE : *Société de l'information et mission publique d'information*, thèse, préc. p. 60.

juge européen reconnaît que le contenu de la publicité commerciale est de nature à intéresser le public. La reconnaissance d'un tel intérêt pour le discours publicitaire constituera, en effet, l'amorce d'une certaine consécration du droit de recevoir le message publicitaire.

815. *In fine*, l'intérêt de la réception du message publicitaire est illustré et apprécié durant la mise en œuvre de la réception, c'est-à-dire lorsque le récepteur devient consommateur. Ainsi, c'est dans le rééquilibrage du rapport de force entre les deux parties que l'intérêt de la réception apparaît (**A**). En dehors de cette relation binaire entre deux individus contractant chacun pour son intérêt personnel, démontrer l'intérêt de la réception pour le public s'avère incontournable afin d'octroyer au message publicitaire une importance telle que le juge européen pourrait être conduit à le reconnaître (**B**).

A - L'intérêt de la réception du message publicitaire pour le consommateur

816. Rappelons que démontrer l'intérêt de la réception du message publicitaire est une condition nécessaire à la consécration du droit de recevoir ce message. Nous partons du postulat précis selon lequel la protection des consommateurs/récepteurs et la sauvegarde de leur intérêt économique repose dans une large mesure sur l'obligation d'information. Ainsi, étant donné que la fonction informative de la publicité est déclarée par les textes et affirmée par la jurisprudence, nous considérons que la publicité commerciale constitue un moyen amplificateur de l'obligation d'information.

Les lignes qui suivront auront pour objet d'illustrer la faiblesse du récepteur afin de mettre en lumière la contribution de la publicité commerciale dans l'atténuation de cette faiblesse.

817. L'intérêt de la réception se concrétise ici par le besoin de protection des consommateurs. C'est le déséquilibre dans les rapports de force existant entre les deux parties au contrat de vente ou de prestation de service qui est à l'origine de la naissance de cet intérêt à la réception de l'information publicitaire. Aujourd'hui, la protection des consommateurs, et donc le rééquilibrage de ce rapport de force, sont concrétisés par l'obligation générale d'information.

818. Ainsi, pour la construction du droit de recevoir le message publicitaire, il faudrait établir dans un premier temps le besoin de protection des récepteurs/ consommateurs. Ce n'est qu'en démontrant la vulnérabilité de ces derniers que nous pourrions illustrer l'intérêt de la réception du message publicitaire (**1**). Dans un second temps, il est possible de remédier à cette faiblesse en mettant en avant le rôle de la publicité commerciale. Ainsi, l'obligation générale d'une information amplifiée et épaulée par la publicité commerciale en constitue un moyen incontournable (**2**).

1 - La vulnérabilité du récepteur : fondement de l'intérêt de la réception du message publicitaire

819. Le récepteur du message publicitaire se retrouve en situation d'infériorité et de vulnérabilité par rapport à l'émetteur lorsque le premier devient un consommateur des biens ou un utilisateur des services proposés par le second, qui devient par conséquent un vendeur ou un prestataire de service. C'est donc dans le cadre de ce rapport contractuel qu'il faudra chercher et caractériser cette vulnérabilité. Précisons d'emblée que, dans les développements qui suivent, la notion de consommateur sera considérée comme synonyme de celle de récepteur. Il en est de même pour le vendeur, qui correspond à l'émetteur du message publicitaire.

820. La qualification de « consommateur » est elle-même, en effet, révélatrice de l'existence d'un déséquilibre dans les relations contractuelles entretenues entre le récepteur du message publicitaire et l'annonceur car jadis, les rapports contractuels étaient considérés comme unissant deux personnes (parties) totalement libres. Très attachés à l'équité du contrat, Kant, Rousseau ainsi que Turgot étaient convaincus des bienfaits de la liberté totale des transactions au point de considérer que « *l'acheteur doit se défendre lui-même et n'aille pas à tout propos attendre l'intervention du gouvernement et compter sur elle* »[1327]. Le Code civil fait triompher de telles idées. La liberté contractuelle et l'égalité des contractants étaient au cœur du Code napoléonien. L'idée qu'un consommateur ou même acheteur ait pu prétendre à une protection assez étendue n'existait pas[1328], il y avait uniquement deux contractants libres de contracter ou de ne pas contracter, totalement égaux, l'un qui vendait, l'autre qui achetait[1329]. Le contrat tout puissant était une vraie loi pour les parties. Une telle conception, adaptée au système artisanal d'alors, ne survivra pas à l'industrialisation de la production du XIXe siècle. Des inquiétudes émergeaient et le principe de l'autonomie de la volonté a montré ses limites dans une société de plus en plus industrialisée. La principale critique qui lui avait été adressée avait mis l'accent sur l'absence d'égalité entre les contractants. En ce sens, Savatier disait qu'« *entre l'homme qui s'est rendu maître d'une partie des forces de la nature et les autres hommes, entre le propriétaire d'une grande usine et son personnel, entre la SNCF ou l'EDF et le consommateur, la partie n'est plus égale* »[1330]. Dès lors, la notion de

---

[1327] A-R-J TURGOT : *Éloge de Vincent de Gournay*, Observations de l'éditeur, *in* Œuvres de Turgot, ed. Eugène Daire (Paris : Guillaumin, 1844), vol. 1.

[1328] La protection n'était pas totalement absente à cette époque : la convention s'interprétait contre le vendeur si elle était obscure, le vendeur devait des garanties d'après-vente, la sanction du dol assurait une certaine moralisation des transactions.

[1329] L.BIHL : « Vers un droit de la consommation », *Gaz. Pal.*, 14 sept. 1974, p. 755.

[1330] R. SAVATIER : « Les métamorphoses économiques et sociales du droit civil d'aujourd'hui », première série : Panorama des mutations, 3ème éd. Paris, Dalloz, 1964.

consommateur[1331] a vu le jour afin de pallier les dangers de l'autonomie de la volonté qui mettait l'individu isolé pieds et poings liés à la merci du producteur ou du distributeur tout puissants[1332]. Ainsi, à la conception individualiste reposant sur le principe de l'autonomie de la volonté émanant de la théorie générale du contrat, s'est substituée une analyse sociologique du contrat qui révèle au grand jour la faiblesse inhérente à la qualité de consommateur[1333]. Le consommateur est donc vu comme une personne qui se situe au bout de la chaîne de la distribution commerciale, « *c'est lui qui, pour finir, consomme, absorbe, utilise. Usager de base, il est aussi* [surtout][1334] *profane* »[1335] et il faudrait le protéger. C'est sur cette finalité de protection des consommateurs que s'est édifié le droit de la consommation. La jurisprudence affirme que les dispositions du Code de la consommation n'ont pour objectif que de protéger une personne vulnérable[1336]. Ainsi, c'est la vulnérabilité du consommateur qui rend nécessaire sa protection contre l'offre de l'émetteur, conception qui ne trouve pas sa place dans les dictionnaires juridiques. Néanmoins, le droit pénal a érigé au fil du temps une liste de caractéristiques qu'il considère comme plaçant la personne qui les possède dans une situation d'infériorité[1337]. Il en va ainsi de la maladie, de l'infirmité, de l'âge, de la déficience physique ou psychique, de l'état de grossesse, etc.[1338]. En droit de la consommation, la vulnérabilité est appréciée par rapport au contexte, dans celui de la vente, l'acheteur se retrouve dans une situation d'infériorité par rapport au vendeur[1339]. L'article 121-8 du Code de la consommation interdit « *le fait d'abuser de la faiblesse ou de l'ignorance d'une personne pour lui*

1331 Avant cette notion, c'est le travailleur salarié qui avait mis à rude épreuve l'autonomie de la volonté et la liberté contractuelle.

1332 L. BIHL, *préc.* p. 756.

1333 N. RZEPECKI : « Particularisme des dispositions tendant à l'équilibre entre les deux partenaires », *in* : *Droit de la consommation et théorie générale du contrat*, chapitre1, Aix-en-Provence : Presses universitaires d'Aix-Marseille, 2002, point 38 ; Voir aussi S. PIEDELIÈVRE : *Droit de la consommation*, Paris, Economica, 3ème édition, octobre 2020.

1334 Les crochets sont de nous.

1335 G. CORNU : « La protection du consommateur et l'exécution du contrat en droit français », *in* travaux de l'Association Henri Capitant, t. XXIV, 1973.

1336 V. Poitiers, 22 janv. 1998, *JurisData* n°1998-045030. L'infraction n'est pas constituée « *en l'absence d'élément concret de nature à établir la vulnérabilité des victimes* ».

1337 Nous sommes convaincus qu'il ne faudrait pas mettre sur le même plan la notion de vulnérabilité en droit pénal caractérisant les spécificités de certaines victimes d'infractions pénales et constituant une circonstance aggravante vis-à-vis de certaines infractions et la situation de vulnérabilité du consommateur confronté au professionnel lors d'une relation contractuelle. Il existe en effet une gradation qu'il conviendra de prendre en compte en fonction du contexte dans lequel on fait appel à cette notion.

1338 À titre d'exemple, voir l'article 221-4, 3° du Code pénal.

1339 Agen, 11 mars 1996, JCP 1997. IV. 998 ; Bordeaux, 13 mai 1998, CCC 1999, n°29, obs. G. RAYMOND.

faire souscrire par le moyen de visites à domicile, des engagements au comptant ou à crédit sous quelque forme que ce soit, lorsque les circonstances montrent que cette personne n'était pas en mesure, d'apprécier la portée des engagements qu'elle prenait ou de déceler les ruses ou artifices déployés pour la convaincre à y souscrire ou font apparaître qu'elle a été soumise à une contrainte ». Ainsi, le consommateur peut être en état de faiblesse lorsqu'il contracte avec le vendeur, situation qui ne peut se déduire de la mise en scène « *et des ruses et artifices déployés par le vendeur pour convaincre de souscrire la commande* »[1340], mais résulte de l'âge, d'un état de santé physique ou psychique déficient, voire d'un état de fatigue de la personne. De prime abord, nous aurions pu considérer qu'il ne faudrait pas lier l'infériorité du récepteur/consommateur par rapport au vendeur en se fondant sur cet état de faiblesse parce qu'il est difficile d'affirmer plus tard qu'elle sera supprimée par le respect de l'obligation d'information qui pèse sur la partie en position de force et ce même avec le concourt de la publicité commerciale. Or, l'abus de cet état de faiblesse n'est retenu que s'il engendre une diminution des capacités intellectuelles du consommateur[1341]. Il en résulte que l'état de faiblesse ne peut se déduire de l'âge de la victime[1342]. Ainsi, les juges du fond ont pu admettre qu'il n'y avait pas abus de faiblesse dès lors que les plaignants, même plus âgés, sont dotés de qualités intellectuelles qui ne révèlent aucune vulnérabilité particulière[1343] ; position qui a été validée par la Cour de cassation[1344]. Le raisonnement adopté concernant l'âge vaut également pour l'état de santé déficient, la vulnérabilité n'est admise que si les qualités intellectuelles sont diminuées[1345]. Cela dit, la diminution des qualités intellectuelles d'une personne la rend vulnérable dans la mesure où elle ne peut recevoir les informations portant sur l'objet de son engagement afin de contracter en toute connaissance de cause. Ainsi, l'absence ou la diminution des qualités intellectuelles sont en lien direct avec la réception d'informations relatives à l'offre du vendeur.

821. Par ailleurs, c'est surtout l'ignorance du consommateur, signalée dans l'article précité du Code de la consommation, qui constitue un critère d'infériorité en lien avec l'intérêt de la réception du message publicitaire. Il convient de souligner que l'ignorance constitue même un critère pour définir le consommateur, le professionnel devient ainsi par exemple consommateur

---

1340 C. GAVALDA-MOULENAT : « La violence économique et le droit de la consommation, l'abus de faiblesse », *in, La violence économique à l'aune du nouveau droit des contrats et du droit économique*. Journées nationales, Tome XXI, Perpignan, *Dalloz*, 2017, p. 77.

1341 *Ibid.*

1342 Montpellier, 7 décembre 2000, *JCP* 2002.IV.1257.

1343 Aix-en-Provence, 18 janv.2000, CCC 2001, n°49, obs. RAYMOND.

1344 Crim. 7 nov. 2001, *BID* 2002, n°10, p. 32.

1345 Douai, 7 nov. 2002, CCC 2003, n°117, obs. RAYMOND ; pour le cas d'une personne atteinte d'Alzheimer v. Toulouse, 8 nov. 2001, n°01/00418.

et nécessite donc une protection lorsqu'il forme un contrat ne relevant pas de son domaine de spécialité[1346], car on considère justement qu'il agit hors de son domaine de connaissance. Certains ont affirmé en ce sens que « *le label de professionnel n'est pas un antidote à l'inégalité et à l'injustice contractuelle* »[1347].

822. Toutefois, les juges ne retiennent que très rarement ce critère d'ignorance pour sanctionner le vendeur et donc protéger le consommateur ignorant. Ils préfèrent admettre l'état de faiblesse. Tel a été le cas dans une affaire où le consommateur éprouvait des difficultés d'accès aux informations nécessaires pour contracter en toute connaissance de cause parce qu'il était illettré. Cet état d'illettrisme a été qualifié d'abus de faiblesse[1348] alors qu'il aurait pu être considéré comme une cause d'ignorance et être qualifié comme tel. Il en est de même pour la méconnaissance de la langue française, sanctionnée par les juges au titre de l'abus de faiblesse[1349].

823. Soulignons par ailleurs que, selon la notion de consommateur, l'individu qui a besoin de protection n'est pas uniquement celui qui contracte. Le consommateur n'est donc effet pas exclusivement un contractant, il est ainsi à noter l'absence de la mention de contrat dans la loi du 27 décembre 1973 généralement reconnue comme étant la première loi qui protège efficacement le consommateur. On peut donc être consommateur, et par conséquent protégé à ce titre, y compris sans avoir contracté[1350]. Selon B. Bonjean, « *ce qui caractérise le consommateur de façon positive, c'est une manière d'être qui le distingue du professionnel lui proposant ses produits ou ses services* »[1351]. Le consommateur se trouve dans un état d'infériorité lorsque le professionnel cherche à susciter la discussion avec lui. Toujours selon B. Bonjean, l'infériorité est ici soit d'ordre économique soit social mais surtout psychologique. Ainsi, cette faiblesse même de la personne qui la fait devenir « consommateur » justifie alors sa protection. Pour un exemple illustratif, certains pensent en effet, qu'il faudrait distinguer les « gros consommateurs » d'assurances de « l'assuré moyen ». Les premiers sont capables de se défendre seuls et les seconds ont besoin d'une protection plus vigoureuse de la part du législateur.

[1346] CAS et FERRIER : « Traité de droit de la consommation », n°8 ; Article liminaire du Code de la Consommation.

[1347] J. MAZEAUD : « L'attraction du droit de la consommation », *RTD com.*, 1998, 104.

[1348] Montpellier, 8 mars 2001, CCC 2002, n°65, obs. RAYMOND.

[1349] Paris, 13 mai 1996, CCC 1996, n°178, obs. RAYMOND ; Crim. 5 août 1997, *BID* 1998, n°4, p.48; Dr. penal 1998, n°37, note J. H. ROBERT; *RSC* 1999.102, obs. OTTENHOF.

[1350] B. BONJEAN : « Le droit à l'information du consommateur », *in* L'information en droit privé, Travaux de la conférence d'agrégation, ss direc., Y. LOUSSOUARN et P. LAGARDE, 1978, p.353.

[1351] *Ibid.*

824. En définitive, le consommateur se retrouve dans un état de faiblesse à partir du moment où il est incapable de connaître toutes les informations relatives à l'objet du contrat auquel il est invité à souscrire. En cas d'absence de lucidité ou de diminution du discernement, le législateur, de même que le juge, considèrent que le rapport contractuel est déséquilibré. Le consommateur a, dans un tel cas, besoin d'être protégé. Par ailleurs, l'état de faiblesse du consommateur peut résulter d'une communication qu'il aurait engagée avec le professionnel (par le biais de la publicité dans notre cas) sans qu'aucun lien contractuel ait pour autant été tissé. Un tel cas de figure exige non seulement que le consommateur soit protégé, mais également qu'une aide lui permette de sortir de cet état. Dans les deux cas, l'information s'avère un moyen incontournable.

2 - L'obligation générale d'information épaulée par la publicité commerciale

825. L'apparition du consommateur est intrinsèque à l'industrialisation de la production qui a donné à son tour naissance à la société de consommation. Le lancement de la « Ford T » aux États-Unis, sa construction en série à des centaines de milliers d'exemplaires, sa vente à un prix assez bas, ont sans doute constitué le point de départ de ce que l'on appelle couramment « la société de consommation ». C'est cette production hautement technicisée, reposant sur des techniques de plus en plus élaborées et disposant des moyens les plus puissants, qui a donné lieu à ce nouvel être engendré par la société de consommation. Face à l'offre de consommation le récepteur/consommateur n'a pratiquement pas réagi : il a répondu favorablement aux sollicitations dont il faisait l'objet. Cependant, il a peu à peu compris qu'il perdait toute liberté de choix. Laissé dans l'ignorance, il lui devenait presque impossible de mesurer les dangers présentés par les produits offerts, de connaître leurs qualités respectives, de déceler les fraudes. En plus de l'état de faiblesse qui peut résulter de certains critères liés à sa santé mentale ou physique, son ignorance constitue, comme nous l'avons souligné, le principal facteur de sa faiblesse. Si la jurisprudence ainsi que le législateur ont élaboré des règles permettant de protéger le consommateur[1352], c'est surtout l'avènement de l'obligation de renseignement[1353] qui a constitué la véritable avancée en ce

---

[1352] L. BIHL, *préc.*, p. 756 ; D. NGYUN THANH : *Techniques juridiques de protection des consommateurs*, thèse, Caen, I.N.C., 1970.

[1353] En tant que mesure de protection des consommateurs, cette obligation est relativement récente. La loi des Douze Tables, « véritable ancêtre de l'obligation de renseignement », permettait déjà à l'acheteur d'exiger du vendeur une déclaration solennelle précisant les qualités de la chose (L. BIHL, préc.p.755). Pour protéger l'acquéreur d'esclaves, les édiles curules obligeaient le marchand à faire connaître certains vices déterminés susceptibles d'affecter la « marchandise » offerte, obligation qui s'étendit progressivement sous la République et dès le

sens[1354]. Elle est venue consacrer l'idée que le meilleur moyen de protéger le consommateur consiste à l'informer[1355]. Il s'agit là d'une obligation qui permet au consommateur d'assurer son autoprotection mais pas seulement, une fois détenteur de l'information, le consommateur peut déterminer quel est son intérêt. L'obligation d'information est exigée par le législateur dans certains domaines[1356], ce qui montre qu'elle n'était au départ pas généralisée. Ce n'est qu'après l'ordonnance de 2016 que le Code civil s'est vu reconnaître une obligation générale d'information incorporée par l'article 1112-1 qui dispose que « *celle des parties qui connaît une information dont l'importance est déterminante pour le consentement de l'autre doit l'en informer dès lors que, légitimement, cette dernière ignore cette information ou fait confiance à son cocontractant* »[1357]. Ainsi, cette obligation s'impose en toutes circonstances et il n'est point important de s'interroger sur son existence antérieure ou à l'occasion de l'exécution du contrat. Il est tout de même important de souligner que l'intérêt de la généralisation de cette obligation vise à protéger la partie faible au contrat en lui permettant de prendre une décision éclairée.

Haut-Empire, la garantie des vices fut incorporée au contrat de vente (É. BOILEAU : *Le livre des métiers*). Le Code civil avait une conception individuelle de l'obtention de l'information. Il espérait ainsi que l'acheteur utiliserait sa liberté pour prendre l'initiative de s'informer et que le vendeur n'ait pas à révéler les défauts qui affectaient l'objet mis en vente (R-J POTHIER cité par L. BIHL, préc., p. 785). Dans le Code civil, la seule allusion faite à la possibilité donnée à l'acheteur de s'informer résulte de l'article 1587. La dégustation précédant un achat de vin ou d'huile, est prévue afin que l'acheteur puisse contracter en parfaite connaissance de cause. Or, c'est le vendeur qui a profité de cette liberté contractuelle. C'est pourquoi, à la fin du XIXe siècle, le législateur a abandonné cet individualisme en aidant le consommateur à retrouver l'égalité contractuelle en exigeant du professionnel une information. L'article 1602 du même code dispose ainsi que « *le vendeur est tenu d'expliquer clairement ce à quoi il s'oblige* ». Ce texte est toujours utilisé par la jurisprudence pour imposer à un vendeur d'informer son cocontractant (Cass. ch. civ., 22 novembre 2018, n°17-26.209). Dès lors, ce qui constituait un devoir pour l'acheteur deviendra une obligation pour le vendeur. Le premier est créancier d'une obligation de renseignement.

[1354] DE JUGLART : « L'obligation de renseignement dans les contrats », *RTD. CIV.* 1945, p1.

[1355] L. ARCELIN : « La redondance informative ou le bon sens oublié », *Contrats Concurrence Consommation*, n° 5, Mai 2011, étude 9.

[1356] En droit de la vente, l'article 1602 du Code civil prévoit que « *le vendeur est tenu d'expliquer clairement ce à quoi il s'oblige* ». En droit commercial, l'ancien article 141-1 du code du commerce (abrogé depuis le 21 juillet 2019) met à la charge du cédant d'un fonds de commerce une obligation d'information relative aux principaux attributs et caractéristiques du fonds. En droit du travail, les articles 1221-3, L. 3171-1 et L. 4141-1 du Code du travail imposent à l'employeur de respecter une obligation d'information, aussi bien lors de la formation du contrat de travail qu'au moment de son exécution. L'article L. 313-22 du Code monétaire et financier fait peser sur les établissements de crédit une obligation annuelle d'information à la faveur des cautions, quant à l'évolution du montant de la dette garantie.

[1357] A l'exception notable d'une information portant sur le prix du bien ou de la prestation.

Si elle a vocation à s'appliquer au-delà du droit de la consommation, c'est surtout en effet dans le cadre de ce droit très spécifique que l'obligation d'information s'est épanouie (son contenu étant plus détaillé et strict que le droit commun). Considéré comme l'arme la plus efficace pour protéger le consommateur, le droit de la consommation exigeait du « *technicien d'éclairer le profane afin de le mettre à son niveau de connaissance pour traiter à armes égales* »[1358]. Ce droit met l'accent sur l'information précontractuelle en guise de phase déterminante permettant au consommateur de se protéger. C'est ainsi qu'un chapitre[1359] est consacré à l'obligation d'information précontractuelle énumérant les informations que le professionnel doit communiquer au consommateur avant la conclusion du contrat[1360]. L'obligation précontractuelle a pour objectif de protéger le consentement de la partie faible en lui permettant d'opter en toute connaissance de cause et surtout de connaître toute l'étendue de son engagement. Ainsi, la loi exige du vendeur (annonceur) qu'il délivre au consommateur toutes les informations susceptibles de s'avérer déterminantes pour le consentement de ce dernier[1361]. Mais le but n'est pas seulement d'éclairer le consentement du consommateur, il est aussi, une fois conclu, utile pour lui permettre d'utiliser dans de bonnes conditions le bien ou le service[1362]. Lorsque le vendeur n'a pas fabriqué lui-même l'objet du contrat, la jurisprudence tend à mettre l'obligation de renseignement sur la tête du fabricant. Il lui incombe ainsi de joindre au produit toutes les indications utiles. A défaut, il est responsable envers l'acheteur final[1363].

826. Le législateur consumériste exige le respect de cette obligation d'information, y compris à défaut de contrat. Ainsi, par exemple, l'article 111-1 complété par l'article 113-3 du Code de la consommation, dispose que « *Tout vendeur de produit ou tout prestataire de service doit, par voie de marquage, d'étiquetage, d'affichage ou par tout autre procédé approprié, informer le consommateur sur les prix et les conditions particulières de la vente et de l'exécution des services, selon les modalités fixées par arrêtés du ministre chargé de l'économie, après consultation du Conseil national de la consommation* ». Bien qu'elle ne soit pas indiquée expressément dans le texte, l'information sur les prix doit tout de même être publique. C'est ce qui peut ressortir en tout cas des mots « *marquage, étiquetage, affichage* ». Il ne suffirait donc pas d'informer chaque consommateur à titre individuel, mais il

---

1358 T. IVINER : « De l'ordre technique à l'ordre public technologique », *JCP*, 1972 I 2495.

1359 Chapitre 1 du titre premier (Information des consommateurs) du livre 1 intitulé « information des consommateurs et pratiques commerciales ».

1360 Article 111-1 du Code de la consommation.

1361 Article 1112-1 Code civil.

1362 J. CALAIS-AULOY, H. TEMPLE et M. DEPINCÉ : *Droit de la consommation*, 10°ème éd. Dalloz, 2020, p. 62.

1363 Civ. 1er, 31 janvier 1973, Bull. civ. I, n°37; *RTD com.* 1974. 146, obs. HÉMARD.

faut que tous puissent connaître le prix qu'ils devront payer s'ils décident de contracter et ce, sans se retrouver contraints d'interroger le vendeur ou le prestataire de service. C'est notamment dans ce contexte que le rôle de la publicité commerciale intervient et devient plus important. Elle permet d'assurer une information préalable laissant la liberté au récepteur de réfléchir à l'offre avant d'entamer des discussions avec le vendeur. Plus encore, informer les consommateurs constitue une obligation que la publicité commerciale contribue à alléger. En ce sens, BIHL considère que le fardeau de la preuve de l'exécution de l'obligation d'information qui pèse sur le professionnel peut être facilement porté par la publicité. Selon cet auteur, « *ce fardeau pesant sur le professionnel peut apparaître lourd à première vue, mais si l'on songe à la masse de pseudo-informations distribuées chaque jour aux consommateurs par la publicité, les dépliants, tracts, et autres l'on s'aperçoit qu'il ne sera ni plus compliqué, ni plus coûteux pour le professionnel de donner, dans ce matériel, des informations justes, précises et complètes qui lui serviront par la suite, le cas échéant, à faire la preuve de l'exécution de son obligation de renseignement* »[1364].

827. Il conviendrait ainsi de remarquer que l'amplification de l'information des récepteurs/consommateurs par la publicité commerciale s'illustre par l'importance du procédé publicitaire qui accélère la circulation de l'information. Le législateur a su tirer profit de la publicité afin d'informer les consommateurs. Il impose que soient incorporées au message publicitaire certaines informations. À titre d'illustration, l'article 224-71 du Code de la consommation dispose que « *Toute publicité (...) indique la possibilité d'obtenir les informations mentionnées aux articles L. 224-73 et L. 224-74. Toute invitation à une manifestation ayant pour objet la vente ou la promotion d'un des produits ou services ci-dessus mentionnés indique clairement le but commercial et la nature de cette manifestation. Pendant la durée de celle-ci, le professionnel met à la disposition du consommateur les informations mentionnées aux articles L. 224-73 et L. 224-74* ».

828. Il en est de même pour la jurisprudence. Le juge considère l'étiquetage des produits comme une publicité qui, si elle est trompeuse, engage la responsabilité du vendeur/de l'annonceur. La publicité comparative est une forme de publicité qui fournit en principe une information objective aux consommateurs[1365]. Ainsi, les sites comparateurs de prix des différents services et biens sont qualifiés de supports publicitaires[1366]. De plus, la jurisprudence est allée plus loin en considérant que, dans certains cas, les documents publicitaires sont dotés d'une valeur contractuelle, c'est-à-dire

---

[1364] L. BIHL, préc., pp.755 et s.

[1365] L. ARCELIN : « La publicité comparative, à la croisée des intérêts des consommateurs et des concurrents », 1ère partie, RCL n°13/2007, p. 130 ; 2ème partie, *RLC* n°14/2007, p.177.

[1366] Cass. com., 4 déc. 2012, n°11-27. 725: *JurisData* n°2012-028226; *CCC*. 2013, comm. 68, obs. G. RAYMOND; *Com.comm. électr*. 2013, comm. 14, obs. G. LOISEAU.

qu'ils constituent une offre qui devient un contrat du seul fait de l'acceptation du récepteur[1367].

829. Par conséquent, il ne fait aucun de doute que l'intérêt de la protection du consommateur fait évoluer la notion de publicité à un niveau la rendant plus importante pour sauvegarder les intérêts économiques de ce dernier. Si elle ne constitue pas le seul moyen qui permet de rééquilibrer les armes entre le consommateur et le vendeur, elle joue toutefois un rôle fondamental dans la mesure où elle lui délivre des informations. L'exagération dont elle fait preuve dans la majorité des cas ne peut lui ôter cette fonction informative. Bien au contraire, elle permet parfois de faciliter la compréhension de l'information véhiculée. La réglementation stricte de son contenu, exigeant la loyauté en interdisant, par exemple, la publicité mensongère ou de nature à induire en erreur, devrait permettre en quelque sorte de rassurer le consommateur lors de sa réception.

830. En résumé, c'est un fait également juridiquement approuvé que le consommateur, partie faible, a besoin d'une protection. Son information s'avère constituer le moyen le plus important pour assurer cette protection. Ainsi, étant donné que selon la conception que l'on s'en fait aujourd'hui, la publicité semble être une source d'informations, il est permis d'affirmer, en guise de conclusion, que ce type de message adressé aux consommateurs est d'un intérêt majeur pour lui dans la mesure où il lui permet de prendre des décisions éclairées de façon à ce que son intérêt économique soit sauvegardé. Dès lors, la réception de ce message s'avère bel et bien bénéfique pour son récepteur.

B - L'intérêt de la réception du message publicitaire pour le public

831. Il serait difficile de défendre la nature d'intérêt général d'un discours traditionnellement connu comme ne servant que des intérêts privés. Se mettre en quête de l'intérêt public d'un message dont la nature implique de fortes oppositions est une entreprise difficile. Pour commencer, il est primordial de s'attarder sur la notion d'intérêt général.

832. Il est indéniable que la liberté d'expression est essentielle au sein d'une société démocratique. Elle est l'une « *des conditions primordiales de son progrès et de l'épanouissement de chacun* »[1368]. C'est en effet parce qu'elle permet la communication des informations et des idées et contribue

---

[1367] Ch. mixte, 6 sept. 2002, *D.* 2002. 2563, note MAZEAUD ; *D.* Affaires 2002. AJ 2531, obs. LIENHARD ; JCP 2002. II. 10137, note REIFEGERSTE ; Le TOURNEAU et ZABALDA : « Le réveil des quasi-contrats », *CCC* 2002, chron. n°22 ; BRUN : « Loteries publicitaires trompeuses : la foire aux qualifications pour une introuvable sanction » *in Mélanges* Calais-Auloy, *Dalloz* 2004, p. 191.

[1368] Cour EDH : 8 déc. 2009, Aguilera Jimenez et a c. Espagne, §22.

ainsi au débat d'intérêt général[1369], que la liberté d'expression s'avère si importante dans nos sociétés. C'est au nom de l'intérêt général que la Cour EDH en appelle sans cesse au respect du pluralisme et attend une certaine tolérance de la part de la masse des citoyens et des gouvernements[1370]. Aussi, seules des préoccupations d'intérêt général justifient la multiplicité des dispositifs d'aide et toutes les autres mesures protectionnistes dont bénéficient les différents médias[1371]. D'après la Cour EDH, il incombe aux médias « *de communiquer des informations et des idées sur les questions que connaissent les tribunaux, tout comme sur celles qui concernent d'autres secteurs d'intérêt public* »[1372]. C'est au nom de l'intérêt général illustré par le droit du public à l'information, que l'article 20§2 de la loi du 30 septembre 1986 dispose que « *les évènements d'importance majeure ne peuvent être transmis en exclusivité d'une manière qui aboutit à priver une partie importante du public de la possibilité de les suivre* ». Ainsi, il est permis de dire que la force de la liberté d'expression réside dans l'intérêt du message pour le public destinataire. Généralement l'on considère que la Cour EDH prête beaucoup d'attention à la personne qui a émis le message. Mais il ne faut toutefois pas oublier que c'est surtout le contenu du message qui porte le plus et ce, en dépit de la personne qui le communique. Si la presse est considérée comme l'émetteur dont la communication est la plus protégée, c'est parce qu'elle est, en principe, un support de nature à contribuer aux débats de société. Toutefois, ne pas prendre en compte le contenu du message reviendrait à autoriser des abus susceptibles d'émaner de ce « chien de garde » lui-même. C'est en effet la présomption de la contribution du discours de la presse et des médias en général au débat d'intérêt général qui a permis à ceux-ci de moins respecter les droits et libertés individuels[1373]. Dans certains cas, c'est même le journaliste qui confère la qualité de débat d'intérêt général aux informations qu'il diffuse, il suffirait donc que les médias s'emparent d'un sujet pour qu'il devienne « d'intérêt général »[1374]. Fort heureusement, il ne s'agit pas là de la logique suivie par le juge européen. Aujourd'hui, la qualification de discours contribuant au débat d'intérêt général et à la diffusion d'informations intéressant le public en les informant sur des sujets relevant de leur intérêt est attribuée à plusieurs autres personnes. Se focaliser sur le contenu du message a permis à la Cour d'étendre la notion d'intérêt général. Le discours des ONG

1369 L. FRANÇOIS : « Le débat d'intérêt général dans la jurisprudence de la Cour de Strasbourg », *Légipresse*, juin 2014, n°317, p.339.

1370 Cour EDH, 27 mai 2004, Vides Aizsardzibas Klubs c. Lettonie, n° 57829/00.

1371 E. DERIEUX : « L'intérêt général pierre angulaire ou inégalitaire du droit de la communication ? », *Légicom*, 2017/1 N°58, pp. 107.

1372 Cour EDH: Sunday Times, *préc.*

1373 L. FRANÇOIS, *préc.*

1374 E. DERIEUX, préc.p.113.

et des « petits groupes militants »[1375], ou celui d'un simple individu (diffusion horizontale de l'information)[1376] a pu recevoir la qualification d'intérêt général. Ainsi, la notion d'intérêt général semble jouer un rôle « fonctionnel » consistant dans le développement d'arguments dans l'objectif d'assurer la diffusion des informations[1377], ce quel que soit l'émetteur. Elle est également qualifiée « *d'instrument de mesure* »[1378] en ce qu'elle « *entretient (...) des relations subtiles avec la liberté (d'expression), dont il est l'une des conditions d'exercice : d'un côté, il lui permet de s'exercer et parfois l'augmente ; d'un autre côté, il la limite par des interdictions et des obligations* »[1379]. Par conséquent, le discours d'intérêt général est celui qui intéresse le public[1380], contribue à l'évolution de la société et donc des mœurs mais permet aussi l'acculturation des individus en leur offrant des informations touchant à des sujets divers et variés[1381]. Peu importe l'émetteur, c'est surtout le contenu du message qui influence souvent la qualification d'intérêt général.

833. Au regard de ces précisions, la question se pose donc de savoir pourquoi la publicité commerciale, selon sa conception actuelle, c'est-à-dire celle qui est considérée en tant que moyen d'information, serait exclue de la qualification d'intérêt général. Deux arguments, que nous avons eu l'occasion de développer plus haut[1382], ont justifié la catégorisation de ce discours comme étant sans réel intérêt et méritant donc une protection faible. L'émetteur du message et sa finalité promotionnelle constituent des obstacles à la garantie d'une protection effective de la liberté de communication publicitaire, obstacles bel et bien liés à la liberté de communication, or, il n'est pas ici question de plaider en faveur d'une telle liberté. C'est le droit à l'information et donc le droit du récepteur de recevoir qui est en jeu. Dès lors, si le juge interne et celui de l'UE accordent à la publicité une fonction informative et si le législateur considère que l'information qu'elle véhicule est un moyen

---

1375 CEDH, 15 fév. 2005, Steel et Morris c. Royaume-Uni, préc., §89-90. Dans cet arrêt, la Cour énonce que « dans *une société démocratique, même les petits groupes militant non officiels, comme London Greenpeace, doivent pouvoir mener leur activité de manière effective et qu'il existe un net intérêt général à autoriser de tels groupes et les particuliers en dehors du courant dominant à contribuer au débat public par la diffusion d'informations et d'opinions sur des sujets d'intérêt général comme la santé et l'environnement* ».

1376 V. Par exemple Hertel c. Suisse, préc, et surtout, CEDH, 12 fév. 2008, Guja c. Moldova, n°14277/04.

1377 D. TRUCHET : *Les fonctions de la notion d'intérêt général dans la jurisprudence du Conseil d'État, L.G.D.J.*, 1977, p.370.

1378 D. TRUCHET : « La notion d'intérêt général : le point de vue d'un professeur de droit », *Legicom*, vol. 58, n°. 1, 2017, pp. 5-11.

1379 *Ibid.*

1380 Cour EDH : 27 mai 2004, Vides Aizsardzibas Klubs c. Lettonie, n° 57829/00.

1381 Cour EDH : 2 mai 2000, Bergens Tidende c. Norvège, n°26132/95, §60.

1382 Cf. *supra* n°305 et s.

efficace de protection des consommateurs, pourquoi ne pas lui accorder la qualification d'expression d'intérêt général au nom du droit à l'information ?

834. *Prima facie*, il peut paraître inconcevable, voire excessif, de reconnaître à un message portant sur un bien ou un service la qualité d'exprimer un intérêt général. Il convient toutefois de rappeler que, pour les consommateurs, l'intérêt de la publicité commerciale est clairement reconnu aussi bien dans l'ordre juridique interne[1383], qu'au niveau de l'UE[1384]. Aussi, l'évolution actuelle de la jurisprudence dans les ordres précités est en train d'assainir le discours publicitaire dans le dessein de le rendre plus responsable et bénéfique pour les récepteurs.

En ce sens, le législateur, de même que le juge (français et de l'UE) s'accordent pour dire que le consommateur se trouve en situation de faiblesse dans le cadre de ses rapports avec les émetteurs (vendeurs : distributeurs ou fabricants). Il s'agit là d'un motif suffisant qui pourrait conduire le juge européen à consacrer le droit, pour le récepteur, de recevoir le message publicitaire. Ce même juge a en effet reconnu la vulnérabilité de plusieurs groupes de personnes appartenant à une minorité[1385], il est peut-être temps de faire de même pour les consommateurs. C'est la reconnaissance d'une telle situation de faiblesse qui fera naître l'intérêt de la réception du message publicitaire. Ces derniers ont besoin de protection, le meilleur moyen pour y parvenir, abstraction faite de l'obligation de conseil[1386], consiste à leur garantir le droit d'être informés dans le domaine commercial.

835. La consécration du droit de recevoir dans ce domaine, en tant que composant déterminant de l'autonomie individuelle, leur permettra de prendre des décisions de consommation responsables, lorsqu'elles sont fondées sur leurs convictions, et bénéfiques, dès lors qu'elles leur permettent de défendre leurs propres intérêts économiques[1387]. L'intérêt individuel d'un consommateur pourrait nourrir celui général. De cette façon, s'informer sur la provenance des produits ou sur les méthodes d'abattage des animaux pousserait les consommateurs à adopter un mode de consommation sensible

---

[1383] Cf. *supra* n°803.

[1384] C'est le caractère informatif de la publicité qui fait son intérêt. Les travaux préparatoires de l'ancienne directive 97/55/CE présentent le droit à l'information des consommateurs comme l'une des motivations ayant mené à la licéité de la publicité comparative : Explanatory Memorandum to the Draft of 1991, COM (91)147 final-SYN 343, Brussels, 21 June 1991.

[1385] Cour EDH : 15 mars 2012, Aksu c. Turquie, §44 (la vulnérabilité des Roms) ; Cour EDH : 17 janv. 2012, Kurier Zeitungsverlag und Druckerei GmbH c. Autriche (la vulnérabilité des enfants) ; Cour EDH : 9 avril 2009, A. c. Norvège (la vulnérabilité des personnes condamnées par le passé et qui sont en phase de réadaptation).

[1386] Cass. 1ère civ. 25 juin 1996, Bull. civ. I, n° 274, Dalloz Affaires 1996. 1028 ; rappr. Cass. com. 1er déc. 1992, Bull. civ. IV, n° 391, *D.* 1993, somm. 237, obs. O. TOURNAFOND ; Civ. 1ère, 11 déc. 2013, n° 12-23.372.

[1387] https://www.economie.gouv.fr/dgccrf/La-protection-economique-des-consommateurs .

aux problématiques contemporaines, telles que celles liées au climat, par exemple. Une telle attitude pourrait inciter les autres entreprises récalcitrantes, moins respectueuses de l'environnement ou de la condition animale, à adopter un comportement responsable, ce qui a un effet non négligeable sur l'intérêt général.

836. Cela dit, nous pourrions tout de même nuancer nos propos en disant que cet intérêt protecteur ne concerne qu'une catégorie de personnes et que, par conséquent, il est loin d'intéresser suffisamment l'ensemble de la société pour recevoir la qualification d'intérêt général. Cependant, une telle conception de l'intérêt général n'est pas conforme à la jurisprudence de la Cour EDH. Le juge européen des droits de l'Homme offre une conception extensive du public visé par le sujet d'intérêt général[1388]. Dans l'arrêt *Azevedo*[1389], il a considéré que le message en question pouvait se rattacher à l'intérêt général même s'il avait « *trait à un domaine spécialisé* » et que le public s'y intéressant s'en trouvait inévitablement réduit[1390]. Dès lors, cette notion est sujette à contextualisation[1391] et pourrait ne toucher qu'une fraction du public, telle que les consommateurs.

Plus encore, il ne faut pas nier que tout le monde peut être consommateur. Le Président Kennedy disait à ce propos « *les consommateurs, nous tous par définition* ». Toutefois, nous ne pourrions adopter une telle conception réductrice de la personne. Lorsqu'elle a eu l'occasion d'affirmer le caractère informatif de la publicité, la Cour a utilisé le terme « citoyen »[1392]. Il s'agit peut-être là d'un signe montrant que tous les citoyens peuvent devenir des consommateurs. Ainsi, même si nous fondons notre raisonnement sur une approche quantitative, il est certain que l'ensemble du public est intéressé par la protection que l'information véridique et loyale fournie par la publicité dans sa fonction commerciale peut lui procurer. Pour finir, il est commun que lorsqu'ils revendiquent les droits qui leurs sont reconnus, les consommateurs agissent comme un ensemble, collectivement, à travers les associations de protection des consommateurs en formant des actions de groupe[1393] ou des actions en représentation conjointe[1394], alors que dans le même temps, chacun peut agir pour son propre compte. Cela montre qu'il existe certes une masse d'individus, mais dont l'intérêt est commun.

[1388] B. NICAUD, préc, p.321.

[1389] Cour EDH : 27 mars 2008, Azevedo c. Portugal, n°20620/04.

[1390] *Ibid,* §31 et 32.

[1391] B. NICAUD, préc.

[1392] Cour EDH : Krone Verlag GmbH et Co. KG (n°3) c. Autriche, préc. §31.

[1393] Loi n° 2014-344 du 17 mars 2014 relative à la consommation (article 1).

[1394] L'action en représentation conjointe vise à défendre les intérêts individuels de plusieurs consommateurs. Précisément, elle consiste à réunir ces intérêts individuels en une seule action exercée par une association agréée qui représente les consommateurs lésés. V., Civ. 1re, 26 mai 2011, n° 10-15.676.

837. *In fine*, si l'intérêt du public de recevoir le message publicitaire n'est à ce jour pas reconnu, il est fort probable qu'il le sera demain si les circonstances d'une affaire le permettent. Ce jour-là, le contrôle européen des restrictions du message publicitaire pourrait être étendu.

Section 2 - Le modèle du contrôle des restrictions de l'expression publicitaire à la lumière du nouveau droit

838. La consécration du droit de recevoir le message publicitaire semble probable. Il reste à déterminer son intérêt (la consécration) pour le récepteur. Afin de connaître cet intérêt, il suffit en effet de remarquer que jusqu'à aujourd'hui il n'existe pas de fondement de valeur *supra legem* qui assure la protection du droit des consommateurs à l'information. Certes, la presse spécialisée dans le domaine commercial et les associations de protection des droits des consommateurs constituent des sources d'informations pour le consommateur. Lorsqu'ils exercent leur droit d'information, ils le font au nom de la liberté d'expression. Toutefois, le consommateur, bénéficiaire du droit d'information, ne dispose pas de fondement lui garantissant un droit à l'information lui permettant, s'il le souhaite, d'exiger de l'annonceur la réception de certaines informations. L'autorisation de la publicité comparative a constitué une avancée majeure dans la protection des consommateurs. Il était soutenu que la publicité comparative favorisait « *une meilleure information du consommateur* », « *qu'elle serait une chance pour les petites et moyennes entreprises (PME), qu'elle serait une arme contre l'inflation* » et « *qu'elle serait un nouvel espace de liberté* »[1395]. Néanmoins, cette réforme n'a pas eu pour fondement la liberté d'expression. C'est surtout au nom de l'intérêt général que le Conseil constitutionnel a déclaré la constitutionnalité[1396] de l'article 10 de la loi n° du 18 janvier 1992.

839. Ainsi, le droit de recevoir le message publicitaire reposant sur l'article 10 de la CEDH fournit au consommateur un fondement conventionnel à son droit à l'information, ce qui n'est pas sans effet sur le niveau de protection de ses intérêts. Il convient d'apprécier le renforcement de la protection des intérêts du consommateur par le biais du droit de recevoir le message publicitaire, lorsque des impératifs concurrents surgissent. S'il existe en effet un domaine où le droit du consommateur à l'information reçoit une opposition farouche, c'est celui de la concurrence. Ce sont les intérêts économiques des concurrents de l'annonceur qui constituent le principal obstacle au droit à l'information en matière commerciale. L'application du droit de recevoir dans

[1395] F. GREFFE et P-B GREFFE : *La publicité et la loi*, préc. p.275.
[1396] Décision, Con. Cons. n°91-303 du 15 janvier 1992.

ce domaine pourrait élargir les frontières aujourd'hui restreintes de l'expression publicitaire la plus objective et au sujet de laquelle tout le monde s'accorde à dire qu'elle joue un rôle d'information, il s'agit en effet de la publicité comparative (**paragraphe 1**).

Par ailleurs, il faut rappeler que le juge européen ainsi que le juge de l'UE adoptent une position commune concernant le degré de la marge d'appréciation qu'il convient de laisser aux États en matière de publicité commerciale et de concurrence déloyale[1397]. Les États disposent, dans ces domaines, d'une large marge d'appréciation. Nous avons déjà traité ce point dans le cadre de notre première partie, mais cette fois en relation avec la liberté de communication de l'émetteur. Il a été constaté que, dans ces domaines, le contrôle européen est restreint. Cependant, traité sous l'angle du droit à l'information, le contrôle européen des ingérences dans la liberté d'expression publicitaire pourrait évoluer (**paragraphe 2**).

Paragraphe 1 - Élargir les frontières aujourd'hui admises de l'expression publicitaire comparative

840. L'information des consommateurs a été considérée comme la principale raison ayant justifié la légalisation de la publicité comparative, argument qui est présenté comme un intérêt général[1398]. La finalité est double : assurer la protection des intérêts des consommateurs et stimuler la concurrence[1399]. L'information du consommateur n'étant pas le seul intérêt existant, la publicité comparative est strictement encadrée dans l'objectif de protéger les intérêts des entreprises concurrentes de l'annonceur[1400].

841. Définie comme identifiant explicitement ou implicitement soit un concurrent soit les biens ou services offerts par un concurrent[1401], l'expression publicitaire comparative est la cible de deux types d'actions, dont l'objectif

---

[1397] CJCE : 2 avr. 2009, Aff., C-421/07 à propos d'une demande de décision préjudicielle introduite par le Vestre Landsret (Danemark), par décision du 6 août 2007, §27.

[1398] M. LUBY : « Propos critiques sur la légalisation de la publicité comparative », *D.* 1993, p.53.

[1399] Il faut noter que la stimulation de la concurrence vise sur le long terme à sauvegarder les intérêts des consommateurs. Toutefois, nous préférons distinguer ces deux objectifs.

[1400] La publicité comparative doit être objective, ce qui exclut les termes de comparaison portant notamment sur des facteurs tels que l'esthétique, le goût, l'odeur, etc. Concernant les éléments de comparaison, la loi dresse une liste de points de comparaison : il s'agit des qualités ou caractéristiques essentielles, pertinentes, vérifiables et représentatives des produits ou services en cause. En outre, la comparaison doit porter non plus seulement sur des produits ou services de même nature et non nécessairement identiques, mais également sur des « *biens ou services répondant aux mêmes besoins ou ayant le même objectif* ».

[1401] Article 122-1 du Code de la consommation.

est de défendre les intérêts des entreprises concurrentes de l'annonceur. D'un côté, nous pourrions citer l'action en concurrence déloyale, qui vise à protéger les intérêts de celui qui ne dispose pas de droits privatifs et sanctionne la déloyauté. Ainsi, le dénigrement constitue le principal acte déclencheur. De l'autre côté, l'action en contrefaçon réprime l'usage illicite d'un droit privatif d'une entreprise. La première vise à protéger la réputation de l'entreprise tandis que la seconde action sauvegarde le droit de propriété que détient une entreprise sur sa marque, son nom commercial ou sa dénomination sociale.

Or, qui dit défense des intérêts des concurrents dit affaiblissement du droit d'information des consommateurs. La sauvegarde de l'intérêt des consommateurs a toujours été un objectif présent dans le raisonnement du juge, lors de la mise en balance avec ces impératifs. Toutefois, ce n'est pas le droit à l'information qui constituait le fondement de l'intérêt des consommateurs, c'est pourquoi il a été marginalisé dans certains cas. Il convient de souligner que l'information du consommateur a toujours été traitée en droit de la consommation et dans la théorie générale des contrats comme un moyen susceptible de conduire à la finalité de la protection du consommateur.

842. Notre propos vise à revoir les limites de la publicité comparative, mais en faisant de l'information des consommateurs un droit et non un simple moyen. Un tel droit ayant un fondement conventionnel pourrait renforcer l'information des récepteurs/consommateurs.

843. Il s'agit en effet, d'un côté, d'observer les éventuels changements au regard de l'action en concurrence déloyale (**A**) et de l'autre, vis-à-vis de l'exercice de l'action en contrefaçon (**B**).

A - Circonscrire le recours à l'action en concurrence déloyale en matière de publicité comparative

844. En matière de concurrence, en l'absence de droit privatif, le principe est la liberté, ce qui signifie que chacun est libre de concurrencer son voisin et de s'accaparer sa clientèle. On dit que la clientèle est à celui qui sait la prendre. Toutefois, étant donné que la liberté ne rime pas avec l'anarchie[1402], une concurrence sauvage n'est pas admise. C'est pourquoi, sur le fondement des articles 1240 et 1242 du Code civil, la jurisprudence ainsi que la doctrine ont pu établir une classification des actes déloyaux[1403]. Étant donné que l'action en concurrence déloyale est ouverte à celui qui ne peut se prévaloir d'aucun

---

1402 L. ARCELIN, préc.

1403 V. surtout, P. ROUBIER : « Théorie générale de l'action en concurrence déloyale », (1948) 46 *RTD civ.* 541, 546.

droit de propriété intellectuelle[1404], les actes déloyaux sont constitutifs de fautes. Ainsi, en matière de publicité[1405], le recours à la publicité comparative peut être considéré comme fautif dans le cas où il cause un préjudice à un concurrent, c'est-à-dire lorsqu'il s'agit de dénigrement[1406]. Or, la publicité comparative a elle-même pendant longtemps été considérée comme un dénigrement constitutif d'acte de concurrence déloyale[1407]. Dans la mesure où, par définition, la publicité comparative fait référence implicitement ou explicitement à un concurrent, ou à son produit ou service, elle constitue, en effet, depuis 1992, une exception au dénigrement, ce dernier, défini dans un sens large, est constitué par la simple citation d'un concurrent[1408]. Afin de fixer les frontières entre l'expression dénigrante et la publicité comparative licite, le législateur a entouré cette dernière de conditions sévères. Ces conditions, insistant sur l'objectivité de la publicité comparative, visent, en principe, la protection des consommateurs contre la publicité mensongère qui nuirait à leurs intérêts, car une publicité comparative fondée sur des éléments non vérifiables et donc subjectifs ne permettrait pas d'affirmer les appréciations de l'annonceur. Toutefois, ces mêmes conditions empêchent en même temps l'annonceur de tenir des propos élogieux sur ses produits (*dolus bonus*), tout en dévalorisant ceux de ses concurrents. Nous constatons dans l'étude de la jurisprudence, que ce sont plutôt les concurrents de l'annonceur qui réagissent face à la publicité comparative et dénoncent l'exagération ou l'inexactitude de celle-ci. Ainsi, l'objectif premier des conditions restrictives de la publicité comparative pourrait sembler déplacé pour qu'il être mis au service des entreprises concurrentes de l'annonceur. Certains pourraient répliquer en disant que c'est tout à fait normal, étant donné que ce sont les concurrents qui sont dans le viseur de l'annonceur. Certes, néanmoins, aller dans ce sens reviendrait à négliger le droit à l'information des récepteurs/consommateurs, à étouffer toute critique à l'égard des concurrents au prétexte d'éviter les dérives et par conséquent, à rendre illusoire l'intérêt de la publicité comparative. Il faut tout de même rappeler que c'est

---

1404 Cass. com. 22 oct.2002: *D.* 2003, somm.1031, obs. Y. SERRA; 10 fév. 2009 : *D.* 2009, obs. E. CHEVRIER.

1405 En matière de publicité, la création de la confusion est considérée comme un acte de concurrence déloyale. Tel est le cas lorsqu'il s'agit de publicité mensongère (article 121-1 al.1 du Code de la consommation). Néanmoins, nous estimons que, bien que le consommateur en soit la victime, ce type d'agissement, ne vise pas expressément l'information des consommateurs comme dans le cas de la publicité comparative, d'où la raison de son exclusion de notre raisonnement.

1406 Article l 121-9, 2°) du Code de la consommation ; Pour un exemple voir : Chambre commerciale 9 janvier 2019, pourvoi n°17-18350, BICC n°902 du 15 mai 2019.

1407 A. BRUNET : « Publicité comparative, concurrence et consommation », *Gaz.Pal*, 18 déc. 1999, p.6.

1408 F. GREFFE et P-B GREFFE : *La publicité et la loi*, préc. p.292.

l'information des consommateurs qui a justifié dans une large mesure la réforme autorisant cette forme de publicité. Toutefois, les juges adoptent une interprétation stricte des conditions dans lesquelles la publicité comparative est licite, en marginalisant par conséquent le droit des consommateurs à l'information.

845. Ainsi, l'apport de ce nouveau droit aurait consisté à élargir le champ de l'expression comparative acceptée en privilégiant l'intérêt des consommateurs sans négliger celui des concurrents. Au demeurant, l'intérêt des premiers se couple à celui des seconds. Le droit à l'information du consommateur se retrouve détourné si l'information est fausse ou mensongère et en même temps, le concurrent directement ou indirectement visé subira les effets de la même information dont l'exactitude n'est pas vérifiable ou non confirmée. Partant, il semble que le point commun des deux intérêts qui peuvent sembler contradictoires réside dans le triomphe de la vérité. Le seul élément qui devra constituer une limite est l'expression mensongère ou non objective. Pour commencer il faudrait que, de même qu'en matière de diffamation, *l'exceptio veritatis* soit prise en compte dans le cadre du dénigrement. Là encore, l'intérêt du récepteur dans le triomphe de la vérité renforce la liberté d'expression publicitaire de l'émetteur. À partir du moment où elle ne cherche pas à nuire ni à induire en erreur le consommateur, l'expression comparative de l'émetteur doit être autorisée au nom de l'intérêt de la réception du récepteur. Ce raisonnement fondé sur le droit à l'information des consommateurs aurait beaucoup de conséquences sur la jurisprudence actuelle. Dès lors, le réexamen de certaines décisions à la lumière de ce droit conduirait à exclure du qualificatif de dénigrement les allégations exactes ou celles qui sont de notoriété publique. A ce jour, les juges continuent en effet à qualifier de dénigrement le fait qu'un annonceur dise la vérité sur son concurrent[1409]. Comme l'a rappelé, le 19 juillet 1973, la chambre commerciale de la Cour de cassation[1410], peu importe « *si l'appréciation faite [...] des mérites respectifs des deux produits était ou non exacte* ». N'est-il pas dans l'intérêt des consommateurs de recevoir une information exacte concernant une entreprise qui a mis sur le marché des biens ou des services susceptibles de faire l'objet d'un contrat de vente ? La réponse est positive. Pourquoi alors l'interdire si ce n'est pour protéger l'intérêt économique du concurrent en question ? Cet intérêt est-il plus important que le droit du consommateur à l'information ? Le juge a-t-il opéré une mise en balance entre ces deux impératifs ? Afin de prendre conscience de la méconnaissance de l'intérêt des consommateurs, il suffit de revenir sur la jurisprudence en la matière.

846. La jurisprudence se montre assez sévère en interdisant par exemple aux commerçants de se référer à des essais ou à une comparaison ou d'y avoir

---

[1409] Com. 24 sept. 2013, n° 12-19.790, *D.* 2013. Actu. 2270, obs. DELPECH.

[1410] *D.* 1973. 587.

publiquement recours, bien qu'ils s'avèrent exacts. Tel est le cas dans un arrêt concernant La revue « 50 millions de consommateurs », qui avait fait paraître un tableau comparatif des prix de plusieurs marques de parfums. La société F., qui était connue pour ses prix bas par rapport à ceux pratiqués par les grandes marques, avait placé sur ses rayons une reproduction dudit tableau, ainsi qu'un système de numérotation permettant de comparer les prix de ses propres produits à ceux des grands parfumeurs. Les juges du fond, suivis par la Cour de cassation, ont caractérisé cet acte de concurrence déloyale pour dénigrement[1411]. L'information contenue dans le tableau en question était sans doute importante pour les consommateurs. Toutefois, malgré son objectivité[1412], elle a été censurée. Il convient cependant de souligner qu'un revirement de la jurisprudence est intervenu en matière de référence, dans le cadre de la publicité, à des prix pratiqués par des concurrents. C'est dans une affaire dont les faits sont semblables à la précédente que la Cour de cassation a cassé l'arrêt de la Cour d'appel qui avait condamné la société Carrefour au titre de concurrence déloyale pour avoir publié un tableau, dont l'exactitude n'a pas été contestée, des prix pratiqués par elle ainsi que par plusieurs de ses concurrents sur des produits identiques[1413].

Dans une veine similaire, un arrêt de la Cour de cassation démontre que la mise en balance entre les intérêts des entreprises et celui des consommateurs fait défaut. Le droit à l'information des consommateurs n'est pas pris en considération dans l'examen, par le juge, des faits qui lui ont été présentés. Une société dénommée Finquel, vendeur de produits concurrents, mais dont elle n'est pas le fabricant, avait en effet soumis à un journal (*L'Equipe*) la publication du compte rendu d'un essai comparatif de l'exposition aux flammes de combinaisons fabriquées l'une en « Nomex » (marque de la Soc. du Pont de Nemours), l'autre en « Naza » (marque des sociétés Finquel et la Rallye Auto-Sport) , en l'accompagnant des déclarations suivantes : « *Je commercialisais le Nomex et le super-protec. C'était insuffisant. Je crois qu'avec Naza le but essentiel est atteint* ». La Cour d'appel a jugé que le simple fait de présenter les produits de Naza comme supérieurs à ceux de Nomex est « *constitutif de dénigrement fautif sans qu'il y ait besoin de rechercher si l'appréciation faite par Finquel des mérites respectifs des deux produits était ou non exacte* »[1414]. Bien que nous soyons d'avis que les résultats d'un seul test comparatif ne peuvent constituer une vérité absolue, il s'avère toutefois important de souligner que négliger la vérification de la véracité des allégations de la société Finquel montre à quel point le juge se

[1411] Com. 27 janvier 1981, *Bull. IV*, n°53.

[1412] A priori l'objectif s'impose dans la comparaison des prix. Quoi de plus objectif que la comparaison de deux prix ?

[1413] Note G. CAS. *D.* 1986.436.

[1414] Cass. ch. com ; 19 juillet 1973, S.A.R.L. Rallye Auto-Sport et Finquel c. Soc. E.I. du Pont de Nemours and company, *D.* 1973. 587.

focalise davantage sur la mise en balance des seuls intérêts des deux concurrents. C'est la raison pour laquelle le simple fait de dire que tel produit est supérieur à tel autre a automatiquement conduit à la qualification de dénigrement. Or, n'est-il pas exact que la comparaison entre produits se fait nécessairement au détriment de l'un d'entre eux et qu'une telle démarche relève de l'essence même de la publicité comparative ? Ainsi, une réelle recherche du juste équilibre entre les intérêts des concurrents aurait dû prendre en compte l'intérêt pour le consommateur de recevoir l'information qui ressortait de la publicité en cause, ce qui rendait nécessaire la vérification de l'exactitude ou de l'objectivité de la publicité. Or, dans cette affaire le juge ne s'est pas attardé sur cette condition d'objectivité, ce qui est regrettable.

847. Par ailleurs, en analysant l'esprit de l'arsenal juridique relatif au domaine de la concurrence déloyale, nous avons pu comprendre la raison pour laquelle la plupart des références faites au produit ou services d'un concurrent sont qualifiées de dénigrements. Il arrive parfois que les publications en cause soient pourtant véridiques et non destinées au public[1415]. Cela s'explique par le fait que le droit de la concurrence déloyale régit principalement les rapports entre concurrents[1416] et repose sur l'idée qu'en se livrant à une concurrence, les concurrents ne cherchent qu'à servir leurs propres intérêts tout en nuisant à ceux des autres. C'est pourquoi le principe est l'interdiction de critiquer ou de dénigrer ses concurrents. Un tel précepte devrait peut-être évoluer, tout du moins lorsqu'il s'agit de la publicité comparative et laisser place à l'expression publicitaire véridique même, si elle dit du mal d'un concurrent. N'est-il pas dans l'intérêt des consommateurs qu'ils soient informés des risques de malfaçon d'un produit, même si l'information émane du concurrent du fabricant de ce dernier ?[1417] ou bien de savoir que les risques liés à l'inhalation passive de fumée de tabac présente dans l'air ambiant (risque de cancer) sont moins élevés que ceux résultant de la consommation d'un biscuit par jour (risque de maladies cardio-vasculaires)[1418]. Dans le domaine de la

---

[1415] Une société a envoyé à plusieurs de ses concurrents une lettre recommandée avec avis de réception pour les informer de la prétendue non-conformité avec une directive européenne, précisément avec celle n° 1999/36 du 16 juin 2010 relative aux équipements sous pression transportables, de certaines cartouches qu'ils commercialisaient. Deux des sociétés destinataires de cette lettre ont estimé que celle-ci visait des produits qu'elles commercialisaient et ont agi en conséquence en concurrence déloyale par dénigrement. Elles ont obtenu gain de cause devant les juges du fond, puis devant la Cour de cassation, qui a pour sa part estimé que « *la divulgation d'une information de nature à jeter le discrédit sur un concurrent constitue un dénigrement, peu importe qu'elle soit exacte* ».

[1416] À l'exception, par exemple, de l'action en concurrence déloyale fondée sur le parasitisme économique qui peut être déclenchée par un non concurrent.

[1417] M. MALAURY-VIGNAL : « Publicité et concurrence déloyale », *Revue Lamy de la concurrence*, n°31, 1 avr. 2012.

[1418] CA. Paris, 24 sep. 1996 : *Gaz. Pal.* 1er -3 juin 1997, note H. VRAY.

liberté d'expression, ces informations sont d'une importance capitale pour l'intérêt général.

848. Au demeurant, dénoncer l'illicite[1419] contribuerait dans une large mesure rendre les relations commerciales transparentes[1420]. Nombreuses sont les informations commerciales très critiques à l'égard des marques et des produits de concurrents qui ont été divulguées par des organes de presse spécialisés, entre autres, et accueillies favorablement par les juges[1421]. Une telle tolérance devrait être de plus en plus envisagée dans le domaine de la publicité comparative, en particulier si elle a pour fondement un droit fondamental, à savoir celui à l'information. Les informations véhiculées par celle-ci et par la publicité d'une manière générale, sont parfois de nature à intéresser le grand public. Est révolu le temps où l'émetteur de l'expression constitue le paramètre du réglage du niveau de protection à accorder au discours en cause. Le contenu devrait prendre le pas pour devenir le paramètre principal. Ce faisant, les annonceurs seront encouragés à délivrer des informations exactes et surtout utiles pour les consommateurs. De surcroît, cela pourrait nous faire bénéficier d'une source d'information pertinente[1422], parce qu'après tout, qui est le mieux placé qu'un concurrent pour nous informer sur les inconvénients des biens et services que nous consommons et que nous utilisons ? Certes, la sincérité et l'intérêt égoïste se marient mal. Néanmoins, il incombe au juge de contrôler la sincérité de l'annonceur, quant à l'égoïsme de ce dernier, il est laissé à l'intelligence du récepteur. Ainsi, dans le domaine publicitaire, le droit de recevoir pourrait rendre les informations émanant de cette source désireuse de les communiquer plus bénéfiques pour l'ensemble de la société.

849. Par ailleurs, nous devrons admettre que la jurisprudence tolère parfois qu'un concurrent puisse informer ses clients sur les qualités objectives qu'il peut attendre d'un produit, même si cette information est destinée à remédier aux conséquences de l'usage d'un produit non concurrent[1423]. C'est la façon dont les allégations sont formées qui aboutit généralement à la qualification

---

[1419] M. MALAURY-VIGNAL : « Ombres et lumières de la dénonciation de l'illicite », *CCC.* n°6, juin 2009.

[1420] Cour EDH : Markt Intern Verlag, préc.§.35.

[1421] F POLLAUD-DULIAN : JCP G 2006, II, n° 10195 sous Cass. 2e civ., 19 oct. 2006, no 05-13.498, affaire Camel ; Cass. com., 10 mai 2011, n° 10- 18.173, Fédération générale des clercs et employés de notaires c. Fédération CGT des sociétés d'études, secteur notarial, *Contrats, conc., consom.* 2011, comm. 157 ; Cass. com., 8 avr. 2008, n° 06-10.961 ; et Cass. com., 8 avr. 2008, Greenpeace c. Areva et Esso, n° 07-11.251; cf. également à propos de la campagne menée par le site « jeboycottedanone », TGI Paris, 4 juill. 2001, LPA 2001, n° 186, p. 11.

[1422] Sous réserve du respect des dispositions sanctionnant l'information fausse. Du reste, c'est au juge qu'il appartient de contrôler la bonne foi des concurrents qui pourraient diffuser des informations volontairement plus alarmistes que la réalité des faits.

[1423] Cass. com., 15 janv. 2002, n° 00-13.107, Bull. civ. IV, n° 9

de dénigrement[1424]. Cela veut-il dire pour autant que dans le domaine de la concurrence déloyale, l'exagération n'est pas tolérée ? Une réponse positive ne peut être donnée, car la publicité peut être hyperbolique en se présentant comme le « leader n° 1 » ou le meilleur[1425]. Néanmoins, la critique est strictement limitée lorsqu'elle désigne une personne (un concurrent) ou un groupe (la profession d'avocat par exemple) et conditionnée par la modération, que ce soit au fond ou dans la forme, lorsqu'elle porte sur un produit non manufacturé, un produit de la nature, une méthode commerciale ou un système économique[1426].

Sur ce terrain de la critique, le droit du consommateur à l'information jouerait également un rôle libérateur important. Au nom de ce droit, dont dépend l'intérêt d'un ensemble de personnes, sans verser dans l'excès, nous pourrions même faire référence à l'intérêt général, il serait souhaitable de miser davantage sur l'objectivité que sur la forme de l'expression. En d'autres termes, aussi longtemps que le message publicitaire comparatif est véridique, il peut être exprimé sans modération. Cela ne veut pas forcément dire avec excès et abus, par exemple, en tolérant l'utilisation de termes injurieux ou violents[1427]. Toutefois, une certaine dose d'exagération devrait être tolérée de la part des concurrents des annonceurs.

850. La Cour EDH invitait à la tolérance vis-à-vis des propos susceptibles de choquer ou d'inquiéter une fraction de la population. Elle ne visait pas le discours commercial, mais des opinions ou des idées d'intérêt général. Toutefois, c'est la population en général qui devrait faire preuve d'une certaine tolérance et d'un esprit d'ouverture. Ainsi ne ferait-on pas de même en ce qui concerne le marché ? C'est-à-dire s'attendre à une certaine tolérance et acceptation de la critique objective de la part des concurrents de l'annonceur ? Il conviendrait qu'il en soit ainsi, d'autant plus que l'intérêt que le concurrent cherche à protéger en ayant recours à la concurrence déloyale est purement commercial et personnel tandis que l'expression visée, si elle est objective, a quant à elle un intérêt informatif pour les consommateurs. Dans un arrêt récent, il semble que la Cour de cassation estime que certaines informations concernant un produit peuvent être d'intérêt général. Elle a ainsi considéré, à la lumière de l'article 10 de la CEDH, que « *la divulgation, par l'une (des parties), d'une information de nature à jeter le discrédit sur un produit commercialisé par l'autre constitue un acte de dénigrement, à moins*

[1424] Pour un cas où la déloyauté a été caractérisée, et ce, abstraction faite du caractère exact de l'information, du simple fait que le concurrent a utilisé des termes dévalorisants, voir : Cass. com., 15 janv. 2002, n° 99-21.188.

[1425] TGI Paris, 3e ch., 2e sect., 18 juin 2010, n° 08/07473, Victoire Éditions c. Développement de projets d'éditions e.a. ; CA Paris, pôle 5, 2e ch., 3 déc. 2010, n° 09/14831, *Gaz. Pal.*, 21 avr.201, p. 15.

[1426] F. GREFFE et P-B GREFFE : *La publicité et la loi*, préc. p.311.

[1427] TC Paris, 15ème ch., 22 fév. 2013, Bouygues Telecom c. Free, RG 2012-076280.

que l'information en cause ne se rapporte à un sujet d'intérêt général, repose sur une base factuelle suffisante, et sous réserve qu'elle soit exprimée avec une certaine mesure »[1428]. Il ne faudrait pas déduire de cet arrêt une instauration du principe de l'exception de vérité tel qu'il est reconnu en matière de diffamation. La jurisprudence la plus récente considère toujours qu'en matière de dénigrement il n'y a pas une réelle exception de vérité[1429] et qu'une information même exacte est susceptible d'être qualifiée de dénigrement[1430].

851. Au regard de ce qui précède, il est fort probable que le droit à l'information des consommateurs conduise à renverser le paradigme existant. Dans un domaine où l'intérêt privé (concurrents) l'emporte sur celui général (l'information publicitaire), il est temps de faire prévaloir l'intérêt des consommateurs sur celui des concurrents.

B - L'information des consommateurs : fondement principal de l'interprétation du juge de l'UE

852. Pendant longtemps, les tribunaux ont qualifié le droit de propriété relatif à la marque de droit absolu[1431]. Aujourd'hui, l'intérêt général et celui social ont prévalu « *justifiant ainsi le fléchissement de ce droit pour assurer en parallèle à sa mission traditionnelle, une fonction sociale* »[1432]. Le droit de propriété est devenu suffisamment souple « *et nuancé pour abriter des prérogatives fort disparates* »[1433]. Nombreuses sont les limitations apportées à l'exercice du droit sur la marque. Ainsi, par exemple, après une longue résistance en tant qu'argument justifiant la prohibition de la publicité comparative en France, il a finalement cédé au nom de l'intérêt général, à savoir de l'information du consommateur[1434]. Cette brèche dans le droit des marques a suscité de vives réactions. Elle a été qualifiée par M. Luby d'« incohérente »[1435], car les dispositions de l'article 10 autorisent la citation de la marque d'autrui dans la publicité comparative alors que ceux de la directive CEE n°89-104 sur les marques[1436] interdisent une telle utilisation.

1428 Cass. ch. comm. 9 janvier 2019, n°17-18350.

1429 CA de Douai, 28 mai 2020, n°20/178 ; T. com. Versailles, ord. réf., 5 mars 2020, FIAC/Yuka.

1430 C.Cass. Civ 1ère, 11 juillet 2018, n°17-21.457.

1431 Centre d'études internationales de la propriété industrielle : « Aspects actuels de la contrefaçon », travaux de la 3ème Rencontre de la propriété industrielle, Lyon, *Litec* 1975, p.47.

1432 F. TERRÉ : « L'évolution du droit de propriété depuis le Code civil », *Revue française de* théorie *juridique* 1985.35.

1433 *Ibid.*

1434 M. LUBY : « Propos critiques sur la légalisation de la publicité comparative », *préc.*, p.53.

1435 *Ibid.*, §8.

1436 *JOCE* n° L 40 du 11 févr. 1989.

L'exception de la publicité comparative a également été considérée par le même auteur comme une « trahison », car il estime que la marque « *constitue un élément indispensable à la vie des entreprises (...) lesquelles acceptent de consentir des sommes importantes à des dépenses publicitaires* »[1437] en faveur de leurs marques une activité concurrentielle comparative pourrait donc « réduire à néant ces efforts »[1438]. À son tour, le Conseil Constitutionnel reconnaît que la publicité comparative porte atteinte au droit sur la marque, mais il considère qu'elle est constitutionnelle[1439].

853. Les craintes des défenseurs des droits sur la marque ont été apaisées par le législateur, qui a adopté des dispositions permettant d'assurer un certain équilibre entre l'information des consommateurs et le droit de propriété. C'est le législateur européen qui, le premier, a expressément interdit aux annonceurs de tirer profit de la notoriété de la marque à travers l'article 3 bis de l'ancienne directive 97/55/CE postérieurement transposée en droit interne. Le Code de la consommation interdit également de profiter des « investissements en image » réalisés par une marque concurrente déjà bien installée. En ce sens, les dispositions de l'article L121-9 du Code de la consommation méritent d'être citées, à savoir que : « *La publicité comparative ne peut : 1° Tirer indûment profit de la notoriété attachée à une marque de fabrique, de commerce ou de service, à un nom commercial, à d'autres signes distinctifs d'un concurrent ou à l'appellation d'origine ainsi qu'à l'indication géographique protégée d'un produit concurrent ;2° Entraîner le discrédit ou le dénigrement des marques, noms commerciaux, autres signes distinctifs, biens, services, activité ou situation d'un concurrent ;3° Engendrer de confusion entre l'annonceur et un concurrent ou entre les marques, noms commerciaux, autres signes distinctifs, biens ou services de l'annonceur et ceux d'un concurrent ;4° Présenter des biens ou des services comme une imitation ou une reproduction d'un bien ou d'un service bénéficiant d'une marque ou d'un nom commercial protégé* ». Par ailleurs, l'article L.433-11 du même Code ajoute à ces dispositions deux autres conditions sans le respect desquels la citation d'une marque est illicite, il dispose en effet que « *Les propriétaires de marques de commerce, de fabrique ou de service peuvent s'opposer à ce que des textes publicitaires concernant nommément leur marque soient diffusés lorsque l'utilisation de cette marque vise à tromper le consommateur ou qu'elle est faite de mauvaise foi* ». Il en ressort que la citation de la marque d'un concurrent dans la publicité comparative n'est pas libre. Elle peut, en cas d'inobservation des dispositions ci-dessus, caractériser un délit de contrefaçon, qui est sévèrement sanctionné[1440]. Tracer la frontière entre le licite et l'illicite en la matière a toujours occupé les juges. Un aménagement entre l'intérêt d'information des

[1437] M. LUBY, préc.

[1438] *Ibid.*

[1439] Décision, Con. Cons. n°91-303 du 15 janvier 1992, préc.

[1440] Article L.716-9 du Code de la propriété intellectuelle.

consommateurs et la protection du droit de propriété de la marque s'avère délicat. La confrontation entre ces deux impératifs en matière de publicité commerciale a pu être tranché dans certains domaines en faveur du droit des marques[1441]. Cependant, sans être totalement réglée, la résolution du conflit entre ces deux droits en matière de publicité comparative semble tantôt pencher en faveur de cette dernière et tantôt à son encontre. La position de la jurisprudence de l'UE en la matière est fluctuante. L'arrêt *O2 Holdings* est en effet jugé comme étant le plus favorable pour l'intérêt informatif du consommateur. Dans cette affaire, le juge de l'UE a clairement envisagé les rapports existants entre le droit des marques et celui de la publicité comparative. Il a ainsi interprété une disposition de la directive équivalente à l'article L 433-11 dans un sens favorable à la publicité comparative en liant l'effectivité de cette dernière à l'identification du concurrent[1442]. Puis, il retient une acception large de la notion de publicité comparative[1443], rendant ainsi possible une extension du champ de l'exception au droit des marques. Plus encore, le juge luxembourgeois a dégagé ce qu'il appelle « un principe interprétatif »[1444], selon lequel les conditions de licéité de la publicité

[1441] Toutes les citations de marques dans la publicité n'ont pas un intérêt informatif. Ainsi, l'achat de mot clés par le biais du système AdWords permet à l'annonceur d'associer ses annonces aux résultats de recherches. Le problème est que l'achat de ces mots clés se fait dans le cadre d'enchères, ce qui veut dire que le premier arrivé est le premier servi, et ce, peu importe que le mot clé ait été enregistré par une autre entreprise au titre de la marque. Par conséquent, pour faire barrage à ces pratiques trompeuses et déloyales, la jurisprudence en la matière penche en faveur du droit de la marque : Décision n°10-MC-01 du 30 juin 2010 relative à la demande de mesures conservatoires présentée par la société Navx. ; TGI Paris, 3ème ch., 2ème section, 11 juin 2010, Sncf/ Eorezo ; Tribunal de commerce, Paris, 15e chambre, 27 Septembre 2013 - n° 2013028733 ; Cour d'appel, Paris, Pôle 5, chambre 4, 22 Octobre 2014, n° 13/10558 ; Cour d'appel, Colmar, 1ère chambre civile, section A, 27 Mars 2019, n° 17/00295 ; Cour d'appel, Reims, Chambre civile, 1ère section, 12 Novembre 2019, n° 18/01888.

[1442] V., considérant 8 et 14 de la directive 2006/114/CEE.

[1443] On peut lire ainsi dans les points 41 et 42 de l'arrêt qu'« aux termes de l'article 2, point 2 bis, de la directive 84/450, on entend par «publicité comparative» toute publicité qui, explicitement ou implicitement, identifie un concurrent ou des biens ou des services offerts par un concurrent (§41). Selon une jurisprudence constante, il s'agit d'une définition large, permettant de couvrir toutes les formes de publicité comparative, de sorte qu'il suffit qu'il existe une communication faisant, même implicitement, référence à un concurrent ou aux biens ou aux services qu'il offre pour qu'il y ait publicité comparative (voir arrêts Toshiba Europe, précité, points 30 et 31; du 8 avril 2003, Pippig Augenoptik, C-44/01, Rec. p. I-3095, point 35, ainsi que du 19 avril 2007, De Landtsheer Emmanuel, C-381/05, Rec. p. I-3115, point 16) (§42) ».

[1444] CJCE: 19 sept. 2006, Lidl : Rec. CJCE ,2006, I, p.8501 ; Prop. intell.2007, n°22, p.112, obs. J.PASSA, § 59.

comparative posées par la directive 2006/114/CE doivent être interprétées dans le sens le plus favorable à l'admission d'une telle publicité[1445].

854. Toutefois, un an après cet arrêt, la Cour de justice semble adopter, dans la célèbre affaire *L'Oréal c. Bellure*[1446], une interprétation restrictive des conditions de licéité de la citation de la marque d'un concurrent. À l'origine du litige figure la vente, par Bellure, de copies légales et bon marché de parfums des marques de L'Oréal. Or, Bellure avait utilisé les noms des parfums copiés afin de décrire l'odeur des copies, procédé qui reposait ainsi sur des listes comparatives. C'est ce qui a suscité le conflit, parce que les marques étaient reproduites. L'Oréal avait donc formé une action en contrefaçon devant le juge anglais. Pour sa défense, Bellure soutenait que les listes constituaient une publicité comparative licite. Ce litige a conduit à une opposition entre les anciennes directives n° 89/104/CE du 21 décembre 1988 sur les marques[1447] et la directive n° 97/55/CE du 6 octobre 1997 sur la publicité comparative. Saisie par la *Court of Appeal*, la Cour de justice avait répondu à cinq questions préjudicielles et livré une interprétation des dispositions en faveur du droit des marques. Il en a découlé le constat que le droit prévalait sur la marque, outre que la Cour a retenu la contrefaçon de marque. Selon la CJUE « *l'article 5, paragraphe 1, sous a), de la directive 89/104 doit être interprété en ce sens que le titulaire d'une marque enregistrée est habilité à faire interdire l'usage par un tiers, dans une publicité comparative (...) d'un signe identique à cette marque pour des produits ou des services identiques à ceux pour lesquels ladite marque a été enregistrée, même lorsque cet usage n'est pas susceptible de porter atteinte à la fonction essentielle de la marque, qui est d'indiquer la provenance des produits ou services, à condition que ledit usage porte atteinte ou soit susceptible de porter atteinte à l'une des autres fonctions de la marque* »[1448]. Le juge de l'UE a attribué à la marque d'autres fonctions, qu'un auteur qualifie de « mystérieuses »[1449]. Ainsi, en plus de la fonction essentielle de la marque, qui n'est pas atteinte dans cette affaire, le juge considère que la marque possède d'autres fonctions comme de garantir la qualité du produit ou du service, de communication, d'investissement ou de publicité.

855. La critique la plus virulente de ce fléchissement en faveur du droit sur la marque a émané du juge Jacob chargé de statuer sur l'affaire *L'Oréal c.*

[1445] CJCE: 25 oct. 2001, Toshiba: Rec. CJCE, 2001, I, p. 7945; CJCE, 8 avr. 2003, Pippig Augenoptik: Rec. CJCE 2003, I, p. 3095.

[1446] CJCE : 18 juin 2009, C-487/07.

[1447] Abrogée par la Directive (UE) 2015/2436 du Parlement européen et du Conseil du 16 décembre 2015 rapprochant les législations des États membres sur les marques (Texte présentant de l'intérêt pour l'EEE). Pour le droit interne : Ordonnance n° 2019-1169 du 13 novembre 2019 relative aux marques de produits ou de services.

[1448] CJCE : 18 juin 2009, C-487/07, préc., §51.

[1449] Note L. MARINO, Gaz. Pal. 28 oct.2010, n°301, p.23.

Bellure sur la base des interprétations européennes[1450]. Il a considéré que l'arrêt de la Cour de justice avait bafoué la liberté d'expression de la société Bellure qui, selon le juge anglais, s'était contenté de dire la vérité sur cette question, à savoir que son parfum sentait comme celui de l'Oréal et que donc les consommateurs, et en particulier, les plus pauvres d'entre eux, avaient le droit d'entendre la vérité[1451]. Ce droit, selon le juge Jacob, est garanti par des textes universels comme la déclaration universelle des droits de l'Homme (article 19) et la Convention européenne de sauvegarde des droits de l'Homme et des libertés fondamentales (Article 10§1)[1452], qui garantissent le droit de recevoir des informations.

Il semble que cette vérité, abstraction faite du degré d'importance qu'elle aurait pour chaque consommateur, n'ait en effet pas préoccupé le juge de l'UE. Ceci pourrait s'expliquer, comme nous l'avons constaté pour le juge français, par la focalisation du juge sur l'intérêt concurrentiel des concurrents, plutôt que sur l'information des consommateurs. Peut-on en déduire pour autant que la CJUE n'assigne à la publicité comparative qu'une mission, celle de stimuler la concurrence ? Tel est en effet le cas. Il ressort d'une jurisprudence constante de la CJUE que la publicité comparative « *vise à stimuler la concurrence entre les fournisseurs de biens et de services dans l'intérêt des consommateurs* »[1453]. Cependant, la stimulation de la concurrence ne passe-t-elle pas par l'information objective des consommateurs ? Une réponse positive peut certes être donnée à cette question, mais avec des réserves. Il est incontestable que l'objectif de la stimulation de la concurrence et d'une concurrence loyale est de sauvegarder l'intérêt des consommateurs. Or, dissimuler un moyen de protection des intérêts des consommateurs (l'information) derrière l'objectif de stimuler la concurrence sous prétexte que ce dernier passe par le premier, risque de faire prévaloir les intérêts des concurrents sur celui des consommateurs. Ce risque est réel, surtout au regard de la directive 2006/114/CE qui exige le respect des « *dispositions en matière de publicité comparative dans l'intérêt des professionnels et des concurrents* »[1454]. Dans la mesure où la sauvegarde de l'intérêt des

---

[1450] Décision accessible par le biais du lien suivant : http://www.bailii.org/ew/cases/EWCA/Civ/2010/535.html

[1451] V. point 14 de l'arrêt.

[1452] On peut lire dans le point de l'arrêt de la Cour d'appel anglaise « *The right to tell – and to hear - the truth has high international recognition. Art. 19 of the Universal Declaration of Human Rights says "Everyone has the right to freedom of opinion and expression; this right includes freedom to ... receive and impart information ....* » §10.

[1453] Arrêts du 8 février 2017, Carrefour Hypermarché SAS, C-562/15 ; du 25 octobre 2001, Toshiba Europe, C-112/99, E.U:C:2001:566, points 36 et 37 ; du 19 septembre 2006, Lidl Belgium, C-356/04, EU:C:2006:585, point 22, et du 18 novembre 2010, Lidl, C-159/09, EU:C:2010:696, points 20 et 21.

[1454] Article 5, paragraphe 1).

consommateurs constitue en effet le fondement même de l'autorisation de la publicité comparative, il faudrait rendre à cette dernière son rôle informatif. Elle n'est en pas dépourvue, mais il convient de l'afficher clairement dans la jurisprudence de la CJUE en tant que moyen de protection des intérêts des consommateurs. Ceci pourrait guider l'interprétation du juge, qui se retrouve coincé entre deux impératifs dont l'on considère qu'ils aboutissent au même résultat, à savoir à celui de la sauvegarde des intérêts des consommateurs. Lorsque le juge de l'UE, de même que dans l'affaire *L'Oréal*[1455], ne fait pas de distinction nette entre l'impératif de l'information des consommateurs et la préservation de la loyauté de la concurrence et lie la première à la seconde, la dynamique interprétative du texte demeurerait, dans ce domaine, plus favorable au droit de la marque qu'elle ne le serait pour l'information des consommateurs.

856. L'autonomisation du droit à l'information des consommateurs en matière de publicité commerciale pourrait, en effet, avoir un impact non négligeable sur la jurisprudence de la Cour de justice en la matière. D'une part, l'information des consommateurs, en guise d'objectif de la publicité comparative, ne sera pas éclipsée ou confondue avec celui de la concurrence. Par conséquent, lors de la résolution d'un conflit entre la publicité comparative et le droit privatif accordé par la marque, les droits de mise en balance seront bien clairs : deux droits fondamentaux d'égale valeur seront pris en compte, à savoir le droit à l'information des consommateurs, et non la stimulation de la concurrence qui passerait par l'information de ces derniers, et le droit de propriété de la marque[1456]. D'autre part, le juge ne se limitera pas à constater l'atteinte (dans un tel cas le délit de contrefaçon sera retenu) ou son absence pour trancher le conflit. Il serait conduit à dépasser ce simple constat afin de construire un raisonnement au regard du mécanisme de la proportionnalité, mécanisme qui devrait naturellement être observé dans un conflit de droits de valeur *supra legem*. Dès lors, même en cas d'existence d'une atteinte au droit sur la marque, le juge examinera si cette atteinte est justifiée et proportionnelle à l'objectif visé par l'utilisation de la marque du concurrent. Cet examen s'avère important pour une réelle information des consommateurs, ce d'autant plus que si une information qui ne convient pas au concurrent ou à la concurrence, cela ne signifie pas forcément qu'elle n'intéresse pas les

---

[1455] Dans cette affaire le juge s'est focalisé sur l'intérêt concurrentiel de la marque, ce qui lui a permis de lui accorder plusieurs autres fonctions afin de retenir le délit de contrefaçon (voir à partir du point 52 de l'arrêt), tout en négligeant l'intérêt informatif de la publicité en cause.

[1456] V. not., en ce sens Cour EDH : 29 janv. 2008, Balan c. Moldavie : Comm. com. électr. 2008, comm. 76, Ch. Caron ; Légipresse 2008, n° 250, III, p. 61, note J. Lesueur ; JCP E 2008, 1934, notre note ; RTD com. 2008, p. 732, obs. F. POLLAUD-DULIAN ; Propr. intell. 2008, n° 28, p. 338, obs. J.-M. BRUGUIÈRE. – Conv. EDH, art. 1erdu protocole n° 1.

consommateurs[1457]. Cela ne veut pas pour autant dire qu'il faut faire prévaloir le droit à l'information en toute circonstance. Cependant, un réel examen des deux impératifs en ayant recours au principe de proportionnalité devrait avoir lieu, car il permet de garantir que le droit des consommateurs à l'information ne soit pas influencé par des intérêts privés dissimulés derrière ceux de la concurrence.

857. En guise de conclusion, le droit à l'information aura le mérite d'influencer le sens interprétatif du juge de l'UE, et à travers lui, celui du juge interne, qui sera conduit à opérer des jugements en équité sans délaisser ceux en droit[1458], en faveur de l'objectif de l'intérêt général, à savoir de l'information des consommateurs. Pour terminer sur ce point, il convient de souligner que la Cour de cassation ne se montre pas hostile à une mise en balance des intérêts en la matière si le juge de l'UE s'y prête, constat qui découle de son arrêt *Klasen*[1459] dans lequel elle a exigé des juges de fond qu'ils opèrent une mise en balance des intérêts lorsque dans une action en contrefaçon les défenseurs invoquent l'article 10§1 de la CEDH. Ainsi, le droit fondamental de recevoir le message publicitaire ne pourrait que renforcer le recours à la méthode de rééquilibrage des intérêts, qui devrait quant à elle en principe être favorable aux récepteurs.

Paragraphe 2 - Évoluer le contrôle européen sous l'impulsion du droit de recevoir le message publicitaire

858. La liberté d'expression publicitaire a toujours été le parent pauvre du droit fondamental à la liberté d'expression. Victime de l'idée qu'il se désintéresse de l'intérêt général et ne sert que l'intérêt privé de son émetteur, le discours publicitaire reçoit une protection faible de la part du droit fondamental à la liberté d'expression. Le juge européen des droits de l'Homme s'abstient d'exercer un contrôle rigoureux des restrictions qui lui sont apportées. Dans le domaine commercial en général, les États bénéficient d'une large marge d'appréciation, constat qui n'a pas vraiment changé depuis l'arrêt *Casado-Coca*, bien que l'on puisse noter une légère évolution dans l'arrêt *Sekmadienis Ltd. c. Lituanie* de janvier 2018[1460].

[1457] Pour un exemple, V ; l'arrêt Barthold, préc. Les déclarations du vétérinaire avaient un effet publicitaire qui embarrassait ses concurrents, mais la CEDH a considéré que ce motif (de la Cour d'appel hanséatique) ne cadrait pas avec la liberté d'expression. §58.

[1458] F. CHÉNEDÉ : « Contre-révolution tranquille à la Cour de cassation ? » D. 2016, p. 796-806

[1459] Cass. 1ère civ., 15 mai 2015, n° 13-27.391, FS-P+B, P. Klasen c. A. Malka : Juris- Data n° 2015-011061 ; Comm. com. électr. 2015, comm. 55, Ch. Caron ; Comm. com. électr. 2015, étude 18, C. MARÉCHAL.

[1460] préc.

859. La position européenne s'est en effet développée dans un contexte de contentieux dans lequel les émetteurs revendiquaient le droit à l'information. Ainsi, lorsqu'elle procédait à l'examen des intérêts en concurrence, la Cour EDH mettait d'un côté de la balance le droit de diffuser l'expression publicitaire, qui permet à l'entreprise commerciale de réaliser des bénéfices, et de l'autre, les différents autres intérêts concurrents[1461]. La Cour n'a pas procédé à une réelle recherche d'un juste équilibre entre ces impératifs, car elle a considéré que les autorités ordinales étaient les mieux placées pour s'en charger.

860. La consécration du droit de recevoir le message publicitaire est susceptible d'influencer la position du juge européen des droits de l'Homme en la matière en faisant de ce droit un renfort pour la liberté de communication. En d'autres termes, la Cour serait amenée à considérer que l'entrave à la liberté de diffusion du message constituerait aussi une entrave au droit de recevoir. Un tel cas de figure n'a rien d'inédit, à une époque, la Commission européenne des droits de l'Homme avait en effet considéré qu'« *en général il faut entendre le droit de radiodiffusion(...) comme comportant le droit à ce que la réception des émissions ne soit pas entravée* »[1462]. Aussi, la jurisprudence de la Cour relative à la liberté d'expression a maintes fois lié le respect du droit du public à recevoir des informations à la liberté d'information[1463].

Toutefois, ce n'est pas encore le cas en matière publicitaire. La Cour EDH a mis en balance la liberté de communication de l'émetteur sans la lier au droit de recevoir des destinataires, ce qui ne veut pas pour autant dire que la Cour EDH enlève à la publicité son intérêt informatif. Au contraire, elle a déjà considéré que la publicité faite par l'avocat Casado Coca pourrait être utile pour les personnes nécessitant une assistance juridique[1464]. Néanmoins, elle n'a pas encore expressément affirmé que cette utilité qui découle de la fonction informative de la publicité révèle une facette de celle-ci qui serait d'intérêt général. L'absence d'une référence à l'intérêt général dans le discours publicitaire fait que la marge d'appréciation des États est large.

861. Il en résulte que la consécration du droit de recevoir le message publicitaire, justement motivée par l'intérêt informatif de la publicité pour les récepteurs, constituerait un argument, pour ne pas dire un alibi, permettant à la Cour de réduire la marge d'appréciation des États et de s'écarter, par conséquent, de sa position classique. Dès lors, la Cour EDH aurait la possibilité d'exercer un contrôle européen effectif en procédant à un examen

---

[1461] Janvier 2018.

[1462] N°10799/84 déc. du 17 mai 1984 DR 37, p. 236.

[1463] Dans l'arrêt Jesild c. Danemark précité, la Cour a dit qu'« à sa fonction (la presse), qui consiste à en diffuser, s'ajoute le droit, pour le public, d'en recevoir ».

[1464] Arrêt Casado Coca, préc., §55.

in concreto au regard des faits de l'espèce qui lui sont soumis (**A**) et de libérer le discours commercial des restrictions de la concurrence déloyale (**B**).

A - Un contrôle européen plus audacieux

862. Selon les termes de la Cour EDH dans l'arrêt *Sunday Times* : « *À une liberté d'appréciation moins discrétionnaire correspond donc ici un contrôle européen plus étendu* »[1465]. *A contrario*, nous pourrions dire qu'à une marge d'appréciation étendue correspond un contrôle européen restreint. Nous avons déjà souligné plus haut que lorsque le discours publicitaire est en jeu, la Cour EDH accorde aux États « *une large marge d'appréciation* » dans le contrôle des restrictions et la réglementation de cette forme d'expression[1466]. Jusqu'à aujourd'hui, deux raisons expliquent la retenue du juge des droits de l'Homme en la matière : la complexité du domaine de la publicité et le désintéressement du discours publicitaire de l'intérêt général et donc sa faible contribution au bon fonctionnement d'une société démocratique. Ce dernier élément n'a pas été expressément affirmé par la Cour EDH. Toutefois, la doctrine majoritaire a pu déduire de sa jurisprudence une catégorisation des discours au sein de la liberté d'expression[1467]. Une telle déduction ne s'est guère avérée délicate à opérer étant donné que la jurisprudence se montre assez claire sur ce point. Ainsi, la Cour strasbourgeoise a maintes fois rappelé que le discours politique[1468] et celui de la presse[1469] reçoivent une protection assez significative de la part de la Cour et que la marge d'appréciation des États dans ces domaines est minime. Une si forte protection s'explique par le fait que le discours de la presse s'articule autour des questions d'intérêt général, ce qui a conduit la Cour à consacrer le droit de recevoir le message journalistique[1470]. Ainsi, la limitation de la liberté d'information entraîne automatiquement une limitation du droit de recevoir pour le public. Il en est de même pour le discours politique, à propos duquel la Cour affirme que « *l'article 10 § 2 de la Convention ne laisse guère de place pour des restrictions à la liberté d'expression en matière politique* »[1471]. La contribution du discours au débat d'intérêt général et les informations qui s'intéressent à ces questions sont donc fortement protégées.

[1465] Préc. §59.

[1466] Cour EDH : 13 janv. 2001, Mouvement raëlien c. Suisse, préc. § 61.

[1467] D.A. FARBER : *in La liberté d'expression aux États-Unis et en Europe*, préc., p. 73.

[1468] Cour EDH : 11 avr. 2006, Brasilier c. France, §41 ; CEDH, 23 avril 1992, Castells c. Espagne, A. 236 ; Cour EDH : 9 juin 1998, Incal c. Turquie.

[1469] Cour EDH : 23 avril 1992, Castells c. Espagne, A. 236, §43 ; Cour EDH : Oberschlick. préc.

[1470] Dans l'arrêt Jesild c. Danemark précité, la Cour disait « à sa fonction (la presse), qui consiste à en diffuser, s'ajoute le droit, pour le public, d'en recevoir ».

[1471] Cour EDH : 8 juillet 1999, Ceylan c. Turquie, n° 46221/99.

863. Par conséquent, considéré comme une reconnaissance européenne de l'intérêt du discours commercial pour le public, le droit de recevoir le message publicitaire/commercial permettrait à la Cour EDH de renforcer son contrôle en réduisant la marge d'appréciation des États. L'issue de certains arrêts en la matière aurait été différente si la marge d'appréciation avait été minime à l'époque des arrêts de la Cour en matière de publicité commerciale. Ainsi, au lieu de laisser à l'État espagnol[1472] la liberté de rechercher un juste équilibre, qu'elle a d'ailleurs approuvé[1473], entre les différents impératifs, elle aurait pu procéder elle-même à cet exercice. De surcroît, elle aurait, à l'instar du discours de la presse, lié le respect de la liberté, pour l'avocat, de faire de la publicité pour son cabinet (impératif soulevé par la Cour)[1474] au droit de toute personne à recevoir une information sur l'assistance juridique, au lieu de les traiter séparément[1475]. Au demeurant, un examen *in concreto* des circonstances de la cause l'aurait conduite à se poser la question de savoir en quoi la publication des informations concernant un avocat (nom, prénom, adresse, téléphone) dans un journal serait de nature à porter atteinte à la dignité de la profession ou aurait un impact sur les impératifs d'une bonne administration de la justice. Se poser une telle question était possible, car après avoir examiné les législations des États sur la question de l'autorisation de la publicité pour les avocats, elle a dégagé le constat d'un assouplissement des législations en la matière. L'intérêt des personnes nécessitant une assistance juridique, de recevoir des informations sur un cabinet d'avocat aurait été poussé plus loin pour anticiper l'attente d'un consensus, loin d'être imminent, en la matière et de considérer l'atteinte comme étant disproportionnée.

Certains pourrons objecter que c'est l'absence d'un consensus européen en matière de publicité des avocats qui a en partie guidé l'attitude de la Cour. En relevant l'existence d'une disparité entre les législations des États membres en la matière, la Cour a fait le constat d'une complexité de la question posée et a par conséquent préféré laisser aux États le soin de traiter cette question. Nous pourrions répondre à cela, en disant que l'absence d'une position européenne majoritaire allant dans un sens unique n'a jamais, à notre connaissance, empêché le juge d'exercer un contrôle étendu pour sauvegarder le droit d'autrui. Ainsi, la conception de la morale n'est pas uniforme et diffère d'un ordre juridique à l'autre[1476]. La complexité d'une telle notion n'a néanmoins pas empêché la Cour EDH de rétorquer aux juridictions

---

[1472] Arrêt Casado Coca, préc.

[1473] La Cour EDH a considéré que l'ingérence en cause n'était pas disproportionnée. §56.

[1474] §55.

[1475] *Ibid.*

[1476] Cour EDH : Handyside, préc. ; Cour EDH : 24 mai 1988, Muller et autres c. Suisse, §38 ; S. BARBOU Des PLACES et N. DEFFAINS : « Morale et marge nationale d'appréciation dans la jurisprudence des Cours européennes », R. HERNU, Ph. MADDALON, *in Morale(s) et droits européens*, Bruyant, pp.49 - 72, 2015, 978-2233007414.

lituaniennes qui ont souligné l'atteinte à la morale publique par le biais d'une publicité faisant référence à des symboles religieux, en mettant à leur charge d'établir et d'expliquer en quoi la morale publique était méconnue par la publicité en cause[1477].

864. Enfin, le même examen, *in concreto*, aurait également permis à la Cour EDH de contrôler les informations en cause. Les renseignements tels que le nom, l'adresse, et le numéro de téléphone, sont des données objectives dont l'exactitude n'a pas été contestée. Dès lors, elle aurait pu affirmer que l'absence d'un « besoin social impérieux »[1478] ne recommande pas de priver le public de recevoir ces informations. Telle était la position de la Commission européenne des droits de l'Homme. Il s'agit là d'un exemple qui montre que les raisonnements et positions de la Commission avaient toujours une longueur d'avance sur celles de la Cour EDH. La défunte Commission avait en effet donné de l'importance à l'intérêt pour le public de bénéficier des informations publiées par l'avocat. Selon elle, « *l'annonce du requérant présentait des indications tout à fait neutres (ses nom, profession, adresse et numéro de téléphone professionnels) et ne contenait pas d'informations fausses ou désobligeantes envers ses confrères ; il était donc en droit de les diffuser, tout comme sa clientèle potentielle était en droit d'en bénéficier* »[1479].

B - Libérer le discours publicitaire objectif du domaine de la concurrence déloyale

865. Le juge européen des droits de l'Homme a clairement affirmé que le domaine de la concurrence déloyale était « complexe et fluctuant »[1480], et c'est l'une des raisons qui lui ont permis d'estimer qu'une certaine marge d'appréciation s'avère « indispensable »[1481]. La reconnaissance de la complexité du domaine de la concurrence déloyale a en effet eu pour conséquence l'affaiblissement du contrôle du juge européen. Encore une fois, l'arrêt *Markt Intern Verlag*, entre autres[1482], apparaît comme une illustration parfaite de l'autolimitation imposée par le juge européen. Dans cette affaire, la Cour a fait référence à ce qui semble constituer un réel contrôle européen en déclarant que « *Sinon [pour dire que d'habitude]*[1483] *la Cour européenne des droits de l'Homme devrait se livrer à un réexamen des faits et de*

[1477] Arrêt Sekmadienis, préc « *It was therefore for the domestic courts to provide relevant and sufficient reasons why the advertisements, which, in the Court's view, were not on their face offensive, were nonetheless contrary to public morals* », §78.

[1478] Arrêt Markt Intern Verlag, préc. §55.

[1479] §49.

[1480] Arrêt Markt Intern Verlag, préc. §33, CEDH, Krone Verlag, préc. §31.

[1481] *Ibid.*

[1482] Arrêt Jacubowski, préc.

[1483] Les crochets sont de nous.

l'ensemble des circonstances de chaque cause »[1484], avant d'affirmer qu'« *elle doit se borner* »[1485] à rechercher si les mesures prises au niveau national se justifient en principe et sont proportionnées. Il en ressort que le juge abandonne un examen *in concreto*. Il adhère aux analyses des autorités internes sans être pour autant en mesure de donner sa propre analyse des éléments de l'affaire et encore moins de la substituer à celle de l'État défendeur.

866. Le domaine de la concurrence n'est pas le seul à avoir été déclaré complexe, celui de la publicité l'est aussi. La complexité de ce dernier a conduit la Cour EDH à affirmer que même les messages publicitaires objectifs et véridiques peuvent subir des limitations dans certains contextes, dont celui de la concurrence déloyale. Lorsque les deux domaines déclarés complexes se retrouvent confrontés, quelle serait l'attitude du juge européen ? L'arrêt *Markt intern* ainsi que l'arrêt *Jacubowski*[1486] nous ont livré une idée sur la position du juge. Pour la résumer, nous pourrions dire que, comme cela a été clairement affirmé par les juges Macdonald et Martens, le droit de la concurrence déloyale prend le pas sur celui de la liberté d'expression, ce qui a valu la condamnation de la presse spécialisée en matière commerciale[1487] et a privé le public d'informations d'une utilité incontestable[1488].

867. Après ce constat amer d'une défaillance qui perdure, n'est-il pas grand temps pour le juge strasbourgeois de sortir de cette léthargie manifeste et de redonner à son contrôle une valeur dont dépend la sauvegarde des droits de la Convention ? Pour ce faire, le juge européen n'a guère besoin d'inventer une nouvelle méthode d'interprétation, il lui suffit de garantir effectivement les droits des personnes déjà consacrés par la Convention, plus particulièrement le droit du public à l'information. Autrement dit, il suffirait d'apprécier la liberté d'expression du message et sa finalité qui est d'être reçu par ses destinataires. À supposer que ce droit s'enrichisse d'un droit spécial, à savoir de celui de recevoir le message publicitaire, il serait plus aisé pour le juge de contrôler les restrictions défendant les intérêts des concurrents de l'annonceur ou d'une presse spécialisée dans le domaine commercial. La reconnaissance du droit de recevoir le message commercial sera pour lui une porte d'entrée dans ces territoires complexes sans pour autant perturber l'ordre préétabli par les règles en vigueur. La vocation du juge européen a toujours été de faire prévaloir l'intérêt le plus légitime. Dès lors, à titre d'illustration, dans un conflit opposant un annonceur à son concurrent à propos d'une publicité comparative, la satisfaction de l'intérêt le plus légitime pourrait passer par le contrôle de l'objectivité et la véracité du discours. L'exagération

---

[1484] Markt intern, préc ; §33

[1485] *Ibid.*

[1486] préc.

[1487] *Ibid.*

[1488] Opinion dissidente des juges MARTENS et MACDONALD, page 24.

ou la provocation, inhérentes à la nature de la publicité commerciale et plus ou moins à celle de la presse, ne devraient pas éclipser ces deux critères cardinaux que sont l'objectivité et la véracité.

868. L'office du juge demeure important. Il devrait consister en une opération minutieuse d'arbitrage. Certes, elle s'avère délicate, mais toutefois moins dommageable pour les droits d'autrui qu'une abstention déclarée d'exercer un contrôle effectif. En définitive, le droit de recevoir le message commercial peut être qualifié d'étiquette d'intérêt général, qui est capable de faire évoluer le contrôle européen en matière commerciale et publicitaire. Il ne s'agirait pas ici d'une révolution, mais simplement d'un moyen de réaliser le souhait de la plupart des juges[1489], qui plaidaient en faveur d'une extraction du discours publicitaire véridique de l'emprise de la complexité du domaine de la concurrence déloyale.

[1489] Voir les opinions dissidentes de ces juges dans l'arrêt Markt Intern Verlag, à partir de la page 18.

Conclusion du chapitre 7

869. De ce qui précède, il est important de retenir trois points principaux. Tout d'abord, la liberté publicitaire du récepteur se manifeste par l'exigence de la réception d'un message publicitaire ayant un intérêt. C'est cet intérêt qui fait que la réception sera positive et acceptable. Ainsi, contrairement à la réception négative, la réception positive ne renvoie quant à elle qu'indirectement à la volonté de recevoir. Au demeurant, la réception positive demeure conditionnée par le contenu du message publicitaire. La qualification du contenu de ce dernier en une information constituait une étape indispensable dans notre raisonnement dont la complexité est évidente. Néanmoins, la qualification, par le législateur et la jurisprudence, d'informations liées aux produits et aux services en une publicité a tempéré cette complexité. La fonction informative de la publicité est désormais incontestable. À partir de cette analyse, favorable à l'expression publicitaire, l'intérêt de la réception du message publicitaire a émergé. Ce dernier s'est accentué et a été positivement apprécié dans la relation entre le consommateur et le vendeur. La protection de l'intérêt du premier dépend de la réception des informations à propos de l'objet de l'offre du second.

870. En dehors de ce cadre contractuel, il s'est avéré que les informations relatives aux biens et services existant sur le marché devront être disponibles, accessibles et publiques ; car si le public n'a pas d'intérêt immédiat à recevoir ce type d'information, cet intérêt naîtra forcément plus tard, c'est-à-dire au moment où un simple individu sera conduit à devenir un consommateur ou un utilisateur. Dès lors, l'importance des informations publicitaires pour le public ne fait pas de doute. Par conséquent, l'hypothèse de la naissance d'un droit de recevoir le message commercial s'est imposée comme une composante et un pilier du respect de la liberté publicitaire du récepteur. Cette naissance est envisagée comme un moyen de renforcer le contrôle européen des restrictions de la liberté d'expression publicitaire. Ce qui nous renvoie ensuite au second point à retenir. Il s'agit du lien entre la consécration du droit du public à la réception du message commercial et l'extension de l'article 10§1 au discours publicitaire.

871. Il apparaît que l'évolution de la liberté publicitaire du récepteur dans le sens que nous lui avons donné, octroie davantage de sens et d'intérêt à l'opération extensive de l'article 10 de la CEDH. Le droit du public à l'information, tel qu'il est aujourd'hui envisagé par la Cour EDH, exige que le message publicitaire soit conçu dans l'intérêt de son récepteur afin de bénéficier de la qualification d'information. C'est alors que cette dernière, dont la nature est publicitaire, pourrait devenir exigible au titre du droit du public à l'information.

C'est un peu le cas pour ce qui est de la liberté de la communication, qui exige de l'émetteur qu'il responsabilise son discours pour recevoir une protection européenne d'un niveau élevé. La différence est que, pour le récepteur, c'est surtout le contenu du message qui doit être revisité et ce non seulement dans un sens qui se rapproche de la publicité pour certains produits spécifiques (ex. crédits, assurance), mais également en intégrant une préoccupation plus générale relative aux problématiques de la société d'aujourd'hui et de demain[1490].

872. Enfin, il convient de souligner que l'intérêt du récepteur et celui de l'émetteur se rejoignent. Ainsi, l'exigence d'un message publicitaire ayant un intérêt pour le récepteur ne fait que renforcer son acceptabilité auprès du public, ce qui fait que la liberté de communication de l'émetteur sera elle aussi renforcée.

873. Toutefois, et pour terminer, il ne faut pas considérer la double reconnaissance, de la fonction informative de la publicité et de son intérêt pour le public, comme un aboutissement de la liberté publicitaire du récepteur. Il est légitime de considérer que l'évolution probable dans le sens de la consécration du droit de recevoir le message commercial est un enjeu important pour la liberté publicitaire des récepteurs. Cependant, il ne faut pas y voir qu'une étape bâtissant des sentiers pour l'étape suivante. Le combat en faveur d'une information publicitaire loyale et de qualité, sans lequel le droit de recevoir le message publicitaire serait en effet insignifiant, ne fait que commencer.

[1490] Cf. *infra* n° 918 et s.

Chapitre 8 - Le droit d'être correctement informé

874. La consécration du droit de recevoir le message publicitaire repose sur deux principaux fondements : la fonction informative de ce dernier et son intérêt pour les récepteurs. Il convient de souligner la relation de complémentarité entre ces deux fondements. Ainsi, le message n'a d'intérêt que s'il véhicule des informations. De plus, le mode de diffusion de ces dernières s'avère lui aussi important, car un mode agressif ou intrusif suscitera chez le récepteur un sentiment de rejet du message et ce quelle que soit l'information qu'il véhicule. Ce dernier point ayant déjà été traité[1491] ne fera pas l'objet des lignes qui suivent.

875. À partir de cette relation étroite entre l'information véhiculée et le niveau d'importance du message pour le récepteur, il semble que la pertinence de l'information véhiculée donnera davantage de valeur au message et augmentera par conséquent son intérêt réceptif. Ce dernier renforcera, à son tour, le droit de recevoir le message publicitaire. W. Jeandidier disait en ce sens que « *Ce n'est pas tout d'informer le consommateur, encore faut-il le faire correctement* »[1492].

876. Dès lors, le travail de façonnement ou d'endiguement du discours publicitaire auquel se livrera, sans le dire, le juge européen des droits de l'Homme, commence à susciter l'exigence d'une information correcte. Selon la Cour EDH, une information correcte est tout à la fois « adéquate » et « exacte ». Dans ce cadre, la Cour EDH estime que « *l'article 10, (...), garantit non seulement à la presse la liberté d'informer le public, mais aussi à ce dernier le droit à des informations adéquates* »[1493]. Dans un autre contexte, le juge européen a considéré que les informations communiquées doivent l'être de « *bonne foi, sur la base de faits exacts, et fournissent des informations fiables et précises* »[1494].

877. Par conséquent, être informé correctement exige que deux qualités complémentaires soient réunies. D'une part, une information correcte est une information adéquate/pertinente. Ainsi, informer consiste à délaisser les informations non nécessaires au profit de celles importantes, adéquates (**section 1**), même s'il est des renseignements difficiles à donner car ils pourraient se retourner contre le débiteur de l'obligation d'informer. D'autre

---

[1491] Cf. supra n°575 et s.

[1492] W. JEANDIDIER : « Infractions économiques », Les infractions en matière de consommation, Octobre 2016.

[1493] Arrêt Sunday Times, préc., §66.

[1494] Cour EDH : 21 janvier 1999, R. Fressoz et Cl. Roire c. France, n°29183/95 ; Cour EDH : 2 mai 2000, Bergens Tidende et autres c. Norvège, n°26132/95 ; Cour EDH : 25 juin 2002, J.-M. Colombani c. France, 51279/99.

part, une information correcte est une information loyale, c'est-à-dire véridique et objective (**Section 2**). Ces deux qualités permettraient de sortir de la large marge d'appréciation en procédant à un contrôle rigoureux des ingérences dans le discours publicitaire.

Section 1 - La réception des informations publicitaires adéquates

878. La Cour EDH ne s'est pas prononcée sur la conception de « l'information adéquate ». Il ressort toutefois des arrêts dans lesquels elle a porté un regard sur la qualité du contenu du message, que les informations dont l'importance s'avère fondamentale pour le public sont des informations « adéquates ». Ainsi, dans l'arrêt *Sunday times*, les informations révélées par le journal après un important travail d'investigation mené par les journalistes ont été considérées par le juge européen comme revêtant une « importance capitale » et un « intérêt fondamental » pour « *les familles de nombreuses victimes du désastre, ignorantes des difficultés juridiques qui surgissaient* »[1495]. Il en ressort que sont adéquates les informations qui permettent d'informer, en particulier un « ignorant », sur une question donnée, les familles des victimes en l'occurrence. C'est dans ce cadre que la Cour a considéré que « *l'article 10, (...), garantit non seulement à la presse la liberté d'informer le public, mais aussi à ce dernier le droit à des informations adéquates* »[1496]. La situation dans laquelle se trouve le destinataire des informations constitue donc un critère qui influe sur l'importance de l'information. De surcroît, les circonstances en l'espèce, un litige pendant devant les tribunaux concernant une question de santé publique, ont fait que les renseignements diffusés par les journaux au sujet de l'entreprise à l'origine du dommage causé à des centaines de victimes avaient une importance fondamentale. Le scandale de l'amiante et la médiatisation dont il a fait l'objet ont, en effet, poussé les journalistes à réaliser un travail d'investigation afin d'éclairer le public sur les pratiques de l'entreprise en cause. Dès lors, le contexte dans lequel les informations ont été publiées a un effet sur leur valeur, ce qui explique ce qualificatif bien choisi par la Cour EDH pour désigner ces informations, à savoir « adéquat ». Dans un sens littéraire, ce terme est défini comme quelque chose « *qui correspond parfaitement à son objet ; approprié, adapté* »[1497], il se situe entre des termes comme *convenable* et *pertinent*[1498], mots qui évoquent principalement le « contexte » ou le « moment ». Appliqué

[1495] Arrêt Sunday Times, préc. § 66.

[1496] *Ibid.*

[1497] Définition du CNRTL.

[1498] V. synonymes sur cnrtl.fr.

à l'information, le terme adéquat signifie que celle-ci est en lien avec son objet et adaptée à la situation présente. En outre, la Cour EDH a eu l'occasion de rappeler que le contexte et le moment de publication de l'information sont des paramètres déterminants pour sa valeur si l'on considère qu'il s'agit d'un « bien périssable »[1499] : « *en retarder la publication, même pour une brève période, risque fort de la priver de toute valeur et de tout intérêt* »[1500].

879. Par ailleurs, les informations importantes sont adéquates, ce même si elles ne sont pas rattachées à un contexte ou à un moment donné à condition qu'elles aient un intérêt pour le public, ce qui exclut les renseignements qui ne visent qu'à satisfaire la curiosité de celui-ci sans apporter aucune contribution au débat d'intérêt général[1501]. Il ne suffit d'ailleurs pas qu'une information soit portée sur l'arène publique pour en faire un sujet d'intérêt général. Tel est le cas des informations dont l'objectif n'est pas d'informer, mais de constituer « *un sujet de scandale inutile* »[1502]. Toutefois, l'existence d'un intérêt, pour le public, à recevoir certaines informations, ne s'avère pas suffisant pour le faire prévaloir sur la vie privée d'une personne. Encore faut-il qu'il soit légitime. Ainsi, concernant la princesse de Monaco, la Cour estimait que « *le public n'a pas un intérêt légitime de savoir où la requérante se trouve et comment elle se comporte d'une manière générale dans sa vie privée* »[1503].

880. Partant, les informations adéquates peuvent être celles qui informent une personne se trouvant dans un état d'ignorance de certains renseignements déterminants pour l'aider à prendre une décision, l'éclairer sur une question d'intérêt public ou simplement lui permettre de se cultiver. Le contexte et le moment de la réception semblent eux aussi constituer des éléments déterminants de « l'information adéquate ».

881. Cela dit, en matière d'information publicitaire, le droit de recevoir le message publicitaire pourrait être un fondement militant en faveur d'une information adéquate au profit des récepteurs/consommateurs. L'utilité de la consécration du droit de recevoir et son effectivité sont étroitement liées au rôle qu'il a joué dans le façonnement du discours de l'émetteur. En guise de fondement supra-légal, le droit de recevoir est en mesure d'endiguer le discours de l'émetteur et de l'orienter vers l'intérêt du récepteur et de la société en général sans pour autant le dissocier de son objectif de réalisation du profit. Il permettrait au récepteur d'exiger les informations publicitaires qu'il juge pertinentes. Plus encore, il incitera le législateur à renforcer l'obligation d'information des consommateurs tout en la rendant plus efficace. C'est en ceci que réside l'intérêt de ce droit.

[1499] Cour EDH : 19 avr. 2011, Bozhkov c. Bulgarie, n° 3316/04, § 48.

[1500] Cour EDH : Observer et Guardian c. Royaume-Uni, préc. § 60.

[1501] Cour EDH : Magyar Helsenki, préc. §162.

[1502] Cour EDH : 10 décembre 2007, Stoll c. Suisse.

[1503] Cour EDH : 24 juin 2004, Von Hannover c. Allemagne, préc.

Comprise dans le sens de la Cour EDH, l'information que le législateur devrait garantir aux récepteurs sur le fondement du droit de recevoir doit être d'une importance capitale. Pour que tel soit le cas, il convient de prendre en compte les critères du contexte et du moment de sa réception.

882. *In fine*, étant donné que le récepteur/consommateur actionne la réception du message publicitaire au moment du passage à l'acte d'achat (contractualisation de la réception)[1504] et alors que le message publicitaire est reçu par un large public, il est important d'apprécier l'importance du message publicitaire dans un contexte individuel ou plutôt contractuel (**Paragraphe 1**) et dans un contexte plus global, celui de la consommation excessive (**Paragraphe 2**).

Paragraphe 1 - L'information publicitaire adéquate dans le contexte de contractualisation de la réception

883. La pertinence d'une information publicitaire et son adéquation constituent des critères difficiles à déterminer, difficulté qui s'explique par le caractère subjectif de ces critères. Une information peut s'avérer pertinente pour une personne et superflue pour une autre et inversement. Toutes les informations véhiculées par les canaux de la publicité ne sont pas d'un intérêt équivalent pour les récepteurs. Il s'avère donc difficile de satisfaire la curiosité et l'intérêt de tous les récepteurs du message publicitaire. C'est pourquoi le législateur est le tuteur des intérêts des consommateurs. C'est à lui, ainsi qu'au régulateur, qu'est confié le pouvoir de déterminer quelles sont les informations adéquates. Ainsi, le législateur est le garant de la réception d'un message publicitaire qui, au moment du passage à l'acte d'achat, sera éclairant pour le consommateur. Le passage à l'acte d'achat débute en effet avec l'invitation à ce dernier. Dès lors, l'information publicitaire reçue par le consommateur avant qu'il soit en contact direct avec l'objet de la publicité, doit répondre à cette exigence de qualité.

884. Pour déterminer les informations que le législateur considère comme adéquates et importantes, il suffit d'examiner les dispositions légales et réglementaires répertoriées dans les renseignements obligatoires que les annonceurs et industriels sont tenus de mentionner sur l'objet de la

[1504] L'expression contractualisation de la réception signifie que le message publicitaire reçu est à l'origine de l'acte d'achat ou de la prestation de service. C'est une de ces actions qui montre que le récepteur accepte le message publicitaire et prend une décision sur son fondement. Ainsi, il ne faudrait pas entendre la contractualisation de la réception dans le sens où la publicité à fait l'objet d'un contrat.

publicité[1505]. *A contrario*, il est permis de considérer que les mentions facultatives ne sont pas des informations adéquates. Ainsi, non seulement par curiosité mais aussi par intérêt pour le sujet, il nous paraît important de nous interroger sur le critère qui a permis au législateur de catégoriser ces informations. Il convient de rappeler qu'il s'agit d'un contexte dans lequel le récepteur s'apprête à contractualiser la réception du message publicitaire par le biais du passage à l'acte d'achat. Il est ainsi question de l'élément matériel de l'obligation d'information, déterminé *in abstracto* en prenant en considération l'objet du contrat, dont toute information intrinsèque à ce dernier et portant sur ses qualités essentielles est considérée comme adéquate (**A**). Toutefois, le droit de recevoir le message publicitaire au sens de la Cour EDH, serait plutôt tourné vers une détermination *in concreto* des informations importantes, ce qui renvoie à un critère longtemps délaissé, à savoir à celui de la pertinence (**B**).

A - L'appréciation *in abstracto* de l'information publicitaire adéquate

885. Le droit commun des contrats s'avère éclairant sur le critère de détermination des informations publicitaires adéquates, les dispositions sur le dol et l'erreur en particulier. En cette matière, l'erreur sur les qualités essentielles de l'objet du contrat entraîne, en effet, la nullité de ce dernier, hormis si cette erreur est excusable[1506]. Il convient de souligner que c'est parce qu'elles ont une incidence sur le consentement, que les qualités sont jugées essentielles[1507], raison pour laquelle une information fausse (dol) sur cette qualité est sanctionnée par la nullité du contrat (l'annulation de la contractualisation de la réception). En ce sens, l'élément matériel de l'obligation d'information a été défini comme « *étant tout élément susceptible d'entraîner chez le créancier une réaction, en ce sens que si ce dernier avait connu l'information, il aurait agi différemment c'est-à-dire, par exemple, qu'il aurait refusé de conclure le contrat ou encore aurait pu prendre ses dispositions pour en obtenir une correcte exécution* »[1508]. Il en ressort que le critère déterminant d'une information adéquate est l'incidence de celle-ci sur le consentement du récepteur. En outre, l'article 1133 du Code civil précise que les qualités essentielles sont « *celles qui ont été expressément ou tacitement* <u>*convenues*</u> *et en considération desquelles les parties ont contracté* ». Cependant, étant donné que la plupart des contrats de

[1505] Voir à titre d'exemple : l'article L. 441-2 du Code du commerce ; l'article L. 313-54 du Code de la consommation ; l'arrêté du 28 juin 2000 relatif à l'information des consommateurs et à la publicité portant sur les prix des véhicules automobiles.

[1506] Article 1132 du Code civil.

[1507] M. FABRE-MAGNAN, De l'obligation d'information dans les contrats, essai d'une théorie, Paris, LGDJ, 1992, p.128.

[1508] *Ibid.*, p. 132.

consommation sont des contrats d'adhésion, cette définition ne semble pas pertinente[1509]. Aussi, l'invitation à l'achat est unilatéralement conçue par l'annonceur, sinon, l'on serait amené à considérer que le récepteur du message publicitaire a négocié la conception de la publicité avec l'émetteur, ce qui s'avère inconcevable, tout du moins d'une façon directe[1510]. Toutefois, cette définition nous permet de constater que sont adéquates les informations qui portent sur les qualités essentielles du produit ou service faisant l'objet de la publicité. Il en résulte que si ce n'est pas d'un commun accord avec le récepteur/consommateur que le fabricant a déterminé ces informations, ce dernier a dû respecter les dispositions légales. Dès lors, les mentions obligatoires déterminées par la loi[1511] doivent être considérées comme portant sur les qualités essentielles de l'objet de la publicité, et par voie de conséquence sont des informations adéquates. Ainsi, ce n'est qu'en cas d'omission intentionnelle (réticence dolosive) de fournir une information portant sur ces qualités que le consentement peut être considéré comme vicié[1512]. Apparaît alors clairement la différence entre le droit commun des contrats et le droit de la consommation en matière de détermination des informations adéquates. Alors que le législateur civiliste s'écarte d'une approche totalement subjective[1513] en prenant le parti de laisser la jurisprudence libre de fixer elle-même les contours de l'information adéquate, l'article 1133 du Code civil évoquant les « *qualités essentielles (...) convenues* », le législateur consumériste, animé par l'impératif de protection du consommateur, adopte quant à lui, une approche objective en mentionnant expressément les informations considérées comme substantielles[1514]. C'est la raison pour laquelle nous considérons qu'il s'agit là d'une appréciation *in abstracto*. Le juge va se borner à apprécier si la publicité qui invite à l'achat

---

1509 Lorsqu'il s'agit d'un contrat d'adhésion, le consommateur ne fait qu'adhérer à ce dernier sans « convenir » avec le vendeur des termes du contrat.

1510 Le récepteur peut certes influencer la conception des publicités, mais indirectement, c'est ce que nous allons voir dans le paragraphe suivant.

1511 Il est possible de contester ces mentions obligatoires, ou tout du moins certaines d'entre elles, dans la mesure où elles obligent une personne à utiliser sa liberté d'expression dans un certain sens alors qu'elle souhaiterait ne pas y avoir recours ou bien avec un contenu différent. L'émetteur du message publicitaire se voit dicter le contenu de son message par ces dispositions légales et réglementaires. Toutefois, cette obligation pourrait passer pour légitime au regard de l'intérêt qu'elle vise à protéger, à savoir de celui de l'information des consommateurs.

1512 Article 121-3 du Code de la consommation. C'est lors de l'appréciation de l'intérêt de l'information manquante que le juge réalise un travail *in concreto*. Toutefois, il ne peut imposer au fabricant d'indiquer sur l'étiquette du produit ou sur le support décrivant un service des caractéristiques que la loi ne l'oblige pas à mentionner.

1513 O. DESHAYES, T. GENICON et Y-M. LAITHIER: Réforme du droit des contrats, du régime général et de la preuve des obligations, commentaire article par article, 2ème éd., LexisNexis 2018, p. 218.

1514 *Ibid.*

est exacte, objective et n'induit pas le consommateur en erreur. Aussi, lorsque celui-ci est en contact avec le produit (dans un magasin par exemple), l'examen du juge, en cas de litige, va porter sur la vérification des informations mentionnées sur l'étiquette de ce dernier. L'absence d'une mention obligatoire va entraîner légitimement la condamnation de l'émetteur qui, dans ce cas, est aussi le fabricant.

886. Par conséquent, puisque les informations adéquates sont prédéterminées par la loi, le critère de cette sélection en matière de consommation paraît être un élément central pour le renforcement de l'intérêt du message publicitaire auprès des récepteurs/consommateurs. S'il ne réussissait pas à s'étendre à toutes les informations adéquates, il serait considéré comme insuffisant ou moins adapté.

887. Nous avons, en effet, souligné que toute information susceptible de déterminer le consentement du contractant constitue une donnée adéquate. Ainsi, lorsque le récepteur passe à l'acte d'achat sur le fondement des informations publicitaires reçues, il est légitime de considérer que ces dernières sont adéquates.

Si le législateur a intégré certains renseignements dans le champ de l'obligation, c'est parce qu'il considère que l'émetteur pourrait s'abstenir de les diffuser. Voilà pourquoi nous rejoignons ici Mme. Fabre-Magnan, lorsqu'elle avance que l'obligation d'information ne porte que sur les « mauvaises » informations[1515]. Ceci est d'autant plus vrai lorsqu'il s'agit de la publicité commerciale. L'annonceur ayant connaissance d'une information positive n'hésite pas à la divulguer pour augmenter la valeur de sa production (l'exemple le plus pertinent étant celui où la publicité reprend une étude ou un essai comparatif qui lui sont favorables ou y fait référence). Il ne faut pas s'étonner si l'industrie de la publicité ne traite que les bonnes informations. C'est sa vocation, à savoir que la publicité met en avant les bonnes informations si elles existent, ou à défaut crée un environnement positif autour de la marque ou de ses produits afin de les rendre désirables. Le succès de la publicité ciblée constitue la meilleure illustration de la volonté des annonceurs de faire réagir les récepteurs en leur transmettant un message personnalisé présumé adéquat, car il prend en considération les centres d'intérêts des récepteurs et surtout l'endroit où ils se retrouvent. Les annonceurs se focalisent donc sur le contexte de la réception. Ainsi, on comprend bien pourquoi le législateur ne se préoccupe que rarement des bonnes informations.

888. Toutefois, ce raisonnement fondé sur la binarité des informations, bonnes et mauvaises, ne semble être que partiellement en adéquation avec la matière de la consommation. Il existe, en effet, des informations qui relèvent du domaine du facultatif, mais s'avèrent être d'une importance capitale pour le consommateur (à l'exemple du Nutri-score, de

---

[1515] M. FABRE-MAGNAN, préc., p. 132.

l'éventuel CO2-score[1516] ou la classification NOVA pour la transformation des aliments). Une publicité qui annonce une promotion importante, mais limitée dans le temps, est certainement une information adéquate. Toutefois, le législateur ne peut exiger du vendeur qu'il annonce une « bonne » information, car ce dernier le fera de toute façon. Cependant, si le vendeur envisage de baisser les prix de certains biens dans un avenir proche, mais qu'il ne souhaite pas divulguer cette information tout de suite, afin de vendre le maximum de ses produits à des prix plus élevés, est-il tenu d'informer les consommateurs ? Il semble que la réponse soit négative. Cet exemple pourrait en rappeler un autre, celui proposé par Cicéron[1517]. Il s'agissait de savoir si le marchand de blé arrivé à Rhodes devait avertir les habitants que d'autres vaisseaux chargés de blé allaient très bientôt accoster, ce qui allait mettre fin à la disette et à la famine, tout en entraînant une baisse des cours. Selon Pothier, une telle information est, en effet, extrinsèque à l'objet du contrat, l'erreur sur la valeur est donc exclue, sauf en cas de nécessité[1518]. Ainsi, d'après une appréciation *in abstracto*, même si la réception d'une information sur une baisse éventuelle des prix revêt un grand intérêt pour le consommateur, qui pourrait patienter quelques jours afin d'acquérir le bien concerné à un prix intéressant, le vendeur n'est pas tenu de la diffuser. D'autre part, ce qui est dit pour l'information concernant le prix peut aussi l'être à propos d'informations portant sur les circonstances dans lesquelles le produit a été fabriqué ou celles relatives aux effets du bien ou du service en question sur l'environnement. Or, de tels renseignements, bien qu'importants pour les récepteurs, ne sont pas pour autant jugés adéquats par le législateur, car ils ne figurent pas tous[1519], en principe, sur les listes des mentions obligatoires. Il est vrai que l'importance d'une information varie d'une personne à l'autre, mais cela ne l'empêche pas d'être disponible. Les effets néfastes d'un produit sur l'environnement sont une information « mauvaise » pour l'émetteur, qui ne la mentionnera donc pas dans sa publicité. Le législateur n'est pas tenu de dicter

---

[1516] Il s'agit d'un score carbone affichant une note environnementale globale du produit. C'est une proposition de la Convention Citoyenne pour le Climat. Voir l'adresse électronique suivante :
https://propositions.conventioncitoyennepourleclimat.fr/objectif/reguler-la-publicite-pour-reduire-les-incitations-a-la-surconsommation/

[1517] M.-T. CICÉRON : De officiis, Livre III, XII, n°50 et s, in Les devoirs, livres II et III, texte établi et traduit par Maurice TESTARD, 2ème tirage revu et corrigé, édit. Les Belles lettres, Coll. Guillaume Budé, 1984, p.96 et s.

[1518] R.-J. POTHIER : Traité du contrat de Vente, Partie II, chapitre. II, Article III, 1765, p. 555.

[1519] Notons ici l'exception des normes édictées par la Commission européenne en matière d'étiquettes énergétiques et d'écoconception. Voir le lien suivant : https://ec.europa.eu/info/energy-climate-change-environment/standards-tools-and-labels/products-labelling-rules-and-requirements/energy-label-and-ecodesign/rules-and-requirements_fr

à la lettre toutes les informations qui doivent figurer dans une publicité sous peine de restreindre la liberté d'expression publicitaire de l'émetteur. Par conséquent, ce n'est pas vraiment le critère de référence pour le législateur qui est inadapté, mais plutôt la multitude des informations qui peuvent être considérées comme adéquates.

889. Le rôle du législateur consiste, en effet, à assurer la protection de la partie faible dans le contrat de consommation. Les mentions obligatoires sont en mesure d'assurer cette protection pour l'ensemble des personnes. Nous ne pourrions exiger du législateur d'aller au-delà de ce qui est nécessaire pour assurer cet objectif. Ainsi, l'élément matériel de l'obligation d'information est déterminé en prenant en considération le consommateur comme une masse et non individuellement. C'est d'ailleurs la raison qui a permis au législateur d'exercer une tutelle sur le choix des informations adéquates[1520]. Les différentes mentions obligatoires concernant les produits et services en général, qui sont plus complètes lorsqu'il s'agit de certains biens dangereux, constituent donc un minimum d'informations que le législateur estime de nature à assurer la sécurité du consommateur dans sa relation avec l'annonceur. Soulignons qu'en matière de produits défectueux, la présentation inadéquate de ces derniers constitue un défaut, source de responsabilité pour le producteur[1521].

890. Il est cependant tout à fait naturel que le récepteur soit en mesure d'avoir accès à des informations qu'il juge importantes, en particulier s'il estime que celles fournies sont insuffisantes pour lui permettre de consentir à l'achat. Dès lors, au moment du passage à l'acte d'achat, il est certain que le droit de s'informer doit être garanti, ce qui nous conduit à considérer le critère de détermination de l'élément matériel de l'obligation d'information, selon la pertinence de cette dernière.

B - L'information publicitaire adéquate tirée du critère de la pertinence

891. La doctrine s'est toujours intéressée à ce qui détermine l'objet de l'obligation d'information. Le critère de la pertinence de celle-ci a donc été envisagé en guise de source de détermination de l'objet de cette obligation. Ainsi, il a été considéré que, concernant le contrat de mandat, l'obligation d'information à laquelle est tenu tout mandataire est une information sur un « fait majeur », c'est-à-dire sur tout « *fait qui nécessite une intervention ou,*

[1520] Autrement dit, dans la mesure ou l'adéquation de l'information publicitaire peut varier d'une personne à une autre, le législateur intervient afin de garantir un ensemble d'informations qu'il juge adéquates pour l'ensemble des personnes.

[1521] C. civ., anc. art. 1386-1 s., nouv. art. 1245 s ; CJUE 21 juin 2017, n° C-621/15 ; Civ. 1re, 10 déc. 2014, n° 13-14.314 ; Civ. 1ère, 26 sept. 2012, n° 11-17.738.

plus généralement, une réaction »[1522]. L'expression « fait pertinent » a été jugée plus convenable[1523] pour déterminer l'objet de l'obligation d'information, dans la mesure où il n'exige pas un fait d'une importance considérable pour faire naître cette obligation. En outre, « le fait pertinent » se rapporte davantage à l'objet de l'obligation et est considéré comme utile pour le contractant. En ce sens, Mme le Professeur Fabre-Magnan le définit comme étant un fait « *utile pour le cocontractant, un fait pouvant l'intéresser, en ce sens qu'il permet de l'éclairer dans ses décisions et, le cas échéant, de modifier son comportement* »[1524]. *A contrario*, toute information qui n'est pas susceptible d'intéresser le cocontractant, n'a pas à être transmise par le débiteur de l'obligation d'information, ce même si elle est en lien avec l'objet du contrat. Ce point de vue conduirait à économiser nombre d'informations, à soulager le débiteur et à éviter au créancier de se retrouver perdu dans un océan de renseignements inutiles. Cependant, cela entraînerait la négation de certaines informations que d'autres récepteurs auraient jugées adéquates. Dès lors, se pose la question de la détermination de l'utilité de l'information qui peut se faire en appréciant si telle donnée sera de nature ou non à susciter une réaction chez son récepteur. Mais alors comment ou sur la base de quoi le détenteur de l'information, l'annonceur dans notre cas, appréciera-t-il cela ? Ce point s'avère en effet faussement complexe, parce qu'un annonceur qui connaît les informations favorables à son intérêt commercial sait forcément celles qui ne le sont pas. Ainsi, nous pourrions dire que toutes les informations nuisibles à l'intérêt de l'annonceur (donc les mauvaises) sont de nature à susciter une réaction chez le récepteur. Or, il serait excessif d'imposer à l'annonceur une transparence totale incluant la diffusion de telles informations (par exemple, les informations relatives aux valeurs nutritionnelles, la mise en garde contre les effets du tabac, etc.). Il faut souligner d'emblée qu'en matière publicitaire, le débiteur de l'information est un annonceur, de sorte que l'information diffusée est destinée à un public très large. Dès lors, une publicité commerciale dont le contenu est constitué d'un ensemble de mauvaises informations sera transformée en auto-diffamation. De surcroît, un annonceur de bonne foi qui aurait fait une erreur d'appréciation en estimant qu'une information n'était pas utile pour une catégorie de consommateurs, serait considéré comme s'étant livré à une réticence dolosive en sélectionnant des personnes pour lesquelles l'information en cause serait fort utile.

892. Face à ces complications, le droit de recevoir le message publicitaire apporterait un autre regard au critère tiré de la pertinence de l'information. Il accorde un large pouvoir d'appréciation au juge et n'exige pas forcément de l'annonceur qu'il rende publique l'information que le consommateur aurait

---

1522 M. PÉTEL : Les obligation du mandataire, éd. Litec, Bibliothèque de droit de l'entreprise, 1988, préface de M. Cabrillac, n°388 et s., p.250 et s.

1523 M. FABRE-MAGNAN, préc. p. 133, § 170.

1524 *Ibid.*

jugée utile. Le droit de recevoir fournirait en effet un fondement renforçant le droit de s'informer des consommateurs. L'information des consommateurs demeure, comme nous l'avons souligné précédemment, en quelque sorte un objectif à atteindre. Le droit de recevoir ou celui à l'information en matière commerciale permettra au récepteur d'exiger l'information qu'il estime pertinente, ce qui va économiser à l'annonceur un travail d'appréciation qui lui aurait été de toute manière préjudiciable. Le récepteur qui souhaite adopter un comportement de consommation responsable aura forcément besoin d'informations afin de consommer selon ses convictions[1525]. L'annonceur sera alors tenu de lui fournir les renseignements demandés à moins de disposer d'un motif légitime justifiant son refus. En cas de conflit, le rôle du juge consisterait à apprécier *in concreto* l'utilité de l'information demandée par le récepteur. D'une part, il va examiner la légitimité de la demande du récepteur, puis, de l'autre, il observera le motif du refus invoqué par l'annonceur. Le travail du juge permettra d'éviter l'abus de droit qui sera concrétisé soit par des demandes excessives d'informations ou par celles d'informations dénuées de lien direct avec l'objet de la publicité.

893. Par ailleurs, le droit de recevoir ne doit être compris uniquement comme un fondement permettant l'accès à des informations que chaque récepteur, pris individuellement, considère comme pertinentes. Autrement dit, le droit de recevoir ne saurait en aucun cas autoriser l'annonceur à se passer des mentions obligatoires exigées par la loi, ou de ne s'estimer débiteur d'une obligation d'information qu'à la demande du récepteur. Le droit de recevoir le message publicitaire ne vient en effet que pour perfectionner l'obligation d'information en permettant aux récepteurs de demander, voire d'exiger, des informations complémentaires.

Il est important de souligner que nous avons conscience que la réception d'une information sur demande pourrait lui enlever son caractère public et pose donc la question de sa qualification de publicité. Or, ce n'est pas uniquement le caractère public du message publicitaire qui lui attribue une nature publicitaire. Une information demeure de telle nature tant qu'elle porte sur un bien ou un service dans le dessein de les rendre désirables et d'influencer le comportement de son récepteur dans le sens de l'achat ou de la prestation de service.

894. L'effet escompté d'une telle interprétation du droit de recevoir est d'orienter la publicité commerciale vers l'intérêt des récepteurs, objectif qui ne se concrétisera que si l'information pertinente sort du contexte contractuel pour devenir publique, ce qui n'est possible que si un ensemble d'informations publicitaires s'avère pertinent pour l'ensemble des récepteurs ou un groupe

---

[1525] Tel serait le cas, par exemple, lorsque les associations de protection des consommateurs revendiquent au nom des consommateurs des informations qu'elles jugent pertinentes. Il en est de même pour une personne qui s'intéresse au bien-être animal et qui demande plus de renseignements sur la viande qu'il désire consommer.

d'entre eux. Tel est le cas, par exemple, pour certaines informations, dont le contexte global leur est favorable. Elles sont en effet invoquées par les associations représentatives des intérêts des consommateurs parce que les conditions actuelles les rendent adéquates et par là-même exigibles[1526].

Paragraphe 2 - L'information publicitaire adéquate dans un contexte de consommation excessive

895. Le lien entre la publicité commerciale adéquate et l'émission du CO2 dans l'air pourrait paraître flou, et pourtant l'invocation de celle-ci en termes d'intérêt général constituerait une étape importante de la transition écologique.

896. Afin d'éclairer nos propos, il conviendrait de rappeler le contexte global actuel. Ce dernier est animé par les préoccupations liées au réchauffement climatique, à la baisse de la biodiversité[1527], par les problèmes de santé publique liés à la dégradation de l'environnement, à la surexploitation des ressources naturelles, au gaspillage alimentaire et à l'accumulation des déchets, etc. L'opinion publique nationale, la Convention Citoyenne pour le Climat en est une parfaite illustration, et internationale[1528] sont soucieuses de l'avenir de leur planète. Une conscience internationale est en effet constatée chez les citoyens, qui remet en question le système capitaliste et exige des changements. C'est ainsi que virent le jour certaines inventions conceptuelles comme le « capitalisme d'intérêt général »[1529], l'« économie de fonctionnalité », la « finance à impacts positifs » ou « l'innovation en écosystèmes »[1530]. Le Droit n'est pas demeuré à l'écart de cette évolution. On peut constater que de nouvelles initiatives ont en effet émergé, comme celle, pour les entreprises, du « *public benefit corporation* » aux USA et

[1526] La notion « exigible » renvoie, certes, à celle d'exigibilité des créances. Néanmoins, dans un sens littéraire, cette notion signifie qu'il existe un droit qui rend quelque chose exigible : par exemple le paiement d'une dette (source : CNRTL). Dans notre contexte, il existe le droit qui fait naître l'obligation de donner ainsi que la chose faisant l'objet de l'obligation. Il s'agit là du droit de recevoir qui rend exigible une information publicitaire adéquate. C'est dans ce sens qu'il faudrait entendre la notion d'exigibilité.

[1527] En 2007, l'Union internationale pour la conservation de la Nature (UICN) a conclu à une « extinction massive du vivant ».

[1528] L'opinion internationale en la matière peut être illustrée par l'adoption de l'Accord de paris sur le climat adopté en décembre 2015.

[1529] J-M. BORELLO, Président du groupe SOS et membre du bureau exécutif de LREM.

[1530] Les navettes de la startup toulousaine EasyMile ont été développées dans ce contexte. BPI France a investi 6,5 M€ dans cette startup.

l'intégration, dans le Code civil français, des notions de « raison d'être »[1531] et de « société à mission »[1532] par la loi Pacte du 22 mai 2019[1533]. L'on peut également citer le projet de la « déclaration universelle des droits de l'humanité » de Corinne Lepage ou la création de la personnalité juridique pour les fleuves Whanganui, Gange et Yamuna[1534]. Il faut bien reconnaître que ces initiatives démontrent l'existence d'une volonté publique et collective de réinventer ou, tout du moins, de réparer le « capitalisme » et d'opter pour un modèle économique plus sobre et moins prédateur des écosystèmes.

897. Par ailleurs, au cœur de ces changements structurels et universalistes, le rôle de l'individu/consommateur est remis en question. Inquiet[1535] à son tour et conscient qu'il a un rôle à jouer dans un contexte qui en appelle à une transition écologique, le consommateur souhaite être acteur du changement. De plus en plus de consommateurs s'estiment responsables de la détérioration de leur planète et souhaitent adopter un mode de consommation plus responsable. Ainsi, il a été constaté un refus croissant du gâchis, qui est devenu insupportable pour certains consommateurs[1536]. 86% se déclarent prêts à baisser le chauffage, 84% à opter pour des modes de transports moins énergivores. Enfin, 56% des 18-24 ans, s'estiment plus inquiets des conséquences du dérèglement climatique que de leur pouvoir d'achat[1537]. Dès lors, au consommateur préoccupé par ses propres intérêts économiques se substitue progressivement un consommateur mu par une forte volonté de consommer responsable.

898. Ainsi, loin des professions de foi universalistes sur les dangers de la planète[1538], le consommateur souhaite s'engager sur ce qui est concret, sur ce

---

[1531] L'article 1835 du Code civil prévoit que « les statuts [de l'entreprise] peuvent préciser une raison d'être, constituée des principes dont la société se dote et pour le respect desquels elle entend affecter des moyens dans la réalisation de son activité ».

[1532] L'article 1833 du Code civil est complété par un nouvel alinéa précisant que « la société est gérée dans son intérêt social, en prenant en considération les enjeux sociaux et environnementaux de son activité ».

[1533] Loi n°2019-486 relative à la croissance et la transformation des entreprises.

[1534] D. VICTOR : « La nouvelle vague des droits de la nature. La personnalité juridique reconnue aux fleuves Whanganui, Gange et Yamuna », Revue juridique de l'environnement, 2017/3 (Volume 42), p. 409-424.

[1535] Étude réalisée par le Centre de recherche pour l'étude et l'observation des conditions de vie (CRÉDOC), accessible et téléchargeable à l'adresse suivante : https://www.credoc.fr/publications/environnement-les-jeunes-ont-de-fortes-inquietudes-mais-leurs-comportements-restent-consumeristes

[1536] A. SCHWARTZ, Président de FNE Grand Est, audition du 10 avril 2019.

[1537] Enquête BFMTV du 28 août 2019. V., aussi, l'enquête de Kantar One Point de la rentrée 2019.

[1538] Institut national de la consommation : « Un consommateur augmenté ou diminué ? », Conférence du 15 mars 2018 : Penser le consommateur du futur à l'ère de la société numérique,

sur quoi il a la possibilité d'agir. L'agro-alimentaire est son terrain d'action. Encore faut-il qu'il ait accès aux informations lui permettant de faire de l'acte de « consommer » ou « d'utiliser » un service un acte politico-social. En effet, lorsque l'on mange, on accepte ou on n'accepte pas, on consent ou on ne consent pas, on cautionne ou on ne cautionne pas un mode de production, un mode d'exploitation, un mode de distribution, un mode d'organisation collective et politique. Cet objectif politico-social légitime et sans doute d'intérêt général, rend ainsi nécessaire l'accès à certaines informations. Étant le véhicule des informations en matière de consommation, la publicité commerciale a en effet un rôle à jouer. Elle doit fournir aux consommateurs les informations qu'ils jugent importantes pour leur permettre de s'engager de façon responsable.

899. Par conséquent, le contexte actuel, et la volonté des récepteurs du message publicitaire d'être des consommateurs actifs, exigent des annonceurs qu'ils changent le paradigme de la publicité commerciale. Le droit d'être correctement informé suppose en effet une information publicitaire adéquate qui réponde aux besoins actuels des consommateurs (**A**). Le droit de recevoir est un fondement solide permettant aux récepteurs de rechercher et d'exiger la réception d'informations publicitaires adéquates (**B**). Toutefois, en dehors de toute contrainte fondée sur le droit de recevoir, l'émetteur du message publicitaire n'a aucun intérêt à rester isolé et en décalage avec l'évolution des comportements de consommation de ses destinataires. Dès lors, il lui va falloir, dans une démarche volontariste, se tourner vers une communication publicitaire responsable ou, pour employer un terme contemporain, une communication publicitaire écoresponsable (**C**).

A - Les informations publicitaires devenues adéquates

900. À chaque époque correspond un type d'informations adéquates. L'avènement de la révolution industrielle a engendré une asymétrie d'informations entre le professionnel et le simple consommateur en raison de la technicité de fabrication et de production. Le législateur était alors invité à rétablir un équilibre d'ordre cognitif entre ces deux contractants. Les informations intrinsèques au produit et au service se sont donc avérées adéquates et importantes dans ce contexte d'industrialisation. Puis, l'intérêt économique des consommateurs a entraîné un renforcement de celles, entre autres, relatives au prix. Enfin, avec l'avènement de la société de consommation, l'information des consommateurs sur les aliments qu'ils consomment, est devenue un sujet incontournable des législations européenne et française à la suite des crises qui secouent depuis plus de vingt ans le

p. 15. Accessible à l'adresse suivante : https://www.inc-conso.fr/content/demain-un-consommateur-augmente-ou-diminue-conference-15-mars-2018-0

paysage agroalimentaire[1539] et qui ont incité le législateur à aller dans le sens d'un renforcement du cadre juridique applicable aux conditions d'information du consommateur sur les denrées alimentaires[1540]. Cependant, le développement de la société de consommation orienté vers la destruction des écosystèmes fait que le cadre juridique qui organise aujourd'hui l'information des consommateurs est moins adapté à leurs exigences. Il n'encourage pas la volonté affichée de ces derniers de participer à la transition d'un système agroalimentaire et utilitaire, consacrant le passage d'un « consommateur-mangeur »[1541], vers l'affirmation d'un « consommateur-citoyen engagé ».

À la lecture des dispositions légales et réglementaires en matière d'information des consommateurs, essentiellement de celles regroupées par le Code de la consommation et le règlement européen concernant l'information des consommateurs sur les denrées alimentaires de 2014, l'on relève en effet une tendance, en ce qui concerne les produits, en faveur des informations liées aux aspects nutritionnels et sanitaires, et pour ce qui est des services, tournée vers les aspects fonctionnels[1542]. Est-il nécessaire de souligner aussi l'émergence d'informations liées aux économies d'énergie pour certains produits à faible émission de CO2 et l'écoconception tendant à privilégier la conception de produits aisément recyclables ou facilement biodégradables[1543].

901. La réglementation actuelle ne permet aux consommateurs de prendre des décisions et d'opérer des choix qu'à partir « *du prix et de données nutritionnelles et sanitaires qu'il aura su déchiffrer dans les rayons des supermarchés* »[1544]. Les autres informations en lien avec les aspects environnementaux et sociaux des biens et services demeurent secondaires.

[1539] T. BERGER : « L'intérêt et les besoins du consommateur dans la transition des modèles agroalimentaires », le projet ETIAS (Ecological Transitions and Intergrated Agri Food Systems) est un projet de recherche en droit de l'Université de Nantes, soutenu dans le cadre du dispositif RFI Food for Tomorrow-cap Aliment (http://www.capaliment.fr/Foodfortomorrow).

[1540] À titre d'exemple : Règlement n°1169/2011 du 25 octobre 2011 concernant l'information des consommateurs sur les denrées alimentaires ; Règlement n°1337/2013 du 13 décembre 2013 au sujet de l'indication du pays d'origine pour les viandes des espèces ovine, caprine, porcine et de volaille ; Décret n°2015-447 du 17 avril 2015 relatif à l'information des consommateurs sur les allergènes et les denrées alimentaires non préemballées ; Décret n°2014-1489 du 11 décembre 2014 sur l'information des consommateurs sur les denrées alimentaires.

[1541] T. BERGER, préc.

[1542] V. État des lieux de la réglementation encadrant l'information des consommateurs, Ministère de l'économie et des finances.

[1543] Le cadre réglementaire fixé par la Commission européenne en matière d'étiquetage énergétique : https://ec.europa.eu/info/energy-climate-change-environment/standards-tools-and-labels/products-labelling-rules-and-requirements/energy-label-and-ecodesign/rules-and-requirements_fr

[1544] *Ibid.*

Soit elles relèvent du domaine du facultatif et sont donc laissées au bon vouloir des annonceurs, soit elles font totalement défaut.

902. Parmi ces informations, devenues importantes du fait des conditions actuelles, on constate que celles relatives aux circonstances et conditions de production ne sont pas négligées par le législateur. Il leur consacre un chapitre dont les dispositions sont créées par l'ordonnance du 14 mars 2016. Ainsi, le consommateur a le droit de demander les informations relatives aux conditions sociales de fabrication des produits. Toutefois, cette demande demeure conditionnée à l'existence d'un doute sur le fait que le bien concerné « *a été fabriqué dans des conditions respectueuses des conventions internationales relatives aux droits humains fondamentaux* »[1545]. Plus encore, le producteur ou le distributeur, concerné par la demande se réserve le droit de refuser la transmission de ces informations, s'il estime qu'elles sont de nature « *à compromettre gravement les intérêts stratégiques ou industriels du fabricant* »[1546]. Il revient en effet au juge d'établir un équilibre entre ces deux intérêts et de faire prévaloir celui le plus légitime. Le droit à l'information en tant que fondement de la demande des consommateurs constituerait un apport non négligeable.

903. Les informations concernant l'impact environnemental du produit et du service, sa contribution au développement local ou au bien-être animal, etc., qui semblent jouer un rôle essentiel dans la satisfaction des attentes sociétales des consommateurs, ne figurent pas dans le champ obligatoire couvert par l'obligation d'information. L'information sur l'origine du produit est par exemple d'une importance capitale, car elle permettra au consommateur de favoriser la consommation locale afin d'encourager l'agriculture de proximité et de contribuer à diminuer l'émission de gaz à effet de serre issu des transports internationaux. Toutefois, il n'existe pas d'obligation générale d'indiquer l'origine du produit. Seules certaines catégories de produits bruts ou transformés sont concernées[1547].

904. Au demeurant, les réglementations française et européenne encadrant la certification des produits « bio » contiennent des lacunes[1548]. Au-delà du fait que des doutes planent sur sa fiabilité, car les opérateurs économiques de cette filière participent à la course à la certification, l'acceptation, par les entreprises, des standards de qualité élaborés par les États relève plutôt d'une stratégie commerciale répondant au besoin de la concurrence que de l'intention d'informer le consommateur dans l'objectif d'adopter un comportement responsable. De surcroît, le respect des critères et conditions des certifications en question ne s'avère pas obligatoire. Il ne le devient que si

---

[1545] Article L.113-1 du Code de la consommation.

[1546] Article L.113-2 du Code de la consommation.

[1547] Article L 412-5 du Code de la consommation.

[1548] T. BERGER, préc. p. 7.

l'entreprise souhaite afficher un signe de qualité sur ses produits (par exemple le signe actuel de qualité « bio » d'origine européenne).

905. Par ailleurs, l'obsolescence programmée[1549] est une réalité pour près de neuf français sur dix[1550], qui se montrent fort intéressés par certaines informations liées à la durée de vie des produits. Elles leur permettront de participer à la lutte contre le gaspillage, en particulier des produits électroménagers et électroniques. Un récent rapport intitulé « *pour une consommation plus durable en phase des enjeux européens* »[1551] faisait le constat de l'absence de ce type d'informations dont l'importance pour les consommateurs ne fait pas de doute. Ainsi, pour une consommation plus durable, ce rapport préconise d'intégrer l'indice de réparabilité et de durabilité dans une information plus globale concernant la durée de vie moyenne estimée du produit. Plus encore, il propose de mettre à la charge des distributeurs l'obligation d'informer les consommateurs sur la disponibilité des pièces détachées et de réduire leur délai de livraison. Enfin, ce rapport incite les fabricants à privilégier la réparation au remplacement du produit. La loi n°2020-105 relative à la lutte contre le gaspillage et à l'économie circulaire en vigueur depuis le 11 février 2020 a pris en compte ces préconisations[1552], et renforcé ainsi la loi du 11 février 2016 relative à la lutte contre le gaspillage alimentaire (1).

906. Plusieurs canaux de communication (associations de consommateurs, médias, presse) contribuent à l'information des consommateurs sur toutes ces questions liées à l'environnement, au bien-être animal ou aux conditions sociales des travailleurs. Toutefois, le canal de la publicité commerciale apparaît comme le mode le plus efficace parce qu'elle est inhérente à la matière concernée, la consommation en l'occurrence[1553] mais également du fait qu'elle est capable, en raison de son omniprésence et de son effet sur le comportement, d'aider les consommateurs à concrétiser leur souhait de consommer responsable.

907. En définitive, s'il est difficile de déterminer plus précisément quelles sont les informations publicitaires adéquates, les aspects relatifs aux biens et

---

[1549] L'article 99 de la loi n° 2015-992 du 17 août 2015, relative à la transition énergétique pour la croissance verte, définit l'obsolescence programmée comme une infraction pénale, et y associe des sanctions. Elle en donne la définition suivante : « l'ensemble des techniques par lesquelles un metteur sur le marché vise à réduire délibérément la durée de vie d'un produit pour en augmenter le taux de remplacement »

[1550] Amis de la Terre et CNID : « L'obsolescence programmée, symbole de la société de gaspillage », septembre 2010.

[1551] Rapport de T. LIBAERT, décembre 2018.

[1552] V. Réponse du Ministère de la transition écologique et solidaire publiée dans le JO Sénat du 19/09/2019, p. 4816.

[1553] V. L'étude réalisée par la CLCV et L'INRA en février 2017 sur « L'étiquetage au service d'une alimentation durable : le point de vue des consommateurs.

services qui abritent ces renseignements sont toutefois connus. Ce sont les demandes d'accès qui seraient formulées par les consommateurs ou par les organes qui les représentent, qui permettront de lister les informations en question. Encore faut-il que ces derniers aient le droit d'accéder aux informations, relatives aux produits de consommation, dont les entreprises sont les détentrices.

B - Le droit de rechercher des informations publicitaires adéquates

908. Il convient, dans un premier temps, d'étudier la possibilité de l'existence d'un droit d'accès aux informations publicitaires (**1**) et d'envisager, dans un second temps, la possibilité de mettre en place une obligation positive de l'État en la matière (**2**).

1 - Le droit d'accès à des informations publicitaires adéquates

909. La Cour EDH considère que « *rien ne l'empêche d'interpréter l'article 10§1 de la Convention comme incluant un droit d'accès à l'information* »[1554]. La Cour poursuit en affirmant que « *dire que le droit d'accès à l'information ne peut en aucune circonstance relever de l'article 10 de la Convention aboutirait à des situations où la liberté « de recevoir et de communiquer » des informations se trouverait entravée d'une manière et à un degré tels que la substance même de la liberté d'expression en serait atteinte* »[1555]. Il n'est en effet pas question ici du droit de communiquer, car nous sommes en présence d'une source non désireuse, en principe, de communiquer des informations adéquates, à savoir de l'annonceur. Ainsi, c'est surtout le droit de recevoir qui se retrouve concerné. Selon le juge européen des droits de l'Homme, « *lorsque l'accès à l'information est déterminant pour l'exercice du droit de recevoir (...) des informations, refuser cet accès peut constituer une ingérence dans l'exercice de ce droit* »[1556]. Ce principe semble très clairement posé, et il ne fait alors aucun doute que le droit de rechercher des informations est garanti par l'article 10§1 de la CEDH. Toutefois, il est lieu de s'interroger sur le genre d'informations concernées par ce droit, ainsi que sur leurs débiteurs. Il n'y a pas de mystère, la Cour se montre également assez claire sur ces questions. Pour ce qui est de la première, elle affirme que « *les informations, les données ou les documents auxquels l'accès est demandé doivent généralement répondre à un critère d'intérêt public pour devoir être divulgués en vertu de la Convention* »[1557]. Concernant la seconde

---

[1554] Arrêt Magyar Helsinki c. Hongrie, préc. §.149.

[1555] §155.

[1556] *Ibid.*

[1557] §161.

question, le juge européen a été conduit, dans l'affaire *Magyar*, à répondre à la question consistant à savoir si l'article 10 de la Convention peut être interprété comme garantissant à la requérante un droit d'accès à des informations détenues par les autorités publiques. Il n'a ainsi traité le droit d'accès que par rapport à l'État. Autrement dit, a priori, les entreprises privées ne sont pas concernées par le droit d'accès aux informations, seul l'État l'est actuellement. En matière environnementale, domaine qui nous intéresse le plus, il est affirmé que l'accès aux informations ne s'applique que vis-à-vis des autorités publiques. C'est ce que la Charte de l'environnement confirme à travers son article 7, qui énonce que « *Toute personne a le droit, dans les conditions et les limites définies par la loi, d'accéder aux informations relatives à l'environnement détenues par les autorités publiques et de participer à l'élaboration des décisions publiques ayant une incidence sur l'environnement* ». Il en est de même pour les autres instruments internationaux et européens prévoyant un droit d'accès à l'information environnementale ainsi qu'à d'autres types d'informations[1558].

910. N'envisager le droit d'accès aux informations que vis-à-vis des autorités publiques peut se comprendre étant donné la nature et le type des informations concernées. Nous pourrions déduire de la jurisprudence de la Cour que celle-ci estime que l'État est principalement concerné parce qu'il est présumé détenteur des informations de nature à intéresser le public, qui vont par conséquent permettre « aux chiens de garde » de contribuer au débat d'intérêt général et d'assurer la transparence au sein d'une société démocratique. Néanmoins, cela ne signifie pas pour autant que l'accès à des informations de nature commerciale détenues par les entreprises privées ne soit pas envisageable. Certes, lorsque le juge européen a précisé les critères qui permettent de mettre en œuvre le droit d'accès à des informations, il visait un seul débiteur, à savoir l'État. Or, ce dernier pourrait être conduit, si les informations publicitaires demandées correspondent aux critères préétablis par la Cour EDH, à exiger des entreprises commerciales qu'elles fournissent les renseignements concernés. Dès lors, une interprétation téléologique de ces critères aboutirait à la consécration du droit d'accès à des informations publicitaires détenues par les annonceurs/ fabricants.

Toujours dans l'affaire *Magyar Helsinki* et aussi dans d'autres arrêts[1559], la Cour strasbourgeoise considère en effet ces critères pertinents et exige leur respect avant de donner le droit d'accès à des informations détenues par les

---

[1558] Le principal instrument international consacré au droit d'accès à l'information en matière environnementale est la Convention d'Aahus signée au Danemark par 39 États le 25 juin 1998 ; La Déclaration de Stockholm du 16 juin 1972 ; La Convention du Conseil de l'Europe sur l'accès aux documents publics, réf., STCE n°205, 18 mars 2009.

[1559] Cour EDH: 26 mai 2009, Kenedi c. Hongrie, n° 31475/05, §43; Cour EDH: 25 juin 2013, Youth Initiative for Human Rights c. Serbie, n°48135/06, § 24; Cour EDH: 14 fév. 2015, Guseva c. Bulgarie, n°6987/07, § 55.

autorités publiques. Sont concernés : le but de la demande d'information, la nature des informations recherchées et le rôle de la personne qui en fait la demande. Il nous semble que les informations publicitaires adéquates dont l'accès est demandé répondent à ces critères. Tout d'abord, concernant le but des informations demandées, le juge strasbourgeois précise que les informations recherchées doivent être nécessaires pour l'exercice de la liberté d'expression. Elles s'avèrent nécessaires si leur rétention est de nature à entraver l'exercice, par l'individu, de son droit de recevoir ou de communiquer. Comme nous l'avons en effet déjà précisé ci-dessus, les informations dont le consommateur a besoin lui permettent d'exercer son droit de recevoir. Il est le sujet de ce droit, le destinataire final. Il recherche lui-même les informations qui vont lui permettre de prendre des décisions dans sa vie quotidienne. Toutefois, à défaut de réception de ces informations, le droit de réception en tant que tel ne sera pas totalement méconnu. Le législateur garantit aux consommateurs la réception d'autres informations (les mentions obligatoires). Ainsi, c'est l'effectivité du droit de recevoir qui sera en cause. Pour être effectif, le droit de recevoir doit assurer l'accès à des informations que le public recherche afin de consommer responsable. Dès lors, apprécier la nécessité de l'exercice de la liberté d'expression doit prendre en considération un exercice effectif de cette dernière.

911. Ensuite, le critère relatif à la nature des informations recherchées est, *a priori*, en parfaite concordance avec l'objectif de la liberté d'expression. Cette dernière vaut pour les informations répondant au critère d'intérêt général, même lorsqu'elles choquent ou inquiètent une fraction de la population. De surcroît, en précisant la nature des informations susceptibles de donner lieu au droit d'accès, le juge n'a pas à distinguer entre les types d'informations (commerciale, artistiques, etc.), le seul critère qu'il lui faut prendre en compte est leur contribution à l'intérêt public[1560].

Par conséquent, les informations concernant les conditions sociales de fabrication et les effets environnementaux des services rendus et des biens consommés, ainsi que la politique sociale de l'entreprise commerciale, s'avèrent toutes intéressantes pour le public dans la mesure où elles lui permettent d'adopter un comportement de consommation responsable. L'intérêt général auquel répondent ces informations est donc celui relatif à l'avenir des citoyens et des autres générations car les enjeux sont écologiques.

912. Enfin, le troisième critère questionne le rôle du demandeur des informations au sein de la société. Il est généralement admis que c'est principalement la presse, les médias et les ONG qui s'intéressent le plus à l'intérêt général[1561]. Néanmoins, la Cour n'est pas hostile à étendre le qualificatif de « chien de garde » à toutes les personnes qui attirent l'attention

[1560] §161.
[1561] §165.

de l'opinion sur des sujets d'intérêt public[1562]. Les associations de consommateurs pourraient donc en devenir un lorsqu'elles recherchent des informations adéquates pour informer le public et l'instruire en matière de consommation. Elles sont les porte-parole du public dans ce domaine qui constitue l'une des causes des problématiques contemporaines. Les associations de consommateurs et les consommateurs eux-mêmes sont une partie de la solution aux problèmes de réchauffement climatique et à leurs conséquences. De par son exigence dans la publicité commerciale, l'accès à l'information adéquate constituerait le moyen le plus efficace d'y parvenir. L'obligation de diffuser ces informations ne porte que sur celles qui ne sont pas disponibles.

913. En définitive, les conditions nécessaires afin de garantir l'accès aux informations publicitaires adéquates sont *a priori* remplies. Il reste à savoir comment le juge européen devrait procéder afin de garantir ce dernier. Mettre à la charge des États une obligation positive en la matière semble envisageable.

2 - L'obligation positive de garantir l'accès aux informations publicitaires adéquates

914. Présenté comme un « droit de ... », le droit de recevoir suppose en principe une abstention des pouvoirs publics, par opposition aux droits économiques et sociaux, considérés pour leur part comme des « droits à... » réclamant des prestations de l'État. Toutefois, la Cour EDH ne s'en tient pas à cette binarité et estime que l'exercice effectif de certains droits, comme celui de la liberté d'expression, nécessite des actions positives de la part des États[1563]. Depuis qu'elle a admis l'application de la Convention aux rapports interindividuels[1564], il est devenu possible d'engager la responsabilité de l'État si une défaillance de son système de droit interne a rendu possible la violation, par un particulier ou un groupe de particuliers, d'un droit conventionnel[1565]. Ainsi, ce n'est pas l'agissement de la personne concernée qui est reproché à l'État mais bel et bien l'absence « *de mesures raisonnables et adéquates pour protéger les droits* »[1566].

915. Compte tenu de ces précisions, évoquer l'obligation positive renvoie à l'obligation que pourrait avoir l'État en matière de réception du message publicitaire adéquat. Il lui incombe en effet d'adopter les mesures nécessaires afin de garantir l'effectivité du droit de recevoir ce type d'informations. Ainsi, dans la continuité d'un travail d'endiguement du discours publicitaire et de

---

1562 §166.

1563 Arrêt Marckx, préc.

1564 Arrêt Young, James et Webster, préc.

1565 F. SUDRE, préc.

1566 Arrêt Powell et Rayner, préc. § 51.

son rattachement à l'intérêt général, il est primordial de permettre à ses récepteurs d'en tirer profit. Cela est d'autant plus vrai que les canaux de diffusion de l'expression publicitaire sont des plus variés et efficaces car ils permettent d'atteindre l'individu à tout moment. Afin d'atteindre cette finalité, et au regard de l'objectif inhérent à la théorie des obligations positives, l'État est appelé à agir en imposant aux détenteurs des informations publicitaires adéquates leur transmission aux récepteurs/consommateurs. Ceci veut dire qu'il serait insuffisant de se contenter de l'état actuel du droit qui laisse la liberté et le choix aux annonceurs quant à leur diffusion. Seul un texte relevant de la loi ou du règlement énumérant les renseignements considérés comme répondant aux critères de l'information publicitaire adéquate pourrait empêcher le juge européen de retenir la responsabilité des États. Toutefois, il convient de souligner que le juge européen demeure prudent sur la question de la responsabilité de l'État car il ne met pas systématiquement à la charge de ce dernier une obligation positive de garantir l'accès aux informations recherchées. Le juge confère, en effet, beaucoup d'importance aux circonstances de chaque affaire[1567], au sens où, dans certains cas, cette obligation peut naître, tandis que dans d'autres, l'État ne se verra pas contraint de fournir les renseignements recherchés. L'appréciation des circonstances de chaque affaire se fait en prenant en compte les critères précisés ci-dessus, qui, selon nous, pourraient, dans un cas d'espèce impliquant l'invocation du droit d'accès à des informations publicitaires adéquates, donner naissance à une obligation positive de l'État en la matière. Ceci est fort probable dans la mesure où ce sont les individus, ou un groupe d'individus, qui demandent à accéder à ces informations dans le dessein d'exercer effectivement leur droit de recevoir. Dès lors, si la Cour considère que « *le droit de recevoir des informations ne saurait se comprendre comme imposant à un État des obligations positives de collecte et de diffusion, motu proprio, des informations* »[1568], la demande d'accès à des informations publicitaires adéquates émise par des particuliers à l'égard d'autres particuliers ne peut en aucun cas imposer à l'État une telle obligation (« *de collecte et de diffusion motu proprio* »). N'étant pas le débiteur des informations recherchées, l'État n'est en effet pas tenu d'une obligation de diffusion ou de collecte. En matière de publicité commerciale et au regard du droit de recevoir, l'État devrait simplement garantir l'accès aux informations que l'ensemble des consommateurs considèrent comme ayant une importance à leur égard. Par conséquent, deux actions sont souhaitables. Dans un premier temps, l'État pourrait entreprendre une double action, tout à la fois législative et réglementaire, dans le dessein de rallonger les listes des mentions obligatoires existantes - sans prétendre pour autant à l'exhaustivité - aux informations relatives aux effets de la production des biens et services sur l'environnement,

---

[1567] Arrêt Magyar, *préc.* §133.

[1568] Cour EDH, GC : 19 fév. 1998, Guerra et autres c. Italie, n°14967/89.

le bien-être animal et de renforcer celles concernant la santé des consommateurs. Dans un tel cas, à la liste des conventions internationales relatives aux conditions sociales de travail prévues par l'article D.113-1 du Code de la consommation, pourraient s'ajouter des conventions liées à la protection de l'environnement et au bien-être animal. Puis, le premier paragraphe de l'article L113-1 de ce même Code pourrait être réécrit afin de renforcer le droit d'information des consommateurs. Ainsi nous pourrions suggérer la version suivante « *Le fabricant, le producteur ou le distributeur d'un bien commercialisé en France transmet au consommateur qui en fait la demande et qui sans être tenu de se justifier d'éléments mettant en doute le fait que ce bien a été fabriqué dans des conditions respectueuses des conventions internationales relatives aux droits humains, droits environnementaux et droits animaliers fondamentaux, toute information dont il dispose portant sur un des éléments non exhaustifs ci-après (...)* »[1569]. Il conviendrait en effet de généraliser et d'étendre la possibilité d'accès aux informations à tout consommateur désireux de recevoir des informations sur un produit et qui en formulerait la demande et ce, quelle que soit l'importance du fabricant, producteur ou distributeur.

916. Dans un second temps, l'étape de transmission des informations à la demande des consommateurs devrait être dépassée afin d'aller plus loin en énumérant expressément les informations dont les consommateurs ont besoin afin de consommer responsable. C'est donc à la jurisprudence que reviendra la tâche de déterminer quels sont les renseignements adéquats et d'assurer la vivacité des flots informationnels. Une telle démarche ne s'avèrera en rien délicate étant donné que le travail d'équilibriste auquel aura été livré le juge en traitant les conflits entre les intérêts des créanciers et ceux des débiteurs de l'obligation d'informations conduirait quoi qu'il en soit à déterminer quelles sont les informations adéquates les plus légitimes.

917. En définitive, une évolution dans ce sens favorisant l'accès aux informations adéquates s'avère nécessaire, ce tout d'abord parce que le respect du droit des récepteurs/consommateurs à une information publicitaire adéquate l'exige. Puis, et enfin, du fait que les conditions actuelles et l'intérêt général invitent à repenser l'obligation générale d'information en matière de consommation.

[1569] La version actuelle de cet article est la suivante : « *Le fabricant, le producteur ou le distributeur d'un bien commercialisé en France transmet au consommateur qui en fait la demande et qui a connaissance d'éléments sérieux mettant en doute le fait que ce bien a été fabriqué dans des conditions respectueuses des conventions internationales relatives aux droits humains fondamentaux, toute information dont il dispose portant sur un des éléments ci-après : origine géographique des matériaux et composants utilisés dans la fabrication, contrôles de qualité et audits, organisation de la chaîne de production et identité, implantation géographique et qualités du fabricant, de ses sous-traitants et fournisseurs* ».

C - Opter pour une communication publicitaire écoresponsable

918. Être correctement informé en matière commerciale ne se limite en aucun cas à fournir des informations pertinentes servant l'intérêt économique du consommateur. Cela signifie également que les informations faisant l'objet du message peuvent jouer un rôle dans l'évolution du comportement des récepteurs qui ne se montrent pas encore attentifs aux conséquences de leurs actes de consommation sur l'environnement ou le bien-être animal. Plaider en faveur du rattachement partiel de la publicité commerciale à l'intérêt général revient à lui attribuer le rôle d'acteur dans l'accélération du changement vers un mode de consommation plus responsable. En dépit de tout recours à la contrainte, il est dans l'intérêt des émetteurs que ce rôle émane d'une volonté collective. Le contexte actuel, animé par une forte volonté des consommateurs d'adopter un mode de consommation responsable, ne laisse pas vraiment l'annonceur totalement libre en termes de choix. Il n'est certainement pas dans l'intérêt des émetteurs des messages publicitaires de continuer à faire de leur expression l'une des causes des problématiques auxquelles le public, destinataire de ces messages, voudrait faire face. Leurs efforts visant à convaincre et à inciter les récepteurs à l'achat seront vains.

919. Le rôle de l'autodiscipline paraît donc d'une importance cruciale. A travers son Comité de l'éthique publicitaire (CEP), l'ARPP est au point sur ces questions. Dans un avis récent[1570], il enjoint ses membres à opter pour une information publicitaire ancrée « *sur l'emprunte environnementale des biens et services* », à « *réorienter la publicité pour faire évoluer les habitudes de consommation vers les modes de vie durables* ». Le Comité de l'éthique publicitaire incite en effet les marques à sortir de l'indifférence qui caractérise leur position en se mettant aux côtés des consommateurs qui prônent un comportement de consommation animé par le souci commun de préserver les ressources naturelles et la biodiversité. Le Comité de l'éthique publicitaire a insisté sur la capacité de la publicité à contribuer à la réalisation de cet objectif d'intérêt général, en la qualifiant de « *vecteur essentiel de diffusion de l'innovation* ». Il croit en « *la capacité de la publicité d'entraîner des changements de comportements de consommations attendus* ». De surcroît, considérée comme un « *outil d'aide à la prise de décision* », la publicité commerciale, toujours selon ce Comité, « *répond au souhait d'autonomisation exprimé par ceux de nos concitoyens qui souhaitent qu'un meilleur respect de l'environnement inspire leur consommation* ».

920. Par conséquent, il est vivement recommandé aux émetteurs d'adopter une communication publicitaire « verte » et de délaisser celle générant un comportement de consommation négatif. Les expressions du style « *pas la peine d'essayer de tout voir puisque vous reviendrez bientôt* » (message que

---

[1570] Avis « Questions écologiques et publicité » : accessible à l'adresse suivante : https://www.cep-pub.org/avis/avis-du-cep-questions-ecologiques-et-publicite/

l'on retrouve dans la publicité des secteurs des transports aériens) ; « *achetez tout ce que vous voulez, vous pouvez tout renvoyer si vous changez d'avis* » (secteur de vente en ligne) ; « *soldes à volonté* » (secteur de la distribution) doivent céder la place, lorsqu'elles sont véridiques, à celles, plus écologiques, du type : « *l'éco-responsable est aussi un plaisir* » ; « *prendre soin de vous et de la planète* » ; « *le solaire bon pour votre maison et la planète* », etc. Encore faut-il que ces allégations soient proportionnelles à l'engagement réel de l'annonceur et s'avèrent véridiques[1571] afin d'éviter le « *greenwashing* »[1572].

921. Bien que l'adoption d'une communication publicitaire « verte » relève de la volonté des marques, la situation pourrait changer dans les décennies à venir. Nous estimons qu'aujourd'hui les expressions incitant à une consommation excessive sont moins acceptables et pourraient même, dans un futur proche, donner lieu à des contentieux d'un genre tout à fait inédit. Récemment, le Jury de Déontologie Publicitaire (JDP) a en effet été saisi d'une plainte émanant d'un particulier et d'une autre provenant de l'Agence de l'Environnement et de la Maîtrise de l'Énergie (ADEME) afin qu'il se prononce sur la conformité aux règles déontologiques en vigueur d'une campagne publicitaire de la société Cdiscount, diffusée sous la forme d'un affichage[1573]. Les plaignants considéraient que la publicité présentant l'image d'un profil d'homme dont le cerveau comportait la photographie d'un produit (ordinateur, téléviseur,), associée à une phrase qui reflétait la pensée du personnage (« *Mon vieil ordinateur fonctionne encore. Mais un accident est si vite arrivé...* », « *J'ai décidé d'aller travailler à vélo. Mais bon... le vélo ça fait mal aux fesses* », « *Je n'ai pas besoin d'un si grand écran. Quoique... J'ai la vue qui baisse* ») n'était pas compatible avec la Recommandation « Développement durable » de l'ARPP car elle « *incite à l'achat de nouveaux équipements, sans besoin réel mais en réponse à une pulsion d'achat et de consommation* »[1574]. Le Jury n'a pas considéré ce type de publicité non conforme à la Recommandation précitée, car il a estimé que ces réclames « *ne cautionnent pas des agissements « manifestement inconséquents ou irresponsables », n'incitent pas au gaspillage, ne valorisent pas des modes de consommation excessifs, et qu'elles ne discréditent pas non plus les principes et objectifs communément admis en matière de développement durable* »[1575]. Néanmoins, cet exemple illustre parfaitement la sensibilité des récepteurs/consommateurs et leur refus des expressions publicitaires traditionnellement tournées vers l'incitation à la consommation, en général, et

---

[1571] Pour des exemples, voir l'ARPP, Bilan 2017 Publicité et environnement, 9ème bilan, p. 9 et s.

[1572] https://www.novethic.fr/lexique/detail/greenwashing.html

[1573] Avis du 2 octobre 2018 disponible *via* le lien suivant : https://www.arpp.org/actualite/jdp-cdiscount-developpement-durable/

[1574] *Ibid.*

[1575] *Ibid.*

non responsable, en particulier. Ainsi, cette sensibilité qui s'illustre ici et là, mais rarement devant les tribunaux pour le moment, pourrait, sous l'impulsion du droit de recevoir des messages publicitaires adéquats, conduire le législateur à créer un nouveau délit qui serait constitué lorsque, dans son argumentation principale, la publicité « *incite à des comportements non-écologiques* »[1576] ou plus généralement appelle à « *une consommation non raisonnable* ».

922. En somme, le contexte dans lequel s'inscrit le message publicitaire est un paramètre qui influe sur le contenu de ce dernier, influence qui se traduit dans les exigences des récepteurs du message publicitaire. Le droit de recevoir le message publicitaire permettrait de répondre à ces exigences et permettait ainsi de s'acheminer plus vite vers un mode de consommation plus raisonnable.

Section 2 - La réception d'informations publicitaires loyales

923. Être correctement informé en matière de publicité commerciale revient à recevoir, en plus des informations adéquates, un message loyal. Contrairement à la déloyauté d'un journaliste, par exemple, susceptible de diffuser de fausses informations[1577] ou des données dénuées de fondement, celle d'un annonceur pourrait s'illustrer soit par la fausseté de son message, sa nature trompeuse ou par sa dissimulation (par exemple : publicité cachée, publicité subliminale). Ces deux derniers types de déloyautés ne sont pas, à notre connaissance, connus de la Cour EDH dont la jurisprudence porte particulièrement davantage sur les cas d'inexactitude des informations.

Au demeurant, la notion de déloyauté est liée à celle de droiture, d'honnêteté et de probité. L'information publicitaire correcte est donc celle qui ne cherche pas à tromper ses récepteurs. Selon Mme L. Arcelin, la loyauté de la publicité « *prend bien des visages : elle renvoie à l'idée d'honnêteté et de caractère non trompeur, ce qui suppose l'intelligibilité du message, ou encore son objectivité* »[1578].

924. Le droit de recevoir un message publicitaire loyal aurait un rôle à jouer dans l'exigence de la loyauté de la publicité commerciale, fonction qui consisterait principalement dans l'affermissement des principes déjà existants. Il s'agit du principe d'identification du message publicitaire en tant que tel (**paragraphe 1**) et de celui qui interdit tout message faux ou de nature à tromper les récepteurs (**Paragraphe 2**).

[1576] Bilan 2017 Publicité et environnement, préc. p. 8.

[1577] Article 27 de la loi du 29 juillet 1881.

[1578] L. ARCELIN : « Publicité : règles générales », 29 octobre 2018, préc. § 46.

Paragraphe 1 - L'identification du message publicitaire en tant que tel

925. Le principe d'identification de la publicité, déduit du principe plus général de séparation des programmes de la publicité commerciale, a vu le jour avec le phénomène de la publicité clandestine[1579], qui consiste,, comme son nom l'indique, en toute « *présentation verbale ou visuelle de marchandises, de services, du nom, de la marque ou des activités d'un producteur de marchandises ou d'un prestataire de services dans des programmes lorsque cette présentation est faite de façon intentionnelle par l'organisme de radiodiffusion télévisuelle dans un but publicitaire et risque d'induire le public en erreur sur la nature d'une telle présentation* »[1580]. La publicité commerciale délibérément dissimulée est donc une pratique commerciale déloyale en ce qu'elle trompe les récepteurs dont l'identification relève alors du respect des droits des consommateurs/récepteurs.

926. Bien qu'elle puisse paraître évidente, la réponse à la question consistant à savoir pourquoi les professionnels de la publicité masquent ou tentent de cacher le caractère publicitaire de leur message aux récepteurs, s'avère fort éclairante sur les dispositions à prendre à l'encontre de cette pratique qui ne cesse de prendre de l'ampleur[1581]. Convaincre le récepteur de l'objectivité du message est en effet la première finalité escomptée par le recours à la publicité clandestine ou ce qui est aujourd'hui appelé, en ce qui concerne la publicité en ligne, le *native advertising*, mais pas seulement, récemment, échapper aux logiciels de blocage de la publicité explique également l'intérêt de la publicité cachée pour les annonceurs.

La recherche de l'objectivité du message conduit donc les annonceurs à adopter des formats de publicité qui s'intègrent dans un contexte inspirant confiance aux récepteurs. C'est la raison pour laquelle la publicité cachée a fait son apparition en s'incorporant dans des contenus rédactionnels et éditoriaux. La presse en général ou un programme audiovisuel constituent donc les principaux supports de cette pratique.

927. Ainsi, la réponse logique à cette pratique qui fait de l'objectivité une finalité consiste à la démasquer en adoptant un arsenal de règles, selon une « *approche distributive* »[1582] (règles de nature légale, réglementaire et déontologique) permettant aux récepteurs d'identifier clairement le message publicitaire. Le principe d'identification de la publicité est en effet apparu en

---

[1579] Nous revenons ici sur ce point de la publicité cachée dont nous avions annoncé que nous allions le traiter.

[1580] Directive du Conseil du 3 octobre 1989 (article 1er c)- JO des Communautés européennes n° L 298.

[1581] Voir un débat sur le *native advertising* via le lien suivant : https://www.definitions-marketing.com/definition/native-advertising/

[1582] Pour reprendre les termes de Mme le Professeur L. ARCELIN. préc.

rapport avec l'observation du phénomène de la publicité cachée dans les programmes audiovisuels et les contenus rédactionnels. Manifestation première du principe d'identification de la publicité, le décret 1987 réglementant la publicité et le parrainage télévisés disposait, dans son article 9, que « *les messages publicitaires doivent être clairement annoncés comme tels et obligatoirement programmés dans des écrans spécialisés* ». Ainsi, toute publicité située en dehors des « écrans spécialisés » était interdite. Par ailleurs, l'extension de la pratique de la publicité clandestine à d'autres contenus éditoriaux, en particulier à ceux édités sur internet (par exemple : *le native advertising*, les avis des consommateurs en ligne, les influenceurs) a exigé l'extension du principe d'identification de la publicité aux autres supports. En ce sens, l'autorégulation joue un rôle important. L'article 9 du Code portant sur les pratiques de publicité et de communication de marketing de la Chambre de commerce internationale (ci-après, « Code ICC »), édicté en 1937, repris par la Recommandation de l'ARPP « Identification de la publicité » révisée en juillet 2013, expose en effet que la publicité doit, sous quelque forme que ce soit, respecter les règles déontologiques suivantes : « *La communication de marketing doit pouvoir être nettement distinguée en tant que telle, quels que soient la forme et le support utilisés. Lorsqu'une publicité est diffusée dans des médias qui comportent également des informations ou des articles rédactionnels, elle doit être présentée de telle sorte que son caractère publicitaire apparaisse instantanément et l'identité de l'annonceur doit être apparente* ».

928. Par ailleurs, à ce jour, à notre connaissance, le juge européen des droits de l'Homme n'a pas été conduit à statuer des affaires liées à la problématique de la publicité clandestine, ce dont les organes du Conseil de l'Europe sont bien conscients. Le principe d'identification de la publicité a longtemps été posé par certaines recommandations relatives à la publicité. Ainsi, dans l'avant-projet de recommandation relative aux mesures qu'il convient de prendre au niveau international afin de lutter contre les abus de la liberté d'expression commis par la publicité commerciale[1583], se trouve mentionnée l'interdiction de la publicité occulte et trompeuse, ainsi que l'exigence de la distinction entre les émissions publicitaires et les autres formes de programmes[1584]. En outre, les principes, dégagés par la Cour EDH dans sa jurisprudence relative aux autres formes de discours, que sont la fiabilité de l'information, la bonne foi et les devoirs et responsabilités qu'exige le respect de l'exercice de la liberté d'expression, peuvent être transposés en matière d'émission des messages publicitaires. Ces principes permettraient naturellement à la Cour EDH de reprendre le principe d'identification du message publicitaire posé par les organes du Conseil de l'Europe et façonné au niveau de l'UE de même qu'à celui interne. Le droit de recevoir,

---

1583 Conseil de l'Europe, 7 oct. 1981 AS. Jur. (33) 26.

1584 P.14.

constituerait quant à lui un appui important permettant à la Cour de transposer son raisonnement en matière de liberté d'expression en lien avec cette pratique de la publicité cachée. Par conséquent, à partir du postulat selon lequel la garantie du principe d'identification de la publicité illustre le respect du droit de recevoir des récepteurs, il nous appartiendra d'étudier les applications de ce principe au regard du droit du public de recevoir un message publicitaire loyal. Nous pourrions en effet observer les applications de ce principe lorsque l'émetteur cherche à tromper les récepteurs. Dans cette situation, deux cas de figure se présentent : soit en déguisant délibérément le caractère publicitaire de son message (**A**) soit en dissimulant son identité d'émetteur (**B**).

A - Le droit de recevoir face à une dissimulation du caractère publicitaire du message

929. Le contenu même du message n'est pas forcément trompeur ou mensonger, mais c'est sa dissimulation qui le rend ainsi. La loyauté en matière de communication exige alors de distinguer le message publicitaire en tant que tel. Il y a lieu de faire la distinction entre deux catégories de programmes qui constituent le lieu de prédilection de la publicité cachée parce qu'ils inspirent confiance aux récepteurs. Ainsi, il s'agit, dans un premier temps, d'étudier l'application du principe d'identification du message publicitaire dans les programmes audiovisuels. Dans ce cadre, l'interdiction de la publicité cachée est clairement posée mais avec moins de fermeté. Le droit de recevoir devrait contribuer à son renforcement (**1**). Puis, dans un second temps, nous nous intéresserons au contenu rédactionnel et éditorial en ligne. Dans ce registre, l'information sur l'existence d'un partenariat commercial est exigée. Toutefois, des pratiques de contournement de cette obligation subsistent encore. Le droit de recevoir recommanderait davantage de transparence et affermirait l'obligation d'identification (**2**).

1 - Renforcer le principe d'interdiction de la publicité cachée

930. Dans le cadre des programmes audiovisuels, le principe applicable est celui de la séparation de la publicité des autres programmes. L'article 14§1 du décret de 1992 dispose en effet que « *les messages publicitaires ou les séquences de messages publicitaires doivent être aisément identifiables comme tels et nettement séparés du reste du programme, avant comme après leur diffusion, par des écrans publicitaires reconnaissables à leurs caractéristiques optiques et acoustiques* ». Ainsi, toute publicité située en dehors des « *écrans spécialisés* » est interdite.

931. Le défi que le régulateur était amené à relever consistait à permettre de largement faire appliquer les règles réprimant la publicité qui figure en dehors des écrans spécialisés, ce qui supposait une qualification large de la

publicité clandestine. Sur ce point, en effet, l'objectif semble atteint puisque le régulateur a abandonné la définition donnée à la publicité clandestine par la défunte directive « Télévision sans frontière », qui la liait à l'existence d'une rémunération ou de toute autre contrepartie[1585]. Aujourd'hui le critère déterminant de l'existence de la publicité clandestine, et donc de l'application de la réglementation de la publicité, est celui du but publicitaire (**a**). Au demeurant, une appréciation critique du régime répressif s'impose. C'est sur ce terrain que pourrait intervenir le droit de recevoir le message publicitaire. Ainsi, malgré l'existence d'un large éventail de sanctions, il n'en demeure pas moins que leur application s'avère moins effective car la sanction de la violation du principe d'identification est conditionnée par la récidive (**b**).

a - Le but publicitaire comme critère de détermination de la publicité clandestine

932. Déterminer l'existence de la publicité cachée en dehors des écrans spécialisés et par là-même forcément dans un programme audiovisuel (émission de télévision, programme d'information télévisuel, documentaire...) ne constitue pas un exercice facile. La citation d'une marque d'un produit ou d'un service lors d'une émission de télévision consacrée à un sujet d'intérêt général peut être animée par une intention publicitaire, de même qu'elle peut en être dépourvue. De la sorte, la question du critère de détermination de l'intention publicitaire a été posée avec acuité. La réponse donnée dans un premier temps a consisté à vérifier l'existence d'une rémunération ou de toute autre contrepartie de la part de la marque. Or, bien qu'il puisse s'avérer déterminant dans certains cas de publicités en ligne[1586], ce critère n'a pas pour autant été favorablement accueilli par le Conseil supérieur de l'audiovisuel (CSA) (qui deviendra l'Autorité de régulation de la communication audiovisuelle et numérique après l'adoption du projet de loi relatif à la communication audiovisuelle et à la souveraineté culturelle à l'ère numérique). Dans un avis[1587], le CSA a, en effet, relevé que le critère fondé sur la contrepartie est, d'une part, trop restrictif, car il limite la publicité clandestine à la présence d'une marque ou d'un produit réalisé par le diffuseur

---

[1585] Directive du Conseil du 3 octobre 1989 (article 1er c) – JO des Communautés européennes n° L 298.

[1586] La qualification de la plateforme KelKoo (site comparateur de prix) de site publicitaire, était justifiée par l'existence de la possibilité, pour les marchands, de promouvoir leurs biens et services avec une contrepartie. V. Cass. com., 29 nov. 2011, n° 10-27. 402: *JurisData* n° 2011-026643; Note J. LARRIEU, comm. 28, *Propr. ind.* 2012; Cass. com., 4 déc. 2012, n° 11-27.729 : *JurisData* n° 2012-028226 ; *Contrats, conc. consom.* 2013, comm. 68, obs. G. RAYMOND ; *Comm. com. électr.* 2013, comm. 14, obs. G. LOISEAU.

[1587] Avis du CSA n° 91-4 du 25 juillet 1991 sur le projet de décret fixant, pour certains services de télévision, le régime applicable à la publicité et au parrainage – JO du 20.08.91.

en échange d'une contrepartie et que, d'autre part, il lui serait pratiquement impossible d'apporter les éléments de preuve nécessaires. La CJUE est également de cet avis. Dans un arrêt[1588], le juge de l'UE affirme que « *l'existence d'une rémunération ou d'un paiement similaire ne constitue pas un élément nécessaire pour pouvoir établir le caractère intentionnel d'une publicité clandestine* ».

Ainsi, la publicité cachée a été définie en retenant le but publicitaire en tant que critère de son existence. Aux termes de l'article 9 du décret n° 92-280 du 27 mars 1992 modifié, relatif à la publicité, au parrainage et au téléachat, « *La publicité clandestine est interdite. Pour l'application du présent décret, constitue une publicité clandestine la présentation verbale ou visuelle de marchandises, de services, du nom, de la marque ou des activités d'un producteur de marchandises ou d'un prestataire de services dans des programmes, lorsque cette présentation est faite dans un but publicitaire* ». Le CSA se retrouve par conséquent déchargé d'apporter la preuve de l'existence d'une contrepartie avant de sanctionner un émetteur ayant masqué le caractère publicitaire de son message. Sollicité par de nombreux acteurs du domaine audiovisuel (le Syndicat des producteurs indépendants (SPI), la Guilde des scénaristes, le Groupe 25 Images et la Confédération des producteurs audiovisuels (CPA)) afin d'éclairer sa doctrine en matière d'interprétation des règles relatives à l'interdiction de la publicité clandestine, le CSA affirma qu'il n'avait pas « *à apporter la preuve que la promotion s'est faite contre rémunération ni de manière intentionnelle* »[1589].

933. Se fonder en effet sur le critère du but publicitaire afin de déterminer l'existence ou non d'une publicité cachée, permet de procéder à une large application de l'interdiction de la publicité cachée et rend ainsi plus effectif le principe d'identification de la publicité. La publicité cachée pourrait exister sans qu'il y ait besoin de prouver l'existence d'un contrat commercial. Cependant, bien que les développements portent sur la réception du message, il s'avère toutefois important de souligner que ce critère n'est pas sans conséquences sur la liberté d'expression des éditeurs de programmes audiovisuels (émetteurs). Leur liberté se trouvait ainsi menacée, car la citation d'une marque ou sa présence pourrait tomber dans le champ répressif de la publicité clandestine. Le CSA affirme en effet clairement qu'une simple citation d'une marque dans un programme ne peut, à elle seule, caractériser une publicité clandestine. Ainsi, saisi au sujet de la diffusion, au sein du

---

[1588] CJUE, 3ème chambre : 9 juin 2011, Eleftheri tileorasi AE « ALTER CHANNEL » et Konstantinos Giannikos contre Ypourgos Typou kai Meson Mazikis Enimerosis et Ethniko Symvoulio Radiotileorasis, Affaire C-52/10, *Recueil* 2011 p.I-04973, §37.

[1589] CSA, Questions fréquentes sur le placement de produit et la publicité clandestine, accessible via le lien suivant : https://www.csa.fr/Mes-services/Foire-aux-questions/Proteger/Les-communications-commerciales-a-la-television-publicite.-parrainage.-placement-de-produit.-etc/Questions-frequentes-sur-le-placement-de-produit-et-la-publicite-clandestine

journal télévisé de 20h de France 2, le 19 août 2018, d'un reportage intitulé « *Le jeu qui les rend accros* » ayant pour sujet le jeu vidéo en ligne gratuit « *Fortnite* », le CSA n'a pas donné suite à la plainte du plaignant car il a considéré que le journaliste « *servait la cause de l'entreprise concernée* »[1590]. En outre, le CSA autorise la promotion croisée entre médias audiovisuels. Selon ce dernier : « *La diffusion d'un programme de télévision ou de radio, ou bien sa mise à disposition sur un service de médias audiovisuels à la demande, peut être préalablement annoncée sur un autre service de communication audiovisuelle du même groupe sans méconnaître l'interdiction de la publicité clandestine* »[1591]. Cependant, est tombée sous le champ de l'interdiction la diffusion, sur BFM TV, en dehors des écrans publicitaires, de messages annonçant la sortie en salles, avec un compte à rebours, des films « *Ibiza et Persona non grata* » en juin et juillet 2019[1592]. Ou encore, la présentation d'une séquence intitulée « *Qui veut gagner le nouveau livre de Jean-Pierre Foucault* » dans l'émission « *Danse avec les stars* » avec une visualisation appuyée du produit, qui n'avait pas de lien direct avec cette émission[1593].

934. Par conséquent, la doctrine du CSA en la matière est souple. Afin de déterminer l'existence de la publicité cachée, le CSA interprète la définition donnée à cette dernière en se fondant sur le critère de la « *proéminence indue* », c'est-à-dire sans que la référence verbale ou visuelle à un produit ou un service soit automatiquement interdite, le Conseil supérieur de l'audiovisuel apprécie toutefois si cette référence s'avère récurrente, ainsi que la façon dont le bien ou le service sont présentés et mis en évidence. Le CSA dispose ainsi d'un faisceau d'indices qui lui permettent de veiller au respect des récepteurs sans pour autant porter atteinte à la liberté d'expression des émetteurs. Parmi ces indices, figurent : l'absence de pluralité dans la présentation des biens, services ou marques, la complaisance affichée envers tel ou tel produit, la fréquence de la citation et/ou de la visualisation du produit ou de la marque, ou encore l'absence de tout regard critique.

935. Au demeurant, la mise en scène d'un produit dans les œuvres cinématographiques ou les fictions audiovisuelles, par exemple, dans un but publicitaire, n'est toutefois pas totalement interdite. Depuis 2009, cela est devenu possible grâce au contrat de placement de produit[1594]. Autrefois, hormis quelques exceptions, le principe qui s'appliquait à cette forme de

---

[1590] CSA, Ass. plén., Reportage sur le jeu vidéo « Fortnite » diffusé au Journal Télévisé de France 2, le 20 février 2019.

[1591] *Ibid.*

[1592] Déc. CSA, Ass. plén., 25 sep. 2019.

[1593] Déc. CSA, Ass., plén., 8 mars 2018.

[1594] Délibération n° 2010-4 du 16 février 2010 relative au placement de produit dans les programmes des services de télévision, JO du 5 mars 2010 modifiée par : Délibération n° 2012-35 du 24 juillet 2012 JO du 7 août 2012.

communication commerciale était l'interdiction. Aujourd'hui, le mécanisme est inversé avec la révision de la directive européenne relative aux services médias audiovisuels[1595]. Le placement de produit est par conséquent autorisé[1596], hormis dans quelques programmes (les journaux télévisés, programmes d'actualité, émissions de consommateurs, programmes religieux et pour enfants)[1597]. Ces modifications ouvrent potentiellement le placement de produits à certains programmes documentaires, vidéo-clips, etc. Le respect du principe d'identification de la publicité commerciale exige que les spectateurs soient clairement informés de l'existence d'un placement de produit au moyen d'une identification appropriée au début et à la fin du programme, ainsi que lorsqu'un programme reprend après une interruption publicitaire[1598].

936. La réforme actuelle du secteur de la communication audiovisuelle tend à transposer les nouvelles dispositions de la directive des services médias audiovisuels révisée. Le CSA se dit satisfait des nouvelles dispositions relatives à la publicité commerciale que porte le projet de loi relatif à la communication audiovisuelle et à la souveraineté culturelle à l'ère numérique. Toutefois, si l'on peut certes convenir que certaines dispositions de la loi relative à la liberté de communication (dite loi Léotard)[1599] ont été substantiellement modifiées dans un sens favorable à la liberté d'expression publicitaire (l'autorisation de la publicité en écran partagé pour les retransmissions sportives (article 13 du projet de loi précité), la troisième interruption publicitaire d'une œuvre…), ce ne serait pas sans regretter l'absence de dispositions renforçant le pouvoir de sanction de ce qui serait l'Autorité de régulation de la communication audiovisuelle et numérique (l'ARCOM).

b - Un régime répressif conditionné par la récidive

937. Le respect du droit de recevoir le message publicitaire exige un respect effectif du principe d'identification de la publicité commerciale. Retenir une définition large de la publicité clandestine constitue un point important dans la protection des récepteurs. Toutefois, une telle application étendue du principe d'interdiction serait sans effet sur les droits des récepteurs

---

[1595] Directive (UE) 2018/1808 du parlement Européen et du Conseil du 14 novembre 2018 modifiant la directive 2010/13/UE visant la coordination de certaines dispositions législatives, réglementaires et administratives des États membres relatives à la fourniture de services de médias audiovisuels, compte tenu de l'évolution des réalités du marché.

[1596] Article 11 de la directive SMA modifiée ; V. aussi le considérant 33.

[1597] Considérant 34 de la directive SMA modifiée.

[1598] Article 11. 3, d) de la directive SMA modifiée.

[1599] Projet de loi relatif à la communication audiovisuelle et à la souveraineté culturelle à l'ère numérique (MICE1927829L).

si la sanction de cette pratique était souple. Le contrôle du respect du principe d'identification est en effet conféré, dans le secteur de la publicité audiovisuelle, au CSA. L'article 14 de la loi relative à la liberté de communication[1600] dispose que le CSA « *exerce un contrôle, par tous moyens appropriés, sur l'objet, le contenu et les modalités de programmation des émissions publicitaires diffusées par les services de communication audiovisuelle* ». Afin de mieux exercer son contrôle, le CSA dispose d'un certain pouvoir d'investigation, qui devrait être renforcé par le projet de loi relatif à la communication audiovisuelle et à la souveraineté culturelle à l'ère du numérique afin de permettre à cette Autorité d'utiliser des pseudonymes ou identités d'emprunt pour s'assurer du respect des plateformes en ligne des obligations qui leur incombent et de la réalité des informations déclaratives qu'ils lui transmettent[1601]. Le CSA dispose également d'un pouvoir de sanction de nature administrative et pécuniaire[1602].

938. Cependant, malgré ce pouvoir de contrôle et de sanction dont dispose le CSA, il faut reconnaître que les manquements à l'interdiction de la publicité clandestine ne sont effectivement pas sanctionnés. La sanction n'étant prononcée qu'après la récidive, cela rend le respect du principe d'identification de la publicité moins effectif. Ainsi, l'exigence du respect du droit de recevoir le message publicitaire loyal implique que la sanction de la tromperie soit effective. Or, avant d'être sanctionnés, les auteurs du manquement à l'interdiction de la publicité clandestine sont tout d'abord mis en demeure[1603]. Ce n'est qu'en cas de non-conformité à la mise en demeure que le CSA pourrait prononcer l'une des sanctions suivantes : « *1° La suspension, pour un mois au plus, de l'édition, de la diffusion ou de la distribution du ou des services, d'une catégorie de programme, d'une partie du programme ou d'une ou plusieurs séquences publicitaires ; 2° La réduction de la durée de l'autorisation ou de la convention dans la limite d'une année ; 3° Une sanction pécuniaire assortie éventuellement d'une suspension de l'édition ou de la distribution du ou des services ou d'une partie du programme ; 4° Le retrait de l'autorisation ou la résiliation unilatérale de la convention* »[1604]. Les décisions du CSA citées ci-dessus sont toutes des mises

---

[1600] Loi n° 86-1067 du 30 septembre 1986.

[1601] Avis n°19-12 du 8 nov. 2019 du Conseil supérieur de l'audiovisuel sur le projet de loi organique modifiant la loi organique n°2010-837 du 23 juillet 2010 relative à l'application de l'article 13 de la Constitution et le projet de loi relatif à la communication audiovisuelle et à la souveraineté culturelle à l'ère du numérique, p. 16.

[1602] Article 42 et s. de la loi relative à la communication, préc.

[1603] L'article 42 de la loi Léotard précité, dispose que « *Les éditeurs et distributeurs de services de communication audiovisuelle et les opérateurs de réseaux satellitaires peuvent être mis en demeure de respecter les obligations qui leur sont imposées par les textes législatifs et réglementaires et par les principes définis aux articles 1er et 3-1* »

[1604] Article 42-1, loi Léotard, préc.

en demeure auxquelles nous pourrions ajouter plusieurs autres, toutes dépourvues de sanctions[1605]. Rares sont en revanche les décisions qui ont retenu une sanction pour non-respect de l'interdiction de la publicité clandestine[1606].

939. Un réel respect du principe d'identification de la publicité commanderait en effet le prononcé d'une sanction dès le constat d'un manquement. Telle est la position de la Cour de cassation en matière de sanction du délit de la publicité trompeuse[1607]. Ce délit est considéré comme un délit instantané, une fois la publicité diffusée, la publication d'informations rétablissant la réalité est sans effet sur l'existence de cette infraction[1608], et il n'est pas une infraction de résultat[1609], ce qui fait qu'il est sanctionné dès sa constatation. On pourrait nous objecter que le respect de la liberté de communication justifie ce système de rappel à l'ordre avant de sanctionner les contrevenants. Nous pourrions répondre à cela que les indices établis par le CSA afin de déterminer l'existence de l'infraction prennent en considération le respect de la liberté d'expression. Ainsi, non seulement ils exigent une présentation complaisante du bien ou du service, mais en cas de doute, la liberté l'emporte. Le principe « *in dubio pro libertate* »[1610] trouve en effet une application dans ce cadre[1611]. Par conséquent, la sanction des manquements à l'interdiction de la publicité clandestine ne saurait méconnaître le droit à la liberté d'expression des éditeurs des services de médias audiovisuels. Les critères pris en compte pour déterminer ceux-ci sont, *a priori*, en adéquation avec ceux qui exigent le respect de ce droit.

1605 Décision du CSA, Publicité clandestine en faveur d'une agence de voyage : intervention auprès de KTV Publié le 16 octobre 2017, Assemblée plénière du 26 juillet 2017 ; Décision du 17 décembre 2004 mettant la société France 2 en demeure de respecter la réglementation relative à la publicité clandestine.

1606 V. par exemple Décision du CSA : Publicité clandestine sur Fun Radio : sanction pécuniaire de 50000 euros. Publié le 07 juin 2004, Assemblée plénière du 18 mai 2004 ; T. HASSLER et V. LAPP : « Définition de la publicité télévisée clandestine et calcul des sanctions », *D.* 1999. 119.

1607 Cass. crim. 4 oct.1990, *Dr. pén.* 1991, comm.21, obs. J-H. ROBERT; Cass. crim. 5 janvier 1994, *Dr. pén.* 1994, comm. 188, obs . J-H. ROBERT ; *RJDA* 1994, n°351. Cass. crim., 23 fév. 1989 : *D.* 1990, somm. comm. p.359, obs. R. de BOUBÉE ; F. GREFFE et P-B. GREFFE, préc. p. 347.

1608 J-H. ROBERT : « Le lieu et le temps de la publicité trompeuse », *Dr. pén.* déc. 1989, chron. p. 1 et s.

1609 V. en ce sens G. CAS et D. FERRIER : *Traité de droit de la consommation*, 1986, PUF, n°295 ; P. BOUZAT, *RTD com.* 1980.401.

1610 Expression latine signifiant « *dans le doute, opter pour la liberté* ». Lorsque le législateur n'a pas formulé clairement une prescription, la norme est interprétée de façon très large.

1611 Communication interprétative de la Commission relative à certains aspects des dispositions de la directive « Télévision sans frontières » concernant la publicité télévisée, JO C 102 du 18 avril 2004, p. 1 §6.

2 - Affermir l'exigence d'identification du caractère publicitaire du contenu en ligne

940. Contrairement aux programmes audiovisuels gouvernés par le principe de séparation du contenu des écrans publicitaires, l'application du principe d'identification de la publicité aux contenus rédactionnels et éditoriaux en ligne ne pose quant à elle pas le principe d'interdiction de la publicité en dehors des écrans spécialisés (pour la presse, par exemple, l'emplacement spécialisé est l'espace publicitaire vendu). Elle exige en effet sa simple identification en tant que telle. Cette exigence est devenue indispensable et doit être affermie sous l'impulsion du droit de recevoir un message publicitaire loyal dans un contexte marqué par le recours à la publicité native dans les contenus rédactionnels (**a**) et par la multiplicité des créateurs de contenus éditoriaux, en particulier, les influenceurs (**b**).

a - Au regard du développement de la publicité native

941. Le développement de la publicité native se fait en l'absence d'un cadre juridique effectif. Le respect des droits des récepteurs exige que ce phénomène soit pris en compte.

942. La publicité native ou le *native advertising* est en effet l'expression contemporaine de ce qui existait il y a fort longtemps et que l'on appelait la publicité rédactionnelle. Il s'agit d'un message hybride confondant contenu éditorial et discours publicitaire, hybridation qui s'est aujourd'hui accentuée avec le développement de la publicité en ligne. Considéré comme un « *type de publicité qui par sa forme, son emplacement et son contenu ressemble et s'intègre fortement aux contenus éditoriaux diffusés habituellement par le site support qui la diffuse* »[1612], le *native advertising* ne cesse de se développer depuis 2013 et il a réussi à dominer la moitié du marché de la publicité digitale display (publicité vidéo) au début de l'année 2019[1613]. Le succès de ce type de publicité est en effet dû aux possibilités qu'il offre en termes d'infiltration du contenu rédactionnel. Nombreux sont les formats du *native advertising*, et *l'In-Feed* éditorial en est un[1614]. Comme son nom l'indique, il est spécifiquement conçu pour infiltrer les contenus éditoriaux. Sa performance est due à sa capacité d'intégration très poussée dans le contenu, dans un article de presse, par exemple. En pratique, ce format, de même que d'autres[1615], reprend le design des articles éditeurs parmi lesquels il prend place (titre, chapeau, etc.). Il en est de même des autres formats du *native advertising*, qui

---

[1612] Définition donnée par le site spécialisé dans le marketing : Définitions-marketing.com.

[1613] Voir un débat sur le *native advertising* via le lien suivant : https://www.definitions-marketing.com/definition/native-advertising/ , préc.

[1614] Voir le livre blanc de l'*Interactive Advertising Bureau* (IAB) consacré au, *native advertising*, p.12.

[1615] Le livre blanc de l'*Interactive Advertising Bureau* (IAB), préc., p. 10.

cherchent tous à intégrer au plus près la forme et l'ergonomie du site sur lequel ils se trouvent. Il est ainsi évident que tout est fait pour que la présence publicitaire soit masquée. Les annonceurs ne souhaitent que tirer profit de l'autorité du contexte éditorial afin d'atteindre les lecteurs/ consommateurs. Or, étant des profanes, il est difficile pour ces derniers de distinguer le contenu rédactionnel de celui commercial.

Aujourd'hui, plusieurs règles tentent en effet de protéger les consommateurs en exigeant le respect du principe d'identification de la publicité. La pratique de la publicité rédactionnelle est soumise à l'article 20 de la loi pour la confiance dans l'économie numérique (LCEN). Selon ce texte : « *Toute publicité, sous quelque forme que ce soit, accessible par un service de communication au public en ligne, doit pouvoir être clairement identifiée comme telle. Elle doit rendre clairement identifiable la personne physique ou morale pour le compte de laquelle elle est réalisée* ». Le principe d'identification étant posé, la sanction peut quant à elle être prononcée sur le fondement de l'article L.121-1-1, 11° du Code de la consommation, qui reprend à la lettre les dispositions de la directive 2005/29/CE relative aux pratiques commerciales déloyales[1616], qui a été récemment partiellement modifiée [1617]. Cet article juge trompeur le fait « *d'utiliser un contenu rédactionnel dans les médias pour faire la promotion d'un produit ou d'un service alors que le professionnel a financé celle-ci lui-même, sans l'indiquer clairement dans le contenu ou à l'aide d'images ou de sons clairement identifiables par le consommateur* ». Dans la même veine, la Recommandation « Communication publicitaire digitale V4 », de l'Autorité de régulation professionnelle de la publicité, insiste sur l'identification de la publicité d'une manière instantanée avec une indication lisible ou audible et intelligible, ce en particulier « *lorsque le message publicitaire est diffusé au milieu d'informations ou d'articles rédactionnels* »[1618].

943. Cependant, le *native advertising* n'est pas automatiquement soumis à ces dispositions. Un arrêt de la Cour de justice de l'Union européenne[1619] est venu préciser que les dispositions de la directive 2005/29 ne sont pas applicables à la publication de contenus rédactionnels sponsorisés par un éditeur de presse. Selon la Cour, « *les publications concernées, à savoir deux articles à contenu rédactionnel informatif et descriptif, sont susceptibles de promouvoir non pas le produit de l'éditeur de presse, en l'occurrence un journal à parution gratuite, mais les produits et les services d'entreprises qui ne sont pas parties au litige au principal (...). Dans la mesure où le fait pour l'éditeur de presse de procéder à de telles publications susceptibles de*

[1616] V. le point 11 de l'annexe de la directive.

[1617] V. le paquet « nouvelle donne pour les consommateurs », en particulier, la proposition de directive COM (2018) 185 final, Bruxelles 11 avril 2018.

[1618] V. p. 2. Version 2017.

[1619] CJUE: 17 oct. 2013, aff. C-391/12.

promouvoir, éventuellement indirectement, les produits et les services de tiers n'est pas de nature à altérer de manière substantielle le comportement économique du consommateur dans sa décision d'acquérir ou de prendre possession du journal en cause, d'ailleurs à parution gratuite (...), une telle pratique d'édition n'est pas en elle-même susceptible d'être qualifiée de "pratique commerciale" de cet éditeur au sens de l'article 2, sous d), de la directive 2005/29 »[1620]. Dans ce cas d'espèce, le juge européen considère que l'obligation qui incombe aux éditeurs de presse par rapport au respect du principe d'identification de la publicité, relève davantage de la directive européenne sur les services de médias audiovisuels (cette directive exige de mentionner que l'article est sponsorisé), que de la directive 2005/29. Les obligations découlant de cette dernière ne peuvent être opposables que dans le cas où l'éditeur fait la promotion de ses propres produits, ce qui n'était pas le cas dans l'affaire en cause[1621]. En suivant les renseignements de cet arrêt, la doctrine[1622] a pu clarifier le régime applicable au *native advertising*. Ainsi, lorsqu'il y a publicité native, les dispositions du Code de consommation et de la directive 2005/29 relative aux pratiques déloyales sont applicables, d'une part, lorsque le contenu rédactionnel est produit par la marque ou, de l'autre, quand le journaliste agit au nom et pour le compte de la marque. Toutefois, ces dispositions cèdent la place aux règles de la directive sur les services de médias audiovisuels dans le cas de figure où le contenu rédactionnel est parrainé, mais non consacré à la marque. Dans ce dernier cas, l'article 9-1, a) de la directive relative aux services de médias audiovisuels impose au rédacteur du contenu sponsorisé d'informer les lecteurs de l'existence d'un tel partenariat.

944. Cela étant, deux remarques peuvent être émises à ce sujet. D'une part, étant applicable aux services médias audiovisuels, la directive européenne relative aux services de médias audiovisuels, ne trouve pas à s'appliquer à la publicité native, notamment lorsque celle-ci concerne un contenu émanant de la presse. La définition du « service audiovisuel » ne couvre en effet pas les contenus édités par la presse en ligne[1623]. Par conséquent, un contenu rédactionnel parrainé n'est soumis qu'aux règles déontologiques en la matière[1624]. Aussi, dans le cas de figure où un journaliste fait référence à une marque dans un article de journal, en l'absence d'un partenariat commercial, cette référence n'est pas considérée comme de la publicité rédactionnelle ou *native advertising*. Dans un tel cas, ces propos relèvent du domaine de la liberté d'expression. Toutefois, quelle qualification retenir lorsque la citation

---

[1620] CJUE : arrêt précité, pts. 40 et 41.

[1621] §48 de l'arrêt préc.

[1622] V. en particulier, L. ARCELIN : « Les méandres de la publicité cachée sur internet », préc.

[1623] V. article 1 paragraphe 1, a).

[1624] Directive, Distinction entre publicité et journalisme, Conseil de déontologie journalistique, 15 déc. 2010.

en question est suivie de commentaires élogieux et complaisants à son égard ? Les dispositions du Code de la consommation seront-elles applicables ? Si l'on en croit la lettre des articles 20 de la loi LCEN et 121-1-1, n°11 du Code de la consommation, la réponse serait négative. Le premier, évoque un contenu réalisé pour le compte de la marque, le second, fait quant à lui référence à une promotion qui aurait été financée par un professionnel. Il est ainsi évident que leur application est conditionnée par l'existence d'une rémunération ou d'une autre contrepartie. Cependant, le juge de l'UE avait déjà eu l'occasion de préciser que « *l'existence d'une rémunération ou d'un paiement similaire ne constitue pas un élément nécessaire pour pouvoir établir le caractère intentionnel d'une publicité clandestine* »[1625]. La Cour d'appel étend également les dispositions en matière de pratiques commerciales aux références à une marque, même si elles sont faites gratuitement[1626]. Par conséquent, l'absence d'un cadre juridique plus clair sur la pratique du *native advertising* n'est pas conforme au respect du droit de recevoir. La garantie du respect du droit de recevoir un message publicitaire loyal exige que la réglementation du *native advertising* soit précisée. En attendant une telle précision, l'arsenal juridique portant sur les pratiques commerciales déloyales pourrait être mis en œuvre lorsqu'un contenu rédactionnel promeut indûment un bien ou un service.

[1625] CJUE : 3ème chambre, du 9 juin 2011, préc. §. 37.

[1626] CA Paris, 22 janv. 2013, n° 11-05403, Google Shopping, Juris-Data, n° 2013-001798.

b - Au regard de l'avènement des influenceurs

945. C'est un fait que la publicité cachée se développe sur internet. Elle trouve surtout « *un terrain de prédilection dans ce que l'on nomme le marketing d'influence et l'utilisation des blogs, des plateformes de type YouTube, des forums de discussions, des réseaux sociaux par les marques* »[1627]. Le marketing d'influence « *repose sur la recherche d'audience, l'e-réputation et la construction de la marque sur les réseaux sociaux* »[1628]. Cette notion tire son origine du vecteur de ce nouveau marketing, à savoir de l'influenceur. D'un point de vue marketing, ce dernier est considéré comme « *une personne qui, dans un domaine, possède la capacité, consciente ou inconsciente, d'impacter la décision d'autrui* »[1629]. L'Autorité de régulation de la publicité (ARPP) adopte quant à elle une définition centrée sur le contenu fourni par l'influenceur. Ainsi, selon cette autorité, « un influenceur (blogueur, vlogueur, et.) est un individu exprimant un point de vue ou donnant des conseils, dans un domaine spécifique et selon un style ou un traitement qui lui sont propres et que son audience identifie »[1630]. Les contenus concernés peuvent revêtir diverses formes : des vidéos, des liens hypertextes des photographies ou un contenu rédactionnel. Leur champ d'action est spécifiquement centré sur les réseaux sociaux, principalement, sur Facebook et Instagram, ainsi que sur les plateformes de partage de vidéos, principalement sur YouTube. Les personnes agissant sur cette plateforme, ont même pris son nom pour s'appeler des « Youtubers ». Il s'agit de personnes physiques ou morales qui postent régulièrement des vidéos sur des sujets de société ou portant sur un thème particulier : musique, films, esthétique, cuisine, jeux vidéo, etc. Les plus populaires d'entre eux, c'est-à-dire ceux dont les contenus ont réussi à susciter un grand nombre de visionnages ou toucher de multiples abonnés/Followers de leur chaîne et ou/page, peuvent monétiser leur contenu. Généralement, ils sont sollicités par des marques qui trouvent dans ces influenceurs des co-émetteurs fiables de leurs messages publicitaires. Lorsqu'un influenceur souhaite générer des revenus publicitaires, il cède une partie de sa responsabilité éditoriale à la marque ou bien il lui en confie l'édition intégrale. Certains qualifient les contrats passés entre ces deux parties de contrat de mannequins ou d'artistes[1631], toutefois, la plupart de ces engagements revêtent la forme de

---

[1627] L. ARCELIN : « Règles générales quant au contenu du message publicitaire », *JurisClasseur Concurrence, consommation*, Fasc. 794, 28 août 2019, §13.

[1628] L. CARRIÉ : « L'influenceur digital, définition-obligations- statuts », *Légipresse*, n°368, févr. 2019, p.84.

[1629] S. ZEGHNI : « Tourisme et territoire -Marketing-Mondialisation des réseaux sociaux », JT 2018, n°213, p.40.

[1630] Recommandation « communication publicitaire digitale » V4, préc. p. 7.

[1631] T. ROMAND, et V. SÉQUIER : « Instagrameurs, blogueurs, youtubeurs : quel statut juridique pour les « influenceurs » ? », *Les Échos Exécutives*, 18 juin 2018.

contrats de prestations de service[1632]. Les prestations demandées sont diverses et variées, elles peuvent n'être que de simples « tweet »[1633] ou (retweet), « like » ou commentaires.

946. Dans sa version récente, la directive relative aux services des médias audiovisuels a intégré dans son champ d'application l'activité des influenceurs sur les plateformes de partage de vidéos [1634]. Il était temps, car aujourd'hui YouTube est considéré comme un nouveau média de masse[1635]. Ainsi, le principe d'identification de la publicité en tant que telle, prévu par l'article 9 paragraphe 1, a), est applicable en cas de publication de contenu commercial ou publicitaire. Dans sa recommandation, l'ARPP rappelle que « *l'existence d'une collaboration commerciale entre un influenceur pour la publication d'un contenu doit dans tous les cas être portée par l'influenceur à la connaissance du public* »[1636]. Il s'agit de la mise en œuvre de l'obligation générale en matière de publicité par voie électronique aux termes de laquelle « *Toute publicité, sous quelque forme que ce soit, accessible par un service de communication au public en ligne, doit pouvoir être clairement identifiée comme telle. Elle doit rendre clairement identifiable la personne physique ou morale pour le compte de laquelle elle est réalisée* »[1637]. Les influenceurs sont donc tenus d'une obligation de transparence concernant leurs contenus. À défaut, ils pourraient être sanctionnés au titre de pratique commerciale déloyale. Les règles ont beau avoir été clairement posées, les choses ne sont pas pour autant aussi simples.

947. L'obligation d'identification n'est exigée qu'en cas de partenariat entre la marque et l'influenceur. Si ce partenariat existe lorsque l'influenceur a l'obligation de publier un contenu et perçoit une contrepartie, celui-ci s'avère en réalité difficile à prouver lorsque l'influenceur reçoit un produit de la marque en dehors de tout contrat et donc sans obligation de publier. L'envoi de nouveaux produits à des influenceurs constitue une pratique courante chez les marques, qui espèrent que ce dernier en parle au sein de sa communauté. Ainsi, certains ont considéré que l'inexistence de l'obligation de publier, et par conséquent l'absence d'un contrôle du contenu effectué par la marque, ne devrait pas donner lieu à la qualification de contenu commercial et donc à l'obligation d'identification[1638]. Il en résulte que si l'on en croit l'Autorité de

---

1632 L. CARRIÉ : « L'influenceur digital, définition-obligations- statuts », préc. p. 88.

1633 En 2015, certains influenceurs étaient rémunérés jusqu'à 5000 euros pour un tweet, v. W. Audureau : « Cyprien, Norman, EnjoyPhoenix : le business trouble des youtubeurs », *Lemonde.fr*, 9 nov. 2015.

1634 V. article 1 de la directive SMA modifiée.

1635 P-X. DE SAS et C. MAZARS : « Youtubers et publicité », *Revue Lamy Droit de l'immatériel,* n° 125, avril 2016.

1636 Recommandation « Communication publicitaire digitale », préc. p. 8.

1637 Article 20 de la LCEN, préc.

1638 L. CARRIÉ, préc. p. 86.

régulation de la publicité, seuls un engagement réciproque et un contrôle prépondérant du contenu effectué par la marque fait naître l'obligation d'identification à l'égard des influenceurs[1639].

948. Par ailleurs, il est possible de relever un autre problème qui concerne cette fois la mise en œuvre de l'obligation d'identification elle-même, à savoir que les influenceurs sont libres de recourir à tout moyen afin d'informer les utilisateurs/consommateurs de l'existence d'un partenariat ou d'une publicité[1640]. L'ARPP propose d'adjoindre au contenu une « indication explicite » informant de l'existence du partenariat commercial. Les moyens peuvent revêtir la forme soit d'un discours, soit d'un texte, soit d'une mention dans une vidéo. Les influenceurs font alors preuve de créativité et emploient des signes qui sont parfois très discrets et surtout variés (ex : avec @... ; vidéo produite par ... ; contenu sponsorisé par... ; Avec la participation de...). En guise d'exemple de contenus sponsorisé, voire publicitaire, mais dont l'identification ne répond pas forcément à l'exigence d'intelligibilité, d'audibilité et de lisibilité, on peut citer celui d'une vidéo publiée par deux Youtubeurs français qui avait pour titre : « *On s'fait un Fifa* »[1641]. En vantant les mérites et les joies du jeu vidéo *Fifa* dans une vidéo de nature humoristique, ces deux influenceurs agissaient au nom de l'entreprise concernée. Bien que ce partenariat ait été rappelé par ces « *Youtubeurs* », la manière dont ce rappel avait été réalisé ne laissait planer aucun doute sur leur intention de garder cette information discrète. En réalité ils avaient en effet utilisé une formule qui n'était pas sans équivoque : « *Avec la participation d'EA* », en dehors même de la vidéo et qui n'était accessible qu'en appuyant sur une bande déroulante. Le caractère commercial de cette vidéo n'apparaît donc pas instantanément dès le visionnage de son contenu, ce qui risque de caractériser une pratique commerciale déloyale.

949. Partant, il est permis de constater que non seulement l'obligation d'identification peut ne pas s'appliquer dans certains cas et ce, même lorsque le produit d'une marque est intégré à un contenu, mais qu'il est également regrettable que la mise en œuvre de cette obligation soit contournée par diverses méthodes comme par l'utilisation de mentions équivoques qui n'informent pas correctement les consommateurs sur la nature commerciale ou publicitaire du contenu reçu. Il est toutefois possible de remédier à ces problématiques sans préconiser un traitement légal spécifique aux influenceurs. Concernant l'exigence de l'obligation de partenariat commercial ou de publicité, il suffit en effet d'appliquer le critère précité portant sur la « proéminence indue » d'un produit ou d'un service. C'est ce qui est proposé dans le cas de la publicité native. La doctrine du CSA peut ainsi s'appliquer

---

[1639] Recommandation « Communication publicitaire digitale », préc. p. 8.

[1640] *Ibid.*

[1641] Chaîne YouTube CyprienGaming, vidéo publiée le 14 novembre 2014 : www.youtube.com/watchv=AA-gbKy_ke4.

aux contenus produits sur les plateformes de partage de vidéos (telles que YouTube, Dailymotion). Un simple visionnage appuyé d'un produit ou d'une marque entraînerait la qualification de publicité clandestine[1642].

950. En outre, la responsabilité éditoriale peut elle aussi constituer une voie à explorer. La plateforme de partage de vidéos en étant dépourvue pour la plupart des contenus[1643], elle demeure présente pour ceux créés par l'utilisateur, que ce soit sur la plateforme de partage de vidéos ou sur les services de médias sociaux (Instagram par exemple)[1644]. Dès lors, s'il est difficile de relever l'intention publicitaire chez l'influenceur en l'absence d'une contrepartie financière ou autre, il s'avère toutefois possible de prouver celle de la marque. Il est en effet évident qu'en dehors d'un quelconque partenariat commercial, l'objectif visé par le fait d'envoyer des produits à des influenceurs est justifié par l'espoir statistique que le destinataire du produit (influenceur) en parle dans ses contenus (vidéos, tweet…). Une telle pratique pourrait instaurer une présomption d'intention publicitaire, favorable à l'intérêt de protection des récepteurs, à charge pour la marque de prouver le contraire. Ainsi, le leader d'opinion, qui est forcément un professionnel dans son domaine, devrait être tenu pour responsable s'il tenait des propos complaisants et élogieux à l'égard du bien reçu en guise de cadeau ou autre en toute méconnaissance du principe d'identification. L'absence de toute responsabilité dans de telles situations donnerait sans doute lieu à une forme de partenariat implicite entre la marque et l'influenceur. Ce dernier bénéficierait d'avantages en nature (cadeaux de la part des entreprises). Quant aux marques, leur espoir se concrétiserait de plus en plus. *In fine*, le contenu éditorial ne fixera plus la trame et la publicité fera l'actualité[1645].

951. En ce qui concerne des mentions informant les consommateurs, le respect du droit de recevoir exige ici également des mesures pertinentes. Il est souhaitable et vivement recommandé d'étendre le mécanisme appliqué dans le secteur de l'audiovisuel qui encadre strictement l'obligation d'identification en cas de parrainage (par le biais d'une mention (le nom, le logo de la marque ou tout signe distinctif) au début, à la fin ou pendant le programme parrainé), de placement de produit (exigence au début du programme contenant un placement de produit de mettre un pictogramme « P ») ou de publicité. L'idée serait d'imposer une mention unique pour informer sur l'existence d'un partenariat et une autre spécifique pour la publicité. La mention unique en guise de rempart contre les abus en la matière ne figure pas dans la

---

[1642] Décision du CSA Communications commerciales irrégulières dans la série « *Fais pas ci, fais pas ça* » : intervention auprès de France 2, Assemblée plénière du 12 juillet 2017.

[1643] V., considérant 47 de la directive SMA modifiée ; Article 1 paragraphe 1, a bis).

[1644] Considérants 4 et 5.

[1645] V. L. ARCELIN, préc. p.12, §26.

Recommandation « 3Mentions et Renvois »[1646] de l'ARPP, qui constitue pourtant l'une des solutions en mesure de mettre fin au non-respect du principe d'indentification du message publicitaire. Dans la pratique l'on observe des abus qui sont préjudiciables pour les récepteurs. Il ne faudrait peut-être pas laisser la liberté du choix aux influenceurs en ce qui concerne la mention informative, mais l'exiger au nom du respect du droit de recevoir un message publicitaire loyal.

B - Le droit de recevoir face à une dissimulation de l'identité de l'émetteur

952. La dissimulation de l'identité de l'émetteur du message publicitaire est une autre face de la déloyauté. Dans un univers saturé d'informations, « *la confiance dans les sources principales d'information s'érode* »[1647]. Des études[1648] ont montré que le consommateur accorde une confiance relativement faible aux grands médias comme le cinéma (32%) ou la télévision (37%). Toutefois, il s'intéresse beaucoup plus à l'avis de ses pairs (47%). Avant de passer à l'acte d'achat, 88% des consommateurs consultent en effet des avis en ligne laissés sur des sites du e-commerce, forums ou des blogs[1649]. Se fier à l'avis des personnes qui ont déjà consommé un bien ou utilisé un service constitue une pratique courante et qui existe depuis fort longtemps, qui est appelée le bouche-à-oreille (BAO).

953. Conscientes de l'importance de cette source d'information pour les consommateurs, les marques s'y intéressent de plus près, ce qui n'est toutefois pas sans engendrer des comportements déloyaux. Ainsi, s'il était autrefois difficile, pour le gérant d'un restaurant, de se faire passer pour un client afin de recommander son propre restaurant, cela est devenu possible avec la version numérique du bouche-à-oreille, à savoir les avis en ligne. Se terrant secrètement derrière leurs écrans, les marques dissimulent leur identité et se font passer pour des consommateurs afin de laisser des avis positifs sur leur propres biens ou services, pratique considérée comme l'une des formes les

---

1646 Accessible via le lien suivant : https://www.arpp.org/nous-consulter/regles/regles-de-deontologie/mentions-et-renvois/#toc_0_2

1647 N. LEMONNIER et T. SPENCER : « Altération des avis en ligne : quels moyens pour protéger le consommateur ? », *in* , Protection des consommateurs. Les nouveaux enjeux du consumérisme, sous dir. D. ROUX et L. NABEC, Coll. Versus, éd., *EMS Editions*, 2016, p. 89-107.

1648 Étude Nielsen Global Survey « Trust in Advertising » Q1, 2015. Accessible et téléchargeable à l'adresse suivante: https://www.nielsen.com/wp-content/uploads/sites/3/2019/04/global-trust-in-advertising-report-sept-2015-1.pdf

1649 *Ibid.*

plus « *honteuses de la déloyauté* »[1650]. Il était alors nécessaire de faire face à ces comportements trompeurs.

954. L'autorégulation tout d'abord, par le biais du Code de la Chambre de commerce internationale sur les pratiques de publicité, est intervenue afin de rappeler aux professionnels le respect du principe d'identification qui exige que « *la nature commerciale de recommandation ou avis sur des produits émanant des professionnels de la communication doit être clairement indiqué. Ces recommandations ou avis ne doivent pas être présentés comme émanant de consommateurs individuels ou d'organismes indépendants* »[1651]. Ensuite, la loi intervient également en prévoyant des sanctions pénales à l'encontre du professionnel qui « *se présente faussement comme un consommateur* »[1652]. L'application conjointe de cette dernière disposition et de celle émanant de la directive 2005/29/CE relative aux pratiques commerciales déloyales, s'est avérée délicate. Il fallait distinguer entre trois scénarios possibles. Le premier, fondé sur la lecture littérale de ces dispositions, a permis d'exclure de leur champ le discours tenu par un consommateur sur les blogs et les forums ou réseaux sociaux. Faire référence à une marque ou la recommander à des amis relève ainsi de la liberté d'expression, la directive 2005/29/CE n'étant applicable qu'aux pratiques émanant de professionnels[1653]. Le second scénario est le plus normal, il caractérise la déloyauté dans toute son abjection, car il s'agit du cas de figure où la marque se fait passer pour un consommateur. Les dispositions du Code de la consommation sont naturellement applicables. Enfin, le troisième scénario est des plus fréquents et pose la même difficulté que celle concernant les autres supports, à savoir la preuve des liens avec la marque. Il s'agit, en effet, du cas d'un vrai/faux consommateur, qui peut certes être un particulier, simple consommateur, mais qui parfois, à titre principal ou accessoire, opère pour le compte de la marque. Dans un tel cas, la Commission européenne avait considéré qu'il s'agissait d'un professionnel non déclaré. Une telle nomination est déduite de l'interprétation de la notion européenne du professionnel[1654]. Ainsi, est un professionnel non déclaré « *toute personne agissant au nom et pour le compte d'un professionnel* » [1655]. Demeurait alors la question délicate de l'établissement de la preuve que le consommateur est un professionnel non déclaré. En dehors du cas où ce dernier a perçu une rémunération ou des cadeaux, ce qui caractérise sans doute le lien avec la marque, il a été suggéré dans ce cas de figure de prendre en compte « *le caractère habituel de la pratique et l'existence ou pas de*

[1650] L. ARCELIN, préc. p. 4, §10.

[1651] Article D1 du Code ICC.

[1652] Article 121-1-1, 21° du Code de la consommation.

[1653] Articles 2 et 3 de la directive.

[1654] Article 2 de la directive de 2005/29/CE.

[1655] Voir aussi Comm. UE, Premier rapport sur l'application de la directive 2005/29/CE, 14 mars 2013.

consignes de la marque »[1656]. Toutefois, si ces critères peuvent être appliqués dans le cas d'un bloggeur, il s'avère plus délicat de déterminer le lien d'un consommateur avec la marque lorsqu'il s'agit d'avis laissés, par exemple, sur des sites de e-commerce ou sur les plateformes de location immobilière (par exemple : AirBnb, Booking).

955. Ayant constaté une remise en cause, par les consommateurs, de la fiabilité des avis en ligne, ce qui n'est pas sans conséquence sur la concurrence et le commerce en général, l'autorégulation n'a pas été avare de propositions, dont certaines se sont avérées difficilement réalisables[1657] et d'autres ont montré leurs limites (ex : NF Service - Avis en ligne)[1658]. L'initiative la plus aboutie est la mise en place de la norme NF Z74-501- Avis en ligne des consommateurs, qui insiste en effet sur l'identification de l'auteur de l'avis[1659], ainsi que sur la vérification de son expérience de consommateur. Toutefois, l'application volontaire de cette norme n'a pas permis pour autant d'aboutir à une restauration de la confiance des consommateurs et par là à leur protection contre cette pratique trompeuse[1660].

956. L'ampleur qu'a connue cette pratique, en particulier avec l'apparition d'activités professionnelles consacrées à la gestion des avis en ligne, a alarmé le législateur qui, par le biais de la loi « pour une République numérique »[1661], votée en octobre 2016 et entrée en vigueur le 1er janvier 2018, a enrichi les dispositions du Code de la consommation en proposant un article qui peut être considéré comme une version contraignante de la norme NF Z74-501 précitée. L'article L. 111-7-2 vient en effet garantir une certaine transparence dans les activités de collecte, de modération ou de diffusion des avis en ligne émanant de consommateurs. Les personnes qui exercent cette activité, à titre principal ou accessoire, sont en effet tenues « *de délivrer aux utilisateurs une information loyale, claire et transparente sur les modalités de publication et de traitement des avis mis en ligne* ». Afin d'assurer cette transparence, la personne, physique ou morale, qui gère les avis en ligne, doit préciser si « *ces avis font ou non l'objet d'un contrôle et, si tel est le cas, elle indique les caractéristiques principales du contrôle mis en œuvre* » et afficher « *la date de l'avis et ses éventuelles mises à jour* ». Ces obligations ont été renforcées par le décret n°2017-1436 du 29 septembre 2017, qui dispose dans son article

---

[1656] L. ARCELIN, préc.

[1657] V., par exemple la proposition du Conseil de l'éthique publicitaire consistant en la création d'un label à l'initiative des internautes : Avis CEP N°14 : « Réaffirmer les frontières entre information et publicité », 29 fév. 2012.

[1658] V., la position de L. ARCELIN, préc. p. §, §17.

[1659] Norme NF Z74-501, point 4.4.1.

[1660] J. HENNO : « Comment garantir la véracité des avis des consommateurs sur internet ? De nouvelles méthodes cherchent à associer algorithmes et « sagesse des foules » », *Les Echos*, 7 octobre 2015.

[1661] Loi n° 2016-1321 du 7 octobre 2016 pour une République numérique.

D111-17, que « *Toute personne exerçant l'activité mentionnée à l'article L. 111-7-2 indique de manière claire et visible : 1° A proximité des avis : a) L'existence ou non d'une procédure de contrôle des avis ; b) La date de publication de chaque avis, ainsi que celle de l'expérience de consommation concernée par l'avis ; c) Les critères de classement des avis parmi lesquels figurent le classement chronologique. 2° Dans une rubrique spécifique facilement accessible : a) L'existence ou non de contrepartie fournie en échange du dépôt d'avis ; b) Le délai maximum de publication et de conservation d'un avis* ». Il convient de souligner que ces dispositions ne s'appliquent pas aux recommandations faites par des entreprises utilisatrices d'avis en ligne, aux avis d'experts et aux parrainages d'utilisateurs[1662]. En l'absence d'une définition claire de la notion d' « entreprise utilisatrice d'avis en ligne », il est possible de se référer au règlement 2019/1150 du 20 juin 2019[1663], qui considère comme entreprise utilisatrice « *tout particulier qui agit dans le cadre de son activité commerciale ou professionnelle ou toute personne morale qui, par le biais de services d'intermédiation en ligne, offre des biens ou services aux consommateurs à des fins liées à son activité commerciale, industrielle, artisanale ou libérale* ». Il apparaît ainsi que sont visées par la notion « d'entreprise utilisatrice d'avis en ligne », les personnes physiques, mais surtout morales, qui font la promotion, directement ou par l'intermédiaire d'une plateforme en ligne, de leurs biens ou services en les recommandant sur la base d'une référence à des avis positifs laissés par de « vrais » consommateurs. Tel est le cas, par exemple, de *Booking*, plateforme spécialisée dans la location hôtelière, qui pourrait référencer les hôtels selon les avis positifs laissés par les anciens bénéficiaires du service d'hôtellerie. Ce référencement publicitaire rentre dans le champ des dispositions de la directive 2000/31/CE relative au commerce électronique et au règlement du 20 juin 2019 promouvant l'équité et la transparence pour les entreprises utilisatrices de services d'intermédiation en ligne.

957. Si l'on peut certes convenir que ces dispositions sont à saluer, il n'en demeure pas moins que des failles subsistent. Le droit de recevoir le message publicitaire devrait en effet encourager le perfectionnement des dispositions actuelles. La définition donnée à la notion « d'expérience de consommation » citée par les articles D 111-16 et D 111-17 du Code de la consommation ne permet en effet pas de régler le problème traité. Selon l'article D. 111-16 paragraphe 2, « *l'expérience de consommation s'entend que le consommateur ait ou non acheté le bien ou le service pour lequel il dépose un avis* ». Il en ressort qu'un consommateur, ou la personne dont l'activité consiste à gérer des avis en ligne, peuvent laisser un avis sur un bien ou un service qu'ils n'ont

---

[1662] Article D 111-16 du décret du 29 sep. 2017.

[1663] Règlement (UE) 2019/1150 du Parlement européen et du Conseil du 20 juin 2019, promouvant l'équité et la transparence pour les entreprises utilisatrices de services d'intermédiation en ligne.

pas consommé ni utilisé. Il est évident que la définition donnée entend ainsi garantir une certaine liberté d'expression pour les consommateurs, ce qui n'est toutefois pas sans conséquences sur l'effectivité du principe d'identification de la publicité. D'une part, la norme NF Z74-501 et le contrôle auquel font référence les articles L.111-7-2 et D. 111-17 du Code de la consommation, ne reposent pas seulement sur l'identification de l'auteur du commentaire, mais aussi sur la preuve de l'expérience de consommation. Ainsi, dans la mesure où le respect de la norme précitée se fait sur la base du volontariat et puisque la loi n'exige pas que les avis en ligne soient conformes à la norme AFNOR ou autre (le gérant des avis en ligne est seulement tenu d'indiquer si les avis ont fait l'objet d'un contrôle)[1664], il était préférable que la preuve de l'expérience de consommation soit renforcée. Certes, le point b) du paragraphe 2 de l'article D. 111-17 exige de mentionner la date de cette expérience, élément qui peut cependant être facilement détourné.

958. D'autre part, l'absence d'un élément permettant de prouver l'existence d'une expérience de consommation semble en contradiction avec le droit de l'UE, en particulier, avec le nouveau paragraphe 6) introduit dans l'article 7 de la directive 2005/29/CE par la directive 2019/2161 du 27 novembre 2019, selon lequel, « *lorsqu'un professionnel donne accès à des avis de consommateurs sur les produits, les informations permettant d'établir si et comment le professionnel garantit que les avis publiés émanent de consommateurs ayant effectivement utilisé ou acheté le produit sont réputées substantielles* ». Au demeurant, il faut souligner que seuls les avis positifs peuvent faire l'objet d'une publicité cachée. Or, un avis positif ne peut être laissé, en principe, qu'en cas d'existence d'une expérience de consommation. *In fine*, il est souhaitable de renforcer la preuve de l'existence d'une expérience, faute de quoi l'utilité des dispositions adoptées en la matière seraient pour le moins non conformes à ce qu'exigerait le respect d'un droit fondamental, en l'occurrence le droit de recevoir un message publicitaire loyal.

Paragraphe 2 - Un régime répressif ferme garant de la véracité du message publicitaire

959. À l'instar de l'exigence d'identification du message publicitaire et de son émetteur, la loyauté imposée par le droit d'être correctement informé exige l'honnêteté et la véracité de l'expression publicitaire. La Cour EDH a maintes fois rappelé que, parmi « *les devoirs et responsabilités* » qu'engendre l'exercice de la liberté d'expression, figure l'obligation de fournir des informations exactes. Ainsi, à propos des journalistes, la Cour lie l'exercice

[1664] V. paragraphe 2 de l'article L 111-7-2 du Code de la consommation.

de la liberté d'expression à la condition de loyauté, de bonne foi, et exige que les informations communiquées soient « *fiables et précises* » et fondées sur des faits exacts dans le respect de l'éthique journalistique[1665].

960. La législation interne semble aller dans le sens des objectifs européens dans la mesure où elle veille à garantir la véracité de l'expression. Abstraction faite des dispositions réprimant les pratiques agressives et la publicité interdite, nous nous intéresserons en effet en particulier à l'arsenal juridique lié à l'interdiction de la publicité fausse ou de nature à induire en erreur (aujourd'hui dénommée pratique commerciale trompeuse (article 6 de la directive 2005/29/CE modifiée)). N'étant pas concernées par l'obligation de véracité, les deux premières pratiques que sont les pratiques agressives et la publicité interdite, sont interdites en dépit de leur exactitude.

961. L'étude des différents textes consacrés à la garantie de l'exactitude du discours publicitaire montre que le législateur est déterminé à sanctionner le comportement déloyal. Ainsi, il est fait le constat d'une évolution claire du niveau de répression des discours publicitaires inexacts. Afin qu'il soit justifié, au regard des exigences de la Cour européenne, en termes de limites de la liberté d'expression publicitaire, le régime répressif devrait avoir pour fondement le droit de recevoir un message publicitaire loyal. En tant qu'éventuel droit fondamental, le droit de recevoir justifierait la fermeté qui caractérise ce régime et pourrait ainsi être mis en balance avec la liberté d'expression publicitaire de l'émetteur.

962. Cela dit, la fermeté qui caractérise le régime répressif de la publicité inexacte ou trompeuse se manifeste par l'élargissement de l'incrimination de cette dernière (**A**) et l'aggravation des sanctions applicables (**B**).

A - L'élargissement de l'incrimination de la publicité non véridique et trompeuse

963. S'intégrant dans le cadre de ce qu'aujourd'hui l'article L.121-1 du Code de la consommation qualifie de « pratique commerciale déloyale », le délit de publicité trompeuse est défini, dans l'article 121-2 du même Code, en ces termes : « *Une pratique commerciale est trompeuse si elle est commise dans l'une des circonstances suivantes : 1° Lorsqu'elle crée une confusion (...) ; 2° Lorsqu'elle repose sur des allégations, indications ou présentations fausses ou de nature à induire en erreur (...)* ». Cet article dresse une liste exhaustive d'éléments sur lesquels peut porter la tromperie. Ainsi, son champ pourrait paraître limité. Néanmoins, il convient d'interpréter cette liste à la

[1665] Cour EDH : 27 mars 1996, Goodwin c. Royaume-Uni, n° 17488/90, § 39 ; Cour EDH : 21 janv. 1999, Fressoz et Roire c. France, n°29183/95 §54 ; Cour EDH : 25 juin 2002, Colombani et autres c. France, req. n° 51279/99 , §65 ; Cour EDH : 21 janv. 2016, De Carolis et France Télévision c. France, n° 29313/10, §45.

lumière de la directive européenne 2006/114 relative à la publicité trompeuse et à la publicité comparative et le juge n'est pas lié par les éléments énumérés dans la liste fournie par cet article. La Cour de cassation a eu l'occasion de préciser ce point en cassant l'arrêt infirmatif d'une juridiction de second degré par lequel les juges du fond avaient considéré que la publicité diffusée « *ne portait sur aucun des éléments énumérés par l'article 44-1 de la loi du 27 décembre 1973* » [1666] (aujourd'hui art. L.121-2 du Code de la consommation).

964. La particularité de la publicité commerciale et les cas de tromperie auxquels elle donnait lieu, ont conduit le législateur à penser à l'adoption d'un texte créant une incrimination spécifique à la publicité dans la mesure où elle se distingue des qualifications de droit commun, telles que l'escroquerie[1667], les différents faux, les fraudes et falsifications. Ainsi, le délit de publicité « mensongère » a vu le jour avec la loi de finances rectificatives n°63-628 du 2 juillet 1963. Il s'agit d'un délit pénal[1668] lourdement sanctionné par l'article L.132-2 du Code de la consommation.

965. Tout juste une décennie plus tard, les limites de la définition donnée par cette loi au délit créé ont été mises à jour. Le champ d'action de ce délit était en effet limité car il ne permettait pas de sanctionner les messages visuels, graphiques ou sonores. De plus, cette loi conditionnait la sanction de la publicité mensongère à la preuve de la « mauvaise foi », ce qui excluait par là-même la sanction de la négligence ou de l'imprudence de l'émetteur du message publicitaire. Ces insuffisances ont ainsi été corrigées par la loi du 27 décembre 1973 d'orientation du commerce et de l'artisanat (dite loi Royer)[1669] modifiée par la loi du 10 janvier 1978[1670]. L'apport de ces dispositions s'avère être d'une véritable importance, car elles ont permis d'élargir considérablement les textes répressifs. Les restrictions posées par la législation primitive ont en effet été supprimées. Ainsi, l'article 44 de la loi de 1973, qui a inséré dans le Code de la consommation l'article 121-1 (aujourd'hui article 121-2), a redéfini l'incrimination prévue par les anciens articles 5 et 6 de la loi 1963 pour ainsi incriminer non plus seulement les informations, mais « *aussi les indications, les allégations et les présentations* »[1671]. Ce texte n'a pas omis de renommer ce délit sous le

---

[1666] Cass. crim., 4 juillet 1990, Sté Opticien Krys c. Alain Afflelou.

[1667] T. corr. Paris, 17 nov. 1983 : *Gaz. Pal.* 1984, 2, jurispr. p. 644, note J.-P. MARCHI.

[1668] Cass. crim., 27 mars 2007.

[1669] Loi n°73-1193.

[1670] Loi n° 78-23 sur la protection et l'information des consommateurs.

[1671] Pour le terme « Allégations » v. Cass. crim., 17 janv. 2018, n° 16-87.753 : JurisData n° 2018-000321 ; Contrats, conc. consom. 2018, comm. 78, note S. Berheim-Desvaux ; JCP G 2018, 174, note J.-M. Brigant. – V. aussi Cass. crim., 22 déc. 2016, n° 15-83.559 : JurisData n° 2019-024899 ; JCP E 2017, 1254, note S. Le Gac-Pech ; Pour le terme « Indications » v. CA Bordeaux, ch. appels corr., 19 févr. 1987 : JurisData n° 1987-041834. – Dans le même sens CA Paris, 13e ch. B, 10 mars 1995 : *JurisData* n° 1995-020900 ; *Contrats, conc. consom.* 1995,

qualificatif de « publicité fausse ou de nature à induire en erreur ». Le délit s'est alors élargi pour s'appliquer non seulement aux publicités qui ne sont pas forcément fausses, mais également à celles dont la présentation ou la formulation pourraient induire en erreur. La transposition de la directive 2005/29/CE (aujourd'hui modifiée) par la loi du 3 janvier 2008 (dite loi Chatel)[1672] a davantage contribué à l'élargissement du délit en remplaçant sa dénomination issue de la loi de 1973 par l'actuelle infraction « pratique commerciale trompeuse ».

966. De surcroît, la réforme de la loi de 1963 a surtout permis de libérer l'élément moral du délit de toute référence à une intention coupable de la part de l'annonceur. La vérification de l'état d'esprit de la personne qui a commis le délit en viendra donc à être dénuée d'intérêt pour l'application des sanctions prévues, ce qui a donné lieu à un vif débat sur la question[1673]. Dans ses premières applications, la jurisprudence n'a pas accepté ce changement opéré par la loi. Elle a continué à faire de « la mauvaise foi » une condition du délit[1674] avant de suivre une voie beaucoup plus rigoureuse en substituant à la condition de mauvaise foi, celle « d'imprudence » ou de « négligence ». Dans une affaire devenue une référence en la matière, un agent immobilier a en effet été condamné pour avoir fait paraître une annonce comportant des indications fausses qui lui avaient été communiquées par un client dont il n'avait pas vérifié les allégations[1675]. La Cour de cassation a considéré que l'agent avait « *commis une faute en ne vérifiant pas les assertions de son client* »[1676]. D'une manière qui ne laisse plus d'équivoque, la chambre criminelle a confirmé sa position en déclarant que la nouvelle loi (du 27 décembre 1973) n'exige pas que la publicité qu'il prévoit et réprime ait été faite de mauvaise foi[1677]. Depuis, le délit de la publicité trompeuse est devenu un délit « d'imprudence et de négligence ». Une faute involontaire peut le caractériser[1678].

967. Toutefois, quelques années plus tard, la Cour de cassation a opéré un revirement de jurisprudence sur la question de l'élément moral en se conformant au principe général du droit pénal, à savoir qu'« *il n'y a point de*

---

comm. 135 ; Enfin, pour les « Présomptions » v. A Rouen, ch. corr., 2 févr. 1988 : *JurisData* n° 1988-046252. – CA Angers, 2 févr. 1993 : *Contrats, conc. consom.* 1993, comm. 140.

[1672] Loi n° 2008-3 du 3 janvier 2008 pour le développement de la concurrence au service des consommateurs (1).

[1673] F et P-B GREFFE, préc. p. 357 et 358.

[1674] Cass. 29 avril 1976, *Gaz. Pal.* 30 déc. 1976 ; Cour d'appel de Paris, 19 janvier 1977, *Gaz. Pal.* 1977, 1, p. 239.

[1675] Cass. crim., 5 mai 1977, *D.* 1977, 502, note PIROVANO.

[1676] *Ibid.*

[1677] Cass. crim., 4 déc. 1978, *Gaz.Pal.*, 1979, 182, note PLG; 13 mars 1979, *Gaz. Pal.*, 1979, p.404.

[1678] Y. GUYON : *Droit des affaires, T1, Droit commercial général et Sociétés*, 10ème éd. *Économica*, Paris, 1998, p. 957, §904.

crime ou de délit sans l'intention de le commettre »[1679]. Dans un arrêt du 15 décembre 2009, la chambre criminelle de la Cour de cassation a en effet clairement affirmé « *[...] qu'en l'état de ces énonciations, d'où il résulte que le prévenu n'a pas pris toutes les précautions propres à assurer la véracité des messages publicitaires, et dès lors que la seule constatation de la violation, en connaissance de cause, d'une prescription légale ou réglementaire implique de la part de son auteur l'intention coupable exigée par l'article 121-3, alinéa 1er, du code pénal, la cour d'appel a justifié sa décision* »[1680]. Cet arrêt, ainsi qu'un autre[1681], ont alors marqué un retour à la qualification du délit de la publicité trompeuse, devenue pratique commerciale trompeuse, de délit intentionnel. Bien que ce revirement constitue une régression dans la garantie de la loyauté, sa cohérence avec le droit pénal général a été saluée par la doctrine[1682]. L'élément matériel de l'infraction, est quant à lui établi, indépendamment des conséquences sur le comportement du consommateur, par le seul caractère trompeur de l'information donnée sur l'un des éléments énumérés par l'article L. 121-1 du Code de la consommation[1683].

968. Par ailleurs, les termes définissant le délit relatif aux pratiques commerciales trompeuses, ont permis aux juges d'adopter une interprétation favorable à la protection des récepteurs. Le fait que ce texte se soit abstenu de définir clairement la notion de publicité, a permis aux juges de lui attribuer une interprétation large pour couvrir toute information s'inscrivant dans le cadre (la communication) et le contexte (commercial) pour lesquels le délit a été créé (la déloyauté). La loi ne limite pas les supports de la publicité, le délit peut être constitué à l'encontre de tout message trompeur, quel que soit le moyen par lequel il est porté à la connaissance du public. Qu'elles soient orales[1684], écrites[1685], olfactives[1686] ou intégrées dans les métabalises dans les métadonnées d'un site internet[1687], ces formes de publicités sont porteuses, le cas échéant, du délit incriminé. Parfois, le délit s'étend à une forme de

---

[1679] Article 121-3, alinéa 1er du Code pénal.

[1680] Arrêt n° 09-83.059, Bull. crim., n° 212.

[1681] Cass., crim., 23 mars 2010, n° 09-82.545 ; E. Dreyer : « Non intentionnelle, la pratique commerciale trompeuse constitue une simple contravention », *D.* 2010, p. 1913.

[1682] C. AMBROISE-CASTÉROT : « Droit pénal de la consommation », *Revue de science criminelle et de droit pénal comparé*, vol. 1, n°. 1, 2010, pp. 146-155.

[1683] Cass. crim., 14 mai 1997, Bull. n° 183, n° de pourvoi: 96-81865; Cass. crim., 15 octobre 1997, Bull. n° 338, n° de pourvoi: 96-84280.

[1684] Cass. crim., 28 mars 1996, préc. ; CA Aix-en- Provence, 23 fév. 1994, *Contrats, conc., consom.* 1994, comm. 17, obs. G. RAYMOND.

[1685] Cass. crim., 16 fév. 1982, Bull. crim., n°54, *Gaz.Pal.* 1982. 2, somm. 234, obs. J-P. DOUCET.

[1686] Voir : « La publicité à une odeur », *in* stratégies.fr : https://www.strategies.fr/etudes-tendances/tendances/r28943W/la-publicite-a-une-odeur.html

[1687] CJUE : 11 juil. 2013, aff. C-657/11, *D.* 2013.

publicité qui n'est pas forcément commerciale dans la mesure où elle n'émane pas d'une personne dont l'intention est de réaliser un but lucratif[1688]. Sur le plan des personnes concernées par l'incrimination, le juge répressif considère que les dispositions de l'article L.121-6 du Code de la consommation s'appliquent à tous les émetteurs de messages publicitaires, qu'il s'agisse de professionnels ou de simples particuliers faisant paraître dans un journal une annonce de nature à induire en erreur les acheteurs potentiels concernant la superficie du bien immobilier proposé à la vente.

969. Enfin, la loi pénale est applicable aux messages publicitaires de nature à induire en erreur lorsque le projet en a été fait sur le territoire national. Ainsi, l'étiquetage fallacieux de bouteilles de vin effectué sur le sol français caractérise une publicité réalisée en France au sens de l'article L.121-5 du Code de la consommation, ce même si le vin a été vendu exclusivement aux Pays-Bas[1689]. Une telle interprétation découle de l'article L.121-5, qui dispose que « *Le délit est constitué dès lors que la pratique commerciale est mise en œuvre ou qu'elle produit ses effets en France* », mais elle constitue également une hypothèse d'application des dispositions de l'article 113-2 du Code pénal.

970. En définitive, il faut bien reconnaître que, parce qu'il est défini en des termes assez larges ouvrant la voie à une interprétation souple, le délit de pratique commerciale trompeuse a vocation à s'appliquer dans la plupart des cas concernant l'expression publicitaire. Cet élargissement constaté de l'incrimination accorde une réelle protection aux récepteurs du message publicitaire, en particulier lorsqu'elle est accompagnée de sanctions dissuasives.

B - L'aggravation des sanctions applicables aux pratiques commerciales trompeuses

971. L'engagement infaillible du législateur dans la lutte contre l'illicéité de certaines pratiques commerciales trompeuses apparaît également dans le volet répressif institué par les textes. Une évolution constante des sanctions caractérise ce régime.

Les sanctions appliquées au délit de la pratique commerciale trompeuse prévues par la loi de 1963 ont été jugées insuffisantes. Leurs renforcement[1690] et diversification ont donc été opérés par la loi du 27 décembre 1973[1691]. Le régime répressif consacré à la pratique commerciale trompeuse se caractérise par une pénalisation accrue de cette expression, ce surtout après la réforme de

---

1688 CA. Paris, 24 mars 1982, *D.* 1982. 486, note G. PAIRE ; CA Paris, 9 juillet 1984, *Gaz. Pal.* 1985. 1, p. 151.

1689 Cass. crim., 15 mai 2001, Bull. n° 122, n° 00-85242 ; voir également Cass. crim., 3 septembre 2002, pourvoi n° 0185952.

1690 Y. GUYON, préc. p. 959.

1691 Loi n° 73-1193 du 27 décembre 1973 d'orientation du commerce et de l'artisanat.

la loi n°2014-344 du 17 mars 2014 relative à la consommation (dite loi Hamon). Contenant une réglementation non pénale, ce texte a toutefois procédé à la création et au renforcement des peines pénales applicables en matière de pratiques commerciales trompeuses. Ainsi, de nombreux comportements de professionnels, dont la publicité s'avère trompeuse, sont aujourd'hui punis de sanctions pénales alors qu'ils ne relevaient, auparavant, que des dispositions civilistes ou consuméristes[1692]. De nouvelles incriminations sont créées, telles que l'instauration d'une nouvelle pratique commerciale trompeuse[1693]. L'utilisation frauduleuse de l'indication géographique d'un produit industriel ou artisanal ou le recours à un mode de présentation d'un produit, sont passibles de peines délictuelles[1694].

Les peines prévues par l'ancien article L.213-1 du Code de la consommation ont été conséquemment alourdies. Si la peine d'emprisonnement relative aux pratiques trompeuses demeure limitée à deux ans, tel n'est pas le cas de l'amende qui a considérablement augmenté pour atteindre les 300000 euros au lieu des 37000 euros initialement prévus. De plus, l'alinéa second de cet article prévoit que l'amende peut être portée à 10 % du chiffre d'affaires moyen annuel, calculé sur la base des trois derniers chiffres d'affaires annuels connus à la date des faits, ou de 50 % des dépenses de la publicité ou de la pratique constituant le délit. À ces peines principales s'en ajoutent d'autres, considérées complémentaires. L'article L.132-4 du Code de la consommation énonce qu'en cas de condamnation, « *le tribunal peut ordonner, par tous moyens appropriés, l'affichage ou la diffusion de l'intégralité ou d'une partie de la décision ou d'un communiqué informant le public des motifs et du dispositif de celle-ci. Il peut, de plus, ordonner la diffusion, aux frais du condamné, d'une ou de plusieurs annonces rectificatives* ». Ce Code prévoit également des sanctions, toujours à titre complémentaire, à l'égard des personnes physiques[1695] et morales[1696] coupables du délit en cause.

972. Il est de jurisprudence que le délit de publicité trompeuse est un délit unique, « *le délit de publicité de nature à induire en erreur, même s'il se manifeste lors de chaque communication au public d'une telle publicité, constitue une infraction unique, qui ne peut être poursuivie et sanctionnée qu'une seule fois, dès l'instant où il s'agit d'allégations identiques, contenues*

1692 V. VALETTE-ERCOLE : « La loi n°2014-344 du 17 mars 2014 relative à la consommation : entre dépénalisation et pénalisation », *Dr. pénal* n°6, juin 2014, étude 13, point 16.

1693 Article L.321-2 Code de la consommation.

1694 Ancien article 115-16 du Code de la consommation devenu article L.453-1 du même Code.

1695 Article L. 132-3 du Code de la consommation.

1696 Cass. crim., 23 févr. 2010 : *JurisData* n° 2010-002022 ; *Contrats, conc. consom.* 2010, comm. 193, obs. G. RAYMOND ; *Dr. pén.* 2010, comm. 73, obs. J.H. ROBERT.

dans le même message publicitaire et diffusées simultanément »[1697]. Toutefois, la Cour de cassation avait estimé qu'un message publicitaire adressé à des personnes différentes, et mettant en scène de manière individualisée leurs destinataires, constituait une publicité distincte. Elle approuve ainsi la Cour d'appel de Poitiers, qui avait considéré que « même s'ils sont connexes par rapprochement à une même campagne publicitaire, les faits délictueux sont distincts, dès lors que les brochures sont individualisées par la citation et la mise en scène de chacune des personnes à qui elles étaient adressées »[1698]. Il est en effet prévu que, pour un même comportement, une amende administrative peut se cumuler avec une amende pénale. Toutefois le montant global des deux amendes prononcées ne doit pas dépasser le maximum légal[1699].

Par ailleurs, les victimes/récepteurs du message trompeur n'intéressaient qu'accessoirement le dispositif répressif. Ainsi, le fondement du dol intervient en guise de moyen entraînant parfois l'annulation du contrat conclu avec la victime de la pratique trompeuse[1700]. Des dommages et intérêts sont alors versés aux victimes de la pratique trompeuse, leur montant est souverainement apprécié par les juges[1701]. De surcroît, étant donné que l'impact d'une publicité se prolonge dans le temps et est particulièrement fort dans la période qui suit sa diffusion, des mesures préventives ont été adoptées. Elles s'illustrent par la cessation de la publicité litigieuse sans attendre une décision définitive[1702], et ce sans remettre en question le respect des droits de la défense. Le juge d'instruction, de même que le tribunal saisi des poursuites, ont la faculté d'agir d'office. Une juridiction civile peut également ordonner la cessation de la publicité[1703].

Afin d'éviter la possibilité offerte en matière économique, pour les prévenus, d'invoquer à l'appui d'une demande de nullité du procès-verbal l'absence de signature de leur part, la Cour de cassation a considéré que le délit de pratique commerciale trompeuse relevait de la procédure du droit commun et non de la procédure spécialement prévue pour les délits économiques.

[1697] Cass. crim. 8 déc. 1987: *Bull.* crim. n° 451; *RTD com.* 1988. 668, obs. HÉMARD et BOULOC ; *Gaz. Pal.* 1988, 1, jurispr. p. 383, note J.-P. DOUCET.

[1698] Cass. crim. 30 janv. 1992, Bull. crim., n° 44.

[1699] V. VALETTE-ERCOLE, préc., p 35.

[1700] TGI Paris, 9 mai 1977 : *RTD civ.* 1978, p. 150, obs. CORNU ; Cass. com., 28 mars 1995 : *Contrats, conc. consom.* 1995, comm. 121.

[1701] Cass. crim., 15 juin 2010 : *JurisData* n° 2010-012180 ; *Contrats, conc. consom.* 2010, comm. 285, obs. G. RAYMOND.

[1702] Article L.132-8 du Code de la consommation.

[1703] Cass. crim., 9 mars 2004, *Bull. crim.*, I, n°80; *D.*, 2004, 1727, note REIFA; *Comm, com, électr.*, 2004 n°93, obs. GRYNBAUM.

973. Outre ces dispositions relatives à l'aspect répressif, la procédure applicable par les agents de la DGCCRF pour rechercher des infractions s'inspire fortement de la procédure pénale. Les agents peuvent effectuer des contrôles d'identité et, en cas de refus ou d'impossibilité, en informer un officier de police judiciaire afin qu'il accomplisse une vérification d'identité[1704]. Parallèlement, ils disposent du droit de ne pas révéler immédiatement leur identité lorsque l'obtention d'une preuve en dépend. Ils leur est même possible d'utiliser un nom d'emprunt dans le cadre de la vente de biens ou de la fourniture de services par internet[1705]. Ces nouvelles facultés constituent des moyens permettant de faciliter la recherche d'infractions et de contribuer à leur établissement[1706].

974. Sans apporter un réel changement sur le fond, la réforme du Code de la consommation de 2016 a regroupé les pouvoirs de ces agents et les suites à donner aux contrôles dans le livre V au moment où l'ancien article L. 141-1 du même Code renvoyait aux articles L. 450-1 et suivants du Code de commerce afin de déterminer les règles de procédure qu'il convient de suivre pour la constatation et les poursuites en matière de pratique commerciale déloyale. Les agents habilités au sens du code de la consommation sont dotés d'un pouvoir d'investigation plus étendu. Ce même article autorise en effet toute enquête, contrôle, tout prélèvement ou relevé en mesure d'établir le délit de pratique commerciale trompeuse[1707]. Le domaine d'intervention des agents habilités est élargi aux infractions relatives au non-respect de l'obligation d'information concernant les crédits.

975. La sévérité du régime répressif peut en outre s'illustrer à travers la sanction de deux ans d'emprisonnement et d'une amende de 300000 euros, du refus de communication des éléments de justification ou des publicités diffusées[1708]. Une telle sanction repose sur la présomption de culpabilité de l'annonceur qui, en refusant de coopérer, se retrouve sanctionné par les mêmes peines que pour le délit principal de pratique commerciale trompeuse. Dès lors, cette mesure révèle l'existence d'un compromis difficile à réaliser entre le respect des droits de la défense, du principe de présomption d'innocence, évoqué par l'article 9 de la déclaration des droits de l'Homme de 1789, et le besoin d'efficacité[1709].

[1704] Article L.511-15 Code de la consommation.

[1705] Article L.512-16 et s. Code de la consommation.

[1706] Article 706-81 Code de procédure pénale.

[1707] V. en ce sens, Cass. crim., 13 déc. 1982, préc.

[1708] Article L.132-7 du Code de la consommation.

[1709] D. MAYER : *Droit pénal de la publicité*, éd. Masson, 1979, p. 111.

Conclusion du chapitre 8

976. La consécration du droit de recevoir le message publicitaire semble pouvoir être développée et systématisée. L'intérêt de la réception en guise de fondement de cet éventuel droit pourrait réellement exister. Il recommande que le contenu du message publicitaire évolue dans un sens qui rendrait sa réception acceptable par ses destinataires. À cette fin, un façonnement du contenu du message publicitaire serait nécessaire. Il se ferait sous le contrôle et avec l'intervention du juge européen des droits de l'Homme. Ce dernier serait en effet amené à s'immiscer de plus en plus dans le domaine de la publicité commerciale.

977. En ce qui concerne l'exigence de la pertinence du message publicitaire, qui est commandée par le droit d'être correctement informé, la Cour EDH serait conduite à examiner les dispositions du droit de la consommation qui sont en lien avec l'obligation d'information. Une première étude prospective dans ce sens nous a conduit à constater l'existence d'un décalage entre ces dispositions et ce qui constitue aujourd'hui une information pertinente et adéquate pour les consommateurs. L'arsenal juridique existant se focalise sur la protection de l'intérêt économique des récepteurs dans un contexte où ces derniers prêtent beaucoup d'attention aux conséquences de leur acte de consommation sur l'environnement et indirectement sur leur bien-être. Certes, l'intérêt économique s'avère fort important, sa garantie est essentielle. Toutefois, l'utilité de la réception du message publicitaire commande qu'un ensemble d'informations d'ordre environnemental et social soient disponibles. C'est dans ce cadre que l'adéquation de l'information au sens de la CEDH intervient en invitant à l'enrichissement des listes d'informations qui doivent figurer sur les supports publicitaires.

978. Par ailleurs, la sauvegarde d'une réception correcte de l'expression publicitaire exige également une certaine loyauté, finalité qui conduirait la Cour EDH à s'intéresser au régime juridique relatif aux pratiques commerciales déloyales. Son appréciation pourrait porter aussi bien sur l'effectivité des dispositions garantissant la protection des récepteurs contre un message publicitaire trompeur que sur la justification de telles normes sur le fondement du droit de recevoir. Il est ainsi fort probable qu'une influence pourrait être exercée par le juge européen des droits de l'Homme sur le droit positif français relatif aux pratiques commerciales déloyales.

979. Par conséquent, la garantie d'une expression publicitaire tout à la fois adéquate et loyale octroie à la liberté publicitaire du récepteur un effet important. L'aspect négatif de cette liberté, de même que sa facette positive, font vivre cette liberté. Ainsi, à la lumière de ce qui précède, il est temps d'affirmer que l'extension de l'article 10 au discours publicitaire tire toute son importance des droits des récepteurs, ce qui conforte encore une fois le constat

selon lequel l'intérêt de cette extension s'apprécie davantage dans sa relation avec le récepteur. Ce dernier en tirera profit pour renforcer ces droits ; le droit à l'information lorsqu'il s'agit de la réception positive et le droit de ne pas recevoir dès lors qu'il est question de la réception négative.

Conclusion du titre 2

980. La liberté publicitaire du récepteur ne peut se résumer à son aspect négatif consistant à refuser tout contact avec le message publicitaire. Le respect de la liberté d'expression des émetteurs commande en effet que la liberté des récepteurs en matière de publicité commerciale ait un aspect positif. Ce dernier s'illustre par le droit de recevoir des informations publicitaires adéquates et loyales. Bien qu'elle constitue un moyen d'information par excellence, le caractère informatif de la publicité commerciale est faiblement reconnu par le législateur français. La jurisprudence semble quant à elle affirmer ce caractère, ce qui s'avère manifeste en particulier dans le domaine de la publicité comparative, qui constitue un meilleur moyen d'information pour les consommateurs dans la mesure où elle leur permet de faire un choix économique efficient. L'intérêt de la publicité commerciale en tant que moyen d'information des récepteurs pourrait ainsi donner lieu à sa revendication dans le cadre du droit du public à l'information. La naissance d'un droit de recevoir le message publicitaire pourrait alors voir le jour et l'extension de l'article 10 au discours publicitaire produira ainsi un autre effet.

981. Outre le renforcement de l'obligation d'information des consommateurs/récepteurs, l'emprise de la concurrence déloyale sur la publicité comparative régressera en effet au profit de la liberté d'expression. Le terrain serait de la sorte grand ouvert pour un contrôle européen plus renforcé des restrictions de l'expression publicitaire dans ce domaine où la complexité ne ferait désormais plus obstacle à l'instauration, par le juge européen, du principe de *l'exceptio veritatis*.

982. La reconnaissance du caractère informatif de la publicité commerciale ne lui enlève pas sa nature, qui est d'abord et avant tout promotionnelle. Toutefois, afin que cette dernière ne l'emporte pas sur l'aspect informatif de la publicité, qui, dans un tel cas, rendrait difficile l'apparition du droit de recevoir, il a fallu revisiter le contenu du message véhiculé, l'objectif étant de le rendre plus acceptable pour ses récepteurs et donc susceptible de faire l'objet d'une invocation au nom du droit du public à l'information. L'enjeu est en effet de donner à l'extension de l'article 10§1 au discours publicitaire un effet concret qui consisterait à renforcer le droit à l'information des consommateurs, tout en incitant les émetteurs à responsabiliser leur discours et à le manier dans un sens qui le rendrait profitable aux deux parties (que sont les annonceurs et consommateurs). Or, il s'avère que pour redonner de l'effet à l'extension de l'article 10, il est nécessaire de fortement s'immiscer dans des champs de droit (par exemple dans le droit de la concurrence et le droit de la consommation, la publicité comparative), qui semblaient complexes et étrangers à la Convention EDH. Autrement dit, et pour terminer, l'effectivité

de l'extension de l'article 10§1 de la CEDH en matière de publicité commerciale, nécessaire pour la moralisation de l'industrie de la publicité, exige que celle-ci sorte de son lit[1710] et ce, peut-être, d'une manière définitive.

[1710] J. CARBONNIER : *Droit et passion du droit sous la Ve République*, préc.

CONCLUSION DE LA DEUXIEME PARTIE

983. Envisager l'extension de l'article 10 du point de vue de la liberté du récepteur a permis de redonner à celle-ci un nouveau souffle en lui permettant d'être à l'origine de nouvelles extensions. Ces dernières sont nécessaires afin que la moralisation du domaine de la publicité commerciale l'emporte sur la marchandisation et la banalisation des droits conventionnels dont, principalement, le droit à la liberté d'expression.

Il a été démontré que l'extension de l'article 10§1 de la CEDH au discours publicitaire pourrait entraîner un mouvement extensif des droits composant la liberté d'expression publicitaire. L'effectivité de cette extension passe en effet nécessairement par la prise en compte de la liberté publicitaire des récepteurs, qui se concrétise par la reconnaissance, voire la consécration de l'aspect négatif de la liberté de réception du message publicitaire tout en mobilisant son côté positif dans un sens favorable à la liberté d'expression publicitaire. Autrement dit, la liberté d'expression publicitaire de l'émetteur et celle du récepteur, pourraient se rejoindre en repensant le contenu et les modes de diffusion du message publicitaire. Le droit de recevoir le message publicitaire exige en effet que le contenu de ce dernier comporte des informations adéquates susceptibles d'intéresser le récepteur. Plus encore, il est vivement conseillé que l'émetteur change son discours au risque de faire face à une opposition, sous forme collective[1711] ou individuelle, de la part des récepteurs. Dans la conception de sa campagne de publicité, l'émetteur devrait intégrer et évaluer les paramètres suivants : le degré d'intrusion du message, l'intérêt de celui-ci pour le récepteur et pour la préservation du climat et de l'environnement. Étant liée à la consommation, la publicité commerciale devrait faire un choix : adopter ou se passer des préoccupations actuelles des récepteurs. En incitant l'émetteur à faire le choix d'une publicité qui tienne compte de l'intérêt collectif et de celui individuel, le droit de recevoir contribue, d'une manière indirecte, à valoriser le discours publicitaire de l'émetteur. Ainsi, la liberté d'expression pourrait conférer une protection plus forte à son discours.

984. Par ailleurs, il s'avère que l'effectivité de l'extension d'un droit semble donc passer nécessairement par de nouvelles autres extensions. La liberté publicitaire du récepteur, résultant de l'interprétation dynamique de la

---

[1711] Exemple de l'appel de Greenpeace à l'interdiction de la publicité climaticide. Voir le lien suivant : https://www.greenpeace.fr/stop-a-la-publicite-climaticide/ Il convient de prendre également pour exemple la Convention Cityonne pour le Climat, qui propose d'interdire de manière efficace et opérante la publicité pour les produits les plus émetteurs de CO2, interdiction qui s'étendrait à tous les médias publicitaires. Voir le lien suivant : https://droitdelacom.org/la-convention-citoyenne-pour-le-climat-et-la-publicite/219538/

Convention, peut être à l'origine de l'éclosion de nouveaux droits. Ainsi, ce résultat diffère largement de celui auquel nous avons abouti s'agissant de la liberté d'expression publicitaire de l'émetteur. Nous avons pu considérer que cette liberté d'expression publicitaire est sans effet concret, par conséquent l'extension de l'article 10§1 de la CEDH s'avère inutile. Ceci étant, le fait d'affirmer que la liberté d'expression publicitaire produit des effets au regard de la liberté du récepteur est tout à la fois rassurant et inquiétant. Cela est rassurant dans la mesure où nous pourrions tempérer le constat de l'inutilité et de l'absence d'un effet de l'extension sur l'expression publicitaire, car nous estimons désormais qu'elle est susceptible de produire des effets juridiques inédits[1712]. Toutefois, si le mécanisme interprétatif de la Convention est fructueux, étant donné que plusieurs nouveaux droits voient le jour, il n'en demeure pas moins que cette succession de droits non initialement prévus par la Convention pourrait inquiéter les hautes parties contractantes. Ces dernières seraient amenées à respecter un ensemble de nouvelles obligations issues des nouveaux droits. Le respect de la jurisprudence de la Cour européenne en matière de publicité commerciale constituerait une charge permanente pour les États contractants, car il commanderait sans doute à ces derniers d'engager des réformes importantes dans les domaines concernés, à savoir le droit de la concurrence, le droit de la consommation et, dans une moindre mesure, le droit en relation avec la protection des données à caractère personnel.

985. L'inquiétude pourrait également résulter du sentiment d'une interprétation incontrôlable de la Convention. C'est l'impression qui pourrait se dégager, notamment lorsque l'on sait que l'article 10§1 de la CEDH s'est étendu, sans aucune justification expresse, à une forme d'expression qui s'avère, *a priori*, loin d'être compatible avec l'esprit et le domaine de la Convention européenne des droits de l'Homme. De surcroît, les nouveaux droits (démembrements du démembrement) auxquels pourrait donner lieu la liberté d'expression publicitaire invite la Convention à s'appliquer à des domaines qui ne lui sont pas seulement complexes mais également et surtout, en principe, étrangers. Les principes gouvernant le respect de la liberté d'expression en relation avec les autres discours (politique ou artistique, par exemple) n'étant en effet pas transposables en tant que tels à la liberté d'expression en matière publicitaire. Un effort d'adaptation serait alors demandé au juge strasbourgeois. Toutefois, cela n'est pas sans conséquences sur les principes propres aux domaines juridiques (droit de la concurrence, droit de la consommation) dans lesquels le juge européen serait conduit à intervenir de manière plus poussée. En définitive, il faut bien reconnaître que l'effectivité d'une liberté dont la fondamentalité n'a pas été entièrement justifiée, en l'occurrence la liberté d'expression, exigerait l'éclosion de nouveaux droits avec toutes les conséquences que ceci engendrerait pour les

[1712] Il s'agit principalement de la création de nouveaux droits, qui influenceront par la suite plusieurs domaines juridiques, comme par exemple la concurrence et la publicité comparative.

États contractants ainsi que pour le système européen de protection des droits de l'Homme. Concernant ce dernier, il faudrait reconnaître que l'ineffectivité des nouveaux droits fondamentaux fragiliserait l'instrument conventionnel.

986. Finalement, veiller à l'effectivité des droits de la Convention en favorisant l'éclosion de nouvelles libertés et de nouveaux droits, est-elle la méthode adéquate ?

CONCLUSION GENERALE

987. La présente étude avait pour ambition de mettre en lumière une pathologie dont pourrait souffrir le système européen de protection des droits de l'Homme, à savoir la quête non raisonnable de l'effectivité d'un droit de la Convention EDH. L'analyse des conséquences de l'extension de l'article 10§1 de la CEDH à la publicité commerciale révèle que l'objectif du développement et de la sauvegarde des droits de l'Homme pourrait en effet être malmené par le juge européen. Ce n'est qu'au prix d'une interprétation audacieuse, continue et permanente que le juge des droits de l'Homme pourrait remédier aux faiblesses d'une action de fondamentalisation non justifiée. Encore faut-il que cela soit le cas.

988. Afin d'apprécier la réalité de l'extension non raisonnable du champ de la Convention, nous avons été conduits à évaluer et à analyser son effet sur la liberté d'expression publicitaire de l'émetteur. Le résultat de ces analyses est préoccupant.

Il a non seulement été démontré que la liberté d'expression, en tant que fondement de l'expression publicitaire, s'avère inutile (d'autres libertés[1713], plus adaptées, garantissent la liberté d'expression publicitaire de l'émetteur) mais son ineffectivité a également été établie. Il en résulte que l'élargissement de l'empire de la Convention n'est pas forcément révélateur du rayonnement des droits de l'Homme et peut avoir un effet contraire, c'est-à-dire les avilir. L'effectivité souhaitée par le juge européen d'un droit conventionnel, de la liberté d'expression en l'occurrence, pourrait s'avérer, de par son développement, illusoire dans le cas où la ramification de ce droit est vidée de sa substance pour ne demeurer qu'une coquille vide. Dès lors, le risque de banalisation de la liberté d'expression et de sa marchandisation est réel. Étendu aux messages publicitaires, l'article 10§1 délaisse en effet sa fonction de « médiation » entre l'éthique et le droit[1714] pour s'inscrire dans une démarche de légitimation de certains comportements (la consommation de masse) et de cautionnement d'une forme d'expression qui devrait pourtant demeurer étrangère à sa protection. L'abaissement du droit à la liberté d'expression, toujours en rapport avec la liberté d'expression publicitaire de l'émetteur, relève également de son incapacité à produire des effets juridiques

[1713] Malgré leurs insuffisances, les libertés de circulation et d'entreprendre et ses composantes (la liberté du commerce, la liberté de la concurrence) sont davantage adaptées à la protection du discours publicitaire que ne l'est la liberté d'expression. Il s'agit en effet de libertés du marché.

[1714] C'est l'expression de M. DELMAS-MARTY employée en faisant référence à l'ensemble des droits de l'homme : *Le flou du droit - Du Code pénal aux droits de l'homme*, *PUF*, coll. Voies du droit, 1986, p. 295.

dans un domaine aussi « complexe » que l'est celui de la publicité commerciale. L'adjectif fondamental n'est utilisé qu'en raison de l'effet juridique qu'il engendre. Appliqué à l'expression publicitaire, ce droit devrait en principe contribuer à la libérer des restrictions injustifiées. Autrement dit, étant intégrée au champ conventionnel, la liberté d'expression publicitaire devrait être, en principe, hors de portée des mesures les plus restrictives de l'exécutif et du législateur. Le juge devrait s'y référer afin d'écarter toute disposition réglementaire et législative susceptible d'empêcher l'exercice effectif de cette liberté. Toutefois, nous constatons qu'en plus des peines cumulatives de nature pénale et administrative auxquelles l'émetteur est confronté, les mesures d'interdiction générale de la publicité existent toujours (la publicité en faveur du tabac, par exemple). De surcroît, lorsque des réformes sont engagées afin de tempérer ces interdictions en ne restreignant que partiellement la publicité en faveur d'un produit ou d'un service, elles sont fondées sur la liberté d'entreprendre. Le droit à la liberté d'expression publicitaire n'a constitué, quant à lui, que rarement un fondement pour la libération légale ou prétorienne de la liberté d'expression publicitaire de l'émetteur.

Certes, la liberté d'expression n'est pas une liberté fondamentale absolue, son exercice peut être limité par le paragraphe 2 de l'article 10 de la CEDH. Néanmoins, s'agissant de la liberté d'expression publicitaire de l'émetteur, sa faible protection s'avère intentionnelle, voulue. L'étude de la jurisprudence de la Cour strasbourgeoise nous a permis de déterminer les raisons de cette autolimitation du juge dans l'exercice d'un contrôle renforcé des ingérences dans l'exercice de la liberté d'expression publicitaire de l'émetteur.

Il s'agit, d'une part, de la nature commerciale du discours, ce qui implique sa complexité. Le domaine de la publicité commerciale ne laisse point de place à la volonté individuelle, ni à la démocratisation de l'accès aux canaux de diffusion du discours publicitaire efficace et donc pas non plus à la réalisation de ce que nous appelons le pluralisme publicitaire.

D'autre part, la finalité de la publicité commerciale est la réalisation du profit. Elle se désintéresse de l'intérêt général et n'a de ce fait qu'une très faible utilité pour le bon fonctionnement de la société démocratique. Par conséquent, les principes du pluralisme, de tolérance et d'esprit d'ouverture ne lui sont pas applicables. L'exclusion de l'applicabilité de ces principes au domaine de la publicité a pour conséquence logique sa faible protection. Ces raisons qui expliquent l'attitude du juge européen vis-à-vis de l'expression publicitaire, rendent en effet assez contestable l'extension de l'article 10§1 de la CEDH au discours publicitaire.

989. Après avoir démontré le manque de pertinence de cette extension, nous avons été conduit, en nous appuyant sur une analyse de la jurisprudence européenne en la matière, à dévoiler les possibles pistes pour une éventuelle valorisation de la liberté d'expression publicitaire de l'émetteur. Ainsi, abstraction faite du rôle joué par les technologies de communication dans la

libéralisation de cette expression, c'est surtout la responsabilisation du discours publicitaire par l'émetteur lui-même qui serait le principal facteur de cette libéralisation. Nous avons surtout mis l'accent sur le système de régulation adéquat et favorable à la liberté d'expression. Ainsi, militer au sein des instances d'autorégulation pour un discours décent, respectant la dignité humaine, serait une solution. Sa réalisation permettra à l'extension de l'article 10 au discours publicitaire de retrouver tout son sens. Dans un tel contexte, les restrictions étatiques de l'expression publicitaire aujourd'hui admises ne seront plus justifiées.

Encore faut-il trouver un moyen permettant de garantir le respect effectif des normes privées. C'est la raison pour laquelle la co-régulation s'avère prometteuse et ouvre des voies de réflexion en la matière, comme par exemple, la proposition de transformation de l'Autorité de régulation de la publicité en une Autorité administrative indépendante[1715]. Il s'agit actuellement de la seule solution susceptible de remédier à l'ineffectivité des normes privées et à la sauvegarde des droits de la défense des émetteurs.

990. Se contenter des résultats tirés de l'analyse de l'application de la liberté d'expression à l'expression publicitaire de l'émetteur engendra une déclaration prompte et fausse du caractère non judicieux de l'extension de l'article 10§1 de la CEDH. Afin d'avoir une vision globale des effets de la fondamentalisation de l'expression publicitaire, il a été nécessaire d'apprécier ses effets sur le récepteur du message de l'émetteur. Dans le domaine de la publicité commerciale, le récepteur bénéficie en effet d'une liberté fondamentale, qu'il conviendrait de reconnaître et sauvegarder, à savoir la liberté de réception publicitaire. La fondamentalisation de l'expression publicitaire ne sera complète qu'avec la consécration effective de cette liberté.

Contrairement à la liberté d'expression publicitaire de l'émetteur, la liberté de réception publicitaire issue de l'extension de l'article 10§1 de la CEDH pourrait pour sa part avoir des effets juridiques importants. En souhaitant qu'un vent d'optimisme souffle sur cette opération extensive, nous avons engagé une étude prospective[1716], à notre connaissance inédite en matière de publicité commerciale, établissant les principaux effets de la liberté de réception publicitaire. L'enjeu était en effet d'éviter les dérives d'un affaiblissement de la liberté d'expression publicitaire et la remise en cause de l'objectif du développement de l'article 10§1. *In fine*, les résultats saillants méritent d'être rappelés.

[1715] Nous avons stipulé que nous rejoignons la théorie proposée par Mme L. ARCELIN, tout en formulant des réserves à son encontre. Néanmoins, il faudrait reconnaître qu'en l'absence d'autres alternatives, cette solution demeure pertinente. Il s'agit en quelque sorte d'une « mauvaise bonne solution » pour les problèmes (l'ineffectivité des normes privées, le respect du droit à un procès équitable) de l'autorégulation en matière de publicité commerciale.

[1716] Dans le cadre de la seconde partie de cette thèse, v ; Cf. *supra* n°559.

991. Les raisonnements menés ont révélé que la liberté de réception publicitaire est susceptible d'être appréhendée dans un sens négatif, donnant naissance au droit fondamental de ne pas recevoir le message publicitaire, et dans un sens positif, laissant émerger un autre nouveau droit fondamental, à savoir le droit de recevoir l'information publicitaire. Ces deux droits constituant la liberté de réception publicitaire ont un fondement commun, celui de la protection des droits du récepteur. Des fondements spécifiques peuvent également être attribués à chacun de ces droits.

992. Le droit de ne pas recevoir le message publicitaire a pour principaux fondements la protection contre l'agression publicitaire et le droit au respect de la vie privée. Sa consécration se fait par la riposte. C'est dans l'agression de la publicité commerciale, la pression qu'elle exerce sur l'individu et dans son caractère intrusif que résident en effet les fondements du droit de ne pas recevoir. Ce droit constitue une réaction face à la réception forcée et une manifestation du respect de la volonté du récepteur et de sa liberté de choix. La consécration de ce droit se déclinerait en principe par une série de conséquences : l'exigence du respect du refus de ne pas faire l'objet d'une décision publicitaire automatisée (publicité ciblée fondée sur le profilage intrusif (la publicité programmatique)) ; la reconnaissance de la légalité des techniques de blocage de publicité en ligne ; l'organisation de la rareté de l'affichage publicitaire dans les espaces publics, son interdiction dans les endroits de passage forcé du public, son autorisation dans les zones commerciales ainsi que l'information préalable concernant l'existence des panneaux d'affichage publicitaire dans de telles zones ; ou encore la réglementation de la publicité olfactive.

En tant que norme supra-légale, le droit de ne pas recevoir devrait permettre au juge et au régulateur de maîtriser la quantité de publicité commerciale et d'organiser sa rareté. Ce droit pourrait en effet constituer l'amorce d'une amélioration qualitative de la publicité commerciale.

993. Le droit de recevoir le message publicitaire est quant à lui fondé sur la fonction informative de la publicité commerciale et sur son intérêt pour le récepteur. Il entraîne comme conséquence majeure l'endiguement de la publicité commerciale, sa moralisation. Cet effet d'endiguement engendre à son tour une conséquence qui pourrait paraître paradoxale, à savoir la valorisation de la liberté d'expression publicitaire de l'émetteur.

Sur le fondement du droit de recevoir, le récepteur pourrait en effet exiger de recevoir un message publicitaire informatif et présentant un intérêt, qui peut être économique, mais également social. Le premier peut constituer une information loyale et véridique sans l'empêcher pour autant de revêtir une forme hyperbolique. Dans ce cadre, il a été proposé de sortir la publicité comparative de l'emprise des règles de la concurrence déloyale et d'établir le principe de *l'exceptio veritatis*. Le second, exigerait quant à lui de la publicité commerciale qu'elle soit un acteur de l'évolution vers une forme de consommation plus responsable. Étant donné que la publicité commerciale constitue un outil redoutable dans la mesure où elle exerce une influence non négligeable sur le comportement des consommateurs, il est indispensable qu'elle se réinvente en se détachant de l'idéologie purement capitaliste et qu'elle oriente ses pouvoirs vers le bien commun. Ainsi, le droit de réception positive pourrait voir le jour, afin de fournir à son tour une base légale solide acceptant l'adoption de certaines normes capables de tirer profit du pouvoir de la publicité. Ce nouveau droit constituerait un complément de sa prérogative antinomique, le droit de ne pas recevoir, au sens où il affirmerait la nécessité d'une publicité commerciale de qualité. Dès lors, c'est sous la pression exercée par le récepteur et par le contexte dans lequel il évolue que le discours publicitaire se détachera partiellement de la finalité de création de besoins futiles et d'incitation à la consommation excessive qui illustre une production de masse irrationnelle. Lorsque cette pression est épaulée par un droit supra-légal, elle aura beaucoup plus d'écho. Il est évident que ce n'est qu'en cas d'adaptation de la publicité commerciale aux « conditions d'aujourd'hui », que la liberté d'expression publicitaire de l'émetteur pourrait trouver un accueil très favorable de la part du juge et législateur.

994. À la lumière de ces conclusions, il s'avère que, finalement, l'extension de l'article 10§1 au message publicitaire pourrait engendrer des effets juridiques susceptibles de redonner à l'extension de l'article 10§1 un effet utile. Toutefois, vouloir redonner un sens à l'action de fondamentalisation de l'expression publicitaire en comptant notamment sur l'audace interprétative du juge n'est pas sans conséquences.

En premier lieu, il apparaît que l'effectivité d'un droit fondamental recommande souvent l'éclosion de nouveaux droits de même nature : le droit de ne pas recevoir et celui de recevoir en guise de composantes de la liberté de la réception publicitaire. Ce constat pourrait s'avérer problématique dans la mesure où une immixtion de plus en plus importante de la Convention dans le domaine des affaires serait souhaitable, voire recommandée et encouragée. Or, cela n'est pas sans raviver les critiques à l'égard de la Cour strasbourgeoise[1717].

L'effectivité de la liberté d'expression publicitaire nécessite en effet que la liberté de la réception publicitaire produise des effets juridiques, dont la consécration éventuelle des aspects négatif et positif de cette liberté est la principale conséquence. À défaut d'une telle évolution, la question de l'effectivité de la liberté d'expression publicitaire et du caractère judicieux de l'extension de l'article 10§1 pourraient refaire surface.

En second lieu, le développement numéraire du *corpus* des droits de l'Homme consacrés engendre également comme conséquence la multiplication des conflits de droits fondamentaux. L'utilisation de données à caractère personnel à des fins de ciblage publicitaire est à l'origine de

---

[1717] B. EDELMAN : « La Cour européenne des droits de l'homme et l'homme du marché », préc.

nouveaux conflits de droits qui remettent en cause les critères traditionnels de mise en balance. Le juge européen, de même que son homologue interne, seraient amenés à innover et à développer certains de ces critères. C'est ainsi que le nouveau critère de l'exercice des droit acquis, extension de celui du comportement antérieur, se propose comme un moyen permettant de contribuer à la conciliation que le juge européen serait conduit à exercer en la matière.

995. Manifestement, le développement d'un droit primordial par son extension à un domaine *a priori* exclu de son champ d'application, exige de son promoteur qu'il mène jusqu'au bout cette action de fondamentalisation, maintienne une ligne évolutive de ce droit et en accompagne son développement en gérant et en assumant ses conséquences. Autrement dit, après chaque opération extensive, le devoir du juge européen est, dans les mots du juge Holmes, d'être « *éternellement vigilant* »[1718], car non seulement il doit faire face à une cascade d'extensions nécessaires, mais il lui faut également se montrer créatif étant donné la nécessité de concilier des prérogatives contradictoires.

Dès lors, au regard des conséquences qui pourraient résulter de l'extension de l'article 10§1 de la CEDH au discours publicitaire, une certaine prudence s'impose, car il est difficile de juger où peut s'arrêter une telle évolution. De plus, dans un domaine complexe comme celui des affaires, le droit européen des droits de l'Homme doit être utilisé avec mesure et à bon escient.

996. En définitive, rappelons ce que disait M. le Professeur J-F. RENUCCI : « *dans le domaine juridique comme ailleurs, le mieux peut être l'ennemi du bien* »[1719]. Le bien était l'absence de l'intervention de la Convention européenne des droits de l'Homme dans un domaine que la Cour EDH qualifie elle-même de « complexe », à savoir dans celui de la publicité commerciale. Or, au regard de ce qui précède, il est permis d'affirmer que le choix du juge européen de rechercher le mieux (donc la fondamentalisation de l'expression publicitaire) était judicieux. Toutefois, pour que ce mieux ne se transforme pas en ennemi du bien, il est nécessaire que la Cour strasbourgeoise poursuive sa conquête des nouveaux territoires (le mieux) avec beaucoup plus de prudence.

[1718] Voir, P-F. DOCQUIR : *Variables et variations de la liberté d'expression en Europe et aux États-Unis*, préc., p165.

[1719] J-F. RENUCCI : « Le droit des affaires, domaine nouveau du droit européen des droits de l'homme », Droit et patrimoine, n°74, éd. LamyLine, 1 sep. 1999.

BIBLIOGRAPHIE

A. OUVRAGES JURIDIQUES

1. Ouvrages généraux

BOILEAU É.
Le livre des métiers, Paris, Imprimerie Nationale, 1268
BRACONNIER S.
Droit public de l'économie, collection Thémis, 1er édition, juin 2015
CARBONNIER J.
Droit et passion du droit sous la Vème République, Flammarion, édition 2008
CICÉRON M-T.
De officiis, Livre III, XII, n°50 et s, *in* Les devoirs, livres II et III, texte établi et traduit par Maurice TESTARD, 2ème tirage revu et corrigé, *Les Belles lettres, Collection Guillaume Budé*, édition 1984
COLSON J-Ph. et IDOUX P.
Droit public économique, LGDJ, 9ème édition 2018
DELMAS-MARTY M.
Le flou du droit- Du Code pénal aux droits de l'homme, collection Voies du droit, PUF,1986
DELVOLVÉ P.
Droit public de l'économie, Dalloz, 2ème 2021
DESHAYES O., GENICON T. et LAITHIER Y-M.
Réforme du droit des contrats, du régime général et de la preuve des obligations, commentaire article par article, LexisNexis, 2ème édition, 2018
DEUMIER P.
Le droit spontané, Economica, édition, 2002
DREYER E.
Les mutations du concept juridique de dignité, PUAM, 2005-1
Droit de la communication, Paris, LexisNexis, 2018
DRZEMCZEWSKI A.
La Convention européenne des droits de l'Homme et les rapports entre particuliers, CDE 1980
GIUILY E.
La communication institutionnelle. Privé/public : le manuel des stratégies, Presses Universitaires de France, 2013
GUYON Y.
Droit des affaires, Droit commercial général et Sociétés, T1, Paris, Économica , 10ème édition, 1998
HABERMAS J.
Droit et morale, Tanner Lectures (1986), Paris, Seuil, éditions 1997
HOCHMANN T. et REINHARDT J.
L'effet horizontal des droits fondamentaux, Paris, éd. A. Pedone, novembre 2018
MATHIEU B.
Le droit contre la démocratie ? Paris, LGDJ, 2017
MICHOUD L.
La théorie de la personnalité morale et son application au droit français, T1, LGDJ, 1906, n°52

POTHIER R.-J.
Traité du contrat de Vente, Partie II, chapitre. II, Article III, 1765
PUPPINCK G.
Les droits de l'homme dénaturé, Paris, édition du CERF, 2018
RIDEAU J., GAUDIN H., MARGUÉNAUD J.P., RIALS S., SUDRE F. (dir.),
Dictionnaire des Droits de l'Homme, PUF, 1ère édition, 2008
ROUBIER P.
Théorie générale du droit : histoire des doctrines juridiques et philosophie des valeurs sociales, Dalloz, 2005
ROUSSEAU J-J.
Du contrat social ou Principe du droit politique, Amsterdam,1762

2. Ouvrages spéciaux

- Ouvrages consacrés à la publicité commerciale

ALBUCHER G.
La publicité commerciale au point de vue juridique, Paris, Presses universitaires de France, 1928
ARCELIN L.
Droit de la publicité, Collection « Didact Droit », édition Presses universitaires de Renne, 2011
COSTE-FLORET P., LEDUC R., CAS G., LELOUP J-M, et autres
L'avenir de la publicité et le droit, Montpellier, Librairies Techniques, fondation nationale pour le droit de l'entreprise,1976
GREFFE F. et GREFFE P.
La publicité et la loi, LexisNexis, 9ème édition 2000
MAYER D.
Droit pénal de la publicité, Masson, 1979
MORITZ M.
Les communes et la publicité commerciale extérieure, pour une valorisation environnementale et économique de l'espace public, Clermont-Ferrand, Fondation Varenne, Collection des thèses, diffusion LGDJ, 2009

- Autres ouvrages

BALLOT E.
Les insuffisances de la notion de droits fondamentaux, édition Mare et Martin, Bibliothèque des thèses, 2014
BARBOU DES PLACES S., Hernu R. et MADDALON Ph.
Morale(s) et droits européens, Pedone, 2015
BLAISE J-B., et DESGORCES R.
Droit des affaires, commerçants, concurrence, distribution, LGDJ, 9ème édition 2019
CALAIS-AULOY J., TEMPLE H. et DEPINCÉ M.
Droit de la consommation, Dalloz, 10ème édition, février 2020
CAS G. et FERRIER D.
Traité de droit de la consommation, PUF, 1986
CHAMPAUD C.
Le droit des affaires, *PUF*, collection Que sais-je ? 1991
DOCQUIR P-F
Variables et variations de la liberté d'expression en Europe et aux États-Unis, Bruxelles, Bruylant, 2007

DRAGO G.et LOMBARD M.
Les libertés économiques, Éditions Panthéon-Assas, 2003
DUCOULOUMBIER P.
Les conflits de droits fondamentaux devant la Cour EDH, Bruxelles, Bruylant, 2011
DUMAS R.
Essai sur la fondamentalisation du droit des affaires, L'Harmattan, édition 2008
FABRE-MAGNAN M.
De l'obligation d'information dans les contrats, essai d'une théorie, Paris, LGDJ, 1992
FAVOREU L. et PHILIP L.
Les Grandes décisions du Conseil Constitutionnel, Dalloz, édition 2016
FONTBRESSIN (DE) P.
L'entreprise et la Convention européenne des droits de l'Homme, Bruylant, 2008
FRYDMAN M.
Les habitudes tabagiques, Labor, 1989
GODIVEAU G. et S. LECLERC S.
Droit du marché intérieur de l'Union européenne, Gualino, Lextenso édition, 2016
GROSSI P.
L'Europe du droit, Seuil, édition 2011
GUINCHARD S.
Droit processuel. Droit commun et droit comparé du procès équitable, Dalloz, 4ème édition, 2007
KASTANAS E.
Unité et diversité : notions autonomes et marges d'appréciation des États dans la jurisprudence de la Cour européenne des droits de l'homme, Bruxelles, Bruylant, 1996
MARGUÉNAUD J.P.
CEDH et droit privé, L'influence de la jurisprudence de la Cour européenne des droits de l'homme sur le droit privé français, Paris, La Documentation française, 2001
La Cour européenne des droits de l'Homme, Dalloz, 7ème édition, 2016
MORANGE J.
Manuel des droits de l'homme et libertés publiques, Paris, PUF, juin 2007
La liberté d'expression, Bruxelles : Bruylant. 2009. 1 vol.
MORET-BAILLY J.
Les déontologies, PUAM, 2001
NICINSKI S.
Droit public de la concurrence, LGDJ, 2005
Droit public des affaires, LGDJ, 7ème édition, 2019
OBERDORFF H.
Droits de l'homme et libertés fondamentales, LGDJ, 6ème édition, 2017
OETHEIMER M.
L'Harmonisation de la liberté d'expression en Europe, Paris, édition Pedone, 2001
PAQUOT T.
L'espace public, La Découverte, 2009
PÉTEL M.
Les obligations du mandataire, Bibliothèque de droit de l'entreprise, Litec, 1988
PIEDELIÈVRE S.
Droit de la consommation, Paris, Economica, 3ème édition, octobre 2020
RENUCCI J-F.
Droit européen des droits de l'homme, LGDJ, 3ème édition 2002
Droit européen des droits de l'homme, droits et libertés fondamentaux garantis par la CEDH, LGDJ., 8ème édition, 2019
RIALS S. et ALLAND D.
Dictionnaire de la culture juridique, Collection Grands dictionnaires, PUF, 2003

SUDRE F.
Les conflits de droit dans la jurisprudence de la Cour européenne des droits de l'homme, Bruxelles, *Nemesis,* 2014
Droit européen et international des droits de l'homme, Paris, PUF, 13ème édition mise à jour, 2016
Le droit au respect de la vie privée au sens de la convention européenne des droits de l'homme, Collection Droit et Justice, Bruylant, 2005
TRUCHET D.
Les fonctions de la notion d'intérêt général dans la jurisprudence du Conseil d'État, LGDJ., 1977
VAN DROOGHENBROECK S.
La proportionnalité dans le droit de la convention européenne des droits de l'homme, prendre l'idée simple au sérieux, Bruxelles, Bruylant, 2001
ZOLLINGER A.
Droits d'auteur et droits de l'Homme, LGDJ, Collection de la faculté de droit et des sciences sociales de Poitiers, 2008

3. Ouvrages collectifs

AZOULAI L. (sous la direction de)
L'entrave dans le droit du marché intérieur, Bruylant, édition 2011.
BOURCIER D. et DI FILIPPI P.
Open data et Big Data, nouveaux défis pour la vie privée, Paris, Mare & martin, 2016
BOY L., RACINE J.B. et SIIRIAINEN F. (sous la direction de)
Droit économique et droits de l'Homme, Paris, LGDJ, édition 2009.
DECAUX E., IMBERT P-H. et L-E. PETTITI (sous la direction de)
La Convention européenne des Droits de l'Homme, commentaire article par article, Paris, Economica, 1995
GIRARD C. et HENNETTE-VAUCHEZ S.
La dignité de la personne humaine, recherche sur un processus de juridicisation, PUF, Droit et justice, 2005.
LAUDE A. TABUTEAU D.
Information et produits de santé, quelles perspectives ? PUF, édition 2006.
PICOD Y. et MAZEAUD D. (sous la direction de)
La violence économique à l'aune du nouveau droit des contrats et du droit économique, Dalloz, 2017
RUIZ FABRI H. et SOREL J-M
La motivation des décisions de justice des juridictions internationale, Collection Contentieux international, Pedone, édition 2008.
SUDRE F., ANDRIANTSIMBAZOVINA J., GONZALEZ G., GOUTTENOIRE A. MARCHADIER F. et autres, (sous la direction de)
Les grands arrêts de la Cour européenne des Droits de l'Homme, Paris, 9ème édition mise à jour, PUF, septembre 2019
SUDRE F., MILANO L. et SURREL H.
Droit européen et international des droits de l'homme, Paris, 14ème édition, PUF, janvier 2019
VAREILLES-SOMMIÈRES (DE) P.
Le droit privé européen, Économica, 1999
ZOLLER E.
La liberté d'expression aux États-Unis et en Europe, Thèmes et commentaires, Dalloz, 1ère édition, 25 juin 2008.

B. OUVRAGES EXTRAJURIDIQUES

BRETON P.
La parole manipulée, La découverte, édition 2000
CHANNOUF A. et PICHEVIN M-F.
Le pouvoir subliminal, influences non conscientes sur le comportement, Paris, Delachaux et Niestlé, 3 novembre 1998
COLEMAN G.
Hacker, Hoaxer, Whistleblower, Spy: The Many Faces of Anonymous, Verso Books, New York, édition 2014
DUBOIS P. L., JOLIBERT A., GAVARD-PERRET M.L. et FOURNIER C.
Le Marketing, fondements et pratique, Economica, n° 5, édition 2013
EWEN S.
Consciences sous Influence- Publicité et genèse de la société de consommation-, Paris, Aubier,1983
HABERMAS J.
L'espace public. Archéologie de la publicité comme dimension constitutive de la société bourgeoise, Paris, Payot,1978
LENDREVIE J., BAYNAST A. et EMPRIN C.
Le Publicitor, DUNOD, 7ème édition, 2008
Le Publicitor, DUNOD, 8ème édition, février 2014
MERCANTI-GUÉRIN M. et VINCENT M.
Publicité digitale, DUNOD, édition 2016
PACKARD V.
La persuasion clandestine, Paris, Calmann-Lévy, édition 1958
POPPER K.
La société ouverte et ses ennemis, tome 1, *L'ascendant de Platon,* Seuil, édition 1979
ROCHELANDET F.
Économie des données personnelles et de la vie privée, Paris, La Découverte, collection Repères, 2010
TCHAKHOTINE S.
Le viol des foules, Gallimard, Paris, édition 1952
TURGOT A-R-J
Éloge de Vincent de Gournay, Observations de l'éditeur, *in* Œuvres de Turgot, ed. Eugène Daire, vol. 1, Paris, Guillaumin, 1844
WESTPHALEN M.H. et LIBAERT T.
La communication externe de l'entreprise, DUNOD, 4ème édition 2014

C. THÈSES

BÉNEZECH L.
La diffusion des droits fondamentaux dans l'ordre juridique interne sous l'influence de la Convention européenne des droits de l'Homme. Contribution à l'étude de la fondamentalisation des droits, thèse de doctorant en droit privé, Université Clermont Auvergne, 17 septembre 2019
BORNER-KAYDEL E.
La liberté d'expression commerciale, étude comparée sur l'émergence d'une nouvelle liberté fondamentale, thèse de doctorat, Université d'Aix-Marseille, 6 février 2014
GARAUD E.
La transparence en matière commerciale, Thèse de Doctorat en droit privé, Faculté de droit et des sciences économiques, thèse de doctorat, Université de Limoges, 9 décembre 1995

LAJANTE M.
Contribution des neurosciences à l'étude de l'émotion en persuasion publicitaire : concepts, méthodes et mesures, thèse, Université de Rennes 1, 4 décembre 2013
MOUTEL B.
L'effet horizontal de la Convention européenne des Droits de l'Homme en droit privé français. Essai sur la diffusion de la CEDH dans les rapports entre personnes privées, Thèse de Doctorat, Université de Limoges 2006.
NGYUN THANH D.
Techniques juridiques de protection des consommateurs, Thèse, Caen, I.N.C., 1970
NICAUD B.
La réception du message artistique à la lumière de la CEDH, Thèse de Doctorat en droit privé, Faculté de droit et des sciences économiques, Université de Limoges, 11 avril 2011
TERWANGNE (DE) C.
Société de l'information et mission publique d'information, Thèse, Université de Namur, mars 2000
THARAUD D.
Contribution à une théorie générale des discriminations positives, Thèse de Doctorat en droit privé, Faculté de droit et des sciences économiques, Université de Limoges 2006
WALTER J-B.
L'espérance légitime, Fondation Varenne, collection des thèses, 2011

D. ARTICLES, COMMUNICATIONS, CHRONIQUES

1. Articles juridiques

AFROUKH M.
- « Les critères « Von hannover n°2 » dans la jurisprudence récente de la Cour européenne des droits de l'homme : une attractivité équivoque », *Rev. trim. dr. h.* n°115, 2018, p. 595

ALBERT N.
- « Police administrative et droit de la concurrence : les liaisons dangereuses », *Rec. D.* 2001

AMBROISE-CASTÉROT C.
- « Droit pénal de la consommation », *Revue de science criminelle et de droit pénal comparé*, vol. 1, n°. 1, 2010, pp. 146-155

ARCELIN L.
- « La publicité comparative, à la croisée des intérêts des consommateurs et des concurrents : 1ère partie », *Revue Lamy de la Concurrence*, 2007, n° 13, p. 132 ; 2ème partie, *RLC* n°14/2007, p.177
- « L'alliance raisonnable entre droit de la concurrence et CEDH », *Revue Lamy de la Concurrence*, n° 11, 1er avril 2007
- « Campagne de Leclerc pour la distribution des médicaments non remboursés : ceci n'est pas une publicité », *La Semaine Juridique Entreprise et Affaires* n° 50, 11 Décembre 2008
- « La redondance informative ou le bon sens oublié », *Contrats Concurrence Consommation*, n° 5, mai 2011, étude 9
- « L'opportunité de transformer l'Autorité de régulation professionnelle de la publicité (ARPP) en autorité administrative indépendante (AAI) », *Rec. Dalloz*, 2012
- « Données personnelles : sésame déterminant sur le marché de la publicité digitale », *Revue Lamy Droit de l'Immatériel*, n° 142, 1er novembre 2017
- « Règles générales quant au contenu du message publicitaire », *LexisNexis, Fasc.* 794, 29 octobre 2018

AUTIN J-L.
- « Le devenir des autorités administratives indépendantes », *RFDA*, 2010, p.875
BAKER E.
- « The first Amendement and commercial speech », *Idiana law journal*. 2009, vol. 84
BARANÈS W. et FRISON-ROCHE M-A.
- « Le souci de l'effectivité du droit », *D.* 1996, chron., p. 301-303
BARBOU DES PLACES S. et DEFFAINS N.
- « Morale et marge nationale d'appréciation dans la jurisprudence des Cours européennes », *in Morale(s) et droits européens*, Pedonet, pp.49 - 72, 2015
BÉCHILLON (DE) D., FOUREL J. et GUOYMAR M.
- « L'entreprise et les droits fondamentaux : le procès équitable », Cons. Const. 5 avril 2012, par, *Nouveaux cah. Cons. Const.* 2012, n° 37, p. 157
BÉCHILLON (DE) D., JAMIN Ch. et MARGUÉNAUD J.P.
- « L'entreprise et les droits fondamentaux », conférence, *Nouveaux Cah. Cons. Const.*, 2010, n° 29, p. 205 et s
BELLOIR P.
- « Droit pénal et publicité subliminale », *Legicom*, vol. 10, n°. 4, 1995, pp. 50-56
BÉNICHOU M.
« L'Europe, les avocats et la concurrence » : *Gaz. Pal.* 7 févr. 2015, n°038
BERGER T.
- « L'intérêt et les besoins du consommateur dans la transition des modèles agroalimentaires », le projet ETIAS (Ecological Transitions and Intergrated Agri Food Systems) est un projet de recherche en droit de l'Université de Nantes, soutenu dans le cadre du dispositif RFI Food for Tomorrow-cap Aliment
(http://www.capaliment.fr/Foodfortomorrow)
BIHL L.
- « Vers un droit de la consommation », *Gaz. Pal.*, 14 sept. 1974, p. 755
BILLET P.
- « On va marcher sur la pub », *la Semaine Juridique Administrations et Collectivités territoriales* n° 4, 29 Janvier 2018, 2036
BINETTE A.
- « La liberté d'expression commerciale », *Les Cahiers de droit*, édition Faculté de droit de l'Université Laval, *vol.* 28, n°2, 1987
BIOLAY J.
- « Publicité : communication publicitaire audiovisuelle », *Lexis360*, 1 mars 2007
- *« Professionnels de la publicité »*, LexisNexis, 1er décembre 2009, p. 8
- « Aspects de droit de la concurrence appliqués à la publicité », *Jurisclasseur,* 26 septembre 2011
BIRKNER N., et YORK-GOTHART M.
- « Qu'est-ce que l'espace public ? » *Histoire du mot et du concept*, Dix-huitième siècle, vol. 46, n°. 1, 2014, pp. 285-307
BOISSON DE CHAZOURNES L.
- « La publicité commerciale et liberté d'expression dans le cadre du Conseil de l'Europe », *Revue générale de droit international public*, 1988
BONJEAN B.
- « Le droit à l'information du consommateur », *in* L'information en droit privé, Travaux de la conférence d'agrégation, ss direc., Y. LOUSSOUARN et P. LAGARDE, 1978, p.353
BORNSTEIN R-F.
- « *Subliminal Techniques as Propaganda Tools*: *Review and Critique* », vol. 10, *Journal of Mind and Behavior*, 1989, p. 231–262., chap. 3.

https://faculty.washington.edu/jdb/345/345%20Articles/Chapter%2006%20Bornstein%20&%20D%27Agostino%20(1992).pdf
- « Exposure and affect: Overview and Meta-analysis of Research », 1968-1987, *Psychological Bulletin*, 106, 265-289, 1989

BOUTET M.
- « La liberté d'expression publicitaire selon l'interprétation de la convention européenne des droits de l'homme », *D.* 26. 13 janvier 2000

BOUVERESSE A.
- « Dossier Keck - L'arrêt Keck et la jurisprudence postérieure du point de vue de la Cour ou comment le juge de l'Union a travaillé son revirement », *RTD eur.* 2014. 870-1

BRANDAC M.
- « L'action en justice, droit fondamental, Nouveaux juges, nouveaux pouvoirs ? » *in Mélanges en l'honneur de Roger Perrot*, *Dalloz*, 1996, p. 3

BRENET F.
- « La notion de liberté fondamentale au sens de l'article L. 521-2 du CJA », *RDP*, 2003, p. 1535

BRISSY S.
- « L'autorégulation des professions », *Dalloz, Droit social*, 2016. p.137

BRUN Ph.
- « Loterie publicitaires trompeuses : la foire aux qualifications pour une introuvable sanction » *in Mélanges* Calais-Auloy, *Dalloz* 2004, p. 191

BRUNET A.
- « Publicité comparative, concurrence et consommation », *Gaz.Pal*, 18 déc. 1999, p.6

BUGHIN J., LIVINGSTON J. et MARWAHA S.
- « Seizing the potential of « big data » » *McKinsey Quarterly*,103-109, 2011

BURGORGUE-LARSEN L.
- « Nothing is perfect – Libres propos sur la méthodologie interprétative de la Cour EDH », in *Mélanges Flauss,* 2014, *Pedone*, p. 129

CALLEWAERT J.
- « La convention européenne des droits de l'homme entre effectivité et prévisibilité », *in* Les Droits de l'homme au seuil du troisième millénaire, *mélanges en honneur à Pierre Lambert*, *Brulant*, 2000, p.105

CARRIÉ L.
- « L'influenceur digital, définition-obligations- statuts », *Légipresse*, n°368, février 2019, p.84

CASSIN R.
- « Science des droits de l'homme : méthodologie et enseignement », colloque de Nice 1971, *RDH* 1972, vol.V

CASANOVA (DE) E. A.
- « L'indemnité de « dépossession » dans les rapports entre intermédiaires de publicité, études de droit commercial » *in Dix ans de conférences d'agrégation, D.* 1961, p. 459

CATHERINE A., DAVID A., PAQUIER Y., POINSIGNON D. et VICOMTE D.
- Chronique de jurisprudence constitutionnelle française 2015, *Cahiers de la recherche sur les droits fondamentaux*, 14. 2016, 113-136

CHAMPEIL-DESPLAT V.
- « L'effectivité des droits de l'homme : perspectives théoriques », *in* À la recherche de l'effectivité des droits de l'homme, *Presse universitaire de Paris*, 2008, p. 11 et s
- « Des « libertés publiques » aux « droits fondamentaux » : effets et enjeux d'un changement de dénomination », *Jus Politicum, revue de droit politique*, n°5

[http://juspoliticum.com/article/Des-libertes-publiques-aux-droits-fondamentaux-effets-et-enjeux-d-un-changement-de-denomination-290.html]

CHANNOUF A.

- « Les images subliminales », *Presses Universitaires de France*, Coll. Médecine et Société, Paris 2000

CHAUVIN P.

- « Contrôle de proportionnalité : Une nécessaire adaptation aux exigences de la jurisprudence européenne », *Gaz. Pal.* 6 déc. 2016, n° 281w8, p. 10

CHÉNEDÉ F.

- « Contre-révolution tranquille à la Cour de cassation ? » *D.* 2016, p. 796-806

COHEN-JONATHAN G.

- « Liberté d'expression et publicité - L'article 10 de la Convention européenne des droits de l'homme », *RD aff. int.* 1986, n° spécial, *La publicité et l'Europe*, p. 9
- « Le rôle des principes généraux dans l'interprétation et l'application de la Convention EDH », *in Mélanges en hommage à Louis Edmond Pettiti*, *Bruylant*, Bruxelles, 1988
- « Liberté d'expression et message publicitaire », *RTDH* 1993. 69 s., spéc. p. 93

CORNU G.

- « La protection du consommateur et l'exécution du contrat en droit français », *in* travaux de l'Association Henri Capitant, t. XXIV, 1973

COSTA J-P.

- « La Cour EDH : vers un ordre juridique nouveau ? », *in* Mélanges en hommage à L-E. Pettiti, 1988

COURBET D.

- « Réception des communications et cognition non consciente : les effets non-verbalisables de la communication commerciale », *Communication et organisation*, 18-2000, p.7

CUZACQ N.

- « Le mécanisme du Name of Shame ou la sanction médiatique comme mode de régulation des entreprises », *RTD Com*, 2017, p. 473

DACHEUX E. et ROUQUETTE S.

- « Internet est-il un espace public ? » B. VACHER, C. LEMOENNE, A. KYINDOU. Communication et débat public, 2013. Sic_00848835

DAOUD E., MERCINIER E. et NEIMAN J.

- « Loi du 30 juillet 2018 relative à la protection du secret des affaires : un apport utile mais insuffisant », *Rev., Lamy droit des affaires*, 147, 1er octobre 2019

D'AVOUT L.

- « La liberté d'entreprendre au bûcher » *Rec. D.* 2014., p 1287.

DECAUX E.

- « L'applicabilité des normes relatives aux droits de l'homme aux personnes morales de droit privé », *RID comp.* 2002. 549 s., spéc. p. 578

DELHOSTE M-F.

- « Musique amplifiée et atteintes à la personne humaine, un encadrement insuffisant », *in Revue de la recherche juridique, Droit prospectif*, 2005-2, p.935 et s

DERIEUX E.

- « L'intérêt général pierre angulaire ou inégalitaire du droit de la communication ? », *Légicom*, 2017/1 N°58, pp. 107

DREYER E.

- « La fonction des droits fondamentaux dans l'ordre juridique », *Rec. D.* 2006, p. 748
- « Non intentionnelle, la pratique commerciale trompeuse constitue une simple contravention », *D.* 2010, p. 1913
- « Droit de la presse », *D.* 2020, p. 237

DUPRÉ DE BOULOIS X.
- « Les notions de liberté et de droit fondamentaux en droit privé », *JCP*. G .2007. I. 211, p. 11

ECKERT G.
- « Quelle place pour la libre concurrence », *Revue juridique de l'économie publique*, n° 718, Avril 2014, comm. 18

EDELMAN B.
- « La Cour européenne des droits de l'homme et l'homme du marché », *Rec. D.*, 2011, p. 897

FARBER D.A.
- « L'approche de la liberté d'expression par catégorie d'expression en droit constitutionnel américain », *in La liberté d'expression aux États-Unis et en Europe*, direct., Élisabeth Zoller, *Dalloz*, 1ère édition. 2008

FARJAT G.
- « *La notion de droit économique* », Archives de philosophie du droit, t.37, 1992

FAURE B.
- « Remarques sur les mutations du principe de la liberté du commerce et de l'industrie », *RFDA*. 2004., p. 299

FAVOREU L.
- « La notion de liberté fondamentale devant le juge administratif des référés », *Rec. D*. 2001, n°22, pp.1739-1744

FERRIER D.
- « La liberté du commerce et de l'industrie », *in Liberté et droits fondamentaux*, 22ème édition, 2016., p. 872

FILIPPI (DE) P.
- « Gouvernance algorithmique : vie privée et autonomie individuelle à l'ère des Big Data », *in Open data et Big Data* (ss. dir. D. BOURCIER et P. DE FILIPPI), *Mare & martin*, 2016, p.98

FLAUSS J-F.
- « La convention européenne des droits de l'homme : une nouvelle interlocutrice pour le juriste d'affaires », *RJDA*, n°6, éd., *Francis Lefebvre* 1995, p.533

FONTBRESSIN (DE) P.
- « L'effet transcendantal, de la Convention EDH », *in* Mélanges en hommage à L-E. Pettiti, 1988
- « La liberté d'expression et la protection de la santé ou de la morale », *Rev.Trim.dr.h.* 1993, p.135

FOSSARD R. et INTARTAGLIA J.
- « Libres face à la publicité ? », C.E.R.A.S, 2018/6 N° 367, pp. 41 à 48

FRANÇOIS L.
- « Le conflit entre la liberté d'expression et la protection de la réputation ou des droits d'autrui », *D*. 2006. 2953
- « L'espérance légitime : nouvelle technique européenne de la protection de la liberté de la presse à sensation », *RLDI*, septembre 2009, n°53, n°1716
- « Liberté d'expression et conviction religieuses dans la jurisprudence européenne », *Légicom* n°55-2015/2, p.143
- « Le débat d'intérêt général dans la jurisprudence de la Cour de Strasbourg », *Légipresse*, juin 2014, n°317, p.339
- « Le droit à l'oubli numérique à l'épreuve de la liberté d'information », *AJ Pénal*, 2018, p.462

FREMONT M.
- « Le principe de proportionnalité », *AJDA*, numéro spécial, 1995, p. 164

FROMONT A. et VERDURE C.
- « La consécration du critère de l'« accès au marché » en matière de libre circulation des marchandises : mythe ou réalité ? », *RTD Eur.* 2011
GALOKHO C.
- « Les atteintes à la liberté du commerce et de l'industrie résultant de la prévention et du traitement des difficultés des entreprises », *RTD com.* 2014. 489
GAVALDA-MOULENAT C.
- « La violence économique et le droit de la consommation, l'abus de faiblesse », *in, La violence économique à l'aune du nouveau droit des contrats et du droit économique.* Journée nationales, Tome XXI, Perpignan, *Dalloz*, 2017, p. 77

GIRARD C.
- « Le libre marché des idées et la régulation de la communication publique », *Klesis, revue philosophique*, 2011, 21. Spec., p. 222
GORMLEY L.
- « Reasoning Renounced ? The Remarquable Judgment in Keck and Mithouard », *Eur.Business Law Review* 1994
GRAS F.
- « Communication et déontologie des professions de santé », *Légicom* 1996/1 n°11, p.80
- « Publicité pour l'alcool », *JurisClass. Comm.* Fasc.184
- « Contrat de publicité », *JurisClass.*, 26 août 2012
GREEN F.
- « Corporation as Persons, Citizens, and Possessor of Liberty », *U. of Pennsylvania LR* 1946. 202
GUIBAL M.
- « Commerce et industrie », *D.* février 2003
GUILLARMOD J.
- « Règles, méthodes et principes d'interprétation dans la jurisprudence de la Cour EDH », *in Mélange en hommage à L.E. Pettiti*, 1988
GUINCHARD S.
- « L'influence de la Convention EDH sur la procédure civile », LPA 12 avr. 1999 et *Gaz. Pal.* 31 août 1999
- « Convention européenne des droits de l'homme et procédure civile », *D.* avril 2017, section 2, §15
HALPERIN M.
- « Liberté d'expression, professions libérales et publicité commerciale », *Rev.trim. dr.h.* 1995, p78
HARNAY S. et SACHS T.
- « La régulation de la gouvernance d'entreprise : de l'autorégulation à la corégulation ? », *Revue d'économie financière, vol.* 130, n°. 2, 2018, p.47
HASSLER T. et LAPP V.
- « *Définition de la publicité télévisée clandestine et calcul des sanctions* », Dalloz, 1999. 119
HOLDSWORTH WS.
- « English Corporation Law in the 16th and 17th Centuries », *Yale LJ* 31. 1922. 382
HOSSAIN M. et M. REAZ M.
- « The determinants and characteristics of voluntary disclosure by Indian banking companies », *Corporate Social Responsibility and Environmental Management*, 14(5) 2007, pp. 274-288

IDOT L.
- « La justice économique en Europe », colloque du 15 novembre 2013, organisé par l'Association Toulouse cité européenne du droit au TGI de Toulouse le 15 novembre 2013, *RLDA* 2015/104, mai 2015, n°5595, p. 27

IVINER T.
- « De l'ordre technique à l'ordre public technologique », *JCP*, 1972 I 2495

JACOBSON M.
- Colloque « *Consumer Kids* » des 26 et 27 avril 1994, *in MOREIRA Paul*, « Les enfants malades de la publicité », *Le Monde Diplomatique*, 1996

JACOT-GUILLARMOD O.
- « Rapports entre démocratie et droits de l'homme », *in Démocratie et droits de l'homme*, éd. Engel, 1990, p. 69

JAMIN C.
- « Un droit européen des contrats », *in Le droit privé européen*, dir. P. de Vareilles-Sommières, éd. *Economica*, 1988, p. 40 et s., spéc. p. 57

JEANDIDIER W.
- « Infractions économiques », in *Les infractions en matière de consommation*, Octobre 2016

JOUX A.
- « Publicité : face aux critiques, faire mieux, faire moins », *REMN*, n°48, 2018

JUGLART DE M.
- « L'obligation de renseignement dans les contrats », *RTD. Civ.* 1945, p1

KAMAL M.
- « La liberté d'entreprendre à la lumière de la question prioritaire de la constitutionnalité », *Lamy droit de la concurrence*, 1er avril 2012, n°31

KEELING D.
- « The Free Mouvement of Goods in EEC law: Basic Principales and Recent Developments in the Case Law of the Court of Justice of the European Communities », *The International Lawyer* 1992 n°2

KOOPS B-J.
- « Forgetting Footprints, Shunning Shadows: A Critical Analysis of the "Right to Be Forgotten" », *in Big Data Practice*, *SCRIPTed*, Vol. 8, N°3, 2011 pp. 229-256

LAMBERT P.
- « Chronique de la jurisprudence de la Cour européenne des droites de l'homme », *Journal des tribunaux-droit européen*, 1997, p.62

LANDRY D.
- « Communication de l'avocat et démarchage », *Gaz.Pal*, 28 février 2015 n° 59

LANTERO C.
- « La responsabilité ordinale, Interdiction de la publicité et de la pratique commerciale », étude *in Droit médical*, Lexbase n° E13123RZ

LAUGÉE F.
- « Programmatique », la *REM* n°32, automne 2014

LEABEAU-MARIANNA D. et VERMYNCK E.-C.
- « Publicité comportementale : enjeux, risques et tendances », *RLDI* 2009/52 p. 55

LECOURT A.
- « L'utilisation de la CEDH dans la pratique des affaires », colloque Pau, 20 novembre 2009, *Dr. et Patr.* 2010, n° 194, p. 51 et s

LEDUC R.
- « Le Rôle économique de la publicité », in L'avenir de la publicité et le droit, Montpellier 1976, p.11 et s

LEMMENS P.
- « Les effets de la CEDH dans certains domaines du droit civil », *RUDH* 1992 p. 447 et s
LEMONNIER N., et SPENCER T.
- « Altération des avis en ligne : quels moyens pour protéger le consommateur ? », *in* Protection des consommateurs. Les nouveaux enjeux du consumérisme, sous dir. D. ROUX et L. NABEC, Coll. Versus, éd., *EMS Editions*, 2016, p. 89-107
LEPAGE A.
- « Droits de la personnalité et liberté d'expression », *D.* septembre 20019, §305
LEVADE A.
- « Discrimination positive et principe d'égalité en droit français », *Pouvoirs*, n° 111, 2004, p. 55
LIARD B.
- « La frontière entre information et publicité », *in Information et produits de santé, quelles perspectives ?* éd. PUF, 2006, pp. 49-63
LOISEAU G.
- « Des droits humains pour des personnes non humaines », *D*alloz. 2011, p. 2558
LOMBARD M.
- « Libertés économiques », *in* Actualité du droit de la concurrence et de la régulation, *AJDA* 2011, p. 649
- « Actualité du droit de la concurrence et de la régulation », *AJDA* 2013, p. 2531
LUBY M.
- « Propos critiques sur la légalisation de la publicité comparative », *D.* 1993, p.53
- « La publicité commerciale », *Dalloz,* Répertoire de droit européen, janvier 2005 (actualisation juillet 2018)
MAINGUY D.
- « La liberté d'entreprendre face à ses partenaires », *in Entreprise et liberté*, édition. *D.* 2007., p. 21
MALAURIE P.
- « Caractère outrageant d'une affiche publicitaire qui constitue une injure au sens de la loi du 29 juillet 1881 », *JCP G.*, 2005, II, 10109
MALAURY-VIGNAL M.
- « Ombres et lumières de la dénonciation de l'illicite », *CCC.* n°6, juin 2009
- « Publicité et concurrence déloyale », *Revue Lamy de la concurrence*, n°31, 1 avr. 2012
MARCHADIER F.
- « Réseaux sociaux sur internet et vie privée », *in Techniques et droits de l'homme*, Actes du colloque organisé du 20 au 23 avril 2010, Facultés de droit de Limoges et de Poitiers, *Coll. Grands colloques*, éd. *Montchrestien*, 2011, p. 215
- « La moralisation de la vie des affaires et la convention européenne des droits de l'homme », *in Moins de droit dans l'activité économique : mythe ou réalité ?* Colloque organisé par La Chaire de procédure pénale internationale de la Faculté de Droit et d'Administration de l'Université de Varsovie et Le collège de droit français à Varsovie de la Faculté de droit et des sciences sociales de l'Université de Poitiers. Varsovie, les 28 et 29 octobre 2011.
MARCUS-HELMONS S.
- « L'applicabilité de la Convention européenne des droits de l'homme aux personnes morales », *JTDE,* Belgique, 1996
MARGUÉNAUD J-P.
- « La résolution des conflits entre le droit à la liberté d'expression et les droits à l'image et à la réputation », *RTD. Civ.* 2012 p.279
- « La fondamentalisation du droit privé », avant-propos à un dossier sur ce thème, *in RDA,* octobre 2015, p. 33 et s
- « *Convention EDH, article 8 : vie privée* », *Dalloz*, octobre 2017

- « Le droit au respect de la vie privée et familiale », *in Les grands arrêts de la Cour européenne des Droits de l'homme*, édition 2015

MARINO L.

- « Plaidoyer pour la liberté d'expression, droit fondamental de l'entreprise », *RTD com* 2011, p.2

MARK GA.

- « The Personification of the Business Corporation », *in American Law*, *U. Chi. LR* 1987. 1441

MATSCHER F.

- « Les contraintes de l'interprétation juridictionnelle, les méthodes d'interprétation de la Convention EDH », *in* F. Sudre [dir.] : « L'interprétation de la Convention EDH », Colloque de l'Institut du droit européen des droits de l'homme de Montpellier, 13 et 14 févr. 1998, *Bruylant* et *Nemesis*

MATTERA A.

- « De l'arrêt Dassonville à l'arrêt Keck : l'obscure clarté d'une jurisprudence riche en principes novateurs et en contradictions », *Rev. Marché unique Européen* 1/1994

MAYER J.

- « Personalizing the Impersonal: Coporations and the Bill of Rights », *Hastings* LR 1990. 577, spéc. p. 640

MAZEAUD J.

- « L'attraction du droit de la consommation », *RTD com.*, 1998, 104

MELCHIOR M.

- « Notions « vagues » ou « indéterminées » et « lacunes » dans la Convention européenne des Droits de l'Homme », *in Protection des droits de l'homme : la dimension européenne*, Mélange en l'honneur de G.J. WIARDA, éd. *Carl Heymanns Verlag*, 1988

MILANO L.

- « Convention européenne des droits de l'homme et droit de l'entreprise », colloque des 15 et 16 octobre 2015, Montpellier, coll. Droit et Justice, éd. Anthémis, 2016

MOHAMED MAHMOUD M-S.

- « L'Économie de marché et les droits de l'homme », *RIDE*, 1996, n°2, pp. 159 et s

MORANGE J.

- « Affichage publicitaire et liberté d'expression, éléments de réflexions », *in déboulonneurs.org*, 17 avril 2007

M'SAÏDIÉ T.

- « La déclaration administrative préalable à l'exercice d'une activité », *AJDA* 2013. 514

NORMAND J.

- « Le domaine du principe de motivation », *in* Association Henri Capitant des amis de la culture juridique française, Limoges 1998, *La motivation*, *LGDJ*, 2000

OLIVIER P.

- « Dossier Keck - Forces et faiblesses de l'arrêt Keck », *RTD Eur.* 2014

PATAULT A-M.

- « La personne morale d'une nationalisation à l'autre, naissance et mort d'une théorie », *Droit*, n°17, 1993

PAVIA M-L.

- « L'existence du pluralisme, fondement de la démocratie », *in RA*, 1990, p. 320

PEIGNÉ J.

- « La publicité pour les produits de santé », *JurisClasseur Communication. Fasc.*188. 1 nov.2015. §7

PICARD E.

- « Droits fondamentaux », *in Dictionnaire de la culture juridique*, *PUF*, 2003, pp. 544-549

PICOD V.F.

- « La jurisprudence Keck et Mithouard a-t-elle un avenir ? », *in L'entrave dans le droit du marché intérieur*, éd. Bruylant, 2011

PINON S.

- « Le positivisme sociologique : l'itinéraire de Léon Duguit », *Revue interdisciplinaire d'études juridiques*, 2011/2, volume 67, p. 69-93

POIRES M.

- « Keck: The end ? The beginning of the end? Or just the end of the beginning? », *Irish Journal of European Law* 1994 n°1, pp. 31

POULLET Y. et ROUVROY A.

- « Le droit à l'autodétermination informationnelle et la valeur du développement personnel. Une réévaluation de l'importance de la vie privée pour la démocratie », *in* « Reinventing Data protection ? », *éd. Springer*, 2009, p. 159

RENUCCI J-F.

- « Application de la Convention européenne des droits de l'homme à une personne morale », *Recueil Dalloz,* 1993
- « Le droit des affaires, domaine nouveau du droit européen des droits de l'homme », *Droit et patrimoine*, n°74, éd. *LamyLine*, 1er sept. 1999

RIVERO J.

- « Rapport général », in les droits de l'homme, droits collectifs ou droits individuels ? LGDJ, 1980, p. 23

ROBERT J-H.

- « Le lieu et le temps de la publicité trompeuse », *Dr. pén.* déc. 1989, chron. p. 1 et s

ROLLAND P.

- « Le contrôle d'opportunité par la Cour européenne des DH » *in* D. ROUSSEAU et F. SUDRE : *Conseil constitutionnel et Cour européenne des droits de l'homme*, Paris, *Editions STH*, 1990

ROSKIS D.

- « Publicité digitale : plus de transparence en matière d'achat d'espaces publicitaires - Décret n° 2017-159 du 9 février 2017 », *La SJEA*, n°21-22, du 25 mai 2017

ROUBIER P.

- « Théorie générale de l'action en concurrence déloyale », (1948) 46 *RTD civ.* 541, 546

ROUX (DE) H. et ZILBERMAN A.

- « La loi sur le secret des affaires : un premier élan vers la protection des données sensibles des entreprises françaises ? », *Rev. Lamy droit des affaires*, n°141, 1er octobre 2018

RZEPECKI N.

- « Particularisme des dispositions tendant à l'équilibre entre les deux partenaires », *in Droit de la consommation et théorie générale du contrat*, chapitre1, Aix-en-Provence : *Presses universitaires d'Aix-Marseille*, 2002

SACRISTE V.

- « Sociologie de la communication publicitaire », Presses universitaires de France, 2001/2, vol.51, p. 490

SAINT-JAMES V.

- « Le droit à la santé dans la jurisprudence du Conseil constitutionnel », *RDP* 1997, p.457

SARGOS P.

- « Les principaux domaines d'application de la Convention en droit pénal et en droit civil », *in Convention européenne des droits de l'homme et droit communautaire*, Actes du colloque du 18 juin 1987, La Documentation française, 1988, p. 31

SAS (DE) P-X. et MAZARS C.

- « Youtubers et publicité », *Revue Lamy Droit de l'immatériel,* n° 125, avril 2016

SAVATIER R.

- « Les métamorphoses économiques et sociales du droit civil d'aujourd'hui ». Première série : Panorama des mutations, 3e éd., i*n: Revue internationale de droit comparé*. Vol. 16 n°3, Juillet-septembre 1964. pp. 677-678

SCHAHMANECHE A.

- « La combinaison des critères du mode de conflit et l'objet du conflit », *in Les conflits de droits dans la jurisprudence de la Cour européenne des droits de l'homme*, sous direc. F. SUDRE, préc. p.87

SCHAUS A.

- « Le droit à la liberté d'expression en matière commerciale », *Rev. trim. dr. h.* 1995, p. 647

SCHMIDT D.

- « Loyauté et impartialité en droit des affaires », actes du 37ème colloque de Deauville, 31 mars et 1er avril 2012, Gaz. Pal., du 24 mai 2012, p. 6 et s

SCHUTTER (DE) O.

- « La vie privée entre droit de la personnalité et liberté », *RTDRH* 1999, p.828

SERGRESTIN B., et HATCHUEL A.

- « La société à objet social étendu », *Presses des Mines*, 2015

SIBONY A.L.

- « Chronique Marché intérieur - Un pas de plus vers un test unique de l'entrave », *RTD Eur*. 2012

SNELL J.

- « The Notion of Market Access: A Concept Or a Slogan ? », *Common Market Law Review* 47 : 437-472, 2010

SOLOVE D-J.

- « Conceptualizing privacy », *California Law Review*, 2002, 90, p.1085

STAHL J.H.

- « L'application par le juge administratif de l'ordonnance du 1er décembre 1986 relative à la liberté des prix et de la concurrence », *RFDA*, 1997, p. 1228

SUDRE F.

- « L'arrêt CEDH 27 février 1992, Société Stenuit c. France : à propos des droits de l'entreprise », *la Semaine juridique, Cahier de droit de l'entreprise* n°28 du 9 juillet 1992. p. 28
- « Droit communautaire et liberté d'information au sens de la Convention européenne des droits de l'homme », *RTDH.*, 1993, n° spécial sur la liberté d'expression, pp.13-14
- « A propos du dynamisme interprétatif de la Cour européenne des droits de l'homme », *JCP G Semaine juridique* (édition générale), 11 juillet 2001
- « La motivation des décisions de la Cour européenne des Droits de l'Homme », *in* La motivation des décisions de justice des juridictions internationale, éd. *Pedone,* 2008, p.172

SURREL H.

- « Droit à l'effacement et la liberté de la presse », *JCP* 2018, n°869

TERRÉ F.

- « L'évolution du droit de propriété depuis le Code civil », *Revue française de* théorie *juridique* 1985.35

TEYSSIER J.-P.

- « La régulation professionnelle : des règles non étatiques pour mieux responsabiliser », Fondation pour l'innovation politique, décembre 2011.p.9

TOURNEAU (LE) Ph., et ZABALZA A.

- « Le réveil des quasi-contrats », *CCC* 2002, chron. n°22

TRÉBULLE F-G.

- « Responsabilité sociale des entreprises et liberté d'expression », *Dalloz, Revue des sociétés*, 2004, p.261

TRUCHET D.

- « La notion d'intérêt général : le point de vue d'un professeur de droit », *Legicom*, vol. 58, n°. 1, 2017, pp. 5-11
TULKENS F.
- « L'usage de la marge d'appréciation par la Cour européenne des droits de l'homme. Paravent juridique superflu ou mécanisme indispensable par nature ? », *Dalloz*, RSC 2006, p.3. p.11
UTARD J-M.
- « La publicité soluble dans l'économie... », éd. *Hermès, La Revue*, vol. 44, n°. 1, 2006, pp. 93-98
VALETTE-ERCOLE V.
- « La loi n°2014-344 du 17 mars 2014 relative à la consommation : entre dépénalisation et pénalisation », *Dr. pénal* n°6, juin 2014, étude 13, point 16
VAN DROOGHENBROECK S.
- « La proportionnalité dans le droit de la convention européenne des droits de l'homme. Prendre l'idée simple au sérieux », Bruxelles, *éd., Presses de l'Université Saint-Louis,*2001, p.544
VERPEAUX M.
- « La liberté d'expression dans les jurisprudences constitutionnelles », nouveaux cahiers du Conseil Constitutionnel, n° 36, dossier : La liberté d'expression et de communication, juin 2012
VICTOR D.
- « La nouvelle vague des droits de la nature. La personnalité juridique reconnue aux fleuves Whanganui, Gange et Yamuna », *Revue juridique de l'environnement*, 2017/3 (Volume 42), p. 409-424
VIRALLY M.
- « Sur la prétendue « primitivité » du droit international », *in Le droit international en devenir*, 1991, p. 91, spéc. p. 93
VOGEL L.
- « Droits de l'homme et droit de la concurrence » *in Mélanges Y. SERRA* : *Dalloz*, 2006
WACHSMANN P.
- « Une certaine marge d'appréciation, considérations sur les variations du contrôle européen en matière de liberté d'expression », *in* Mélanges en honneur à Pierre LAMBERT, éd. *Brulant*, 2000
- « L'importation en France de la notion de droits fondamentaux », *RUDH* 2004, p. 40
WOOD SG., SCHARFF BG.
- « Applicability of Human Rights Standards to Private Corporations », The American Journal of comparative Law, 2002- JSTOR
ZAVOLI P.
- « Affichage publicitaire », In *Revue Juridique de l'Environnement*, n°3, 2001. p. 477
- « La police de l'affichage », *Encyclopédie des collectivités locales, D.* juin 2013. § 37

2. Articles extra-juridiques

- *Articles en sciences de gestion*

ARASZKIEWIEZ J.
- « L'influence des images subliminales : Une approche critique », La télévision et ses influences, *De Boeck*; *INA*, pp.208, 2003
ERRA M.
- « Contrat de la filière « communication », *CNS*, 15 février 2017, p.16
GAUTHIER G.

- « La publicité est-elle immorale ? », *in Communication, Information Médias Théories*, volume 15 n°1, printemps 1994. pp. 12-34

HANDLIN O. et HANDLIN M.F.

- « Origins of the American Business Corporation », The *Journal of Economic History*, Cambridge, 1945. 1

KAMMOUN M.

- « Efficacité de la publicité. Un état de l'art », *La Revue des Sciences de Gestion*, 2008/1, n°229, p. 111-119

KIHLSTROM J-F.

- « The cognitive unconscious », *Sciences*, 237, pp. 1145-1152, 1987

KUNST-WILSON W-R. et ZAJONC R-B.

- « Affective Discrimination of Stimuli that cannot be Recognized », *Science, New Series*, Vol. 207, n°. 4430, fév. 1980, pp. 557-558

LANGE-MÉDART A.

- « Vers une révision a minima de la directive SMA », *Les enjeux de l'information et de la communication*, 2016/2 (n°18)

ZAJONC R.

- « Attitudinal Effects of Mere Exposure », *Journal of Personality and Social Psychology Monographs*, vol. 9. 2, partie 2, 1968

• *Articles de presse et de vulgarisation* :

AUDUREAU W.

- « Cyprien, Norman, EnjoyPhoenix : le business trouble des youtubeurs », *lemonde.fr*, 9 nov. 2015

BAGDIKIAN B-H.

- « The Media Monopolist », *Beacon Press*, 1992, p.129-130

BUIS G.

- « Responsabilité du Jury de déontologie publicitaire », 16 janvier 2012, http://www.buis-avocat.fr/Responsabilite-du-Jury-de

CDQ

- « Les français sont lassés du marketing digital », *Stratégies.fr*

GAVARD E.

- « Le marketing s'attaque à l'inconscient des clients », déc. 2019, *Stratégie.fr*

HENNO J.

- « Comment garantir la véracité des avis consommateurs sur internet ? De nouvelles méthodes cherchent à associer algorithmes et « sagesse des foules » », *Les Echos*, 7 octobre 2015

HOLMAN W. et JENKINS J.

- « Google and the Search for the Future », *in Wall Street Journal* (WSJ), 14 août 2010

LUISETTI T.

- « Tv segmentée : testée et approuvée par les annonceurs », CBNEWS, *12 mars 2019*

MARCHI (DE) J-M. et GENSOUS M.

- « L'Observatoire de l'e-pub S1 2018, Facebook et Google accentuent leur domination sur la publicité en ligne », *Mind Média,* 13 juillet 2018

MAUD V.

- « Qu'est-ce que la concentration des médias peut apporter aux annonceurs ? », *E-marketing.fr*, octobre 2015

OSMANIAN MOLINERO L.

- « La publicité sur internet : le marché en recherche de confiance », *Médiamétrie*, septembre 2018

PASSY J.

- « Read this before using FaceApp - you give up more personal data than you realize on this Russian-made app », *in MarketWatch.com*, 18 Juliet 2019

PITTMAN T.S.

- « Perception without Awarness », *The Guilford press*, New York, 1992

RADSCH C. et POLLACK R.

- « World Trends in Freedom of Expression and Media Development », *UNESCO*, 2014, p.53

ROMAND T., et SÉQUIER V.

- « Instagrameurs, blogueurs, youtubeurs : quel statut juridique pour les « influenceurs » ? », Les Échos Exécutives, *18 juin 2018*

SONNAC N.

- « Médias et publicité ou les conséquences d'une interaction entre deux marchés », *Le Temps des médias*, vol. 6, n°. 1, 2006, pp. 49-58

SUSTEIN C.

- « Democracy and the problem of free speech », The Free Press, *New York, 1995, p. 134*

TAIGMAN Y., YANG M., RANZATO M. et WOLF L.

- « DeepFace: Closing the Gap to Human-Level Performance in Face Verification », Facebook Research, 24 juin 2014

ZEGHNI S.

- « Tourisme et territoire -Marketing-Mondialisation des réseaux sociaux », JT 2018, n°213, p.40

TEXTES ET DOCUMENTS

A. TEXTES

1. Textes de l'Union européenne :

- *Droit primaire :*

Traité instituant la Communauté économique européenne, 25 mars 1957
Traité sur le fonctionnement de l'Union européenne, 26 octobre 2012
Chartes des droits fondamentaux de l'union européenne, 18 décembre 2000

Conventions adoptées dans le cadre de l'Union européenne :

Convention européenne sur la télévision transfrontière, Strasbourg, traité n°132, 5 mai 1989

- *Droit dérivé :*

Règlements :

Règlement n°1169/2011 du 25 octobre 2011 concernant l'information des consommateurs sur les denrées alimentaires
Règlement n°1337/2013 du 13 décembre 2013 l'indication du pays d'origine pour les viandes des espèces ovine, caprine, porcine et de volaille
Règlement (UE) 2016/679 du Parlement européen et du Conseil du 27 avril 2016, relatif à la protection des personnes physiques à l'égard du traitement des données à caractère personnel et à la libre circulation de ces données et abrogeant la directive 95/46/CE (règlement général sur la protection des données)
Règlement (UE) 2017/2394 du Parlement européen et du Conseil du 12 décembre 2017 sur la coopération entre les autorités nationales chargées de veiller à l'application de la législation en matière de protection des consommateurs
Règlement (UE) 2019/1150 du Parlement européen et du Conseil du 20 juin 2019, Promouvant l'équité et la transparence pour les entreprises utilisatrices de services d'intermédiation en ligne.

Directives :

Directive 2000/31/CE du Parlement européen et du Conseil du 8 juin 2000 relative à certains aspects juridiques des services de la société de l'information, et notamment du commerce électronique, dans le marché intérieur (« directive sur le commerce électronique »)
Directive 2001/29/CE du Parlement européen et du Conseil du 22 mai 2001 sur l'harmonisation de certains aspects du droit d'auteur et des droits voisins dans la société de l'information
Directive 2005/29/CE du Parlement européen et du Conseil du 11 mai 2005 relative aux pratiques commerciales déloyales des entreprises vis-à-vis des consommateurs dans le marché intérieur
Directive 2006/111/CE de la Commission du 16 novembre 2006 relative à la transparence des relations financières entre les États membres et les entreprises publiques ainsi qu'à la transparence financière dans certaines entreprises
Directive 2006/114/CE du Parlement européen et du Conseil du 12 décembre 2006 en matière de publicité trompeuse et de publicité comparative
Directive 2006/123/CE du Parlement européen et du Conseil, relative aux services sur le marché intérieur du 12 décembre 2006

Directive 2010/13/UE du Parlement européen et du Conseil du 10 mars 2010 visant à la coordination de certaines dispositions législatives, réglementaires et administratives des États membres relatives à la fourniture de services de médias audiovisuels (directive Services des médias audiovisuels)
Directive (UE) 2018/1808 du Parlement européen et du Conseil du 14 novembre 2018 modifiant la directive 2010/13/UE visant à la coordination de certaines dispositions législatives, réglementaires et administratives des États membres relatives à la fourniture de services de médias audiovisuels, compte tenu de l'évolution des réalités du marché
Directive (UE) 2019/770 du Parlement européen et du Conseil du 20 mai 2019 relative à certains aspects concernant les contrats de fourniture de contenus numériques et de services numériques

Décisions de la Commission :

Décision, 20 septembre 1995, RTL Veronica Endemol. *Angle Droit*, n°4064.
Décision, 30 avril 2004, approuvant sous condition le rachat de la Socpresse par le Groupe Industriel Marcel Dassault-Havas, Bruxelles, le 16-VI-2004, SG-Greffe (2004) D/202379

Propositions de règlements :

Proposition de règlement du parlement européen et du Conseil relatif aux promotions des ventes dans le marché intérieur, COM [2001] 546, 2 octobre 2001.
Proposition de règlement du Parlement européen et du Conseil concernant le respect de la vie privée et la protection des données à caractère personnel dans les communications électroniques et abrogeant la directive 2002/58/CE (règlement « vie privée et communications électroniques »)

2. Textes du Conseil de l'Europe :

Convention européenne de sauvegarde des droits de l'homme et des libertés fondamentales, 4 novembre 1950, entrée en vigueur le 3 septembre 1953
Convention du Conseil de l'Europe sur la Télévision transfrontière, 1er février 1989
Convention pour la protection des personnes à l'égard du traitement des données à caractère personnel (Convention 108), 28 janvier 1981
Convention du Conseil de l'Europe sur l'accès aux documents publics, STCE n°205, 18 mars 2009.

3. Textes internationaux

La Déclaration Universelle des Droits de l'Homme, 1à décembre 1948
Le Pacte relatif aux droits civils et politiques, 16 décembre 1966
Le Pacte international sur les droits économiques, sociaux et culturels, 16 décembre 1966
La Déclaration de Stockholm sur l'environnement, 16 juin 1972
La Convention sur l'accès à l'information, la participation du public au processus décisionnel et l'accès à la justice en matière d'environnement, Aarhus, Danemark, 25 juin 1998

4. Autres textes

Le premier Amendement de la constitution des États-Unis d'Amérique, 1791
La Charte Canadienne des droits et libertés, 1982

B. DOCUMENTS

1. Publications de l'Union européenne

- *Documents de la Commission européenne*

Livres verts :

Livre vert : « Les communications commerciales dans le marché intérieur », du 8 mai 1996.
Livre vert (COM (98) 121 final du 4 mars 1998.

Rapports :

Rapport de la Commission au Parlement européen, au Conseil et au Comité économique et social européen, sur l'application de la directive 2005/29/CE PCD modifiant la directive 84/450/CEE du Conseil et les directives 97/7/CE, 98/27/CE et 2002/65/CE du Parlement européen et du Conseil et le règlement (CE) n° 2006/2004 du Parlement européen et du Conseil.

Communications :

Communication de la Commission européenne au Conseil et au parlement européen : La reconnaissance mutuelle dans le cadre du suivi du plan d'action pour le marché intérieur. *Bruxelles* le 16 juin 1999. COM/99/0299 final
Communication de la Commission, du 24 octobre 2006, « Une stratégie de l'Union européenne pour aider les États membres à réduire les dommages liés à l'alcool », COM (2006) 625 final
Le cadre réglementaire fixé par la Commission européenne en matière d'étiquetage énergétique : https://ec.europa.eu/info/energy-climate-change-environment/standards-tools-and-labels/products-labelling-rules-and-requirements/energy-label-and-ecodesign/rules-and-requirements_fr
Les travaux préparatoires de l'ancienne directive 97/55/CE présente le droit à l'information des consommateurs comme une des motivations ayant mené à la licéité de la publicité comparative : Explanatory Memorandum to the Draft of 1991, COM (91)147 final-SYN 343, Bruxelles, 21 juin 1991
Rapport d'information fait au nom de la délégation pour l'Union européenne (1), sur la proposition de directive relative aux services dans le marché intérieur (E 2520),2004-2005

2. Documents du Conseil de l'Europe :

- *Résolutions :*

Résolution (72) 8 sur la protection des consommateurs contre la publicité trompeuse
Résolution (78) 46, sur les Méthodes de traitements de l'alcoolisme adoptée par le Comité des Ministres le 26 octobre 1978, lors de la 294ème réunion des Délégués des Ministres.
Résolution A.P (83) 1 du 14 septembre 1983 sur « la réglementation de la publicité des médicaments auprès du public », remplaçant la résolution (69) 3). p.2.
Résolution relative à la lutte contre le tabagisme passif et actif, 24 juin 2002, n°1286 (2002).
Résolution du Parlement européen du 25 septembre 2008 sur la concentration et le pluralisme dans les médias dans l'Union européenne,2007/2253.

- *Recommandations :*

R (82) 4 sur la prévention des problèmes liés à l'alcool, en particulier parmi les jeunes.
R (82) 5 sur la prévention de la toxicomanie et le rôle particulier de l'éducation pour la santé.
R (84) 3 sur les principes relatifs à la publicité télévisée, 23 février 1984.

R (86) 14 sur la mise au point d'une stratégie de lutte contre le tabagisme, l'abus de l'alcool et la toxicomanie. En coopération avec les faiseurs d'opinion et les médias, 16 octobre 1986.

- *Autres documents du Conseil de l'Europe :*

Rapport de P. MERTENS, Conseil de l'Europe, Assemblée Consultatives, Conférence parlementaire sur les Droits de l'Homme, Vienne, 18-20 octobre 1971 (Strasbourg, 1972).
Rapport de la Commission du 1er juin 1973, Publications de la Cour européenne des droits de l'homme, série B, vol.16, Strasbourg, 1975
Abus de la liberté d'expression dans la publicité commerciale, Conseil de l'Europe, Assemblée parlementaire, Strasbourg, février 1981.
M. DONZE : Avant-projet d'avis sur les mesures à prendre au niveau international pour lutter contre les abus de la liberté d'expression commis par la publicité commerciale, Commission des risques sociales et de la santé, Ass. Parl. Con. Eur. Le 8 juin 1982.
Bulletin d'information sur les activités juridiques au sein du Conseil de l'Europe et dans les États membres, janvier 1983
Législation comparée, la publicité pour l'alcool en Europe, Assemblée Nationale, Conseil de l'Europe, juillet 2004.
L. BENVENUTI : « La conscience de l'Europe : 50 ans de la Cour européenne des droits de l'homme », Conseil de l'Europe, 1ère édition octobre 2010.
Rapport sur l'effet de la publicité sur le comportement des consommateurs (2010/2052(INI)), 23 novembre 2010.
Rapport sur la prééminence du Droit, Commission européenne pour la démocratie par le Droit (Commission de Venise), 86ème session plénière, 25/26 mars 2011, CDL-AD AD (2011) 003
Manuel de droit européen en matière de protection des données, Agence des droits fondamentaux de l'Union européenne et Conseil de l'Europe, édition 2018.

3. Rapports

Rapport d'information déposé par la Commission des affaires culturelles, familiales et sociales sur la publicité et les médias. Assemblée nationale, Doc. AN 1991-1992, n° 2615
Rapport au Premier ministre de la Commission de prévention de la corruption présidée par R. BOUCHERY : collection des rapports officiels, Paris, Doc. Fr., 1993
Rapport public du Conseil d'État, jurisprudence et avis de 2000, les autorités administratives indépendantes, Études et documents n°52, 2001
Rapport public du Conseil d'État, Les collectivités publiques et concurrence, 2002
Rapport d'information, *la planification sur l'évaluation de l'impact de la libéralisation de la publicité télévisée et les perspectives ainsi ouvertes pour l'ensemble des acteurs concerné*, établi par P. LEROY, Sénat, n°413, 21 juin 2005
Rapport fait au nom de la commission des lois constitutionnelles, de la législation et de l'administration générale de la République sur le projet de loi (n° 2520) interdisant la dissimulation du visage dans l'espace public, établi par J.-P. GARRAUD, l'Assemblée nationale, 23 juin 2010
Rapport annuel 2012 sur Les principes directeurs de l'OCDE à l'intention des entreprises multinationales, l'OCDE
Rapport, *Loi sapin et publicité sur internet*, juillet 2013, N° 2013 / 17 / CGEiet / SG
Rapport du Conseil d'État, *Le droit souple*, 2014
Rapport, L'impact de la publicité et des pratiques de marketing sur la jouissance des droits culturels, Haut-Commissariat des Droits de l'Homme, Nation-Unies, 8 août 2014
Rapport fait au nom de la Commission spéciale chargée d'examiner le projet de loi n° 2447 pour la croissance et l'activité, t. 1, vol. 2 : doc. AN, n° 2498, établi par R. FERRAND le 19 janvier 2015

Rapport de l'Union des annonceurs, *Marché de la publicité à l'heure du numérique : plus de transparence pour plus de croissance*, établi par E. LECOMPTE 27 février 2015
Rapport de recherche, 2017, L'étiquetage au service d'une alimentation durable : le point de vue des consommateurs. Établi par Marine Desorge, Anne Marie Lacroix, Laurent Muller, Charles Pernin, Celia Potdevin pour le CLCV (Consommation Logement et Cadre de vie) / et INRA (Institut national de la recherche agronomique)
Rapport Zenith Media Group, *Top Thirty Global Media Owners*, 2017
Rapport, The economic contribution of advertising in Europe, The World Federation of Advertisers, Deloitte, janvier 2017
Rapport de la Fédération mondiale des annonceurs, *The economic contribution of advertising in Europe*, Deloitte, édition janvier 2017
Rapport du Chaire Valeurs et Politiques des Informations Personnelles, 23 juin 2017
Rapport du Conseil Général de l'Économie de l'Industrie, de l'Énergie et des Technologies, *Données personnelles et confiance : quelle stratégie pour les citoyens-consommateurs en 2017 ?* établi par P. WAELBROECK, A. KHATCHATOUROV et C. LEVALLOIS-BARTH , 23 juin 2017.
Rapport du Conseil Général de l'Économie de l'Industrie, de l'Énergie et des Technologies, *Accès aux données, consentement, l'impact de règlement e-privacy* , établi par C.DUCHESNE-JEANNEY, G. LALLEMENT et J. SERRIS, janvier 2018
Rapport, *Mes données à moi. Pour une patrimonialité des données personnelles*, Think tank GénérationLibre, janvier 2018
Rapport relatif à la proposition de loi visant à renforcer les droits des consommateurs en matière de démarchage téléphonique, établi par P. CORDIER, n°779, 13 juin 2018
Rapport de la Commission des affaires culturelles et de l'éducation, en conclusion des travaux de la mission d'information sur une nouvelle régulation de la communication audiovisuelle à l'ère numérique, établi par A. BERGÉ, 4 octobre 2018, n°1292. Rapport accessible et téléchargeable à l'adresse suivante : http://www.assemblee-nationale.fr/dyn/15/rapports/cion-cedu/l15b1292_rapport-information
Rapport fait au nom de la Commission des finances de l'économie générale et du contrôle budgétaire sur le projet de loi de finance pour 2019 (n°1255), Assemblée nationale, 11 octobre 2018
Rapport sur l'enquête publique relative au projet de révision du Règlement local de publicité de la Commune de Limoges, 2020. Accessible et téléchargeable à l'adresse électronique suivante :
https://www.limoges.fr/sites/default/files/media/downloads/RAPPORT%20RLP%20DEFINITIF.pdf

4. Autres documents et études

Centre d'études internationales de la propriété industrielle : « Aspects actuels de la contrefaçon », travaux de la 3ème Rencontre de la propriété industrielle, Lyon, *Litec* 1975, p.47.
J. BRÉMOND : « La concentration dans les médias en France (OFM) », 14 avril 2004 - Analyse de l'OFM
Amis de la Terre et Centre national d'information indépendante sur les déchets : *L'obsolescence programmée, symbole de la société de gaspillage*, septembre 2010.
La Haute Autorité de santé, « Délivrance de l'information à la personne sur son état de santé, principes généraux », mai 2012
Avis sur l'article 9 du projet de loi renforçant les dispositions relatives à la lutte contre le terrorisme, Conseil National du numérique, 25 septembre 2014. Accessible à l'adresse suivante :
https://www.cncdh.fr/sites/default/files/14.09.25_avis_projet_de_loi_terrorisme_2.pdf
Livre blanc de l'*Interactive Advertising Bureau* (IAB) consacré au, *native advertising*, 22 octobre 2014 Accessible et téléchargeable à l'adresse suivante :

https://www.iabfrance.com/sites/www.iabfrance.com/files/atoms/files/cp_iab_france_livre_blanc_native_advertising_221014.pdf
Étude Nielsen Global Survey « Trust in Advertising » Q1, 2015. Accessible et téléchargeable à l'adresse suivante: https://www.nielsen.com/wp-content/uploads/sites/3/2019/04/global-trust-in-advertising-report-sept-2015-1.pdf
CLCV et L'INRA sur « L'étiquetage au service d'une alimentation durable : le point de vue des consommateurs », février 2017
IREP, France Pub et Kantar Media : « Le marché publicitaire au premier semestre 2017, un marché attentiste », mai 2017.
La Consultation publique d'août 2017 sur la simplification des règles relatives à la publicité TV, août 2017, p.3.
Institut national de la consommation : *Un consommateur augmenté ou diminué ?* , Conférence du 15 mars 2018 : Penser le consommateur du futur à l'ère de la société numérique, https://www.inc-conso.fr/content/demain-un-consommateur-augmente-ou-diminue-conference-15-mars-2018-0
Avis, « Protection de la vie privée à l'ère du numérique », CNCDH, 22 mai 2018, p. 22
IREP, France Pub et Kantar Média : « Le marché publicitaire pour le premier semestre 2018, le marché reprend de couleurs ! », janvier 2019.
Avis n° 145 (2019-2020) de M. M. LAUGIER, fait au nom de la commission de la culture, de l'éducation et de la communication, déposé le 21 novembre 2019 : Accessible directement via l'adresse suivante : https://www.senat.fr/rap/a19-145-42/a19-145-42_mono.html#toc36
Centre de recherche pour l'étude et l'observation des conditions de vie (CRÉDOC) : Environnement : les jeunes ont de fortes inquiétudes mais leurs comportements restent consuméristes, décembre 2019. Accessible et téléchargeable à l'adresse suivante :
https://www.credoc.fr/publications/environnement-les-jeunes-ont-de-fortes-inquietudes-mais-leurs-comportements-restent-consumeristes

JURISPRUDENCE

A. JURISPRUDENCE INTERNATIONALE

CIJ, 18 juillet 1966, Éthiopie c. Afrique du Sud, Recueil.1966, p. 6.

CIJ, 13 juillet 2009, Costa-Rica c. Nicaragua, (Différend relatif à des droits de navigation et des droits connexes), Recueil 2009, p. 213.

B. JURISPRUDENCE EUROPÉENNE

1. Jurisprudence de l'Union européenne

- *Cour de justice de l'Union européenne*

Ordonnances :

CJUE : 23 octobre 2018, Conseil départemental de l'ordre des chirurgiens-dentistes de la Haute-Garonne c. RG et RG et SELARL cabinet dentaire du docteur RG, affaire C-296/18

Arrêts :

CJCE : 12 juillet 1973, Geddo c. Ento nazionale Risi, affaire 2/73, *Rec.* 865, spéc. 879

CJCE : 30 avril 1974, Giuseppe Sacchi, affaire 155-73, *Rec.* 409
CJCE : 21 juin 1974, Reyners c. Belgique, affaire C-2/74, *Rec.* 631
CJCE : 26 février 1975, Carmelo Angelo Bonsignore c. Oberstadtdirektor der Stadt Köln, affaire 67-74. *Rec.* CJCE, p. 297
CJCE : 28 octobre 1975, Roland Rutili c. Ministre de l'intérieur (France), affaire 36-75
CJCE : 25 janvier 1977, Bauhuis c. État néerlandais, affaire 46-76
CJCE : 20 février 1979, Rewe c. Bundesmonopolverw altung für Branntw ein, affaire 120-78, *Rec.* 649
CJCE : 18 mars 1980, Procureur du Roi contre Marc c. Debauve et autres, affaire 52-79
CJCE : 18 mai 1982, Adoni et Cornouaille, affaires 115/81 et 116/81
CJCE : 24 novembre 1982, Commission c. Irlande, affaire 249/81, *Rec.* 4005
CJCE : 14 décembre 1982, Procureur de la République c. Waterkeyn, affaires jointes 314 à 316/81 et 83/82, *Rec.* 4337
CJCE : 15 décembre 1982, Procédure pénale contre Oosthoek's Uitgeversmaatschappij BV, affaire n° C-286/81, *Rec.* p. 4575
CJCE : 13 décembre 1983, Apple and Pear Development Council c. Lew is, affaire 222/82, *Rec.* 4083
CJCE : 10 janvier 1985, Association des Centres distributeurs Édouard Leclerc et autres c. SARL « Au blé vert » et autres, affaire 229/83
CJCE : 7 février 1985, Procureur de la république c. Assoc. Défense des brûleurs d'huile usagée, affaire 240/83
CJCE : 26 avril 1988, Bond van Adverteerders et autres c. État néerlandais, affaire 352/85
CJCE : 14 juillet 1988, Commission c. Grèce, affaire 38/87, *Rec.* 4415
CJCE : 20 septembre 1988 Commission c. Danemark, affaire 302/86
CJCE : 18 mai 1989, Le Queen c. Royal Pharmaceutical Society of Great Britain et autres, affaires jointes 266 et 267/87
CJCE : 7 mars 1990, GB-INNO-BM c. Confédération du commerce luxembourgeois, affaire n° C-362/88
CJCE : 26 février 1991, Commission c. France, affaire C 154/89, *Rec.* I
CJCE : 26 février 1991, Commission c. Italie, affaire C 180/89, *Rec.* I, p. 691
CJCE : 26 février 1991, Commission c. Grèce, affaire C 198/89, *Rec.* I, p. 709
CJCE : 23 avril 1991, Klaus Höfner et Fritz Elser c. Macrotron GmbH, affaire n° C-41/90
CJCE : 25 juillet 1991, Aragonesa de Publicidad Exterior et Publivia, affaires jointes C-1/90 et C- 176/90, *Rec.* I. 4151
CJCE : 25 juillet 1991, Stichting Collectieve Antennevoorziening Gouda et autres c. Commissariaat voor de Media, affaire C 288/89
CJCE : 18 mai 1993, Yves Rocher, affaire C-126/91, *Rec.* I. 2361
CJCE : 24 novembre 1993, Keck et Mithouard, affaires jointes C-267/91 et C-268/91, *Rec.* I. 6097
CJCE : 15 décembre 1993, Ruth Hünermund et autres c. Landesapothekerkammer Baden, affaire C-292- 92
CJCE : 24 mars 1994, Her Majesty's Customs and Excise c. Gerhart Schindler, affaire C-275/92
CJCE : 2 juin 1994, Punto Casa Spa, affaires jointes C- 69/93 et C-258/93
CJCE : 10 novembre 1994, Lucien Ortscheit GmbH c. Eurim-Pharm Arzneimittel GmbH, affaire C-320/93
CJCE : 10 mai 1995, Alpine Investments BV c. Minister van Financiën, affaire C-384/93, *Rec.* I. 1141
CJCE : 6 juillet 1995, Verein gegen Unwesen in Handel und Gewerbe Köln e.V. c. Mars GmbH, affaire C-470/93
CJCE : 30 novembre 1995, Gebhard c. Consiglio de ll'Ordine degli Avvocati, affaire C-55/94, *Rec.* p. I-4165 n° 39
CJCE : 28 mars 1996, Guiot et Climatec SA, affaire C-272/94
CJCE : 26 juin 1997, Familiapress c. Heinrich Bauer Verlag, affaire C-368/95

CJCE : 28 avril 1998, Decker, affaire C-120/95, *Rec*., p. I-1831
CJCE : 29 octobre 1998, Commission c. Espagne, affaire C-114/97, Rec. I. 6717
CJCE : 11 février 2000, Christelle Deliège c. Ligue francophone de judo et disciplines associées, affaires C-51/96 et François Pacquée C-191/97
CJCE : 5 octobre 2000, République fédérale d'Allemagne c. Parlement européen et Conseil de l'Union européenne, affaire C-376/98
CJCE : 12 octobre 2000, Snellers Auto's BV, affaire 314/98, *Rec.* I, 8633
CJCE : 8 mars 2001, Konsumentombudsmannen (KO) c. Gourmet International Products, affaire C-405/98, *Rec. juris*. 2001, p. I-01795
CJCE : 31 mai 2001, Commission c. Italie, affaire C-283/99, *Rec.* I. 4363
CJCE : 25 octobre 2001, Toshiba Europe, affaire C-112/99, *Rec.* CJCE, 2001, I, p. 7945
CJCE : 7 mars 2002, Commission c. Italie, affaire C-145/99, Rec. I. 2235
CJCE : 8 avril 2003, Pippig Augenoptik GmbH, affaire C-44/0, *Rec.* CJCE 2003, I, p. 3095
CJCE : 19 juin 2003, Commission c. Italie, affaire C-420/01, Rec. p. I-6445
CJCE : 6 novembre 2003, procédure pénale contre Bodil Lindqvist, affaire C-101/01
CJCE : 11 décembre 2003, Deutscher Apothekerverband, affaire C-322/01
CJCE : 13 juillet 2004, Commission c. France, affaire C262/02
CJCE (GC) : 13 juillet 2004, Bacardi France SAS c. Télévision française 1 SA (TF1), affaire C 429/02
CJCE : 19 septembre 2006, Lidl Belgium GmbH et Co. KG c. Etablissementen Franz Colruyt NV, affaire C-356/04, *Rec.* CJCE ,2006, I, p.8501 ; *Prop. intell.*2007, n°22, p.112, obs. J. PASSA, § 59.
CJCE : 18 octobre 2007, KommAustria c. ORF, affaire C-195/06
CJCE : 17 juillet 2008, Corporación Dermoestética SA c. To Me Group Advertising Media, affaire C-500/06
CJCE (GC) : 10 février 2009, Commission des Communautés européennes c. République italienne, affaire C-110/05
CJCE : 2 avril 2009, procédure pénale contre Frede Damgaard, affaire C-421/07
CJCE: 30 avril 2009, FBM c. Libero, affaire C- 531/07
CJCE : 4 juin 2009, Åklagaren c. Percy Mickelsson, affaire C-142/05
CJCE : 18 juin 2009, L'Oréal SA, Lancôme parfums et beauté & Cie SNC et Laboratoire Garnier & Cie contre Bellure NV, Malaika Investments Ltd et Starion International Ltd, affaire C-487/07
CJUE : 2 décembre 2010, Ker-Optika bt c. ÁNTSZ Dél-dunántúli Regionális Intézete, affaire C-108/09
CJUE (GC) : 5 avril 2011, Société fiduciaire nationale d'expertise comptable c. Ministre du Budget, des Comptes publics et de la Fonction publique. Demande de décision préjudicielle : Conseil d'État, France, affaire C-119/09
CJUE : 9 juin 2011, Eleftheri tileorasi AE « ALTER CHANNEL » et Konstantinos Giannikos c. Ypourgos Typou kai Meson Mazikis Enimerosis et Ethniko Symvoulio Radiotileorasis, affaire C-52/10, *Recueil* 2011 p.I-04973
CJUE : 6 octobre 2011, P. Bonnarde c. Agence de service et de paiement, affaire C- 433/10, *D.*2011
CJUE : 26 avril 2012, ANETT c. Administración del Estado, affaire C-456/10
CJUE : 12 juillet 2012, Hit et Hit Larix c. Bundesminister für Finanzen, affaire C-176/11
CJUE : 19 décembre 2012, Commission c. Belgique, affaire C-577/10
CJUE : 11 juillet 2013, Belgian Electronic Sorting Technology NV c. Bert Peelaers, Visys NV, affaire C-657/11, *D.* 2013
CJUE : 17 octobre 2013, RLvS Verlagsgesellschaft mbH c. Stuttgarter Wochenblatt GmbH, affaire C-391/12
CJUE : 8 février 2017, Carrefour Hypermarché SAS, affaire C-562/15

CJUE : 4 mai 2017, Nederlandstalige rechtbank van eerste aanleg c. Luc Vanderborght, affaire C-339/15, *AJDA* 2017. 1709, chron. P. BONNEVILLE, E. BROUSSY, H. CASSAGNABÈRE et C. GÄNSER.
CJUE : 4 mai 2017, Valsts policijas Rīgas reģiona pārvaldes Kārtības policijas pārvalde c. Rīgas pašvaldības SIA "Rīgas satiksme", affaire C-13/16
CJUE : 18 mai 2017, Lahorgue, aff. C-99/16
CJUE : 21 juin 2017, Jean-Philippe Lahorgue c. Ordre des avocats du barreau de Lyon, Conseil national des barreaux (CNB), Conseil des barreaux européens (CCBE), Ordre des avocats du barreau de Luxembourg, affaire C-621/15
CJUE (GC) : 20 mars 2018, Luca menci, affaire C-524/15
CJUE (GC) : 1 octobre 2019, Verbraucherzentrale Bundesverband eV c. Planet49 GmbH, affaire C-673/17

2. Jurisprudence relative à la Convention EDH

- *Commission européenne des droits de l'homme :*

Décisions :

Commission EDH : 12 juillet 1971, X et Association Z c. Royaume-Uni, requête n°4515/70
Commission EDH : 5 mai 1979, X. et l'Eglise de Scientologie c. Suède, requête n° 7805/77
Commission EDH : 5 mai 1982, X. Ltd et Y c. Royaume-Uni, requête n°8710/79
Commission EDH : 1 mars 1983, Ingemar Liljenberg et autres c. Suède, requête n°9664/82
Commission EDH : 6 septembre 1989, Rommelfanger c. Allemagne, requête n° 12242/86
Commission EDH : 7 mars 1991, Hempfing c. République fédérale d'Allemagne, requête n° 14622/89
Commission EDH : 12 octobre 1992, Noviflora Sweeden Aktienbolag c. Suède, n° 14369 /88

Rapports :

Commission EDH : 17 mai 1984, Groppera Radio AG, Jürg Marquard, Hans-Elias Fröhlich et Marcel Caluzzi c. Suisse, requête n°10799/84
Commission EDH : 19 octobre 1992, Richard Colman c. Royaume-Uni, requête n°16632/90

- *Arrêts de la Cour EDH :*

Décisions :

Cour EDH : 17 janvier 2002, Hertel c. Suisse, requête n° 53440/99
Cour EDH : 13 novembre 2007, Muscio c. Italie, requête n° 31358/03
Cour EDH : 15 septembre 2009, Matelly c. France, requête n°30330/04
Cour EDH : 14 décembre 2010, Ladislav Holub c. République tchèque, requête n° 24880/05
Cour EDH : 8 février 2011, Bratři Zátkové c. République tchèque, requête n° 20862/06

Arrêts :

Cour EDH : 27 juin 1968, Wemhoff c. Allemagne, requête n°2122/64
Cour EDH (plénière) : 7 décembre 1976, Handyside c. Royaume-Uni, requête n° 5493/72
Cour EDH : 25 avril 1978, Tyrer c. Royaume-Uni, requête n°5856/72
Cour EDH (plénière) : 26 avril 1979, Sunday times c. Royaume-Uni (n°1), requête n°6538/74
Cour EDH : 13 juin 1979, Marckx c. Belgique, requête n°6833/74
Cour EDH : 9 octobre 1979, Airey c. Irlande, requête n°6289/73
Cour EDH (plénière) : 2 août 1984, Malone c. Royaume-Uni, requête n°8691/79

Cour EDH : 25 mars 1985, Barthold c. Allemagne, requête n°8734/79
Cour EDH (plénière) : 21 février 1986, James et autres c. Royaume-Uni, requête n° 8793/79
Cour EDH (plénière) : 8 juillet 1986, Lingens c. Autriche, requête n°9815/82
Cour EDH (plénière) : 18 décembre 1986, Johnston et autres c. Irlande, requête n°9697/82
Cour EDH : 26 mars 1987, Leander c. Suède, requête n°9248/81, §74, obs. PETTITI et TEITGEN ; CDE 1988. 463, obs. COHEN-JONATHANN ; *JDI* 1988. 858, obs. ROLLAND et TAVERNIER.
Cour EDH : 28 octobre 1987, Inze c. Autriche, requête n° 8695/79
Cour EDH : 30 mars 1989, Chappelle c. Royaume Uni, requête n° 10461/83
Cour EDH : 22 juin 1989, Eriksson c. Suède, requête n° 11373/85
Cour EDH : 7 juillet 1989, Union Alimentaria Sanders c. Espagne, requête n°11681/85
Cour EDH (plénière) : 20 novembre 1989, Markt Intern Verlag GMBH et Kaus Beermann c. Allemagne, requête n°10572/83
Cour EDH : 24 avril 1990, Kruslin c. France, requête n° 11801/85
Cour EDH (plénière) : 22 mai 1990, Autronic AG c. Suisse, requête n° 12726/87
Cour EDH : 27 septembre 1990, Cossy c. Royaume Uni, requête n°10843/84
Cour EDH (plénière) : 23 mai 1991, Oberschlick c. Autriche (n°1), requête n°11662/ 85
Cour EDH (plénière) : 26 novembre 1991, Observer et Guardian c. Royaume-Uni, requête n°13585/88
Cour EDH : 27 février 1992, Stenuit c. France, requête n° 11598/85
Cour EDH (plénière) : 25 mars 1992, B. c. France, requête n° 13343/87
Cour EDH : 26 mars 1992, Éditions Périscope c. France, requête n° 11760/85
Cour EDH : 23 avril 1992, Castells c. Espagne, requête n° 11798/85
Cour EDH : 16 décembre 1992, Niemetz c. Allemagne, requête n°13710/88, *RTDH* 1993, p.470, P. LAMBERT et F. RIGAUX
Cour EDH : 9 février 1993, Pine Valley Developpement Ltd c. Irlande, requête n° 12742/87
Cour EDH : 25 mai 1993, Kokkinakis c. Grèce, requête n°14307/88
Cour EDH : 30 juin 1993, Sigurdur A. Sigurjonsson c. Islande, requête n°16130/90
Cour EDH : 27 octobre 1993, Bombo Beheer c. Pays-Bas, requête n°14448/88
Cour EDH : 24 février 1994, Casado Coca c. Espagne, requête n° 15450/89
Cour EDH : 20 septembre 1994, Otto-Preminger-institut c. Autriche, requête n°13470/87
Cour EDH (GC): 23 septembre 1994, Jersild c. Danemark, n° 15890/89
Cour EDH : 26 septembre 1995, Vogt c. Allemagne, requête n° 17851/91, *AFDI* 1995. 498, obs. Coussirat-Coustère ; *RTDH* 1996. 405, obs. SUDRE ; *JDI* 1996. 242, obs. DECAUX.
Cour EDH (GC) : 27 mars 1996, Goodwin c. Royaume-Uni, requête n° 17488/90
Cour EDH : 16 septembre 1996, Gaygusuz c. Autriche, requête n° 17371/90
Cour EDH (GC) : 15 novembre 1996, Cantoni c. France, requête n° 17862/91, *RTDH* 1997. 685, note D. SPIELMANN
Cour EDH (GC) : 17 décembre 1996, Saunders c. Royaume-Uni, requête n°19187/91
Cour EDH : 24 février 1997, De Haes et Gijsels c. Belgique, requête n°19983/92
Cour EDH (GC) : 19 février 1998, Guerra et autres c. Italie, requête n°14967/89
Cour EDH : 9 juin 1998, Incal c. Turquie, requête n° 41/1997/825/1031
Cour EDH : 10 juillet 1998, Sidiropoulos et autres c. Grèce, requête n°26695/95
Cour EDH : 2 septembre 1998, Ahmed et a c. Royaume-Uni, requête n° 22954/93 § 41: *JCP* 1999. I. 105, chron. SUDRE.
Cour EDH : 23 septembre 1998, Lehideux et Isorni c. France, requête n° 24662/94
Cour EDH : 23 septembre 1998, A. c. Royaume-Uni, requête n° 25599/94 ; JCP 1999, I, 105, n° 11, chron. F. SUDRE
Cour EDH (GC) : 21 janvier 1999, R. Fressoz et CI. Roire c. France, requête n°29183/95
Cour EDH : 8 juillet 1999, Sürek c. Turquie, n° 1, requête n° 26682/95
Cour EDH : 8 juillet 1999, Ceylan c. Turquie, n° 23556/94
Cour EDH (GC) : 28 octobre 1999, Wille c. Liechtenstein, requête n° 28396/95
Cour EDH (GC) : 6 avril 2000, Comingersoll SA c. Portugal, requête n°35382/97

Cour EDH : 2 mai 2000, Bergens Tidende c. Norvège, requête n°26132/95
Cour EDH : 29 mars 2001, Thoma c. Luxembourg, requête n° 38432/97
Cour EDH : 26 février 2002, Kutzner c. Allemagne, requête n° 45644/99
Cour EDH : 14 mars 2002, De Diego Nafría c. Espagne, requête n° 46833/99
Cour EDH (GC) : 28 mai 2002, Stafford c. Royaume-Uni, requête n° 46295/99
Cour EDH : 25 juin 2002, J.-M. Colombani c. France, requête n°51279/99
Cour EDH : 20 février 2003, Forrer-Neidenthal c. Allemagne, requête n°47316/99
Cour EDH (GC) : 8 juillet 2003, Hatton et autres c. Royaume-Uni, requête n° 36022/97. JCP 2004, I, 107, n° 14, obs. F. SUDRE; *RTD civ.* 2003, p. 760, obs. J.-P. MARGUÉNAUD.
Cour EDH : 10 juillet 2003, Murphy c. Irlande, requête n°44179/98
Cour EDH : 4 décembre 2003, M.C. c. Bulgarie, requête n°39272/98
Cour EDH : 11 décembre 2003, Krone Verlag GmbH c. Autriche, (n° 3), requête n°39069/97
Cour EDH (GC) : 17 février 2004, Gorzelik c. Pologne, requête n°44158/98
Cour EDH : 30 mars 2004, Radio France et a. c. France, requête n° 53984/00
Cour EDH : 27 mai 2004, Vides Aizsardzibas Klubs c. Lettonie, requête n° 57829/00
Cour EDH : 24 juin 2004, Von Hannover c. Allemagne, requête n° 59320/00, CCE 2004. Comm. 147, obs. A. LEPAGE, *D.* 2004. IR 2011, Somm. 2538, obs. J.-F. RENUCCI, et 2005. 340, note J.-L. HALPÉRIN, *Légipresse* 2004, III, p. 209.
Cour EDH : 14 novembre 2004, Moreno Gomez c. Espagne, requête n°4143/02
Cour EDH : 16 novembre 2004, Karhuvaara et Iltalehti c. Finlande, requête n° 53678/00
Cour EDH (GC) : 17 décembre 2004, Cumpana et Mazare c. Roumanie, requête n° 33348/96
Cour EDH : 17 février 2005, K. A et A.D. c. Belgique, requêtes n° 42758/98 et 45558/99
Cour EDH : 15 mai 2005, Steel et Moris c. Royaume-Uni, requête n°68416/01
Cour EDH : 22 décembre 2005, Paturel c. France, requête n° 54968/00
Cour EDH (GC) : 11 janvier 2006, Sorensen et Rasmussen c. Danemark, requêtes n° 52562/99 et 52620/99
Cour EDH : 11 avril 2006, Brasilier c. France, requête n°71343/01
Cour EDH : 11 juillet 2006, Jalloh c. Allemagne, requête n°54810/00
Cour EDH : 17 octobre 2006, Gourguénidzé c. Géorgie, requête n° 71678/01, *D.* 2007. Pan. 2778, obs. Ch. BIGOT.
Cour EDH : 5 avril 2007, Eglise de scientologie de Moscou c. Russie, requête n°18147/02
Cour EDH : 20 septembre 2007, Tapkan et autres c. Turquie, requête n° 66400/01
Cour EDH (GC) : 10 décembre 2007, Stoll c. Suisse, n° 69698/01, *JCP* 2008. I. 110, n° 11, obs. SUDRE ; *RTDH* 2008. 801, note HOTTELIER ; *AJDA* 2008. 978, obs. FLAUSS.
Cour EDH : 13 décembre 2007, Emonet et autres c. Suisse, requête n°39051/03
Cour EDH : 29 janvier 2008, Balan c. Moldavie : *Comm. com. électr.* 2008, comm. 76, Ch. Caron ; *Légipresse* 2008, n° 250, III, p. 61, note J. LESUEUR ; JCP E 2008, 1934, notre note ; *RTD com.* 2008, p. 732, obs. F. POLLAUD-DULIAN ; *Propr. intell.* 2008, n° 28, p. 338, obs. J.-M. BRUGUIÈRE - Conv. EDH, art. 1er du protocole n° 1.
Cour EDH (GC) : 12 février 2008, Guja c. Moldavie, requête n° 14277/04, *AJDA* 2008. 978, chron. FLAUSS ; *JCP* 2008. I. 167, chron. SUDRE.
Cour EDH : 27 mars 2008, Azevedo c. Portugal, requête n°20620/04
Cour EDH : 24 avril 2008, Ismoilov c. Russie, requête n°2947/06
Cour EDH : 16 décembre 2008, Khurshid Mustafa et tarzibachi c. Suède, requête n°23883/06
Cour EDH : 9 avril 2009, A. c. Norvège, requête n°28070/06
Cour EDH : 16 avril 2009, Egeland et Hanseid c. Norvège, requête n°34438/04
Cour EDH : 26 mai 2009, Kenedi c. Hongrie, requête n° 31475/05
Cour EDH (GC) : 30 juin 2009, Verein Gegen Tierfabriken c. Suisse (n°2), requête n°32772/02
Cour EDH (GC) : 9 juillet 2009, Mooren c. Allemagne, requête n° 11364/03
Cour EDH : 3 septembre 2009, Women on waves et autres c. Portugal, requête n°31276/05
Cour EDH : 8 décembre 2009, Aguilera Jimenez et a. c. Espagne, requête n°28389/06
Cour EDH : 17 décembre 2009, Gardel c. France, requête n° 16428/05
Cour EDH : 2 février 2010, Sinan Isk c. Turquie, requête n°21924/05

Cour EDH : 19 avril 2011, Bozhkov c. Bulgarie, requête n° 3316/04
Cour EDH : 17 janvier 2012, Kurier Zeitungsverlag und Druckerei GmbH c. Autriche (n°2), requête n°3401/07
Cour EDH (GC) : 15 mars 2012, Aksu c. Turquie, requêtes n° 4149/04 et 41029/04
Cour EDH (GC) : 22 avril 2013, Animal Defenders International c. Royaume Uni, n°48876/08
Cour EDH: 25 juin 2013, Youth Initiative for Human Rights c. Serbie, requête n°48135/06
Cour EDH : 14 février 2015, Guseva c. Bulgarie, requête n°6987/07
Cour EDH : 10 mars 2015, Y.Y. c. Turquie, requête n° 14793/08
Cour EDH (GC) :15 octobre 2015, Perinçek c. Suisse, requête n° 27510/08
Cour EDH (GC) : 8 novembre 2016, Magyar Helsinki Bizottsag c. Hongrie, requête n° 18030/11
Cour EDH (GC) : 23 février 2017, De Tommaso c. Italie, requête n°43395/09
Cour EDH (GC) : 27 juin 2017, Satakunnan Markinapörssi Oy et Satamedia Oy c. Finlande, n°931/13
Cour EDH : 21 septembre 2017, Axel Springer et RTL Télévision Gmbh c. Allemagne, requête n°51405/12
Cour DEH : 30 janvier 2018, Sekmadienis LTD. c. Lituanie, requête n° 69317/14
Cour EDH : 20 mars 2018, Falzon c. Malte, requête n°45791/13
Cour EDH : 28 juin 2018, M.L et W.W c. Allemagne, requêtes numéros 60789/10 et 65599/10

C. JURISPRUDENCE INTERNE

1. Jurisprudence française

a. Juridictions judiciaires

- **Cour de cassation**

<u>*Chambre criminelle de la Cour de cassation :*</u>

Cass. Crim., 4 mai 1923, *GP* 1923. II. 625
Cass. Crim., 8 juillet 1949, *JCP* 1949, II, 5128
Cass. Crim., 8 janvier 1959, Bull. crim. n° 33, *D.* 1959.140
Cass. Crim., 5 mai 1977, *D.* 1977, 502, note PIROVANO
Cass. Crim., 4 décembre 1978, *Gaz.Pal.*, 1979, 182, note PLG ; 13 mars 1979, *Gaz. Pal.*, 1979, p.404.
Cass. Crim., 16 février 1982, Bull. crim., n°54, *Gaz.Pal.* 1982. 2, somm. 234, obs. J-P. DOUCET.
Cass. Crim., 25 juin 1984, n° 83-92.808, Bull. crim., n° 241, *D.* 1985, jur., p. 80.
Cass. Crim., 10 janvier 1885, *D.* 1885.I. 384
Cass. Crim., 12 novembre 1986, n° 85-95 538
Cass. Crim., 18 novembre 1986, n° 85-95.343, Bull. crim., n° 346.
Cass. Crim. 8 décembre 1987: *Bull.* crim. n° 451; *RTD com.* 1988. 668, obs. HÉMARD et BOULOC ; *Gaz. Pal.* 1988, 1, jurispr. p. 383, note J.-P. DOUCET.
Cass. Crim., 23 février 1989 : *D.* 1990, somm. comm. p.359, obs. R. de BOUBÉE
Cass. Crim., 4 juillet 1990, Société Opticien Krys c. Alain Affelelou.
Cass. Crim., 4 octobre 1990, *Dr. pén.* 1991, comm.21, obs. J-H. ROBERT
Cass. Crim., 30 janvier 1992, Bull. crim., n° 44
Cass. Crim., 5 janvier 1994, *Dr. pén.* 1994, comm. 188, obs . J-H. ROBERT
Cass. Crim., 14 mai 1997, Bull. n° 183, n° de pourvoi 96-81865
Cass. Crim., 5 août 1997, *BID* 1998, n°4, p.48; *Dr. penal* 1998, n°37, note J. H. ROBERT; *RSC* 1999.102, obs. OTTENHOF

Cass. Crim., 15 octobre 1997, Bull. n° 338, n° de pourvoi 96-84280
Cass. Crim., 6 mai 1998, n°97-83.023, comm. *Revue lamy droit des affaires*,1998, n°8, n°488. Obs, P. STORRER.
Cass. Crim., 14 novembre 2000, n° de pourvoi 98-85.778, BID 2001, n° 4, p. 24,
Cass. Crim., 15 mai 2001, Bull. n° 122, n° 00-85242
Cass. Crim., 7 novembre 2001, *BID* 2002, n°10, p. 32
Cass. Crim., 3 septembre 2002, pourvoi n° 0185952
Cass. Crim., 9 mars 2004, *Bull. crim.*, I, n°80; *D.*, 2004, 1727, note REIFA; *Comm, com, électr.*, 2004 n°93, obs. GRYNBAUM.
Cass. Crim., 29 novembre 2005, Bull. crim. 2005, n° 312
Cass. Crim.,14 février 2006, n°05-81932
Cass. Crim., 15 décembre 2009, n° 09-83.059, Bull. crim., n° 212
Cass. Crim., 23 février 2010 : *JurisData* n° 2010-002022 ; *Contrats, conc. consom.* 2010, comm. 193, obs. G. RAYMOND ; *Dr. pén.* 2010, comm. 73, obs. J.H. ROBERT.
Cass., Crim., 23 mars 2010, n° 09-82.545
Cass. Crim., 15 juin 2010 : *JurisData* n° 2010-012180 ; *Contrats, conc. consom.* 2010, comm. 285, obs. G. RAYMOND.
Cass. Crim., 15 mai 2012, n° 11-83.301, F-D , Sté Casa France : *JurisData* n° 2012-014335.
Cass. Crim., 16 mars 2016, n° 15-82.676
Cass. Crim., 22 décembre 2016, n° 15-83.559 : *JurisData* n° 2019-024899 ; *JCP* E 2017, 1254, note S. Le GAC-PECH
Cass. Crim., 17 janvier 2018, n° 16-87.753 : *JurisData* n° 2018-000321 ; *Contrats, conc. consom.* 2018, comm. 78, note S. BERHEIM-DESVAUX ; *JCP* G 2018, 174, note J.-M. BRIGANT

Chambres civiles de la Cour de cassation :

Cass. 1ère civ., 31 janvier 1973, Bull. civ. I, n°37; *RTD com.* 1974. 146, obs. HÉMARD.
Cass. 1ère civ., 25 mai 1992, Bull. civ. I, n° 153, n° 89-10.096
Cass. 1ère civ., 25 juin 1996, Bull. civ. I, n° 274, *Dalloz affaires* 1996. 1028
Cass. 1ère civ., 26 septembre 2012, n° 11-17.738
Cass. 2ème civ., 19 octobre 2006, n° 05-13.498, affaire Camel, F POLLAUD-DULIAN, JCP G 2006, II, n° 10195
Cass. 1ère civ., 6 décembre 2007, n° 06- 16.072
Cass. 3ème civ., 13 mai 2009, n° 08-14.640, *AJDI* 2009. 742
Cass. 1ère civ., 26 mai 2011, n° 10-15.676
Cass. 1ère civ., 14 novembre 2013, n° 1430
Cass. 1ère civ., 11 décembre 2013, n° 12-23.372
Cass. 1ère civ., 10 décembre 2014, n° 13-14.314
Cass. 1ère civ., 15 mai 2015, n° 13-27.391, FS-P+B, P. Klasen c. A. Malka : *Juris- Data* n° 2015-011061, *Comm. com. électr.* 2015, comm. 55, Ch. Caron ; *Comm. com. électr.* 2015, étude 18, C. MARÉCHAL
Cass. 1ère civ., 11 juillet 2018, n°17-21.457
Cass. Civ., 22 novembre 2018, n°17-26.209

Chambre commerciale de la Cour de cassation :

Cass. Com., 19 juillet 1973, S.A.R.L. Rallye Auto-Sport et Finquel c. Soc. E.I. du Pont de Nemours and company, *D.* 1973. 587
Cass. Com., 27 janvier 1981, Bull. IV, n°53
Cass. Com., 1 décembre 1992, Bull. civ. IV, n° 391, *D.* 1993, somm. 237, obs. O. TOURNAFOND
Cass. Com., 28 mars 1995 : *Contrats, conc. consom.* 1995, comm. 121

Cass. Com., 15 janvier 2002, n° 00-13.107, Bull. civ. IV, n° 9
Cass. Com., 15 janvier 2002, n° 99-21.188
Cass. Com. 22 octobre 2002: *D.* 2003, somm.1031, obs. Y. SERRA ; 10 fév. 2009 : *D.* 2009, obs. E. CHEVRIER
Cass. Com. 26 novembre 2003, *JurisData* n° 2003-021075; Bull. civ. 2003, IV, n° 178, p. 195.
Cass. Com., 8 avril 2008, n° 06-10.961
Cass. Com., 8 avril 2008, n° 07-11.251
Cass. Com., 10 mai 2011, n° 10- 18.173, Fédération générale des clercs et employés de notaires c. Fédération CGT des sociétés d'études, secteur notarial, *Contrats, conc., consom.* 2011, comm. 157
Cass. Com., 24 mai 2011, n° 09-70.722
Cass. Com., 29 novembre 2011, n° 10-27. 402, *JurisData* n° 2011-026643; Note J. LARRIEU, comm. 28, *Propr. ind.* 2012
Cass. Com., 4 décembre 2012, n°11-27. 725: *JurisData* n°2012-028226; *CCC.* 2013, comm. 68, obs. G. RAYMOND; *Com.comm. électr.* 2013, comm. 14, obs. G. LOISEAU
Cass. Com., 4 décembre 2012, n° 11-27.729, D. 2012. 2956, obs. C. MANARA
Cass. Com., 24 septembre 2013, n° 12-19.790, *D.* 2013. Actu. 2270, obs. DELPECH
Cass. Com., 9 janvier 2019, n°17-18350

Formations plénières de la Cour de cassation :

Cass. Ass. Plén., 12 juillet 2000, n° 99-19004, Bull. civ. Ass. Plén., n° 7
Cass. Ass. Plén., 7 mai 2004, n° 02-10.450, *Gaz. Pal.* 23 novembre 2004, p. 15

Chambres mixtes de la Cour de cassation :

Cass. 29 avril 1976, *Gaz. Pal.* 30 déc. 1976
Cass., 6 septembre 2002, *D.* 2002. 2563, note MAZEAUD ; *D.* Affaires 2002. AJ 2531, obs. LIENHARD ; JCP 2002. II. 10137, note REIFEGERSTE

- **Cours d'appel :**

Rennes, 16 janvier 1976, C. GEFFROY, JCP 1977, II, n° 18703
Paris, 19 janvier 1977, *Gaz. Pal.* 1977, 1, p. 239
Paris, 24 mars 1982, *D.* 1982. 486, note G. PAIRE
Paris, 8ème ch., section A, 25 avril 1983, SA Affichage Giraudy c. Boukaert
Paris, 9 juillet 1984, *Gaz. Pal.* 1985. 1, p. 151
Bordeaux, ch. corr., 19 février 1987 : JurisData n° 1987-041834
Rouen, ch. corr., 2 février 1988, *JurisData* n° 1988-046252
Paris, 20 avril 1990, *Gaz. Pal.* 1990.1.809
Paris, 1ère ch., section A, 18 novembre 1991, Radio France c. FEDIMAS (non publié)
Bordeaux, 1ère ch., 20 décembre 1991, Libberecht c. Lanau. Numéro *JurisData* : 1991-051097
Paris, 23ème ch., section A, 31 mars 1992, OPAC c. Association syndicale Ilot Gobelin nord
Angers, 2 février 1993 : *Contrats, conc. consom.* 1993, comm. 140.
Aix-en- Provence, 23 février 1994, *Contrats, conc., consom.* 1994, comm. 17, obs. G. RAYMOND.
Versailles, 17 mai 1994, n° XVE1705942X
Paris, 13ème ch. B, 10 mars 1995 : *JurisData* n° 1995-020900 ; *Contrats, conc. consom.* 1995, comm. 135
Agen, 11 mars 1996, JCP 1997. IV. 998
Paris, 13 mai 1996, CCC 1996, n°178, obs. Raymond
Paris, 1ère ch. A, 28 mai 1996, *D.*1996, Jur. p.617, note B. EDELMAN
Paris, 24 septembre 1996 : *Gaz. Pal.* 1er -3 juin 1997, note H. VRAY

Paris, 13ème ch. A, 13 mai 1997, Da Silva c. CNCT, *Légipresse* 1998, n° 150, I, p. 38
Bordeaux, 13 mai 1998, CCC 1999, n°29, obs. G. Raymond
Aix-en-Provence, 18 janvier 2000, CCC 2001, n°49, obs. RAYMOND
Montpellier, 8 mars 2001 et CA Toulouse, 8 nov. 2001, n° 01/00418 : JurisData n° 2001-161114 ; *Contrats, conc. consom.* 2002, comm. 65, note RAYMOND
Paris, 18 septembre 2001 : Sud Bretagne Diffusion c. Vortex : JurisData n° 2001-184726
Paris, 4 février 2003 : BOCC 2003, 31 mars 2003, n° 4
Paris, 14ème ch. B, 8 avril 2005, SAS JC Decaux Publicité Lumineuse et a. contre Assoc. Croyances et Libertés, n° *Juris-Data* n° 2005-274875
Colmar, 1ère ch. B, 7 mai 2008, n° 1B 08/02047, SA SC GALEC – Groupement d'achat des centres Leclerc c. SAS Univers pharmacie (voir aussi la décision du TGI), note L. ARCELIN : « Campagne de Leclerc pour la distribution des médicaments non remboursés : ceci n'est pas une publicité », JCP E 2008, 2499.
Paris, pôle 5, 2ème ch., 3 déc. 2010, n° 09/14831, *Gaz. Pal.*, 21 avr.201, p. 15.
Paris, 22 janvier 2013, n° 11-05403, Google Shopping, Juris-Data, n° 2013-001798.
Versailles, 3ème ch., 3 avril 2014, n° 12/02102 : *JCP* E 2014, 1307, note C. Le GOFFIC.
Paris, pôle 5, 4ème ch., 22 Octobre 2014, n° 13/10558
Paris, pôle 2, 2ème ch., du 13 décembre 2018, SAS Kronenbourg c. ANPAA.
Colmar, 1ère ch., civ., section A, 27 mars 2019, n° 17/00295
Reims, 1ère ch., civ., section, 12 novembre 2019, n° 18/01888
Douai, 28 mai 2020, n°20/178

- **Juridictions de première instance**

TGI Paris, 9 mai 1977 : *RTD civ.* 1978, p. 150, obs. CORNU
Trib. corr. Evreux, 27 mai 1982, *Cah. dr. entr.* 1983, Fasc. 6, p. 23.
Trib. corr. Paris, 17 novembre 1983 : *Gaz. Pal.* 1984, 2, jurispr. p. 644, note J.-P. MARCHI.
TGI Paris, référé, 23 octobre 1984, affaire Ave Maria : *Gaz. Pal.*, 1984, 2, p. 727
TGI Paris, 23 octobre 1986, confirmé par CA Paris, 19 nov. 1986, cité in Rapport de J.-P. GARRAUD,
TGI Paris, 17ème ch., 23 avril 1990, Casanovas c. David Niles, C. Contamine, L.P., n° 72, 1990, p. 64
TGI Paris, 1ère ch., 19 décembre 1990, FEDIMAS c. Radio France (non publié),
TGI Paris, 1 février 1995, *Gaz. Pal.* 1996, I , somm. p. 271, obs. C. GRNIER-LENAIN
TGI Paris, ord. réf., 20 février 1997, n° 52151/97, in F. GRAS : « Affichage publicitaire et liberté d'expression : l'affaire Larry Flint », LPA 24 févr. 1997, p. 10. – J.-P. DELANNOY, L'Église catholique et le juge : à propos de l'affaire « Larry Flint » : LPA 23 mai 1997, p. 4
Trib. Corr. Quimper, 6 septembre 2000, BRDA 2000, n° 22, p. 13.
TGI Paris, 4 juillet 2001, LPA 2001, n° 186, p. 11.
TGI Paris, réf., 21 février 2002, AGRIF c. Sté Renn Production et a., *Juris-Data* n° 2002-205891
TGI Paris, ord. réf., 10 mars 2005, Assoc. Croyances et Libertés c. Sté M.-F. Girbaud et a.
TGI Paris 8 janvier 2008 et Paris 13 février 2008, CCC 2008. Étude 6 ; J.- M. BRUGIÉRE et P. DERPEZ : « La publicité des alcools sur internet », spéc., n°8.
TGI de Paris 29 octobre 2008, *D.* 2008. 2870
TGI Paris, 3ème ch., 2ème section, 11 juin 2010, Sncf c/Eorezo, H JEAN-LUC, Propr. ind. 2010, comm. 59, obs. P. TRÉFIGNY- confirmé par : Paris, pôle 5, ch. 2, 28 oct. 2011
TGI Paris, 3ème ch., 2ème section, 18 juin 2010, n° 08/07473, Victoire Éditions c. Développement de projets d'éditions e.a.
TGI Paris, ord. 13 janvier 2012, RG n° 11/55901 ;
Trib. Comm. Paris, 15ème ch., 22 février 2013, Boygues Telecom c. Free, RG 2012-076280
Trib. Comm. Paris, 15ème ch, 27 septembre 2013, n° 2013028733
TGI Paris, 7 mai 2014, TG n° 13/16669

TGI Versailles, 8ème ch., corr, 18 janvier 2016, n° 15106000169
Trib. Comm, Versailles, ord. réf., 5 mars 2020, Fiac/Yuka
b. Juridictions administratives

- **Conseil d'État :**

CE, 2 avril 1886, FONTENAUD, *D*. 1886. III. 84
CE, 27 mars 1925, SA Boreau, DH. 1925. 352
CE, Assemblée 22 juin 1951, Daudignac, requête numéro 00590, rec., p 362 ; *D* 1951, p 589.
CE, 10 janvier 1964, Lebon 20
CE, 11 mai 1977, Ville de Lyon, requête n° 01567, *Lebon* 211
CE, 15 juin 1987, Ministre de l'urbanisme c. Sté Affichage Giraudy, requête n° 71-936, Lebon T. 578
CE, 5 avril 1991, M. Auclair, requête n°84395
CE, section, 3 novembre 1997, requête n°1699073
CE, section, 26 mars 1999, Société EDA, requête n°202260
CE, avis, section, 22 novembre 2000, Sté L & P Publicité requête n° 223645, *Rec. CE* 2000, p. 525
CE, 14 mars 2001, Sté Rouge Petrus Le Media Taxi, requête n° 196199
CE, ordonnance du juge des référés (M. GENEVOIS),12 novembre 2001, requête n°239840
CE, 29 septembre 2003, Fédération nationale des géomètres-experts, n° 221283, *AJDA* 2004. 166
CE, 6ème et 1ère sous-sections réunies, 8 juillet 2005, requête n° 262182
CE, 2ème et 7ème sous-sections réunies, 27 juillet 2007, requête n° 261949, *Rec. Lebon*, 2005
CE, 10 juin 2009, Société l'Oasis du désert, requête n°318066, Rec, p. 610, *AJDA* 2009, p. 1511
CE, 6 octobre 2010, RJEP 2011, n°683, comm. 10. B. DELAUNAY
CE, 2 mars 2011, Société d'exploitation Manyris, requête n° 345288
CE, 30 décembre 2011, Assoc. Pour le droit à l'initiative économique, RLC 2012, n°2046, obs. G. CLAMOUR
CE, 1ère et 6ème sous-sections réunies, 13 mars 2013, requête n°338645, Inédit au recueil Lebon
CE, 8ème et 3ème sous-sections réunies, 22 mai 2013, requête 366750
CE, 6ème et 1ère SSR, 17 avril 2015, requête n°373589, Inédit au recueil Lebon
CE, 9 novembre 2015, requête n° 384728, Inédit au Recueil Lebon
CE, 6ème et 1ère SSR, 09 novembre 2015, requête n° 386296, Inédit au recueil Lebon
CE, 4 mai 2016, requête n° 383548, Lebon ; *AJDA* 2016. 1616
CE, chambres réunies, 4 avril 2018, requête n° 407292
CE, 5ème et 6ème chambres réunies, 18 juin 2018, requête n°414532. S. CACIOPPO : « Programme télévisé discriminatoire et attentatoire à la vie privée : le Conseil d'État confirme la sanction du CSA à l'encontre de C8 »
CE, 4ème et 1ère chambres réunies, 6 novembre 2019, requête n°416948
CE, 4ème et 1ère chambres réunies, 6 novembre 2019, requête n°420225, Inédit au recueil Lebon
CE, 10ème et 9ème chambres réunies, 19 juin 2020, Association des agences-conseil en communication et autres, requête n°434684

- **Cours administratives d'appel**

CAA, Douai 26 octobre 2000, SA Panopub, requête n° 98 DA 12809, RJE, 3/ 2001. 485, obs. Ph. ZAVOLI
CAA, Lyon 28 novembre 2000, Sté Giraudy, requête n° 97LY01360
CAA, Bordeaux, 2 février 2003, Commune de Bayonne, requête n° 0BX02625

- **Tribunaux administratifs :**

TA, Chalons-sur- Marne, 23 juin 1960, Sté Affichage Giraudy, *Lebon* 797
TA, de Montpellier, 12 mai 2005, Sté Giraudy et Syndicat national de la publicité extérieure
TA, Amiens, 25 janvier 2007, UPE, requête n° 0500304

- **Conseil constitutionnel :**

Questions prioritaires de constitutionnalité :

Cons. Const., 18 octobre 2010, M. Rachid M. et autres, n° 2010-55 QPC
Cons. Const., 3 décembre 2010, Société Zeturf limited, n° 2010-73 QPC
Cons. Const., 23 novembre 2012, n° 2012-282 QPC
Cons. Const., 30 novembre 2012, M. Christian S. (Obligation d'affiliation à une corporation d'artisans en Alsace-Moselle), n° 2012-285 QPC
Cons. Const., 31 janvier 2014, n° 2013-364 QPC

Décisions :

Cons. Const., 16 janvier 1982, loi relative aux nationalisations, n° 81-132, *Rec.*, 18 ; L. Favoreu et L. Philip, Les grandes décisions du Conseil constitutionnel, 15ème éd., 2009, Dalloz, n° 23, p. 357 s.
Cons. Const., 27 juillet 1982, loi sur la communication audiovisuelle de 1982, n° 82-141
Cons. Const., 19 et 20 juillet 1983, démocratisation du secteur public, n° 83-162, R.J.C.I, p.157.
Cons. Const., 10 et 11 octobre 1984, n°84-181, *Rec.*, p. 3200
Cons. Const., 18 septembre 1986, n°86-217, *Rec.*, p. 11294
Cons. Const., 20 juillet 1988, n° 1988- 244, *Dr, soc.* 1988. 762, note X. PRÉTOT
Cons. Const., 17 janvier 1989, n° 88-248
Cons. Const., 8 janvier 1991, loi relative à la lutte contre le tabagisme et l'alcoolisme : JO 10 janv. 1991, p. 524, n° 90-283
Con. Cons., 15 janvier 1992, n°91-303
Cons. Const., 15 janv. 1992, n° 91-304, *D.* 1992. 201, note C. DEBBASCH ; *RFDA* 1992. 251, étude D. TRUCHE
Cons. Const., 8 janvier 1993, la loi relative à la lutte contre le tabagisme et l'alcoolisme du 10 janvier 1991, n°90- 283
Cons. Const., 20 janvier 1993, n°92-316
Cons. Const., 10 juin 1998, n° 98-401, *AJDA* 1998. 495, note J-E. SCHOETTL; *D.* 2000. 60, obs. L. FAVOREU; *RTD civ.* 1998. 796, obs. N. MOLFESSIS, et 1999. 78, obs. J. MESTRE
Cons. Const., 7 décembre 2000, la loi relative à la solidarité et au renouvellement urbain, n° 2000-436, *Rec.*, 176
Cons. Const., 16 janvier 2001, n° 2000-439
Cons. Const., 12 janv. 2002, n° 2001-455, *AJDA* 2002. 1163, étude F. RENEAUD ; *D.* 2003. 1129, et les obs. L. GAY.
Cons. Const., 21 janvier 2016, n° 2015-727
Cons. Const., 20 décembre 2018, n° 2018-773

2. Autorités administratives indépendantes

- **Autorité de la concurrence**

Avis :

Comm. Conc., 27 septembre 1984 : BOCC 19 avr. 1985, p. 122

Comm. Conc., 29 mai 1986 : *in* Avis et décisions du Conseil de la concurrence : *Lamy*, vol. II, n° 262, note Y. SERRA et V. SÉLINSKY, p. 1 à 23
Cons. Conc., 10 juillet 1990, n° 90-A-10, Rapport d'activité 1990, n° 80, p. 80
Cons. Conc.,15 novembre 1995, Rapport 1994, p. 707
Aut. Conc., 14 décembre 2010, n° 10-A-29 sur le fonctionnement concurrentiel de la publicité en ligne, p. 13
Aut. Conc., 6 mars 2018, n° 18-A-03 portant sur l'exploitation des données dans le secteur de la publicité sur internet

Décisions :

Cons. Conc., 18 septembre 1990, n° 90-D-31, relatif au marché de la publicité dans les pages jaunes des annuaires officiels des abonnés au téléphone : BOCC 11 oct. 1990
Cons. Conc., 15 décembre 1993, n° 93-D-59
Cons. Conc., 22 mars 1994, n° 94-D-21, relative à des pratiques de l'Office d'annonces, régisseur exclusif de la publicité dans les annuaires de France Télécom. ODA : BOCC 7 juin 1994, JCP E 1990, I, n° 20432
Cons. Conc., 30 mai 1995, n°95-D-39, secteur de la location d'emplacements publicitaires destinés à l'affichage de grand format : BOCC 25 août 1995, p. 343
Cons. Conc., 20 février 1996, n° 96-D-10, ODA : BOCC 24 avr. 1996
Cons. Conc., 12 mai 1998, n° 98-MC-05, relative à une demande de mesures conservatoires présentée par la société Europe Régies SA : BOCC1998, p. 370 ; *Gaz. Pal.* 1999, 1, jurispr. 268
Cons. Conc., 18 décembre 1998, n° 98-MC-15, relative à une saisine et à une demande de mesures conservatoires présentée par la société France bus publicité : BOCC n° 4, 26 févr. 1999.
Cons. Conc., 19 janv. 2002, n° 02-D-03, relative à une saisine et à une demande de mesures conservatoires présentées par la SARL Technic Publicité : BOCC n° 6, 29 mars 2002.
Cons. Conc., 10 juin 2002, n° 02-D-33, traitement des coupons de réduction publicitaires : BOCC n° 14, 30 sept. 2002
Cons. Conc., 16 mars 2005, n° 05-D-11, relative à des pratiques mises en œuvre dans le secteur de l'affichage publicitaire au sein du réseau ferroviaire et dans celui du transport de personnes sur la route Paris-Londres
Con. Conc., 6 octobre 2005, n° 05-D-53, relative à la situation de la concurrence dans le secteur des espaces publicitaires du réseau des transports en commun urbains
Aut. Conc., 30 juin 2010, n°10-MC-01, relative à la demande de mesures conservatoires présentée par la société Navx
Aut. Conc., 28 février 2013, n° 13-D-07, relative à une saisine de la société E-kanopi
Aut. Conc., 23 novembre 2016, n° 16-D-25, relative à des pratiques mises en œuvre dans le secteur de la publicité en ligne

- **La Commission nationale de l'informatique et des libertés :**

Délibération n° 2013-378 du 5 décembre 2013 portant adoption d'une recommandation relative aux cookies et aux autres traceurs visés par l'article 32-II de la loi du 6 janvier 1978
https://www.legifrance.gouv.fr/jorf/id/JORFTEXT000028380230/
La CNIL : « La publicité ciblée en ligne », 5 février 2009
https://www.cnil.fr/sites/default/files/typo/document/Publicite_Ciblee_rapport_VD.pdf
La CNIL, « Conformité RGPD : Comment recueillir le consentement des personnes », 3 août 2018
https://www.cnil.fr/fr/conformite-rgpd-comment-recueillir-le-consentement-des-personnes

3. Jurisprudence étrangère

- *La Cour suprême des États-Unis d'Amérique :*

U.S. Supreme Court, 13 avril 1942, Valentine v. Chrestensen, 316 US 52
U.S. Supreme Court, 4 juin 1951, Bread v. Alexandria 341 US 622
U.S. Supreme Court, 31 mars 1958, Trop v. Dulles, 356 U.S.86
U.S. Supreme Court, 16 juin 1975, Bigelow v. Virginia, 421 U.S. 809
U.S. Supreme Court, 24 mai 1976, Va. Pharmacy Bd. v. Va. Consumer Council, 425 U.S. 748
U.S. Supreme Court, 2 mai 1977, Linmark Associates INC. and William Mellman, Petitioners, v. Township OF Willingboro and Gerald Daly, 97 S.CT. 1614, 431 U.S. 85
U.S. Supreme Court, 27 juin 1977, Bates v. State Bar of Arizona, 433 U.S. 350
U.S. Supreme Court, 28 juin 1985, Zauderer v. Office of Disciplinary Counsel of the Supreme Court of Ohio, 471 US 626

- *Juridictions Canadiennes :*

Cour d'appel provinciale de Manitoba, 1984, Re Law Society of Manitoba and savino, 1 D.L.R. (4th) 285
Ontario High Court of Justice, Divisional Court, 4 février 1985, Re Klein and Law Society of Upper Canada (1985) 16 D.L.R (4th) 489
Cour d'appel du Québec, 1986, Irwin Toy c. Procureur général du Québec, R.J.Q. p.2441
Cour d'appel du Québec, 1987, Procureur général du Québec c. La Chaussure Brown's inc. et autres, J.E. 87-83
Cour suprême, 15 décembre 1988, Ford c. Québec (Procureur Général), 1.R.C.S.927

- *Autres juridictions :*

Tribunal de Hambourg, 21 avril 2015, Zeit Online et Handelsblatt c. Eyeo.
Cour suprême allemande, 19 avril 2018, Axel Springer c. la société Eyeo, n°I ZR 154/16

4. Les Autorités de régulation

- **Le Conseil supérieur de l'audiovisuel**

Décisions :

Décision, Ass. Plén.,18 mai 2004, Publicité clandestine sur Fun Radio : sanction pécuniaire de 50000 euros. Publié le 07 juin 2004
Décision, 17 décembre 2004 mettant la société France 2 en demeure de respecter la réglementation relative à la publicité clandestine
Décision n° 2016-510 du 9 mars 2016 mettant en demeure l'Association pour le développement des techniques modernes de la communication
Décision, Ass. Plén., 12 juillet 2017, Communications commerciales irrégulières dans la série « *Fais pas ci, fais pas ça* » : intervention auprès de France 2
Décision, Ass. Plén., 26 juillet 2017, Publicité clandestine en faveur d'une agence de voyage : intervention auprès de KTV Publié le 16 octobre 2017
Décision, Ass. Plén., 16 janvier 2019, Appel à candidatures radio dans le ressort du CTA de Lille : délivrance des autorisations
Décision, Ass. Plén., 20 février 2019, Reportage sur le jeu vidéo « Fortnite » diffusé au Journal Télévisé de France 2
Décision, Ass. Plén., 25 septembre 2019 relative à un appel aux candidatures pour l'exploitation de services de radio diffusés par voie hertzienne terrestre en modulation de fréquence à temps complet dans la collectivité de Saint-Pierre-et-Miquelon

Délibérations :

Délibération du CSA n° 2011-29 du 19 juillet 2011
Délibération n° 2010-4 du 16 février 2010 relative au placement de produit dans les programmes des services de télévision, JO du 5 mars 2010 modifiée par : Délibération n° 2012-35 du 24 juillet 2012 JO du 7 août 2012.

Avis :

Avis du CSA n° 91-4 du 25 juillet 1991 sur le projet de décret fixant pour certains services de télévision le régime applicable à la publicité et au parrainage - JO du 20 août 1991
Avis au Conseil de la concurrence à propos de la prise de contrôle par la CLT de Fun Radio et de M40, 15 septembre 1994, Rapport d'activités 1994

Autres :

Note de synthèse du CSA : « Les nouveaux territoires publicitaires : quels enjeux pour la télévision ? », novembre 2016, p.7.
CSA, Questions fréquentes sur le placement de produit et la publicité clandestine :
https://www.csa.fr/Mes-services/Foire-aux-questions/Proteger/Les-communications-commerciales-a-la-television-publicite.-parrainage.-placement-de-produit.-etc/Questions-frequentes-sur-le-placement-de-produit-et-la-publicite-clandestine

- **L'Autorité de régulation professionnelle de la publicité**

Avis du Conseil de l'Éthique publicitaire :

Avis Conseil de l'Éthique publicitaire : « Réaffirmer les frontières entre information et publicité », n°14, 29 février 2012
https://www.arpp.org/actualite/avis-cep-no14-reaffirmer-les/
Avis du Conseil de l'Éthique publicitaire : « Blocages publicitaire : l'impasse », 14 septembre 2015
https://www.cep-pub.org/avis/avis_cep_adblocks/
Avis du Conseil de l'Éthique publicitaire : « Légitimité de l'autorégulation », 14 septembre 2015
https://www.arpp.org/actualite/cep_avis_livre/
Avis du Conseil de l'Éthique publicitaire : « Systèmes d'autorégulation », 19 octobre 2017
https://www.cep-pub.org/avis/avis-cep-systemes-autoregulation/
Avis du Conseil de l'Éthique publicitaire : « l'IA en publicité entre fantasmes et responsabilité », 3 janvier 2019
https://www.cep-pub.org/actualite/ia-en-publicite-entre-fantasme-et-responsabilite/

Avis du Jury de déontologie publicitaire :

Avis, Grande distribution, n°361/16, 18 février 2015
https://www.jdp-pub.org/avis/avis-jdp-n-361-15-grande-distribution/
Avis, Campagne d'affichage Cdiscount, 2 octobre 2018
https://www.arpp.org/actualite/jdp-cdiscount-developpement-durable/
Avis, InterMarché – 564/19, 4 avril 2019
https://www.jdp-pub.org/avis/intermarche-radio/

Divers :

BVP, communiqué de presse, Spot Leclerc : le BVP précise sa position, 4 avril 2008 https://www.arpp.org/actualite/spot-leclerc-le-bvp-precise-sa/
L'autorégulation refondée. Du BVP à l ARPP. Dossier. Actualité et débats de l'autorégulation publicitaire, décembre 2008
Recommandation « Communication publicitaire digitale V4 », 6 juin 2017
https://www.arpp.org/wp-content/uploads/2016/08/Recommandation-Communication-publicitaire-digitale-v4-ARPP.pdf
Recommandation « Développement durable », 2009
https://www.arpp.org/wp-content/uploads/2009/06/RecoDDJuin09.pdf
Recommandation « Identification de la publicité et des communication commerciales », 6 juin 2017 https://www.arpp.org/wp-content/uploads/2016/08/Recommandation-Identification-de-la-publicité-et-des-communications-commerciales-ARPP.pdf
ARPP, communiqué de presse, affaire touspromoteurs.com, décision confirmée en appel, 4 juillet 2012 https://www.arpp.org/actualite/04-07-2012-affaire-touspromoteurs/
Rapport d'activité de l'Autorité de régulation professionnelle de la publicité,

INDEX

(Les numéros renvoient aux paragraphes ; les numéros en gras renvoient à une série de paragraphes)

TABLE DES MATIERES

Structures éditoriales du groupe L'Harmattan

L'Harmattan Italie
Via degli Artisti, 15
10124 Torino
harmattan.italia@gmail.com

L'Harmattan Hongrie
Kossuth l. u. 14-16.
1053 Budapest
harmattan@harmattan.hu

L'Harmattan Sénégal
10 VDN en face Mermoz
BP 45034 Dakar-Fann
senharmattan@gmail.com

L'Harmattan Cameroun
TSINGA/FECAFOOT
BP 11486 Yaoundé
inkoukam@gmail.com

L'Harmattan Burkina Faso
Achille Somé – tengnule@hotmail.fr

L'Harmattan Guinée
Almamya, rue KA 028 OKB Agency
BP 3470 Conakry
harmattanguinee@yahoo.fr

L'Harmattan RDC
185, avenue Nyangwe
Commune de Lingwala – Kinshasa
matangilamusadila@yahoo.fr

L'Harmattan Congo
67, boulevard Denis-Sassou-N'Guesso
BP 2874 Brazzaville
harmattan.congo@yahoo.fr

L'Harmattan Mali
ACI 2000 - Immeuble Mgr Jean Marie Cisse
Bureau 10
BP 145 Bamako-Mali
mali@harmattan.fr

L'Harmattan Togo
Djidjole – Lomé
Maison Amela
face EPP BATOME
ddamela@aol.com

L'Harmattan Côte d'Ivoire
Résidence Karl – Cité des Arts
Abidjan-Cocody
03 BP 1588 Abidjan
espace_harmattan.ci@hotmail.fr

Nos librairies en France

Librairie internationale
16, rue des Écoles
75005 Paris
librairie.internationale@harmattan.fr
01 40 46 79 11
www.librairieharmattan.com

Librairie des savoirs
21, rue des Écoles
75005 Paris
librairie.sh@harmattan.fr
01 46 34 13 71
www.librairieharmattansh.com

Librairie Le Lucernaire
53, rue Notre-Dame-des-Champs
75006 Paris
librairie@lucernaire.fr
01 42 22 67 13

www.ingramcontent.com/pod-product-compliance
Lightning Source LLC
LaVergne TN
LVHW010633051026
849532LV00001B/44
9782343246406